मुग़ल सम्राट

हुमायूं

मुग़ल सम्राट

हुमायूं

हरिशंकर श्रीवास्तव

पूर्व प्रोफ़ेसर एवं अध्यक्ष, इतिहास विभाग

गोरखपुर विश्वविद्यालय

आमुख लेखक

ताराचन्द

एम.ए., डिफिल. (आक्सन)

वाणी प्रकाशन

प्रकाशन के उत्कृष्टतम 61 वर्ष

vaniprakashan.com

सजिल्द पहला संस्करण : 1965
सजिल्द दूसरा संस्करण : 1985
सजिल्द तीसरा संस्करण : 2004
सजिल्द चौथा संस्करण : 2024

वाणी प्रकाशन
4695, 21-ए, दरियागंज, नयी दिल्ली-110 002
फ़ोन : +91 11 23273167, 23275710

शाखाएँ
अशोक राजपथ, पटना-800 004, बिहार
कॉफ़ी हाउस कैम्पस, महात्मा गांधी मार्ग, प्रयागराज-211 001, उत्तर प्रदेश
महात्मा गांधी अन्तरराष्ट्रीय हिन्दी विश्वविद्यालय, वर्धा-442 001, महाराष्ट्र
36/ए, शेक्सपियर सरणी, रानी बिरला गर्ल्स कॉलेज के पास, कोलकाता-700 017, प. बंगाल
sales@vaniprakashan.in
vaniprakashan@gmail.com

MUGHAL SAMRAT HUMAYUN
by Harishankar Srivastava

ISBN : 978-81-8143-213-1

मूल्य : ₹ 795

जी.एस. ऑफ़सेट द्वारा दिल्ली-110 095 में मुद्रित

वाणी प्रकाशन का लोगो मक़बूल फ़िदा हुसेन की कूची से

माता-पिता के
चरणों
में

विषय-सूची

आमुख

हिंदी में अभी ऐसी ऐतिहासिक पुस्तकों की कमी है जो मूल ग्रंथों के आधार पर लिखी गई हों। डाक्टर हरिशंकर श्रीवास्तव की पुस्तक इस कमी को पूरा करने में मदद देती है। इन्होंने हुमायूँ के जीवन से संबंध रखने वाले सभी फ़ारसी ग्रंथों का अवलोकन किया है और अंग्रेजी में जितनी जीवनियाँ और मुग़लकालीन इतिहास लिखे गए हैं उन सबका अच्छा निरीक्षण किया है। जीवन की घटनाओं और राज्य की कृतियों की पूरी जाँच-पड़ताल की है और अन्य लेखकों के विचारों पर युक्तियों के साथ निर्णय दिया है। हुमायूँ का विस्तृत, गम्भीर विद्वत्तापूर्ण वर्णन प्रस्तुत किया है जिससे विद्यार्थियों को इस बादशाह का अच्छा ज्ञान मिल जाएगा।

हुमायूँ तैमूरीवंश का विचित्र रत्न था। उस वंश में अद्‌भुत विभूतियों ने जन्म लिया, जिनका सिलसिला तैमूर से लेकर औरंगजेब तक, दस-बारह पीढ़ियों तक चलता रहा। मुश्किल से कोई राजवंश ऐसा होगा जिसमें इतने ओजस्वी नायक पैदा हुए हों। हुमायूँ इस लम्बी अनूठी ज़ंजीर का एक विलक्षण कड़ी था। उसका चरित्र गुण-दोषों का अनोखा समूह था जिन्होंने उसे एक तरफ हिंदुस्तान का बादशाह और दूसरी तरफ देश-निर्वासित ईरान के बादशाह का अनुजीवी बना दिया। एक समय वह दिल्ली का सम्राट था जिसके सामने राजें और नवाब सिर झुकाते थे और वही हुमायूँ राजस्थान के रेतीले मैदानों में निर्धन, निस्सहाय घूमता था। पर वह हर परिस्थिति में खुश था, न कभी निराश होता था, न हार-जीत से विह्वल। उसे अपने पच्चीस वर्ष के राज्यकाल में से पंद्रह वर्ष विदेश में बिताने पड़े। भाइयों ने उसे धोखा दिया। कभी वह दुनिया से ऐसा उदासीन होता था कि राजकाज को छोड़ने पर उद्यत हो जाता था। कभी विलास में ऐसा लीन हो जाता था कि दोस्त-दुश्मन की परवाह नहीं रहती थी। जब वह राजसिंहासन पर बैठा उस समय कठिनाइयों से घिरा था। इन कठिनाइयों ने उससे साम्राज्य छुड़वाया। फिर ईरानियों की थोड़ी-सी मदद के साथ सब शत्रुओं को परास्त कर दोबारा दिल्ली का बादशाह बना।

ऐसे आश्चर्यजनक उतार-चढ़ाव का ब्यौरा सचमुच हृदय को आकर्षित करता है। काल की निष्ठुरता और मनुष्य के धैर्य का अद्भुत संघर्ष हुमायूँ की कहानी को अत्यंत रोचक बनाता है। इतिहास की दृष्टि से ही नहीं, मनोविज्ञान के सिद्धांतों को समझने के लिए भी हुमायूँ के इतिहास को जानना आवश्यक है। डॉ. हरिशंकर श्रीवास्तव ने इस पुस्तक को लिखकर लाभदायक साहित्य में अच्छा इज़ाफ़ा किया है।

–ताराचंद

पूर्व सांसद राज्यसभा

पूर्व कुलपति, इलाहाबाद विश्वविद्यालय

प्रथम संस्करण की भूमिका

मुग़ल काल के सम्राटों में हुमायूँ का अपना एक अलग स्थान है। वह मुग़ल वंश के संस्थापक बाबर का पुत्र तथा उस वंश के महान सम्राट अकबर का पिता था। उसके जीवन की उथल-पुथल कुछ ऐसी समस्याएँ उपस्थित करती हैं जो मुग़ल काल के इतिहास के अध्ययन के लिए आवश्यक हैं। मुग़ल सम्राटों में हुमायूँ का राज्य-काल सबसे विवादग्रस्त रहा है। उसके निष्कासन तथा पराजय के वातावरण से प्रभावित होकर इतिहासकारों ने उसके सभी कार्यों को आलोचनात्मक तथा संशयात्मक दृष्टि से देखा है। इसके विपरीत उसके जीवन की घटनाएँ इतनी मार्मिक हैं कि बरबस उसके प्रति हमारी सहानुभूति हो जाती है। इस तरह उसके पक्ष तथा विपक्ष में तर्क का एक ऐसा वातावरण-सा छा गया है जिसमें उसका वास्तविक रूप प्रायः लुप्त-सा हो जाता है। भावनाओं से प्रभावित ऐतिहासिक अध्ययन इतिहास नहीं रह जाता है। इस तरह हुमायूँ का अध्ययन हमारे अनुशासित विचार की परख है। ऐसे विवादग्रस्त व्यक्ति का अध्ययन ऐतिहासिक तटस्थता की वास्तविक क़सौटी उपस्थित करता है।

हुमायूँ से संबंधित समकालीन ग्रंथ अधिकतर फ़ारसी भाषा में हैं। इनमें से अधिकांश उसकी मृत्यु के काफ़ी दिनों बाद उसके पुत्र के काल में लिखे गए। इन ग्रंथों की सूची तथा संक्षिप्त परिचय पुस्तक के अन्त में दी गयी है जिससे उनका मूल्यांकन हो सकेगा। अंग्रेज़ी में हुमायूँ से संबंधित कई उपयोगी ग्रंथ हैं जो हुमायूँ के प्रति इतिहासकारों की विशेष रूचि के प्रमाण हैं।

प्रस्तुत पुस्तक गोरखपुर विश्वविद्यालय की एम.ए. कक्षाओं को दिए गए मेरे व्याख्यानों का विस्तृत तथा परिवर्तित रूप है। यह समकालीन ग्रंथों पर आधारित है। हुमायूँ से संबंधित आधुनिक लेखकों के विचारों का भी मैंने अध्ययन किया है तथा अनेक स्थानों पर अपना तर्क प्रस्तुत करते हुए मैंने उनके विचारों से नम्र असहमति भी प्रकट की है। पाठक इन विचारों का अनुशीलन कर अपने विचार स्वयं निश्चित कर सकते हैं। हुमायूँ से संबंधित सभी प्रमुख घटनाओं को जहाँ तक संभव हो सका है मैंने स्पष्ट करने का प्रयत्न किया है। ऐतिहासिक स्थानों की भौगोलिक स्थिति

भी मैंने फुटनोट में प्रकट कर दी है, जिससे स्थानों को निश्चित करने में सुविधा होगी तथा पुस्तक में दिए गए मानचित्र में ये स्थान देखे जा सकते हैं। हुमायूँ से संबंधित तिथियों की भी विवेचना की गई है जिससे हुमायूँ का कालक्रम निश्चित हो सकेगा। चौसा तथा कन्नौज के युद्धों के मानचित्र भी दिए गए हैं जिनसे इन युद्धों को समझा जा सकेगा। भौगोलिक स्थान, व्यक्तियों के नाम तथा फ़ारसी शब्दों का जहाँ तक संभव हो सका है, सही तथा प्रचलित उच्चारण देने का प्रयत्न किया है।

इस ग्रंथ से संबंधित फ़ारसी पुस्तकों के अध्ययन में मौलवी मुहम्मद सादिक हुसेन से मैंने बड़ी सहायता प्राप्त की है। गोरखपुर विश्वविद्यालय के उर्दू-विभाग के अध्यक्ष डॉ. महमूद इलाही ने फ़ारसी के अनेक शब्दों की विवेचना कर मेरी कठिनाइयाँ दूर की हैं। पुस्तक की पांडुलिपि तैयार करने में श्री भगवानप्रसाद एम.ए., श्री रघुनाथप्रसाद एम.ए. तथा मेरी पुत्रियों, मधु तथा नीलिमा ने मेरी सहायता की है। गोरखपुर विश्वविद्यालय के हिंदी विभाग के प्राध्यापक डॉ. रामचन्द्र तिवारी तथा श्रीमती शांता सिंह ने पुस्तक की भाषा को परिष्कृत करने में सहायता दी है। गोरखपुर विश्वविद्यालय के आनरेरी लाइब्रेरियन डॉ.के.एस. भार्गव तथा असिस्टेण्ट लाइब्रेरियन श्री त्रिभुवनाथ गौड़ ने भिन्न-भिन्न पुस्तकालयों से पुस्तकें मँगाकर मुझे सुविधा प्रदान की है। पुस्तक के लिखने में जिन पुस्तकों से मैंने सहायता प्राप्त की है उनके लेखकों तथा प्रकाशकों के प्रति मैं आभार प्रकट करता हूँ। पुस्तक में दिए गए दोनों चित्र भारत सरकार के पुरातत्त्व विभाग के सौजन्य से प्राप्त हुए हैं।

मेरे पूज्य गुरुवर, प्रसिद्ध इतिहासकार डॉ. ताराचंद ने अत्यंत व्यस्त रहते हुए भी समय निकालकर पूरी पांडुलिपि पढ़कर अपने अमूल्य सुझाव देने तथा पुस्तक का आमुख लिखने की महती कृपा की है। इस कृपा के लिए मैं उनका विशेष आभार प्रकट करता हूँ।

इलाहाबाद विश्वविद्यालय में अध्ययन करते समय मुग़लकाल के इतिहास के प्रति मेरी रुचि जागृत हुई थी। तभी से इस विषय पर लिखने की आकांक्षा रही है किन्तु अनुकूल परिस्थिति के अभाव में यह संभव न हो सका। विगत बीस वर्षों के अध्ययन तथा अध्यापन से मुग़ल इतिहास के प्रति आकर्षण बढ़ता ही गया है। आज मुग़ल सम्राट हुमायूँ के जीवन तथा शासन का इतिहास प्रस्तुत कर एक संतोष का अनुभव कर रहा हूँ।

पुस्तक की कमियों से मैं अभिज्ञ हूँ। संतोष केवल इस बात से है कि अनेक कठिनाइयों के बावजूद यह ग्रंथ हिंदी में प्रस्तुत कर सका हूँ। विश्वविद्यालय उच्चतम शिक्षा-केंद्र है। उनके सम्मुख हिंदी माध्यम की समस्या एक ज्वलंत समस्या है। ऐसी स्थिति में हम लोगों पर, जो विश्वविद्यालयी शिक्षा से संबद्ध हैं और जो हिंदी प्रदेश

के निवासी हैं, विशेष दायित्व है। प्रस्तुत प्रयत्न इस दायित्व को निभाने की दिशा में एक विनम्र प्रयास मात्र है। इस पुस्तक से विद्यार्थियों के लाभ के अतिरिक्त हुमायूँ संबंधी ऐतिहासिक समस्याओं का निराकरण तथा हिंदी की कुछ सेवा हो सकी तो मैं अपने परिश्रम को सार्थक समझूँगा।

कसया रोड, सिविल लाइन्स **हरिशंकर श्रीवास्तव**

गोरखपुर

15 अगस्त, 1965

द्वितीय संस्करण की भूमिका

प्रस्तुत पुस्तक का प्रथम संस्करण कई वर्ष पूर्व समाप्त हो गया था किन्तु कई कारणों से इसका प्रकाशन संभव न हो सका, यद्यपि पुस्तक लगभग सभी हिंदीभाषी विश्वविद्यालयों के एम.ए. (इतिहास) के पाठ्य-सूची में स्वीकृत है। मुझे प्रसन्नता है कि इसका द्वितीय संस्करण प्रकाशित हो रहा है।

इस संस्करण में मैंने इस बीच प्रकाशित सामग्री का उपयोग किया है एवं सहायक ग्रंथों की सूची में उन्हें जोड़ दिया है। इस आधार पर कुछ स्थानों पर मैंने थोड़ा परिवर्तन भी किया है, किन्तु मूल पुस्तक के प्रारंभिक विचारों में विशेष परिवर्तन नहीं किया गया है।

यह संस्करण भारत सरकार ने नेशनल बुक ट्रस्ट ऑफ़ इण्डिया, दिल्ली के माध्यम से आर्थिक अनुदान देकर स्टर्लिंग पब्लिशर्स, दिल्ली द्वारा विद्यार्थियों के लाभ के लिए प्रकाशित कराया है। मैं भारत सरकार, नेशनल बुक ट्रस्ट ऑफ़ इण्डिया तथा स्टर्लिंग पब्लिशर्स के मैनेजिंग डाइरेक्टर श्री एस.के. घई के प्रति आभार प्रकट करता हूँ। मैं आशा करता हूँ कि इस पुस्तक से केवल हुमायूँ ही नहीं वरंच पूरे मुग़ल कालीन इतिहास को समझने में विद्यार्थियों को सुविधा होगी।

17 आवास विकास कॉलोनी
बेतिया हाता, दक्षिणी, गोरखपुर
10 जुलाई 1985

हरिशंकर श्रीवास्तव

तृतीय संस्करण

मुग़ल सम्राट हुमायूँ का दूसरा संस्करण कई वर्ष पूर्व समाप्त हो गया था। इस बीच विद्यार्थियों, शिक्षकों तथा अन्य पाठकों के पत्र इसकी उपलब्धता के बिषय में मुझे बराबर मिलते रहे हैं, किन्तु व्यस्तता के कारण मैं इसमें आवश्यक संशोधन न कर सका। मुझे प्रसन्नता है कि इसका संशोधित तृतीय संस्करण वाणी प्रकाशन, दिल्ली द्वारा प्रकाशित हो रहा है। इसके लिए मैं वाणी प्रकाशन के प्रोप्राइटर श्री अरुण माहेश्वरी के प्रति आभार प्रकट करता हूँ।

मध्य युग में राजसी भाषा फ़ारसी थी। कालांतर में कई हज़ार फ़ारसी भाषा के शब्द हिंदी भाषा के अंग बन गए हैं। इनमें अनेक शब्दों के सही उच्चारण तथा अर्थ के लिए नागरी लिपि के कुछ अक्षरों पर बिंदु लगाना आवश्यक है। उदाहरणतय, गज (हाथी), गज़ (दूरी नापने का मात्रक) बाज़ार, ज़रूरत, मुग़ल, मिर्ज़ा इत्यादि। द्वितीय संस्करण के मुद्रण में अनेक शब्दों एवं स्थानों के नाम में आवश्यक बिंदु छूट गए थे। इस संस्करण में यथा स्थान बिंदु लगाकर इन्हें सही कर दिया गया है। इसके लिए मैंने रामचन्द्र वर्म्मा द्वारा संपादित तथा नागरी प्रचारिणी, सभा काशी द्वारा प्रकाशित संक्षिप्त हिन्दी शब्द-सागर एवं उत्तर प्रदेश शासन द्वारा प्रकाशित एवं मुहम्मद ख़ाँ मद्दाह द्वारा संपादित 'उर्दू हिन्दी शब्द कोश' का विशेष उपयोग किया है।

प्रथम संस्करण फुट के नोट में फ़ारसी उद्धृण फ़ारसी तथा नागरी लिपि दोनों में प्रकाशित थे। इस संस्करण में टंकण की कठिनाइयों से ये फ़ारसी उद्धरण केवल नागरी लिपि में प्रकाशित हैं। पुस्तक में आवश्यक संशोधन कर मैंने इसे और उपयोगी एवं पठनीय कर दिया है। आशा है यह संशोधित संस्करण पाठकों के लिए उपयोगी होगा।

17 आवास विकास कॉलोनी
बोंतिया हाता, दक्षिणी, गोरखपुर
15 अगस्त, 2003

हरिशंकर श्रीवास्तव

1. प्रारम्भिक जीवन

नसीरूद्दीन मुहम्मद हुमायूँ मिर्ज़ा का जन्म काबुल के क़िले में मंगलवार 6 मार्च सन् 1508 की रात्रि में हुआ था।[1] उस समय उसका पिता ज़हीरूद्दीन मुहम्मद बाबर काबुल प्रदेश का अधिपति था। हुमायूँ के शरीर में एशिया के दो प्रमुख विजेताओं – चंगे़ज तथा तैमूर–का रक्त था। बाबर के पिता उमर शेख मिर्ज़ा तैमूर की चौथी पीढ़ी, तथा उसकी माता कुतलूक निगार चंगेज़ ख़ाँ की तेरहवीं पीढ़ी में थी। इस तरह हुमायूँ पिता की तरफ से तैमूर की छठी पीढ़ी में तथा अपनी दादी की तरफ से चंगेज़ की पंद्रहवीं पीढ़ी में आता है।[2]

हुमायूँ की माता माहम बेग़म के प्रारम्भिक जीवन तथा वंश के विषय में हमें अधिक ज्ञान नहीं है।[3] समकालीन इतिहासकारों से केवल यही पता चलता है कि वह सुल्तान हुसेन मिर्ज़ा (बाइकरा) तथा खुरासान के प्रसिद्ध संत शेख अबु नस्त्र अहमद जाम[4] वंश से संबंधित थी। इससे स्पष्ट है कि वह एक कुलीन परिवार की तथा शिआ मतावलम्बी थी। बाबर ने 1506 ई. में हिरात में उससे विवाह किया था। धार्मिक भिन्नता होने पर भी दोनों का वैवाहिक जीवन सुखी था। बाबर की कई पत्नियाँ थीं[5], किन्तु माहम उसकी प्रमुख पत्नी थी तथा उसे उन सबसे अधिक महत्त्व प्राप्त था।

हुमायूँ का जन्मोत्सव बड़ी धूमधाम से मनाया गया। बाबर अपनी आत्मकथा में लिखता है : ''जब वह (हुमायूँ) पाँच-छह दिन का हो गया तो मैं चारबाग पहुँचा, जहाँ उसके जन्म का समारोह मनाया गया। सभी छोटे-बड़े बेग उपहार लाए, चाँदी के टनकों का इतना ढेर लग गया कि इससे पूर्व ऐसा ढेर नहीं देखा गया था। यह बहुत ही बढ़िया प्रकार का समारोह हुआ।''[6]

बाबर 'पादशाह'

हुमायूँ के जन्म के समय बाबर की अवस्था 26 वर्ष की थी। उसका प्रारम्भिक जीवन कठिन परिस्थितियों में व्यतीत हुआ था। काबुल पर अधिकार प्राप्त करने के पश्चात् उसका अनाश्रित जीवन समाप्त हो गया था और वह अपने जीवन में स्थिरता का

अनुभव कर रहा था। हुमायूँ के जन्म के कुछ ही दिन पूर्व उसने दो बार भारत की पश्चिमोत्तर सीमाओं पर आक्रमण करने में सफलता प्राप्त की थी। इस तरह उसका जीवन एक नई दिशा की ओर अग्रसर हो रहा था।

अब तक बाबर के पूर्वज अपने को 'मिर्ज़ा' लिखते थे। हुमायूँ के जन्म के वर्ष उसने 'पादशाह' की उपाधि धारण की। बाबर अपनी आत्मकथा में लिखता है : "उस समय तैमूर बेग के उत्तराधिकारियों को, चाहे वे राज्य ही क्यों न कर रहे हों, लोग 'मिर्ज़ा कहते थे, किन्तु इस समय मैंने आदेश दिया कि लोग मुझे 'पादशाह' कहा करें।"[7]

हुमायूँ का जन्म तथा बाबर द्वारा 'पादशाह' की उपाधि धारण करना ये दोनों घटनाएँ एक ही वर्ष में कुछ दिनों के अन्तर से हुईं। इस कारण यह प्रश्न उठता है कि क्या इन दोनों घटनाओं में कोई संबंध है? बाबर की पुत्री गुलबदन बेगम हुमायूँ के जन्म का उल्लेख करने के पश्चात् ही लिखती है : "उसी वर्ष हज़रत फिरदौस मकानी (बाबर) ने अपने अमीरों तथा सब लोगों को आदेश दिया कि उन्हें बाबर पादशाह कहा जाया करे अन्यथा हुमायूँ बादशाह के जन्म के पूर्व उन्हें मिर्ज़ा बाबर के नाम से पुकारा जाता था। सभी बादशाह के पुत्रों को मिर्ज़ा कहा जाता था। हुमायूँ बादशाह के जन्म के वर्ष में उन्होंने अपने आपको पादशाह कहलाया।"[8] इस वर्णन के आधार पर डॉ. बनर्जी लिखते हैं कि "हुमायूँ के जन्म के संबंध में मनाए जा रहे उत्सवों के समय बाबर ने मिर्ज़ा के स्थान पर पादशाह की उपाधि धारण की।"[9] इसके विपरीत श्रीमती बेवरिज इन दोनों घटनाओं में कोई संबंध नहीं स्वीकार करतीं।[10] वे अपना मत बाबर की आत्मकथा पर आधारित करती हैं। दोनों मतों में श्रीमती बेवरिज का ही मत सही मालूम होता है, क्योंकि बाबर ने अपनी आत्मकथा में पहले पादशाह की उपाधि धारण करने का वर्णन किया है और उसके पश्चात् वह लिखता है कि उस वर्ष के अन्त में हुमायूँ का जन्म हुआ।[11] उससे यह स्पष्ट हो जाता है कि हुमायूँ के जन्म के पूर्व ही बाबर ने पादशाह की उपाधि धारण कर ली थी। बाबर तथा गुलबदन बेगम के वर्णनों में बाबर निश्चित ही अधिक विश्वसनीय है। गुलबदन बेगम का उस समय जन्म भी नहीं हुआ था इसके अतिरिक्त किसी अन्य समकालीन इतिहासकारों से भी डॉ. बनर्जी के मत का समर्थन नहीं होता।

बाबर द्वारा 'पादशाह' उपाधि धारण किए जाने के कुछ विशेष कारण थे। तैमूर के वंशजों में उस समय बाबर का ही स्थान सबसे प्रमुख था। ख़ाकान मुग़ल पादशाह कहलाते थे। बुग़रा ख़ाँ इतिहास में पादशाह गाज़ी कहलाता था। ख़ाकानों की यह उपाधि धारण कर बाबर अपने को चगताइयों, मिर्ज़ाओं तथा मुग़लों में सर्वोपरि घोषित करना चाहता था। इस प्रकार यह स्पष्ट है कि बाबर ने यह उपाधि राजनीतिक दृष्टि से धारण की थी, न कि पुत्र-जन्म की प्रसन्नता के कारण।

पुत्र का जन्म बाबर के लिए प्रसन्नता तथा आनंदोत्सव का विषय आवश्य

था, किन्तु यह कहना कि पुत्र-जन्म ने "बाबर के बंश तथा उसके शासन के सिद्धांतों को निरंतरता प्रदान की,"[12] सत्य नहीं है। बाबर की अवस्था अधिक नहीं थी। उसके संतानें भी हो रही थीं, यद्यपि वे जीवित नहीं थीं। इस कारण उसे पुत्र न होने का दुख नहीं था। संदेह इस बात का था कि क्या नवजात शिशु जीवित रहेगा? ऐसी स्थिति में पुत्र-जन्म से वंश की निरंतरता की आशा हो सकती थी, निश्चय नहीं। मुग़ल शासन के सिद्धांतों का अभी विकास नहीं हुआ था, जिनमें नए शिशु द्वारा स्थायित्व प्रदान करने की आशा की जाती। उपर्युक्त कथन के प्रथम भाग में सत्यता हो भी सकती है, किन्तु दूसरे का तो अस्तित्व ही नहीं था।

हुमायूँ का बाल्य-काल

हुमायूँ के जन्म तथा बाल्यकाल के समय मध्य एशिया क्रांतिकारी परिस्थितियों से गुज़र रहा था। उसी वर्ष बाबर की अनुपस्थिति में उसके विरुद्ध काबुल के भूतपूर्व शासक के पुत्र अब्दुर्रज़्ज़ाक को गद्दी पर बैठाने के लिए एक षड्यंत्र रचा गया। मई 1508 में काबुल वापस आने के पश्चात् बाबर को इस षड्यंत्र की सूचना मिली किन्तु उसने इस पर अधिक ध्यान नहीं दिया। एक दिन वह चारबाग़ में बैठा हुआ था। उसी समय अचानक लगभग तीन हज़ार सैनिकों ने, जिनमें भाड़े के मुग़ल सैनिक भी थे, उस पर आक्रमण कर दिया। उस समय बाबर के पास केवल पाँच सौ स्वामिभक्त सैनिक थे। आक्रमण इतना अचानक हुआ था कि वह या तो मार डाला जाता या विद्रोहियों द्वारा बंदी बना लिया जाता। बाबर ने पहले तो भागना चाहा, किन्तु फिर मन को दृढ़ करके उसने विद्रोहियों का सामना किया। विद्रोही संख्या में अधिक होने पर भी पराजित हुए तथा उनका नेता अब्दुर्रज़्ज़ाक बंदी बनाया गया। बाबर यदि चाहता तो उसे मरवा सकता था, किन्तु उसने दया कर उसे स्वतंत्र कर दिया। अब्दुर्रज़्ज़ाक ने कुछ दिन पश्चात् पुनः विद्रोह किया जिसके उपरांत उसे मार डाला गया।[13]

मध्य एशिया में शेबानी ख़ाँ ने तैमूर तथा चंगेज के वंशजों को पराजित कर उनके राज्यों पर अधिकार कर लिया था। शक्ति से मदांध होकर उसने इसी बीच ईरान के शाह से शत्रुता मोल ले ली। ऊज़बेक तथा ईरानियों में भयंकर युद्ध की तैयारी होने लगी। दिसंबर 1510 ई. में मर्व के भयंकर युद्ध में शैबानी ख़ाँ मारा गया तथा उसकी सेना बुरी तरह पराजित हुई।[14] शैबानी ख़ाँ के पराजित होते ही मध्य एशिया में अराजकता फैल गई। तैमूर वंशियों ने उसके साम्राज्य पर अधिकार करने का पुनः प्रयत्न किया। बाबर को भी निमंत्रण मिला। काबुल को अपने भाई नासिर मिर्ज़ा के नियंत्रण में रखकर बाबर अपने दो पुत्रों (हुमायूँ तथा कामरान) के साथ 1511 के प्रारम्भ में कुंदुज पहुँचा। यहीं पर शाह इस्माईल ने उसकी विधवा बहन ख़ानजादा बेगम को, जिसका विवाह शैबानी ख़ाँ से हुआ था, वापस भेजा।

शाह ने बाबर को सूचित किया कि वह उसे समरकंद देने को तैयार है यदि बाबर शिआ धर्म को प्रोत्साहित करने का वचन दे। बाबर ने इसे स्वीकार किया और समरकंद पर तीसरी तथा अंतिम बार उसका अधिकार हुआ,[15] किन्तु वह अधिक दिनों तक उसे अपने अधिकार में न रख सका। आठ महीने के पश्चात् ही नवंबर 1512 ई. में, वह उबैदुल्ला ख़ाँ ऊज़बेक द्वारा गज़्दवान के युद्ध में पराजित हुआ। कठिन परिस्थितियों में कुछ दिन हिसार तथा कुंदुज में व्यतीत कर 1514 ई. में बाबर को पुनः काबुल लौट आना पड़ा।[16] इस बीच हुमायूँ कहाँ था, यह निश्चित रूप से बताना कठिन है। कदाचित् वह कामरान के साथ सुरक्षा के लिए काबुल भेज दिया गया था।[17]

शिक्षा

हुमायूँ के प्रारम्भिक जीवन तथा शिक्षा के विषय में अधिक ज्ञात नहीं है। उसने न स्वयं अपनी आत्मकथा लिखी, न उसके पिता की आत्मकथा में ही इनका वर्णन है। समकालीन इतिहासकार भी मौन हैं। इस कारण उसकी शिक्षा कब प्रारम्भ हुई[18] तथा उसकी प्रगति कैसी थी इत्यादि बातों का पूर्ण ज्ञान प्राप्त नहीं है। हमें उसके दो शिक्षकों—मौलाना मसीहुद्दीन रूहुल्लाह[19] तथा मौलाना इलियास[20]—का उल्लेख मात्र मिलता है। हुमायूँ कई भाषाओं का जानकार था। वह फ़ारसी का कवि एवं ज्योतिष तथा नक्षत्रशास्त्र का विद्वान तथा साहित्यकारों का पोषक था। इससे हम यह अनुमान लगा सकते हैं कि उसकी प्रारम्भिक शिक्षा अच्छी हुई होगी।

बाबर की आत्मकथा में भी तीन ऐसे उल्लेख हैं जिनसे प्रमाणित होता है कि बाबर हुमायूँ की शिक्षा के विषय में सतर्क था। जनवरी 1526 ई. में बाबर ने मिलावत पर अधिकार किया और गाज़ी ख़ाँ का पुस्तकालय उसे प्राप्त हुआ। उस पुस्तकालय की कुछ पुस्तकें उसने हुमायूँ को भेंट कीं।[21] जनवरी 1529 ई. में बाबर ने हुमायूँ को अपनी कुछ रचनाएँ भेजीं।[22] नवंबर 1528 ई. में हुमायूँ ने बाबर को एक पत्र लिखा, उसके उत्तर में बाबर हुमायूँ के पत्र की आलोचना करता है तथा उसे शुद्ध लिखने का परामर्श देता है।[23]

प्रशासन तथा सैनिक शिक्षा

बाबर ने हुमायूँ को सैनिक ज्ञान तथा उससे संबंधित शारीरिक कार्य तथा शक्ति-संचय में भी प्रवीण करने का प्रयत्न किया। बाबर का जीवन एक ऐसा जीवन था जिसमें वह बराबर एक स्थान से दूसरे स्थान पर युद्ध, शासन तथा शिकार के लिए जाया करता था। हुमायूँ भी उसके साथ जाता रहता था। वहाँ उसे सैनिक हथियारों के प्रयोग की शिक्षा मिलती थी। बाबर अपनी आत्मकथा में लिखता है कि 12 नवंबर 1519 ई. में कोह दमन की सैर करते समय हुमायूँ ने एक बत्तख पर बड़ा ही अच्छा निशाना लगाया।[24]

कुछ महीने पश्चात् जब हुमायूँ की अवस्था लगभग 12 वर्ष की थी, हमें एक ऐसा उदाहरण मिलता है जब हुमायूँ अपने पिता के व्यस्त जीवन से अलग होकर आलस्यपूर्ण शांतिमय जीवन व्यंतीत करने की इच्छा प्रकट करता है। 1 जनवरी 1520 को लमगान की यात्रा का वर्णन करते हुए बाबर लिखता है : "सोमवार को हम लोग लमगान की सैर के उद्देश्य से रवाना हुए। मुझे आशा थी कि हुमायूँ हमारे साथ चलेगा किन्तु जब ऐसा ज्ञात हुआ कि वह ठहरना चाहता है तो कूरा दर्रे से उसे वापस जाने की अनुमति दे दी गयी।"[25]

मध्य युग में बाल्यावस्था से ही राजकुमारों को शासन की शिक्षा दी जाती थी। हुमायूँ को भी इसी तरह की शिक्षा दी गई। 1520 ई. में बाबर के चाचा सुल्तान महमूद मिर्ज़ा के पुत्र मिर्ज़ा ख़ाँ की मृत्यु हो गयी। उसका पुत्र सुलेमान नाबालिग था। मिर्ज़ा ख़ाँ बदख़्शाँ का शासक था। उसकी मृत्यु के पश्चात् उसका पुत्र काबुल लाया गया और बाबर के पुत्रों के साथ उसकी शिक्षा का उचित प्रबंध किया गया। बदख़्शाँ के निवासियों ने सुलेमान की नाबालिग़ी के काल में बाबर से वहाँ का शासन प्रबंध करने की प्रार्थना की। इसके परिणामस्वरूप बाबर ने हुमायूँ को बदख़्शाँ को गवर्नर नियुक्त किया।[26] माता और पिता हुमायूँ को नए पद पर आसीन क़रने के लिए उसे साथ लेकर बदख़्शाँ गए और उसे पद सम्हालने का कार्य सौंपकर काबुल लौट आए।[27]

1523 से 1529 तक हुमायूँ बदख़्शाँ का प्रशासक (गवंर्नर) रहा। इस बीच भारत पर आक्रमण के समय (नवंबर-दिसंबर 1525) वह बाबर के साथ भारत आया। पुनः खनुवा (खानवा) के युद्ध के पश्चात् वह बदख़्शाँ भेजा गया। (1527)। 1529 में वह पुनः भारत लौट आया। वास्तविक रूप में बदख़्शाँ का शासन उसके परामर्शदाताओं तथा प्रतिनिधियों के हाथ में था। ऊज़बेक लोग बराबर बदख़्शाँ में कठिनाइयाँ उपस्थित करते रहते थे। बाबर बदख़्शाँ को बहुत महत्त्वपूर्ण समझता था। इस कारण वह सदा उस पर अपनी दृष्टि रखता था। इस तरह हुमायूँ को बदख़्शाँ के शासन में बाबर का परामर्श और सहयोग सदा प्राप्त रहा।[28]

भारत पर आक्रमण

बाबर भारत पर आक्रमण करने के लिए तैयारी कर रहा था। चौथे आक्रमण के पश्चात उसने समझ लिया कि उसे अपने ऊपर निर्भर रहकर आक्रमण करना होगा। उसने अपनी सेनाएँ संगठित की तथा हुमायूँ को भी बुलाया। भारत की तरफ आगे बढ़ने के पूर्व उसने बदख़्शाँ के शासन का भी प्रबंध किया। उसने हुमायूँ को आदेश भेजा कि वह एक सेना लेकर उसकी सहायता के लिए निश्चित समय पर बाग़ेवफ़ा में पहुँच जाए। बाबर अपनी आत्मकथा में लिखता है कि उसे हुमायूँ की प्रतीक्षा करनी पड़ी, क्योंकि वह धीरे-धीरे आ रहा था। 17 नवंबर 1525 ई. को बाबर ने

काबुल से प्रस्थान किया। उसे आशा थी कि हुमायूँ निश्चित दिन तक अवश्य ही आ जाएगा, किन्तु वह उस दिन भी नहीं पहुँचा और बाबर को हुमायूँ की प्रतीक्षा करनी पड़ी। जब हुमायूँ बाबर से मिला तो बाबर उस पर नाराज़ हुआ और उसने उसे उसकी इस सुस्ती के लिए डाँटा। वह अपनी आत्मकथा में लिखता है : "शनिवार (25 नवंबर 1525 ई.) को हमने बाग़ेवफ़ा में पड़ाव डाला। कुछ दिन तक हम लोग हुमायूँ तथा उस ओर की सेना की प्रतीक्षा में बाग़ेवफ़ा में ठहरे रहे।...हुमायूँ के निश्चित अवधि से अधिक ठहर जाने के कारण मैंने क्रोध प्रदर्शित करते हुए कठोर भाषा में पत्र लिखकर उसके पास भिजवाया। रविवार 17 सफर (3 दिसंबर) को प्रातःकाल के उपरांत हुमायूँ उपस्थित हुआ। उसके विलम्ब कर देने के कारण मैंने उसे बहुत डाँटा-फटकारा।"[29]

हुमायूँ बाबर की आज्ञानुसार समय से क्यों नहीं पहुँचा? कुछ विद्वान इस विलम्ब का कारण परिस्थितियाँ बताते हैं। इसके विपरीत दूसरे उसकी आलोचना करते हैं तथा उसकी चारित्रिक दुर्बलता को इसका कारण मानते हैं। हुमायूँ के पक्ष में कहा गया है कि हुमायूँ के पास समय कम था। उसे बाबर का आदेश जिलहिज्ज़ा के महीने में मिला तथा उसे बाग़ेवफ़ा में मुहर्रम महीने में पहुँचना था। इस तरह उसके पास केवल एक महीने का समय था। इस बीच में सेना एकत्र कर उस स्थान पर पहुँचना संभव नहीं था। सैनिक तैयारियों में समय लगता है तथा बाबर ने यद्यपि मुहर्रम मास में बाग़ेवफ़ा पहुँचने की आशा की थी, किन्तु वह 9 सफ़र (25 नवंबर) को पहुँच सका और हुमायूँ 3 दिसंबर को। इस तरह बाबर हुमायूँ के पहुँचने के लगभग एक सप्ताह पूर्व ही पहुँच गया था। कदाचित् हुमायूँ का बदख़्शाँ के सैनिकों को इस यात्रा के लिए तैयार करने में, उन्हे समझाने में समय लगा होगा, क्योंकि वे लोग अनिश्चित स्थान में बहुत समय के लिए जाने को तैयार नहीं थे।[30]

डॉ. ईश्वरी प्रसाद के अनुसार, "कदाचित् यह अभियान हुमायूँ की रुचि के अनुकूल नहीं था। उसे बाबर के इस अभियान की सफलता की आशा नहीं थी अथवा कुछ समय स्वतंत्र शासन करने के पश्चात् ऐसे व्यक्तियों के अधीन कार्य करना उसे रुचिकर न प्रतीत हुआ हो, इसकी हम कल्पना कर सकते हैं। उसकी अवस्था इस समय 17 वर्ष की थी, जब राजत्व का आनंद लेने पर भी अपनी आत्मचेतानावस्था में वह बालक ही था।"[31]

यदि हुमायूँ के बाद के चरित्र को भी ध्यान में रखा जाए तो ऐसा प्रतीत होता है कि प्रारम्भ से ही उसमें आंशिक रूप से उत्तरदायित्वहीनता तथा आलस्य था। कुछ ही मास पश्चात् उसने आगरे का ख़ज़ाना लूटा तथा बाद में कई महत्त्वपूर्ण अवसरों पर (जैसे बंगाल तथा गुजरात के अभियानों में) उसका आलस्य दोष स्पष्ट हो जाता है। यदि उसके पास समय की कमी होती अथवा सैनिकों को भर्ती करने तथा समझाने के कारण समय लगता तो उसने अपने उत्तर में बाबर को अपनी सफ़ाई

दी होती और बाबर ने अपनी आत्मकथा में इसका उल्लेख अवश्य किया होता। बाबर हुमायूँ के पहुँचने के केवल एक सप्ताह पूर्व ही क्यों पहुँच सका, इसका उत्तर स्पष्ट है कि उसे हुमायूँ की गतिविधि का ज्ञान था। इस कारण वह भी धीरे-धीरे यात्रा कर रहा था जिससे हुमायूँ से उसकी मुलाकात हो जाए।

भारत पर आक्रमण में हुमायूँ को भी एक प्रमुख स्थान प्राप्त हुआ। 26 फरवरी 1526 ई. को हुमायूँ ने हिसार फ़िरोज़ा के शिक़दार हामिद ख़ाँ के विरुद्ध आक्रमण किया। हुमायूँ की सहायता के लिए ख़्वाजा कलां, हिंदू बेग, सुल्तान मुहम्मद इत्यादि उमरा भी थे। हुमायूँ की सेना को देखकर अफ़गान भाग गए। सेना ने हिसार फ़िरोज़ा पर अधिकार कर लिया।[32] हुमायूँ को लगभग सौ युद्धबंदी तथा सात-आठ हाथी लूट में प्राप्त हुए। भेंट लेकर वह बाबर के सामने उपस्थित हुआ। सभी बंदी बाबर की आज्ञा से मार डाले गए। इससे लोगों में आतंक छा गया। बाबर हुमायूँ की इस विजय से बहुत प्रसन्न हुआ। वह अपनी आत्मकथा में लिखता है कि ''यह हुमायूँ का प्रथम युद्ध तथा पहला अभियान था। यह सब भविष्य की सफलता के लिए बहुत ही शुभसूचक था।''[33] प्रसन्न होकर बाबर ने हुमायूँ को एक करोड़ टनके[34] तथा हिसार फ़िरोज़ा की जागीर जिसकी आय लगभग एक करोड़ वार्षिक थी, पुरस्कारस्वरूप प्रदान की।[35]

यहाँ से बाबर की सेना शाहाँबाद पहुँची। यहाँ हुमायूँ ने प्रथम बार उस्तरे से दाढ़ी बनवाई। चग़ताई तुर्कों में यह अवसर बड़े धूमधाम से मनाया जाता था। किन्तु इस समय युद्ध के मैदान में यह संभव न था। इस कारण यह उत्सव साधारण रूप में ही मनाया गया। उसी समय अफ़गानों के पानीपत के मैदान की तरफ बढ़ने के समाचार प्राप्त हुए।

पानीपत के युद्ध में

पानीपत के युद्ध में (21 अप्रैल, 1526 ई.) हुमायूँ दाहिने आन्तरिक चक्र (राइट इनर विंग) का सेनापति था। उसके साथ ख़्वाजा कलां और हिंदू बेग जैसे अनुभवी सरदार भी थे। युद्ध में पहला आक्रमण इसी चक्र (विंग) के ऊपर हुआ जिसमें हुमायूँ ने योग्यता दिखाई।[36] युद्ध के पश्चात बाबर द्वारा उसे और भी उत्तरदायित्व का भार सौंपा जाना इस बात का प्रमाण है।[37]

आगरा में

पानीपत के युद्ध के पश्चात् हुमायूँ को उसी दिन यह आदेश देकर आगरा भेजा गया कि वह मृत सुल्तान इब्राहीम लोदी की राजधानी तथा उसके कोष पर अधिकार कर ले।[38] आगरा के दुर्ग में सोना तथा बहुमूल्य रत्न संरक्षित थे। जिस समय हुमायूँ वहाँ पहुँचा उस समय आगरा में बहुत-से अफ़गान, भारतीय सैनिक तथा उनके परिवारों ने किले में शरण ली थी, इनमें इब्राहीम लोदी तथा ग्वालियर के राजा विक्रमादित्य[39] का परिवार भी था। यहाँ हुमायूँ के समक्ष तीन प्रमुख समस्याएँ थीं :

(1) दुर्ग में स्थित लोगों में विश्वास पैदा करना जिससे वे धन बाहर न भेजें तथा मुग़लों का साथ दें।

(2) दुर्ग में छिपे अफ़गान उमरा दुर्ग के धन को लूटकर भागना चाहते थे। इसकी सतर्कता से निगरानी करना आवश्यक था।

(3) मुग़ल सैनिक भी विजय के उल्लास में जो भी मिले उसे लूटना चाहते थे। उन्हें नियंत्रित रखना आवश्यक था।

हुमायूँ ने आगरा को घेर लिया। उसके प्रत्येक मार्ग पर उसने अपने सैनिक बैठा दिए, जिससे दुर्ग से कोई भी व्यक्ति या धन बाहर न जा सके और सतर्कता से बाहर प्रतीक्षा करता रहा। विक्रमादित्य के परिवार के लोग तथा संबंधी आगरा छोड़कर भाग जाना चाहते थे। जिस समय वे निकलकर भाग रहे थे, हुमायूँ के मार्ग रक्षकों द्वारा वे रोक लिए गए। हुमायूँ की आज्ञा से वे लूटे नहीं गए। इन लोगों ने हुमायूँ के सद्व्यवहार के कारण तथा उसे प्रसन्न करने के लिए उसे बहुत से रत्न भेंट किए। इन में 'कोहेनूर' हीरा भी था।[40]

पानीपत के युद्ध के दो सप्ताह पश्चात् 10 मई को बाबर आगरा के निकट पहुँचा। वहाँ हुमायूँ ने उसका स्वागत किया और 'कोहेनूर' अर्पित किया, जिसे उसने पालिश कराकर और सुंदर बनवा लिया था। बाबर ने उसे हुमायूँ को लौटा दिया। अपनी आत्मकथा में बाबर इस हीरे के विषय में वर्णन करते हुए लिखता है : "प्रसिद्ध है इसका मूल्य समस्त संसार के ढाई दिन भोजन के व्यय के बराबर आँका जाता था। वह लगभग आठ मिस्काल के बराबर था।"[41]

बाबर के आगरा के निकट पहुँचते ही आगरा के दुर्गरक्षक ने समर्पण कर दिया। छः दिनों के बाद बाबर ने दुर्ग पर अधिकार कर उसमें प्रवेश किया। दूसरे दिन इब्राहीम लोदी के कोष का वितरण हुआ। 'पाँच सम्राटों का धन' बाबर के हाथ लगा, किन्तु उसने वह सब वितरित कर दिया। इस वितरण में सबसे अधिक धन हुमायूँ को प्राप्त हुआ। उसे सत्तर लाख (दाम) प्रदान किया गया। इसके अतिरिक्त एक ख़ज़ाना इस बात का पता लगाए बिना कि इसमें क्या है तथा लिखे बिना ही उसे दे दिया गया।[42] इसके दो महीने पश्चात् (जुलाई 12, 1526 ई.) ईद के सुअवसर पर हुमायूँ को एक चारकूब, (धनवान लोगों के पहनने का वस्त्र) एक तलवार की पेटी और सुनहली ज़ीन सहित एक तीपूचाक घोड़ा दिया गया। इसके अतिरिक्त उसे हिसार फ़िरोज़ा तथा संभल भी जागीर के रूप में प्राप्त हुए।[43] सिपाहियों तथा सरदारों को भी बाबर ने इनाम दिया। इस वितरण से राजकोष रिक्त हो गया तथा गद्दी पर बैठने के पश्चात् हुमायूँ को आर्थिक संकट का सामना करना पड़ा।

पूर्वी क्षेत्र में अभियान

पानीपत की विजय के पश्चात् अफ़गान बिहार तथा बंगाल की ओर चले गए थे।

जौनपुर में भी मुग़लों की स्थिति अच्छी नहीं थी। प्रारम्भ में मुग़लों ने सुल्तान मुहम्मद नुहानी को जौनपुर से भगाकर उस पर अधिकार कर लिया, किन्तु वे उस पर अधिक दिन तक अधिकार नहीं रख सके। मुहम्मद नुहानी ने पुनः उस पर अधिकार कर के मुग़ल गर्वनर फीरोज़ ख़ाँ को वहाँ से भगा दिया तथा एक सेना नसीर ख़ाँ नुहानी तथा मारूफ़ फ़रमाऊली के नेतृत्व में कन्नौज की तरफ भेजी।[44] दूसरी ओर राणा सांगा (संग्रामसिंह) भी अपनी सेना के साथ बाबर के विरुद्ध बढ़ रहा था। ऐसी परिस्थिति में दो तरफ से युद्ध की आशंका थी।

युद्ध समिति की बैठक हुई और यह निश्चय हुआ कि सबसे पहले अफ़गानों को पराजित किया जाए, क्योंकि वे सबसे निकट थे। बाबर स्वयं इस अभियान का नेतृत्व करना चाहता था, किन्तु हुमायूँ ने अंतिम क्षण में कहा : "बादशाह स्वयं क्यों जाएँ, मैं यह कार्य करूँगा।"[45] उसका यह निवेदन स्वीकार कर लिया गया। उसकी सहायता के लिए सुल्तान जुनायद बरलास, महदी ख़्वाजा इत्यादि को अपनी सेनाओं के साथ जाने की आज्ञा दी गई। इस तरह हुमायूँ अफ़गानों से युद्ध करने के लिए आगे बढ़ा। यह उसका प्रथम स्वतंत्र नेतृत्व था।

हुमायूँ ने अपनी सेना संगठित की तथा अफ़गानों की ओर कूच किया, जिन्होंने कन्नौज तथा जाजमऊ पर अधिकार कर लिया था और वे जाजमऊ[46] के निकट चालीस-पचास हज़ार की सेना के साथ डटे हुए थे। जलेसर[47] नामक स्थान के निकट 21 अगस्त 1526 को मुहम्मद सुल्तान मिर्ज़ा तथा महदी ख़्वाजा हुमायूँ से मिले। यहाँ से ये शत्रु की ओर बढ़े। मुग़ल सेना के पहुँचते ही अफ़गानों का साहस टूट गया तथा वे भाग खड़े हुए। स्वर्गीय सुल्तान इब्राहीम के अमीर फ़तेह ख़ाँ सरवानी ने डलमऊ[48] में समर्पण किया। हुमायूँ ने जौनपुर पर आक्रमण कर उस पर अधिकार कर लिया।[49] यहाँ से हुमायूँ गाज़ीपुर की तरफ बढ़ा, जहाँ अफ़गान सरदार नासिर ख़ाँ लोहानी पड़ाव डाले पड़ा हुआ था। यहाँ भी अफ़गानों ने युद्ध नहीं किया और घाघरा को पार कर पीछे हट गए। हुमायूँ ने एक टुकड़ी सेना उनका पीछा करने के लिए भेजी। उसकी सेना की एक टुकड़ी ने खरीद[50] तथा बिहार को लूटा।

हुमायूँ ने जुनायद बरलास तथा ख़्वाजा शाह मीर हसन को जौनपुर का संयुक्त गवर्नर नियुक्त किया तथा फीरोज़ सारंगख़ानी, काज़ी अब्दुल जब्बार ख़ाँ इत्यादि को उसकी सहायता के लिए छोड़ दिया।[51] इसके अतिरिक्त शेख बायजीद को अवध में नियुक्त किया गया। यह सब प्रबंध कर हुमायूँ दोआब होता हुआ कालपी पहुँचा। कालपी आलम ख़ाँ के अधीन था। इसे अपने अधीन कर हुमायूँ 6 जनवरी 1527 को राजधानी आगरा में बाबर के समक्ष उपस्थि हुआ।[52]

पूर्वी क्षेत्र के अभियान में हुमायूँ को सफलता प्राप्त हुई। इस क्षेत्र के नेतृत्व तथा सफलता से बाबर को प्रसन्नता हुई और उसे निरन्तर युद्धों के पश्चात विश्राम मिला। यद्यपि अफ़गानों को पूर्णतया पराजित करने में उसे सफलता नहीं मिली फिर

भी उसने उनका दर्प चूर्ण कर उन्हें उन प्रदेशों से भगा दिया जहाँ उन्होंने गड़बड़ी मचा रखी थी।[53]

इस समय राणा सांगा अपनी सेना तथा सहयोगियों के साथ आगे बढ़ रहा था। हुमायूँ की सेना में बदख़्शाँ के सिपाही अधिक थे। वे सभी अपने देश को लौटना चाहते थे। हुमायूँ ने भी लौटने की इच्छा प्रकट की। डॉक्टर ईश्वरी प्रसाद के अनुसार हुमायूँ युद्धों से थक चुका था। उसकी अवस्था बहुत कम थी। उसमें अभी पूर्ण शारीरिक बल नहीं था, भारतीय गर्म जलवायु उसे रुचिकर नहीं थी तथा उसके अधिकतर सिपाही बदख़्शाँ के थे। इन कारणों से हुमायूँ अन्य सैनिकों की भाँति अनिच्छापूर्वक राणा सांगा के विरुद्ध युद्ध में आगे बढ़ा।[54] कारण जो भी हो हुमायूँ का इस प्रकार कठिन परिस्थितियों से विरक्त होना उसके चरित्र की कमज़ोरी का द्योतक है। योग्यता की निशानी तो यह थी कि वह इस परिस्थिति में उत्साह दिखाता तथा अन्य लोगों को भी प्रोत्साहित कर युद्ध के लिए प्रेरित करता।

आगरा में कुछ दिन रहने के पश्चात् बाबर के साथ हुमायूँ राणा सांगा से युद्ध करने के लिए बढ़ा। मार्ग का वर्णन करते हुए बाबर लिखता है कि मार्ग में गोष्ठियाँ हुआ करती थीं और उसमें कभी-कभी हुमायूँ भी शराब पीता था।[55]

खानवा का युद्ध

राणा सांगा के साथ बाबर की दूसरी लड़ाई खानवा के मैदान में हुई जो फ़तेहपुर सीकरी से लगभग 16 किलोमीटर पर है। इस युद्ध में हुमायूँ सेना के दाएँ चक्र (राइट विंग) का सेनापति था। राणा सांगा पराजित हुआ तथा उसकी सेना तितर-बितर हो गई।[56]

दिल्ली कोष की लूट

राजपूतों की पराजय के पश्चात् मुग़ल सेना अलवर की तरफ बढ़ी और उसने दुर्ग पर अधिकार कर लिया। इस दुर्ग का संपूर्ण कोष बाबर ने हुमायूँ को पारितोषिक के रूप में दे दिया। इसी बीच बदख़्शाँ में मिर्ज़ा ख़ाँ की मृत्यु से उत्पन्न परिस्थितियों के कारण हुमायूँ को बदख़्शाँ जाने की आज्ञा दी गई। हुमायूँ बदख़्शाँ का प्रशासक रह चुका था, इस कारण आशा थी कि वह परिस्थितियों को संभाल लेगा। रविवार 16 अप्रैल 1527 ई. को अपने पिता से आज्ञा प्राप्त कर तथा पारितोषिक में प्राप्त धन, वस्त्र इत्यादि लेकर हुमायूँ बदख़्शाँ के लिए रवाना हुआ। मार्ग में दिल्ली पड़ा। यहाँ उसने कुछ घरों को, जिनमें राजकीय कोष रखा हुआ था, तोड़ डाला तथा उनमें संचित धन को अपने अधिकार में कर लिया। बाबर हुमायूँ के इस व्यवहार से बहुत नाराज़ हुआ तथा उसे एक कड़ा पत्र लिखा।[57]

हुमायूँ ने यह कार्य क्यों किया? यह बताना बहुत ही कठिन है। यह स्पष्ट

है कि उसे धन की कमी न थी। भिन्न-भिन्न स्थानों पर बाबर ने उसे इतना पारितोषिक दिया था कि धन की कमी की संभावना ही नहीं थी। डॉ. ईश्वरी प्रसाद लिखते हैं : "ऐसा प्रतीत होता है कि हुमायूँ, बाबर के और बहुत-से सेनापतियों के साथ, भारत के अभियान को केवल एक लूट का साधन समझता था और उसे भी यह आशा थी कि शीघ्र ही इसका अन्त हो जाएगा।"[58] यह मत बहुत अंशों में सत्य है, फिर भी राज्य के उत्तराधिकारी द्वारा राजसी संपत्ति का लूटा जाना उचित नहीं था। निश्चय ही इससे हुमायूँ की बुद्धि की कमी प्रकट होती है। कदाचित् वह अपने लालची विदेशी सैनिकों पर नियंत्रण नहीं रख सका था; इससे उसकी उत्तरदायित्वहीनता ही प्रकट होती है।[59]

बदख़्शाँ में

दिल्ली के कोष को लूटने के पश्चात् हुमायू बदख़्शाँ चला गया (अगस्त-सितंबर 1527)। यहाँ वह लगभग दो वर्ष (1527-29 ई.) तक रहा।[60] इस समय के उसके कार्यों का विशेष ज्ञान हमें प्राप्त नहीं है। डॉ. बनर्जी लिखते हैं कि इस बीच उसने शांतिमय सरकार की स्थापना करने का प्रयत्न किया, किन्तु समय कम रहने के कारण वहाँ उसे बहुत अधिक सफलता प्राप्त न हो सकी।[61] डॉ. ईश्वरी प्रसाद भी इस बात से सहमत हैं कि बदख़्शाँ में उसके चरित्र और व्यवहार में शक्ति और उत्साह का अभाव था, किन्तु वह वहाँ की प्रजा में लोकप्रिय था जिससे उसे यहाँ विशेष कठिनाई नहीं हुई।[62]

बदख़्शाँ पहुँचकर हुमायूँ ने देखा कि उसकी तथा बाबर की अनुपस्थिति में वहाँ की पुरानी समस्याएँ और भी जटिल हो गई थीं। ऊज़्बेक अब भी शक्तिशाली थे। उस समय बुख़ारा में उबैदुल्ला ख़ाँ, समरकन्द में कुचुम सुल्तान तथा अबू सईद, हिसार में हमज़ा सुल्तान के पुत्र, तथा बल्ख़ में कीतीन क़रा सुल्तान सत्तारूढ़ थे।[63] खुरासान ऊजबेकों तथा ईरान के मध्य संघर्ष का विषय बना हुआ था। ईरान का सुल्तान, शाह तहमास्प, अभी बालक था, इस कारण ऊज़्बेक उबैदुल्ला ख़ाँ के योग्य नेतृत्व में अधिक शक्तिशाली थे। 1527 में उबैदुल्ला ख़ाँ ने मर्व, मशहद, अस्तराबाद तथा उसके अधीनस्थ स्थानों पर अधिकार कर लिया।[64] ईरान के शाह ने इसके विरुद्ध जून 1528 में ऊज़्बेकों के विरुद्ध युद्ध की घोषणा की। उबैदुल्ला ने भी शक्ति एकत्र की। जाम के युद्ध में (26 सितंबर 1528) शाह ने ऊज़्बेकों को बुरी तरह परास्त किया। बड़ी कठिनाई से उबैदुल्ला ख़ाँ तथा कुछ अन्य साथियों ने भागकर अपनी जान बचाई।[65] जिस समय ऊज़्बेक युद्ध में लगे हुए थे, हुमायूँ ने उनके द्वारा अधिकृत भागों पर अधिकार करने का प्रयत्न किया। उसने अपनी सेना को तीन भागों में विभाजित किया।[66] एक सेना शाह कुली के नेतृत्व में हिसार पर आक्रमण करने के लिए तैयार की गई। दूसरी तरसून मुहम्मद सुल्तान के नेतृत्व में तिरमिज और कबादीयान

की ओर अग्रसर हुई और तीसरी हुमायूँ के नेतृत्व में समरकन्द पर आक्रमण करने वाली थी। शाह कुली ने हिसार में प्रवेश किया, किन्तु तरसून मुहम्मद सुल्तान को कठिन परिस्थितियों का सामना करना पड़ा। हुमायूँ ने स्थानीय नेताओं की सहायता से चालीस हज़ार सेना एकत्रित की, और हिसार व कबादीयान पर अधिकार कर लिया। (जनवरी 1529)। ये दोनों स्थान आमू नदी के उत्तरी किनारे पर थे। भारत के किसी भी मुग़ल बादशाह का अधिकार इससे अधिक उत्तर की तरफ नहीं बढ़ा।[67] इसी बीच ऊज़बेकों के पुनः लौट आने के कारण मुग़लों को अपना आक्रमण रोक देना पड़ा। ये अभियान अधिक सफल नहीं हुए।[68] 1529 ई. में दोनों दल युद्ध से थक गए थे, इस कारण संघर्ष की गति मंद पड़ने लगी।

बदख़्शाँ में पहुँचने के उपरांत हुमायूँ का विवाह यादगार बेगम तगाई की पुत्री बेग़म से हुआ। 1529 ई. के अन्त में बेगा बेगम के एक पुत्र हुआ। हुमायूँ ने उसका नाम अलअमान रखा। इसकी सूचना पाकर बाबर ने हुमायूँ को एक पत्र लिखा। इस पत्र में बाबर सर्वप्रथम अपने पुत्र को बधाई देता है। किन्तु नवजात पुत्र का जो नामकरण हुमायूँ ने किया था वह उसे बहुत अच्छा प्रतीत नहीं हुआ। वह लिखता है कि अलअमान का अर्थ रक्षा होता है, किन्तु साधारण लोग इसे अलअमान अथवा अलआमा बोलते हैं। तुर्की में इस शब्द का अर्थ लुटेरा होता है। इस तरह बाबर हुमायूँ द्वारा यह नाम चुने जाने की भर्त्सना करता है। पत्र के समय से न पहुँचने की ओर भी वह संकेत करता है। हुमायूँ ने अपने पत्र में यह बात बारबार दुहराई थी कि वह अकेले रहना चाहता है। बाबर ने उसे समझाया कि उसकी यह इच्छा ठीक नहीं है, क्योंकि "एकांतवास बादशाही का बहुत बड़ा दोष है।" अन्त में बाबर ने ऊज़बेकों के विरुद्ध अभियान की एक योजना भी निश्चित की। इस पत्र में बाबर ने उसे भाइयों के प्रति उत्तम व्यवहार रखने को कहा तथा हुमायूँ और कामरान के भागों के विभाजन में छः तथा पाँच का अनुपात निश्चित किया। इस तरह इस पत्र से पिता का प्रेम, हुमायूँ का चरित्र तथा बदख़्शाँ के भागों से रुचि का पता चलता है।[69]

डॉ. ईश्वरी प्रसाद ने इस पत्र से यह अनुमान लगाया है कि इस समय हुमायूँ अवसाद की अवस्था में था। उसकी तबीयत कुछ गिरी-गिरी-सी रहती थी। उनका अनुमान है कि इसी समय हुमायूँ ने अफ़ीम खाना भी प्रारंभ कर दिया था और अगले चार-पाँच वर्षों में अफ़ीम ने पूर्णतया उसके ऊपर अधिकार कर लिया जो आगे चलकर उसके लिए बड़ा हानिकारक सिद्ध हुआ। विद्वान् लेखक का मत है कि हुमायूँ ने अपने अकेलेपन को (विशेषतः भारतीय अभियानों के पश्चात् जो अकेलापन आ गया था) दूर करने के लिए अफ़ीम खाना प्रारम्भ किया था।[70]

यह कहना कि हुमायूँ ने अकेलेपन के कारण अफ़ीम खाना प्रारंभ किया, अधिक सत्य नहीं प्रतीत होता। वास्तव में यह हुमायूँ के कुछ मित्रों की मित्रता की देन थी।

मिर्ज़ा हैदर के अनुसार हुमायूं ने कुछ दुश्चरित्र व्यक्तियों के कारण कुछ आदतें डाल लीं जिनमें अफ़ीम भी थी।[71]

हुमायूँ का आगरा आगमन

उपर्युक्त अभियान के बाद हुमायूँ लगभग आठ महीने बदख़्शाँ में रहा (935 हिजरी सफ़ से शव्वाल तक)। 6 जून 1529 ई. हिन्दाल के गुरू मीर फ़ख्रअली को शासन का कार्य सौंपकर हुमायूँ आगरा रवाना हुआ। दूसरे दिन (7 जून 1529) वह काबुल पहुँचा। काबुल में अस्करी, हिन्दाल तथा कामरान से (जो उसी दिन काबुल पहुँचा था) उसकी भेंट हुई। तीनों भाइयों में परामर्श हुआ इसके परिणामस्वरूप काबुल तथा कंधार का शासन कामरान को तथा बदख़्शाँ का हिन्दाल को सौंपकर हुमायूँ आगरा रवाना हुआ। जून के अन्त तथा जुलाई के प्रारंभ में (27 जून–6 जुलाई 1529) हुमायूँ आगरा पहुँचा। इसी बीच 26 जून को हुमायूँ की माता माहम आगरा पहुँची। काबुल से आगरा पहुँचने में उसने पाँच माह से अधिक लगाए।[72] जिस समय हुमायूँ आगरा पहुँचा उस समय माहम तथा बाबर बातें कर रहे थे।[73] उसके आगमन से दोनों को प्रसन्नता हुई। बाबर लिखता है कि इस अवसर पर हुमायूँ तथा माहम ने उपहार प्रस्तुत किए।[74]

कुछ दिन पश्चात् बाबर ने हुमायूँ से पुनः बदख़्शाँ जाने के लिए कहा किन्तु हुमायूँ इतने दूर जाने के लिए तैयार न हुआ। इसके पश्चात् बाबर ने प्रधान मंत्री ख़्वाजा निज़ामुद्दीन ख़लीफा को बदख़्शाँ जाने के लिए कहा। किन्तु उसने भी अस्वीकार कर दिया।[75] कोई और उपाय न देख बाबर ने बदख़्शाँ का प्रान्त बैस मिर्ज़ा के पुत्र सुलेमान मिर्ज़ा को दे दिया, यद्यपि बाबर ने ख़ुत्बा तथा सिक्के का अधिकार अपने नाम में रखा।[76] इस प्रान्त पर सुलेमान मिर्ज़ा का पैतृक अधिकार भी था। इस तरह बाबर ने बरख़्शाँ की समस्या को सुलझा दिया।

बदख़्शाँ सुलेमान मिर्ज़ा को देकर बाबर ने बुद्धिमानी का परिचय दिया। अमीरों के विरोध में इतनी दूर से बदख़्शाँ पर अधिकार रखना कठिन था। सुलेमान मिर्ज़ा को राज्य तो प्राप्त हुआ, किन्तु उसे ख़ुत्बा तथा सिक्के का अधिकार न मिलने से बाबर वैधानिक शासक बना रहा।

हुमायूँ की अनुपस्थिति में बदख़्शाँ

मिर्ज़ा हिन्दाल जिल-हिज्जा 935 हिजरी (अगस्त-सितंबर 1529) में बदख़्शाँ पहुँचा। इस बीच फख्र अली के शासन से बदख़्शाँ के अमीरों में असंतोष फैल गया। उन्होंने गद्दी के एक-दूसरे वैध अधिकारी काशगर के सुल्तान सईद को आमंत्रित किया। सुल्तान सईद ने उनके आमंत्रण पर बदख़्शाँ पर आक्रमण किया, किन्तु उसके पहुँचने के बारह दिन पूर्व हिन्दाल वहाँ पहुँच गया था। तीन माह 'किला-ए-जफ़र का घेरा डालने के पश्चात् सफलता की आशा न होने के कारण वह वापस लौट गया।

बदख़्शाँ के अमीरों के असंतोष के कई कारण थे। मीर फख़्र अली एक साधारण मुग़ल अमीर था। बदख़्शाँ के अमीरों का विचार था कि यह स्थान उनके योग्य नेता सुल्तान वैस को प्राप्त होना चाहिए था जिसने कुछ ही दिन पूर्व बाबर के पक्ष में ऊज़बेकों से युद्ध कर मुग़ल सीमा को बढ़ाया था। इसके अतिरिक्त आगरा से शासित होने में कदाचित् उन्हें मानहानि का अनुभव होता था। बदख़्शाँ का वास्तविक उत्तराधिकारी मिर्ज़ा सुलेमान अब बालिग हो गया था। ऐसी परिस्थिति में उनका विचार था कि उसे बदख़्शाँ का शासन-भार सम्हालने का अवसर मिलना चाहिए। ऐसा प्रतीत होता है कि मीर फख्र अली में योग्यता की भी कमी थी। इन्हीं कारणों से बदख़्शाँ के अमीरों ने काशगर के सुल्तान सईद ख़ाँ को निमंत्रित किया था।[77]

बदख़्शाँ से भारत लौटने की समस्या

हुमायूँ के बदख़्शाँ से लौटने के कारणों के विषय में इतिहासकार एकमत नहीं हैं। हैदर मिर्ज़ा स्पष्ट रूप में लिखता है कि बाबर ने हुमायूँ को बदख़्शाँ से भारत इसलिए बुलवाया था जिससे यदि उसकी अचानक मृत्यु हो जाए तो उसका एक पुत्र तथा उत्तराधिकारी उसके निकट रहे।[78] हैदर मिर्ज़ा उस समय बदख़्शाँ में था। उसका संबंध सुलतान वैस मिर्ज़ा, सुलेमान मिर्ज़ा तथा बाबर से भी था। इस कारण स्थिति को समझने में उसे सुविधा थी। हैदर मिर्ज़ा के इस विचार का समर्थन तारीखे खानदाने तैमूरिया, तारीखे अलफी तथा फिरिश्ता ने भी किया है।[79] इसके विपरीत अबुल फ़ज़ल लिखता है कि हुमायूँ बाबर के "सम्मानित गोष्ठी के शौक से उससे मुलाकात करने के लिए रवाना हुआ।"[80] काबुल में कामरान के पूछने पर हुमायूँ ने बतलाया कि बाबर से भेंट की इच्छा मुझे यहाँ से खींचे लिए जा रही है। अकबरनामा लिखते समय अबुल फ़ज़ल के पास तारीखे रशीदी भी थी, तथा वह लिखता है कि "मिर्ज़ा हैदर ने तारीखे रशीदी में लिखा है कि 935 हिजरी (1528-29 ई.) में जहाँ बानी गेती सितानी (बाबर) के बुलाने पर हिंदुस्तान की ओर रवाना हुआ और फख्र अली को बदख़्शाँ में नियुक्त कर दिया।"[81]

आधुनिक इतिहासकारों में अर्सकिन तथा श्रीमती बेवरिज ने हैदर मिर्ज़ा के वर्णन को अस्वीकार किया है।[82] उनका विचार है कि बाबर जैसे बुद्धिमान शासक ने कभी भी सीमा से गवर्नर को हटाकर उसे खतरे में नहीं डाला होगा। डॉ. ईश्वरी प्रसाद के अनुसार हुमायूँ को अपने पिता से मिलने की इच्छा के अतिरिक्त आगरा में बाबर के दरबार का आनंद-विनोद प्राप्त करने की इच्छा भी थी। ऊज़बेकों के युद्धों से भी वह थक गया था।[83] डॉ. बनर्जी के अनुसार हुमायूँ ने अपने पत्रों में विरक्तता व्यक्त की थी। बाबर उसे इस विचार को त्यागने के लिए परामर्श देना चाहता था। इस कारण उसे बुलाया गया था।[84]

हैदर मिर्ज़ा तथा अबुल फ़ज़ल के वर्णनों को ध्यान से देखने पर ऐसा प्रतीत

होता है कि दोनों के बीच कोई कड़ी है जो टूट गई है। अबुल फ़ज़ल का यह लिखना कि कामरान ने हैरान होकर उसके आगमन का कारण पूछा और हुमायूँ ने उत्तर दिया कि बादशाह से भेंट की इच्छा मुझे खींचे लिए जा रही है, विशेष अर्थ रखता है। बाबरनामा के अध्ययन से स्पष्ट हो जाता है कि हुमायूँ ने अवकाश ग्रहण करने की इच्छा प्रकट की थी तथा बाबर ने उसे अपने पत्र में समझाया था कि वह विचार ठीक नहीं है। फिर भी हुमायूँ की निराशाजनक मनःस्थिति बढ़ती गई। ऐसा प्रतीत होता है कि बाबर ने उसे समझाने के लिए बदख़्शाँ से बुलाया। कामरान को इसकी सूचना नहीं थी। इस कारण उसने आश्चर्य प्रकट किया। हुमायूँ कामरान के सामने अपनी कमजोरी नहीं प्रकट करना चाहता था। इस कारण उसने कहा कि वह सम्राट का दर्शन करना चाहता है। हुमायूँ इतनी शीघ्रता से पहुँचा कि उसके इतनी जल्दी पहुँचने पर बाबर को आश्चर्य हुआ। हुमायूँ ने वही यात्रा एक माह में तय की जिसे पूरा करने में माहम बेगम ने पाँच माह लगाए थे। बाबर हुमायूँ को स्थायी रूप में नहीं बुलाना चाहता था, यह इससे स्पष्ट हो जाता है कि उसके आने के बाद तुरंत ही उसने उसे वापस लौट जाने के लिए कहा।[85] यदि उसे पास रहने के लिए बुलाया गया था तो फिर वापस जाने के लिए तुरंत क्यों कहा गया? हुमायूँ का इनकार करना इस बात को स्पष्ट करता है कि वह बदख़्शाँ से तंग आ गया था तथा वहाँ लौटने के लिए इच्छुक नहीं था। हुमायूँ के हठ को देखक़र बाबर ने अधिक ज़ोर नहीं दिया।

हुमायूँ की अनुपस्थिति के समय बदख़्शाँ की घटनाओं का वर्णन हम कर चुके हैं। श्रीमती बेवरिज तथा अर्सकिन का विचार है कि बदख़्शाँ का प्रबंध किए बिना ही हुमायूँ लौट आया। जैसा कि ऊपर वर्णन किया जा चुका है, हुमायूँ ने बदख़्शाँ को खतरे में नहीं डाला था तथा हिन्दाल को वहाँ भेजकर उसने वहाँ का उचित प्रबंध कर दिया था।[86]

हुमायूँ की बीमारी

तीन महीने बाबर के पास रहने के पश्चात् हुमायूँ सम्भल चला गया। वहाँ वह छः महीने रहा। 1530 ई. में ग्रीष्म ऋतु का प्रारंभ होते ही वह बीमार पड़ गया। दिन पर दिन उसकी अवस्था बिगड़ती गई। अन्त में चिकित्सा का समुचित प्रबंध करने के लिए उसे आगरा ले जाना आवश्यक हो गया। वह पहले दिल्ली लाया गया और वहाँ से नाव पर नदी के रास्ते आगरा भेजा गया। माहम बेगम इस समय धौलपुर में अपने पति के साथ थी। यहाँ उसे मौलाना मुहम्मद फ़रगाली (फ़रगारी) के पत्र द्वारा हुमायूँ की बीमारी तथा उसकी गंभीर दशा की सूचना मिली।[87] माहम यह समाचार पाकर बहुत घबड़ाई तथा तत्काल दिल्ली की तरफ रवाना हो गई। मथुरा में उसकी हुमायूँ से मुलाकात हुई। हुमायूँ की दशा जैसी सुनी गई थी उससे अधिक खराब थी। आगरा पहुँचने पर उसकी अवस्था और खराब हो गई।[88]

गुलबदन बेगम ने जब हुमायूँ से मुलाकात की, उस समय वह बेहोशी में था। वह लिखती है कि कभी तो राजकुमार बहुत प्रेम से बात करता था, कभी बेहोश हो जाता था। इस वर्णन से ऐसा प्रतीत होता है कि उसे कदाचित अल्पविरामी ज्वर था। आगरा में हुमायूँ की चिकित्सा प्रमुख हकीमों द्वारा हुई,[89] किन्तु हुमायूँ के अच्छे होने के लक्षण नहीं दिखते थे। इसी समय एक प्रमुख संत मीर अबू बका ने पुरातन परंपराओं के अनुसार यह परामर्श दिया कि यदि सबसे बहुमूल्य वस्तु दान कर दी जाए तो राजकुमार अच्छा हो सकता है।[90] बाबर ने इस का उत्तर दिया कि वह स्वयं अपने पुत्र की सबसे बहुमूल्य वस्तु है और उसने अपने आप को हुमायूँ के लिए बलिदान करने की घोषणा की। इस बात से अमीर तथा अन्य उपस्थित लोग बहुत ही चिंतित हुए। उन्होंने बाबर को समझाया कि स्वयं प्राण देने के बजाय बहुमूल्य हीरा (कोहेनूर) दान कर दिया जाए, उसका मूल्य गरीबों में बाँट दिया जाए। किन्तु बाबर स्वयं अपना ही जीवन अर्पण करने के निर्णय पर दृढ़ रहा। बाबर ने हज़रत अली के नाम पर प्रार्थना की और हुमायूँ की शैया के चारों तरफ घूमकर उसने कहा, "हे परमेश्वर! यदि प्राण के बदले प्राण दिया जाता हो तो मैं, बाबर, अपनी अवस्था और अपना प्राण हुमायूँ को देता हूँ।" गुलबदन बेगम के अनुसार बाबर उसी दिन बीमार पड़ गया और हुमायूँ को कुछ आराम मिला। बाबर ने दूसरे दिन से व्रत करना आरंभ कर दिया जिससे उसका बलिदान सफल हो।[91] हुमायूँ धीरे-धीरे स्वस्थ होने लगा और कुछ दिनों में पूर्ण नीरोग हो गया।

स्वस्थ होकर हुमायूँ अपनी जागीर में लौट गया। हुमायूँ के जाते समय बाबर की अवस्था अधिक खराब नहीं थी। यदि ऐसा होता तो हुमायूँ उसे छोड़कर नहीं जाता।

बाबर ने अपना जीवन क्यों अर्पित किया?

बाबर, माहम तथा हुमायूँ दोनों को प्यार करता था। हुमायूँ की बीमारी, हकीमों की निराशा तथा माहम की घबराहट ने बाबर को अत्यंत चिंतित कर दिया। यदि उसकी मानसिक स्थिति तथा स्वास्थ्य अच्छा होता तो बाबर ने इतने शीघ्र अपने प्राण अर्पण करने की बात न सोची होती। परन्तु इस बीच उसका स्वास्थ्य ठीक नहीं चल रहा था तथा उसकी मानसिक अवस्था भी ठीक नहीं थी। इस अवसाद की अवस्था में राज्य त्यागने की बात भी उसके मन में आई।[92] उसका 'जीवन अर्पण' केवल प्रेम के ही कारण नहीं बल्कि इस मनःस्थिति के कारण भी था।

गुलबदन बेगम के वर्णन को ध्यान से पढ़ने से ऐसा प्रतीत होता है कि बाबर ने हुमायूँ की बीमारी में उस पर अधिक ध्यान नहीं दिया था जिससे माहम दुखी थी। हुमायूँ माहम का एकमात्र पुत्र था तथा उसकी अन्य संतानें मर चुकी थीं। माहम का यह कहना कि "आप मेरे पुत्र की चिंता नहीं कर रहे हैं, आप बादशाह हैं, आपको

क्या चिंता हो सकती है, आपके अन्य पुत्र भी हैं,"[93] इस बात व है, बाबर ने इसी शर्म में जीवन अर्पित किया हो जिससे दुखी हो।[94]

उत्तराधिकारी

हुमायूँ के स्वास्थ्य-लाभ करते ही बाबर ने उसे अप इसका वर्णन अहमद यादगार ने इस प्रकार कि

"जाड़े की एक रात्रि में बादशाह ने हुमायूँ मिर्ज़ा को बुलाया। जब वह उपस्थि होने के कारण तकिए पर सिर रखकर खड़ा रहा। जब आधी रात को गेती- तू कब आया? शाहज़ादे ने निवेदन बादशाह को याद आया और वे तुझे राजसिंहासन और मुकुट उन्हें क्षमा करते रहना।' शाह बादशाह ने उसे 'वलि अ कर दिया। यही कारण प्रकार से धृष्टता क उपरान्त उनकी भी वह उनके बदला नहीं

कालिंज

उ

छोड़कर गया था, एकाएक यह क्या हो गया?[97]

बीमारी की अवस्था में बाबर पूछा करता था कि हिन्दाल कहाँ है? वह कब आएगा? हिन्दाल कितना बड़ा हुआ है? इसी बीमारी की अवस्था में बाबर ने अपनी दो पुत्रियों के विवाह किए—गुलरंग बेगम का इसान तैमूर सुल्तान से और गुलचेहरा बेगम का तुख़्ताबुगा सुल्तान से।[98]

अपना अन्त समय देखकर बाबर ने अमीरों को बुलवाया जिसमें ख़्वाजा ख़लीफ़ा, तर्दी बेग, हिंदू बेग और कंबरे अली बेग प्रमुख थे। उनकी उपस्थिति में उसने हुमायूँ को अपना उत्तराधिकारी घोषित किया और कहा, "वर्षों से यह मेरी इच्छा थी कि हुमायूँ मिर्ज़ा को बादशाही देकर मैं स्वतंत्र हो कर जर आफ़्शां में एकांतवास करूँ। ईश्वर की कृपा से वही हुआ। पर यह नहीं हुआ कि मैं स्वस्थ अवस्था में ऐसा करता। अब जब रुग्णावस्था में पड़ा हूँ, मैं वसीयत करता हूँ कि हुमायूँ मेरा उत्तराधिकारी होगा और आप सब उसका साथ देने में कमी न करें और उसके स्वामिभक्त रहें। एक हृदय और एक मन से आप सब उसकी तरफ रहेंगे और मुझे भरोसा है कि खुदा हुमायूँ को ऐसी बुद्धि देंगे कि वह मनुष्यों से अच्छा व्यवहार करेगा।"[99] इतना कहने के पश्चात् बाबर हुमायूँ की तरफ घूमा और उसने उसके लिए यह अन्तिम संदेश कहा: "तुझे, तेरे भाइयों एवं अपने सभी संबंधियों तथा आदमियों को ईश्वर को सौंपता हूँ और इन लोगों को तेरे सुपूर्द करता हूँ।"[100]

इस घटना के तीन दिन पश्चात् सोमवार, 26 दिसंबर, 1530 ई. को बाबर की मृत्यु हो गई।[101]

बाबर की मृत्यु गुप्त रखी गई जिससे विद्रोह न हो। इसी बीच अरेश ख़ाँ नामक एक भारतीय अमीर ने यह सुझाव दिया कि बाबर की मृत्यु को छिपाने का परिणाम भयंकर हो सकता है और उसने कहा जब बादशाह की मृत्यु होती है तब अक़सर लोग लूट-मार करते हैं। उसने यह सुझाव दिया कि एक आदमी को लाल वस्त्र पहनाकर हाथी पर बैठाकर मुनादी कर दी जाए कि बाबर बादशाह दरवेश हो गए हैं और राज्य हुमायूँ बादशाह को दिया गया है। हुमायूँ ने आज्ञा दी कि ऐसा ही हो। इससे प्रजा में संतोष हुआ।[102]

इसके चार दिन के बाद हुमायूँ गद्दी पर बैठा। बाबर आगरा में चारबाग़ (रामबाग़) में दफ़नाया गया। शेरशाह के समय बाबर की अफ़ग़ान रानी बीबी मुबारिका उसकी लाश को काबुल ले गई, जहाँ वह पुनः दफनाया गया। आजकल वह स्थान शाहे काबुल कहलाता है। जहाँगीर ने उसमें एक अभिलेख अंकित कराया तथा शाहजहाँ ने वहाँ एक सुंदर मस्जिद का निर्माण कराया।[103]

बाबर की मृत्यु का कारण

बाबर की मृत्यु उसके प्राण अर्पण करने के कारण हुई अथवा हुमायूँ का अच्छा होना

तथा उसकी बीमारी केवल संयोग मात्र था?

मध्य युग में यह विश्वास था कि प्रार्थना तथा किसी विशेष धार्मिक पुरुष की मध्यस्थता से रोग अच्छा हो सकता है तथा एक व्यक्ति के प्राण देने से दूसरे व्यक्ति का प्राण बच सकता था। बाबर ने अपना प्राण इसी अंधविश्वास पर अर्पित किया। यदि जीवन, जीवन से बदला जाता तो बाबर को वही बीमारी होनी चाहिए थी। किन्तु ऐसा नहीं हुआ। हुमायूँ ज्वर से पीड़ित था तथा बाबर को पेट की बीमारी थी। गुलबदन बेगम कहती है कि "वैद्यों ने यह स्पष्ट रूप से कहा था कि बीमारी इब्राहीम की माँ द्वारा दिए गए विष का परिणाम थी। इसी समय वादशाह के पेट में पीड़ा बढ़ गई और हुमायूँ पिता का बुरा हाल देखकर घबराने लगा। हकीमों को बुलाकर उसने कहा कि 'देखो और दवा दो।' हकीमों ने इकट्ठा होकर कहा कि 'हम लोगों का दुर्भाग्य है कि दवा काम नहीं देती। आशा है परमेश्वर अपने गुप्त कोष से कोई दवा देंगे।' इसी समय नाड़ी देखकर हकीमों ने कहा कि ये उस विष के चिह्न हैं जो सुल्तान इब्राहीम की मां ने दिया था।"[104]

हुमायूँ का स्वास्थ्य-लाभ तथा बाबर की बीमारी और मृत्यु में समय का अन्तर है। हुमायूँ बाबर के प्राण-अर्पण के कुछ ही दिन बाद स्वस्थ हो गया। बाबर की बीमारी धीरे-धीरे बढ़ती गई तथा उसका अन्त होने में लगभग दस माह लगे। अबुल फ़ज़ल का विचार है कि बाबर की मृत्यु उसके बलिदान के कारण हुई।[105] आधुनिक फ्रांसीसी लेखक ग्रेनार्ड ने गुलबदन बेगम के उपर्युक्त कथन के आधार पर यह मत व्यक्त किया है कि हुमायूँ ने बाबर को ज़हर देकर मार डाला।[106] गुलबदन के कथन से यह मत निकालना भूल है। इब्राहीम की माँ द्वारा दिया गया विष बहुत तेज था तथा बाबर उससे भाग्य से ही बच गया। गुलबदन ने विष देने की घटना का भी वर्णन किया है जिससे स्पष्ट है कि उनका अर्थ अन्य किसी विष से नहीं है।[107]

वास्तविक रूप में बाबर की मृत्यु और हुमायूँ के अच्छे होने की घटनाएँ संयोग मात्र हैं। बाबर ने अपने जीवन भर शराब पी थी। अधिकतम नशा लाने के लिए शराब में भांग, धतूरा आदि चीजें भी मिलाई जाती थीं। ऐसी स्थिति में उसके पेट में रोग होना एक साधारण-सी बात थी। इब्राहीम की माँ द्वारा दिए गए विष का प्रभाव भी उसके स्वास्थ्य पर पड़ा होगा। इसके अतिरिक्त बाबर का संपूर्ण जीवन कठिन श्रम और संघर्ष का जीवन था। कठिन परिश्रम और अस्त-व्यस्त तथा अनियमित दिनचर्या ने उसके स्वास्थ्य को गिरा दिया। काबुल, मध्य एशिया तथा भारत की जलवायु में अन्तर था। यह भी बाबर की शक्तिक्षय में सहायक हुआ। इसी बीच उसके प्रिय पुत्र अलवर की मृत्यु हो गई जिससे बाबर का अस्वस्थ मन तथा शरीर और भी हिल गया। इन परिस्थितियों में जिस समय बाबर ने अपने जीवन को समर्पित किया तथा उसके बाद जब हुमायूँ स्वस्थ होने लगा तो बाबर को यह विश्वास हो

गया कि खुदा ने उसकी प्रार्थना स्वीकार कर ली। शारीरिक दुर्बलता की अवस्था में मनोवैज्ञानिक प्रभाव से वह धीरे-धीरे मृत्यु की ओर अग्रसर होने लगा। इस दृष्टि से उसकी मृत्यु अंधविश्वास के मनोवैज्ञानिक प्रभाव के कारण हुई। उसका जीवन अर्पण तथा उसकी मृत्यु की घटनाएँ केवल संयोग मात्र थीं।

संदर्भ

1. दि मेमायर्स ऑफ़ बाबर, (बाबरनामा), का श्रीमती ए.एस. बेवरिज का अंग्रेजी अनुवाद, पृ. 344; अकबरनामा, फारसी, भाग1, पृ.21, मुस्लिम तिथि के अनुसार चौथी जीकाद, 913 हिजरी। बाबर अपनी आत्मकथा में लिखता है कि मौलाना मसनदी नामक कवि ने 'सुल्तान हुमायूँ ख़ाँ' नामक अक्षरों से तथा काबुल के एक अन्य साधारण कवि ने 'शाह फ़ीरोज़ कद्र' के अक्षरों से हुमायूँ की जन्मतिथि निकाली। अरबी अक्षरों का वह क्रम जिसमें हर अक्षर का मूल्य एक से हज़ार तक निर्धारित है, अब्जद कहलाता है। अब्जद के आधार पर दोनों उपर्युक्त अक्षरों का जोड़ 913 हुआ।
2. अमीर तैमूर (तुर्क)
   |
   मिर्जा मिरान शाह
   |
   सुल्तान मुहम्मद मिर्ज़ा
   |
   सुल्तान अबु सईद मिर्ज़ा
   |
   अहमद मिर्ज़ा (समरकन्द तथा बुखारा) — महमूद मिर्ज़ा (बल्ख तथा बदख़्शाँ) — उलूग बेग मिर्ज़ा (काबुल एवं गजनी) — उमर शेख मिर्ज़ा (चौथी पीढ़ी) (फ़रगना)

   चंगेज ख़ाँ (मंगोल)
   |
   युनस ख़ाँ (बारहवीं पीढ़ी)
   |
   कुतलूक निगार (तेरहवीं पीढ़ी)

   उमर शेख मिर्ज़ा
   |
   जहीरुद्दीन मुहम्मद बाबर
   |
   हुमायूँ
3. गुलबदन बेगम ने माहम के लिए 'आक़ा' शब्द का प्रयोग किया है। यह तुर्की भाषा का शब्द है, जो वयोवृद्ध महिला के लिए प्रयोग किया जाता था। आक़ा का अर्थ प्रभु, मालिक, अध्यक्ष या सरदार है (गुलबदन, हुमायूँनामा, बेवरिज, पृ. 256-58)। श्रीमती बेवरिज लिखती हैं कि माहम के वंश का पता लगाना कठिन है (बाबरनामा, बेवरिज, पृ. 344, टिप्पणी)। डॉ. ईश्वरी प्रसाद के अनुसार यह निश्चित ही है कि वह मुग़ल नहीं थी (ईश्वरी प्रसाद, हुमायूँ, पृ. 1)। बाबर के ट्रान्सऑक्सियाना अभियान के समय माहम उसके साथ थीं (916-20 हि.)। ऊज़बेकों से पराजित होकर बाबर जिस समय 918 हि. (अप्रैल-मई 1512) में हिसार में था, तब भी माहम उसके साथ थीं (बाबरनामा, बेवरिज, 1, पृ. 358; हुमायूँनामा, बेवरिज पृ. 91)।
4. अबू नस्त्र अहमद जाम 'जिन्दा पील' ईरान के एक प्रसिद्ध सूफ़ी संत थे। उनका जन्म सन् 1049 (441 हि.) में हुआ था। 22 वर्ष की अवस्था में उन्होंने धार्मिक जीवन अपना लिया। वे अट्ठारह वर्ष तक जंगलों तथा पर्वतों में घोर तपस्या करते रहे। उसके पश्चात् उन्होंने विवाह किया। उनके 39 पुत्र तथा 3 पुत्रियाँ हुईं। उनकी मृत्यु के समय (फरवरी 1142, 536 हिजरी)

तीन पुत्रियाँ तथा चौदह पुत्र जीवित थे। इनकी रचनाओं में रिसाला-ए-समरकन्दी, बहरुल हकीकत इत्यादि प्रसिद्ध हैं। कहा जाता है कि उन्होंने साठ हजार व्यक्तियों को इस्लाम धर्म का अनुयायी बनाया। अकबर की माँ हमीदाबानो भी इसी वंश से संबंधित थी। (एनसाइक्लोपीडिया ऑफ़ इस्लाम, भाग 1, पृ. 197, बील तथा कीन, दि ओरियंटल बायोग्राफिकल डिक्शनरी, पृ. 27)।

ईरान तथा निकट के भागों में उनका नाम बड़े आदर से लिया जाता था। तैमूर ने स्वयं इनके दरगाह की यात्रा की थी। हुमायूँ की 'संत जिन्दपील के दरगाह' की यात्रा के लिए इस पुस्तक का नवां अध्याय देखिए।

5. बाबरनामा तथा गुलबदन बेगम के हुमायूँनामा से हमें बाबर की नौ पत्नियों का ज्ञान प्राप्त होता है :

(1) आयशा सुल्तान बेगम–यह बाबर के चाचा सुल्तान अहमद मिर्ज़ा की पुत्री थी। जिस समय बाबर की अवस्था पाँच वर्ष की थी, इसकी मंगनी उससे हुई, किन्तु विवाह खोजन्द में, मार्च 1500 में हुआ। 1501 ई. में इससे एक पुत्री पैदा हुई, किन्तु वह एक महीने में ही मर गई (गुलबदन, हुमायूंनामा, बेवरिज टिप्पणी, पृ. 209-10)।

(2) जैनब सुल्तान बेगम–यह सुल्तान महमूद मिर्ज़ा की पुत्री थी। इसका विवाह 1504 ई. में हुआ। दुर्भाग्यवश 2 वर्ष पश्चात् ही जैनब की मृत्यु हो गई। (बाबरनामा, बेवरिज, पृ. 48)।

(3) मासूमा सुल्तान बेगम–यह सुल्तान अहमद मिर्ज़ा की पाँचवीं पुत्री थी। इसकी माता हबीबा सुल्तान बेगम अर्गून बाबर की पहली पत्नी आयशा की सौतेली बहन थी। यह प्रेमविवाह था जो 1507 ई. में संपन्न हुआ था। दो वर्ष पश्चात पुत्र-जन्म में इसकी मृत्यु हो गयी। इसकी पुत्री का नाम इसी के नाम पर (मासूमा सुल्तान बेगम) रखा गया। (गुलबदन, हुमायूनामा, बेवरिज, पृ. 90 तथा 263) बाद में इस लड़की का विवाह मुहम्मद ज़मान मिर्ज़ा से हुआ।

(4) माहम बेगम–इसका उल्लेख ऊपर किया गया है। माहम बेगम के पाँच संतानें हुईं–बारबुल मिर्ज़ा, मिहिर जहाँ, एशान दौलत बेगम, फारूक मिर्ज़ा तथा हुमायूँ मिर्ज़ा। प्रथम चार संतानें बचपन में ही मर गईं।

(5) गुलरुख बेगम–इसके वंश का परिचय हमें प्राप्त नहीं है। बाबर के साथ इसका विवाह सन् 1508 में हुआ। इसके पाँच पुत्र हुए जिनमें दो–कामरान तथा अस्करी–हुमायूँ के राज्य काल में जीवित रहे और उसके दुर्भाग्य के कारण बने (बाबरनामा, बेवरिज, पृ. 274-388; तारीखे रशीदी, पृ. 183, 248, 264-65, 280, 308, 326; गुलबदन बेगम, हुमायूँनामा, बेवरिज, पृ. 233-34)

(6) दिलदार आग़ाचह–यह बाबर की दूसरी पत्नी जैनब बेगम की बहन थी। इससे बाबर का विवाह कदाचित् 1509 ई. या इसके पश्चात् हुआ था। इसकी पाँच संतानें हुईं–गुलरंग, गुलचेहरा, हिन्दाल, गुलबदन तथा अलवर। इनमें दो–हिन्दाल मिर्ज़ा (1518-51 ई.) तथा गुलबदन बेगम (1523-1603 ई.)–ऐतिहासिक दृष्टि से महत्त्वपूर्ण हैं। (गुलबदन, हुमायूँनामा, बेवरिज, पृ. 225-26; जौहर, स्टीवर्ट, पृ. 30-31; अर्सकिन, 2, पृ. 164, 220, 302)।

(7) मुबारिका बीबी–यह शाह मन्सूर यूसुफ़जई की पुत्री थी। बाबर ने केहरास में 30 जनवरी, 1519 को इससे विवाह किया था। यह विवाह यूसुफ़जई को अपने में मिलाने के लिए किया गया था। इसके कोई संतान नहीं हुई। कदाचित् बाबर ही उपपत्नियों ने उसे ऐसी दवा खिला दी थी की कोई संतान न हो सकी। (गुलबदन, हुमायूँनामा, बेवरिज, पृ. 91-92, 266; अकबरनामा, अं. अनु. 1, पृ. 315; एशियाटिक क्वार्टरली रिव्यू, अप्रैल 1901 एच. बेवरिज, 'ऐन अफ़गान लिजेंड', (तारीखे हाफ़िज़े रहमतखानी का अनुवाद)।

(8) गुलनार आग़ाचह और (9) नारगुल आग़ाचह–ये कदाचित् दासियाँ थीं जिन्हें शाह-तहमास्प ने बाबर को उपहार के रूप में 1526 ई. में दिया था। प्रारंभ में ये रखैलें थीं। किन्तु बाद में

इनकी गणना राजभवन की संभ्रात् महिलाओं में होने लगी। गुलबदन बेगम ने अपने संस्मरण में कई बार उत्सवों तथा पारिवारिक विचार-विमर्शों में इन्हें भाग लेते हुए वर्णन किया है। गुलनार हिन्दाल के विवाह के उत्सव में उपस्थित थी तथा गुलबदन बेगम के साथ 1557 ई. में हज्ज को गई थी। अपने जीवन के अंतिम समय में इन दोनों पर बाबर की आसक्ति बहुत बढ़ गई थी (गुलबदन, हुमायूँनामा, बेवरिज, पृ. 232, अकबरनामा, अं. अनु. 3, पृ. 145)। इन नौ पत्नियों के अतिरिक्त तारीखे शाहरूख के लेखक नियाज मुहम्मद खुकंडी ने सायीदा आफ़ाक नाम की एक दसवीं पत्नी का भी उल्लेख किया है। हो सकता है कि बाबर की और भी पत्नियाँ तथा रखैलें रही हों।

गुलबदन ने बाबर की 19 संतानों का उल्लेख किया है, किन्तु नाम उन्होंने केवल 18 के लिखे हैं। हुमायूँ के केवल तीन सौतेले भाई तथा चार सौतेली बहनें जीवित रहीं।

6. बाबरनामा, बेवरिज, पृ. 344।
7. बाबरनामा, बेवरिज, पृ. 344।
8. गुलबदन, हुमायूँनामा, बेवरिज, पृ. 90; फारसी पृ. 9; गुलबदन के शब्द इस प्रकार हैं :— व दरहमां साल हजरते फिरदौस मकानी खुद रा फरमूदन्द ब उमरा व सायरुन्नास कि मरा बाबर बादशाह गोयेद। व इल्ला अवायल कब्ल अज तवल्लुदे हजरत हुमायूँ बादशाह मिर्ज़ा बाबर मौसूम व मरसूम बूदन्द बल्कि हमा बादशाह जादाहारा रा मिर्ज़ा मी गुफ्तन्द व दर साले तवल्लुदे एशां खुद रा बाबर बादशाह गोयानीदन्द।
9. बनर्जी (हुमायूँ 1, पृ. 2) लिखते हैं, "The occasion was marked by rejoicing amidst which he assumed the higher title of Padshah in preference to that of Mirza so long used by him."
10. बाबरनामा, बेवरिज, पृ. 344, फु. नो. 2।
11. बाबरनामा, बेवरिज, पृ. 344।
12. बनर्जी, हुमायूँ, 1, पृ. 2 "The birth of a son ensured the continuity of his line and the principles of his Government."
13. तारीखे रशीदी, एलियस तथा रास, पृ. 204; फ़िरिश्ता, ब्रिग्स, 2, पृ. 29-30; रशब्रुक विलियम्स, ऐन एम्पायर बिल्डर ऑफ़ दि सिक्सटीन्थ सेन्चुरी, पृ. 96-97।
14. तारीखे रशीदी, ए. तथा रा., पृ. 237; अर्सकिन, 1, पृ. 298-300; अहसानत् तवारीख, सं. सेडन, पृ. 57 तथा 119; विलियम्स, पृ. 97-101।
15. विलियम्स, पृ. 101-103; रजब 917 हिजरी, सितंबर-अक्टूबर 1511।
16. अहसानत् तवारीख़, 1, पृ. 127-36; तारीख़े रशीदी, ए. तथा रा., पृ. 246-47 तथा 260-68, विलियम्स, पृ. 103-109।
17. ईश्वरी प्रसाद, लाइफ़ एण्ड टाइम्स ऑफ़ हुमायूँ, पृ. 4।
18. ला, प्रोमोशन ऑफ़ लर्निंग इन इंडिया ड्यूरिंग मोहम्डन रूल, पृ. 128। चार वर्ष चार महीना तथा चार दिन की अवस्था में हुमायूँ का विद्यारंभ संस्कार हुआ तथा उसे शिक्षकों के सुपुर्द किया गया!
19. ख्वन्दमीर, कानूने हुमायूँनी, डॉ. बेनी प्रसाद (अं. अनु.) पृ. 24; अबुल फ़ज़ल इसका नाम केवल रूहुल्लाह लिखता है, अकबरनामा, 1, पृ. 357।
20. गनी, ए हिस्ट्र ऑफ़ पर्शियन लैंगुएज एण्ड लिटरेचर ऐट दि मुग़ल कोर्ट, 2, पृ. 53।
21. सात व आठ जनवरी 1526 को बाबर लिखता है, "उस टीले पर दो रातें व्यतीत करने के उपरांत मैंने दुर्ग का निरीक्षण किया। मैंने गाजी ख़ाँ के पुस्तकालय में प्रवेश किया। वहाँ बहुत

से उत्तम बहुमूल्य ग्रंथ मिले। उनमें से कुछ हुमायूँ को दिए और कुछ कामरान को भेज दिए। उनमें बहुत से ग्रंथ पांडित्यपूर्ण विषयों पर थे, किन्तु उनकी संख्या इतनी अधिक न थी जितनी सर्वप्रथम दृष्टिगत हुई थी। मैंने वह रात्रि किले में व्यतीत की। दूसरे दिन प्रातःकाल मैं अपने शिविर में चला आया।'' बाबरनामा बेवरिज, पृ. 460।

22. ''मुल्ला बहिश्ती के हाथ हिन्दाल को एक जड़ाऊ पेटी सहित कटार, एक जड़ाऊ कलमदान, एक मोतियों के काम की चौकी, एक कबा एवं एक पेटी तथा बाबरी लिपि के कुछ विभिन्न पत्र एवं बाबरी लिपि में लिखे हुए क़ते भेजे। हिंदुस्तान में मैंने जिस अनुवाद और जिन पद्यों की रचना की थी उन्हें हुमायूँ के पास भेजा। हिन्दाल तथा ख्वाजा कलां को भी अनुवाद एवं पद्य भेजे गए। उन्हें कामरान के पास भी बाबरी लिपि में लिखे हुए नमूनों के साथ मिर्ज़ा बेग तगाई के हाथ भेजा गया।'' बाबरनामा, बेवरिज, पृ. 642।

23. बाबरनामा, बेवरिज, पृ. 624-28। यह पत्र आगे टिप्पणी सं. 69 में उद्धृत है।

24. बाबरनामा, बेवरिज, पृ. 417

25. वही, पृ. 421।

26. श्रीमती बेवरिज ने गुलबदन बेगम के हुमायूँनामा के अंग्रेज़ी अनुवाद में (पृ. 92-93) यह मत प्रकट किया है कि हुमायूँ को नियुक्त करने में बाबर के संकोच का कारण उसकी अल्पायु थी। श्रीमती बेवरिज का यह मत सत्य प्रतीत नहीं होता क्योंकि मध्य युग में हुमायूँ से कम अवस्था के राजकुमारों को भी उत्तरदायित्व का पद दिया जाता था। हिन्दाल 11 या 12 वर्ष की अवस्था में बदख़्शाँ का तथा कामरान 15 वर्ष की अवस्था में काबुल का गवर्नर नियुक्त हुआ था। अस्करी ने, घाघरा के युद्ध में 13 वर्ष की अवस्था में सेना के एक भाग का नेतृत्व किया था। हुमायूँ की अवस्था इस समय लगभग तेरह वर्ष की थी। बाबर को संकोच कदाचित् इस कारण था कि बदख़्शाँ पर सुलेमान का दावा हुमायूँ से अधिक था। किन्तु बदख़्शाँ से एक निमंत्रण पत्र आया जिसमें लिखा था कि ''मिर्ज़ा ख़ाँ की मृत्यु हो गई है। मिर्ज़ा सुलेमान अभी लड़का है। ऊज़बेक निकट हैं। विचार करें कि कहीं बदख़्शाँ शत्रु के हाथ में न चला जाए।'' (हुमायूँनामा, गुलबदन, बेवरिज, पृ. 92)। इस पत्र को प्राप्त करने के उपरांत बाबर ने तत्काल निर्णय कर हुमायूँ को वहाँ भेज दिया।

27. माहम के साथ बाबर की बदख़्शाँ यात्रा केवल पुत्र प्रेम के कारण न थी। बाबर ने वहाँ पहुँचकर स्थिति का अध्ययन किया तथा उसे वहाँ का प्रबंध करने में सुविधा भी हुई। बाबर की उपस्थिति का प्रभाव वहाँ के निवासियों पर पड़ना स्वाभाविक था। हुमायूँ के साथ उसके अधिकार में एक बड़ी सेना रखी गई जिसमें बैरम ख़ाँ भी था जो भविष्य में अकबर के राज्यकाल में उसका प्रधान मंत्री बना।

28. हुमायूँ के बदख़्शाँ के शासन का पूर्ण ज्ञान हमें प्राप्त नहीं है। निश्चयपूर्वक केवल इतना ही कहा जा सकता है कि इस बीच वहाँ शांति रही तथा कोई विशेष महत्त्वपूर्ण घटना नहीं हुई। (डॉ. ईश्वरी प्रसाद, हुमायूँ, पृ. 7)

29. बाबरनामा, बेवरिज, पृ. 447।

30. बाबर को बागेवफ़ा से प्रस्थान करने में एक माह का विलंब करना पड़ा। कुछ हस्तलिखित ग्रंथों में हुमायूँ की एक टिप्पणी मिलती है : ''हमारा प्रस्थान आशुरा (10 मुहर्रम) के उपरांत निश्चय हुआ था। हम लोग 10 सफर के बाद पहुँचे। बाबर के पत्र की सूचना प्राप्त करने के लिए विलंब करना आवश्यक था। उत्तर में निवेदन किया गया कि बदख़्शाँ की सेना की तैयारी में देर हो गई। यदि यह दास अपने पिता की कृपा पर भरोसा करते हुए और अधिक विलंब करता तो दास का पिता और दुखी होता।'' बाबरनामा, बेवरिज, पृ. 447, टिप्पणी 3।

31. ईश्वरी प्रसाद, हुमायूँ, पृ. 10।
32. हुमायूँ के साथ भेजे गए उमरा बाबर के प्रमुख अमीरों में से थे। इससे यह स्पष्ट हो जाता है कि हुमायूँ का यह नेतृत्व केवल नाम मात्र का था। ईश्वरी प्रसाद, हुमायूँ, पृ. 14।
33. बाबरनामा, बेवरिज, पृ. 466।
34. ये टनके चाँदी के थे अथवा तांबे के यह निश्चित रूप से नहीं कहा जा सकता। अर्सकिन के अनुसार उनका मूल्य ढाई लाख रुपए के बराबर था। अर्सकिन, 1, पृ. 345।
35. बाबरनामा, बेवरिज, पृ. 466।
36. विलियम्स, पृ. 131-37।
37. ईश्वरी प्रसाद, हुमायूँ, पृ. 16।
38. बाबरनामा, बेवरिज, पृ. 475।
39. डॉ. बनर्जी अपनी पुस्तक हुमायूँ बादशाह (भाग 1, पृ. 5) में लिखते हैं कि हुमायूँ ने ग्वालियर के राजा विक्रम को पराजित किया तथा राजा युद्ध-भूमि में मारा गया। डॉ. बनर्जी का यह मत सत्य नहीं है। बाबर अपनी आत्मकथा में स्पष्ट रूप से लिखता है कि इब्राहीम की पराजय के समय पानीपत के युद्ध में ग्वालियर का राजा विक्रमाजीत भी मारा गया था तथा आगरा में विक्रमाजीत की संतान तथा परिवार वाले थे। वह आगे लिखता है—विक्रमाजीत की संतान एवं परिवार वाले इब्राहीम की पराजय के समय आगरा में थे। जब हुमायूँ आगरा पहुँचा तो वे भागने का प्रयत्न करने लगे, किन्तु हुमायूँ द्वारा मार्गों की रक्षा हेतु आदमी नियुक्त कर देने के कारण उनका भागना संभव न हो सका। हुमायूँ ने स्वयं उन्हें भागने न दिया। उन लोगों ने हुमायूँ को अपनी इच्छा से अत्यधिक जवाहरात एवं बहुमूल्य वस्तुएँ दी जिनमें वह प्रसिद्ध हीरा कोहिनूर भी था जिसे अलाउद्दीन लाया होगा। प्रसिद्ध है कि इसका मूल्य समस्त संसार के ढाई दिन भोजन के व्यय के बराबर आँका जाता था। यह लगभग आठ मिस्काल के बराबर था। बाबरनामा, बेवरिज, पृ. 477; फिरिश्ता ब्रिग्स, 2, पृ. 46।
40. बाबरनामा, बेवरिज, पृ. 477। यह कोहेनूर हीरे का प्रथा उल्लेख है।
41. वही। भारतीय तौल से साढ़े तीन तोला।
42. आगरा के खज़ाने के विवरण तथा बाबर के दान के लिए देखिए—बाबरनामा, बेवरिज, पृ. 522-23; फ़िरिश्ता, ब्रिग्स, 2, 48-49।
43. बाबरनामा, बेवरिज, पृ. 527।
44. वही, पृ. 430।
45. वही, पृ. 531।
46. कानपुर के निकट उसके पूर्व गंगा नदी के तट पर।
47. एटा जिले में।
48. रायबरेली जिले में डलमऊ एक तहसील है। इम्पीरियल गज़ेटियर, 2, पृ. 127, अर्सकिन तथा श्रीमती बेवरिज (बाबरनामा, पृ. 534, टिप्पणी 2) के अनुसार बरेली के निकट गंगा नदी के दक्षिण-पूर्व।
49. बाबरनामा, बेवरिज पृ. 544, अकबरनामा, 1, पृ. 105, तबकाते अकबरी, पृ. 31।
50. डिस्ट्रिक्ट गज़ेटियर, यूनाइटेड प्राविन्सेज़ 30, पृ. 44, बाबरनामा, बेवरिज, पृ. 544।
51. अकबरनामा, 1, पृ. 105 तारीख़े जौनपुर, बाबरनामा, बेवरिज, पृ. 544।
52. अकबरनामा, 1, पृ. 106।
53. ईश्वरी प्रसाद, हुमायूँ, पृ. 18।
54. वही, पृ. 19।

55. बाबरनामा, बेवरिज, पृ. 545।

56. इस युद्ध के वर्णन के लिए देखिए, बाबरनामा, बेवरिज, पृ. 550-74; विलियम्स, पृ. 146-56; शर्मा, मेवाड़ एण्ड दि मुग़ल एम्परर्स, 33-40; सरकार, मिलिटरी हिस्ट्री ऑफ़ इंडिया, पृ. 56-61।

57. "इसी बीच यह समाचार प्राप्त हुआ कि हुमायूँ ने दिल्ली पहुँचकर वहाँ के बहुत-से खज़ानों को खुलवाया और बिना आज्ञा उनमें से कुछ पर अधिकार जमा लिया। मुझे उससे इस बात की तनिक भी आशा नहीं थी। मुझे इससे बड़ा दुःख हुआ। मैंने उसे परामर्श देते हुए कठोर पत्र लिखकर भेजा।" बाबरनामा, बेवरिज, पृ. 583।

58. ईश्वरी प्रसाद, हुमायूँ, पृ. 20।

59. हुमायूँ के इस उच्छृंखल कार्य से मुग़ल अमीरों में भी असंतोष फैला। कदाचित् प्रधान मंत्री उसके इस कार्य से विशेष अप्रसन्न हुआ। बाबर की मृत्यु के पश्चात् हुमायूँ के स्थान पर महदी ख़्वाजा को गद्दी पर बैठाने का विचार उसके मन की उपज थी, जो कदाचित् हुमायूँ के ऐसे कार्यों के परिणामस्वरूप हुई।

    एक और प्रश्न विचारणीय है : इस समय बाबर तथा हुमायूँ का पारस्परिक संबंध कैसा था? दो परस्पर विरोधी घटनाएँ हुमायूँ के सम्मुख आती हैं। एक तरफ बाबर बार-बार हुमायूँ को पारितोषिक देकर प्रसन्न करना चाहता है, दूसरी तरफ हुमायूँ बाबर से दूर होना चाहता है। खानवा के युद्ध के पश्चात् तो वह भागकर बदख़्शाँ जाना चाहता था। पुनः वहाँ से भागकर भारत आया तथा यहाँ से पुनः उधर जाना नहीं चाहता था। क्या इससे यह प्रतीत नहीं होता कि पिता-पुत्र का संबंध अच्छा नहीं था?

60. हुमायूँ के आगरा वापस आने का वर्णन दूसरे अध्याय में किया गया है।

61. बनर्जी, हुमायूँ, 1, पृ. 8।

62. ईश्वरी प्रसाद, हुमायूँ, पृ. 21।

63. अहसानत् तवारीख़, 1, पृ. 190।

64. वही, पृ. 200।

65. वही, पृ. 200-15। बाबर लिखता है (बाबरनामा, बेवरिज, पृ. 636) कि उबैदुल्लाह मारा गया, किन्तु अहसानत् तवारीख (भाग 1, पृ. 218) के अनुसार वह बच गया।

66. ईश्वरी प्रसाद, हुमायूँ, पृ. 22।

67. "This was probably the northernmost point ever reached by a Mughal prince of India." बनर्जी, हुमायूँ 1, पृ. 8।

68. ईश्वरी प्रसाद, हुमायूँ, पृ. 22।

69. बाबर का हुमायूँ के नाम पत्र—

    हुमायूँ, जिसे देखने की मेरी बड़ी अभिलाषा है, के प्रति शुभकामनाओं के बाद पहली बात इस प्रकार है :

    उस ओर तथा इस ओर की घटनाओं का ठीक-ठीक वर्णन गीना तथा बीआन शेख़ द्वारा लाए हुए पत्रों से, जो वे सोमवार 10 रबी-उल-अव्वल (22 नवंबर 1528) को लाए, मिल गया।

    छन्द

    ईश्वर को धन्य है कि तेरे एक पुत्र का जन्म हुआ,
    तेरे लिए वह पुत्र और मेरे लिए वह हार्दिक प्रसन्नता का विषय।
    महान् ईश्वर तुझे और मुझे ऐसे ही सुखद समाचार पहुँचाता रहे।
    एवमस्तु! हे लोक तथा परलोक के स्वामी।

तू कहता है कि तूने उसका नाम अलअमान रखा है। ईश्वर उसे सौभाग्यशाली बनाए। तूने स्वयं अलअमान लिखा है किन्तु तूने इस बात पर ध्यान नहीं दिया कि साधारण लोग अधिकांशतः अलआमा अथवा अलआमान बोलते हैं। इसके अतिरिक्त नामों में अल का विरले ही प्रयोग होता है।

मंगलवार 11(23 नवंबर) को यह झूठी अफवाह सुनी गई कि बल्ख़ वाले आमंत्रित हुए थे और कुरबान को बल्ख़ ले जा रहे थे।

कामरान तथा काबुल के बेगों को आदेश दे दिया गया है कि वे तुझसे मिलें। उनके पहुँच जाने के उपरांत हिसार, समरकन्द, हेरी अथवा जिस दिशा में भाग्य तेरा साथ दे, तू आक्रमण कर। संभव है कि ईश्वर की अनुकम्पा द्वारा तू शत्रुओं को परास्त कर सके ओर विभिन्न स्थानों पर अधिकार प्राप्त कर ले जिसके फलस्वरूप मित्रों को हर्ष एवं शत्रुओं को शोक का अवसर प्राप्त हो। ईश्वर को धन्य है कि अब तुम लोगों के लिए प्राणों को खतरे में डालने तथा तलवार चलाने का अवसर आ गया है। जिस काम का अवसर मिल जाए उसकी उपेक्षा मत कर। बादशाहों के लिए एकांतवास का आलसी जीवन उचित नहीं।

पद्य

वह संसार को विजय करता है जो शीघ्र बढ़ता है,
राज्य देर करने से साथ नहीं देता।
विवाह के लिए समस्त कार्य रुक जाते हैं,
केवल बादशाही के कार्य नहीं।

यदि ईश्वर की कृपा से बल्ख़ तथा हिसार के राज्य विजय हो जाएँ तो तू अपने आदमियों को हिसार में नियुक्त कर दे और कामरान के आदमी बल्ख़ में। यदि समरकन्द पर भी विजय हो जाए तो उसे तू अपनी राजधानी बना ले। यदि ईश्वर ने चाहा तो मैं हिसार को खालसे में सम्मिलित कर लूँगा। यदि कामरान का विचार हो कि बल्ख़ उसके लिए कम है तो इसकी सूचना मुझे दे। यदि ईश्वर ने चाहा तो अन्य राज्यों से उसकी कमी की पूर्ति कर दूँगा।

जैसा कि तुझे ज्ञात है, सर्वदा यही नियम है कि यदि तेरे अधीन छः भाग रहे हैं तो कामरान के अधीन पाँच। यह नियम स्थाई रूप से चल रहा है। तू इसमें परिवर्तन मत कर।

अपने छोटे भाई के साथ उत्तम व्यवहार कर। बड़ों को सहनशील होना चाहिए। मुझे आशा है जहाँ तक तेरा संबंध है तू उसके साथ सद्व्यवहार बनाए रखेगा। जो तेज तथा चतुर युवक हो चुका हो वह तेरे प्रति उचित निष्ठा एवं सम्मान प्रदर्शित करने में कमी न करेगा।

तेरी ओर से बहुत कम बातें आती हैं। पिछले दो-तीन वर्षों से तेरे पास से कोई व्यक्ति नहीं आया है। जिस आदमी को मैंने तेरे पास भेजा वह तेरे पास से एक वर्ष से अधिक समय के बाद आया। क्या यह बात ठीक है?

तू अपने पत्रों में 'एकांतवास' 'एकांतवास' की चर्चा करता है। एकांतवास बादशाही का बहुत बड़ा दोष है।...तूने मेरे आदेशानुसार मुझे एक पत्र लिखा है किन्तु तूने उसे दुहराया क्यों नहीं? यदि तू उसे पुनः पढ़ता तो फिर उसमें ऐसी भूलें न करता।...यद्यपि तेरा पत्र कठिनाई के उपरांत पढ़ लिया जाता है किन्तु यह बड़ा भ्रमात्मक है।...तेरा अक्षर-विन्यास यद्यपि बुरा नहीं है किन्तु अधिक शुद्ध भी नहीं है।...तेरे पत्रों के अस्पष्ट होने का कारण यह है कि वे जटिल होते हैं। भविष्य में तू जटिल बनाए बिना लिख और सरल एवं स्पष्ट शब्दों का प्रयोग कर। इस तरह तुझे तथा तेरे पत्र पढ़ने वालों को कम कष्ट होगा।

तू अब एक महान् कार्य हेतु प्रस्थान करने वाला है। योग्य तथा अनुभवी बेगों से परामर्श करके कार्य किया कर। (बाबरनामा, बेवरिज, पृ. 624-27)।

70. ईश्वरी प्रसाद, हुमायूँ, पृ. 22।

71. तारीखे रशीदी, ए. तथा रास, पृ. 469।

72. माहम बेगम 21 जनवरी 1529 को काबुल से रवाना हुई तथा 26 जून 1529 को आगरा पहुँची (बाबरनामा, बेवरिज, पृ. 686-87)।

73. अकबरनामा, भाग 1, पृ. 114-15, बाबरनामा, बेवरिज, पृ. 687।

74. वही; वही; विलियम्स, ऐन एम्पायर बिल्डर, पृ. 172-73।
इस संबंध में निम्नलिखित बातें ध्यान देने योग्य हैं :
(1) हुमायूँ के पहुँचने से बाबर को आश्चर्य हुआ। (2) माहम काबुल से धीरे-धीरे आ रही थी। हुमायूँ इसके विपरीत काबुल से बहुत तेजी से आ रहा था। दोनों की मार्ग में मुलाक़ात क्यों नहीं हुई? क्या माहम को हुमायूँ के आगरा पहुँचने की सूचना नहीं थी? अथवा माहम जानबूझकर बाबर के पास बैठी थी जिससे यदि बाबर नाराज़ हो तो माहम उसे समझाकर हुमायूँ को माफ़ी दिला दे। (3) हुमायूँ के पहुँचने की खुशी में बाबर ने दावत दी। या तो यह एक औपचारिक दावत थी अथवा माहम के कहने से यह दावत दी गई थी जिससे लोगों पर यह प्रभाव पड़े कि बराबर हुमायूँ से प्रसन्न है।

75. डॉ. ईश्वरी प्रसाद ने ख़लीफ़ा के अस्वीकार करने के दो कारण बताए हैं। प्रथम, वह वृद्धावस्था के कारण सेवा निवृत्ति की अवस्था में पहुँच गया था। शरीर से वह इतना योग्य नहीं था कि बदख़्शाँ जैसे कठिन प्रांत का शासन सम्हाल सके। दूसरे, बाबर के बिगड़ते स्वास्थ्य को देखकर वह उसके निकट रहना चाहता था। रशब्रुक विलियम्स का विचार है कि ख़लीफ़ा महदी ख़्वाजा को गद्दी पर बैठाना चाहता था, इस कारण वह भारत नहीं छोड़ना चाहता था। (ईश्वरी प्रसाद, हुमायूँ, पृ. 26; विलियम्स, पृ. 173-74)।

76. तारीखे रशीदी, पृ. 203; अकबरनामा, 1, पृ. 115; बनर्जी, हुमायूँ, भाग 1, पृ. 12।
सुलेमान मिर्ज़ा का अधिकार निम्नलिखित वंश वृक्ष से स्पष्ट हो जाता है :

शाह सुल्तान मुहम्मद–(बदख़्शाँ के शाह)
शाह बेगम : यूनस ख़ाँ (मंगोलों के ख़ाँ)

- कुतलूग निगार खानम : उमर शेख मिर्ज़ा
  - बाबर
- अहमद ख़ाँ
  - सईद ख़ाँ (काशगर के)
- सुल्तान निगार खानम : सुल्तान महमूद मिर्ज़ा
  - वैस मिर्ज़ा
    - सुलेमान मिर्ज़ा

77. सईद ख़ाँ के पत्र में इस प्रकार निवेदन किया गया था :
हुमायूँ मिर्ज़ा हिंदुस्तान चले गए हैं और इस प्रदेश को फख्र अली के हाथ में छोड़ दिया है जो ऊज़बेकों का कदापि मुकाबला नहीं कर सकता, अतः वह बदख़्शाँ में शांति स्थापित न रख सकेगा। यदि (अमूक तिथि तक) ख़ान आ जाएँगे तो बड़ा अच्छा है अन्यथा हमें ऊज़बेक लोग हड़प लेंगे। यदि ऊज़बेकों ने खान के पहुँचने के पूर्व हम पर आक्रमण कर दिया तो हम (अमुक तारीख़ तक) अपने कदम न जमा सकेंगे। हम आपसे सहायता के लिए आग्रह करते हैं। संभवतः आपके द्वारा हमें मुक्ति प्राप्त हो सके। इसके अतिरिक्त शाह बेगम के संबंध से, जो आपकी नानी हैं, बदख़्शाँ आपका ही है। आपके अतिरिक्त कोई अन्य इसका अधिकारी नहीं (तारीख़े रशीदी, पृ. 388-89)।

78. तारीख़े रशीदी, पृ. 387; फ़िरिश्ता, ब्रिग्स, 2, पृ. 63।

79. खानदाने तैमूरिया के अनुसार–

"ब हज़रते जन्नत आशियानी हुमायूँ मिर्ज़ा दरीं साल अज बदख़्शाँ ब हिंदुस्ताँ तलब फरमूदन्द व हिन्दाल मिर्ज़ा ब हुकूमते बदख़्शाँ फरिस्तादन्द" अर्थात् "बाबर ने हुमायूँ मिर्ज़ा को इसी साल बदख़्शाँ से हिन्दुस्तान तलब किया और हिन्दाल मिर्ज़ा को बदख़्शाँ की हुकूमत पर भेजा।" तारीख़े अलफी के अनुसार–

"पादशाह बाबर जन्नत आशियानी हुमायूँ मिर्ज़ा रा दरीं साल ब हिन्दुस्तान तलब फरमूदन्द व हिन्दाल मिर्ज़ा ब हुकूमते बदख़्शाँ फरिस्तादन्द।

80. अकबरनामा, 1, पृ. 115।

81. वही।

82. बनर्जी, हुमायूँ, 1, पृ. 10।

83. ईश्वरी प्रसाद, हुमायूँ, पृ. 33।

84. बनर्जी, हुमायूँ, 1, पृ. 11।

85. अकबरनामा, 1, पृ. 115।

86. वही, पृ. 114, फिरिश्ता, ब्रिग्स, 2, पृ. 63।

87. गुलबदन, हुमायूँनामा, बेवरिज, पृ. 104, अकबरनामा, 1, पृ. 116।

88. वही; वही।

89. इन हकीमों में प्रधान मंत्री ख़लीफ़ा भी था, जो एक अच्छा हक़ीम था। अकबरनामा, 1, पृ. 119।

90. तारीख़े रशीदी, ए. तथा रास, पृ. 478; अकबरनामा, 1, पृ. 116;
गुलबदन, हुमायूँनामा, बेवरिज, पृ. 105।

91. अकबरनामा, 1, पृ. 117।

92. गुलबदन, हुमायूँनामा, बेवरिज, पृ. 108।

93. वही, पृ. 104 तथा फ़ारसी पृ. 21।

94. जरनल रायल एशियाटिक सोसायटी, 1926, पृ. 285-98; स्टडीज इन मेडिवल इंडियन हिस्ट्री, प्रो. श्रीराम शर्मा का लेख, 'दि स्टोरी ऑफ़ बाबर्स डेथ', पृ. 158-63; गुलबदन, हुमायूँनामा, बेवरिज, पृ. 104-10।

95. अहमद यादगार, तारीख़े शाही; विलियम्स, ऐन एम्पायर बिल्डर, पृ. 174।

96. गुलबदन, हुमायूँनामा, बेवरिज, पृ. 105; अकबरनामा, 1, पृ. 117।

कालिंजर में एक अभिलेख प्राप्त हुआ है जो इस प्रकार है :

"मुहम्मद हुमायूँ पादशाह गाज़ी व तारीखे सलख रजबुल मुरज्जब 936 हि." अर्थात, "मुहम्मद बादशाह गाज़ी तिथि रजब महीने का अंतिम दिन 936 हिजरी।"

इसमें हुमायूँ अपने को पिता के जीवन काल में ही बादशाह गाज़ी के नाम से संबोधित करता है। जनरल एशियाटिक सोसाइटी ऑफ़ बंगाल, 1848, पृ. 186।

97. गुलबदन, हुमायूँनामा, बेवरिज, पृ 105।

98. वही, पृ. 106-107।

99. गुलबदन, हुमायूँनामा, पृ. 24, बेवरिज, पृ. 108-109।

'अलहाल ईं तशवीश मरा जबूं करदा वसीयत मी कुनम कि हमां ईशा हुमायूँ रा बजाय मन दानंद व दर दौलतख़्वाहि ये ऊ तक्सीर न कुनंद व बऊ मोआफिक व यकजेहत वाशंद अज हक सुभानहु उम्मीदवारम कि हुमायूँ हम ब मर्दुम खूब पेश ख़्वाहद आमद दीगर हुमायूँ तुराव बिरादराने तुरा व हमां खेशां व मर्दुमें। खुदरा व तुरा बख़ुदा मी सिपारम व ईहांरा बतो मी सिपारम।

अर्जी सुखनां हाजरां व नाजरां रा गिरिया व जारी दस्त दाद व खुद हम चश्माने मुबारक पुर आब गरदी दन्द।'

100. गुलबदन, हुमायूँनामा, पृ. 108-109। अबुल फ़ज़ल भी बाबर द्वारा हुमायूँ को उत्तरधिकारी मनोनीत करने का समर्थन करता है। (अकबरनामा, भाग 1, पृ. 276 7)

101. गुलबदन, निज़ामुद्दीन तथा फ़िरिश्ता ने बाबर की मृत्यु तिथि पाँचवीं जमादुल अव्वल अर्थात् 25 दिसंबर दिया है। अबुल फ़ज़ल ने छठी जमादुल अव्वल अर्थात् 26 दिसंबर लिखा है। इस प्रश्न की विवेचना के लिए देखिए, होदीवाला, हिस्टारिकल स्टडीज़ इन मुग़ल न्यूमिसमेटिक्स, पृ. 262-63।

102. गुलबदन, हुमायूँनामा, बेवरिज, पृ. 109।

103. बनर्जी, हुमायूँ, 1, पृ. 15।

104. गुलबदन, हुमायूँनामा, बेवरिज, पृ. 104।

105. अकबरनामा, 1, पृ. 116-17।

106. ग्रेनार्ड, बाबर फर्स्ट आव दि मुग़ल्स, पृ. 232। इब्राहीम की माँ द्वारा दिए गए विष के लिए देखिए, बाबरनामा, बेवरिज, पृ. 541-43।

107. गुलबदन, हुमायूँनामा, बेवरिज, पृ. 108।

2. ख़लीफ़ा का षड्यंत्र

बाबर की मृत्यु 26 दिसम्बर 1530 ई. को हुई, किन्तु हुमायूँ उसके चार दिन पश्चात् अर्थात् 30 दिसंबर को गद्दी पर बैठा। साधारणतया शासक की मृत्यु के तत्काल बाद ही उसका उत्तराधिकारी गद्दी पर बैठा दिया जाता था, यद्यपि राजतिलक का समारोह कुछ दिन उपरांत होता था।[1] बाबर की मृत्यु तथा हुमायूँ के गद्दी पर बैठने में अन्तर के दो कारण हो सकते हैं। हुमायूँ इस बीच अनुपस्थित रहा हो जिस कारण उसके पहुँचने तक बाबर की मृत्यु छिपाई गई हो, अथवा इस बीच हुमायूँ के स्थान पर किसी दूसरे व्यक्ति को गद्दी पर बैठाने का षड्यंत्र रचा गया हो।

बाबर की मृत्यु के समय हुमायूँ कहाँ था?

गुलबदन बेगम लिखती हैं कि जब बाबर की हालत खराब होने लगी तो हुमायूँ को कालिंजर से बुलाया गया। वह फ़ौरन् आ गया तथा दुःख से बराबर यही कहता रहा कि बाबर की "यह अवस्था कैसे हो गई! मैंने इन्हें अच्छी अवस्था में छोड़ा था। अचानक यह क्या हो गया!"[2] अबुल फ़ज़ल के वर्णन से भी यह स्पष्ट हो जाता है कि हुमायूँ बाबर की मृत्यु के समय उपस्थित था।[3] इनके विपरीत निज़ामुद्दीन अहमद के अनुसार हुमायूँ बाबर की मृत्यु के पश्चात् सम्भल से आया तथा गद्दी पर बैठा।[4] बाबर की मृत्यु के पश्चात्, उसकी मृत्यु को छिपाया जाना तथा एक-दूसरे व्यक्ति को उसके स्थान पर जनता को दिखाया जाना ऐसा संदेह उत्पन्न करता है जिससे निज़ामुद्दीन अहमद का बात को समर्थन होता है। किन्तु, गुलबदन बेगम तथा अबुल फ़ज़ल के वर्णन इतने स्पष्ट हैं कि उन्हें अस्वीकार नहीं किया जा सकता। ऐसा प्रतीत होता है कि हुमायूँ उस समय आगरा में उपस्थित था।

षड्यंत्र

बाबर के प्रधान मंत्री ख़लीफ़ा ने हुमायूँ के स्थान पर महदी ख़्वाजा को गद्दी पर बैठाने की योजना बनाई। यह योजना ख़लीफ़ा के मस्तिष्क की उपज थी तथा दरबार के अन्य अमीरों को कदाचित् इसका ज्ञान नहीं था। पारिभाषिक तौर पर यह षड्यंत्र

कहा जा सकता है किन्तु वास्तव में यह ख़लीफ़ा की योजना की एक चर्चा मात्र थी।[5] फिर भी वैधानिक दृष्टि से तथा मुग़ल साम्राज्य की स्थिरता की दृष्टि से इसका विशेष महत्व है। इसके अतिरिक्त इस षड्यंत्र का प्रणेता बाबर का प्रधान मंत्री था, जिसने बाबर के साथ 35 वर्ष व्यतीत किए थे; इससे इसका महत्त्व बढ़ जाता है।

इस षड्यंत्र का विशेष विवरण हमें केवल निज़ामुद्दीन अहमद द्वारा प्राप्त होता है, जिसके पिता की बुद्धिमानी से यह षड्यंत्र विफल हुआ। यदि इसका वर्णन केवल निज़ामुद्दीन अहमद ही ने किया होता तो यह कहा जा सकता था कि उसने यह वर्णन अपने पिता का महत्त्व बढ़ाने के लिए किया है। किन्तु, इसका समर्थन अबुल फ़ज़ल के अकबरनामा सलातीने अफागेनां (अथवा तारीख़े शाही) तथा कवित्त हुमायूँनामा ने भी किया है। इन समकालीन इतिहासकारों के कथन के पश्चात् षड्यंत्र की वास्तविकता में संदेह नहीं रह जाता।

षड्यंत्र का प्रणेता ख़लीफ़ा

इस षड्यंत्र का प्रणेता बाबर का प्रधान मंत्री सुल्तान सैय्यद हकीम ख़्वाजा निज़ामुद्दीन अली मुहम्मद ख़लीफ़ा था। अपने अच्छे शासन, सेवा तथा युद्ध कला की निपुणता के कारण उसने बाबर के मन में विशेष स्थान प्राप्त कर लिया था।[6] उसे चार पद–वकील, अमीर, सुल्तान और ख़लीफ़ा–तथा तीन पारिवारिक उपाधियाँ–सैयिद, ख़्वाजा तथा बरलास तुर्क–प्राप्त थीं, जो उच्च वंश के प्रतीक थे। इसके अतिरिक्त कुछ प्रमुख व्यक्तियों के साथ वैवाहिक संबंध स्थापित कर उसने अपने को और भी शक्तिशाली बना लिया था। उसका छोटा भाई जुनायद बरलास बाबर की सौतेली छोटी बहन शहरबानो से तथा उसकी लड़की गुलबर्ग बेगम सिंध के शासक शाह हुसेन अरगून से विवाहित थी। उसके पुत्र मोहीब अली का विवाह शाह हुसेन की सौतेली लड़की नाहीद से हुआ था।[7] पानीपत तथा खनवा के युद्ध के पश्चात् माहम तथा गुलबदन बेगम काबुल से भारत आईं। गुलबदन को खड़े होकर ख़लीफ़ा का स्वागत करना पड़ा। ख़लीफ़ा ने 6,000 शाहरुखी तथा 5 घोड़े और उसकी स्त्री ने 3,000 शाहरुखी तथा तीन घोड़े गुलबदन को भेंट किए और उसे भोजन के लिए निमंत्रित किया।[8] बाबर के भारतीय अभियानों में भी ख़लीफ़ा ने महत्त्वपूर्ण भाग लिया तथा उसे पारितोषिक रूप में धन तथा उपाधि दोनों प्राप्त हुए। खानवा की लड़ाई के पश्चात् उसे 'मुकर्रबुल हज़रत अल-सुल्तानी एतुमादुद्दौला अल-ख़ाकानी' (अर्थात् सुल्तान का प्रमुख मित्र तथा उसके साम्राज्य का स्तंभ) की उपाधि मिली। बाबरनामा के अध्ययन से यह स्पष्ट प्रतीत होता है कि वह बाबर के जीवन के अन्त तक राज्य की समस्याओं में उसे परामर्श देता रहा। अहमद यादगार लिखता है कि उसकी आज्ञाएँ बादशाह की आज्ञाओं जैसी थीं।[9] इस तरह ख़लीफ़ा बाबर के दरबार का सबसे प्रमुख अमीर था तथा राज्य के आर्थिक तथा राजनीतिक शासन का प्रमुख था।

हुमायूँ का प्रतिद्वंद्वी महदी ख़्वाजा

खलीफ़ा बाबर के पश्चात् सैयिद महदी ख़्वाजा को गद्दी पर बैठाना चाहता था।[10] महदी ख़्वाजा, ख़्वाजा मूसा का पुत्र था। ख्वन्दमीर के अनुसार वह सैयद था तथा तिरमीज के धार्मिक वंश से संबंधित था। 916 हिजरी (सन् 1510-11 ई.) में वह बाबर का दीवान बेगी था तथा उसने 10,000 सैनिकों के साथ बाबर के पक्ष में बुख़ारा पर आक्रमण किया था।[11] इस अभियान के पश्चात वह काबुल लौट आया। यहाँ तीन वर्ष पश्चात्, बाबर से 5 वर्ष बड़ी उसकी बहन ख़ानजादा बेग़म के साथ उसका विवाह हुआ।[12] इस समय इसका अधिक महत्त्व नहीं था। किन्तु बाबर के साथ भारतीय अभियानों में भाग लेकर उसने विशेष प्रसिद्धि प्राप्त की। पानीपत तथा खानवा के युद्धों में उसने बाएँ तथा हुमायूँ ने दाएँ चक्र का नेतृत्व किया था। महदी ख़्वाजा के कार्यों से प्रसन्न होकर उसे सत्तर लाख भत्ते के साथ बयाना तथा इटावा की जागीर भी पहले ही दी जा चुकी थी।[13]

महदी ख़्वाजा का भतीजा ख़्वाजा रहीमदाद ग्वालियर के दुर्ग का गवर्नर था। उसने बाबर के विरुद्ध विद्रोह किया तथा राजसी फ़रमान मानने से इनकार कर दिया। ग्वालियर एक स्थानीय राजपूत जमींदार को समर्पित कर रहीमदाद मालवा के सुलतान मुहम्मद खलजी के पास भाग जाना चाहता था।[14] इसी संबंध में महदी ख़्वाजा अगस्त 1529 ई. में आगरा आया। ख़लीफ़ा तथा शेख़ मुहम्मद गौस की सहायता से रहीमदाद के प्राण तो बच गए किन्तु कुछ समय उपरांत 7 सितंबर 1529 ई. को उसे अपने स्थान से हटा दिया गया तथा अबुल फ़तह शेख़ गुरान को उसके स्थान पर नियुक्त किया गया।[15] इस विद्रोह में महदी ख़्वाजा का कहाँ तक हाथ था यह बताना कठिन है, किन्तु इसके फलस्वरूप बाबर तथा महदी ख़्वाजा में कुछ मनमुटाव हो गया। महदी ख़्वाजा तथा ख़लीफ़ा एक दूसरे के निकट आ गए। इस बीच महदी ख़्वाजा उसमें कुछ गुणों को देखकर उसकी तरफ आकर्षित हुआ और दोनों एक-दूसरे के निकट आ गए। एक ऐसे व्यक्ति को, जिसे स्वप्न में भी राजत्व की आशा नहीं थी, गद्दी पर बैठाकर ख़लीफ़ा संपूर्ण शक्ति अपने हाथ में रखना चाहता था।

महदी ख़्वाजा और बाबर का संबंध पुराना था। वंश, सेवा संबंध एवं योग्यता की दृष्टि से महदी ख़्वाजा का एक महत्त्वपूर्ण स्थान था। बड़ी बहन होने के नाते ख़ानजादा बेगम का बाबर पर प्रभाव माहम से कम न था।[16]

डॉ. बनर्जी के अनुसार महदी ख़्वाजा का चुनाव अच्छा था। वंश, सेवा, अनुभव तथा संबंध से वह मुग़ल गद्दी पर बैठने की योग्यता रखता था। धार्मिक पंथ से सम्बन्धित होने के नाते ईरान के शाह इस्माईल और शाह तहमास्प की भाँति उसे सफलता मिल सकती थी और उदार बाबर के साथ उसका इतने दिनों का संबंध एक जागृत मुग़ल शासन प्रणाली की प्रगति की प्रत्याभूति (गारंटी) थी।[17] विद्वान लेखक के मत से सहमत होना कठिन है। बाबर के परिवार को छोड़कर अन्य व्यक्तियों को चुनने

का विचार भयंकर परिणामों से खाली नहीं था। इसका परिणाम गृहयुद्ध तो होता ही, साथ ही महदी ख़्वाजा किसी बात में हुमायूँ से अधिक योग्य नहीं था। बाबर का पुत्र होने से जो सद्भावना हुमायूँ को प्राप्त होती वह महदी को प्राप्त नहीं हो सकती थी। प्रख्यात मुग़ल शासन का अभी शुभारंभ भी नहीं हुआ था, उसके मूल सिद्धांतों के विकास का प्रश्न ही नहीं था।

श्रीमती बेवरिज के अनुसार ख़लीफ़ा का वास्तविक उम्मीदवार महदी ख़्वाजा नहीं बल्कि मुहम्मद ज़मान मिर्ज़ा था।[18] यह तैमूर वंशी था तथा बाबर का सबसे बड़ा दामाद था। बाबर के चार पुत्रों के बाद यह सबसे प्रमुख तथा जवान था, (इसकी अवस्था उस समय 35 वर्ष की थी)। इसकी स्त्री मासूमा सुल्ताना बेगम माता व पिता दोनों तरफ से तैमूर वंश की थी और उस तरह से उसका आदर तुर्क अमीरों में विशेष था। श्रीमती बेवरिज के अनुसार घाघरा के अभियान के पश्चात् (अप्रैल 1529 ई.) उसे राजत्व का पद प्रदान किया गया।[19] श्रीमती बेवरिज के मतानुसार बाबर अपने दामाद को भारत का शासक नियुक्त कर स्वयं काबुल या इसके उत्तरी प्रदेश में चला जाना चाहता था। इसी के भय से माहम बेग़म ने हुमायूँ को आगरा बुलाया। बाद की घटनाएँ इतनी शीघ्र हुई कि बाबर अपने दामाद को नियुक्त नहीं कर सका। श्रीमती बेवरिज निज़ामुद्दीन अहमद के कथन को सत्य नहीं मानतीं, क्योंकि इस घटना के 60 वर्ष पश्चात् उसने अपनी पुस्तक की रचना की। घटना के 20 वर्ष वाद निज़ामुद्दीन अहमद का जन्म हुआ था। विदुषी लेखिका के अनुसार महदी ख़्वाजा का चुनाव ठीक प्रतीत नहीं होता, विशेषतः इसके कारण कि बाबर के अन्य पुत्र थे तथा ख़्वाजा की अवस्था लगभग 55 वर्ष की थी। निज़ामुद्दीन अहमद उसे अथवा ख़लीफ़ा के उम्मीदवार को दामाद और जवान कहता है।[20] किन्तु ख़्वाजा जवान नही कहा जा सकता और वह दामाद भी नहीं था।

श्रीमती बेवरिज के इस मत को स्वीकार करना कठिन है, क्योंकि यह केवल कल्पना पर आधारित है। किसी भी समकालीन इतिहासकार ने इस संबंध में मुहम्मद ज़मान मिर्ज़ा के नाम का उल्लेख नहीं किया है। दामाद का अर्थ आधुनिक रीति या आधुनिक भारत में प्रचलित अर्थ से नहीं बल्कि समकालीन अर्थ से लेना चाहिए जिसमें दामाद, बहनोई और ससुर के लिए भी प्रयोग किया जाता था।[21] गुलबदन बेगम उसे 'यजना' (बहनोई) लिखती है तथा हबीब अस्सियार का लेखक ख्वन्दमीर स्पष्ट लिखता है कि उसने बाबर की बड़ी-बहन ख़ानजादा बेगम से विवाह किया था। दोनों ही उसका नाम महदी ख़्वाजा लिखते हैं।[22] जवान का अर्थ उसके स्वास्थ्य से लेना चाहिए न कि आयु से।

यदि तैमूर वंश के ही व्यक्ति को चुनना था तो बाबर के पुत्रों के अतिरिक्त मुहम्मद सुल्तान मिर्ज़ा, उसके पुत्र तथा अन्य अनुभवी व्यक्ति थे। निज़ामुद्दीन अहमद एक ऐसा लेखक है जिसके वर्णनों पर साधारणतया संदेह नहीं किया जा सकता।

इसके अतिरिक्त अबुल फ़ज़ल ने भी उसका समर्थन किया है। यह कैसे संभव माना जा सकता है कि इन लेखकों ने मुहम्मद ज़मान मिर्ज़ा के स्थान पर महदी ख़्वाजा का नाम लिख दिया हो? मुहम्मद ज़मान ने हुमायूँ के समय विद्रोह किया और वह उच्च स्तरीय मुग़ल अमीरों में से था। इस कारण उसमें उलटफेर होने की कोई संभावना भी प्रतीत नहीं होती। इसके अतिरिक्त निज़ामुद्दीन अहमद के पिता को इस षड्यंत्र का पूरा ज्ञान था। वह कैसे मुहम्मद ज़मान मिर्ज़ा तथा महदी ख़्वाजा में गड़बड़ कर देता? यदि यह कहा जाए कि बाबर मुहम्मद ज़मान मिर्ज़ा को कहीं स्थापित करना चाहता था तो बाबर को उससे पहले अपने पुत्रों के लिए प्रबंध करना चाहिए था। बदख़्शाँ सुल्तान मिर्ज़ा को दे दिया गया था तथा हिन्दाल वापस बुला लिया गया था। यदि भारत के भाग भी किसी दूसरे को दे दिए जाते तो फिर बाबर के अपने पुत्रों के लिए क्या बचता? फिर यदि मुहम्मद सुल्तान मिर्ज़ा को कहीं स्थापित करना ही था तो महदी ख़्वाजा का भी उसके पद के अनुसार उपयुक्त प्रबंध करना आवश्यक था। इसके अतिरिक्त निज़ामुद्दीन अहमद तथा अबुल फ़ज़ल इस षड्यंत्र की बात करते समय 'सल्तनत' शब्द का प्रयोग करते हैं।[23] इससे स्पष्ट है कि यह समस्या एक प्रांत के गवर्नर की नहीं वरन् साम्राज्य के उत्तराधिकार से संबंधित थी। उपर्युक्त बातों से स्पष्ट हो जाता है कि ख़लीफ़ा का उम्मीदवार महदी ख़्वाजा था, न कि मुहम्मद ज़मान मिर्ज़ा।[24]

ख़लीफ़ा के निर्णय के कारण

ख़लीफ़ा, जिसने अपने जीवन का एक बहुत बड़ा भाग बाबर की सेवा में व्यतीत किया था, क्यों तथा कैसे हुमायूँ से नाराज़ हो गया, यह बताना सरल नहीं है, क्योंकि समकालीन इतिहासकारों ने इस पर अधिक प्रकाश नहीं डाला है। यदि वह हुमायूँ से नाराज़ होता तो भी बात कुछ समझ में आती, किन्तु वह पूरे परिवार से ही नाराज़ था तथा हुमायूँ के साथ-साथ उसने बाबर के सभी पुत्रों को त्याग दिया। इससे संदेह होता है कि इसके पीछे महत्त्वपूर्ण कारण होंगे।

निज़ामुद्दीन अहमद तथा अबुल फ़ज़ल के वर्णन से यह स्पष्ट है कि ख़लीफ़ा हुमायूँ से असंतुष्ट था। मुग़ल साम्राज्य को स्थापित हुए बहुत दिन नहीं हुए थे। डॉ. बनर्जी के अनुसार ख़लीफ़ा को कदाचित् यह विश्वास हो गया था कि हुमायूँ यदि गद्दी पर बैठेगा तो मुग़ल साम्राज्य का नाश हो जाएगा। इस दृष्टि से हुमायूँ को उत्तराधिकार से वंचित कर वह समझाता था कि वह राज्य का भला ही कर रहा है।[25] हुमायूँ द्वारा दिल्ली के ख़ज़ाने की लूट के कारण भी वह उससे नाराज़ था तथा उसने हुमायूँ को उसके लिए क्षमा नहीं किया। बेवरिज का अनुमान है कि ख़लीफ़ा कदाचित हुमायूँ के अफ़ीम खाने तथा उसके एकाएक बदख़्शाँ छोड़ने से असंतुष्ट था। नशे की वस्तुएँ खाने के कारण राज्य से वंचित करना न्यायसंगत नहीं प्रतीत

होता, विशेषतः जब हम जानते हैं कि बाबर स्वयं नशे में चूर रहता था। अतएव सम्राट के अभिन्न मित्र मीर ख़लीफ़ा ने भी निश्चय ही शराब का प्रयोग किया होगा। कदाचित शिआ रानी माहम के प्रभाव से वह सशंकित था। संभव है ईरानी और तूरानी तथा शिआ और सुन्नी संघर्ष, जो बाद में मुग़ल अमीरों के वैमनस्य का प्रमुख कारण बना, उस समय भी रहा हो तथा ख़लीफ़ा और अन्य तुर्की अमीरों को यह भय रहा हो कि हुमायूँ के गद्दी पर बैठने से माहम का तथा उसके प्रभाव से शिआ धर्मावलंबियों तथा ईरानियों का प्रभुत्व बढ़ जाएगा।

हुमायूँ को गद्दी से वंचित करने के कारण हो सकते हैं, किन्तु उसके स्थान पर कामरान, अस्करी और हिन्दाल में से किसी को भी गद्दी पर बैठाया जा सकता था। ख़लीफ़ा ने क्यों बाबर के सभी पुत्रों को अस्वीकार कर दिया? और फिर, बाबर के पुत्रों के अतिरिक्त यदि किसी दूसरे को ही चुनना था तो और भी महत्त्वपूर्ण योग्य व्यक्ति, जैसे मुहम्मद ज़मान मिर्ज़ा, मुहम्मद सुल्तान मिर्ज़ा, खिज़्र ख़्वाजा ख़ाँ इत्यादि व्यक्ति उपलब्ध थे, जो अच्छे वंश के थे। इन्हें क्यों नहीं चुना गया? डॉ. बनर्जी का यह मत सत्य प्रतीत होता है कि उसका विचार व्यक्तिगत था।[26] इसमें कोई संदेह नहीं है कि यह उसकी बहुत बड़ी भूल थी। उसने बाबर की इच्छा, उसके वंश की भलाई इत्यादि सभी बातों को भुला दिया। यही नहीं, उसने एक ऐसी परिस्थिति उत्पन्न कर दी जिससे बाबर के वंश को बहुत बड़ा खतरा उपस्थित हो गया। डॉ. बनर्जी के इस मत को स्वीकार करना कठिन है कि ख़लीफ़ा साम्राज्य की भलाई को दृष्टि में रखकर हुमायूँ को राज्याधिकार से वंचित करना चाहता था।[27] अबुल फ़ज़ल का यह कथन, कि उसने एक संकुचित दृष्टिकोण (आलमे बशरियत) अख़्तियार किया अधिक सत्य है।[28]

बाबर की इच्छा

इस षड्यंत्र में अर्थात् हुमायूँ के स्थान पर किसी अन्य व्यक्ति को गद्दी पर बैठाने में क्या ख़लीफ़ा को बाबर का भी समर्थन प्राप्त था? ख़लीफ़ा तथा बाबर का संबंध इतना घनिष्ठ था कि यह संदेह हो जाता है कि उसने बाबर की इच्छा जाने बिना ऐसा कभी नहीं किया होगा। इसी आधार पर श्रीमती बेवरिज ने यह मत उपस्थित किया है कि हुमायूँ को गद्दी से वंचित करने में बाबर की भी इच्छा थी। उनका विचार है कि भिन्न-भिन्न कड़ियों को जोड़ने से ऐसा प्रतीत होता है कि केवल ख़लीफ़ा ही नहीं बल्कि कुछ अन्य अमीरों के साथ बाबर भी भारत में किसी अन्य व्यक्ति को शासक नियुक्त करना चाहता था तथा उसके पश्चात् काबुल लौट जाना चाहता था।[29] प्रो. रशब्रुक विलियम्स ने भी इस मत का समर्थन किया है। उन्होंने यह विचार व्यक्त किया है कि हुमायूँ के अनेक कार्यों, विशेषतया दिल्ली के कोष की लूट के कारण बाबर इतना दुःखी था कि संभव है उसी ने ख़लीफ़ा को प्रोत्साहित किया हो।[30]

घटनाओं तथा परिस्थितियों का अध्ययन करने से इस मत को स्वीकार नहीं किया जा सकता। बाबरनामा, गुलबदन बेगम के हुमायूँनामा तथा अन्य समकालीन ऐतिहासिक पुस्तकों के अध्ययन से यह स्पष्ट हो जाता है कि बाबर अपने पश्चात हुमायूँ को गद्दी पर बैठाना चाहता था तथा उसने मृत्यु के पूर्व उसे अपना उत्तराधिकारी मनोनीत भी किया था। बाबरनामा के अध्ययन से यह स्पष्ट हो जाता है कि बाबर हुमायूँ के कार्यों से अकसर असंतुष्ट रहा था। दिल्ली का कोष लूटने पर तथा बदख़्शाँ से अवसाद के पत्र लिखने पर बाबर ने उस पर अपनी अप्रसन्नता प्रकट की। किन्तु इसका अर्थ यह नहीं निकाला जा सकता कि वह उसे उत्तराधिकार से ही वंचित करना चाहता था। भारतीय अभियानों में बाबर ने हुमायूँ को बारबार पारितोषिक दिया, बदख़्शाँ से लौटने पर उसके स्वागत में दावत दी गई तथा बाबर ने बारबार यह विचार प्रकट किया कि वह हुमायूँ को ही अपना उत्तराधिकारी मनोनीत करना चाहता है। हुमायूँनामा में गुलबदन बेगम लिखती है कि माहम के काबुल से लौटने के पश्चात एक दिन बाबर जर अफ़शां बाग़ की सैर को गया। वहाँ एक वजूख़ाना (वह स्थान जहाँ नमाज के पूर्व हाथ-मुँह धोया जाता है) था। उसे देखकर बाबर ने कहा, "मेरा हृदय सल्तनत एवं बादशाही से भर गया है। मैं जर अफशां बाग में एकांतवास ग्रहण करना चाहता हूँ। मेरी सेवा के लिए ताहिर आफताबची बहुत है। मैं हुमायूँ को बादशाही प्रदान करता हूँ।" इसी बीच आक़ा (माहम बेगम) तथा सभी पुत्रों एवं पुत्रियों ने रोना तथा विलाप करना प्रारंभ कर दिया और कहा कि "ईश्वर आपको वर्षों तक बादशाही की मसनद पर आरूढ़ और अगणित, 'करनों' तक अपनी रक्षा में रखे और सभी पुत्र आपके चरणों में वृद्धावस्था को प्राप्त हों।[31]

हुमायूँ की बीमारी के समय उसकी शोचनीय अवस्था देखकर उसकी माँ माहम तो चिंतित थी ही, बाबर भी विचलित हो गया। माहम ने बाबर से कहा कि वह तो इसलिए दुःखी है कि हुमायूँ उसका एकमात्र पुत्र है, किन्तु बाबर के तो अन्य पुत्र भी हैं। बाबर ने उत्तर दिया "माहम, यद्यपि मेरे अन्य पुत्र भी हैं किन्तु मैं तेरे हुमायूँ के बराबर किसी पुत्र को प्रिय नहीं समझता, कारण कि मैं सल्तनत एवं बादशाही तथा समृद्ध संसार, दुनिया के अद्वितीय, अपने काल के विचित्र व्यक्ति, प्रतापी, सफल एवं प्रिय पुत्र हुमायूँ के लिए चाहता हूँ न कि अन्य लोगों के लिए।"[32]

अहमद यादगार ने भी हुमायूँ के उत्तराधिकारी नियुक्त किए जाने का समर्थन किया।[33] मृत्यु के पूर्व तो उसने उसे प्रमुख अमीरों के सम्मुख अपना उत्तराधिकारी मनोनीत किया था।[34] हुमायूँ के भारत निर्वासन के समय की घटनाओं का वर्णन करती हुई गुलबदन बेगम लिखती हैं कि हुमायूँ ने खानज़ादा बेगम को कामरान के पास भाइयों में पारस्परिक सहयोग स्थापित करने के लिए उसको समझाने के उद्देश्य से कंधार भेजा। कामरान ने इच्छा प्रकट की कि उसके नाम से ख़ुत्बा पढ़ा जाए। इस पर हिन्दाल ने उसका विरोध किया तथा कहा कि "बाबर ने अपने जीवन काल

में हुमायूँ बादशाह को स्वयं पादशाही प्रदान की थी और अपना उत्तराधिकारी बनाया था। हम सबने उसे स्वीकार किया था। उनके नाम से ख़ुत्बा इस समय तक पढ़वाया जाता रहा है। इस समय ख़ुत्बे में परिवर्तन करना उचित नहीं।" इस बात की जाँच अन्य महिलाओं से हुई तथा सभी ने स्वीकार किया कि बाबर ने हुमायूँ को अपना उत्तराधिकारी नियुक्त किया था।[35] इस वर्णन से स्पष्ट है कि मुग़ल परिवार में यह सर्वविदित था कि बाबर ने हुमायूँ को अपना उत्तराधिकारी मनोनीत किया था।

बाबर के जीवन के अंतिम समय में हुमायूँ ने कालिंजर पर आक्रमण किया। कालिंजर में एक अभिलेख प्राप्त हुआ है जिस पर राजब 936 हिजरी (फरवरी-मार्च 1530 ई.) अंकित है तथा इसमें हुमायूँ को 'पादशाह गाज़ी' संबोधित किया गया है।[36] साधारणतया उत्तराधिकारियों को सम्राट अपनी कुछ उपाधियाँ धारण करने की आज्ञा देते थे। इससे भी हुमायूँ के उत्तराधिकारी मनोनीत होने का समर्थन प्राप्त होता है। नफायसुल मआसिर का लेखक अलाउद्दौला बिन यह्या कज़्वीनी लिखता है कि "हुमायूँ अपने पिता की वसीयत के अनुसार सल्तनत के राजसिंहासन एवं पादशाही के स्थायी स्थान पर आरूढ़ हुए।"[37] अबुल फ़ज़्ल स्पष्ट लिखता है कि बाबर ने ख़्वाजा ख़लीफ़ा, कम्बर अली बेग, तरदी बेग, हिंदू बेग तथा अन्य अमीरों के सम्मुख उसे राज्य करने के संबंध में शिक्षा दी तथा अन्त में कहा कि "मेरी शिक्षा का सारांश यह है कि अपने भाइयों की हत्या का, चाहे वे इसके कितने भी पात्र क्यों न हों, विचार न करना।"[38] इन वर्णनों से इस बात में संदेह नहीं रह जाता कि बाबर की इच्छा अपने पश्चात् हुमायूँ को ही गद्दी पर बैठाने की थी। इसके अतिरिक्त अबुल फ़ज़्ल तथा निज़ामुद्दीन को इन घटनाओं के विषय में जानने के उपयुक्त साधन प्राप्त थे। दोनों इस षड्यंत्र को बाबर की बीमारी के समय का बताते हैं। इससे यह स्पष्ट है कि षड्यंत्र का प्रारंभ बाबर की इच्छा से नहीं वरन् उसकी शक्तिहीनता की अवस्था में हुआ था।

यह कहना कि बाबर भारत का राज्य किसी अन्य व्यक्ति को देकर स्वयं अपने परिवार के साथ काबुल लौट जाना चाहता था, सही नहीं है। बाबर की दृष्टि में काबुल तथा उसके निकट के भाग महत्त्वपूर्ण रहे हों, किन्तु भारत आने के पश्चात् वह अथवा उसका परिवार यहाँ से नहीं गया। उसके सभी प्रमुख अमीर यहीं थे। महमूद गज़नी तथा मुहम्मद ग़ोरी की तरह यदि वह काबुल को केंद्र बनाना चाहता तो इतने दिन भारत में कभी भी न रहता तथा अपना परिवार भारत न बुलाता। हुमायूँ के बदख़्शाँ से वापस आने के पश्चात् तथा ख़लीफ़ा के भी जाने से इनकार करने के पश्चात् उसने सुलमान मिर्ज़ा को क्यों बदख़्शाँ दे दिया? यदि उसकी इच्छा स्थायी रूप से काबुल को केंद्र बनाने की रहती तो वह कभी भी ऐसा प्रबंध न करता।

संपूर्ण परिस्थितियों को ध्यान में रखकर विचार करने से ऐसा प्रतीत होता है कि हुमायूँ के कुछ कार्यों को देखकर बाबर उससे दुखी था तथा उसने कई बार उसकी

आलोचना भी की थी। ख़लीफ़ा उसका परम मित्र था तथा उसे इन संपूर्ण बातों का ज्ञान था। संभव है बाबर ने हुमायूँ के प्रति निराशा का भाव भी प्रकट किया हो। ख़लीफ़ा ने इससे यह अनुमान लगाया हो कि बाबर हुमायूँ से असंतुष्ट है और इससे हुमायूँ को गद्दी से वंचित करने के लिए उसे प्रोत्साहन मिला। यह निश्चय कर उसने अपना उम्मीदवार चुनना प्रारंभ किया और उसमें महदी ख़्वाजा भी एक था। इस तरह ख़लीफ़ा का विचार भ्रामक कारणों तथा परिस्थितियों पर अवलंबित था। बाद में अपनी भूल समझकर उसने अपना विचार त्याग दिया।[39] बाबर द्वारा महदी ख़्वाजा के समर्थन का तो प्रश्न ही नहीं उठता, क्योंकि बाबरनामा से यह स्पष्ट हो जाता है कि वह उससे अप्रसन्न था।[40]

षड्यंत्र का प्रारंभ कैसे हुआ

अर्सकिन के अनुसार यह षड्यंत्र बाबर की मृत्यु के समय का था।[41] प्रोफेसर रशब्रुक विलियम्स अर्सकिन के मत से सहमत नहीं हैं। उनका विचार है कि जिस समय माहम काबुल से आगरा आ रही थी (सन् 1529), मार्ग में महदी ख़्वाजा की जागीर इटावा से गुजरी। यहाँ उसे इस षड्यंत्र की सूचना मिली। उसने हुमायूँ को तत्काल इसकी सूचना दी। सूचना पाते ही हुमायूँ तुरंत काबुल से रवाना हो गया। इस तरह विद्वान लेखक के अनुसार सन् 1529 की गर्मियों में ही इस षड्यंत्र का प्रारंभ हो गया था।[42]

घटनाओं को ध्यान से देखने से प्रो. विलियम्स के मत को स्वीकार करना कठिन है। बाबरनामा के अनुसार बाबर 22-23 जून, 1529 ई. को इटावा में था और 24 जून को आगरा पहुँचा। माहम 26 जून की रात को आगरा पहुँची। इससे यह स्पष्ट है कि वह बाबर के बाद अर्थात् 23 जून के बाद इटावा पहुँची होगी। हुमायूँ 7 जुलाई 1529 ई. को आगरा पहुँचा। इस तरह माहम के पास तेरह-चौदह दिन से अधिक समय नहीं था (24 जून से 7 जुलाई तक)। इतने कम समय में इटावा से बदख़्शाँ सूचना भेजना तथा हुमायूँ को वहाँ से वापस बुलाना असंभव था। इसके अतिरिक्त हुमायूँ 7 जून को काबुल में था। इस तरह वह माहम के इटावा पहुँचने के पहले ही बदख़्शाँ से रवाना हो गया था। अतएव प्रो. रशब्रुक विलियम्स का यह विचार कि माहम को इस षड्यंत्र का पता इटावा में लगा, असंभव प्रतीत होता है।[43]

हुमायूँ बदख़्शाँ से लौटने के कुछ दिन बाद सम्भल चला गया। यदि उसे किसी भी तरह के षड्यंत्र का आभास होता तो इस संकटकालीन परिस्थिति में वह दरबार छोड़कर कभी भी सम्भल न जाता। इसके अतिरिक्त एक अन्य प्रश्न भी विचारणीय है। यदि षड्यंत्र हुमायूँ के बदख़्शाँ लौटने के पूर्व प्रारंभ हुआ तो इतने दिनों तक यह बात गुप्त कैसे रही? बाबर ने अपने जीवन का बलिदान हुमायूँ के लिए किया और कोई ऐसा प्रमाण नहीं है जिससे यह ज्ञात हो सके कि ख़लीफ़ा ने सम्राट की

इस इच्छा का विरोध किया हो। यदि ख़लीफ़ा ने हुमायूँ को गद्दी से हटाने का विचार सन् 1529 में किया होता तो उसने निश्चय ही बाबर को अपना बलिदान करने से रोकने का प्रयत्न किया होता।

उपर्युक्त विवेचन से स्पष्ट हो जाता है कि इस षड्यंत्र का विचार बाबर की बीमारी के समय प्रारंभ हुआ। बाबर कई महीने बीमार रहा तथा लगभग 6 महीने बिस्तर पर पड़ा रहा। इस बीच बाबर के पुत्र वहाँ उपस्थित नहीं थे। हिन्दाल बाबर की मृत्यु के पश्चात् आगरा पहुँचा।[44] अस्करी कामरान के साथ काबुल में था। इस समय मीर ख़लीफ़ा की शक्ति बहुत बढ़ गई थी तथा वह मुग़ल सम्राट के नाम पर आज्ञापत्र निकालता था। इस परिस्थिति में उसके मन में आया कि वह किसी ऐसे व्यक्ति को गद्दी पर बैठाए जो उसके अधिकार में रहे। इस तरह यह षड्यंत्र बाबर की बीमारी के समय रचा गया था।

षड्यंत्र का प्रारंभ तथा अन्त

यह षड्यंत्र बहुत व्यापक नहीं था तथा इसकी घटनाएँ भी अधिक वृहद् नहीं हैं। निज़ामुद्दीन अहमद ही इस षड्यंत्र की घटनाओं के जानने का प्रमुख साधन है यद्यपि इसका समर्थन अबुल फ़ज़ल तथा अन्य लेखकों से होता है। निज़ामुद्दीन अहमद का वर्णन इस प्रकार है :[45] "ज़ब हज़रत फिरदौस मकानी बाबर पादशाह का आगरा में निधन हो गया, तो उन दिनों इस इतिहास के संकलनकर्ता का पिता मुहम्मद मुकीम हरवी उसके सेवकों में सम्मिलित था और दीवान-ए-ब्यूतात की सेवा हेतु नियुक्त था। क्योंकि अमीर निज़ामुद्दीन अली ख़लीफ़ा, जिस पर शासन प्रबंध के कार्य अवलंबित थे, भाग्यशाली शाहज़ादे मुहम्मद हुमायूँ मिर्ज़ा से किन्हीं कारणों से, जो संसार में घटते रहते हैं, भयभीत था, अतः वह उनके पादशाह होने के पक्ष में न था। जब वह ज्येष्ठ पुत्र के पक्ष में न था तो छोटे पुत्रों के पक्ष में कैसे हो सकता था? क्योंकि हज़रत फिरदौस मकानी का दामाद महदी ख़्वाजा दानी, उदार एवं जवान था और अमीर ख़लीफ़ा की उससे बड़ी घनिष्ठता थी, अतः अमीर ख़लीफ़ा ने उसे पादशाह बनवाना निश्चय कर लिया। लोगों में यह बात प्रसिद्ध हो गई। वे महदी ख़्वाजा के अभिवादन हेतु जाने लगे। वह भी इस बात को समझकर लोगों से पादशाहों के समान व्यवहार करने लगा।

"संयोग से मीर खलीफ़ा महदी ख़्वाजा से भेंट करने गया हुआ था। वह एक ख़रगाह (बड़ा खेमा) में था। मीर खलीफ़ा, संकलनकर्ता के पिता मुहम्मद मुकीम एवं महदी ख्वाजा के अतिरिक्त उस ख़रगाह में कोई अन्य न था। मीर ख़लीफ़ा थोड़ी देर ही बैठा था कि हज़रत फिरदौस मकानी (बाबर) ने उसे बुलवा लिया। जब मीर ख़लीफ़ा, महदी ख़्वाजा के खेमे से बाहर जाने लगा तो महदी ख़्वाजा ख़रगाह के द्वार तक उसके साथ-साथ उसे पहुँचाने गया और द्वार के मध्य में खड़ा हो गया।

संकलनकर्ता का पिता उसके सम्मान के कारण उसके पीछे-पीछे रहा। महदी ख़्वाजा थोड़े-बहुत पागलपन के लिए प्रसिद्ध था। वह संकलनकर्ता के पिता की उपस्थिति को भूलकर मीर ख़लीफ़ा की विदा के उपरांत दाढ़ी पर हाथ फेरकर कहने लगा, 'ईश्वर ने चाहा तो सर्वप्रथम मैं तेरी खाल खिंचवाऊँगा।' यह कहने के उपरांत उसकी दृष्टि संकलनकर्ता के पिता पर पड़ी। उसने उसके कान पकड़कर कहा कि 'हे ताजीक! लाल जिह्वा हरे सिर को हवा में उड़ा देती है।'[46]

"मेरा पिता बिदा होकर बाहर आए और शीघ्रातिशीघ्र मीर ख़लीफ़ा के पास पहुँचकर कहा कि आप मुहम्मद हुमायूँ मिर्ज़ा एवं उनके भाइयों सरीखे योग्य व्यक्तियों के होते हुए नमकहलाली को त्यागकर यह चाहते थे कि राज्य अन्य वंश में चला जाए। इसका परिणाम इसके अतिरिक्त कोई अन्य नहीं।" यह कहकर उसने महदी ख़्वाजा की बात कही। मीर ख़लीफ़ा ने तत्काल किसी को मुहम्मद हुमायूँ मिर्ज़ा को शीघ्रातिशीघ्र बुलाने के लिए भेजा। यसावलों को भेजकर उसने महदी ख़्वाजा को सूचना भिजवायी कि 'हज़रत पादशाह का आदेश है कि तुम अपने घर चले जाओ।' उस समय महदी ख़्वाजा के लिए दस्तरखान पर भोजन लगवाया जा चुका था। यसावलों ने तत्काल पहुँचकर उसे जबरदस्ती उसके घर भेज दिया।

"तदुपरांत मीर ख़लीफ़ा ने आदेश दिया कि ढिंढोरा पिटवा दिया जाए कि कोई भी महदी ख़्वाजा के घर न जाए और उसके प्रति अभिवादन न करे, और वह भी दरबार में उपस्थित न हो।"

निज़ामुद्दीन के वर्णन से निम्नलिखित बातें स्पष्ट हो जाती हैं–

(1) ख़लीफ़ा बाबर के जीवन के अन्त समय बहुत शक्तिशाली हो गया था तथा मुग़ल साम्राज्य की बागडोर उसके हाथ में थी।

(2) वह हुमायूँ पर विश्वास नहीं करता था। वह उससे भय खाता था तथा उस पर संदेह करता था।

(3) वह बाबर के छोटे पुत्रों को भी गद्दी पर बैठाने के पक्ष में नहीं था।

(4) ख़लीफ़ा ने यह षड्यंत्र अपनी शक्ति को स्थायी बनाने के लिए किया था।

(5) महदी ख़्वाजा अपनी जनप्रियता तथा प्रधान मंत्री से अपने अच्छे संबंध के कारण चुना गया था।

(6) यह षड्यंत्र ख़लीफ़ा द्वारा ही प्रारम्भ किया गया था।

(7) महदी ख़्वाजा गद्दी पर बैठना चाहता था पर ख़लीफ़ा के विषय में उसके विचार अच्छे नहीं थे तथा वह उसे नीच समझता था।

(8) निज़ामुद्दीन ने इस षड्यंत्र का ज्ञान अपने पिता से प्राप्त किया जो वहाँ उपस्थित था तथा षड्यंत्र की असफलता का श्रेय भी उसी को है।

अबुल फ़ज़ल इस घटना का वर्णन इस प्रकार करता है–

"जब हज़रत गेती सितानी फिरदौस मकानी (बाबर) अत्यधिक रुग्ण हो गए तो मीर ख़लीफ़ा मनुष्य के मानवी स्वभाव[47] के कारण जहाँ बानी (हुमायूँ) से शंकित होने की वजह से अल्पदर्शी बनकर महदी ख़्वाजा को सिंहासनारूढ़ करना चाहता था और ख़्वाजा भी मूर्खता, बदमस्ती एवं अज्ञान के कारण मिथ्यापूर्ण विचारों को अपने मस्तिष्क में स्थान देकर नित्यप्रति दरबार में उपस्थित होकर भीड़भाड़ एकत्र किया करता था। अन्ततोगत्वा दूरदर्शी सत्यवादियों द्वारा मीर ख़लीफ़ा सन्मार्ग पर आ गया और उसने यह विचार त्याग दिया और ख़्वाजा को मना कर दिया कि वह दरबार में उपस्थित न हो और यह घोषणा करा दी कि कोई भी उसके घर न जाए। ईश्वर की कृपा से सब काम ठीक हो गया और सत्य अपने केंद्र पर पहुँच गया।"[48]

तारीख़े शाही के लेखक अहमद यादगार ने भी निज़ामुद्दीन के वर्णन का समर्थन किया है।[49]

इन समकालीन लेखकों के वर्णनों से स्पष्ट है कि यह षड्यंत्र बाबर की बीमारी के समय प्रारंभ हुआ था तथा उसकी मृत्यु के समय तक इसका अन्त हो गया, यद्यपि इसका अवशेष हुमायूँ के राजतिलक तक रहा।

हुमायूँ के शासन काल में महदी ख़्वाजा तथा ख़लीफ़ा

हुमायूँ के गद्दी पर बैठने के पश्चात ख़लीफ़ा शासकीय तथा राजकीय कार्यों से मुक्त कर दिया गया। उसका नाम ही हुमायूँ के शासन काल में लुप्त हो जाता है। समकालीन ग्रंथों में इसके पश्चात् कुछ ही स्थानों में उसका उल्लेख मिलता है। 1537 ई. में उसकी बहन सुल्तानम का विवाह हिन्दाल मिर्ज़ा से हुआ।[50] इस अवसर पर ख़लीफ़ा ने अमूल्य उपहार दिए। ख़लीफ़ा के पुत्र मुहिब अली ख़ाँ तथा खालिग बेग़ राज्य की सेवा में रहे।[51] खलीफ़ा का छोटा भाई जुनायद बरलास बाबर के समय जौनपुर तथा अन्य स्थानों का गवर्नर था तथा हुमायूँ के राज्यकाल में अपनी मृत्युपर्यन्त वह हुमायूँ के लिए युद्ध करता रहा।[52] इससे इतना तो स्पष्ट है कि ख़लीफ़ा के परिवार को कोई हानि नहीं पहुँचाई गई, न उसे कुछ दण्ड ही दिया गया, किन्तु उसकी शक्ति समाप्त हो गई। इससे सिद्ध होता है कि उसने हुमायूँ के गद्दी पर बैठने में अड़चनें उपस्थित की थीं। वह कब तक जीवित रहा, यह भी बताना कठिन है। वह बाबर से बड़ा था। ऐसा प्रतीत होता है कि हुमायूँ के शेरशाह से पराजित होने तथा साम्राज्य खो देने की तिथि (1540 ई.) तक उसकी मृत्यु हो चुकी थी।

महदी ख़्वाजा के विषय में भी हमें अधिक ज्ञान नहीं प्राप्त होता। तारीख़े इब्राहीमी से पता चलता है कि वह कालपी का गवर्नर नियुक्त किया गया।[53] इससे स्पष्ट है कि हुमायूँ ने उसे क्षमा कर दिया। गुलबदन बेगम ने भी हिन्दाल के विवाह के वर्णन के समय उसका उल्लेख किया।[54] ऐसा प्रतीत होता है कि इसके कुछ ही दिन

पश्चात् उसकी मृत्यु हो गई। कदाचित् ख़ानज़ादा बेगम के कोई पुत्र नहीं था किन्तु उसकी दूसरी पत्नी से जाफर ख़्वाजा नामक एक पुत्र था। महदी ख़्वाजा ने अमीर खुसरु की कब्र की चहारदीवारी बनवाई तथा संगमरमर के एक फलक पर शिलालेख अंकित कराया।[55]

षड्यंत्र की असफलता के कारण

यह षड्यंत्र, जैसा डॉ. ईश्वरी प्रसाद लिखते हैं, असफल नहीं हुआ बल्कि उड़ गया।[56] वास्तव में षड्यंत्र की बातों को देखने से स्पष्ट हो जाता है कि यह एक विचार अथवा योजना की ही भाँति था तथा इस योजना को कार्यान्वित करने के प्रयत्न नहीं हुए। ख़लीफ़ा ने अपने उम्मीदवार के विचार जानने के बाद तत्काल अपना विचार त्याग दिया।

वास्तव में ख़लीफ़ा का उम्मीदवार योग्य नहीं था। निज़ामुद्दीन के वर्णन से ऐसा प्रतीत होता है कि उसका मस्तिष्क ठीक नहीं था तथा उसमें कुछ पागलपन के चिह्न मौजूद थे।[57] इस बात का समर्थन अहमद यादगार भी करता है।[58] इसमें कोई संदेह नहीं कि वह न तो महत्त्वाकांक्षी था न उसमें अपना व्यक्तित्व ही था। अन्यथा ख़लीफ़ा के पीछे हट जाने पर भी उसने राज्य प्राप्त करने का कुछ न कुछ प्रयत्न अवश्य किया होता। ऐसे व्यक्ति को गद्दी पर बैठाने का प्रयास ही गलत था।

महदी ख़्वाजा तथा हुमायूँ में हुमायूँ अधिक योग्य था।[59] हुमायूँ के चारित्रिक दोष, जो बाद में प्रखर हो उठे तथा उसकी असफलता के कारण बने, अभी तक प्रकट नहीं हुए थे। महदी ख़्वाजा ऐसा मेधावी व्यक्ति भी नहीं था कि उसे हुमायूँ से अधिक उपयुक्त कहा जा सके। वंश से भी हुमायूँ का स्थान अधिक ऊँचा था। हुमायूँ की माता माहम बेगम बुद्धिमती महिला थी तथा राज्य कार्य में उसकी सहायता भी मूल्यवान थी।

ख़लीफ़ा की सबसे बड़ी भूल बाबर के सभी पुत्रों को छोड़कर महदी ख़्वाजा का पक्ष लेना था। मुग़ल वंश में साम्राज्य पुत्रों में विभाजित होने की परंपरा थी। बाबर के अमीर उसके वंश के प्रति स्वामिभक्त थे तथा उसके स्थान पर किसी दूसरे को गद्दी पर बैठाने के प्रयत्न में गृहयुद्ध निश्चित ही होता। हुमायूँ के सभी भाई इस परिस्थिति में उसको सहयोग देते।

ख़लीफ़ा के विचार दोषपूर्ण थे। हुमायूँ को गद्दी से वंचित कर वह बाबर के वंश से राजत्व को समाप्त कर देना चाहता था। इस तरह बाबर के सभी भारतीय युद्ध व्यर्थ हो जाते तथा बाबर के वंश का अन्त हो जाता। ख़लीफ़ा का निर्णय मुग़ल साम्राज्य तथा बाबर के वंश के लिए मृत्यु संदेश था।

संदर्भ

1. शेरशाह की मृत्यु के पश्चात् उसका दूसरा लड़का इस्लाम शाह पहले पहुँचने के कारण गद्दी पर बैठने में सफल हुआ। उसका बड़ा पुत्र आदिल ख़ाँ बाद में पहुँचने के कारण राज्य से वंचित रहा।
2. गुलबदन, हुमायूँ, बेवरिज, पृ. 105। फ़िरिश्ता के अनुसार जब बाबर की बीमारी बढ़ गई तो उसने हुमायूँ को, जो कालिंजर के दुर्ग को घेरे हुए था, बुलाया। बाबर ने उसे अपना उत्तराधिकारी नियुक्त किया, ब्रिक्स 2, पृ. 64।
3. अकबरनामा, 1, पृ. 118,121।
4. डे, तबकाते अकबरी, 2, पृ. 44। इस बात का समर्थन रौजातेअत् ताहीरी के लेखक ताहिर मुहम्मद ने भी किया है। बांकीपुर पुस्तकालय की हस्तलिखित प्रति डॉ. रामप्रसाद त्रिपाठी ने इस मत को स्वीकार किया है। (त्रिपाठी, राइज़ एण्ड फाल ऑफ़ दि मुग़ल एम्पायर, पृ. 54)।
5. "It is technically correct to call this attempt of the Khalifah conspiracy but in reality it was in the nature of what Mrs Beveridge calls a rumour of a plan of supercession of Babur's sons by Mahdi Khwajah at the instance of Mir Khaligah." (ईश्वरी प्रसाद, हुमायूँ, पृ. 24)।
6. बनर्जी, हुमायूँ, 1, पृ. 18।
7. गुलबदन, हुमायूँनामा, बेवरिज, पृ. 37; आईने अकबरी, अं. अनु., ब्लाख़मैन, पृ. 463-64।
8. गुलबदन, हुमायूँनामा, बेवरिज, पृ. 101-102।
9. अहमद यादगार, तारीख़े शाही, पृ. 130।
10. श्रीमती बेवरिज तथा डॉ. बनर्जी (गुलबदन, हुमायूँनामा, बेवरिज, पृ. 298-99; बनर्जी, हुमायूँ,1, पृ. 20) ने उसका नाम सैयिद मुहम्मद महदी ख़्वाजा बताया है। गुलबदन बेगम तथा बाबर दोनों उसे महदी ख़्वाजा के नाम से ही संबोधित करते हैं। शेख़ जैन ने उसे सैयिद महदी ख़्वाजा लिखा है। इससे उसका नाम महदी ख़्वाजा ही प्रतीत होता है। महदी ख़्वाजा अबुल माली की कब्र के निकट दफनाया गया था जो तिरमिज़ी था। इस कारण श्रीमती बेवरिज लिखती हैं कि महदी ख़्वाजा भी तिरमिज़ी था। डॉ. बनर्जी का अनुमान है कि वह माहम से भी संबंधित था।
11. बनर्जी, हुमायूँ,1, पृ. 20।
12. इस समय ख़ानज़ादा बेगम की अवस्था लगभग चालीस वर्ष की थी। महदी ख़्वाजा भी लगभग इसी अवस्था का था। बाबर ने अपनी आत्मकथा में इस विवाह का उल्लेख नहीं किया है, यद्यपि वह इसी वर्ष में लिखता है कि महदी ख़्वाजा ने मुहम्मद ज़मान मिर्ज़ा को काबुल आने से मना करके अच्छा नहीं किया। बाबरनामा, बेवरिज, पृ. 364।
13. बाबरनामा, बेवरिज, पृ. 530। महदी ख़्वाजा तथा हुमायूँ को पानीपत तथा खानवा के युद्धों में बराबर का स्थान देने के कारण डॉ. बनर्जी ने यह विचार प्रकट किया है कि दोनों पर बाबर की समान दृष्टि थी (बनर्जी, हुमायूँ, 1, पृ. 20)। यह ठीक नहीं प्रतीत होता, क्योंकि पानीपत के पूर्व हुमायूँ को हिसार फ़िरोज़ा दिया गया और बाद में उसे सम्भल भी दिया गया। महदी को और कुछ प्राप्त नहीं हुआ। ईद के सुअवसर पर भी हुमायूँ को 'चारकब' (एक प्रकार की ख़िलअत) के अतिरिक्त एक तलवार की पेटी तथा सोने की जीन के साथ तीपूचाक घोड़ा दिया गया। महदी ख़्वाजा को पानीपत तथा खानवा के युद्धों में बराबर का स्थान उसके संबंधी होने के अतिरिक्त युद्ध में योग्यता के कारण भी था। दोनों की बराबरी का कोई प्रश्न ही नहीं उठता।
14. तारीख़े ग्वालियरी; बाबरनामा, बेवरिज, पृ. 688-89।

15. बाबरनामा, बेवरिज, पृ. 689-90।
16. बनर्जी, हुमायूँ, 1, पृ. 21। बाबरनामा के अंतिम भाग मे महदी ख़्वाजा का नाम अकसर बाबर के प्रमुख अमीरों के साथ आता है। इससे यह स्पष्ट हो जाता है कि उस समय असकी गणना उच्च अमीरों में हो रही थी। बाबर की आत्मकथा में महदी ख़्वाजा का नाम प्रथम बार 1494-95 ई. में आया है।
17. बनर्जी, हुमायूँ, 1, पृ. 21।
18. Epigraphica Indo-Muslimica 1915-16; गुलबदन, हुमायूँनामा श्रीमती बेवरिज, पृ. 298-301; बाबरनामा, बेवरिज, पृ. 704-708।
"If Mahdi or any other competent man had ruled in Delhi by whatever tenure, this would not necessarily have ruined Humayun, or have taken from him the lands most coveted by Babur. All Babur's plans and orders were such as to keep Humayun beyond the Hindukush and to take him across the Oxus." गुलबदन, हुमायूँनामा, बेवरिज, अनुवादक की भूमिका, पृ. 26-27; तबकाते अकबरी के अंग्रेज़ी अनुवादक श्री डे ने भी श्रीमती बेवरिज के मत का समर्थन किया है। (डे, तबक़ाते अकबरी, 2, पृ. 41-42)।
19. बाबरनामा, पृ. 704-708। बाबरनामा के अनुसार उसे एक राजकीय सरोपा, तलवार बेल्ट, एक तीपूचाक घोड़ा और एक छतरी दी गई। इससे केवल एक प्रमुख पद का अनुमान लगाया जा सकता है और यह कहना कि उसे राजत्व का पद प्रदान किया गया, सही नहीं है। बनर्जी, हुमायूँ, 1, पृ. 23।
20. निज़ामुद्दीन के शब्द इस प्रकार हैं (तबकाते अकबरी, पृ. 28) :
"चूं महदी ख्वाजा, दामादे हज़रत फिरदौस-मकानी जवाने सखी व बाजिल बूद, व बा अमीर-ख़लीफ़ा राब्तये मुहब्बत दाश्त।"
21. बहारे अजम नामक शब्दकोश में दामाद का अर्थ इस प्रकार है :
"दुलहिन के सामने, हिंद में उस व्यक्ति को कहते हैं जिससे पुत्री ब्याही जाए, किन्तु उत्तम शैली के स्वामियों की रचना में यह शब्द इस प्रकार प्रयुक्त नहीं हुआ है।" फरहगेनव में इस शब्द का अर्थ 'किसी की पुत्री का पति,' स्टेइनगैस से इसका अर्थ "son-in law, a father-in-law, a husband of the king's sister; nearally; a wooer, a lover" दिया है।
22. गुलबदन, हुमायूँनामा, पृ. 28, बेवरिज, पृ. 126; ख़्वन्दमीर, हबीबुस्सियार; बनर्जी, हुमायूँ, 1, पृ. 22-27।
23. डे, तबकाते अकबरी, 2 पृ. 42; अकबरनामा, 1, पृ. 117।
24. मुहम्मद जमान मिर्ज़ा तथा मुहम्मद सुल्तान मिर्ज़ा ने हुमायूँ के समय में कई बार विद्रोह किया इससे यह अनुमान लगाया जा सकता है कि उनकी महत्त्वाकांक्षा का हनन हुआ था और इस कारण उन्होंने विद्रोह किया। महदी ख़्वाजा ने हुमायूँ के गद्दी पर बैठने के पश्चात् कभी भी विद्रोह नहीं किया। क्या वह महत्त्वाकांक्षी नहीं था? हो सकता है कि इसी कारण ख़लीफ़ा ने उसे चुना हो।
25. डॉ. बनर्जी, (हुमायूँ, 1, पृ. 19) लिखते हैं कि हुमायूँ को पानीपत और खानवा के युद्धों में अधिक पारितोषिक प्राप्त होने के कारण भी ख़लीफ़ा उससे द्वेष रखता था। किन्तु इसमें उसके नाराज़ होने का कोई कारण नहीं प्रतीत होता। हुमायूँ बाबर का सबसे बड़ा पुत्र था और राज्य का उत्तराधिकारी था। इस दृष्टि से उसका अधिक पारितोषिक प्राप्त करना न्यायसंगत था। जिस समय हुमायूँ को पारितोषिक प्राप्त हुए उस समय तक हुमायूँ ने कोष भी नहीं लूटा था। इस दृष्टि से उस समय उस पर क्रोध करने का कोई कारण नहीं प्रतीत होता।

26. बनर्जी, हुमायूँ 1, पृ. 20।
27. "The Khalifah must have satisfied his political conscience that in rejecting Humayun he was furthering the, interests of the state." (बनर्जी, हुमायूँ, 1, पृ. 19)।
28. अकबरनामा, 1, पृ. 117।
29. बाबरनामा, बेवरिज, पृ. 705-706 विदुषी लेखिका के अनुसारः (1) बाबर के साम्राज्य का प्रमुख केंद्र काबुल था, दिल्ली नहीं; (2) तैमूर वंशियों में साम्राज्य को विभाजित करने की परंपरा थी; (3) कई वर्षों से बाबर काबुल लौटना चाहता था; (4) बाबर को अपना उत्तराधिकारी चुनने का अधिकार था; (5) बाबर मुहम्द जमान मिर्ज़ा को कहीं बैठाना चाहता था, उन्होंने अन्त में स्वीकार किया है कि हुमायूँ की बीमारी के पश्चात बाबर ने यह विचार त्याग दिया था।
30. विलियम्स, ऐन एम्पायर बिल्डर, पृ. 171।
31. गुलबदन, हुमायूँनामा, पृ. 20; अंग्रेज़ी अनुवाद बेवरिज, पृ. 103। गुलबदन बेगम के शब्द इस प्रकार हैं :

"व दर बाग़े मजकूर वजूख़ाना बूद आंरां कि दीदंद फरमूदंद दिले-मन अज सल्तनत व बादशाही गिरफ्ता दर बाग़े जर अफशा ब गोशा बनशीनम व अज बराय ख़िदमतगारी ताहिर आफताबची बमन बिसियार अस्त व बादशाही राब हुमायूँ बदेहम दरीं अस्ना हजरत आकाम व हमा फरजन्दां गिरया व बेताकती करदा गुफ्तंद कि खुदायताला शुमा रादर मस्नदे बादशाही सालहाय विसियार ब करनहाय बेशुमार दर अमाने खुद निगाह दारद व हमा फरजंदां दरं कदमे शुमा ब कमाले पीरी बरसंद।"

32. गुलबदन, हुमायूँनामा, फा. पृ. 21, अंग्रेज़ी अनुवाद बेवरिज़, पृ. 104।

माहम अगरचे फरजन्दाने दीगर दारेम अम्मां हेच फरजंदे बराबर हुमायूँ दोस्तनमी दारम अज बराय आं कि सल्तनत व बादशाही व दुनियाये रोशन अज बराय यगानये जहाँ व नादिरये दौरां कामगार बरखुरदार फरजंदे दिल बंद हुमायूँ मी खाहम न बराय दीगरां।

33. अहमद यादगार के वर्णन के लिए देखिए इस पुस्तक का पृ. 31।
34. गुलबदन, हुमायूँनामा, पृ. 24; अकबरनामा 1, पृ. 117।
35. वही, पृ. 62।
36. जरनल एशियाटिक सोसाइटी ऑफ़ बंगाल, 1848, पृ. 186।
37. रिज़वी, हुमायूँ, 1, पृ. 459
38. अकबरनामा, 1, पृ. 117।
39. "There is no reason to think that Babur had any knowledge of the intrigue." (त्रिपाठी, सम एस्पेक्ट्स, पृ. 124)।
40. बाबरनामा, बेवरिज, पृ. 688-89।
41. अर्सकिन 1, पृ. 514।
42. विलियम्स, ऐन एम्पायर बिल्डर, पृ. 171-72।
43. डॉ. ईश्वरी प्रसाद तथा अन्य इतिहासकारों का मत है कि दो सप्ताह में हुमायूँ को बदख़्शाँ में सूचित करना तथा उसे वहाँ से वापस बुलाना असंभव था। (ईश्वरी प्रसाद, हुमायूँ, पृ. 33-34) किन्तु इटावा से समाचार भेजने का प्रश्न उठता ही नहीं, क्योंकि हुमायूँ उस समय काबुल तथा भारत के मार्ग में था।
44. गुलबदन, हुमायूँनामा, बेवरिज, पृ. 110।
45. तबकाते अकबरी, पृ. 28-29; तथा डे द्वारा अंग्रेज़ी अनुवाद, 2, पृ. 43-44।
46. निज़ामुद्दीन के शब्द इस प्रकार हैं–

"जुवान सुर्ख सरसब्ज मी दिहद बाद।"

यह वाक्य नख़शबी के तूतीनामा की एक कहानी पर आधारित है जो संस्कृत के शुक सप्तती (अर्थात् तोते की सत्तर कहानियाँ) पर आधारित है। इसका अर्थ था कि यदि मुक़ीम हरवी यह बात किसी से कहेगा तो वह जीवित नहीं बचेगा।

होदीवाला, स्टडीज इन इण्डो-मुस्लिम हिस्ट्री, 1, पृ. 505।

47. अकबरनामा, (पृ. 117) 'आलमे बशरियत' शब्द का प्रयोग करता है।
48. वही।
49. तारीख़ेशाही, पृ. 130-135। कविता में हुमायूँनामा के अनुसार ख़लीफ़ा ने षड्यंत्र का प्रारंभ किया। इस पुस्तक से ऐसा अनुमान होता है कि काबुल में कुछ लोग हुमायूँ को राजत्व तथा तुर्की अमीरों के नेतृत्व के लिए योग्य नहीं समझते थे। ईश्वरी प्रसाद, हुमायूँ, पृ. 29-30।
50. गुलबदन, हुमायूँनामा, बेवरिज, पृ. 126-27।
51. ब्लाख़मैन, आईने अकबरी, पृ. 463-66।
52. अर्सकिन, भाग 2, पृ. 110, 122, 123, 131, 133, 139; गुलबदन, हुमायूँनामा, बेवरिज, भूमिका, पृ. 26, फुटनोट।
53. तारीखे इब्राहीम, रिजवी, हुमायूँ, 2, पृ. 4।
54. गुलबदन, हुमायूँनामा, पृ. 26।
55. मिर्ज़ा, लाइफ एण्ड वर्क्स ऑफ़ अमीर खुसरू, पृ. 138।
56. "The plot did not fail but fizzled out," (ईश्वरी प्रसाद, हुमायूँ, पृ. 36)।
57. निज़ामुद्दीन के शब्द हैं : "बशायबये, जुनूं मन्सूब बूद।" होदीवाला, 1, पृ. 505।
58. तारीखे शाही, पृ. 131।
59. कुछ विद्वानों ने महदी ख़्वाजा तथा हुमायूँ में महदी ख़्वाजा को अधिक उपयुक्त बताया है। प्रो. रशब्रुक विलियम्स लिखते हैं कि ""Khalifah may have been convinced that Mahdi Khwajah would make a better emperor than Humayun. Indeed Humayun's conduct and bearing must have caused grave anxiety to all who had the welfare of the kingdom at heart."" (विलियम्स, ऐन एम्पायर बिल्डर, पृ. 171)।

3. हुमायूँ की समस्याएँ

बाबर ने जो साम्राज्य स्थापित किया वह उसके जीवन काल में न तो संगठित हो सका था, न उसके शत्रु ही पूर्ण रूप से पराजित हुए थे। इसके परिणामस्वरूप उसकी मृत्यु के पश्चात् कुछ अनेक समस्याएँ भी सामने आ गई थीं। इस तरह ख़लीफ़ा का षड्यंत्र सम्राट हुमायूँ के भविष्य की कठिनाइयों की सूचना थी। उसकी कठिनाइयों को हम दो भागों में विभाजित कर सकते हैं–

(1) आंतरिक समस्याएँ

(2) बाह्य समस्याएँ

हुमायूँ की आंतरिक समस्याएँ

मुग़ल साम्राज्य

बाबर की मृत्यु के समय मुग़ल साम्राज्य आक्सस नदी से बिहार तक फैला हुआ था। सिंध के पश्चिम, काबुल, गज़नी तथा कंधार पर बाबर का पूर्ण अधिकार था किन्तु हिंदुकुश की पहाड़ियों में रहने वाले कबीले के लोगों ने उसकी अधीनता नाममात्र को ही स्वीकार की थी। सिंध नदी, काबुल, गज़नी तथा कंधार के बीच जलालाबाद, पेशावर, कोहदमन, स्वात तथा बजौर बाबर के अधिकार में थे। उत्तरी तथा दक्षिणी सिंध में उसके नाम से ख़ुतबा पढ़ा जाता था।[1] इसके पूर्व पंजाब, मुल्तान तथा सतलज और बिहार के बीच के भाग (दिल्ली, सिरसा, हांसी इत्यादि) भी उसके अधिकार में थे। उत्तर में हिमालय, दक्षिण में मालवा, राजपूताना, बयाना, रणथंभौर, ग्वालियर तथा चंदेरी उसके साम्राज्य की सीमा बनाते थे। दक्षिणी बिहार के पहाड़ी भाग पूर्णतया उसके अधिकार में नहीं थे। इस क्षेत्र पर अफ़गान तथा हिंदू सरदारों का राज्य था।[2] इस तरह उत्तर में हिमालय, दक्षिण में मालवा तथा बुन्देलखण्ड, पूर्व में बंगाल तथा उत्तर-पश्चिम में आक्सस उसके साम्राज्य की सीमाएँ थीं। गंगा-यमुना के दोआब का भाग मुग़ल साम्राज्य का प्रमुख केंद्र था।

बाबर ने अपने साम्राज्य का प्रशासकीय विभाजन नहीं किया था। अतएव लोदी सुल्तानों के समय के ही विभाजन पर राज्य का शासन होता था। साम्राज्य दो तरह

की राजनीतिक इकाइयों में बँटा हुआ था : ऐसी सरकारें जो पूर्ण रूप से शासनाधीन थीं तथा वे जो स्थानीय राजाओं अथवा ऐसे जमींदारों के अधीन थीं जिन्होंने अधीनता तो स्वीकार की थी किन्तु उन्हें केवल आंतरिक स्वतंत्रता प्राप्त थी, ऐसे राज्य मुग़ल सम्राट को निर्धारित कर देते थे। इन राज्यों का क्षेत्रफल मुग़ल साम्राज्य के लगभग 1/5 के बराबर था।[3] बाबर ने पानीपत तथा खानवा के युद्धों के पश्चात् प्राप्त भूभाग को अपने उमराओं में विभाजित कर दिया था। ये उमरा उन क्षेत्रों के शासन के लिए उत्तरदायी थे। वहाँ का राजस्व वसूल करना तथा शासन का उत्तरदायित्व उन पर था। ये उन स्थानों के स्थायी स्वामी नहीं थे और उनका स्थानांतरण भी होता था।[4]

शासन प्रबंध—मुग़ल साम्राज्य बड़ा अवश्य था किन्तु उसका संगठन अपूर्ण था। बाबर स्वयं अपनी आत्मकथा में लिखता है कि योग्य व्यक्तियों को दूरवर्ती परगनों में भेजकर शासन प्रबंध कराने का अवसर नहीं प्राप्त हुआ। इसके अतिरिक्त बाबर में शासन की योग्यता भी नहीं थी। बाबर को यह साम्राज्य जल्दी में प्राप्त हुआ था और इसके संगठन का प्रबंध ढीला था।[5] प्रांतीय केंद्रों में गबर्नर और दीवान तथा नीचे के भागों में कोतवाल और शिकदार राज्य के प्रमुख अधिकारी थे। ये जागीरदारों से सहायता प्राप्त करते थे। देहात के भाग केंद्रीय सरकार से पूर्ण रूप से नियंत्रित नहीं थे। बाबर ने इसके लिए कोई प्रयत्न नहीं किया था। इसका परिणाम यह हुआ कि शासन केवल शक्ति के बल पर आधारित था।[6] जनसाधारण पर मुग़ल साम्राज्य की स्थापना का कोई विशेष प्रभाव नहीं हुआ था।[7] मुग़ल साम्राज्य की जड़ समाज के निचले स्तर तक नहीं पहुँच सकी थी। जनता मुग़लों को विदेशी समझती थी जिसके कारण उनमें विरोध की भावना थी तथा वे कभी भी विद्रोह कर सकते थे। मुग़ल साम्राज्य की स्थापना हुए अभी केवल पाँच वर्ष हुए थे और यह काल युद्ध और संघर्ष का काल था। जनता में अफ़गानों के मित्रों की कमी न थी और ये लोग भी दूर-दूर तक फैले थे। इस तरह हुमायूँ के सम्मुख शासन को संगठित करने की समस्या सबसे महत्त्वपूर्ण थी।

राजकोष—मुग़ल साम्राज्य की आर्थिक अवस्था शोचनीय थी। बाबर ने पानीपत के पश्चात् धन का अपव्यय किया। हुमायूं, कामरान, अस्करी तथा अन्य अमीरों को इनाम देने के अतिरिक्त ईराक, काशगर, खुरासान, समरकन्द में संबंधियों को उपहार भेजे गए और काबुल तथा बरसक की घाटी (बदख़्शाँ में) के प्रत्येक नर-नारी, दास, स्वतंत्र तथा बालिग एवं नाबालिग को एक-एक शाहरूखी इनाम में दी गई।[8] वह अपने दान के कारण कलन्दर कहा जाता था।[9] इस अपव्यय का परिणाम दो वर्ष के पश्चात् ही स्पष्ट हो गया। वह अपनी आत्मकथा में लिखता है कि अक्टूबर 1529 ई. तक सिकन्दर और इब्राहीम लोदी का कोष समाप्त हो चला था—और उसे अपने उच्च अधिकारियों पर तीस प्रतिशत कर लगाना पड़ा।[10] इस तरह जिस समय

हुमायूँ गद्दी पर बैठा, मुग़ल साम्राज्य की आर्थिक अवस्था शोचनीय थी तथा राजकोष रिक्त था। रशब्रुक विलियम्स का यह कथन सत्य है कि हुमायूँ की कठिनाइयों में राज्यारोहण के समय की आर्थिक अवस्था का बहुत बड़ा हाथ था।[11]

सेना—बाबर ने अपने जीवन भर युद्ध और संघर्ष किया था। उसकी सेना में ऐसे लोग काफी संख्या में थे जिन्होंने उसके साथ अनेक वर्षों तक रहकर युद्ध किया था। ऐसी स्थिति में बाबर के साथ उनका व्यक्तिगत संबंध स्थापित हो गया था। बाबर की सेना में भिन्न-भिन्न देशों के लोग थे, जैसे चग़ताई, मुग़ल, ईरानी, अफ़गानी तथा भारतीय। इन भिन्न-भिन्न धर्मों, संप्रदायों और जातियों के व्यक्तियों को एक सूत्र में बाँधने का उत्तरदायित्व बाबर पर था। उसकी मृत्यु के पश्चात् इन लोगों का दृष्टिकोण क्या होगा, यह एक महत्त्वपूर्ण प्रश्न था। सेना का संगठन कबीलों के आधार पर था तथा उनका नेतृत्व भी उन्हीं जातियों के लोगों पर था। व्यक्तिगत तथा कबायली (जातीय) द्वेष के कारण सेना में पूर्ण एकता असंभव थी। द्वेष का परिणाम संकट के समय में राज्य के लिए भयंकर हो सकता था। इनमें बहुत-से ऐसे सरदार थे जो वृद्ध थे तथा जिन्हें हुमायूँ की योग्यता पर अधिक विश्वास नहीं था। ऐसे लोग कहाँ तक हुमायूँ के पक्ष का समर्थन करेंगे, यह भी एक महत्त्वपूर्ण प्रश्न था। इन अमीरों में ख़्वाजा ख़लीफ़ा तथा ख़्वाजा कलां ऐसे व्यक्ति भी थे जिन्होंने बाबर के साथ अनेक परिस्थितियों में सुख-दुख झेला था। इनके अतिरिक्त कुछ लोग ऐसे भी थे जो रक्त संबंध से बंधे थे। कुछ अन्य लोग भी थे जो बाबर के आमंत्रण पर भारत आए थे तथा उन्होंने बाबर की भारतीय विजयों में प्रमुखता से भाग लिया था।

क्या हुमायूँ में ऐसी योग्यता थी कि वह भिन्न-भिन्न व्यक्तियों को एक सूत्र में बाँध सके? हुमायूँ ने बाबर के प्रमुख युद्धों में भाग अवश्य लिया था किन्तु उसने अपनी युद्धकला का ऐसा प्रदर्शन नहीं किया था कि जो बाबर के अनुभवों के समकक्ष उत्साह प्रकट कर सकता। इस विश्वास की आवश्यकता इस कारण और बढ़ गई थी क्योंकि मुग़ल साम्राज्य अभी-अभी स्थापित हुआ था और भारत में अभी भी मुग़ल विदेशी समझे जाते थे।[12]

हुमायूँ के भाई

इन कठिन परिस्थितियों में हुमायूँ को अपने भाइयों से सहायता प्राप्त हो सकती थी। किन्तु दुर्भाग्यवश भाइयों का सहयोग उसे न प्राप्त हो सका। हुमायूँ के तीन भाई थे—कामरान, अस्करी और हिन्दाल। कामरान बाबर की पत्नी गुलरुख बेगचिक का पुत्र था। उसका जन्म 1514 ई. में तथा अस्करी का 1516 ई. में हुआ था। बाबर की एक और पत्नी दिलदार आगाचह से हिन्दाल का जन्म 1519 ई. में हुआ था। इस तरह बाबर की मृत्यु के समय हुमायूँ की अवस्था 23 वर्ष, कामरान की 17 वर्ष, अस्करी की 15 वर्ष तथा हिन्दाल की 12 वर्ष थी।

बाबर की आत्मकथा तथा समकालीन इतिहासकारों के वर्णनों से स्पष्ट है कि बाबर ने अपने सभी पुत्रों को शिक्षा तथा शासन का अनुभव प्राप्त करने की सुविधा प्रदान की थी! कामरानं 15 वर्ष की अवस्था में काबुल का गवर्नर नियुक्त हुआ तथा हिन्दाल 11-12 वर्ष की अवस्था में बदख़्शाँ का गवर्नर बना। भारत में जैसे हुमायूँ ने पानीपत तथा खानवा के युद्धों में भाग लिया था उसी तरह अस्करी 13 वर्ष की अवस्था में घाघरा की लड़ाई में लड़ा। 1522 ई. में जब कामरान की अवस्था केवल आठ वर्ष की थी, बाबर ने इस्लामी कानून पर उसकी शिक्षा के लिए एक कविता लिखी थी। (दर फिकये मुबाइयान)।[13] जनवरी 1526 में जब उसने गाज़ी ख़ाँ के पुस्तकालय से हुमायूँ को पुस्तकें भेजीं तो उसने कामरान के लिए भी कुछ पुस्तकें भेजीं।[14] जनवरी 1529 ई. में बाबर ने भारत में लिखी अपनी कविताओं का संग्रह कामरान तथा हुमायूं दोनों को भेजा, तथा हिन्दाल को, जिसकी अवस्था केवल 10-11 वर्ष की थी, उसने बाबरी लिपि के अक्षर भेजे।[15]

उपर्युक्त घटनाएँ इस बात की प्रमाण हैं कि बाबर अपने चारों पुत्रों को सुखी तथा संपन्न देखना चाहता था। शिक्षा के अतिरिक्त बाबर की इच्छा साम्राज्य के विषय में क्या थी, यह बताना कठिन है, किन्तु इतना निश्चित रूप से कहा जा सकता है कि पाँच वर्ष तक शासन करने के कारण कामरान का संपर्क काबुल और कंधार से अधिक हो गया था और ऐसी स्थिति में हुमायूँ के लिए इन क्षेत्रों को अपने अधिकार में रखना सरल नहीं था।

इसके अतिरिक्त मृत्यु के पूर्व बाबर ने निश्चित कर दिया था कि हुमायूँ और कामरान का भाग छः और पाँच के अनुपात में होगा। यह कोई आश्चर्य की बात नहीं थी, क्योंकि बाबर के चाचा और पिता में भी इसी तरह जागीरों का बँटवारा हुआ था। सबसे बड़े चचा सुल्तान अहमद मिर्ज़ा को समरकन्द तथा उसके निकट के क्षेत्र प्राप्त हुए थे। ये भाग उसके सभी भाइयों में सबसे अधिक महत्त्वपूर्ण थे। दूसरे चचा सुल्तान महमूद मिर्ज़ा को उससे कम मिला था। उसके छोटे चचा डलूम मिर्ज़ा को इनसे भी कम भाग प्राप्त हुए थे। इसी तरह बाबर ने भी अपने पुत्रों में विशेषतः कामरान का अनुपात निश्चित कर हुमायूँ के सामने एक बड़ी सीमा उपस्थित कर दी थी। इस संबंध में एक महत्त्वपूर्ण प्रश्न यह उठता है कि बाबर ने केवल कामरान और हुमायूँ का ही अनुपात क्यों निश्चित किया? अपने दो छोटे पुत्रों के बीच उसने क्यों कोई अनुपात निश्चित नहीं किया? यह कामरान के प्रति प्रेम के कारण था, अथवा बाबर यह समझता था कि कामरान महत्त्वाकांक्षी है तथा अनुपात निश्चित न होने पर वह समस्या उपस्थित करेगा, यह बताना कठिन है।

मृत्यु के पूर्व बाबर ने हुमायूँ को यह आज्ञा दी थी कि वह अपने भाइयों के प्रति कोई ऐसा व्यवहार न करे जिससे उन्हें दुख और कष्ट हो।[16] इस तरह बाबर ने हुमायूँ को अपने भाइयों के प्रति नीति को भी निश्चित कर दिया था। इस संबंध

में कुछ महत्त्वपूर्ण प्रश्न उपस्थित होते हैं। नई परिस्थिति में हुमायूँ के प्रति उसके भाइयों का मनोभाव बताना कठिन था। कामरान का अनुपात निश्चित कर बाबर ने उसे प्रोत्साहित करने का तो अवसर दिया ही था, साथ ही अपने अन्य पुत्रों में इससे विद्वेष की भावना को भी जन्म दे दिया था। नई स्थिति में भाइयों के बीच साम्राज्य के विभाजन की माँग के लिए हुमायूँ को तैयार रहना था। सबसे कठिन समस्या इस कारण उपस्थित हो गई थी कि प्रत्येक भाई के समर्थक कुछ मुग़ल अमीर थे जो अपने लाभ के लिए इन्हें आपस में झगड़ा करने के लिए प्रोत्साहित किया करते थे।

बाबर के संबंधी

हुमायूँ के गद्दी पर बैठने के समय मध्य एशिया के कई प्रमुख वंशों के वंशज बाबर की सेना में उपस्थित थे। इनमें कई के साथ बाबर ने वैवाहिक संबंध स्थापित किया था। बादशाह की मृत्यु के पश्चात इनमें संशय, भय, तथा आशा का होना स्वाभाविक था। नए शासक के आगमन से ये संबंधी उससे उन्नति का पद, अच्छी जागीरें इत्यादि प्राप्त करना चाहते थे। इनमें से बहुत-से ऐसे थे जिन्होंने मध्य एशिया में अपने पूर्वजों की भूमि को अधिकार में रखने में असफल होकर, भारत में शरण ली थी तथा यहाँ उन्हें बाबर से पद तथा आदर प्राप्त हुआ था।[17]

इस समय मुग़ल दरबार में दो वंशों के वंशज विशेष महत्त्व के थे। यूनुस ख़ाँ के वंश से संबंधित व्यक्तियों में इसान तैमूर, तुख़्ताबुगा सुल्तान तथा ख़िज़्र ख़्वाजा ख़ाँ प्रमुख थे।[18] बाबर ने अपनी तीन पुत्रियों का विवाह इनसे किया था। इसके अतिरिक्त वली खूब मिर्ज़ा भी था, जिसे मुग़ल सुल्तान कहा गया है, किन्तु इसके विषय में हमें अधिक ज्ञान प्राप्त नहीं है।

द्वितीय वंश के अमीरों में खुरासान के मिर्ज़ा थे, जिनमें मुहम्मद जमान मिर्ज़ा तथा मुहम्मद सुल्तान मिर्ज़ा प्रमुख थे, मुहम्मद जमान मिर्ज़ा खुरासान के सुल्तान हुसेन बाइकरा का पौत्र था।[19] इसके पितामह की मृत्यु (5 मई 1506) के पश्चात् ऊज़बेकों ने खुरासान पर अधिकार कर लिया। मुहम्मद जमान मिर्ज़ा भागकर काबुल बाबर की शरण में आया। यहाँ बाबर ने अपनी पुत्री मासूमा सुल्तान बेग़म से उसका विवाह कर दिया।[20] उसी वर्ष यह बल्ख़ का गवर्नर नियुक्त किया गया। मार्च-अप्रैल, 1526 ई. में यह कास्कानकरा के सुल्तान द्वारा वहाँ से भगा दिया गया।[21] मुहम्मद ज़मान भागकर भारत आया तथा आगरा में बाबर से मिला। खानवा के युद्ध में तथा पूर्व में अफ़ग़ानों के विरुद्ध इसने मुग़ल सेना के साथ भाग लिया। बाबर ने प्रसन्न होकर इसे (13 अप्रैल 1529 ई. को) सरोपा (सिर से पैर तक का वस्त्र), एक तलवार, एक पेटी, एक तीपूचाक घोड़ा, तथा छतरी प्रदान की तथा जौनपुर का गवर्नर बनाया।[22] इसके पश्चात् बाबर की बीमारी तथा उसकी मृत्यु के समय तक मुहम्मद ज़मान के

विषय में हमें अधिक जानकारी नहीं है।

मुहम्मद सुल्तान मिर्ज़ा भी तैमूर का वंशज था तथा मुहम्मद ज़मान मिर्ज़ा का चचेरा भाई था। खुरासान तथा मध्य एशिया से यह भी मुहम्मद ज़मान मिर्ज़ा के साथ भागकर भारत आ गया था। उच्च वंश का होने के कारण यह भी शक्ति प्राप्त करने के लिए सदा उत्सुक तथा उतावला रहता था। बाबर अपने दोनों दामादों का आदर करता था तथा उन्हें सुखी रखना चाहता था। राजवंश के होने के कारण दोनों मिर्ज़ाओं का राजसी लोभ समाप्त नहीं हुआ था। बाबर के सद्व्यवहार से अमीरों में भी इनका मान बढ़ गया था। ये लोग भी वंश तथा बाबर के व्यवहार के कारण अपने को गद्दी के निकट उत्तराधिकारियों में से समझते थे। मिर्ज़ाओं का अपने पूर्वजों के देश में कोई स्थान नहीं था। इस तरह भारत में अपना राज्य स्थापित करने की आकांक्षा सदा इनके मन में बनी रही। बाबर की दया ने इस तरह हुमायूँ के राज्य में इनके विद्रोह का बीज डाल दिया।

मीर मुहम्मद महदी ख़्वाजा तथा प्रधान मंत्री ख़लीफ़ा का वर्णन हम ऊपर कर आए हैं। इन प्रमुख अमीरों के अतिरिक्त भी बहुत-से उच्च कुल के तथा योग्य अमीर इस समय भारत में मुग़ल सेना में उपस्थित थे।

हुमायूँ की बाह्य समस्याएँ

उत्तरी भारत की राजनीतिक अवस्था

इन आंतरिक समस्याओं के अतिरिक्त हुमायूँ के सम्मुख कई महत्त्वपूर्ण बाह्य समस्याएँ थीं। आंतरिक समस्याएँ तथा बाह्य समस्याएँ एक दूसरे को प्रभावित कर सकती थीं। मुग़ल साम्राज्य की सीमा के निकट शक्तिशाली महत्त्वपूर्ण राज्य थे। इन राज्यों में मुग़ल साम्राज्य की दृष्टि से निम्नलिखित राज्य तथा शक्तियाँ महत्त्वपूर्ण थीं–

1. गुजरात
2. बिहार में अफ़गान
3. बंगाल
4. सिन्ध तथा मुल्तान
5. मालवा
6. ख़ानदेश
7. कश्मीर
8. राजपूताना

1. गुजरात

गुजरात मध्य युग के इतिहास में अपनी भौगोलिक परिस्थितियों, संस्कृति तथा उद्योग-धंधों के कारण प्रसिद्ध रहा है। मोती के काम, चित्रकला तथा भाँति-भाँति के सूती और रेशमी कपड़ों, तलवार तथा कटारों इत्यादि के निर्माण के लिए यह बहुत ही प्रसिद्ध था। यहाँ से विदेशों को सामान जाता था जिससे बहुत आय हो जाती थी। यहाँ की उपजाऊ भूमि विशेषतः रुई की खेती के लिए प्रसिद्ध थी। अबुल फ़ज़ल ने आईने अकबरी में गुजरात की एक बाग़ से तुलना की है जहाँ तरह-तरह

के फल पैदा होते थे।[23]

पौराणिक युग में भगवान श्रीकृष्ण की द्वारिका में मृत्यु होने के कारण गुजरात प्राचीन काल से ही हिंदू धर्म का प्रमुख स्थान माना जाता था। प्राचीन काल में यहाँ कई राजवंशों के उत्थान-पतन हुए। मध्य युग के इतिहास में मुहम्मद गोरी गुजरात के शासक द्वारा पराजित हुआ।[24] 1287 ई. में अलाउद्दीन के सेनानायक ऊलूग ख़ाँ तथा नुसरत ख़ाँ ने गुजरात पर अधिकार कर इसे दिल्ली सल्तनत में मिला दिया।[25] तुग़लक साम्राज्य के विघटन के समय दिल्ली सल्तनत द्वारा नियुक्त गुजरात का अंतिम गवर्नर जफ़र ख़ाँ, जिसकी नियुक्ति 1931 ई. में हुई थी, 1936 ई. में स्वतंत्र हो गया। 1404 ई. में इसने सुल्तान मुज़फ्फ़रशाह की उपाधि धारण की तथा गुजरात में एक नए राज्य की स्थापना की जो मुजफ्फ़रशाही वंश के नाम से प्रसिद्ध हुआ।

इस वंश में सुल्तान महमूद बेगरा एक बहुत ही प्रसिद्ध सुल्तान हुआ (1458-1511 ई.)। उसकी मृत्यु के पश्चात् 1511 ई. में मुजफ्फरशाह द्वितीय गद्दी पर बैठा। यह वीर तथा योग्य शासक था। इसने ईदर, मालवा तथा चित्तौड़ के साथ युद्ध किया। इसके आठ पुत्र थे जिनमें सिकन्दर सबसे बड़ा था। इसने अपने प्रत्येक पुत्र को अलग-अलग जागीरें दीं। बहादुर को कज (अहमदाबाद से 18 मील), कोह (महमूदाबाद से 20 मील) और नबता (वतोह के नजदीक) प्राप्त हुआ।[26] बहादुर इससे संतुष्ट नहीं था। इसके अतिरिक्त बहादुर को अपने बड़े भाई सिकन्दर से भी भय था—क्योंकि उसने बहादुर को समाप्त करने की योजना बनाई थी। इस कारण 1525 ई. में बहादुर दिल्ली चला गया। मार्ग में वह चित्तौड़ में रुका। यहाँ राणा सांगा तथा उनकी माता द्वारा उसका स्वागत हुआ।[27] यहाँ से वह मेवात आया। हसन ख़ाँ मेवाती ने गुजरात पर आक्रमण करने में उसकी सहायता के हेतु अपनी सेना देने का वचन दिया, किन्तु बहादुर ने अस्वीकार करते हुए उत्तर दिया कि अपने पिता के विरुद्ध युद्ध करने का उसका विचार नहीं है। यहाँ से बहादुर इब्राहीम के दरबार में गया।

इस समय उत्तरी भारत में हलचल मची हुई थी। बाबर भारत पर आक्रमण करने की तैयारी कर चुका था। दिल्ली के सुल्तान इब्राहीम ने बहादुर का स्वागत किया, किन्तु बाबर से लड़ने की तैयारी में वह इतना व्यस्त था कि बहादुर की तरफ अधिक ध्यान न दे सका। बहादुर अफ़गान अमीरों में बहुत ही जनप्रिय हो गया और कदाचित् उसे दिल्ली की गद्दी पर बैठाने के लिए षड्यंत्र भी रचा गया।[28] इस कारण इब्राहीम लोदी बहादुर शाह से असंतुष्ट हो गया। इसमें बहादुर शाह का कोई दोष नहीं था, उसने इस विचार को प्रोत्साहित भी नहीं किया था। बाबर अपनी आत्मकथा में लिखता है कि जिस समय वह पानीपत के निकट था, बहादुर शाह ने उसको पत्र लिखा था। बाबर ने उसका उत्तर बहुत ही मीठी भाषा में दिया था तथा उसे अपने पास आमंत्रित किया था। बाबर शिकायत करता है कि बहादुर शाह उसके पास नहीं आया और बाद में गुजरात चला गया।[29]

इतना स्पष्ट है कि बहादुर शाह ने पानीपत के युद्ध में भाग नहीं लिया तथा उसने दूर से ही पानीपत के युद्ध को देखा था।[30] इस युद्ध ने उसके मन पर बहुत प्रभाव डाला। भविष्य में बहादुर शाह की पराजय का एक बहुत बड़ा कारण उसके मन का भय था जो पानीपत के युद्ध से उसके मन में बैठ गया था। पानीपत के युद्ध का वर्णन करते हुए उसने बाद में कहा कि यह लड़ाई शीशे और पत्थर की लड़ाई थी जिसमें शीशा निश्चय ही टूटता, चाहे पत्थर शीशे पर पटका जाए, या शीशा पत्थर पर, अर्थात् अफ़गानों (शीशा) की पराजय मुग़लों (पत्थर) के मुकाबिले में निश्चित थी।[31] अफ़गानों में बहादुर शाह जनप्रिय हो गया था। इस कारण जौनपुर के अमीर उसके पास आए और उन्होंने उसे जौनपुर की गद्दी पर बैठने के लिए निमन्त्रित किया। बहादुर शाह जौनपुर जाने के लिए तैयार था। उसी समय उसे गुजरात में परिस्थितियों के परिवर्तन का समाचार मिला।

1526 ई. के अप्रैल महीने के प्रथम सप्ताह में उसके पिता मुज़फ्फ़र शाह की मृत्यु हो गई। उसकी मृत्यु के पश्चात् अमीरों के सम्मुख उत्तराधिकारी की समस्या आई। कुछ अमीर मुज़फ्फ़र शाह के प्रथम पुत्र सिकन्दर को, कुछ उसके दूसरे लड़के बहादुर को तथा कुछ तीसरे लड़के लतीफ़ ख़ाँ को गद्दी पर बैठाना चाहते थे। सिकन्दर अपने पिता की मृत्यु के बाद उसी दिन गद्दी पर बैठा, किन्तु वह कुछ ही दिन सुल्तान रह सका।[32] उसकी मूर्खता से अमीर बहुत ही परेशान थे। वह जूते या गन्ने को बँधवाकर उसे किसी अमीर का नाम देकर अपनी तलवार से काटता था। उसका विचार था कि वह इस तरह उनका सिर काट रहा है।[33] उसकी मूर्खता के कारण इमादुल मुल्क ने 26 मई 1526 ई. को चंपानीर में जब वह सोया हुआ था, उसे मार डाला।[34] सिकन्दर की मृत्यु के पश्चात् इमादुल मुल्क खुशकदम ने उसके छः वर्षीय पुत्र नासिर ख़ाँ को महमूद द्वितीय के नाम से गद्दी पर बैठाया,[35] यद्यपि वास्तविक रूप में शासन की बागडोर इमादुल मुल्क के ही हाथ में रही। उसने पद तथा इनाम देकर अमीरों को अपने वश में करने का प्रयत्न किया। प्रारम्भ से ही इमादुल मुल्क की नीति से कई अमीर सहमत नहीं थे। विशेषतया गुजरात के तीन प्रमुख अमीर–खुदावंद ख़ाँ मसनद अली, जो मुज़फ्फ़र द्वितीय के काल में वज़ीर रह चुका था; ताज ख़ाँ नरपाली जिसकी जागीर धुनधुका में थी; तथा मुज़फ्फ़र का दामाद (सिकन्दर की खास बहन का पति)[36] और सिंध का राजकुमार मजलिसे सामी फाथ ख़ाँ बलूच–उसके कार्यों से असंतुष्ट थे। अमीरों के विरोध को शांत करने के लिए इमादुल मुल्क ने निकट के शासकों से सहायता लेने का प्रयत्न किया। उसने बरहान निजामशाह के पास जवाहिरात तथा धन भेजकर उसे नंदुरबर पर आक्रमण करने के लिए प्रोत्साहित किया। अहमदनगर के शासक ने धन तो स्वीकार कर लिया किन्तु उसने और कुछ नहीं किया। खुशकदम ने पोल के राजा उदय सिंह से भी चंपानीर पर आक्रमण करने के लिए प्रार्थना की। उसने बाबर के पास भी सहायता के लिए पत्र लिखा तथा

प्रार्थना की कि यदि बाबर सिंध नदी के मार्गों से ड्यू में सेना भेजे तो वह उसे एक करोड़ टनका देगा तथा गुजरात उसकी अधीनता स्वीकार करेगा। फ़िरिश्ता के अनुसार उसकी यह प्रार्थना बाबर तक नहीं पहुँची, क्योंकि डूंगरपुर के राजा ने उसके सन्देश को बीच ही में रोक लिया।[37] मंत्री के इन कार्यों से राष्ट्रवादियों को बड़ी निराशा हुई तथा उन्होंने उसके कार्य को गुजरात विरोधी समझा। गुजरात के कुछ राष्ट्रीय विचारों के अमीरों ने परामर्श कर पायबन्द ख़ाँ को बहादुर शाह के पास भेजा और उसे गुजरात की गद्दी पर बैठने के लिए आमंत्रित किया। पायंबन्द ख़ाँ बहादुर से बागपत में[38] मिला तथा उससे गुजरात चलने की प्रार्थना की। बहादुर के सामने एक कठिन समस्या थी। उसकी आँखों के सामने दो राज्य नाच रहे थे। जौनपुर के अमीरों से उसने वहाँ जाने का वचन दे दिया था, किन्तु मातृभूमि के प्रेम ने उसे गुजरात जाने को विवश किया। उसने जौनपुर के अमीरों को परिस्थिति समझाकर क्षमा माँगी और तीव्र गति से गुजरात की तरफ रवाना हो गया।

चित्तौड़ में बहादुर की मुलाकात उसके भाई चांद ख़ाँ और इब्राहीम ख़ाँ से हुई। चांद ख़ाँ ने भय से सिसौदिया दरबार में रहने का निश्चय किया और बाद में भागकर उसने मांडू में शरण ली। दूसरा भाई इब्राहीम ख़ाँ बहादुर शाह के साथ गुजरात रवाना हुआ। चित्तौड़ में बहादुर को सिकन्दर की हत्या का समाचार मिला। उसने सिकन्दर की मौत का बदला लेने की प्रतिज्ञा की, यद्यपि मन में उसे संतोष ही हुआ कि एक विघ्न समाप्त हो गया। जैसे-जैसे बहादुर आगे बढ़ता जा रहा था। वैसे-वैसे उसकी सेना की संख्या भी बढ़ती जा रही थी और उसे अमीरों का सहयोग मिलता जा रहा था। उसके शत्रु उसकी इस जनप्रियता से भयभीत हुए। इमादुल मुल्क ने बहादुर की प्रगति को रोकने का प्रयत्न किया, किन्तु उसे सफलता नहीं मिली। बिना किसी कठिनाई के वह पाटन पहुँचा और 6 जुलाई 1526 ई. को वह गुजरात का सम्राट घोषित कर दिया गया। 11 जुलाई को अहमदाबाद में दरबार किया गया जहाँ बहुत-से अमीर उपस्थित थे। उसी महीने में उसने चंपानीर पर अधिकार कर लिया। इमादुल मुल्क गिरफ्तार हुआ तथा उसे सिकन्दर को मारने के अपराध में मृत्युदण्ड दिया गया। 26 जुलाई को उसे उसके दो साथियों के साथ फाँसी के तख़्ते पर लटका दिया गया।[39] 14 अगस्त 1526 ई. को चंपानीर में बहादुर का पुनः राज्याभिषेक हुआ।

बहादुर ने एक-एक करके अपने भाइयों को मरवा डाला, केवल चांद ख़ाँ जिसने मांडू में शरण ली थी, बच रहा, क्योंकि मालवा के शासक सुल्तान महमूद द्वितीय ने चांद ख़ाँ को समर्पित करने से अस्वीकार कर दिया।

बहादुर ने लगभग ग्यारह वर्ष शासन किया (जुलाई 1526 ई. से फरवरी 1537 ई. तक) फिर भी उसकी गणना गुजरात के महान शासकों में होती है।[40] गद्दी पर बैठने के समय वह अपनी योग्यता, शक्ति तथा धर्मनिष्ठा के लिए प्रसिद्ध था। वह बोख़ारी सैयिदों के प्रधान हज़रत शाह शेख़ से[41] विशेष प्रभावित था। बहादुर शाह

एक महत्त्वाकांक्षी एवं योग्य व्यक्ति था। उसने शासन के प्रत्येक अंग को प्रभावित किया। गद्दी पर बैठने के समय उसकी अवस्था केवल 20 वर्ष की थी। किन्तु अपनी योग्यता से उसने कुछ ही दिनों में गुजरात का नक़्शा ही बदल दिया।

सैन्य संगठन—सबसे प्रथम उसने अपनी सेना का संगठन किया। उसने अपना तोपखाना बहुत ही शक्तिशाली बनाया। दो तुर्की विशेषज्ञों—अमीर मुस्तफ़ा (जो बाद में रूमी ख़ाँ के नाम से प्रसिद्ध हुआ) और ख़्वाजा सफ़र (सलमानी)—की सहायता से उसने अपना तोपख़ाना शक्तिशाली तथा मजबूत कर लिया। उसकी सेना में लगभग 10,000 विदेशी सैनिक थे।[42] अपने राज्य के हिंदुओं के प्रति भी उसका व्यवहार अच्छा था। उसने हिंदुओं को बजीफ़े दिए तथा उन्हें उच्च और विश्वसनीय स्थानों पर नियुक्त किया। यही नहीं, उसने कोल और भील लोगों के साथ भी अच्छा व्यवहार किया। उसने अपने दरबारे हाल का नाम 'शृंगार मण्डप' रखा तथा अपने हाथियों के भी इसी तरह संस्कृत में नाम रखे। अपनी उदार नीति तथा सुशासन के कारण बहादुर ने अत्यधिक प्रसिद्धि प्राप्त कर ली।

साम्राज्य विस्तार—गुजरात के निकट कई महत्त्वपूर्ण राज्य थे। बहमनी साम्राज्य के विघटन के पश्चात् उसके पाँच राज्यों तथा खानदेश के बीच संघर्ष होता रहता था। मालवा का राज्य तथा राजपूताना के राज्य भी गुजरात के निकट थे। गुजरात के तट पर पुर्तगालियों का प्रभुत्व भी बढ़ रहा था। बहादुर शाह ने अपनी शक्ति तथा साम्राज्य के विस्तार हेतु इन राज्यों से युद्ध प्रारंभ कर दिया तथा कुछ ही वर्षों में पश्चिमी भारत के महान शासकों तथा विजेताओं में उसकी गणना होने लगी।

सितंबर 1528 ई. में खानदेश[43] तथा बरार के शासकों की सम्मिलित सेना (लगभग एक लाख) के साथ बहादुर शाह ने दौलताबाद पर आक्रमण किया। किन्तु दुर्ग की शक्ति तथा अपनी सेना में आवश्यक वस्तुओं की कमी के कारण उसने घेरा उठा लिया। 1529 ई. में उसने अहमदनगर के दुर्ग पर अधिकार कर लिया और इस शर्त पर कि बीदर तथा अहमदनगर की मस्जिदों में उसके नाम से ख़ुतबा पढ़ा जाएगा, उसने संधि कर ली और 1530 ई. के वसंत में गुजरात लौट आया।[44] 1531 ई. में बरहान निज़ाम शाह 7,000 व्यक्तियों के साथ बहादुर से मिलने आया। बहादुर ने उसे निज़ामुल मुल्क की उपाधि दी। इससे उसकी प्रतिष्ठा और बढ़ गई।[45]

1531 ई. में बहादुर शाह ने मालवा को अपने राज्य में मिला लिया। मालवा ने अपने निकट के राज्यों को असंतुष्ट कर दिया था। चित्तौड़ के राजा रतनसिंह ने बहादुर के दरबार में मालवा के विरुद्ध यह शिकायत की कि उसके शासक ने अपने पुत्र तथा मंत्री सारजा ख़ाँ को चित्तौड़ के दक्षिणी जिलों को विध्वंस करने के लिए भेजा है। रायसीन के राजपूत सरदार सिलहदी ने अपने पुत्र भूपतराय को बहादुर शाह के दरबार में मालवा से रक्षा हेतु भेजा। मांडू से असंतुष्ट मुसलमान सरदार भी बहादुर शाह के दरबार में आए। बहादुर शाह को मालवा से यह शिकायत थी

कि वहाँ का शासक उसके राज्यारोहण के समय उसे बधाई देने नहीं आया था। इसके अतिरिक्त मालवा के सुल्तान महमूद खिलजी ने बहादुर शाह के भाई चांद ख़ाँ की शरण दी थी। चांद ख़ाँ बहादुर को गुजरात से हटाकर स्वयं गुजरात की गद्दी पर बैठना चाहता था।[46]

इन परिस्थितियों से लाभ उठाकर बहादुर शाह ने मालवा पर आक्रमण किया तथा मार्च 1531 ई. में मांडू पर अधिकार कर लिया। मालवा का शासक महमूद मारा गया तथा मालवा पर बहादुर शाह का अधिकार हो गया (28 मार्च 1531 ई.)। मालवा की विजय एक महत्त्वपूर्ण विजय थी। अर्सकिन के मतानुसार अब गुजरात की दक्षिण-पूर्वी सीमाएँ तथा मेवाड़ की दक्षिण-पश्चिमी सीमाएँ एक दूसरी से मिलती थीं। इसके पश्चात् मेवाड़ तथा गुजरात दोनों एक दूसरे के विरोधी हो गए।[47] बहादुर शाह ने राजनीतिक व्यक्तियों को भी शरण दी। जून-जुलाई 1529 ई. (शव्वाल 935 हि.) में सिंध के पदच्युत शासक जाम फ़ीरोज़ ने उसके यहाँ शरण ली तथा अपनी पुत्री का विवाह उससे कर दिया।[48] इसी समय राणा सांगा का भतीजा नरसिंह देव अपने बहुत से साथियों के साथ उससे आ मिला। अलाउद्दीन आलम ख़ाँ लोदी (बहलोल लोदी का पुत्र) भी उसके दरबार में आ उपस्थित हुआ। बाबर के दरबार के कई अन्य अमीर (फ़तेह ख़ाँ, कुतुब ख़ाँ, उमर ख़ाँ लोदी इत्यादि) भी उससे आ मिले।[49]

उपर्युक्त परिस्थितियों से यह स्पष्ट हो जाता है कि मुग़ल साम्राज्य को गुजरात की तरफ से कभी भी खतरा उपस्थित हो सकता था। मालवा विजय के पश्चात् मुग़ल सीमा गुजरात के निकट पहुँच गई थी। बहादुर शाह युवक तथा महत्त्वाकांक्षी था। तीन-चार वर्षों में ही उसने कुशल शासक तथा वीर योद्धा के गुण प्रदर्शित किए थे। गुजरात आर्थिक दृष्टि से भी सुदृढ़ था। उसकी सेना नए अस्त्रों तथा हथियारों से सुसज्जित थी। मालवा की विजय तथा बहादुर शाह की साम्राज्य-विस्तार की नीति ने गुजरात के साम्राज्य को मुग़ल साम्राज्य के बहुत ही निकट ला दिया था। इस परिस्थिति में हुमायूँ को गुजरात की ओर से भय स्वाभाविक था।[50]

2. अफ़गान

पानीपत के प्रथम युद्ध की पराजय ने अफ़गानों की शक्ति को पूर्णतः जर्जर कर दिया। फिर भी, अफ़गानों ने पूर्ण रूप से पराजय स्वीकार नहीं की। अधिकतर अफ़गान भागकर बिहार या बंगाल चले गए। 15 वर्षों तक उनके संगठन तथा शक्ति का केंद्र यही क्षेत्र रहा तथा शेरशाह ने इसी केंद्र से अफ़गानों को पुनः संगठित कर अफ़गान शक्ति को फिर से स्थापित किया।

इब्राहीम लोदी के राज्यकाल में दरया ख़ाँ नूहानी बिहार का गवर्नर था। इब्राहीम के काल में उसने राजसी उपाधि धारण नहीं की किन्तु वस्तुतः वह एक स्वतंत्र शासक की भाँति अपने प्रान्त में शासन करता था। 1521 ई. में उसकी मृत्यु के पश्चात्

उसका पुत्र बहार ख़ाँ बिहार का गवर्नर हुआ।[51] पानीपत में इब्राहीम ख़ाँ की मृत्यु के पश्चात् जो अराजकता फैली तथा अफ़गानों में जो प्रतिक्रिया हुई। उसके परिणामस्वरूप उसने मुहम्मद शाह की उपाधि धारण की, अपने नाम से सिक्के चलाए तथा अपने नाम से ख़ुतबा पढ़वाया। इस तरह वह एक स्वतंत्र शासक बन गया। पानीपत के युद्ध के पश्चात् इब्राहीम लोदी का भाई सुल्तान महमूद लोदी उस वंश का एक ऐसा व्यक्ति था जो उनका नेतृत्व कर सकता था। हसन ख़ाँ मेवाती तथा राणा सांगा ने उसे इब्राहीम का उत्तराधिकारी स्वीकार किया तथा एक राष्ट्रीय संघ बनाकर उन्होंने बाबर से खानवा में युद्ध किया। खानवा की पराजय ने राजपूतों की कमर तोड़ दी। राणा सांगा के ही बल पर महमूद लोदी दिल्ली का तख़्त प्राप्त करने की आशा करता था। खानवा के पश्चात् उसने मेवाड़ में शरण ली। किन्तु इसी बीच राणा सांगा की मृत्यु हो गई जिससे राजपूतों की सहायता की आशा भी जाती रही। खानवा के युद्ध के पश्चात् अफ़गान उमरा बीबन तथा वायजीद ने अफ़गानों को संगठित कर मुग़लों को अवध से भगा दिया तथा लखनऊ पर अधिकार कर लिया। बाबर की सेना के आगमन से वे लोग पीछे हट गए तथा बंगाल की तरफ चले गए। इसी समय अफ़गानों में हम फरीद नामक एक नौजवान के उत्कर्ष का उल्लेख पाते हैं जो आगे चलकर शेरशाह के नाम से दिल्ली के तख़्त पर बैठा।

फरीद का प्रारम्भिक जीवन—शेर ख़ाँ का पितामह इब्राहीम ख़ाँ सूर पेशावर के निकट रोह की पहाड़ी[52] में रहकर घोड़ों का व्यापार करता था। बहलोल लोदी के समय में इब्राहीम सूर और उसका पुत्र हसन पंजाब आए तथा बजवाड़ा में (होशियारपुर जिले में) बस गए। प्रारंभ में वे महावत ख़ाँ सूर, दाऊद ख़ाँ शाह खैल की सेवा में रहे। कुछ दिनों पश्चात इब्राहीम ख़ाँ ने महावत को छोड़कर हिसार फ़िरोजा के जागीरदार जमाल ख़ाँ सारंगखानी के यहाँ तथा हसन ने उमर ख़ाँ सरवानी के यहाँ नौकरी कर ली। जमाल ख़ाँ ने इब्राहीम को चालीस घोड़ों को रखने के लिए नारनोल परगने के कुछ गाँव जागीर के रूप में दिए। वह उन्नति कर 500 घुड़सवारों का अधिकारी तथा हिसार का जागीरदार बन गया।

इब्राहीम ख़ाँ की मृत्यु के पश्चात् हसन जमाल की सेवा में चला गया। सिकंदर लोदी के राज्य-काल में जमाल ख़ाँ जौनपुर भेजा गया। उसके साथ हसन ख़ाँ भी गया। जमाल ख़ाँ को सहसराम, खवासपुर तथा टांडा की जागीर दी गई, जहाँ वह स्थायी रूप से बस गया।

फरीद का जन्म 1472 ई. में हिसार फ़िरोजा या नारनोल में हुआ था।[53] हसन के चार पत्नियाँ तथा आठ पुत्र थे। उसके पुत्रों में फरीद तथा निज़ाम एक अफ़गान पत्नी से तथा सुलेमान और महमूद सबसे छोटी पत्नी से उत्पन्न हुए थे। इसके अन्य चार भाई अली, यूसुफ, खुर्रम तथा शादी ख़ाँ थे। हसन अपनी छोटी पत्नी का अधिक मान करता था। इस कारण फरीद पर उसका वह प्रेम नहीं था जो बड़े लड़के पर

होना चाहिए। फरीद दुखी होकर अपने पिता की जागीर छोड़कर जौनपुर चला गया, जो उस समय विद्या तथा ज्ञान के लिए 'पूर्व का शिराज' कहा जाता था।[54] यहाँ फरीद ने पूर्ण मन से अध्ययन किया और फ़ारसी का बहुत अच्छा ज्ञान अर्जित करके 'मौलवी' की उपाधि प्राप्त की।[55] अपने व्यवहार तथा योग्यता से वह थोड़े ही दिनों में जनप्रिय हो गया। उसने समकालीन संतों तथा विद्वानों से मित्रता स्थापित की तथा शासन का भी अच्छा ज्ञान प्राप्त किया।[56] इस बीच हसन ख़ाँ जौनपुर आया। यहाँ इसके मित्रों ने फरीद जैसे योग्य पुत्र का परित्याग करने के कारण उसकी भर्त्सना की। उनके कहने से हसन ख़ाँ ने फरीद को सहसराम की जागीर का प्रबंधक नियुक्त कर दिया।

जागीर के प्रबंधक के रूप में फरीद ने ऐसी योग्यता तथा अनुभव प्राप्त किए जो भविष्य में उसके लिए उपयोगी सिद्ध हुए। यहाँ उसने कुछ सिद्धांतों का प्रतिपादन किया जिन्हें सम्राट होने पर उसने अपने साम्राज्य में भी प्रचलित किया। फरीद ने अपने पिता से कहा था कि वह अपनी जागीर की समृद्धि तथा वैभव बढ़ाने में अपनी संपूर्ण शक्ति लगा देगा[57] उसने जागीर की संपूर्ण समस्याओं का अध्ययन किया तथा प्रत्येक समस्या का बुद्धिमानी से समाधान किया।

नए जागीरदार के रूप में फरीद ने अपना शासन न्याय पर आधारित किया। उसकी प्रजा उससे किसी भी समय मिल सकती थी। उनका कथन था कि कृषक संपत्ति के साधन है।[58] इस कारण उनके सुधार, सुख तथा भलाई में ही जागीर का कल्याण है। फरीद ने सैनिकों, मुकद्दमों, पटवारियों तथा किसानों को बुलाया तथा उनके समक्ष घोषणा की कि वह किसी को भी कृषकों के ऊपर अत्याचार नहीं करने देगा और जो ऐसा करेगा उसे कठोर दंड दिया जाएगा।[59] उसने जमीन की नाप कराई तथा उसके आधार पर लगान निश्चित किया। किसानों को पट्टा लिखकर दिया गया जिससे उन्हें निश्चिय रूप से ज्ञात रहे कि उन्हें कितना लगान देना पड़ेगा। इसके साथ ही साथ उनसे कबूलियत भी लिखाई।

खेती का प्रबंध कर तथा कृषकों को विश्वास दिलाकर फरीद ने विद्रोही जमींदारों की तरफ दृष्टि की। उसने अपने पिता के कर्मचारियों को दो सौ घुड़सवारों का प्रबंध करने की आज्ञा दी। एक छोटी सेना खड़ी करके तथा सैनिकों को प्रोत्साहित करके उनकी सहायता से उसने मुकद्दमों तथा जमींदारों को पराजित कर दिया और शांति स्थापित की।[60] फरीद ने बेगार तथा अनेक करों का अन्त कर दिया। प्रत्येक गाँव में जनता के अधिकारों की रक्षा के लिए एक कर्मचारी नियुक्त किया गया। फरीद के अच्छे प्रबंध के कारण लगभग एक हज़ार कृषक दूसरे स्थानों से आकर उसकी जागीर में बस गए।[61]

फरीद के जागीर के प्रबंध की सभी लेखकों ने सराहना की है। अब्बास ख़ाँ लिखता है कि कुछ ही समय में फरीद की जागीर के निवासी सुखी हो गए तथा

उसकी एक कुशल शासक के रूप में गणना होने लगी।[62] डॉ. बनर्जी के अनुसार फरीद ने आधुनिक ग्रामीण विकास योजनाओं की नींव डाली तथा अपने प्रबंध के कारण वह प्लेटो के दार्शनिक सम्राट के निकट आ जाता है।[63] डॉ. ईश्वरी प्रसाद के अनुसार शेरशाह की असाधारण शासकीय योग्यता की छाप उसके परगनों के शासन पर स्पष्ट रूप से पड़ी।[64] संपूर्ण कार्यों के अध्ययन से यह स्पष्ट हो जाता है कि फरीद ने जागीर के प्रबंध से यह स्पष्ट कर दिया कि उसमें जन्म से ही शासन की योग्यता है। यह अनुभव उसके लिए बहुत ही उपयोगी सिद्ध हुआ तथा उत्तरी भारत का राज्य प्राप्त करने के पश्चात् उसने कुछ ही समय में ऐसा शासन स्थापित किया जो साधारणतया इतने अल्पसमय में संभव नहीं होता है।

फरीद के जागीर के प्रबंध तथा उसकी यशवृद्धि से उसकी सौतेली माँ को यह भय हुआ कि कहीं जागीर उसके पुत्रों—सुलेमान तथा अहमद—के हाथ से निकल न जाए। फरीद को जागीर से हटाने के लिए उसने मियां हसन को विवश कर दिया। यह जानते हुए कि फरीद ने जागीर का बहुत ही सुंदर प्रबंध किया है, मियां हसन ने फरीद को जागीर से हटा दिया।

फरीद अपनी जागीर से आगरा की तरफ रवाना हुआ (1519 ई.)। मार्ग में कानपुर के शेख इस्माईल सूर तथा इब्राहीम नामक अफ़गानों से उसकी मुलाकात हुइ[65] जो भविष्य में उसके उत्कर्ष में प्रमुख सहायक बने। आगरा में फरीद ने दौलत ख़ाँ नामक एक प्रमुख उमरा की सहायता से इब्राहीम लोदी से अपने पिता की जागीर प्राप्त करने का प्रयत्न किया, किन्तु इब्राहीम ने यह कहकर कि ऐसा व्यक्ति जो अपने पिता का विरोध करता है बुरा है, इस समस्या में हस्तक्षेप करने से इनकार कर दिया। फरीद को निराशा हुई किन्तु वह अपने संरक्षक दौलत ख़ाँ के साथ रुका रहा। इसी बीच मियां हसन की मृत्यु हो गई। सहसराम की जागीर में उस समय फरीद के भाई निज़ाम, जिसे जागीर पर दृष्टि रखने के लिए फरीद छोड़ आया था, तथा उसके सौतेले भाइयों (सुलेमान तथा अहमद) में जागीर के उत्तराधिकार के लिए संघर्ष प्रारंभ हो गया। सुलेमान ने जागीर पर अधिकार करके वास्तविक उत्तराधिकारी होने का दावा किया। निज़ाम ने विरोध किया कि वह सबसे बड़ा पुत्र न होने के कारण जागीर का अधिकारी नहीं है। किन्तु सुलेमान पर उसका कोई प्रभाव नहीं पड़ा। पूर्ण स्थिति की सूचना पाकर फरीद ने सबसे बड़े पुत्र होने के आधार पर, दौलत ख़ाँ की सहायता से, इब्राहीम लोदी से इन दो परगनों की जागीरदारी का फ़रमान प्राप्त किया तथा अपनी जागीर में वापस आ पहुँचा।

फरीद के जागीर में फ़रमान के साथ पहुँचने से तथा वहाँ की जनता के फरीद की ओर आकर्षित होने से सुलेमान ने भागकर चौध[66] के जागीरदार मुहम्मद ख़ाँ सूर के यहाँ शरण ली। मुहम्मद ख़ाँ तथा मियां हसन का संबंध अच्छा नहीं था। मुहम्मद ख़ाँ ने देखा कि पारस्परिक झगड़ों से लाभ उठाकर वह मियां हसन की जागीर पर

अधिकार कर सकता है। उसने फरीद से अपने वकील द्वारा कहलाया कि वह इस झगड़े का निर्णय करेगा तथा जो उसका निर्णय स्वीकार नहीं करेगा उसके साथ वह कठोरता का बर्ताव करेगा। फरीद ने मुहम्मद ख़ाँ को सूचित किया कि वह अपने सौतेले भाइयों को अधिक से अधिक जागीर देने के लिए तैयार है, किन्तु वह परगने के शासन को विभाजित नहीं करेगा। मुहम्मद ख़ाँ ने निश्चित किया कि सैन्य बल द्वारा वह फरीद से सुलेमान को अधिकार दिलाएगा। इस सूचना से फरीद चिंतित हुआ तथा उसने किसी शक्तिशाली संरक्षक की सहायता प्राप्त करने का निश्चय किया। इसी समय पानीपत के युद्ध तथा उसमें इब्राहीम की मृत्यु की सूचना मिली। फरीद ने देखा कि बिहार के शासक सुल्तान मुहम्मद (बहार ख़ाँ) के अतिरिक्त अन्य कोई व्यक्ति उसकी सहायता नहीं कर सकता। सुल्तान मुहम्मद[67] इस समय स्वतंत्र शासक के रूप में बिहार पर शासन करता था। फरीद ने सुल्तान मुहम्मद के यहाँ नौकरी कर ली। अपनी योग्यता से उसने सुल्तान मुहम्मद को प्रसन्न कर लिया तथा उसका दाहिना हाथ बन गया[68] इसी समय उसने बड़ी बहादुरी से एक शेर मारा जिससे प्रसन्न होकर सुल्तान मुहम्मद ने उसे 'शेर ख़ाँ' की उपाधि दी।[69] सुल्तान मुहम्मद ने उसे अपने राज्य का वकील तथा अपने पुत्र का शिक्षक (अतालीक़) नियुक्त किया।[70]

शेर ख़ाँ के इस उत्कर्ष से सुल्तान मुहम्मद के अन्य अमीरों में विद्वेष फैल गया। उन लोगों ने सुल्तान मुहम्मद से शेर ख़ाँ की शिकायत की। शेर ख़ाँ इस समय अपनी जागीर पर चला गया था, जिससे उन्हें विरोध का अवसर मिला। किन्तु सुल्तान मुहम्मद शेर ख़ाँ से इतना प्रभावित तथा प्रसन्न था कि उसने सुलेमान के पक्ष में शेर ख़ाँ पर आक्रमण नहीं किया।

चौध के जागीरदार मुहम्मद ख़ाँ ने प्रारम्भ में जागीर को भाइयों में विभाजित करने की सलाह दी। शेर ख़ाँ इसके लिए तैयार नहीं था तथा उसने कहा कि यहाँ रोह (अफ़ग़ानिस्तान) का कानून नहीं चलेगा। इसके अतिरिक्त उसने अपने पक्ष में यह तर्क दिया कि जागीर उसे फ़रमान द्वारा प्राप्त हुई है तथा किसी को उसे लेने का अधिकार नहीं है।[71] मुहम्मद ख़ाँ ने सफलता की आशा न देख जागीर पर आक्रमण कर दिया तथा शक्ति के बल पर परगनों पर अधिकार कर लिया।

कुछ लोगों ने शेर ख़ाँ को परामर्श दिया कि वह सुल्तान मुहम्मद से सहायता ले। शेर ख़ाँ को भय था कि वह मुहम्मद ख़ाँ सूर से झगड़ा नहीं करेगा तथा सुलह कराने का प्रयत्न करेगा। शेर ख़ाँ सुलह नहीं करना चाहता था। इस कारण वह एक शक्तिशाली मित्र चाहता था।

1527 ई. के अप्रैल में शेर ख़ाँ पूर्वी प्रान्तों के मुग़ल गवर्नर जुनायद बरलास की सेवा में उपस्थित हुआ। मुग़ल सेना की सहायता से[72] शेर ख़ाँ ने अपनी जागीर पर अधिकार कर लिया तथा मुहम्मद ख़ाँ की जागीर भी उसके हाथ में आ गई। मुहम्मद ख़ाँ तथा सुलेमान ने भागकर रोहतास में शरण ली। शेर ख़ाँ ने मुहम्मद ख़ाँ

सूर को उसकी जीती हुई जागीर लौटाकर उसे अपना स्थायी मित्र बना लिया। इससे उसकी दूरदर्शिता का पता चलता है, शेर ख़ाँ द्वारा विदेशी सहायता लेने से अफ़गान उससे नाराज हुए। शेर ख़ाँ ने मुग़ल सैनिकों को तुरंत पारितोषिक देकर वापस भेज दिया तथा अफ़गानों के पारस्परिक द्वेष को दूर करने का प्रयत्न किया।[73]

1527 ई. में शेर ख़ाँ जुनायद बरलास के साथ आगरा गया। यहाँ जुनायद बरलास ने अपने भाई प्रधान मंत्री मीर ख़लीफ़ा से उसकी तारीफ की। शेर ख़ाँ लगभग 15 महीने मुग़लों के पास रहा तथा चंदेरी के दुर्ग पर आक्रमण के समय वह मुग़लों के साथ था।[74] यहाँ उसने मुग़लों के शासन का निकट से अध्ययन किया। इससे वह अधिक प्रसन्न नहीं हुआ तथा उसके मन में यह आत्मविश्वास जागृत हुआ कि मुग़ल अफ़गानों से उच्च नहीं हैं। उसका विचार था कि मुग़लों की विजय का कारण उनकी योग्यता नहीं बल्कि अफ़गानों का पारस्परिक वैमनस्य था वह कहता था। कि "मैनें मुग़लों के बीच में रहकर उनकी युद्ध-विधि देख ली है। वे रणक्षेत्र में दृढ़ एवं सुव्यवस्थित नहीं रह सकते। उनका बादशाह अपने उत्कृष्ट वंश एवं उच्च श्रेणी के कारण स्वयं राज्य-व्यवस्था की ओर ध्यान नहीं देता। वह अपने राज्य का शासन-प्रबंध अपने अमीरों एवं उच्च पदाधिकारियों को सौंपकर उनके वचन एवं आचरण पर निर्भर रहता है। सैनिकों, प्रजा एवं विद्राही जमींदारों की समस्याओं का समाधान घूस द्वारा होता है। हितैषी अथवा विरोधी जिस किसी के पास धन है वह धन द्वारा अपनी इच्छानुसार अपने काम करा लेता है। जिसके पास धन नहीं वह चाहे सैकड़ों बार तलवार चलाए अथवा निष्ठा प्रदर्शित करे उसे कोई सफलता प्राप्त नहीं हो सकती।" शेर ख़ाँ की बात सुनकर उसके साथी हंसते थे किन्तु वह बारबार कहता था कि "यदि सौभाग्य एवं प्रताप मेरी सहायता करे तो मैं अल्प समय में मुग़लों को हिंद से निकाल दूँगा।"[75]

इसी बीच एक एक दिन वह आगरा से अचानक चला आया।[76] अपनी जागीर में पहुँचने के पश्चात् उसने जुनायद बरलास से उसके दरबार से बिना आज्ञा चले आने के लिए क्षमा याचना की तथा उसके पास अच्छी पेशकश भेजकर उसे प्रसन्न कर लिया। उसने लिखा कि मुहम्मद ख़ाँ सूर तथा सुलेमान के भय से जागीर में वापस आना आवश्यक था। उसने अपने को मुग़लों का सेवक कहा तथा अपनी स्वामिभक्ति का विश्वास दिलाया।

1528 ई. के अन्त में शेर ख़ाँ ने मुग़ल सेवा त्याग दी तथा पुनः बिहार चला गया और सुल्तान मुहम्मद की सेवा में पुनः नियुक्त हो गया।[77] सुल्तान मुहम्मद ने उसे पुनः अपने पुत्र जलाल का शिक्षक नियुक्त कर दिया। इसी समय सुल्तान मुहम्मद की मुत्यु हो गई। उसकी पत्नी दूदू बीबी अपने नाबालिग लड़के की संरक्षिका बन गई। उसने शेर ख़ाँ को अपना प्रमुख सहायक नियुक्त किया।

इस पद से शेर ख़ाँ ने पूर्ण रूप से अपनी शक्ति बढ़ा ली। उसने सभी महत्त्वपूर्ण

स्थानों पर योग्य तथा अपने स्वामिभक्त व्यक्तियों को, विशेषतया सूर अफ़गानों को, नियुक्त किया जो सदा उसके लिए मरने-मारने को तैयार रहते थे।

अफ़गानों ने मुग़लों के विरुद्ध आंदोलन समाप्त नहीं किया था। महमूद लोदी, बीबन तथा बायज़ीद एक सेना के साथ आगे बढ़े। शेर ख़ाँ न चाहते हुए भी उनके साथ हो लिया, किन्तु इस अभियान का कोई परिणाम नहीं हुआ तथा मुग़ल सेना के आगमन से ही ये भाग खड़े हुए।[78] अधिकतर अफ़गान अमीरों ने बाबर के समक्ष समर्पण कर दिया। 16 मई 1529 ई. को जलाल ख़ाँ भी बाबर से मिला। बाबर ने उसके पिता की जागीर का अधिक भाग इस शर्त पर दे दिया कि वह एक करोड़ टनके राजकर देगा।[79] सुल्तान महमूद लोदी को भागकर बंगाल के शासक नुसरत शाह के यहाँ शरण लेनी पड़ी।[80]

जलाल ख़ाँ के मुग़लों से अधिकार प्राप्त करने के पश्चात् दूदू ने शेर ख़ाँ को पुनः डिप्टी नियुक्त किया। इसके कुछ ही दिन पश्चात् दूदू की भी मृत्यु हो गयी। इस तरह बिहार के शासन का सम्पूर्ण उत्तरदायित्व शेर ख़ाँ पर आ पड़ा।

शेर ख़ाँ ने अनुभव किया कि बंगाल के शासक नुसरत शाह से कभी न कभी संघर्ष होगा ही। अपनी शक्ति बढ़ाने के लिए उसने नुसरत शाह के बहनोई हाजीपुर के गवर्नर मख़दूमे आलम से मित्रता कर ली। नुसरत शाह ने आक्रमण कर मख़दूमे आलम को मार डाला। शेर ख़ाँ ने एक बहुत बड़ा मित्र खो दिया किन्तु मख़दूमे आलम का सम्पूर्ण कोष उसे प्राप्त हो गया।[81] यह उसके भविष्य के उत्कर्ष के लिए बहुत ही सहायक हुआ। इसके पश्चात् ही बंगाल से युद्ध प्रारम्भ हुआ। इसमें शेर ख़ाँ विजयी हुआ जिससे उसका मान तथा शक्ति दोनों बढ़े।[82]

शेर ख़ाँ एक साधारण वंश का था। बिहार में अनेक अफ़गान उमरा उच्च वंश के थे (जैसे लोदी, नूहानी, फरमूली इत्यादि)। ये लोग साधारण वंश के व्यक्ति की अधीनता स्वीकार करने में हीनता का अनुभव करते थे। इस कारण वे शेर ख़ाँ को उसके पद से हटाना चाहते थे। उन्होंने शेर ख़ाँ को मार डालने का षड्यंत्र रचा, शेर ख़ाँ की सतर्कता से उन्हें इसमें सफलता नहीं मिली। शेर ख़ाँ ने संधि करने के लिए शक्ति विभाजन का प्रस्ताव रखा। उसने नूहानियों से कहा कि वे या तो आक्रमण से बंगाल की रक्षा का उत्तरदायित्व लें अथवा आंतरिक शासन की देख-भाल करें। नूहानी इसके लिए तैयार नहीं हुए और उन्होंने निश्चय किया कि वे भागकर नुसरत शाह के पास जाकर, उससे सहायता लेकर शेर ख़ाँ का विरोध करेंगे। यह सोचकर नूहानी तथा अन्य अमीर जलाल ख़ाँ के साथ नुसरत शाह से जा मिले। इस पलायन ने शेर ख़ाँ को अपने मन से शक्ति-संचय तथा संगठन का सुअवसर दिया।

शेर ख़ाँ ने उसी समय चुनार के दुर्ग पर अधिकार कर लिया। यह दुर्ग बहुत ही महत्त्वपूर्ण था। सुल्तान इब्राहीम लोदी ने ताज ख़ाँ सारंगखानी को चुनार का दुर्गपति नियुक्त किया था। पानीपत के युद्ध के पश्चात् बाबर के पूर्वी भागों के अभियान

के समय ताज ख़ाँ ने मुग़लों की अधीनता स्वीकार कर ली। 23 मार्च 1529 ई. को बाबर ने चुनार के दुर्ग का निरीक्षण भी किया।[83] जून 1529 ई. में वह वहाँ जुनायद बरलास को अपना दुर्गपति नियुक्ति करना चाहता था, किन्तु अन्य समस्याओं के कारण वह नहीं कर सका।[84] ताज ख़ाँ पर उसकी बुद्धिमती पत्नी लाड मलका[85] का प्रभाव था। एक दिन लाड के सौतेले लड़के ने उसे घायल कर दिया। ताज ख़ाँ ने अपने पुत्र को मारने के लिए तलवार उठाई किन्तु लड़के ने पिता पर आक्रमण किया जिससे पिता की मृत्यु हो गई। शेर ख़ाँ ने इस परिस्थिति से लाभ उठाकर लाड मलका से विवाह का प्रस्ताव किया तथा इसमें वह सफल हुआ। इस विवाह से उसे पत्नी, चुनार का दुर्ग तथा उसका कोष प्राप्त हुआ।[86]

1529 ई. में स्वर्गीय सुल्तान इब्राहीम लोदी का भाई महमूद लोदी खानवा की पराजय तथा राणा सांगा की मृत्यु के पश्चात् इधर-उधर मारा-मारा फिर रहा था। बिहार में सुल्तान मुहम्मद की मृत्यु तथा वहाँ की स्थिति से उसे आशा हुई। बिहार के कुछ प्रमुख उमराओं ने उसे आमंत्रित किया। वह बिहार आया। यहाँ आज़म हुमायूँ ईसा ख़ाँ, इब्राहीम ख़ाँ, मियां बीबन जीवानी, मियां बायजीद फर्मूली तथा अन्य अमीर उसके साथ हो गए। इस तरह अफ़गानों का नेतृत्व जो शेर ख़ाँ ने अब तक प्राप्त किया था, राजवंश का होने के कारण महमूद लोदी के हाथ चला गया। शेर ख़ाँ को विवश होकर अपनी जागीर सहसराम से ही संतोष करना पड़ा।[87] महमूद लोदी ने शेर ख़ाँ को प्रसन्न करने के लिए उसे आश्वासन दिया कि यह केवल संकटकालीन स्थिति का प्रबंध है तथा ज्यों ही जौनपुर और अन्य जिले अफ़गानों के अधिकार में आ जाएँगे शेर ख़ाँ को बिहार दे दिया जाएगा। इसी समय बाब्रर की मृत्यु हुई।

हुमायूँ के राज्यारोहण के समय अफ़गानों की स्थिति—जिस समय हुमायूँ गद्दी पर बैठा, अफ़गानों के दो प्रमुख नेता थे—महमूद लोदी ओर शेर ख़ाँ। जैसा ऊपर वर्णन किया गया है, शेर ख़ाँ ने इस बीच पूर्ण अनुभव प्राप्त कर लिया था। अपनी योग्यता से उसने अफ़गानों के हृदय में स्थान बना लिया था। चुनार के दुर्ग पर अधिकार हो जाने से बिहार के भागों पर वह दृष्टि रख सकता था। महमूद लोदी के आ जाने से उसकी शक्ति में रुकावट अवश्य आ गई थी, किन्तु वह बुद्धिमान तथा कूटनीतिज्ञ था और बड़ी सतर्कता से राजनीतिक परिवर्तनों पर दृष्टि लगाए हुए था। महमूद लोदी के पास शेर ख़ाँ के मुकाबले में योग्यता नहीं थी, जैसा उसके पूर्व चरित्र तथा कार्यों से स्पष्ट हो जाता है।

इस तरह जिस समय हुमायूँ गद्दी पर बैठा, बिहार में अफ़गान अपना संगठन कर रहे थे। लोदी वंश का व्यक्ति उनका नेतृत्व कर रहा था। शेर ख़ाँ इससे असंतुष्ट अवश्य था किन्तु इसमें कोई संदेह नहीं कि हुमायूँ के गद्दी पर बैठने के समय भी मुग़ल साम्राज्य को नष्ट कर उसके स्थान पर अफ़गान साम्राज्य स्थापित करने की

दूरवर्ती आशा उसके मन की आँखों के सामने नाच रही थी। अफ़गानों का यह संगठन कितना भयंकर होगा, यह हुमायूँ के गद्दी पर बैठने के समय बताना कठिन था। किन्तु इसमें संदेह नहीं किया जा सकता कि इस नई परिस्थिति में–जब पानीपत का विजेता मर चुका था, उसका पुत्र हुमायूँ अभी नौजवान, अनुभवहीन व्यक्ति था, जिसे गद्दी पर बैठाने में भी मुग़ल अमीरों को थोड़ी हिचकिचाहट थी–अफ़गान पूर्णरूप से लाभ उठाने के लिए तैयार थे। निस्संदेह उनके लिए यह स्वर्ण अवसर था।

3. बंगाल

बंगाल का प्रांत दिल्ली के सुल्तानों के लिए प्रारम्भ से ही एक समस्या बना रहा। दिल्ली से दूरी, यातायात के साधनों की कठिनाइयाँ, आर्थिक असुविधाओं इत्यादि के कारण बंगाल के गवर्नर सदा दिल्ली से स्वतंत्र होने का प्रयत्न करते रहते थे।

मुहम्मद गोरी द्वारा उत्तरी भारत में तुर्की साम्राज्य स्थापित करने के समय बख़्तियार खिलजी ने बंगाल पर आक्रमण कर उसे दिल्ली सल्तनत का अंग बना लिया। उस समय से लेकर मुहम्मद तुग़लक के काल तक यह दिल्ली सल्तनत में रहा। यद्यपि यहाँ दिल्ली सल्तनत के विरुद्ध बार-बार विद्रोह हुए। फीरोज़ तुग़लक के काल में बंगाल पूर्ण रूप से स्वतंत्र हो गया।[88]

बंगाल का स्वर्ण काल हुसेनी वंश से प्रारम्भ होता है। इस वंश का प्रथम शासक सैयिद हुसेन, अलाउद्दीन हुसेन शाह के नाम से बंगाल की गद्दी पर 1493 ई. में बैठा। इसकी गणना बंगाल के प्रमुख मुस्लिम शासकों में होती है। इसने अनेक सुधार कर बंगाल को शक्तिशाली बनाने का प्रयत्न किया। जौनपुर का अंतिम शर्की सम्राट हुसेन शाह भागकर 1495 ई. में बंगाल आया। अलाउद्दीन हुसेन शाह ने उसको शरण दी। शर्की सुल्तान अपनी मृत्यु (1500 ई.) तक यहीं रहा। 25 वर्ष शासन करने के पश्चात् 1518 ई. में अलाउद्दीन हुसेन शाह की मृत्यु हो गई। उसकी मृत्यु के पश्चात् उसका सबसे बड़ा लड़का नसीब ख़ाँ नासिरुद्दीन नुसरत शाह के नाम से गद्दी पर बैठा।[89] नुसरत शाह (1519-32 ई.) एक योग्य सुल्तान था तथा गद्दी पर बैठने से पूर्व उसे शासन-संचालन तथा शासन दोनों का अनुभव प्राप्त था। उसने तिरहुत पर आक्रमण कर उस पर अधिकार कर लिया तथा पुर्तगालियों को भी, जो बंगाल के तट पर पहुँच गए थे, रोके रखने का प्रयत्न किया। 1526 ई. में जिस समय बाबर ने भारत पर आक्रमण किया, नुसरत शाह यहाँ का शासक था। बाबर ने अपनी आत्मकथा में भारत के पाँच प्रमुख मुसलमान शासकों में उसका उल्लेख किया है।[90]

पानीपत तथा खानवा के युद्धों के पश्चात् बहुत-से अफ़गान नेता भागकर बिहार चले गए। इनमें से बीबन, बायजीद तथा कुछ अन्य अफ़गानों ने बंगाल में शरण ली। नुसरत शाह ने उन्हें जागीर दी। उसने स्वयं इब्राहीम लोदी की पुत्री से

विवाह किया[91] जिससे आवश्यकता पड़ने पर वह अपने को इब्राहीम लोदी का उत्तराधिकारी घोषित कर सकता था। बाबर को पूर्व से भय था। इस कारण दिसंबर 1528 ई. में उसने अस्करी को पूर्वी क्षेत्र की ओर भेजा।

पहली जनवरी 1529 ई. को नुसरत शाह का एक दूत आत्मसमर्पण का प्रार्थना-पत्र लेकर बाबर से मिला।[92] यह समर्पण नाममात्र का था क्योंकि कुछ ही सप्ताह पश्चात् बाबर को बिहार में गड़बड़ी की सूचना मिली। बाबर पूर्व की ओर अग्रसर हुआ। बंगाल की सेना को भय हुआ कि बाबर कदाचित् बंगाल पर आक्रमण करना चाहता है। गंडक तथा गंगा के संगम पर दोनों सेनाएँ एकत्र हुईं। युद्ध के पश्चात् 6 मई 1529 ई. को बंगाल की सेना पीछे हट गई। मुहम्मद मारूफ, जो बंगाल की सेना से जा मिला था, पुनः बाबर से आ मिला।[93] बायजीद तथा बीबन ने आगे बढ़कर बाबर की अनुपस्थिति से लाभ उठाकर लखनऊ पर अधिकार कर लिया तथा यहाँ से चुनार तथा जौनपुर की तरफ बढ़े। इसी समय मुग़ल सेना के आगमन की सूचना पाकर ये भाग गए। बाबर यहाँ से आगरा चला गया। उसके जीवन काल में इसके पश्चात् बंगाल से कोई संघर्ष नहीं हुआ।

1530 ई. में बाबर की मृत्यु के समय बंगाल की सीमा पर केवल नाममात्र की शांति थी। नुसरत शाह जनप्रिय तथा योग्य शासक था। वह कला तथा बंगला साहित्य का भी पोषक था। उसके समय में अनेक सुंदर भवनों का निर्माण हुआ जिसमें बड़ी सोना मस्जिद बहुत प्रसिद्ध है। इब्राहीम लोदी की पुत्री से विवाह कर उसने मुग़ल सम्राटों के लिए भय उत्पन्न कर दिया था। अफ़गानों के बंगाल में शरण लेने से भी वहाँ मुग़ल विद्रोही आंदोलन प्रारंभ हो सकता था। बंगाल के निकट बिहार के भाग में अफ़गानों का केंद्र बन ही रहा था, बंगाल के मित्र न रहने से दोनों प्रांत मिलकर प्रबल प्रतिरोध उपस्थित कर सकते थे।

4. सिंध तथा मुल्तान

तुगलक वंश के विघटन के पश्चात् सिंध के कुछ ज़िलों पर सिंध के जाम शासन करते थे। 1439 ई. में जाम निज़ामुद्दीन (जाम नंद) गद्दी पर बैठा। उसने 60 वर्ष तक शासन किया। उसके राज्य काल में अरगून जाति के मुग़लों का प्रभाव निचले सिंध में बढ़ने लगा। 1521 ई. में बाबर द्वारा कंधार से भगाए जाने के पश्चात शाह बेग अरगून ने सिंध को जीतकर उस पर अधिकार कर लिया तथा जाम फ़ीरोज़ को वहाँ से भगा दिया। फ़ीरोज़ ने भागकर गुजरात में शरण ली। वहाँ उसने अपनी पुत्री का विवाह गुजरात के बहादुर शाह से कर दिया।

1524 ई. में शाह बेग अरगून की मृत्यु हो गई तथा उसके पश्चात् उसका पुत्र शाह हुसैन गद्दी पर बैठा। उसने एक साल से अधिक के घेरे के पश्चात् मुल्तान को जीतकर उस पर अधिकार कर लिया। उसने ख़्वाजा शमसुद्दीन को वहाँ का गवर्नर

नियुक्त किया। किन्तु कुछ ही दिनों में मुल्तान के सेनापति लंगर ख़ाँ ने उसे वहाँ से भगा दिया तथा स्वयं मुल्तान पर स्वतंत्र रूप में शासन करने लगा।[94] बाद में उसने कामरान के समक्ष समर्पण कर दिया। गुजरात के महत्त्वाकांक्षी सुल्तान के भय से रक्षा हेतु शाह हुसेन ने बाबर के नाम से खुतवा पढ़कर नाममात्र की अधीनता स्वीकार कर ली। बाबर के प्रधान मंत्री ख़लीफ़ा की पुत्री से अपना विवाह कर उसने अपनी स्थिति और दृढ़ कर ली।

इस तरह सिंध का राज्य एक स्वतंत्र राज्य था तथा इसका प्रभाव मुल्तान तक था, यद्यपि मुल्तान बाद में स्वतंत्र हो गया तथा बाबर की मृत्यु के पश्चात् मुग़ल राजकुमार कामरान की जागीर का एक भाग बन गया।

5. मालवा

मध्य युग में मालवा का महत्त्वपूर्ण स्थान था। गुजरात तथा मेवाड़ के निकट होने के कारण इसका मेवाड़ से बराबर संघर्ष चलता रहता था। 1436 ई. में महमूद ख़ाँ ने मालवा में खिलजी वंश की नींव डाली।[95] जिस समय बाबर ने भारत पर आक्रमण किया, मालवा का शासक महमूद शाह द्वितीय था। (1511-31 ई.)। वह योग्य सुल्तान था। इसकी प्रसार नीति के परिणामस्वरूप इसका संघर्ष निकट के शासकों से हुआ। उसने गागरौन पर एक बड़ी सेना लेकर आक्रमण किया। गागरौन का दुर्गपति हेमकरण था जो मेदिनी राव के प्रतिनिधि के रूप में वहाँ का शासन करता था। इस आक्रमण की सूचना पाकर मेदिनी राव ने राणा सांगा से सहायता ली। इन दोनों की सम्मिलित सेनाओं ने मालवा पर आक्रमण कर दिया। महमूद बुरी तरह पराजित हुआ तथा बंदी बनाया गया। राणा ने उसका राजमुकुट तथा बहुमूल्य रत्न तो ले लिए, किन्तु मालवा को अपने साम्राज्य में नहीं मिलाया वरन् महमूद को ही मांडू की गद्दी पर बैठा दिया। महमूद द्वितीय का साम्राज्य अब उसकी राजधानी तथा उसके निकटवर्ती भागों तक ही सीमित रह गया। उसके राज्य के उत्तर-पूर्वी जिले पुरबिया राजपूतों का तथा सतवास और उसके दक्षिणी भाग पर सिकन्दर ख़ाँ का अधिकार था।

1526 ई. में बहादुर शाह के गुजरात की गद्दी पर बैठने के पश्चात् महमूद ने बहादुर के भाई चांद ख़ाँ को शरण दी। बहादुर शाह इससे नाराज़ हुआ। राणा सांगा की मुत्यु के पश्चात् महमूद द्वितीय ने चित्तौड़ के भू-भाग पर भी आक्रमण कर राणा सांगा के उत्तराधिकारी रतन सिंह को नाराज़ कर दिया। रतन सिंह ने मालवा पर आक्रमण किया और सारंगपुर तथा उज्जैन तक आगे बढ़ आया। 1530 ई. में मालवा गुजरात तथा राजपूताना के बीच संघर्ष का विषय बना हुआ था।

6. ख़ानदेश

ख़ानदेश का राज्य ताप्ती नदी की घाटी में स्थित था। इस राज्य का संस्थापक मलिक

राज था।[96] फ़ीरोज़ तुगलक ने उससे प्रसन्न होकर उसे थालनेर तथा कुरोण्डे के ज़िले, जो दक्कन में थे, दिए[97] और बाद में उसे सिपहसालार की उपाधि से विभूषित किया। फ़ीरोज़ की मृत्यु के पश्चात् वह स्वतंत्र हो गया। 1399 ई. में उसकी मृत्यु के पश्चात् उसका पुत्र नसीर ख़ाँ गद्दी पर बैठा। इसने असीरगढ़ के दुर्ग पर अधिकार किया और जैनाबाद और बुरहानपुर नगर बसाए।

प्रारम्भ ही से ख़ानदेश का संघर्ष गुजरात, मालवा तथा अहमदनगर से होता रहता था। नासिर ख़ाँ की मृत्यु के पश्चात् उसका पुत्र मीनार आदिल ख़ाँ गद्दी पर बैठा। वह इस वंश का प्रसिद्ध शासक हुआ। आदिल ख़ाँ के कोई पुत्र नहीं था। इस कारण उसकी मृत्यु के पश्चात् उसका छोटा भाई दाऊद गद्दी पर बैठा। 1510 ई. में दाऊद की मृत्यु के पश्चात्[98] उत्तराधिकार संबंधी संघर्ष हुए। जिस समय बाबर ने भारत पर आक्रमण किया उस समय ख़ानदेश की गद्दी पर मीरान मुहम्मद (मुहम्मद प्रथम) शासन करता था।[99] इसकी माता गुजरात के बहादुर शाह की बहन थी।

दिल्ली से दूर होने के कारण ख़ानदेश का उत्तर की राजनीति से कोई विशेष संबंध नहीं था। किन्तु बहादुर शाह से संबंध होने के कारण और गुजरात के उत्कर्ष तथा दिल्ली के संघर्ष के समय ख़ानदेश गुजरात को शक्तिशाली बना सकता था।

7. कश्मीर

पंजाब के उत्तर-पश्चिम में कश्मीर का राज्य था। 1399 ई. में शाह मीर ने कश्मीर की गद्दी पर अधिकार कर वहाँ मुस्लिम राज्य की नींव डाली। इस वंश में जैनुल आबदीन (1420-70 ई.) बहुत ही प्रसिद्ध सुल्तान हुआ। उसने धार्मिक सहिष्णुता की नीति अपनाई जिसके कारण वह कश्मीर का अकबर कहा जाता है। उसने अपने पूर्व के सुल्तानों द्वारा नष्ट मंदिरों का पुनर्निर्माण करने की आज्ञा दी तथा देश से निकाले गए ब्राह्मणों को पुनः वापस बुलाया।[100]

जैनुल आबदीन के पश्चात् उसका पुत्र हैदर शाह तथा पौत्र हसन कश्मीर के शासक हुए। 1484 ई. में हसन की मृत्यु के पश्चात् उसका सात वर्षीय पुत्र मुहम्मद गद्दी पर बैठा। इसने तीन बार कश्मीर की गद्दी खोई तथा पुनः प्राप्त की। अन्त में चौथी बार सुल्तान बनने के पश्चात् उसकी मृत्यु हुई। इस समय तक चक तथा माकरी वंशीय सरदारों की शक्ति बढ़ गई थी।[101] प्रारम्भ में तो इन दोनों में एकता थी किन्तु 1528 ई. के लगभग दोनों का संघर्ष प्रारम्भ हो गया। चक सरदारों ने मुहम्मद को भगाकर 1528 ई. में उसके पुत्र इब्राहीम को गद्दी पर बैठाया। इब्राहीम ने काज़ी चक को अपना प्रधान मंत्री नियुक्त किया। पराजित अब्दाल माकरी ने बाबर से सहायता प्राप्त की तथा काजी चक को पराजित कर उसे कश्मीर से भगा दिया (1529 ई.)।

अब नजूक शाह गद्दी पर बैठा, किन्तु एक वर्ष पश्चात् वह भी गद्दी से हटा

दिया गया। मुहम्मद चौथी तथा अंतिम बार 1530 ई. में कश्मीर की गद्दी पर बैठा। काज़ी चक ने अपना स्थान पुनः प्राप्त करने का प्रयत्न किया। किन्तु वह कश्मीर के बाहर भगा दिया गया। कुछ ही दिनों में वह पुनः कश्मीर लौट आया तथा कामरान द्वारा भेजी गई सेना के विरुद्ध कश्मीर की रक्षा के लिए अब्दाल का साथ दिया। मुग़ल पराजित हुए तथा पंजाब लौट गए।[102]

8. राजपूताना

1527 ई. में खानवा के युद्ध में राणा सांगा की पराजय ने राजपूतों की एकता को समाप्त कर दिया था। मेवाड़ उस समय काणौता और बसवा तक फैला हुआ था। अजमेर, रणथम्भौर तथा उसके निकट के भागों पर मेवाड़ का अधिकार था। बूँदी राज्य के हाड़ा शासक भी मेवाड़ की अधीनता स्वीकार करते थे।

राणा सांगा के ज्येष्ठ पुत्र भोजराज (संत मीरा का पति) की मृत्यु राणा सांगा के ही जीवन काल में हो गई थी। राणा सांगा ने अपनी सर्वप्रिय रानी कर्मावती[103] के प्रभाव से अपने राज्य को अपने जीवन काल में ही अपने पुत्रों में विभाजित कर दिया। रणथम्भौर तथा पचास-साठ लाख की जागीर उन्होंने विक्रम तथा ऊदा को दे दी तथा शेष राज्य रत्न सिंह को दिया। राणा सांगा की इस भूल के परिणामस्वरूप मेवाड़ में आंतरिक संघर्ष हुआ जिससे सिसौदिया वंश को बहुत धक्का लगा। राणा सांगा के पश्चात् रत्नसिंह मेवाड़ की गद्दी पर बैठा। इस प्रश्न पर रत्न सिंह तथा हाड़ा रानी कर्मावती में विरोध हुआ। रानी ने विक्रमाजीत को गद्दी पर बैठाने के लिए बाबर से सहायता लेनी चाही[104], किन्तु व्यस्तता के कारण बाबर मेवाड़ के पारिवारिक झगड़ों से लाभ नहीं उठा सका।

मेवाड़ की श्री धीरे-धीरे कम हो रही थी। रानी कर्मावती के चचेरे भाई हाड़ा सूरज मल तथा रत्न सिंह का झगड़ा भी गम्भीर होता गया। जनवरी 1531 ई. में रत्न सिंह ने मालवा पर आक्रमण किया किन्तु वह मेवाड़ का गौरव नहीं लौटा सका। बहादुर शाह की शक्ति तथा यश बढ़ता जा रहा था। इसी बीच कुछ दिन पश्चात् शिकार खेलता हुआ रत्न सिंह बूँदी के निकट पहुँचा। आमंत्रण पर सूरज मल भी वहाँ पहुँचा। मार्च-अप्रैल 1532 ई. में दोनों आपस में लड़ मरे। इस तरह हाड़ा तथा सिसौदियों के परम्परागत बैर की नींव पड़ी।[105]

रत्न सिंह के पश्चात् उसका छोटा भाई विक्रमाजीत मेवाड़ की गद्दी पर बैठा (1531-36 ई.)। रणथम्भौर का विवाद इस तरह समाप्त हो गया, किन्तु विक्रमाजीत की अयोग्यता के कारण सरदार उससे असंतुष्ट हो गए तथा मेवाड़ का गौरव समाप्त प्राय हो गया।

मेवाड़ से दक्षिण में बागड़ का राज्य था। 1530 ई. में बहादुर शाह ने बागड़ पर चढ़ाई की। रावल उदय सिंह ने अपने जीवन काल में बागड़ का पूर्वी भाग अपने

छोटे पुत्र जगमल को दे दिया था, जिससे उसका ज्येष्ठ पुत्र पृथ्वीराज अप्रसन्न रहता था। खानवा की लड़ाई में उदय सिंह की मृत्यु के पश्चात् पृथ्वीराज गद्दी पर बैठा और उसने पूर्वी भाग पर भी अधिकार कर लिया। बहादुर शाह ने पृथ्वीराज को उसके पिता द्वारा किए गए बँटवारे को मनवाने के लिए विवश किया। इस तरह पृथ्वीराज के छोटे भाई जगमल ने बाँसवाड़ा राज्य की स्थापना की।[106] इस तरह दो भागों में विभाजित होने के कारण बागड़ कमज़ोर हो गया था।[107]

मेवाड़ के पश्चिम सिरोही राज्य था जहाँ देवड़ा चौहान शासन करते थे। सिरोही के निकट जालौर तथा सांचौर पर मलिक सिकन्दर ख़ाँ का अधिकार था। इस प्रदेश के उत्तर मारवाड़ राज्य पर राव गांगा शासन कर रहा था। 1530 ई. के अन्त तक जोधपुर राज्य का अधिकांश भाग राव गांगा के हाथ से निकल गया था और जोधपुर तथा सोजत ही उसके हाथ में रह गए थे। जुलाई 1531 ई. में राव गांगा के पुत्र मालदेव ने उसे मार डाला तथा स्वयं गद्दी पर बैठ गया।[108]

मारवाड़ के उत्तर जैसलमेर राज्य में तथा पूर्व में बीकानेर राज्य था जो राठौरों के अन्तर्गत था। यहाँ का शासक राव जैत सिंह था।[109] बीकानेर तथा जोधपुर के राज्यों के बीच स्थित नागौर परगने पर सरखेल ख़ाँ तथा उसके पुत्र दौलत ख़ाँ राज्य करते थे। मारवाड़ के पूर्व आमेर राज्य पर कछवाहा शासन करते थे तथा यहाँ का शासक हरिभक्त पृथ्वीराज था। इन राज्यों के अतिरिक्त राजपूताना में अन्य छोटे-छोटे राज्य थे जो निकट के राज्यों की अधीनता स्वीकार किए हुए थे।

राजपूताना के उपर्युक्त वर्णन से यह स्पष्ट है कि वहाँ अब कोई शक्तिशाली व्यक्ति नहीं था जिसका नेतृत्व अधिकतर राजपूत स्वीकार करते। इसी समय गुजरात की गद्दी पर बैठने के पश्चात् बहादुर शाह ने राजपूताने की राजनीति में प्रवेश किया। वह बागड़, मेवाड़ तथा अन्य राज्यों के झगड़ों में हस्तक्षेप कर लाभ उठाना चाहता था। मेवाड़ आंतरिक झगड़ों में भी फँसा हुआ था। जोधपुर का शासक गांगा हुमायूँ के गद्दी पर बैठने के कुछ ही महीने पश्चात् अपने पुत्र मालदेव द्वारा मार डाला गया था। इस तरह राजपूताना से तात्कालिक भय तो नहीं था, किन्तु उस पर सतर्क दृष्टि रखना आवश्यक था।

इन परिस्थितियों में कैसे व्यक्ति की आवश्यकता थी

हुमायूँ के गद्दी पर बैठने के समय उपर्युक्त परिस्थितियों से यह स्पष्ट हो जाता है कि हुमायूँ के सामने आंतरिक और बाह्य दोनों समस्याएँ जटिल और कठिन थीं। ऐसी परिस्थिति में एक ऐसे सर्वगुणसम्पन्न और असामान्य प्रतिभाशाली व्यक्ति की आवश्यकता थी जो उच्च कोटि का सैनिक हो तथा अपने बाहुबल से सभी विघटनकारी शक्तियों को पराजित कर साम्राज्य को एक सूत्र में बाँध सके; जो सैनिकों में उत्साह

ला सके, जिस पर बाबर के उमरावों, अन्य अनुभवी सरदारों तथा सैनिकों को विश्वास हो तथा जिसके नेतृत्व में वे अपना सर्वस्व अर्पण क़रने को तैयार रहें। राजकोष रिक्त था, इसके लिए एक उच्च कोटि के वित्तविशेषज्ञ तथा अर्थशास्त्री की आवश्यकता थी। समकालीन राजनीतिक परिस्थितियों में एक उच्च कोटि के कूटनीतिज्ञ की आवश्यकता थी, जो अफ़गानों को चतुराई से अपनी तरफ मिलाकर राजकार्य का संचालन कर सके। ऐसे व्यक्ति की आवश्यकता थी जो बहादुर शाह के उत्कर्ष को रोक सके, राजपूतों की दुर्बलता से लाभ उठा सके तथा प्रत्येक दृष्टि से सभी को संतुष्ट कर सके।

बाबर शासन का संगठन नहीं कर सका था। मुग़ल अभी तक विदेशी समझे जाते थे। बाबर के पुत्र तथा संबंधी घबड़ाए हुए थे। नए मुग़ल सम्राट. को मेधावी शासक होना चाहिए था जो जनता तथा अमीरों को जीत सके।

वह समय एक ऐसा व्यक्ति चाहता था जो मुग़ल अमीरों, सरदारों तथा सम्राट के संबंधियों का विश्वास प्राप्त कर सके। उनमें आशा तथा उत्साह का संचार कर सके और उन्हें संतुष्ट कर सके। इस तरह हुमायूँ को अपने पिता से बहुत-सी कठिन समस्याएँ उत्तराधिकार में प्राप्त हुई थीं। क्या हुमायूँ ऐसा सर्वगुणसम्पन्न व्यक्ति था जो इन परिस्थितियों का सामना कर सकता था?

हुमायूँ के चरित्र की आलोचना हम बाद में करेंगे किन्तु इस संदर्भ में हमें उसके चरित्र की कुछ कमज़ोरियाँ याद रखनी चाहिए। हुमायूँ एक सीधा-सादा साधारण-सा व्यक्ति था जिसे सर्वगुणसम्पन्न तथा मेधावी नहीं कहा जा सकता। वह एक बड़े पिता का पुत्र था। जिस समय उसका जन्म हुआ बाबर का कठिन जीवन समाप्त प्राय हो चुका था। हुमायूँ लाड़-प्यार में पाला गया था। कठिन परिस्थितियाँ, जो मनुष्य का वास्तविक निर्माण करती हैं, हुमायूँ को प्राप्त नहीं हुई थीं। दुर्भाग्यवश हुमायूँ में हम उत्तरदायित्वहीनता भी पाते हैं। गद्दी पर बैठने के पूर्व उसने उसके कुछ उदाहरण स्पष्ट रूप से दिए, जैसे—बाबर के पाँचवें भारतीय अभियान में हुमायूँ का उसके पास पहुँचने में देर लगाना तथा दिल्ली के कोष को लूटना। सैनिक योग्यता की दृष्टि से उसमें कठिन परिस्थिति में आनंद लेने का गुण न था। वह कठिन परिस्थितियों से भागता था। हम उसे आराम से जीवन व्यतीत करने वाला व्यक्ति कह सकते हैं जो कठिन परिस्थितियों को जब तक वे टल सकें, टालना चाहता हो। उसमें सैनिक, प्रशासनिक तथा वित्तीय गुण और दूरदर्शिता की कमी भी थी। हुमायूँ ने कदाचित् अफ़ीम खाने की भी लत डाल ली थी और उससे पिण्ड छुड़ाना उसके लिए कठिन था। वह एक सुस्त व्यक्ति था जो किसी भी तरह के परिश्रम से बचना चाहता था।

इन कठिन परिस्थितियों में हुमायूँ कहाँ तक सफल होता, यह कहना कठिन

था। संयोगवश यदि वह अकबर का पुत्र होता तो कदाचिद् उसे उन कठिनाइयों का सामना न करना पड़ा होता जिसका उसे करना पड़ा और सम्भवतः वह अपने को जहाँगीर से अधिक योग्य शासक सिद्ध करता।

संदर्भ

1. बाबरनामा, बेवरिज, पृ. 526-27। बाबर के मुल्तान पर अधिकार के लिए देखिए, अर्सकिन, 1, पृ. 398। अबुहर, सिरसा, हांसी तथा हिसार बाबर के साम्राज्य में थे किन्तु गणेशगढ़, हनुमानगढ़ तथा जीतपुरा उसमें सम्मिलित नहीं थे। बनर्जी, हुमायूँ, 1, पृ.29।
2. शरण, प्राविन्शियल गवर्नमेण्ट ऑफ़ दि मुग़ल्स, पृ. 46-47।
3. बाबरनामा, बेवरिज, पृ. 520-21। बाबर लिखता है कि भीरा से बिहार तक जो प्रदेश उसके अधीन थे उनका राजस्व बावन करोड़ था, जिसमें आठ अथवा नौ करोड़ उन रायों तथा राजाओं के परगनों से प्राप्त होते थे जिन्होंने अधीनता स्वीकार कर ली थी तथा जिन्हें ये परगने स्थायी रूप से दिये गए थे।
4. शरण, प्राविन्शियल गवर्नमेण्ट ऑफ़ दि मुग़ल्स, पृ. 48।
5. "The kingdom had been hastily acquired and its provinces loosely knit." (बनर्जी, हुमायूँ, 1, पृ. 30)।

   "The scheme of Government was still saifi (by the sword) not qalami (by the pen)" (कैम्ब्रिज हिस्ट्री ऑफ़ इंडिया, पृ. 21)।

   "The administrative system was inefficient." (बनर्जी, हुमायूँ, पृ. 30)।

   "Had Babur been as successful in administration as he was in fighting the troubles of Humayun's reign would never have occurred. As it was he bequeathed to his son a monarchy which could be beld together only by continuance of war conditions, which in times of peace was weak, structureless and invertebrate." (विलियम्स, ऐन एम्पायर बिल्डर, पृ. 162)।
7. डॉ. बनर्जी का यह कथन (बनर्जी, हुमायूँ, 1, पृ. 31) कि जनता मुग़लों के आगमन से इस कारण प्रसन्न थी कि मुग़ल संस्कृति लोदियों की संस्कृति से अधिक स्वागत योग्य थी, सही नहीं प्रतीत होता, क्योंकि मुग़ल संस्कृति का जो अर्थ हम समझते हैं उसकी स्थापना बाबर नहीं कर पाया था। ऐसी परिस्थिति में उसकी कल्पना करना गलत होगा।
8. बाबरनामा, बेवरिज, पृ. 522-23।
9. अयोध्या की बाबरी मसजिद का शिलालेख।
10. विलियम्स, ऐन सम्पायर बिल्डर पृ. 168।
11. विलियम्स, ऐन एम्पायर बिल्डर, पृ. 162।
12. अमीरों के बारे में यह महत्त्वपूर्ण है कि इन्होंने हुमायूँ का साथ दिया तथा विद्रोह नहीं किया। जिन लोगों ने हुमायूँ से विद्रोह किया वे या तो हुमायूँ के निकट संबंधी थे अथवा उसके भाई।
13. बनर्जी, हुमायूँ, पृ. 51-52।
14. बाबरनामा, बेवरिज, पृ. 460।
15. वही, पृ. 642।
16. विलियम्स, ऐन एम्पायर बिल्डर, पृ. 174।
17. तारीख़े ख़ानदान तिमूरिया, तारीखे अलफ़ी।

18. यूनुस ख़ाँ

- यूनुस ख़ाँ
  - अहमद ख़ाँ (इलाचा ख़ाँ)
    - एमन ख़्वाजा ख़ाँ
      - खिज्र ख़्वाजा ख़ाँ (गुलबदन बेगम से विवाहित)
    - इसान तिमूर सुल्तान (गुलरंग बेगम से विवाहित)
    - तुख़्ताबुगा सुल्तान ख़ाँ (गुलचेहरा बेगम से विवाहित)

19. अमार तैमूर

- अमार तैमूर
  - उमर शेख
    - बाइकरा
      - गयासुद्दीन मंसूर
        - बाइकरा मिर्ज़ा
          - सुलतान वैस मिर्ज़ा
            - मुहम्मद सुल्तान मिर्ज़ा
        - सुल्तान हुसेन मिर्ज़ा
          - बदीउज्जमा मिर्ज़ा
            - मुहम्मद जमान मिर्ज़ा
            - मुहम्मद मुनीम मिर्ज़ा

20. अहसानत् तवारीख़, 1, पृ. 167।
21. वही, पृ. 197-98; बाबरनामा, बेवरिज, पृ. 456।
22. बाबरनामा, पृ. 662-64।
23. आईने अक़बरी, 2, पृ. 246-47।
24. हबीबुल्ला, फाउण्डेशन ऑफ़ दि मुस्लिम रूल इन इंडिया, पृ. 52-53।
25. लाल, हिस्ट्री ऑफ़ दि खल्जीज़, पृ. 82-86।
26. ईश्वरी प्रसाद, हुमायूँ, पृ. 46।
27. राणा के भतीजे ने बहादुर को अपने घर आमंत्रित किया। यहाँ वह एक नर्तकी की सुंदरता को देखकर चकित हो गया। राजपूत कुमार ने उसके निकट आकर कहा, "तुम्हें मालूम है, यह मुझे कहाँ मिली? यह अहमदनगर (हिम्मतनगर) के काज़ी की पुत्री है। जब राणा ने उस नगर को लूटा तो मैंने काज़ी को उसी के घर में मार डाला तथा इस लड़की को उठा लाया जिससे इसे अन्य राजपूत न उठा ले जाएँ।" बहादुर इससे इतना क्रोधित हुआ कि उसने इस राजपूत को वहीं मार डाला। उपस्थित राजपूतों ने बहादुर को दण्ड देना चाहा। बड़ी कठिनता से राणा की मां के बीच-बचाव से उसकी रक्षा हो सकी। काम्मिस्सारियट, पृ. 280।

28. बेले, गुजरात, पृ. 278; तबकाते अकबरी (डे, भाग 3, पृ. 321) के अनुसार "क्योंकि अफ़गान अमीर सुल्तान इब्राहीम से घृणा करते थे अतः वे इस बात की इच्छा करने लगे कि उसे हटाकर सुल्तान बहादुर को सिंहासनारूढ़ कर दें।"
"There seems, however, no reasan to think that Bahadur was privy to this plot." (काम्मिस्सारियट, पृ. 281)।

29. कैंब्रिज हिस्ट्री ऑफ़ इंडिया, 3, पृ. 321-22। बाबर लिखता है :
"He had sent beautiful letters to me while I was near Panipat, I had replied my royal letters of favour and kindness summoning him to me. He had thought of coming, but changing his mind, drew off from Ibrahim's army towards Gujarat." (बाबरनामा, बेवरिज, पृ. 534)।

30. मीर अबू तुराब वली, तारीख़े गुजरात, पृ. 2-3; काम्मिस्सारियट, हिस्ट्री ऑफ़ गुजरात, पृ. 281।

31. अरेबिक हिस्ट्री ऑफ़ गुजरात, पृ. 229; बनर्जी, हुमायूँ 1, पृ. 77।

32. काम्मिस्सारियट, हिस्ट्री ऑफ़ गुजरात, पृ. 310-11। सिकन्दर 5 अप्रैल 1526 ई. को गद्दी पर बैठा तथा 26 मई 1526 को मार डाला गया।
डॉ. बनर्जी (हुमायूँ, 1, पृ. 78) लिखते हैं कि वह पाँच दिन शासक रहा तथा 12 अप्रैल को मार डाला गया।

33. अरेबिक, हिस्ट्री ऑफ़ गुजरात, पृ. 133।

34. फ़िरिश्ता, ब्रिग्स, 4, पृ. 98-100; बेले, गुजरात, पृ. 307-308; काम्मिस्सारियट, पृ. 311। मिराते सिकन्दरी का लेखक लिखता है कि सिकन्दर की मृत्यु के पश्चात् गुजरात में मानो शांति ही समाप्त हो गई।

35. काम्मिस्सारियट, पृ. 312।

36. वही, पृ. 313; बेले, हिस्ट्री ऑफ़ गुजरात, पृ. 312।

37. काम्मिस्सारियट; पृ. 313. फ़िरिश्ता, ब्रिग्स, 4, पृ. 101-102; बेले, गुजरात, पृ. 318-19; मीरआते सिकन्दरी, पृ. 203।

38. महाभारत काल में यह व्याघ्रपथ कहलाता था। आजकल यमुना के बाएँ तट पर मीरात (मेरठ) ज़िले में, दिल्ली के उत्तर-पश्चिम एक छोटा-सा कस्बा है। काम्मिस्सारियट, पृ. 314, टिप्पणी।

39. बेले, गुजरात, पृ. 131-33; काम्मिस्सारियट, पृ. 317।

40. "The entire country of Gujarat which had been left in darkness by setting of the sun of Government, began again to flourish on the rising of this sun of the kingdom Bahadur shah." (बेले, हिस्ट्री ऑफ़ गुजरात, पृ. 328।)

41. शेख का पूरा नाम सैयिद जलालुद्दीन शाह शेख जीयू था। इसका जन्म 853 हि. (1449-50 ई.) में तथा मृत्यु 931 हि. (1524 ई.) में हुई। शेख़ द्वारा बहादुर शाह के सुल्तान होने की भविष्यवाणी के लिए देखिए, मिरआते सिकन्दरी, पृ. 188-91।

42. ईश्वरी प्रसाद, हुमायूँ, पृ. 48।

43. ख़ानदेश का शासक मुहम्मदशाह फ़ारूकी, बहादुर शाह की बहन का पुत्र था।

मुज़फ़्फ़र शाह (1511-26 ई.)

सिकन्दर ख़ाँ | बहादुर ख़ाँ | लतीफ ख़ाँ | चांद ख़ाँ | नासिर ख़ाँ | पुत्री (ख़ानदेश के आदिल ख़ाँ से विवाहित)

मुहम्मद द्वितीय

कैम्ब्रिज़ हिस्ट्री ऑफ़ इंडिया (भाग 3, पृ. 711) का यह उल्लेख सही नहीं है कि नासिर ख़ाँ तथा मुहम्मद ख़ाँ दो व्यक्ति थे। उसका यह कथन कि चांद ख़ाँ नासिर ख़ाँ से छोटा था, इतिहासकारों द्वारा समर्थित नहीं है। (बनर्जी, हुमायूँ, 1 टिप्पणी)।

44. बेले, गुजरात, पृ. 240-46; अरेबिक हिस्ट्री ऑफ़ गुजरात, 1, पृ. 150-54; काम्मिस्सारियट, पृ. 321-22।
45. फ़िरिश्ता, ब्रिग्स, 4, पृ. 116; बेले, गुजरात, पृ. 358; काम्मिस्सारियट, पृ. 322।
46. फ़िरिश्ता लिखता है कि रजाउल मुल्क नामक गुजराती अमीर बहादुर से असंतुष्ट होकर बाबर के दरबार में चला गया। वहाँ बहादुर शाह को गद्दी से उतारकर चांद ख़ाँ को गद्दी पर बैठाने के लिए वह तरह-तरह के षड्यंत्र रचता रहता था। रजाउल मुल्क मांडू भी आता रहता था तथा चांद ख़ाँ से बात कर के आगरा लौट जाता था। निज़ामुद्दीन अहमद तथा अरेबिक हिस्ट्री ऑफ़ गुजरात के लेखक इसका समर्थन करते हैं। अरेबिक हिस्ट्री के अनुसार रजाउल मुल्क ने हुमायूँ के काल में भी यह प्रयत्न जारी रखा तथा चांद ख़ाँ के नाम हुमायूँ का पत्र लाया। (अरेबिक हिस्ट्री ऑफ़ गुजरात, पृ. 186, 196; फ़िरिश्ता, ब्रिग्स, 4, पृ. 265; तबकाते अकबरी, फा, पृ. 404-405)।
47. अर्सकिन, 2 पृ. 39।
48. बेले, हिस्ट्री ऑफ़ गुजरात, पृ. 343; फिरिश्ता, 2, पृ. 320।
49. फ़िरिश्ता, ब्रिग्स, 4, पृ. 112।
50. "Elated by a sense of his power and invincibility, he appeared to have aspired to the Empire of Hindustan, and rashly measured his strength with the rising power of the Mughals under Humayun." (काम्मिस्सारियट पृ. 30)।
51. कानूनगो, शेरशाह, पृ. 30।
52. अफ़गानी भाषा में इसे शरगरी तथा मुल्तानी भाषा में रोहरी कहते हैं।
53. डॉ. कानूनगो के अनुसार शेरशाह का जन्म 1486 ई. में तथा डॉ. परमात्मा शरण के अनुसार उसका जन्म 1472 ई. में हुआ था। समकालीन इतिहासकारों ने शेरशाह के जन्म की तिथि नहीं दी है इस कारण उसकी जन्म तिथि निश्चित करने में कठिनाई है। देखिए कानूनगो, शेरशाह, पृ. 3; परमात्मा शरण, डेट एण्ड प्लेस ऑफ़ शेरशाहज बर्थ–बिहार एण्ड उड़ीसा रिसर्च सोसाइटी जरनल, मार्च, 1934 ई.। नारनोल आगरा में है।
54. कैम्ब्रिज़ हिस्ट्री ऑफ़ इंडिया, 3, पृ. 259।
55. डॉ. कानूनगो ने अब्बास ख़ाँ के आधार पर लिखा है कि फरीद ने सिकन्दरनामा गुलिस्ताँ, बोस्ता, इत्यादि फ़ारसी के अन्य ग्रंथों को जबानी रट लिया। श्री होदीवाला ने इस कथन को स्वीकार नहीं किया है। प्रथम तो इन ग्रंथों की 30,000 पंक्तियाँ फरीद ने रटी हों, यह असम्भव मालूम होता है। दूसरे, फ़िरिश्ता तथा निज़ामुद्दीन अहमद ने जिन शब्दों का प्रयोग किया है उससे भी यही मालूम होता है कि उसने परीक्षा पास की, न कि इन्हें जबानी याद किया। होदीवाला, स्टडीज इन इण्डोमुस्लिम हिस्ट्री, 1, पृ. 446; इलियट तथा डासन, 4, पृ. 311। इसके अतिरिक्त हम यह भी कह सकते हैं कि यदि उसकी साहित्यिक रुचि इतनी तीव्र होती तो उसने कुछ ग्रंथों की रचना अवश्य की होती।
56. त्रिपाठी, राइज़ एण्ड फ़ाल ऑफ़ दि मुग़ल एम्पायर, पृ. 116।
57. अब्बास ख़ाँ, तारीख़े शेरशाही, इलियट तथा डासन, 4, पृ. 312।
58. वही, पृ. 314।
59. कानूनगो शेरशाही, पृ. 17-18; तथा इलियट एण्ड डासन, 4, पृ. 312-13।

60. फरीद की जागीर के प्रबंध के लिए देखिए कानूनगो, शेरशाह, पृ. 15-25; इलियट तथा डासन, 4314; होदीवाला, 1 पृ. 447।
61. दौलत-ए-शेरशाही, ईश्वरी प्रसाद (हुमायूँ, पृ. 100-101) द्वारा उद्धृत।
62. तारीख़े शेरशाही, इलियट तथा डासन, 4, पृ. 317
63. बनर्जी, हुमायूँ, 1, पृ. 183-85।
64. ईश्वरी प्रसाद, हुमायूँ, पृ. 98-99।
65. कानूनगो (शेरशाह, पृ. 28) के अनुसार दूसरा व्यक्ति हबीब ख़ाँ कक्कर था। डॉ. ईश्वरी प्रसाद ने (हुमायूँ, पृ. 103) दूसरे व्यक्ति का नाम इब्राहीम लिखा है।
66. यह बिहार में रोहतास जिले का एक परगना था। सहसराम से यह लगभग 40 मील पश्चिम में स्थित था। आईने अकबरी में इसे चाकुंड या जौंद कहा गया है। (आईने अकबरी, 2, पृ. 168)। चावंद कदाचित दुर्गा के नाम चामुण्डा से लिया गया है। (होदीवाला, 1, पृ. 447)।
67. सुल्तान मुहम्मद की उपाधि धारण करने के पूर्व उसका सही नाम क्या था, यह निश्चित रूप से पता नहीं चलता। अब्बास उसे बहार ख़ाँ, अर्सकिन बिहार ख़ाँ कहता है तथा कैम्ब्रिज हिस्ट्री ऑफ़ इंडिया, भाग 4 में उसे बहादुर ख़ाँ लिखा गया है।
68. कानूनगो, शेरशाह, पृ. 31; अब्बास ख़ाँ, तारीख़े शेरशाही, इलियट तथा डासन, 4, पृ. 325।
69. इलियट तथा डासन, 4, पृ. 325।
70. वही, पृ. 325 तथा 336।
71. ईश्वरी प्रसाद, हुमायूँ, पृ. 106; इलियट तथा डासन 4, पृ. 327।
72. डॉ. कानूनगो अब्बास तथा अन्य समकालीन इतिहासकारों के शेर ख़ाँ द्वारा मुग़ल सहायता प्राप्त करने के मत को स्वीकार नहीं करते तथा इसे असम्भव समझते हैं। कानूनगो, शेरशाह, पृ. 42-43।
73. ईश्वरी प्रसाद, हुमायूँ, पृ. 108।
74. इलियट तथा डासन, 4 पृ. 330।
75. अब्बास ख़ाँ, तारीख़े शेरशाही; इलियट तथा डासन, 4, पृ. 330-31।
76. शेर ख़ाँ के आगरा से भागने के विषय में अब्बास ख़ाँ लिखता है कि एक दिन भोजन के समय शेर ख़ाँ बाबर के साथ उपस्थित था। शेर ख़ाँ के यामने माहिचा की प्लेट रखी गई (माहिचा क्या था यह निश्चयपूर्वक बताना कठिन है। इसका अर्थ मोटी सेवई की तरह की मीठी वस्तु या मछली रूपी मांस है) उसे माहिचा खाने की विधि का ज्ञान नहीं था। उसने माहिचा को चाकू से टुकड़े-टुकड़े काटकर खा लिया। (यह भी कहा जाता है कि वह हाथ से खाने लगा तो हुमायूँ ने उसे दावत से निकाल दिया जिससे वह बहुत नाराज हुआ। होदीवाला, 1, पृ. 449)। बाबर को यह देखकर आश्चर्य हुआ। उसने अपने मंत्री ख़लीफ़ा से कहा—"शेर ख़ाँ की ओर से असावधान न रहना चाहिए, कारण कि वह बड़ा प्रतिभाशाली है और बादशाही के चिह्न उसके ललाट पर दृष्टिगत हैं। मैंने इससे बड़े भी आफ़गान अमीर देखे हैं। कभी मेरे मन में कोई बात न आई किन्तु इसको देखने मात्र से मेरे हृदय में आता है कि उसे बंदी बना लेना चाहिए क्योंकि उसमें प्रतिष्ठा का प्रकाश एवं श्रेष्ठता के चिह्न पाए जाते हैं।" शेर ख़ाँ ने ख़लीफ़ा को अत्यधिक उपहार दिए थे जिससे उसने बाबर से शेर ख़ाँ की प्रशंसा की। शेर ख़ाँ ख़लीफ़ा तथा बाबर की बात से समझ गया और वह लश्कर छोड़कर भाग गया। बाबर को जब पता चला तो उसने ख़लीफ़ा से कहा कि "यदि तू न रोकता तो मैं उसे तत्काल बंदी बना लेता। उसके द्वारा कोई बात होने वाली है।" (इलियट तथा डासन, तारीखे शेरशाही, 4, पृ. 331)। तवारीख़ें दौलते शेरशाही की कहानी इससे कुछ भिन्न है। उसके अनुसार बाबर के दरबार में शेर ख़ाँ को जुनायद बरलास ले गया। वहाँ एक दावत में शेर ख़ाँ ने अधिक मदिरापन किया तथा तवारीख़े दौलतेशाही के

लेखक से कहा कि यदि ईश्वर की कृपा हुई तो वह तैमूरी वंश को हिंद से निकालकर अफ़गानों का राज्य पुनः दृढ़तापूर्वक स्थापित करेगा। यह बात बाबर के कानों तक पहुँची। वह रुष्ट हुआ तथा शेर ख़ाँ पर कड़ी नज़र रखने की आज्ञा दी। शेर ख़ाँ उसी रात वहाँ से निकल भागा।

77. डॉ. कानूनगो निज़ामुद्दीन, फ़िरिश्ता, अब्बास इत्यादि की इस कथा को स्वीकार नहीं करते कि यहाँ से शेर ख़ाँ मुहम्मद ख़ाँ की सेवा में गया। उनका मत है कि वह महमूद लोदी से जा मिला। (कानूनगो, शेरशाह, पृ. 58-59)।

78. बाबर अपनी आत्मकथा में लिखता है, "निरन्तर ये समाचार प्राप्त होने लगे कि सुल्तान महमूद ने 10,000 अफ़गान एकत्र कर लिये हैं। उसने शेख बायजीद एवं बीबन को एक बहुत बड़ी सेना सहित सरवार की तरफ भेज दिया है। वह स्वयं फतह ख़ाँ सरवानी के साथ गंगा के किनारे-किनारे चुनार की ओर बढ़ रहा है। शेर ख़ाँ सूर जिसे मैंने पिछले वर्ष आश्रय प्रदान करके तथा बहुत-से परगने देकर इस क्षेत्र में नियुक्त कर दिया था, इन अफ़गानों से मिल गया है। उन लोगों ने शेर ख़ाँ तथा कुछ अमीरों को नदी पार करा दी है। सुल्तान जलालुद्दीन के आदमी बनारस की रक्षा न कर सके और भाग खड़े हुए। कहा जाता है कि उसने यह प्रसिद्ध किया कि उसने बनारस के किले में सैनिकों को नियुक्त कर दिया है और स्वयं नदी के किनारे-किनारे सुल्तान महमूद से युद्ध करने जा रहा है।" (बाबरनामा, बेवरिज, पृ., 651-52)। कानूनगो, शेरशाह, पृ. 60-61।

79. बाबर अपनी आत्मकथा में लिखता है कि "16 मई सोमवार (रमज़ान) को दरिया ख़ाँ का पौत्र जलाल ख़ाँ, जिसे बुलाने के लिए शेख जमाली गया था, अपने विश्वस्त अमीरों के साथ मेरी सेवा में उपस्थित हुआ, यहया नोहानी भी उपस्थित हुआ। वह इससे पूर्व अपने छोटे भाई को भेजकर आज्ञाकारिता प्रदर्शित कर चुका था और उसके प्रोत्साहन हेतु उसकी सेवाएँ स्वीकार करते हुए एक फरमान भेजा जा चुका था। क्योंकि 7-8 हज़ार नोहानी अफ़गान आशा लेकर आए थे अतः इन्हें निराश न करने की दृष्टि से बिहार में से एक करोड़ खालसा बनाकर मैंने 50 लाख महमूद ख़ाँ नोहानी को प्रदान किए। बिहार की शेष मालगुजारी उपर्युक्त जलाल ख़ाँ को प्रदान कर दी गई। उसने एक करोड़ राजकर के रूप में अदा करना स्वीकार किया। मुल्ला गुलाम यसावल को इस राजकर को वसूल करने के लिए भेजा गया। महमूद ज़मान मिर्ज़ा ने जूनपुर (जौनपुर) की वकालत प्राप्त की।" (बाबरनामा, बेवरिज, पृ. 676)।

80. स्टीवर्ट, हिस्ट्री ऑफ़ बंगाल, पृ. 74; कानूनगो, शेरशाह, पृ. 63।

81. इलियट तथा डासन, 4, पृ. 333-34।

82. बनर्जी, हुमायूँ, पृ. 190; आशीर्वादीलाल श्रीवास्तव, शेरशाह एण्ड हिज़ सक्सेसर्स, पृ. 10-11।

83. बाबरनामा, इलियट तथा डासन, 4, पृ. 282-83।

84. बाबरनामा, बेवरिज, 683; रिज़वी बाबर, पृ. 334।

85. अबुल फ़ज़ल इसका नाम 'लाड मुल्क' लिखता है तथा उसे चरित्र एवं रूप-रंग में अद्वितीय बतलाता है। (अकबरनामा, 1, पृ. 123)। अब्बास उसका नाम 'लाड मलका' लिखता है। उससे कोई पुत्र न था। ताज ख़ाँ की अन्य पत्नियों के कई पुत्र थे।

86. शेर ख़ाँ को 150 बहुमूल्य जवाहरात, सात मन मोती, 150 मन सोना तथा और भी मूल्यवान वस्तुएँ तथा आभूषण प्राप्त हुए। (इलियट तथा डासन, 4, पृ. 346)।
डॉ. कानूनगो चुनार के दुर्ग को अधिकृत करने की कहानी, जिसे अब्बास ने लिखा है, स्वीकार नहीं करते। उसकी विवेचना के लिए देखिए डॉ. कानूनगो, शेरशाह, पृ. 66-71।

87. शेर ख़ाँ ने महमूद का विरोध क्यों नहीं किया? ऐसा प्रतीत होता है कि प्रमुख अफ़गान अमीर महमूद लोदी के साथ हो गए। इब्राहीम लोदी का भाई होने के कारण अफ़गान उसका विरोध

करने को तैयार नहीं थे।

88. दि हिस्ट्री एण्ड कल्चर ऑफ़ दि इंडियन पीपुल, दि देलही सल्तनत, पृ. 193, 214।
89. कैम्ब्रिज़ हिस्ट्री ऑफ़ इंडिया, 3, पृ. 272।
90. बाबरनामा, इलियट तथा डासन, 4, पृ. 260-261।
91. कैम्ब्रिज़ हिस्ट्री ऑफ़ इण्डिया, 3, पृ. 272।
92. विलियम्स, ऐन एम्पायर बिल्डर, पृ. 168; बाबरनामा, इलियट तथा डासन, 4, पृ. 284।
93. विलियम्स, ऐन एम्पायर बिल्डर, पृ. 169।
94. सिंध के संक्षिप्त इतिहास के लिए देखिए, कैम्ब्रिज़ हिस्ट्री ऑफ़ इंडिया, 3, पृ. 501-505। हिस्ट्री एण्ड कल्चर ऑफ़ दि इंडियन पीपुल, दि देलही सल्तनत, पृ. 221-30।
95. कैम्ब्रिज़ हिस्ट्री ऑफ़ इंडिया, 3, पृ. 353-69।
96. यह अपने को ख़लीफ़ा उमर फारूक का वंशज बताता था। इस कारण यह वंश फारूकी कहलाया।
97. इस प्रश्न के विवाद के लिए देखिए कैम्ब्रिज़ हिस्ट्री ऑफ़ इंडिया, 3, पृ. 294; शेरवानी, दि बहमनीज़ ऑफ़ दी डेकन, पृ. 109, फुट नोट 55, फ़िरिश्ता, ब्रिग्स, 4, पृ. 280, 327।
98. कैम्ब्रिज़ हिस्ट्री ऑफ़ इंडिया (3, पृ. 393) के अनुसार उसकी मृत्यु 1508 ई में हुई; हिस्ट्री एण्ड कलचर ऑफ़ दि इंडियन पीपुल, देलही सल्तनत, पृ. 172, के अनुसार 1510 ई. में।
99. निज़ामुद्दीन अहमद (डे, तबकाते अकबरी, 3, पृ. 344) उसे आदिल ख़ाँ लिखता है, जो गलत है।
100. फ़िरिश्ता, ब्रिग्स, 4, पृ. 469।
101. कल्हण राजतरंगिनी में इन्हें चकरेसा तथा मारगेसा लिखता है।
102. कैम्ब्रिज हिस्ट्री ऑफ़ इंडिया, 3, पृ. 287।
103. यह बूँदी के वंश से संबंधित थी। इसे हादी करमेती भी कहते हैं। बाबर इसे पदमावती कहता है, जो गलत है। बाबरनामा, बेवरिज, पृ. 612।
104. बाबरनामा, बेवरिज, पृ. 612-13।
105. रघुवीर सिंह, पूर्व आधुनिक राजस्थान, पृ. 23-24।
106. गौरीशंकर हीराचंद ओझा, बासवाड़ा राज्य का इतिहास, पृ. 64-70; ओझा, डूंगरपुर राज्य का इतिहास, पृ. 84-86।
107. रघुवीर सिंह, पूर्व आधुनिक राजस्थान, पृ. 23।
108. ओझा, जोधपुर राज्य का इतिहास, 1, पृ. 270-83; ओझा, बीकानेर राज्य का इतिहास, 1, पृ. 132-33।
109. मुंशी देवी प्रसाद, राव जैतसीजी का जीवन चरित्र; ओझा, बीकानेर राज्य का इतिहास, 1, पृ. 122-138।

4. प्रारम्भिक घटनाएँ

राज्यारोहण

30 दिसंबर 1530 ई.[1] को तेईस वर्ष की अवस्था में हुमायूँ गद्दी पर बैठा। उसी दिन जामा मस्जिद में उसके नाम से ख़ुतबा पढ़ा गया तथा उत्सव मनाए गए। आगरा के बाज़ार तथा दूकानें अत्यंत सुंदर ढंग से सजाई गईं। दरबार हुआ, जिसमें छोटे-बड़े सभी अमीरों तथा उपस्थित लोगों ने नए सम्राट को भेंट प्रस्तुत कीं। दरबार के नियम के अनुसार हुमायूँ ने उन्हें पुराने पदों, नौकरियों, भूमि इत्यादि पर पुनः नियुक्त किया। उसी दिन हुमायूँ ने अपने निकट संबंधियों से भेंट की[2] और इन कठिन परिस्थितियों में उनका स्नेह पाने की आकांक्षा की। प्रथम ही दिन दान के रूप में स्वर्ण जनता में वितरित किया।[3] और इस तरह हुमायूँ ने अपने राज्य का प्रथम दिन प्रसन्नता और खुशी से प्रारम्भ किया, जैसे बाबर की मृत्यु और उसके बाद के उत्तराधिकारी की घटनाएँ भूली जा चुकी हों।

इसी समय हिन्दाल, जिसके देखने की आकांक्षा बाबर को अपनी मृत्यु तक बनी रही, काबुल से आगरा पहुँचा। हुमायूँ ने उसका प्रेम से स्वागत किया तथा बाबर द्वारा छोड़े हुए कोष में से उसे धन दिया।[4]

राज्य का विभाजन

उत्सवों के पश्चात् नए सम्राट ने अपने भाइयों में राज्य का विभाजन किया। कामरान को काबुल और कंधार, अस्करी को हुमायूँ की पुरानी जागीर सम्भल तथा हिन्दाल को अलवर (मेवात)[5] का ज़िला प्राप्त हुआ। मिर्ज़ा सुलेमान को बदख़्शाँ के राज्य के अधिकार की स्वीकृति दी गई। इसके अतिरिक्त जो लोग जिस पद पर थे वह तो उन्हें दिया ही गया, साथ ही उनकी जागीरों में भी वृद्धि की गई।

कामरान तथा राज्य विभाजन—कामरान अपने प्राप्त भू-भाग से संतुष्ट नहीं था। बाबर की मृत्यु के पश्चात् वह काबुल को अस्करी की देख-रेख में छोड़कर एक सेना के साथ भारत रवाना हुआ। पेशावर तथा लमगान पर अधिकार कर उसने पंजाब में प्रवेश किया (1531 ई.)। यहाँ उसने घोषणा की कि वह अपने भाई को

बधाई देने तथा एक स्वामिभक्त सेवक की भाँति अपना आदर प्रदर्शित करने जा रहा है, किन्तु वास्तव में उसका विचार पवित्र नहीं था तथा वह परिस्थिति से लाभ उठाकर अन्य भाग भी अपने अधिकार में करना चाहता था।[6]

ऐसा प्रतीत होता है कि हुमायूँ के मन में पहले ही से संदेह था। किन्तु इस परिस्थिति में अब उसके सामने अन्य समस्याएँ थीं, वह अपने भाई से युद्ध करने के लिए तैयार नहीं था। उसने कामरान के पास एक दूत भेज कर उसे सूचित किया कि कंधार के अतिरिक्त पेशावर और लमगान के भाग भी उसे दे दिए गए हैं। कामरान से उसने प्रार्थना की कि वह अपने राज्य की सीमा में लौट जाए। कामरान फिर भी इससे संतुष्ट नहीं हुआ और वह पंजाब में आगे बढ़ता गया। मुल्तान पर अधिकार कर उसने लाहौर को घेर लिया। लाहौर इस समय हुमायूँ के स्वामिभक्त सेवक मीर यूनुस अली के संरक्षण में था। कामरान के प्रयत्न करने पर भी लाहौर ने समर्पण नहीं किया। अन्य मार्ग न देखकर कामरान ने कूटनीति की शरण ली। अपने एक विश्वसनीय अफ़सर कराचा बेग को उसने मीर यूनुस अली के पास भेजा। कराचा बेग ने यह अफवाह फैला दी कि उसमें और कामरान में झगड़ा हो गया है तथा उसके प्राण खतरे में हैं। उसने यूनुस अली से शरण देने की प्रार्थना की। इस तरह कराचा बेग ने कुछ साथियों के साथ नगर में प्रवेश किया। नगर में पहुँचकर उसने अली से धीरे-धीरे मित्रता कर ली और एक दिन अचानक मीर यूनुस अली को उसने गिरफ्तार कर लिया तथा दुर्ग पर अधिकार कर कामरान की सेना को नगर में प्रविष्ट करा दिया। इस तरह धोखे से कामरान ने लाहौर पर अधिकार कर लिया।[7]

कामरान ने यूनुस अली के साथ बुरा व्यवहार नहीं किया। लाहौर पर अधिकार कर उसने उसे बंदी गृह से बाहर निकाला तथा उसे लाहौर के गवर्नर का पद ग्रहण करने को कहा। किन्तु यूनुस अली कामरान के नाम पर लाहौर का शासन करने के लिए तैयार नहीं हुआ। कामरान ने उसे हुमायूँ के पास जाने दिया तथा अपने आदमियों को पंजाब की सरकार के परगनों में नियुक्त कर दिया और सतलज तक के भाग अपने अधिकार में कर लिए। तदुपरांत उसने अपने दूत को हुमायूँ के पास भेजकर इन भागों को उसे प्रदान करने की प्रार्थना की। अन्य मार्ग न देखकर हुमायूँ ने एक फ़रमान द्वारा कामरान को काबुल, कंधार तथा पंजाब का भाग भी दे दिया। कामरान ने हुमायूँ को एक कविता में धन्यवाद दिया।[8] उसकी कविता से प्रसन्न होकर अथवा उसकी इच्छा जानकर, उसे संतुष्ट करने के अभिप्राय से हुमायूँ ने हिसार फ़िरोज़ा का ज़िला भी कामरान को दे दिया। बाबर ने हिसार फ़िरोज़ा का ज़िला अक्तूबर 1525 ई. में हुमायूँ को उसके अफ़गानों के ऊपर प्रथम विजय के पश्चात् दिया था।

कामरान के व्यवहार की आलोचना—कामरान का यह व्यवहार मुग़लकाल की इस परिस्थिति में कहाँ तक ठीक था, इस पर विद्वान् एकमत नहीं हैं। डॉ. बनर्जी ने कामरान के इस व्यवहार का समर्थन किया है।[9] विद्वान् लेखक के अनुसार हुमायूँ

के शासन के प्रथम आठ वर्षों में (1538 ई. तक) हुमायूँ और कामरान का संबंध अच्छा था। कामरान न तो राजगद्दी के लिए उत्तराधिकार का युद्ध करना चाहता था और न एक स्वतंत्र राजकुमार की तरह शासन करना चाहता था।[10] हुमायूँ ने मुल्तान, लाहौर तथा सतलज तक के पूर्वी ज़िलों के अतिरिक्त हिसार फिरोजा का ज़िला भी कामरान को दे दिया जो मुग़ल साम्राज्य के उत्तराधिकारी की जागीर समझी जाती थी। उस समय के सिक्कों में (जिसमें से आठ ब्रिटिश म्यूज़ियम में उपलब्ध हैं) एक पर कामरान को बादशाह और हुमायूँ को 'अस्सुल्तान अलआज़म' अर्थात् महान कहा गया है। इससे यह पता चलता है कि हुमायूँ महान् था और कामरान उससे छोटा था। डॉ. बनर्जी लिखते हैं कि शाह सुल्तान इत्यादि उपाधियाँ इस काल में राजकुमारों तथा अमीरों को भी दी जाती थीं।

डॉ. बनर्जी के अनुसार अर्सकिन का यह कथन कि कामरान का भू-भाग पर्याप्त था, सही नहीं है। बनर्जी लिखते हैं कि कामरान की जागीर कम थी, उसमें और जागीर मिलाने की आवश्यकता थी। मीर यूनुस अली ने कामरान का विरोध उसके उतावलेपन के कारण किया। वह बाबर की इच्छा से तथा हुमायूँ की मौन सहमति से अनभिज्ञ था। डॉ. बनर्जी अबुल फ़ज़ल के उस मत का हवाला देते हैं जिसमें वह विभाजन के विषय में लिखता है कि हुमायूँ ने बाबर की वसीयत के आधार पर कामरान की जागीर बढ़ा दी।

डॉ. बनर्जी का यह मत सही नहीं है। कामरान का व्यवहार अनुचित, उग्र और धूर्तता से भरा हुआ था। वह जानता था कि हुमायूँ कठिन परिस्थिति में है। इससे लाभ उठाकर वह अधिक से अधिक जागीर अपने अधिकार में करना चाहता था। डॉ. बनर्जी ने अबुल फ़ज़ल के मत को पूरा उद्धृत नहीं किया है। अबुल फ़ज़ल के वर्णन तथा 'धूर्ततापूर्वक', 'दिखाने की निष्ठा' इत्यादि शब्दों के प्रयोग से स्पष्ट हो जाता है कि कामरान के विचार धूर्ततापूर्ण थे तथा वह परिस्थिति से लाभ उठाना चाहता था।[11]

अबुल फ़ज़ल स्पष्ट लिखता है कि "वह हिंदुस्तान इस आशय से चल पड़ा कि सम्भवतः उसे कोई लाभ प्राप्त हो सके।"[12] उसकी कल्पनाओं के विषय में वह लिखता है कि "नष्टकारी कल्पनाओं से विनाश के अतिरिक्त प्राप्त ही क्या हो सकता है?"[13]

हुमायूँ ने कामरान के भू-भाग में वृद्धि इस कारण नहीं की कि वह उसे उपयुक्त समझता था, बल्कि इस कारण कि उसके सामने कोई अन्य मार्ग नहीं था। कामरान ने जिस भाँति लाहौर पर अधिकार किया तथा पंजाब के भागों पर अपने आदमियों द्वारा शासन कराया, ये उसके इरादे को स्पष्ट बता रहे थे। क्या हुमायूँ इतना मूर्ख था कि वह इसे नहीं समझ सकता था? उसकी कविता के प्रभाव से उसने उसे हिसार फिरोज़ा नहीं दिया बल्कि वह कामरान को संतुष्ट करना चाहता था।

कामरान का व्यवहाहर प्रत्येक दृष्टि से निंदनीय है। उसने नव स्थापित मुग़ल साम्राज्य के लिए खतरा उपस्थित कर दिया। यदि हुमायूँ ने सतर्कता न दिखाई होती तो भयंकर गृहयुद्ध छिड़ सकता था। कामरान का व्यवहार पूर्णरूप से स्वार्थपूर्ण था। उसके भविष्य के कार्यों से स्पष्ट है कि उसमें भ्रातृ-प्रेम तथा सद्भावना की कमी थी तथा वह हुमायूँ की कठिनाइयों से लाभ उठाना चाहता था।

कामरान का व्यवहार निन्दनीय अवश्य था किन्तु वह न स्वतंत्र राज्य स्थापित करना चाहता था न हुमायूँ से संबंध विच्छेद ही करना चाहता था। इसी कारण उसने न अपने नाम ख़ुतबा पढ़वाया और न कोई ऐसा कार्य किया जिससे उसकी यह इच्छा प्रकट होती हो। वह युद्ध भी नहीं करना चाहता था। केवल शक्ति प्रदर्शन द्वारा जितना राज्य प्राप्त हो सकता था वह उसे अधिकृत करना चाहता था।

साम्राज्य विभाजन की आलोचना—साम्राज्य को अपने भाइयों में विभाजित करना साम्राज्य के संगठन की दृष्टि से कहाँ तक उपयुक्त था, यह बताना कठिन है। कुछ विद्वानों ने इस विभाजन को हुमायूँ की प्रथम भूल माना है।[14] इनका मत है कि साम्राज्य का विभाजन कर हुमायूँ ने अपनी शक्ति को कमजोर कर दिया और आगे चलकर जिन कठिनाइयों का उसे सामना करना पड़ा उसका बहुत कुछ उत्तरदायित्व उसकी इसी भूल पर है।

इस विचार के पक्ष में कहा गया है कि कामरान ने हुमायूँ के साम्राज्य और खैबर के उस पार के इस्लामी राज्यों के बीच में एक मध्यवर्ती राज्य स्थापित कर दिया। इससे हुमायूँ का अन्य इस्लामी राज्यों से संबंध टूट गया, क्योंकि यह सम्पर्क पंजाब, कंधार, काबुल के ही मार्ग से स्थापित हो सकता था। इसके अतिरिक्त मुग़ल सेना के सैनिक इन्हीं भागों से आते थे। इस तरह इस विभाजन ने हुमायूँ की सैनिक शक्ति का स्रोत ही काट दिया तथा भविष्य में उसकी सैनिक पराजयों का प्रारम्भ यहीं से हुआ।[15]

हिसार फ़िरोज़ा दे देने से दिल्ली और लाहौर के मार्ग की नई सैनिक सड़क पर कामरान का अधिकार हो गया। हुमायूँ को ऐसे भाग प्राप्त हुए जहाँ मुग़ल विरोधी भावनाएँ थीं तथा मुग़ल इन भागों में विदेशी समझे जाते थे। ऐसे भागों पर अधिकार रखने में कठिनाइयाँ थीं। राज्य का जो भाग कामरान को प्राप्त हुआ था, वह इस दृष्टि से अधिक सुरक्षित था। विभाजन से हुमायूँ के साम्राज्य का क्षेत्रफल तथा आय भी कम हो गई थी। हुमायूँ के भाइयों में सद्भावना का नितांत अभाव था। इस विभाजन ने ऐसे व्यक्तियों के हाथ में ऐसी सुविधाएँ प्रदान कीं जिनका प्रयोग उन्होंने हुमायूँ के ही विरुद्ध किया।

साम्राज्य विभाजन का समर्थन—इन इतिहासकारों के अतिरिक्त अन्य इतिहासकारों ने हुमायूँ के निर्णय का समर्थन किया है।[16] उनका विचार है कि परिस्थितियों को देखते हुए विभाजन के अतिरिक्त हुमायूँ के सामने अन्य विकल्प नहीं था। साम्राज्य

विभाजन की परम्परा तैमूर के वंशजों में बहुत दिनों से चली आती थी। बाबर के पितामह की मृत्यु के पश्चात् बाबर के चाचा और पिता में भी साम्राज्य विभाजन हुआ था। कदाचित इसी परम्परा को ध्यान में रखकर बाबर ने भी साम्राज्य विभाजन का परामर्श दिया था। यदि हुमायूँ ने इस परम्परा का त्याग किया होता तो वह एक नई प्रणाली और नए नियम का प्रारम्भ करने वाला समझा जाता। इस तरह साम्राज्य का विभाजन कर हुमायूँ ने अपने वंश की परम्परा का ही अनुगमन किया।

कामरान पाँच वर्ष तक काबुल का शासक रह चुका था। वह वहाँ के लोगों से परिचित था। इस दृष्टि से हुमायूँ इन भागों के लिए एक तरह से परदेशी था। अफ़गान हुमायूँ को बाबर का (जिसने अफ़गान साम्राज्य को अपहृत किया था) उत्तराधिकारी समझकर उससे शत्रुता रखते थे। इस दृष्टि से कामरान के काबुल से, स्वतंत्र शासन करने से, अफ़गानों को अधिकार में रखना सरल था। भय केवल इतना था कि अफ़गानों की शत्रुता का प्रयोग वह हुमायूँ के विरुद्ध न करने लगे।

वास्तविक रूप से हुमायूँ ने कामरान को ऐसे ही भाग दिए थे जो उसके पास पहले से थे अथवा जिन पर उसने शक्ति से अधिकार कर लिया था। यदि उसने इनकी वैधानिक स्वीकृति नहीं दी होती तो उसे कामरान के विरुद्ध शक्ति का प्रयोग करना पड़ता जिसके लिए वह तैयार नहीं था। यदि हुमायूँ ने थोड़ी भी प्रतिक्रिया दिखाई होती तो गृहयुद्ध प्रारम्भ हो जाता।

इस तरह हुमायूँ ने मुग़ल साम्राज्य को एक ऐसी विषम परिस्थिति से बचा लिया जिसने मुग़ल साम्राज्य को समाप्त कर दिया होता।

इन भागों को कामरान को दे देने से हुमायूँ को एक लाभ यह भी हुआ कि वह उत्तर-पश्चिम सीमांत की समस्या से मुक्त हो गया। अब मध्य एशिया, ईरान, ऊज़्बेकों, जाटों, बिलौचियों तथा अन्य कबायलियों की भी समस्या का उत्तरदायित्व कामरान पर आ पड़ा। हुमायूँ इन समस्याओं से स्वतंत्र होकर अब अपना साम्राज्य भारत के अन्य भागों में विस्तृत कर सकता था। पूर्व में अफ़गानों का उत्कर्ष तथा दक्षिण-पश्चिम में बहादुर शाह का संगठन प्रत्यक्ष रूप में सिद्ध कर रहे थे कि पहले इन शत्रुओं का सामना किया जाए।

बाबर ने अपनी आत्मकथा में कामरान तथा हुमायूँ के बीच में साम्राज्य विभाजन तथा उसका अनुपात[17] तो स्पष्ट कर दिया था किन्तु उसने अस्करी और हिन्दाल के विषय में कुछ नहीं लिखा। सम्भव है बाबर को कामरान की उग्रता का ज्ञान हो तथा उसे भय हो कि हुमायूँ से संबंध अच्छा नहीं रहेगा। इसी कारण जहाँ उसने कामरान का अनुपात निश्चित किया वहाँ अन्य भाइयों के लिए बाबर ने हुमायूँ से केवल यही कहा था कि वह उनके साथ अच्छा व्यवहार करे।

राज्यारोहण के समय हुमायूँ के कोई पुत्र न था। इस दृष्टि से उसके भाई ही उत्तराधिकारी थे। कामरान उनमें सबसे बड़ा था और कदाचित् हुमायूँ के मन

में इस तरह की भावना आई हो कि वह कामरान को ही अपने पुत्र होने तक अपना उत्तराधिकारी समझे। हिसार फ़िरोज़ा की जागीर देने से यह और भी स्पष्ट हो जाता है।

अस्करी तथा हिन्दाल—अस्करी तथा हिन्दाल को दिल्ली के निकट सम्भल तथा मेवात की जागीरें हुमायूँ ने कदाचित् इस कारण दीं कि हुमायूँ इन पर दृष्टि रख सके। कामरान द्वारा पंजाब पर अधिकार करने की प्रगति से इन भाइयों पर कोई प्रभाव नहीं पड़ा और वे शांत रहे। कदाचित् इन्हें यह आशा थी कि कामरान की जागीरों के बढ़ने के साथ इन्हें भी कुछ प्राप्त होगा, किन्तु ऐसा नहीं हुआ। इसके विपरीत अस्करी का तो नुकसान ही हुआ क्योंकि कामरान ने अस्करी को कंधार तथा जमीनदावर से यह कहकर हटा दिया कि वह हज़ार लोगों को रोक नहीं सका।[18] किन्तु दोनों भाई संतुष्ट न हुए तथा जहाँ भी अवसर मिला, इन्होंने विद्रोह करने का प्रयत्न किया।

कालिंजर की विजय

कालिंजर[19] का दुर्ग बुंदेलखण्ड के दक्षिण-पूर्वी भाग में एक पहाड़ी पर स्थित है। बनावट तथा स्थिति की दृष्टि से मध्ययुग में यह एक शक्तिशाली दुर्ग समझा जाता था। 1022 ई. में गज़नी के महमूद ने कालिंजर पर आक्रमण किया। उस समय दुर्ग में पाँच लाख मनुष्य, बीस हजा़र जानवर तथा पाँच सौ हाथी थे।[20] राजपूतों तथा दिल्ली के सुल्तानों में इसके लिए बार-बार संघर्ष होता रहा। कभी यह राजपूतों के अधिकार में रहा कभी तुर्कों के। दिल्ली के सुल्तानों ने भी कई बार कालिंजर पर आक्रमण किया था। इससे इसके महत्त्व का अनुमान लगाया जा सकता है। यह ऐसे स्थान पर स्थित था जहाँ से मालवा पर बहादुर शाह का अधिकार हो जाने से इस दुर्ग का महत्त्व मुग़लों के लिए और भी बढ़ गया था[21]

गद्दी पर बैठने के पश्चात् हुमायूँ छः-सात महीने आगरा में रुका रहा। वर्षा ऋतु के प्रारम्भ होने के पश्चात् 1531 ई. में[22] हुमायूँ ने कालिंजर के दुर्ग पर आक्रमण किया। इसके पूर्व कदाचित् राजकुमार की हैसियत से हुमायूँ ने कालिंजर पर आक्रमण किया था, किन्तु उस समय संधि हो गई थी। कालिंजर पर चंदेल शासन करते थे। राजा प्रताप रुद्र ने दुर्ग की रक्षा करने का प्रयत्न किया, किन्तु एक महीने से अधिक वह उसकी रक्षा न कर सका।[23] अन्त में उसने हुमायूँ की अधीनता सवीकार कर ली तथा उसे बारह मन (6720 तोला) सोना दिया। अफ़गानों के विद्रोह के कारण हुमायूँ ने इन शर्तों को स्वीकार कर लिया। कालिंजर का अभियान सम्राट होने के पश्चात् हुमायूँ का प्रथम अभियान था। कालिंजर का दुर्ग अपनी शक्ति के लिए तथा चंदेल अपनी वीरता के लिए प्रसिद्ध थे। इस विजय से हुमायूँ का मान तथा प्रतिष्ठा बढ़ी।

अफ़गानों से प्रथम संघर्ष

जिस समय हुमायूँ कालिंजर के दुर्ग को घेरे हुए था उसे अफ़गानों की सक्रियता की सूचना मिली। महमूद लोदी, बीबन तथा बायजीद के नेतृत्व में उन्होंने बिहार से मुग़ल साम्राज्य के पूर्वी भागों में प्रवेश किया। उन्होंने जौनपुर के मुग़ल गवर्नर जुनायद बरलास को भगाकर उस पर अधिकार कर लिया। यहाँ से आगे बढ़कर ये लोग बाराबंकी जिले के दादरा[24] नामक स्थान तक पहुँचे। कालिंजर के दुर्ग को अधीन करके हुमायूँ उनकी तरफ अग्रसर हुआ।[25] गंगा पार कर गोमती के तट पर दादरा में अफ़गानों से भीषण युद्ध कर उन्हें परास्त किया।[26] अफ़गान सेना भाग खड़ी हुई तथा उनके दो प्रमुख नेता शेख बायजीद तथा इब्राहीम यूसुफ खैल मारे गए (जुलाई-अगस्त 1531 ई.)।

शेर ख़ाँ तथा दादरा—शेर ख़ाँ का दादरा के युद्ध में क्या भाग था? इस विषय में इतिहासकार एकमत नहीं हैं। अब्बास ख़ाँ सेरवानी ने इसका वृहत् वर्णन किया है। उसके अनुसार शेर ख़ाँ ने इस युद्ध में अफ़गानों के साथ विश्वासघात किया। वह महमूद लोदी के बिहार आ जाने के पश्चात् अपनी जागीर में चला गया था। महमूद लोदी ने उसकी जागीर में जाकर उससे इस युद्ध में भाग लेने की प्रार्थना की तथा उसे साथ लेकर मुग़लों के विरुद्ध बढ़ा। शेर ख़ाँ युद्ध में सम्मिलित तो ज़रूर हुआ पर उसने छिपे तौर से हिंदू बेग को एक पत्र लिखा जिसमें उसने अपनी सेना को युद्ध के समय हटा लेने का वचन दिया। जिस समय युद्ध हुआ उस समय शेर ख़ाँ ने अपनी सेना हटा ली और इस तरह अफ़गानों की पराजय का वह एक प्रमुख कारण बना। अब्बास के इस मत का समर्थन निज़ामुद्दीन अहमद, बदायूँनी और फ़िरिश्ता ने भी किया है।[27]

डॉ. कानूनगो अब्बास के इस मत से सहमत नहीं हैं। वे लिखते हैं कि शेर ख़ाँ के इस प्रशंसक ने ही उसके चरित्र और इज़्ज़त को सबसे अधिक हानि पहुँचाई है। अपने मत के समर्थन में उन्होंने निम्नलिखित तर्क दिये हैं।[28]

(1) गुलबदन बेगम तथा जौहर अफ़गानों की पराजय के वर्णन के साथ शेर ख़ाँ के नाम का उल्लेख नहीं करते।

(2) निज़ामुद्दीन अहमद, बदायूँनी तथा फ़िरिश्ता, हुमायूँ के राज्यकाल में अफ़गानों के विद्रोह के उल्लेख के समय शेर ख़ाँ का जिक्र नहीं करते, यद्यपि ये ही लेखक शेर ख़ाँ के अध्याय में इसका उल्लेख करते हैं।[29]

(3) सभी समकालीन इतिहासकारों ने शेर ख़ाँ के विश्वासघात की कहानी अब्बास ख़ाँ से ली है। इस घटना का समकालीन इतिहासकार केवल अब्बास है। बाद के सभी इतिहासकारों ने उसकी नकल की है।

(4) एलफिन्स्टन ने कदाचित् इसको अस्वीकार कर दिया है।[30]

(5) राष्ट्रीय पराजय के कारणों में विश्वासघात प्रायः जोड़ दिया जाता है।[30]

(6) शेर ख़ाँ अफ़गान सेना में गौण स्थान लेने के लिए तैयार नहीं था। वह जानता था कि उसकी सैनिक प्रसिद्धि बीबन या बायजीद के बराबर नहीं थी। इस कारण गौण स्थान प्राप्त करने के स्थान पर उसने इस अभियान में भाग न लेना ही ठीक समझा।

(7) शेर ख़ाँ को इस समय तक राष्ट्रीय स्वतंत्रता तथा राष्ट्रीय स्वत्व का ज्ञान नहीं था। वह अपने निजी स्वार्थ की ही दृष्टि से मुग़लों से बैर करना नहीं चाहता था। हृदय में कदाचित् वह लोदी तथा फर्मूली कबीलों के विनाश की कामना करता था, क्योंकि इन्हीं के कारण वह अपना विकास नहीं कर पा रहा था।

(8) चुनार को मुग़लों से बचाने के लिए वह तटस्थ नीति अपनाना चाहता था।

(9) समकालीन इतिहासकारों तथा परिस्थितियों के अध्ययन के उपरांत डॉ. कानूनगो के मत को स्वीकार करना कठिन है। दादरा के युद्ध के समय बीबन, बायजीद या महमूद लोदी के सामने शेर ख़ाँ का कोई स्थान नहीं था। डॉ. कानूनगो इस बात को स्वयं स्वीकार करते हैं। फिर महमूद लोदी के अधीन युद्ध करने में शेर ख़ाँ कैसे अपनी मानहानि समझता? गुलबदन बेगम तथा जौहर, मुग़ल वंश से संबंधित होने के कारण, यह लिखना हेय समझते थे कि हुमायूँ की विजय वीरता से नहीं वरन् शेर ख़ाँ के सहयोग (अफ़गानों के प्रति विश्वासघात) से हुई। इसी कारण उन्होंने इसका उल्लेख नहीं किया है।

प्रत्येक विश्वासघात की घटना को राष्ट्रीय पराजय के रूप में अस्वीकार कर देना अथवा किसी घटना का किसी विशेष इतिहासकार द्वारा उल्लेख न किए जाने के कारण यह कहना कि वह हुई ही नहीं अथवा कई इतिहासकारों द्वारा उसी घटना के वर्णन को नकल कहकर अस्वीकार कर देना गलत तर्क है।[31]

निज़ामुद्दीन, फ़िरिश्ता तथा बदायूँनी ने हुमायूँ तथा शेरशाह के राज्यकाल का अलग-अलग वर्णन किया है। हुमायूँ के राज्यकाल में इस घटना का वर्णन इसलिए नहीं किया गया है क्योंकि वे दो स्थानों पर इसका वर्णन नहीं करना चाहते थे। इसके अतिरिक्त विश्वासघात का उल्लेख शेर ख़ाँ के चरित्र वर्णन से अधिक संबंधित था। फिर इन्हीं लेखकों द्वारा एक ही पुस्तक में वर्णित घटना कैसे अस्वीकार की जा सकती है?

यह संघर्ष अफ़गानों का एक महत्त्वपूर्ण अभियान था। इसका नेतृत्व लोदी वंश का उत्तराधिकारी कर रहा था। इसमें सभी प्रमुख अफ़गान सरदार सम्मिलित थे। ऐसी परिस्थिति में शेर ख़ाँ का इससे अलग रहना असम्भव था। वह जानता था कि यदि वह उनका साथ नहीं देगा तो पुनः कभी भी उनका सहयोग नहीं प्राप्त कर सकेगा। मुग़लों से मिलने की बात गुप्त थी। उसे आशा थी कि अफ़गानों को इसका पता नहीं चलेगा।

अब्बास ख़ाँ शेर ख़ाँ का प्रशंसक है। उसने शेर ख़ाँ के कई अनुचित कार्यों का समर्थन किया है।[32] डॉ. कानूनगो का यह कथन कि शेरशाह के सबसे बड़े प्रशंसक (अब्बास ख़ाँ) ने उसकी बड़ी मानहानि की है, सत्य नहीं है। अपना इतिहास लिखते समय अब्बास जानता था कि शेर ख़ाँ के विश्वासघात ने वास्तविक रूप में शेर ख़ाँ तथा अफ़गानों का लाभ ही किया, क्योंकि कुछ ही वर्षों में उसने अपनी शक्ति को दृढ़ कर लिया। इस कारण उसे छिपाने के बजाय उसका उल्लेख कर उसने अपने चरित्रनायक की दूरदर्शिता प्रमाणित की न कि उसके चरित्र को कलंकित किया।

डॉ. कानूनगो के विचार के विरुद्ध, डॉ. बनर्जी, डॉ. ईश्वरी प्रसाद तथा डॉ. रामप्रसाद त्रिपाठी ने अब्बास के वर्णन को स्वीकार किया है तथा वे मानते हैं कि शेर ख़ाँ ने दादरा के युद्ध में अफ़गानों को धोखा दिया।[33]

वास्तविक रूप में शेर ख़ाँ की स्थिति द्विविधापूर्ण थी। चुनार पर उसका अधिकार मुग़ल के अधीन व्यक्ति की तरह था। शेर ख़ाँ ने हिंदू बेग के साथ पत्र-व्यवहार में चुनार पर मुग़लों के दावे को अस्वीकार नहीं किया।[34] सहसराम, खवासपुर के जागीदार के नाते उसने महमूद लोदी की अधीनता स्वीकार की थी। इस समय इसके दोनों स्वामियों में संघर्ष था। इस परिस्थिति में शेर ख़ाँ ने तटस्थ रहने का विचार किया किन्तु जबरदस्ती उसे महमूद लोदी के साथ जाना पड़ा। उसने अनुभव किया कि उसका यह कार्य ठीक नहीं है, क्योंकि अगर मुग़ल विजयी हुए तो उसे चुनार छोड़ना पड़ेगा। अफ़गानों की विजय से उसकी स्थिति में विशेष परिवर्तन की कोई आशा नहीं थी, क्योंकि अफ़गानों में उसका स्थान बीबन, बायजीद तथा महमूद लोदी के बाद आता था। इस कारण वह महमूद लोदी के साथ गया जरूर, किन्तु साथ ही उसने हिंदू बेग के द्वारा हुमायूँ को सूचित कर दिया कि उसने विवश होकर महमूद लोदी का साथ दिया है किन्तु है वह मुग़लों के साथ।

दादरा के युद्ध में तटस्थ रहते हुए भी वह वहाँ मुग़लों से न मिलकर सीधा अपनी जागीर में गया। इस तरह उसने तटस्थ रहने का प्रयत्न किया। शेर ख़ाँ को युद्ध के परिणाम का निश्चय नहीं था। यदि अफ़गान विजयी भी होते तो वह शेर ख़ाँ को पूर्ण सहयोग न देने के कारण ताड़ना देते, किन्तु उसे विश्वासघाती नहीं कहते।

दादरा के युद्ध का परिणाम—दादरा के युद्ध ने अफ़गानों के जीवन में तथा मुग़ल की पूर्वी समस्या में एक नया अध्याय प्रारम्भ किया। बायजीद, इब्राहीम, यूसूफ खैल, इत्यादि प्रमुख अमीरों की मृत्यु ने अफ़गानों की शक्ति को, जो पानीपत के युद्ध के पश्चात् पुनः जागृत हो रही थी, तोड़ डाला। इससे मुग़लों को पूर्वी भागों पर अधिकार करने में सुविधा हुई। गंगा तथा घाघरा के बीच का भाग मुग़लों के अधिकार में आ गया तथा हुमायूँ ने वहाँ जुनायद बरलास को अपना गवर्नर नियुक्त किया।[35] उसने हिंदू बेग को शेर ख़ाँ से वार्ता करने के लिए छोड़ दिया।[36] महमूद लोदी इस युद्ध के पश्चात इतना निराश हुआ कि उसने राजनीति में भाग लेने का

विचार की त्याग दिया। वह पटना में साधारण व्यक्ति की भाँति जीवन व्यतीत करने लगा तथा यहीं 949 हिजरी (1542-43 ई.) में उसकी मृत्यु हो गई।[37] बहुत से अफ़गान सरदार यहाँ से भागकर बहादुर शाह के पास गुजरात गए। अब अफ़गानों के नेतृत्व के लिए केवल शेर ख़ाँ रह गया और उसको स्वतंत्ररूप से अपनी योजनाओं को कार्यान्वित करने का अवसर प्राप्त हुआ।

चुनार के दुर्ग पर आक्रमण

दादरा के युद्ध के पश्चात् हुमायूँ आगरा चला गया।[38] दादरा में अफ़गानों की पराजय के पश्चात् उसे अफ़गानों का पीछा करना चाहिए था तथा उनकी शक्ति को पूर्ण रूप से चूर कर उनके द्वारा अधिकृत भागों पर अधिकार कर लेना चाहिए था। इस भूल के कारण उसे भविष्य में अनेक कठिनाइयों का सामना करना पड़ा। शेर ख़ाँ से चुनार के दुर्ग पर अधिकार करने के विषय में वार्ता करने के लिए हुमायूँ ने हिंदू बेग को नियुक्त दिया।[39] हिंदू बेग ने वार्ता प्रारम्भ की। शेर ख़ाँ चुनार को समर्पित करने के लिए तैयार नहीं था। हिंदू बेग ने शेर ख़ाँ के इन विचारों की सूचना हुमायूँ को दी। चुनार के दुर्ग की स्थिति और महत्ता तथा शेर ख़ाँ के व्यवहार से खिन्न होकर हुमायूँ चुनार पर अधिकार करने के लिए आगरा से रवाना हुआ।[40] अपने आगे उसने अग्रगामी दल के रूप में कुछ अमीरों को भेजा। उन्होंने वहा पहुँचकर दुर्ग के घेरे का प्रबंध किया।

हुमायूँ लगभग एक वर्ष आगरा में था। इस बीच ऐसा प्रतीत होता है कि उसने अपने दरबार में कुछ नियम चलाए जिसका वर्णन ख्वन्दमीर ने कानूने हुमायूँ में किया है।[41]

चुनार का दुर्ग बनारस और मिर्जापुर के बीच गंगा नदी के तट पर स्थित है। यह दुर्ग एक विशाल चट्टान पर है। मध्ययुग के महत्त्वपूर्ण दुर्गों में इसकी गणना थी। परम्पराओं के अनुसार यह दुर्ग बहुत ही पुराना है तथा उज्जैन के विक्रमादित्य के भाई भर्तृहरि ने यहाँ अपना आश्रम बनाया था। सोलहवीं शताब्दी में इब्राहीम लोदी ने यहाँ राजकोष रखा जिससे इसका महत्त्व और बढ़ गया।

लगभग चार महीने (सितम्बर से दिसंबर 1532 ई.) हुमायूँ चुनार के दुर्ग को घेरे रहा। उसकी सैन्य योजना नाकेबंदी कर दुर्ग में रहने वालों के लिए ऐसी परिस्थिति उत्पन्न करने की थी जिससे वे समर्पण कर दें। कभी-कभी रात या दिन में छोटे-छोटे आक्रमण भी होते रहते थे। शेर ख़ाँ अपने दूसरे लड़के जलाल ख़ाँ को इसकी रक्षा के लिए छोड़कर स्वयं भरकुन्दा[42] की तरफ (बिहार में) चला गया था। जलाल ख़ाँ ने बहादुरी से दुर्ग की रक्षा की। दुर्ग के बाहर रहने से शेर ख़ाँ को अनेक सुविधाएँ थीं। वह दुर्ग में आवश्यक वस्तुओं को पहुँचाता रहा। यह दुर्ग इतना शक्तिशाली था कि आवश्यक वस्तुओं के पहुँचते रहने पर शत्रु का उस पर अधिकार करना

सरल नहीं था। इसके अतिरिक्त बाहर से बिहार तथा मुग़लों की गतिविधि पर भी दृष्टि रखने में सुविधा थी। दुर्ग के बाहर रहने से उसके पतन होने पर उस पर कोई आँच नहीं आती तथा उसे बंदी बनाए जाने का भी भय नहीं था।

इसी समय सूचना मिली के बहादुर शाह ने मालवा पर अधिकार करने के पश्चात् एक शक्तिशली सेना के साथ चित्तौड़ पर आक्रमण कर दिया है। बहादुर शाह की दृष्टि मुग़ल साम्राज्य पर भी थी। हुमायूँ इससे चिंतित हुआ क्योंकि उसकी अनुपस्थिति में यदि बहादुर शाह दिल्ली, आगरा अथवा पंजाव के भागों पर आक्रमण कर देता तो कठिन परिस्थिति आ जाती। इस परिस्थिति में न चाहते हुए भी हुमायूँ ने संधि करने का निश्चय किया।[43] शेर ख़ाँ दुर्ग में नहीं रहते हुए भी वहाँ की परिस्थितियों से अवगत था। उसे यह समाचार प्राप्त हुआ कि हुमायूँ चिन्तित है और दुर्ग का घेरा उठाना चाहता है। शेर ख़ाँ भी युद्ध को और बढ़ावा नहीं देना चाहता था, क्योंकि बंगाल के शासक द्वारा बिहार पर आक्रमण किए जाने का भय था। दोनों दलों में इन कारणों से संधि हो गई।

संधि की शर्तें–शेर ख़ाँ ने हुमायूँ के प्रति समर्पण किया तथा स्वामिभक्ति की प्रतिज्ञा की। उसने अपने तीसरे पुत्र अब्दुर रशीद (जो कुतुब ख़ाँ के नाम से प्रसिद्ध था) के नेतृत्व में, 500 सैनिकों की एक अफ़गान सेना मुग़ल सम्राट की सेवा के लिए भेजी। हुमायूँ चाहता था कि जलाल ख़ाँ इसका नेतृत्व करे, किन्तु शेर ख़ाँ इसके लिए तैयार नहीं था। हुमायूँ ने अन्त में कुतुब ख़ाँ को ही स्वीकार कर लिया।[44] चुनार का दुर्ग शेर ख़ाँ के ही अधिकार में रहा और इसके लिए उसे कर देने की आवश्यकता नहीं थी।[45]

चुनार की सन्धि वास्तविक रूप में शेर ख़ाँ की विजय तथा हुमायूँ की असफलता की सूचक है। इस घेरे का वास्तविक लाभ केवल पाँच सौ अफ़गान सैनिक थे जो मुग़लों को प्राप्त हुए थे। ये सैनिक कहाँ तक मुग़ल साम्राजय के लिए शक्तिशाली होते यह संदेह जनक था। शेर ख़ाँ ने अधीनता अवश्य स्वीकार की किन्तु यह उसकी कूटनीतिक चाल थी। चुनार पर उसका अधिकार भी बना रहा तथा इसके लिए उसे कोई कर भी नहीं देना पढ़ा।

डॉ. ईश्वरी प्रसाद ने हुमायूँ के सन्धि करने की कटु आलोचना की है। उनका विचार है कि यदि हुमायूँ ने शेर ख़ाँ को परास्त कर दिया होता तो उसके उत्कर्ष का मूल ही नष्ट हो गया होता तथा कदाचित् मुग़लों का निष्कासन का सामना नहीं करना पड़ता।[46] इसमें संदेह नहीं कि "इस सौदे से शेर ख़ाँ को मनचाहा अवकाश और अपनी योजना की पूर्ति के लिए प्रोत्साहन मिला, साथ ही हुमायूँ की कुछ बदनामी भी हुई।"[47] बदनामी का विशेष कारण यह भी था कि मुग़लों ने अन्त में उन्हीं शर्तों को स्वीकार किया जिन्हें उन्होंने प्रारम्भ में अस्वीकार किया था।

हुमायूँ की भूल स्वीकार करने के पूर्व हमें याद रखना चाहिए की परिस्थितियाँ

ऐसी थीं जिनसे विवश होकर हुमायूँ को चुनार के दुर्ग का घेरा हटाना पड़ा। उस समय बहादुर शाह का भय शेर ख़ाँ ऐसे साधारण व्यक्ति के भय से कहीं अधिक था। उस समय कोई यह विचार भी नहीं कर सकता था कि शेर ख़ाँ हुमायूँ को हराकर किसी समय दिल्ली का सम्राट बन बैठेगा। वास्तविक रूप में उसने अफ़गानों के प्रमुख सरदारों का सहयोग प्राप्त कर लिया।

हुमायूँ ने एक भूल अवश्य की। जिस समय वह आगरा से रवाना हुआ उस समय भी बहादुर शाह की विस्तार नीति का विकास हो चुका था तथा मुग़लों के प्रति उसकी नीति भी अस्पष्ट नहीं थी। हुमायूँ को स्वयं चुनार अभियान का नेतृत्व करने के स्थान पर किसी अन्य व्यक्ति को इसका उत्तरदायित्व सौंपना चाहिए था। वह उस व्यक्ति के साथ शक्तिशाली सेना भेज सकता था। फिर, सन्धि के पूर्व यदि परिस्थितियाँ प्रतिकूल थीं तो उसे सन्धि करने के बजाय किसी प्रमुख व्यक्ति को अभियान का उत्तरदायित्व सौंपकर स्वयं वहाँ से आगरा लौट जाना चाहिए था।

आनन्दोत्सव–जनवरी 1533 ई. में हुमायूँ चुनार से आगरा लौटा।[48] उसके सकुशल लौटने के उपलक्ष में माहम बेगम की प्रेरणा से आगरा में आनन्दोत्सव मनाया गया। दरबार हुआ, रोशनी हुई, दावतें हुईं, आगरा के बाज़ार तथा जनसाधारण के मकान भी इस अवसर पर सजाए गए। हुमायूँ ने अपने अमीरों में पारितोषिक, घोड़े और वस्त्र वितरित किए।[49]

हुमायूँ के इस उत्सव का कारण क्या था? क्या उसने ऐसी विजय प्राप्त की थी जिसके उपलक्ष में इस तरह का उत्सव मनाया जाता? ऐसी परिस्थिति में जब बहादुर शाह मुग़ल साम्राज्य के सम्मुख एक भयंकर समस्या उपस्थित कर रहा था, क्या यह आयोजन उचित था? डॉ. बनर्जी लिखते हैं कि हुमायूँ इन उत्सवों द्वारा बहादुर शाह तथा अन्य सम्राटों पर अपनी धाक जमाना चाहता था।[50] इस मत को स्वीकार कराना कठिन है। वास्तविकता तो यह है कि हुमायूँ को इस तरह के आनन्दोत्सवों का शौक था। इस अवसर पर राजमाता माहम बेगम ने विशेष उत्साह दिखाया। इसका राजनीतिक महत्त्व नहीं था। इस तरह धन का अपव्यय कहाँ तक उचित था यह सन्देहजनक है।

ग्वालियर यात्रा

इन उत्सवों के पश्चात् हुमायूँ ग्वालियर गया जो आगरा के दक्षिण-पूर्व लगभग 72 मील की दूरी पर है। यहाँ वह दो महीने (फरवरी-मार्च 1533 ई.) रहा। ग्वालियर जाने का हुमायूँ का अभिप्राय कूटनीतिक था।[51] बहादुर शाह चित्तौड़ घेरे हुए था और राजमाता कर्णावति ने हुमायूँ को राखी भेजकर सहायता के लिए आमंत्रित किया था। कुछ विद्वानों का मत है कि वह रानी की सहायता के लिए ग्वालियर गया किन्तु यह सोचकर कि बहादुर शाह धर्मयुद्ध में लगा है, उसने उस पर आक्रमण नहीं किया।

वास्तव में हुमायूँ को भय था कि चित्तौड़ के अतिरिक्त बहादुर शाह मुग़ल साम्राज्य पर भी आक्रमण न कर दे। ग्वालियर से हुमायूँ बहादुर शाह की गतिविधि पर दृष्टि रखना चाहता था, क्योंकि मेवाड़ विजय से गुजरात की सीमा मुग़ल सीमा तक पहुँच जाती। इसके अतिरिक्त पूरे राजपूताने के सामूहिक साधन बहादुर शाह को प्राप्त हो जाते।

ग्वालियर निवास के दो महीने हुमायूँ ने उत्सवों में व्यतीत किए। शानदार दरबार तथा जलसे हुए। हुमायूँ सिक्कों से तौला गया, तथा घोड़ों सहित उसका जुलूस निकाला गया। लोगों को मुफ़्त भोजन दिया गया, हाथियों तथा अन्य तरह से आनन्दोत्सव मनाया गया।[52] हुमायूँ का ग्वालियर निवास व्यर्थ नहीं गया क्योंकि परिस्थितियों को देखकर बहादुर शाह ने मार्च 1533 ई. में मेवाड़ से सन्धि कर ली तथा गुजरात लौट गया।

हुमायूँ ने ग्वालियर में अपना समय व्यर्थ में क्यों नष्ट किया? यदि वह राजपूतों की सहायता के लिए गया था तो उसने इसके लिए सक्रिय कदम क्यों नहीं उठाया? ऐसा प्रतीत होता है कि हुमायूँ बहादुर शाह से उस समय तक युद्ध करने के लिए तैयार नहीं था। यह भी सम्भव है कि वह उपयुक्त समय की प्रतीक्षा कर रहा था, किन्तु इसी समय अपनी माता माहम बेगम की बीमारी की सूचना पाकर उसे आगरा वापस जाना पड़ा।[53]

माहम बेगम की मृत्यु

ग्वालियर में दो माह रहने के पश्चात् हुमायूँ आगरा लौट आया। उसके शीघ्र लौटने का कारण उसकी माँ माहम की बीमारी थी। माहम बेगम पेट के रोग से बीमार थीं। हुमायूँ ने उसकी चिकित्सा का उचित प्रबंध किया, किन्तु वह उसे बचा न सका। 8 मई 1533 ई. को माहम बेगम की मृत्यु हो गयी।[54]

माहम बेगम एक योग्य प्रतिभाशाली महिला थी। बाबर की वही ऐसी पत्नी थी जिसे दिल्ली के तख़्त पर बाबर के साथ बैठने का सौभाग्य प्राप्त हुआ।[55] हुमायूँ के गद्दी पर बैठने के पश्चात् माहम का प्रभाव कम नहीं हुआ बल्कि बढ़ा ही। उसने हुमायूँ के समय के सामाजिक उत्सवों को संगठित किया। बाबर की मृत्यु के पश्चात् माहम ने आगरा नहीं छोड़ा और बाबर की कब्र की देख-रेख करती रही। उसका भाई मुहम्मद अली असस बाबर की कब्र का मुतवल्ली नियुक्त हुआ। कुरान पढ़ने वाले साठ व्यक्ति कुरान पढ़ने के लिए नियुक्त किये गए। जब तक माहम जीवित रही, बाबर के मजार पर दोनों वक्त का भोजन माहम की जागीर की आय से बाँटा जाता था।[56] माहम के मन में सदा यह इच्छा रहती थी कि हुमायूँ को पुत्र पैदा हो और उसके लिए वह हुमायूँ के विवाह का भी प्रबन्ध करती रहती थी। किन्तु उसकी इच्छा उसके जीवन काल में पूरी न हो सकी।[57]

दीन पनाह

माहम की मृत्यु के बाद चालीस दिन तक शोक मनाया गया। उसके पश्चात् हुमायूँ आगरा से दिल्ली गया। वहाँ उसने एक नगर का निर्माण किया जो दीन पनाह (धर्म का रक्षक) के नाम से प्रसिद्ध हुआ।[58] इस नगर के निर्माण का विचार हुमायूँ के मस्तिष्क में उसके ग्वालियर निवास के समय आया। उसका विचार था कि वह एक ऐसे नगर का निर्माण करे जिसके चारों तरफ ऊँची-ऊँची दीवारें, कई मंजिल के ऊँचे महल तथा सुन्दर उद्यान एवं बगीचे हों और नगर संसार में अद्वितीय हो।[59]

इस नगर का निर्माण स्थल दिल्ली में यमुना के तट पर पुराने किले में निश्चित हुआ। ज्योतिषियों द्वारा निश्चित शुभ मुहूर्त में हुमायूँ ने इस नगर का शिलान्यास किया (जुलाई-अगस्त 1533 ई.)। उसके प्रथम ईंट रखने के पश्चात् अन्य उपस्थित आलिमों एवं सैयिदों ने भी ईंटें रखीं और उसी दिन बादशाह के विशेष महल के निर्माण का कार्य प्रारम्भ हो गया। लगभग नौ महीने में शहर की चारदीवारी, उसका ऊपरी भाग तथा द्वार बनकर तैयार हो गया।[60]

डॉ. बनर्जी ने हुमायूँ के दीन पनाह के निर्माण की सराहना की है। वे लिखते हैं कि दीन पनाह नामक नई राजधानी के निर्माण का कार्य मूर्खता का कार्य नहीं था। लोदी सुल्तानों की दिल्ली जातीयता, साम्प्रदायिकता तथा संकीर्णता से परिपूर्ण था। उसका नया नगर विश्व के बुद्धिमानों का स्वर्ग था जो हर तरह के धर्मशील व्यक्तियों को आकर्षित करता। दीन पनाह हुमायूँ की उदार नीति का प्रतीक था फिर भी हुमायूँ ने मुहम्मद तुग़लक की तरह अपने इस आदर्श का ढिंढोरा नहीं पीटा। उसने कवियों, सूफियों, इतिहासकारों और दार्शनिकों का स्वागत किया तथा उसके दरबार में भिन्न-भिन्न देशों के विद्वान् उपस्थित हुए। उस समय मुस्लिम संस्कृति की राजधानी ईरान, तुर्की या मध्य एशिया का कोई नगर न होकर दिल्ली थी। डॉ. बनर्जी लिखते हैं कि इसके अतिरिक्त दीन पनाह द्वारा हुमायूँ ईरान के सफ़वी सुल्तान तथा तुर्की सुल्तान की धार्मिक कट्टरता की नीति की आलोचना करना चाहता था और यह दिखाना चाहता था कि इन देशों के शासकों की प्रशासन नीति सही नहीं है।[61]

डॉ. बनर्जी का मत कल्पनाओं पर आधारित है। कदाचित् हुमायूँ के मस्तिष्क में उसका इतना महत्त्व नहीं था। इसके विषय में हम केवल यही कह सकते हैं कि गद्दी पर बैठने के पश्चात् नई उमंग में हुमायूँ दिल्ली के अन्य शासकों की भाँति नई राजधानी तथा नई इमारतें बनवाना चाहता था। दीन पनाह का निर्माण उसकी इस इच्छा का ही प्रतीक था। दीन पनाह का कोई राजनीतिक महत्त्व भी था, यह एक संदेहजनक बात है।

जश्न तथा दावतें

दीन पनाह की स्थापना के बाद जुलाई 1534 ई. में हुमायूँ लौटकर आगरा आया

और हरम की स्त्रियों के कहने पर उसने दो और जश्नों का प्रबंध किया। इनमें से एक 'तिलिस्म का जश्न' था। यह विशेषतया स्त्रियों तक सीमित था। यह जश्न नदी के तट पर तैयार कराए गए एक विशेष प्रकार के भवन में हुआ जिसका नाम तिलिस्म रखा गया।[62] इसके बीच एक अष्टभुज कमरा था जिसके मध्य में एक अष्टभुज हौज़ था। हौज़ के मध्य में एक अष्टभुज चबूतरा था जिस पर बहुमूल्य ईरानी कालीन बिछाए गए। तरुण रूपवतियाँ, सुंदरियाँ एवं सुन्दर गायिकाएँ हौज़ में बैठीं। हुमायूँ खानज़ादा बेगम के साथ जड़ाऊ सिंहासन पर भवन के प्रांगण में बैठा। भवन को भांति-भांति से सजाया गया था जिसमें मनोरंजन एवं भोगविलास की सभी सामग्रियाँ प्रस्तुत थीं। कई हज़ार अशरफ़ियाँ इनाम के तौर पर बाँटी गईं। नाव पर जनाना (स्त्रियों का) बाज़ार लगाया गया, जो एक तरह से मीना बाज़ार का प्रारम्भिक रूप कहा जा सकता है।

दूसरा जश्न हिन्दाल के विवाह से संबंधित था। हिन्दाल का विवाह महदी ख़्वाजा की बहन सुल्तानम बेगम से हुआ। यह विवाह माहम बेगम के जीवन काल में ही निश्चित हो गया था किन्तु माहम की बीमारी के कारण उत्सव स्थगित कर दिया गया था। अब उत्सव उसी धूमधाम से मनाया गया।[63]

गुलबदन बेगम ने इन जश्नों तथा दावतों का विस्तृत वर्णन किया है। इनके वर्णन से यह स्पष्ट हो जाता है कि हुमायूँ तथा उसके परिवार की स्त्रियाँ स्वप्न लोक में रहती थीं। एक तरफ बहादुर तथा दूसरी तरफ अफ़गानों का उत्कर्ष उनके भविष्य के लिए क्या सँजो रहा था, इससे वे बिल्कुल अनभिज्ञ थीं। यही नहीं, हुमायूँ भी मनोरजंन तथा विलास में इस तरह आनन्द ले रहा था जैसे संसार में यही सब कुछ हो।

गुलबदन बेगम लिखती है कि रविवार के दिन बादशाह नदी के उस पार जाता था। वहाँ हरम की सभी प्रमुख स्त्रियाँ खेमे में रहती थीं। वह जिस खेमे में जाता था वहाँ स्त्रियाँ उसको चारों ओर से घेरे रहती थीं। इस तरह हुमायूँ वह समय आनंद में बिताता था। इस जलसे में बादशाह की प्रमुख बेगमों का महत्त्व कम हो जाता था। एक बार हुमायूँ की सबसे प्रमुख बेगम बेगा बेगम ने इसका विरोध किया। प्रारम्भ में हुमायूँ इससे बहुत दुखी तथा नाराज़ हुआ, किन्तु वाद में उसने सभी प्रमुख बेगमों को इकट्ठा कर समझाया कि वह इस तरह के जलसे अधिक उम्र की स्त्रियों को प्रसन्न करने के लिए करता था। इसके पश्चात् उसने अपनी बेगमों से एक लिखित वचन लिया कि वे इससे संतुष्ट हैं। सभी बेगमों ने विवश होकर उस पर हस्ताक्षर कर दिए।[64]

मुहम्मद ज़मान मिर्ज़ा का विद्रोह

हुमायूँ के निकट संबंधियों ने उसके राज्य के सम्मुख अनेक कठिनाइयाँ उपस्थित कीं।

उनमें मुहम्मद ज़मान मिर्ज़ा तथा मुहम्मद सुल्तान मिर्ज़ा का नाम महत्त्वपूर्ण है। हुमायूँ से संबंधित होने के कारण तथा स्वयं अच्छे वंश के होने के अभिमान में इन लोगों ने कई बार हुमायूँ के विरुद्ध विद्रोह किया और इस तरह उसकी परिस्थितियों को और भी विषम बनाने का प्रयत्न किया।

प्रथम विद्रोह—हुमायूँ के गद्दी पर बैठने के पश्चात् उसी वर्ष मुहम्मद ज़मान मिर्ज़ा ने विद्रोह किया। किन्तु यह विद्रोह शीघ्रता से दबा दिया गया। हुमायूँ ने उसे क्षमा कर दिया और उसे प्रसन्न करने के लिए उसने उसे पुरानी जागीरें भी दे दीं जिससे उसे कुछ संतोष प्राप्त हो जाए। इस तरह मुहम्मद ज़मान मिर्ज़ा को बिहार में जागीर प्राप्त हुई और मुहम्मद सुल्तान मिर्ज़ा को कन्नौज में।[65] मुहम्मद जमान मिर्ज़ा के प्रति हुमायूँ ने और भी उदारता का व्यवहार किया और उसने उसे बिहार का गवर्नर नियुक्त किया। यही नहीं, उसने अपनी सौतेली बहन मासूमा को, जिसका विवाह मुहम्मद ज़मान मिर्ज़ा से हुआ था, एक मूल्यवान खेमा प्रदान किया। हुमायूँ को यह विश्वास था कि इस दयापूर्ण व्यवहार से मुहम्मद ज़मान मिर्ज़ा राजभक्त हो जाएगा। किन्तु ऐसा सम्भव न हो सका, क्योंकि मिर्ज़ा लोग बहुत ही महत्त्वाकांक्षी थे और भारत में अपना स्वतंत्र राज्य स्थापित करना चाहते थे।

द्वितीय विद्रोह—जुलाई 1534 ई. में मुहम्मद ज़मान मिर्ज़ा, मुहम्मद सुल्तान मिर्ज़ा, उसके पुत्र उलूग मिर्ज़ा तथा एक अन्य राजकुमार वलीखूब मिर्ज़ा ने विद्रोह किया।[65] ऐसा प्रतीत होता है कि इन लोगों ने बहादुर शाह से धन प्राप्त किया था और उसे विश्वास दिला दिया था कि हुमायूँ की सेना का अनुशासन ढीला था तथा अमीर असंतुष्ट थे, इस कारण वह पराजित किया जा सकता था।

हुमायूँ ने इनके विरुद्ध आक्रमण किया तथा गंगा के तट पर भोजपुर[66] में अपना पड़ाव डाला। वहाँ से उसने यादगार नासिर मिर्ज़ा (बाबर के छोटे भाई नासिर मिर्ज़ा का पुत्र) को बिहार के विद्रोह का दमन करने के लिए भेजा। विद्रोहियों ने राजसी सेना का सामना किया किन्तु पराजित हुए और तीनों मिर्ज़ा कई अन्य विद्रोहियों के साथ बंदी बना लिए गये। प्रमुख विद्रोही मुहम्मद ज़मान मिर्ज़ा बयाना भेजा गया। हुमायूँ ने यह आज्ञा दी की तीनों प्रमुख मिर्ज़ाओं की आंखों में सलाई डालकर उन्हें अन्धा कर दिया जाए। इन बंदियों की देख-रेख का भार मिर्ज़ा यादगार बेग तगाई को सौंपा गया।[67]

वलीखूब मिर्ज़ा तथा मुहम्मद सुल्तान मिर्ज़ा तो अंधे बना दिए गए, किन्तु मुहम्मद ज़मान मिर्ज़ा ने जेलर को अपनी तरफ मिला लिया जिससे उसकी देखने की शक्ति नष्ट नहीं हुई। विद्रोहियों ने यादगार बेग तगाई को अपनी तरफ मिला लिया तथा एक जाली पास के द्वारा भागकर गुजरात चले गए।[68] मुहम्मद सुल्तान मिर्ज़ा तथा उसके दोनों पुत्र उलूग मिर्ज़ा तथा शाह मिर्ज़ा भी बन्दीगृह से भाग गए। मिर्ज़ाओं के विद्रोह तथा उनके बंदीगृह से भाग जाने से स्पष्ट हो जाता है हुमायूँ के लिए

इनसे सतर्क रहना आवश्यक था। यह सतर्कता और भी महत्त्वपूर्ण हो जाती है जब हम देखते हैं कि मुग़ल अमीर तथा हुमायूँ के निकट संबंधी इन विद्रोहियों का साथ दे रहे थे। इन मिर्ज़ाओं ने बहादुर से मिलकर हुमायूँ के यश तथा गौरव को बड़ी हानी पहुँचाई और यही हुमायूँ के गुजरात पर आक्रमण करने के कारण बने।

संदर्भ

1. हुमायूँ के गद्दी पर बैठने की तिथि कई तिथिपत्रों (Chronograms) से निश्चित होती है। अब्जद के आधार पर सभी का जोड़ 937 हि. होता है। ये तिथिपत्र 'कश्तीए जर' तथा 'खैरुल मुलूक' (बादशाहों में सर्वोत्तम) हैं। अकबरनामा, 1, पृ. 121; तबकाते अकबरी, डे, 2, पृ. 44। हुमायूँ के गद्दी पर बैठने की तिथि की गणना में विद्वानों में मतभेद है। डॉ. बनर्जी तथा होदीवाला इसे 30 दिसंबर स्वीकार करते हैं। डॉ. ईश्वरी प्रसाद ने 29 दिसंबर लिखा है। इस प्रश्न के विवाद के लिए देखिए, होदीवाला हिस्टारिकल स्टडीज़ इन मुग़ल न्युमिसमेटिक्स, पृ. 262-63; ईश्वरी प्रसाद–लाइफ़ एण्ड टाइम्स. पृ. 24; बनर्जी–हुमायूँबादशाह, 1, पृ. 28।
2. गुलबदन, हुमायूँनामा, बेवरिज, पृ. 110।
3. अकबरनामा, 1, पृ. 121-22। अबुल फ़ज़्ल ने 'कश्ती' शब्द का प्रयोग किया है। कश्ती का अर्थ नाव भी है तथा समकोण चतुर्भुज के आकार की थाल भी। अबुल फ़ज़्ल का यह वाक्य "हर्ष और उल्लास की नौकाएँ प्रसन्नता की नदी में चलवाकर सोने से भरी एक कश्ती उसी दिन बाँट दी" स्पष्ट करता है कि उसका अर्थ थाल से है नाव से नहीं। डॉ. बनर्जी के अनुसार एक नाव सोने से भरकर वितरित की गई (बनर्जी, हुमायूँ, 1, पृ. 28)। डॉ. ईश्वरी प्रसाद, (हुमायूँ पृ. 41) लिखते हैं कि पूरी एक नाव सोने से भरकर जनता में वितरित कर दी गई। तबकाते अकबरी के अनुवाद में श्री डे ने इसका अनुवाद इस तरह किया है: "स्वर्ण संदूकों (Coffers) में बाँटा गया।" (तबकाते अकबरी, डे, 2, पृ. 44-55)।
4. गुलबदन बेगम के अनुसार हिन्दाल को अत्यधिक धन दिया गया। निज़ामुद्दीन के अनुसार दो ख़ज़ाने उसे दिए गए। देखिए गुलबदन, हुमायूँनामा, बेवरिज, पृ. 110; तबकाते अकबरी, डे, पृ. 44-45, टिप्पणी; इलियट तथा डासन, पृ. 5, 188।
5. अकबरनामा, 1, पृ. 123; तबकाते अकबरी, डे, 2, पृ. 44-45। अकबरनामा में हिन्दाल की जागीर अलवर लिखी है। तबकाते अकबरी में मेवात है। दोनों का एक ही स्थान से तात्पर्य है। तारीख़े एलचीए निज़ामशाह के अनुसार जौनपुर मुहम्मद ज़मान मिर्ज़ा को दिया गया। यही लेखक कामरान के साम्राज्य प्राप्त करने के विषय में लिखता है कि यह भाग उसे पूर्व निश्चय के आधार पर प्राप्त हुआ। रिज़वी, हुमायूँ, 2, पृ. 10।
6. फ़िरिश्ता लिखता है : "उनका भाई कामरान मिर्ज़ा पंजाब के राज्य पर अधिकार जमाने के लोभ में कुशल समाचार पूछने एवं बधाई देने के बहाने से हिन्द की ओर रवाना हुआ। इसके वास्तविक शब्द इस प्रकार हैं–
'बिरादर कामरान मिर्ज़ा तमा दर मुमलिकते पंजाब करदा ब बहानये पुरसिश व मुबारकबाद रवाना हिंद गरदीद।" (फ़िरिश्ता, फ़ा. पृ. 113)। फ़िरिश्ता, ब्रिग्स 2, पृ. 71। इसके समर्थन में अबुल फ़ज़्ल लिखता है कि कामरन अस्करी को काबुल देकर इस आशा से चल पड़ा कि सम्भवतः उसे कोई लाभ प्राप्त हो सके। (अकबरनामा, 1, पृ. 124-25)।
7. अकबरनामा, 1, पृ. 124।
8. इस गज़ल का अर्थ इस प्रकार हैं : "ईश्वर करे तेरा सौन्दर्य दिन प्रतिदिन बढ़ता रहे। तेरा भाग्य

महान तथा शुभ हो, जो धूल तेरे मार्ग में उठे वह मुझ दुखी के नेत्रों का प्रकाश बन जाए, जो धूल लैला के मार्ग से उठती है, उसका स्थान मजनूँ के नेत्रों में उठता है; जो कोई तेरे चारों तरफ परकार की भाँति न फिरे वह इस क्षेत्र से बाहर चला जाए। हे कामरान, जब तक संसार कायम है, संसार की बादशाही हुमायूँ के अधीन रहे।'' अकबरनामा, 1, पृ. 125-26।

9. बनर्जी, हुमायूँ, 1, पृ. 53-56।
10. "Kamran desired neither to contest the throne of Delhi nor to act as on independent prince." (बनर्जी, हुमायूँ, 1, पृ. 54)
11. अबुल फ़ज़ल के शब्द इस प्रकार हैं : ''मिर्ज़ा कामरान ने अपने आदमियों को पंजाब की सरकार के परगने में नियुक्त किया और सतलज नदी तक के भाग जो लुधियाना के नाम से प्रसिद्ध है, स्थान अपने अधिकार में कर लिए। तदुपरांत उसने धूर्ततापूर्वक बुद्धिमान राजपूतों को (हज़रत जहाँबानी की सेवा में) भेजकर निष्ठा एवं स्वामिभक्ति प्रदर्शित की और यह प्रार्थना की कि वह महाल उसे ही प्रदान कर दिया जाए। हज़रत जहाँबानी ने कुछ तो इस कारण कि उसकी उदारता का समुद्र लहरें मार रहा था और कुछ इस कारण कि उन्हें हज़रत गेती सितानी फ़िरदौस मकानी की शिक्षा का ध्यान था, इस महाल को दिखावे की निष्ठा के कारण उसे प्रदान कर दिया और काबुल, कंधार तथा पंजाब के प्रदान किए जाने के संबंध में सम्मानित फ़रमान जारी कर दिया। मिर्ज़ा ने इस उदारता के प्रति जिसकी उसे आशा न थी, कृतज्ञता प्रकट की और सम्मानित दरबार में उपहार प्रेषित किए। इसके उपरान्त पत्र-व्यवहार के द्वार खुल गए और उसमें हज़रत जहाँबानी की प्रशंसा में पद्यों की रचना की और उन्हें उनकी सेवा में भेजा।'' (अकबरनामा, पृ. 125)।
12. अकबरनामा, 1, पृ. 124-25। अबुल फ़ज़ल के शब्द इस प्रकार हैं : कि शायद कारे तवानद पेश बुर्द।
13. वही। अबुल फ़ज़ल के ये शब्द हैं :
    अन्देशये तबाह रा जुज तबाही शुदन चे गुरेज।
14. शर्मा, मुग़ल एम्पायर इन इंडिया, 1, पृ. 81।
15. ईश्वरी प्रसाद, हुमायूँ, पृ. 46।
16. त्रिपाठी, राइज़ एण्ड फ़ाल ऑफ़ दि मुग़ल एम्पायर, पृ. 68।
17. हुमायूँ ने बाबर द्वारा निर्धारित अनुपात प्रारम्भ में ही क्यों नहीं अपनाया? कदाचित् उसे भय था कि उसका इतना बड़ा साम्राज्य इस विभाजन से छोटा हो जाएगा। इसके अतिरिक्त उसको यह भी ख़याल था कि यदि पूरा निश्चित भाग कामरान को दिया जाए तो उसी अनुपात में अस्करी तथा हिन्दाल को भी देना पड़ेगा। इस कारण उसने इस विषय में शांत रहना ही अधिक उपयुक्त समझा। एक बात और महत्त्व की है। हुमायूँ ने गद्दी पर बैठने के समय धन वितरित किया और अमीरों को उसने धन दिया, किन्तु कामरान, अस्करी, हिन्दाल को उसने कुछ नहीं दिया। हिन्दाल तो उसी बीच आ गया इस कारण उसे कुछ प्राप्त हो गया, किन्तु अन्य भाइयों को कुछ भी नहीं मिला। गद्दी पर बैठने के आठ-नौ महीने तक हुमायूँ ने इस भूल में सुधार नहीं किया।
18. अकबरनामा, 1, पृ. 126।
19. कालिंजर, तहसील गिरवान, जिला बांदा, उत्तर प्रदेश में स्थित है। कालिंजर का दुर्ग बांदा से 35 मील पर नगोड़ के प्राचीन मार्ग पर स्थित है। (डिस्ट्रिक्ट गज़ेटियर, बांदा, 1909 ई., पृ. 234) इस दुर्ग का नाम शिव के 'कालिंजर' नाम पर रखा गया। यह नाम महाभारत, शिव पुराण तथा टालेमी (Ptolemy) की पुस्तकों में मिलता है।

20. नाज़िम, सुल्तान महमूद, पृ. 113।

21. डॉ. ईश्वरी प्रसाद ने यह मत व्यक्त किया है कि हुमायूँ के कालिंजर पर आक्रमण करने का कारण वास्तविक रूप से गुजरात के बहादुर शाह पर आक्रमण करने की पृष्ठभूमि थी, क्योंकि कालिंजर मालवा पर आक्रमण करने के लिए सुविधाजनक था। गुजरात विजय की अलोचना करते हुए वे लिखते हैं कि हुमायूँ ने इस तरह बहादुर के विरुद्ध पहली विजय में सफलता प्राप्त की। (ईश्वरी प्रसाद, हुमायूँ, पृ. 49)।डॉ. रामप्रसाद त्रिपाठी का विचार है कि कालिंजर के शासक ने कालपी पर अधिकार करना चाहा (अगस्त 1531 ई.)। बहादुर शाह की मालवा विजय से कालपी का महत्त्व बढ़ गया। हुमायूँ को राजा के व्यवहार से संदेह हुआ तथा उसने कालिंजर पर आक्रमण किया (त्रिपाठी, राइज़ एण्ड फाल ऑफ़ दि मुग़ल एम्पायर, पृ. 68-69)।

22. कालिंजर के आक्रमण की तिथि के विषय में समकालीन इतिहासकारों में मतभेद है। अबुल फ़ज़ल तथा अधिकतर समकालीन इतिहासकार लिखते हैं कि कालिंजर के राजा ने 937 हि. (1530-31 ई.) में समर्पण किया। इसके विपरीत तारीख़े अलफ़ी का लेखक इसे दो वर्ष बाद का बताता है। इसके अनुसार इस दुर्ग का घेरा केवल थोड़े समय के लिए था। इससे यह स्पष्ट है कि दो वर्ष तक इसका घेरा नहीं चला होगा। इस बात पर ध्यान देने से हमें अबुल फ़ज़ल की तिथि सही मालूम होती है (अकबरनामा, पृ. 123; तारीखे अलफ़ी; बनर्जी, हुमायूँ, 1, पृ. 36)।

23. अकबरनामा, 1, पृ. 123-24।

24. समकालीन इतिहासकारों ने जिस स्थान पर युद्ध हुआ उसके भिन्न-भिन्न नाम दिए हैं। इलहदाद फैजी सरहिन्दी इसे दादरा लिखता है। अब्बास लखनऊ के निकट (इलियट तथा डासन, 4, पृ. 349), जौहर के अनुसार गोमती नदी के तट पर दौरा नामक स्थान पर (स्वीवर्ट का अंग्रेजी अनुवाद, पृ. 3; अर्सकिन, 2, पृ. 10, टिप्पणी), आईने अकबरी के अनुसार (भाग 2, अंग्रेज़ी अनुवाद, पृ. 100) दादरा लखनऊ सरकार का एक महाल था। होदीवाला के अनुसार यह जौनपुर से 15 मील उत्तर स्थित देउनरू (Deunru) नामक गाँव है (होदीवाला, 1, पृ. 450)। डॉ. ईश्वरी प्रसाद के अनुसार (हुमायूँ, पृ. 50, टिप्पणी, 1) जौनपुर से 48 मील उत्तर है।

आजकल यह बाराबंकी जिले की नवाबगंज तहसील का एक गाँव है जो बारबंकी जिले से 9 मील दक्षिण-पूर्व स्थित है। डॉ. कानूनगो इसे दौरा लिखते हैं। हस्तलिखित प्रतियों में दादरा तथा दौरा दोनों मिलते हैं।

25. कालिंजर के युद्ध के पश्चात् हुमायूँ की गतिविधि के विषय में समकालीन इतिहासकार एकमत नहीं हैं। आधुनिक इतिहासकारों ने इस कारण भिन्न-भिन्न मत प्रगट किए हैं। डॉ. त्रिपाठी के अनुसार हुमायूँ ने सितम्बर 1531 ई. में कालिंजर दुर्ग को अधीन कर लिया। यहाँ से वह चुनार आया (फरवरी 1532 ई.)। यहाँ से कामरान के उतर-पश्चिम से अभियान की सूचना पाकर वह बिना चुनार पर अधिकार किए हुए आगरा चला गया। यहाँ कामरान से साम्राज्य विभाजन की समस्या का समाधान कर पुनः अफ़गानों के विरुद्ध बढ़ा तथा दौरा नामक स्थान पर उन्हें पराजित किया (अक्टूबर 1532 ई.)। (त्रिपाठी, राइज़ एण्ड फ़ाल ऑफ़ दि मुग़ल एम्पायर, पृ. 68-70 तथा 113)।

डॉ. त्रिपाठी ने अपना मत अकबरनामा पर आधारित किया है (अकबरनामा, पृ. 124)। डॉ. ईश्वरी प्रसाद (हुमायूँ, पृ. 49) के अनुसार कालिंजर से हुमायूँ अफ़गानों के विरुद्ध बढ़ा तथा दौरा की लड़ाई हुई। डॉ. बनर्जी (हुमायूँ, 1, पृ. 37) लिखते हैं कि कालिंजर से हुमायूँ सीधे चुनार गया। किन्तु चुनार में क्या हुआ इसका वे जिक्र नहीं करते। अफ़गानों की स्थिति पर प्रकाश डालने के पश्चात् वे सीधे दादरा की लड़ाई का वर्णन करते हैं। उनके अनुसार कालिंजर

के दुर्ग पर अधिकार जुलाई-अगस्त 1531 ई. में तथा दादरा का युद्ध अगस्त 1532 ई में हुआ।

26. दादरा के युद्ध की तिथि के विषय में समकालीन इतिहासकार एकमत नहीं हैं। तारीख़े अलफ़ी में प्रथम वर्ष की घटनाओं में इसका उल्लेख है। गुलबदन बेगम के अनुसार हुमायूँ ने बाबर की मृत्यु के 6 माह उपरान्त बीबन एवं बायजीद के विरुद्ध आक्रमण किया (हुमायूँनामा, बेवरिज, पृ. 111-12)। जौहर के अनुसार हुमायूँ कालिंजर से सीधे अफ़गानों के विरुद्ध बढ़ा तथा यह घटना उसके गद्दी पर बैठने के पहले वर्ष हुई (तज़कीराते अल वाकियाते जौहर का स्टीवर्ट द्वारा अंग्रेज़ी अनुवाद, पृ. 3)। वह उसकी तिथि 938 हि. लिखता है। निज़ामुद्दीन अहमद के अनुसार कालिंजर से हुमायूँ अफ़गानों के विरुद्ध आगे बढ़ा। (तबकाते अकबरी, डे, 2, पृ. 47-48 तथा 158-59)। फ़िरिश्ता के अनुसार भी हुमायूँ ने कालिंजर से अफ़गानों पर आक्रमण किया। (फ़िरिश्ता, ब्रिग्स, 2, पृ. 72)। अबुल फ़ज़ल के अनुसार कालिंजर पर हुमायूँ ने गद्दी पर बैठने के पाँच-छः महीने बाद आक्रमण किया। वहाँ से उसने चुनार पर आक्रमण किया। शेर ख़ाँ ने सुलह कर ली। इसके पश्चात् अफ़गानों पर हुमायूँ ने 939 हि.(1532-33 ई.)में आक्रमण कर उन्हें पराजित किया (अकबरनामा, 1, पृ. 123-124। डॉ. बनर्जी के अनुसार दादरा का युद्ध अगस्त 1532 ई. में, डॉ. कानूनगो तथा डॉ. ईश्वरी प्रसाद के अनुसार जुलाई 1531 ई. तथा डॉ. रामप्रसाद त्रिपाठी के अनुसार नवंबर-दिसंबर, 1532 ई. में हुआ (बनर्जी, हुमायूँ, 1, पृ. 42; कानूनगो, शेरशाह, पृ. 74; त्रिपाठी, राइज़ एण्ड फ़ाल ऑफ़ दि मुग़ल एम्पायर, पृ. 113)।
27. तारीखे शेरशाही इलियट तथा डासन, 4, पृ. 349; तबकाते अकबरी, डे, 2, पृ. 159; फ़िरिश्ता, ब्रिग्स, 2, पृ. 111-112; अर्सकिन, (2, पृ. 10) ने उसे विश्वासघाती कहा है।
28. कानूनगो, शेरशाह, पृ. 72-75।
29. बदायूँनी, रैंकिंग, पृ. 451; तबकाते अकबरी, डे, 2, पृ. 47-48 तथा 159; फ़िरिश्ता, ब्रिग्स, 2, पृ. 72 तथा 111-12।
30. एलफ़िन्स्टन, हिस्ट्री ऑफ़ इंडिया, पृ. 443।
31. बनर्जी, हुमायूँ, 1, पृ. 45।
32. उदाहरणतया रायसीन में राजपूतों तथा पूरनमल की हत्या तथा रोहतास विजय।
33. बनर्जी, हुमायूँ, 1, पृ. 44-47; ईश्वरी प्रसाद, हुमायूँ, पृ.; 49-50; त्रिपाठी, राइज़ एण्ड फ़ाल ऑफ़ दि मुग़ल एम्पायर, पृ. 70।
34. तारीख़े दाऊदी; तारीख़े सलातीने अफ़गाना।
35. अकबरनामा, 1, पृ. 124।
36. तारीख़े शेरशाही, इलियट और डासन, 4, पृ. 350।
37. तबकाते अकबरी, डे, 2, पृ. 159-60।
38. अब्बास लिखता है कि दादरा के पश्चात् हुमायूँ ने हिंदू बेग को शेर ख़ाँ से चुनार प्राप्त करने के लिए भेजा। शेर ख़ाँ ने इनकार कर दिया। इसके पश्चात् हुमायूँ ने चुनार पर आक्रमण किया। तारीख़े शेरशाही, इलियट और डासन, 4, पृ. 350, निज़ामुद्दीन (तबकाते अकबरी, डे, पृ. 160) स्पष्ट लिखता है कि अफ़गानों से युद्ध कर हुमायूँ आगरा चला गया।
39. तारीख़े शेरखाही, इलियट तथा डासन, 4, पृ. 350।
40. अब्बास, तारीख़े शेरशाही, इलियट और डासन 49 पृ. 350, तबकाते अकबरी, डे, 2, पृ. 160; फ़िरिश्ता, ब्रिग्स, 2, 72।
41. ख्वंदमीर, कानूने हुमायूँनी, बेनी प्रसाद, पृ. 15-35। इस पुस्तक का ग्यारहवाँ अध्याय देखो।
42. भरकुंदा, नहरकुंदा या वरकुंदा। इलियट और डासन, 4, पृ. 350; होदीवाला, 1, पृ. 450; आईने अकबरी, 2, पृ. 153।

43. निज़ामुद्दीन स्पष्ट लिखता है कि चुनार को उसने बिना विजय के इस कारण छोड़ दिया, क्योंकि बहादुर शाह का भय बढ़ गया था (तबकाते अकबरी, डे, 2. पृ.160)। अब्बास ख़ाँ भी यही मत व्यक्त करता है (इलियट तथा डासन, 4, पृ. 351)।

44. अब्दुर्रशीद हुमायूँ की सेवा में रहा और जब हुमायूँ ने बहादुर शाह पर आक्रमण किया तथा मालवा पहुँचा तो वहाँ से अब्दुर्रशीद भाग खड़ा हुआ (अकबरनामा, 1, पृ. 123-24)। अब्बास इसका नाम कुतुबु ख़ाँ लिखता है (इलियट और डासन, भाग, 4, पृ. 351)।

45. अब्बास ख़ाँ, तारीखे शेरशाही; इलियट तथा डासन, पृ. 351; डार्न, हिस्ट्री ऑफ़ दि अफ़गान्स, पृ. 103।

46. ईश्वरी प्रसाद, हुमायूँ, पृ. 61।

47. त्रिपाठी, राइज़ एण्ड फाल ऑफ़ दि मुग़ल एम्पायर, पृ. 72।

48. गुलबदन, जौहर तथा फ़िरिश्ता के अनुसार हुमायूँ चुनार से आगरा लौटा। गुलबदन, हुमायूँनामा, बेवरिज, पृ. 113, जौहर, स्टीबर्ट पृ. 3; फ़िरिश्ता, ब्रिग्स, पृ. 921।

49. गुलबदन बेगम के अनुसार 12 कतार (पंक्ति) ऊंट, 12 कतार खच्चर, 70 रास तीपूचाक घोड़े, 100 रास बोझ लादने वाले घोड़े बाँटे गए। 700 व्यक्तियों को विशेष खिलअतें पहनाई गई। गुलबदन बेगम के अनुसार 'आईने बंदी' (बाज़ारों को सजाने की प्रथा) माहम ने प्रारम्भ की। श्रीमती बेवरिज के अनुसार यह सत्य नहीं है। वास्तव में माहम के आदेश से कदाचित् इस बार जनसाधारण के घर भी सजाए गए। देखिए हुमायूँनामा, बेवरिज, 113-14, पृ. 113 का तीसरा नोट। निज़ामुद्दीन अहमद के अनुसार 12,000 व्यक्तियों को विशेष वस्त्र दिए गए। उनमें दो हज़ार व्यक्तियों को जड़ाऊँ सोने के काम किए हुए बेल्ट तथा ख़िलअत के ऊपर पहनने के वस्त्र दिए गए। तबकाते अबकरी, डे, पृ. 46।

50. बनर्जी, हुमायूँ, 1, पृ. 58।

51. गुलबदन बेगम लिखती है कि आगरा में हुमायूँ ने माहम बेगम से प्रार्थना की कि आजकल मेरा दिल नहीं लगता, यदि आपका आदेश हो तो आपके साथ ग्वालियर के लिए रवाना हो जाऊँगा। इस तरह वह आनन्द मनाने के अभिप्राय से गया था। (हुमायूँनामा, बेवरिज, पृ. 115)। गुलबदन बेगम का यह अनुमान केवल बाहरी आनन्दोत्सव के आधार पर है। वास्तविक कारण का ज्ञान कदाचित् उन्हें नहीं था।

52. "Humayun indulged in another series of festivities and organized durbars as if to announce to Bahadur that though he was ever ready to face the Sultan and had actually come out to meet him, he was not averse to peace." (बनर्जी, हुमायूँ, 1, पृ. 58)।
विद्वान लेखक के इस मत को स्वीकार करना कठिन है। यदि हुमायूँ इस आनन्दोत्सव द्वारा बहादुर शाह को भयभीत करना चाहता था तो यह भूल थी। बहादुर शाह इस तरह चकमे में आने वाला व्यक्ति नहीं था।

53. काम्मिस्सारियट, हिस्ट्री ऑफ़ गुजरात, पृ. 330; बनर्जी, हुमायूँ, 1, पृ. 59-60।

54. गुलबदन के अनुसार माहम की मृत्यु 13 शव्वाल 940 हिजरी (27 अप्रैल 1534 ई.) को हुई। गुलबदन बेगम की तिथि ठीक नहीं है। इसकी विवेचना के लिए देखिए हुमायूँनामा, बेवरिज, पृ. 116।

55. अकबरनामा, 1, पृ. 114।

56. गुलबदन बेगम के अनुसार (बेवरिज, पृ. 111) प्रत्येक दिन प्रातः एक बैल, दो भेड़ें तथा पांच बकरियाँ तथा तीसरे पहर पाँच बकरियाँ वितरण के लिए काटी जाती थीं।

57. गुलबदन, हुमायूँनामा, पृ. 124।

58. अकबरनामा, 1, पृ. 124 अबुल फ़ज़ल तथा ख्वन्दमीर के अनुसार अब्जद के आधार पर इसकी तिथि 'शहरे पादशाहे दी पनाह' से निकलती है, जिसका जोड़ 940 हिजरी होता है (ख्वंदमीर, कानूने हुमायूँनी, बेनी प्रसाद, पृ. 59-60; गुलबदन, हुमायूँनामा, बेवरिज, पृ. 117)।

59. ख्वंदमीर कानूने हुमायूँनी; बेनी प्रसाद, पृ. 59-62।

60. वही, पृ. 59-60। शिलान्यास मुहर्रम 940 हि. (जुलाई-अगस्त, 1533 ई.) में हुआ तथा इमारतें शव्वाल 940 हि. के अन्त तक (मई 1534 ई.) में तैयार हो गईं। बेनी प्रसाद लिखते हैं (पृ. 62, टिप्पणी, 1) कि डॉ. बनर्जी का यह कथन है कि दीन पनाह अप्रैल में बनकर तैयार हो गया, ठीक नहीं है। दीन पनाह का नगर अब अस्तित्व में नहीं है केवल दुर्ग की दीवार ही रह गई है (बनर्जी, हुमायूँ, 1, पृ. 63-64)।

61. बनर्जी, हुमायूँ, 1, पृ. 62-63।

62. इस जश्न तथा विशेष घर के लिए देखिए ख्वंदमीर, कानूने हुमायूँनी; बेनी प्रसाद, पृ. 55-59; हुमायूँनामा, बेवरिज, पृ. 118-26। गुलबदन बेगम ने स्त्रियों का नाम भी दिया है। हुमायूँ के आनन्दोत्सव की झलक गुलबदन बेगम के निम्नलिखित वर्णन से मिल सकती है—

"सिंहासन के ऊपर एवं नीचे जरदेज़ी के अदसके (सल्मे, सितारा और ज़री का काम किया हुआ चादर) लगाए गए और बहुमूल्य मोतियों की लड़ियाँ जो डेढ़-डेढ़ गज़ लम्बी थीं, लगाई गई...छोटे कमरे में जड़ाऊ छपरखट (पलंग) बिछाया गया था। पानदान, सुराही, जड़ाऊ पेय पात्र तथा खालिस सोने चाँदी के बर्तन आलों पर रखे गए। हज़रत पादशाह ने कहा "आक़ा जान का यदि आदेश हो तो हौज़ में जल पहुँचा दिया जाए।" आक़ा जान ने कहा "बहुत खूब"। वे स्वयं जाकर जीने पर बैठ गईं। लोग असावधान थे कि फ़व्वारे खोल दिए गए, जल निकलने लगा। जवानों में बड़े विचित्र प्रकार का कोलाहल होने लगा। हौज़ के किनारे एक कमरा था जिसमें अभरक की खिड़कियाँ लगी थीं। तरुण लोग उसमें बैठे थे और बाज़ीगर करतब दिखा रहे थे।"

63. हुमायूँनामा, बेवरिज, पृ. 126-29।

64. हुमायूँनामा, पृ. 37-38; बेवरिज, पृ. 129-31; डॉ. बनर्जी (भाग 1, पृ. 67) लिखते हैं कि हुमायूँ अपनी वृद्धा विधवा संबंधियों के लिए अपना आनन्द त्याग रहा था। बेगा बेगम की शिकायत स्त्रियोचित ईर्ष्या के कारण थी। सम्भव है हुमायूँ ने शिकायत का अवसर दिया हो। बेगमों से यह लिखवाना कि आपकी इच्छा आप आएँ या न आएँ, हम संतुष्ट हैं, कहाँ तक उसके पद के अनुसार उचित था?

65. अर्सकिन, 2, पृ. 13; बनर्जी, हुमायूँ, 1, पृ. 68।

66. अकबरनामा, 1, पृ. 124; तबकाते अकबरी, डे, पृ. 46-47। निज़ामुद्दीन मिर्ज़ाओं के विद्रोह को विचित्र घटना लिखता है। (फ़िरिश्ता, ब्रिग्स, 2, पृ. 73; हुमायूँनामा, बेवरिज, पृ. 114)।

67. डॉ. बनर्जी (हुमायूँ, 1, पृ. 69) भोजपुर को बिहार के शाहाबाद जिले में निश्चित करते हैं। यह ठीक नहीं है। भोजपुर उत्तर प्रदेश के फ़रुखाबाद जिले में एक ग्राम है। यह 26^0 17' उत्तर तथा 79^0 41' पूर्व फतेहगढ़ के दक्षिण 6 मील पर स्थित है।

68. हुमायूँनामा, बेवरिज, पृ. 114-15; अकबरनामा, 1, पृ. 124; मुन्तखबुत्तवारीख बदायूँनी, 1, पृ. 344। यादगार बेग हुमायूँ का मामा तथा उसकी स्त्री हाज़ी बेगम का पिता था।

69. अकबरनामा, 1, पृ. 124।

5. बहादुर शाह तथा मुग़ल सम्राट

हुमायूँ के बाह्य शत्रुओं में गुजरात के शासक बहादुर शाह का प्रमुख स्थान था। उसकी प्रगति, कार्यशीलता, तथा विस्तारवादी नीति ने कुछ ही वर्षों में दक्षिण-पश्चिमी भारत की राजनीति में समस्याएँ उपस्थित कर दीं। अपनी प्रगति के मद में बहादुर शाह ने एक तरफ साम्राज्य विस्तार की नीति अपनाई और दूसरी तरफ उसने मुगल शरणार्थियों को शरण देना प्रारम्भ किया। वह उनकी सहायता के बहाने मुग़ल साम्राज्य को भी पददलित करने का स्वप्न देखने लगा। बहादुर शाह के राज्यकाल की प्रारम्भिक घटनाओं का वर्णन किया जा चुका है। मालवा विजय ने बहादुर शाह को राजपूताना के और निकट ला दिया। इस समय भीलसा, उज्जैन तथा रायसीन[1] राजपूत सरदार सिलहदी[2] के अधिकार में थे। जब तक ये भाग बहादुर शाह के प्रभाव से अलग रहते तब तक उसकी मालवा विजय अपूर्ण थी। इस तरह उसकी विस्तारवादी नीति तथा इन भागों की सामरिक स्थिति ने उसे आकर्षित किया और उसने रायसीन पर अधिकार करने का निश्चय किया।

बहादुर शाह द्वारा रायसीन विजय

बहादुर शाह सिलहदी से कई कारणों से असंतुष्ट था। उसके गुजरात की गद्दी पर बैठने के पश्चात् सिलहदी उसकी सेवा में उपस्थित नहीं हुआ था।[3] इस मानहानि के बहाने बहादुर शाह ने उसके ऊपर आक्रमण करने का निश्चय किया। सिलहदी बहादुर की इच्छा से अवगत था। उसने उसे प्रसन्न करने के लिए एक अमीर नस्सन ख़ाँ को गुजरात भेजा, किन्तु बहादुर शाह इससे संतुष्ट नहीं हुआ। 1532 ई. के प्रारम्भ में सिलहदी बहादुर से मिलने गया। उसी समय वह बन्दी बना लिया गया। गुजरात के शासक को प्रसन्न करने के लिए सिलहदी मुसलमान हो गया। उसका नाम बदलकर सलाहुद्दीन हो गया। इसका भी कोई परिणाम नहीं हुआ। बहादुर ने उज्जैन तथा भीलसा पर आक्रमण कर इन पर अधिकार कर लिया तथा एक बलवती सेना के साथ रायसीन के दुर्ग को घेर लिया।

सिलहदी की अनुपस्थिति में उसका भाई लक्ष्मणसिंह[4] उस समय रायसीन के

दुर्ग की रक्षा कर रहा था। सिलहदी के पुत्र भूपत का विवाह राणा सांगा की पुत्री से हुआ था। इस संबंध से रायसीन की रक्षार्थ मेवाड़ से सेना के आगमन की सूचना मिली। इस समाचार से बहादुर सशंकित हुआ, किन्तु उसने रायसीन के दुर्ग का घेरा नहीं उठाया। सिलहदी उस समय बहादुर की सेना के साथ था। गढ़ की सेना से समर्पण कराने तथा अपने परिवार को दुर्ग के बाहर लाने के अभिप्राय से बहादुर से आज्ञा लेकर सिलहदी दुर्ग के अन्दर गया। दुर्ग में अपने संबंधियों तथा अन्य लोगों के बीच आकर तथा अपनी पत्नी दुर्गावती की डाँट-फटकार से वह पुनः हिन्दू हो गया और दुर्ग में ही रह गया। यह समाचार पाकर बहादुर शाह ने तोपख़ाने की सहायता से, जिसका नेतृत्व प्रसिद्ध तुर्की तोपची रूमी ख़ाँ कर रहा था, दुर्ग पर भीषण आक्रमण किया तथा उस पर अधिकार कर लिया। सिलहदी की स्त्री दुर्गादेवी सात सौ स्त्रियों के साथ, जिनमें मुस्लिम स्त्रियाँ भी थीं, जौहर कर जल मरी।[5] सिलहदी तथा उसका भाई लक्ष्मण सिंह अन्य राजपूतों के साथ लड़ते हुए मारे गए। रायसीन पर बहादुर शाह का अधिकार हो गया। बहादुर ने प्रशासन हेतु चंदेरी, भीलसा तथा रायसीन आलम ख़ाँ को दे दिए। आलम ख़ाँ इसके पूर्व मुग़ल अमीर था। वहाँ से भागकर वह बहादुर से आ मिला था। इस समय मुग़लों के विरुद्ध षड्यंत्र रचने में वह बहादुर को सहायता दे रहा था। बहादुर को आशा थी कि आलम ख़ाँ पुरबिया राजपूतों को गुजरात के अधीन रखने में सफल होगा। रायसीन की विजय के पश्चात् बहादुर शाह ने मेवाड़ पर आक्रमण किया।

बहादुर शाह द्वारा चित्तौड़ का प्रथम घेरा

चित्तौड़ का दुर्ग मध्य युग में एक महत्त्वपूर्ण दुर्ग समझा जाता था। राजपूताने पर अधिकार करने के लिए प्रत्येक आक्रमणकारी इसको अधिकृत करना आवश्यक समझता था। राणा सांगा की मृत्यु के पश्चात् मेवाड़ की स्थिति का वर्णन हम तीसरे अध्याय में कर आए हैं। मेवाड़ के तत्कालीन राणा विक्रमादित्य (1531-36 ई.) में राणा सांगा का कोई भी गुण नहीं था, तथा मेवाड़ की गद्दी के लिए वह पूर्णरूप से अयोग्य था। वह अपना समय खेलकूद, शिकार, शराब तथा स्त्रियों में व्यतीत करता था। इससे उसे राज्यकार्य देखने का समय नहीं मिलता था तथा यह कार्य उसके चापलूस अमीर करते थे। उसके दुर्व्यवहार से राजपूत सरदारों में असंतोष फैल गया। बहुत से सरदार जो उसके पूर्वजों का समय देख चुके थे क्रोध से अपनी-अपनी जागीरों में चले गए। उसके राज्य की दुर्व्यवस्था के कारण लोग उसके राज्य को पप्पाबाई का राज्य कहते थे।[6]

बहादुर शाह का राणा सांगा और रत्नसिंह से अच्छा संबंध था। राणा सांगा ने बहादुर शाह के गद्दी पर बैठने के समय उसे बधाई दी थी। रत्नसिंह ने भी शत्रुंजय के मंदिर की मरम्मत के लिए उससे आज्ञा प्राप्त की थी।[7] इसके विपरीत विक्रमादित्य

ने सिलहदी को बहादुर शाह के विरुद्ध सहायता दी। यद्यपि यह केवल नाममात्र की सहायता थी, फिर भी विक्रमादित्य के इस व्यवहार से बहादुर शाह बहुत नाराज़ हुआ। उसे यह भी मालूम था कि राणा सांगा के अमीर नए राणा के साथ नहीं हैं। मेवाड़ के जागीरदारों में पारस्परिक वैमनस्य बढ़ता जा रहा था। राणा सांगा के भतीजे नरसिंह देव तथा अन्य विद्रोही जागीरदारों ने बहादुर शाह से चित्तौड़ पर आक्रमण करने की प्रार्थना की।[8] बहादुर को चित्तौड़ पर आक्रमण करने का एक अच्छा बहाना मिला, यद्यपि चित्तौड़ पर आक्रमण करने के अन्य कारण भी थे। बहादुर शाह जानता था कि मुग़लों के विरुद्ध आक्रमण करने के पूर्व राजपूतों, विशेषतया मेवाड़ को वश में करना आवश्यक था। मालवा पर अधिकार करने के पश्चात् वह अब राणा सांगा द्वारा अधिकृत मालवा के भाग पर अधिकार करना चाहता था।

बहादुर शाह ने अपने सेनानायकों मुहम्मद ख़ाँ आसिरी तथा खुदावंद ख़ाँ के नेतृत्व में एक अग्रणी दल चित्तौड़ पर आक्रमण करने के लिए भेजा (1532 ई.) तथा स्वयं भी उनके पीछे रवाना हुआ। उसके सेनानायकों ने रणथम्भौर,[9] कनोर, गागरोन, तिलहटी तथा अन्य स्थानों को अपने अधिकार में कर लिया। जनवरी 1533 ई. में तातार ख़ाँ ने चित्तौड़ के सात द्वारों में से दो पर अधिकार कर लिया। इस घेरे में रूमी ख़ाँ[10] नामक तुर्की तोपची ने बड़ी योग्यता से तोपों को एक उपयुक्त स्थान पर स्थिर कर दुर्ग की दीवारों पर गोलाबारी करना प्रारम्भ कर दिया। दुर्ग की रक्षा करना असम्भव जानकर राणा सांगा की विधवा रानी कर्णावती (करमावती) ने हुमायूँ से सहायता की प्रार्थना की।[11] हुमायूँ ने राजपूत दूत के साथ अच्छा व्यवहार किया तथा उसे पारितोषिक देकर विदा कर दिया। उसकी प्रार्थना पर वह ग्वालियर तक आया और दो माह वहाँ रुककर (फरवरी तथा मार्च 1533 ई.) आगरा लौट गया।[12] हुमायूँ ने इस तरह रानी कर्णावती की कोई भी सहायता नहीं की। विवश होकर चित्तौड़ को निम्नलिखित शर्तों पर आत्मसमर्पण करना पड़ा–

(1) मालवा का जो भाग राणा सांगा ने महमूद द्वितीय से प्राप्त किया था मेवाड़ ने बहादुर शाह को वापस दे दिया।

(2) मेवाड़ से 10 हाथी, 100 घोड़े और पाँच करोड़ टनका बहादुर शाह को प्राप्त हुआ।

(3) गुजरात के सुल्तान का मुकुट जिसे मालवा का शासक महमूद खिलजी प्रथम 1452 में छीन ले गया था तथा जिसे राणा सांगा मालवा से छीन ले गया था, राणा को बहादुर शाह को वापस देना पड़ा।[13] सन्धि के पश्चात् (मार्च 1533 ई.) बहादुर शाह ने अपने दो अमीरों को रणथम्भौर की विजय के लिए भेजा तथा स्वयं मांडू की तरफ रवाना हो गया।

रानी कर्णावती का निमंत्रण हुमायूँ को कहाँ प्राप्त हुआ यह निश्चयपूर्वक बताना कठिन है। किन्तु ऐसा प्रतीत होता है कि चुनार से वापस आने पर यह उसे आगरा

में प्राप्त हुआ। हुमायूँ आगरा से ग्वालियर आया। वह तत्काल युद्ध के लिए तैयार नहीं था और उस समय केवल अपने साम्राज्य की रक्षा चाहता था। हुमायूँ के ग्वालियर निवास के कारण ही बहादुर ने शीघ्र मेवाड़ से संधि कर ली क्योंकि वह मुग़ल तथा राजपूतों की सम्मिलित शक्ति का सामना नहीं करना चाहता था।[14]

चित्तौड़ की सफलता ने बहादुर शाह की शक्ति को ओर भी बढ़ा दिया। यद्यपि उसे चित्तौड़ पर अधिकार करने में सफलता नहीं मिली फिर भी उसे धन तथा यश दोनों प्राप्त हुआ। रणथम्भौर के अधिकार में आ जाने से सैनिक दृष्टि से एक शक्तिशाली दुर्ग उसके अधिकार में आ गया।[15] रणथम्भौर, अजमेर तथा नागौर की विजय ने राजपूताने को दो भागों में विभाजित कर दिया। बहादुर शाह सुविधा से किसी भी समय अलग-अलग आक्रमण करके उन पर अधिकार कर सकता था।[16]

बहादुर शाह के दरबार में मुग़ल साम्राज्य के शरणार्थी

साम्राज्य विस्तार के साथ-साथ बहादुर शाह का दरबार ऐसे लोगों का केंद्र बनता जा रहा था जो मुग़लों से असंतुष्ट थे। उसके दरबार में ऐसे कई लोगों ने शरण ली थी जो मुग़लों के शत्रु थे। बहादुर का दरबार इस तरह हुमायूँ के विरुद्ध षड्यंत्र का केंद्र बना हुआ था। इन शरणार्थियों को हम दो भागों में विभाजित कर सकते हैं—अफ़गान शरणार्थी तथा मुग़ल शरणार्थी।

अफ़गान शरणार्थी—अफ़गान शरणार्थियों में प्रथम आलम ख़ाँ जिघाट था। वह कालपी का गवर्नर रह चुका था तथा 1529 ई. में उसने बिहार के अफ़गानों के विरुद्ध बाबर की सहायता भी की थी। हुमायूँ से असंतुष्ट होकर वह गुजरात भाग आया। यहाँ उसने बहादुर शाह के दरबार में शरण ली।[17] रायसीन की विजय के पश्चात् बहादुर शाह ने भीलसा, चंदेरी, रायसीन तथा उसके आसपास के भाग उसे दे दिए। ये महत्त्वपूर्ण स्थान थे, क्योंकि रणथम्भौर, नागौर और अजमेर की विजयों के पश्चात् बहादुर शाह का साम्राज्य मुग़ल साम्राज्य के निकट आ गया था। इन स्थानों पर आलम ख़ाँ जिघाट की नियुक्त यह प्रमाणित करती है कि वह बहादुर शाह का विश्वासपात्र बन गया था। आलम ख़ाँ भी अपने नए स्वामी के प्रति अन्त तक स्वामिभक्त रहा, जब तक वह मुग़लों द्वारा बन्दी बनाकर पंगु नहीं बना दिया गया।

अफ़गानों में दूसरा व्यक्ति सुल्तान आलम ख़ाँ अलाउद्दीन लोदी था। यह सुल्तान सिकन्दर लोदी का भाई तथा बहलोल लोदी का पुत्र था। दिल्ली के तख़्त पर बैठने की आकांक्षा से उसने बार-बार पक्ष परिवर्तन किया किन्तु उसे कभी भी सफलता नहीं प्राप्त हुई। सिकन्दर लोदी के राजत्व के समय उसने गुजरात के सुल्तान महमूद शाह के यहाँ शरण ली। इब्राहीम लोदी के समय उसने गुजरात के शासक सुल्तान मुजफ़्फ़र शाह की स्वीकृति से इब्राहीम लोदी का विरोध करने का प्रयास किया। बाबर के आक्रमण के पूर्व वह उससे मिल गया। बाबर से उसने सन्धि की, जिसके

अनुसार इब्राहीम को हटाकर आलम ख़ाँ को दिल्ली की गद्दी पर बैठाने की योजना बनी। बाबर ने अपना चौथा भारतीय आक्रमण आलम ख़ाँ के पक्ष में किया था[18] तथा काबुल लौटने के पूर्व उसने दीपालपुर उसे दे दिया। आलम ख़ाँ इन भागों पर अधिकार नहीं रख सका तथा भाग कर पुनः काबुल पहुँचा। बाबर ने उसके साथ एक सन्धि की, जिसके अनुसार उसने आलम ख़ाँ को दिल्ली के तख़्त पर बैठाने का वादा किया, तथा आलम ख़ाँ ने लाहौर तथा उसके पश्चिम के भागों को बाबर को देने की स्वीकृति दी। वहाँ से बाबर के आज्ञापत्र के साथ वह पंजाब आया। यहाँ वह पुनः पंजाब के विद्रोही अफ़गान अमीरों से मिल गया, तथा उनके साथ उसने भी सुल्तान इब्राहीम लोदी पर आक्रमण किया, किन्तु पराजित हुआ।[19] बाबर के पाँचवें तथा अन्तिम आक्रमण के समय वह पुनः बाबर से जा मिला। 1527 ई. में बाबर के साथ उसने राणा सांगा के विरुद्ध खानवा के युद्ध में भाग लिया।[20] शीघ्र ही बाबर से उसका मतभेद हो गया तथा बाबर ने इसे बंदी बनाकर बदख़्शाँ में किलाए जफर में भेज दिया।[21] वहाँ से भी आलम ख़ाँ निकल भागा और गुजरात पहुँचा जहाँ उसका स्वागत हुआ। दिल्ली राज्य पर अपना अधिकार दिखाने के लिए उसने आलम ख़ाँ के स्थान पर सुल्तान आलम ख़ाँ अलाउद्दीन की उपाधि धारण की।

आलम ख़ाँ अलाउद्दीन लोदी का पुत्र तातार ख़ाँ[22] भी उसके साथ था। यह नौजवान, महत्त्वाकांक्षी, वीर तथा योग्य व्यक्ति था, किन्तु इसमें जवानी का नशा अधिक तथा अनुभव कम था। तातार ख़ाँ अपने पिता को दिल्ली के तख़्त पर बैठाना चाहता था और इसके लिए वह बहादुर शाह को बार-बार प्रोत्साहित करता रहता था। बहादुर शाह तातार ख़ाँ के सैनिक गुणों से प्रभावित था किन्तु वह उसकी योजनाओं पर अधिक ध्यान नहीं देता था।

ऐसा प्रतीत होता है कि बहादुर शाह आलम ख़ाँ के पक्ष में नहीं था, क्योंकि आलम ख़ाँ को दिल्ली के तख़्त पर बैठने को गौरव प्राप्त नहीं था। केवल लोदी वंश से संबंधित होने के कारण वह अपने को उसका हकदार समझता था। बाबर ने भी उसका मान नहीं किया था तथा उसे किसी भी तरह का प्रोत्साहन नहीं दिया था। यही नहीं, बार-बार पक्ष परिवर्तन कर उसने अपनी स्वार्थांधता तथा विश्वासहीनता ही प्रदर्शित की थी। गुजरात आने के पूर्व वह बदख़्शाँ में कई वर्ष तक बंदी रह चुका था। इन परिस्थितियों में 1534 ई. में उसे कहाँ तक स्थानीय समर्थन प्राप्त होता, यह संदेहजनक था। आलम ख़ाँ अलाउद्दीन लोदी की सहायता के लिए बहादुर शाह को मुग़लों से युद्ध करना पड़ता। उनसे युद्ध करने में वह झिझकता था और सफलता की आशा भी अधिक नहीं थी। फिर भी लोदी वंश के प्रमुख व्यक्ति को अपने दरबार में रखकर बहादुर शाह अपने पास एक ऐसा अस्त्र रखना चाहता था जिसका प्रयोग वह आवश्यकता पड़ने पर कर सके।

इन प्रमुख अफ़गान उमराओं के अतिरिक्त बहुत से अफ़गान बिहार, बंगाल

तथा अन्य भागों से आकर बहादुर शाह की सेना में भरती हो गए थे। ये सभी मुग़लों से असंतुष्ट थे तथा उनके विरोध के लिए सदा तत्पर थे। तारीख़े गुजरात का लेखक अबू तुराब वली लिखता है : "सुल्तान बहलोल के वंशज; जो मुग़लों के प्रभुत्व के कारण दुःखी एवं रुष्ट थी, सुल्तान बहादुर के राज्य के प्रारम्भ में ही उसकी सेवा में पहुँच गए। वे लोग प्रतिकार तथा अपनी हानि की पूर्ति हेतु समय-समय पर हिंदुस्तान पर चढ़ाई करने के लिए उसे प्रेरित किया करते थे।"[23]

मुगल शरणार्थी–मुग़ल शरणार्थियों में सबसे प्रमुख मुहम्मद ज़मान मिर्ज़ा था जिसके विषय में हम पिछले अध्याय में वर्णन कर आए हैं। नवम्बर 1534 ई. में मुहम्मद ज़मान मिर्ज़ा मुग़ल जेल से भाग कर गुजरात पहुँचा। बहादुर ने उसका स्वागत किया तथा उसे धन, जागीर और सम्मान दिया।[24] जिससे वह अन्य विद्रोही मुग़लों को अपने पक्ष में ला सके। मुहम्मद ज़मान शीघ्र ही बहादुर शाह के दरबार के मुग़ल शणार्थियों का नेता बन गया। बहादुर के धन की सहायता से उसने मुग़ल सैनिकों को अपने वश में करने का प्रयत्न किया तथा इस तरह 10,000 मुग़ल सैनिकों को अपने पक्ष में कर लिया।[25]

इस तरह बहादुर शाह के दरबार में मुग़ल विरोधियों के दो दल बन गए। बहादुर इन दोनों दलों का प्रयोग समयानुसार मुग़ल साम्राज्य के विरुद्ध करना चाहता था। ये दोनों दल परस्पर विरोधी थे किन्तु बहादुर शाह मुग़लों की विरोधी भावना के आधार पर अपने नेतृत्व में इन्हें एकत्र करना चाहता था। सुल्तान आलम ख़ाँ अलाउद्दीन लोदी तथा मुहम्मद ज़मान मिर्ज़ा दोनों दिल्ली के तख़्त पर बैठना चाहते थे। बहादुर शाह वास्तव में किसी के पक्ष में नहीं था, क्योंकि वह स्वयं दिल्ली पर अधिकार करना चाहता था, किन्तु वह दोनों में किसी को असंतुष्ट नहीं करना चाहता था वरन् अपने लिए उनका उपयोग करना चाहता था।

हुमायूँ तथा बहादुर शाह का कूटनीतिक सम्बन्ध

बहादुर शाह ने अपनी शक्ति को दृढ़ करने के लिए अन्य राज्यों से कूटनीतिक सम्बन्ध स्थापित करने का प्रयत्न किया। बंगाल के शासक नुसरत शाह के साथ उसका अच्छा सम्बन्ध था। उसकी मृत्यु के पश्चात् शेर ख़ाँ के उत्कर्ष को देखकर बहादुर शाह ने उसके पास भी आर्थिक सहायता भेजी।[26] इसका अर्थ था कि आवश्यकता पड़ने पर वे एक-दूसरे की सहायता करेंगे, अर्थात्, मुग़लों से बहादुर शाह का युद्ध छिड़ने पर शेर ख़ाँ लूट तथा विद्रोह कर पूर्वी सीमा पर मुग़लों की स्थिति कमजोर कर देगा।

एक तरफ बहादुर शाह हुमायूँ के शत्रुओं को प्रश्रय दे रहा था तथा दूसरी ओर वह उसे मीठी बातों से भुलावे में रखना चाहता था। हुमायूँ के मन से संदेह मिटाने के लिए, दीन पनाह के शिलान्यास के पश्चात् (अगस्त 1533 ई.), उसने क़ाज़ी अब्दुल कादिर तथा मुहम्मद मुकीम को अपना दूत बनाकर बहुमूल्य भेंट के

साथ हुमायूँ के पास भेजा।[27] उन्होंने बहादुर शाह की तरफ से भेंट दी तथा हुमायूँ की माता की मृत्यु पर संवेदना प्रकट की। हुमायूँ ने राजभवन के महाप्रतिहार को उन्हें पहुँचाने के लिए भेजा तथा मैत्री-पत्र भेजकर सुल्तान को संतुष्ट करने का प्रयत्न किया।[28]

बहादुर शाह ने पुर्तगालियों के साथ भी सन्धि कर ली। 20 जनवरी 1533 ई. को पुर्तगाली जेनरल नूना द कुनहा ने मलिक तोगां को, जो बहादुर शाह के नाम से बेसीन पर शासन करता था, पराजित कर दिया। बहादुर शाह उस समय चित्तौड़ पर आक्रमण हेतु जा रहा था। चित्तौड़ के प्रथम घेरे के पश्चात् बहादुर शाह डियू गया, किन्तु पुर्तगालियों को दण्ड देने के स्थान पर उसने उनसे सन्धि कर ली (दिसम्बर 1534 ई.)। इस सन्धि के अनुसार बहादुर शाह ने पुर्तगालियों को बेसीन दे दिया तथा उन्हें अनेक व्यापार सम्बन्धी सुविधाएँ भी दीं। इसके स्थान पर पुर्तगालियों ने सुल्तान की पूर्णरूप से सहायता करने की प्रतिज्ञा की।[29] इस तरह बहादुर शाह ने मुग़लों पर आक्रमण करने के पूर्व पुर्तगालियों को भी अपने पक्ष में कर लिया।

बहादुर शाह की महान योजना

मुगल तथा अफ़गान दोनों दलों के पारस्परिक वैमनस्य का बहादुर शाह पूर्ण लाभ उठाना चाहता था। तातार ख़ाँ तुरंत आक्रमण करना चाहता था, किन्तु मुहम्मद ज़मान इसके लिए तैयार नहीं था। चित्तौड़ विजय ने बहादुर शाह को उत्साहित कर दिया। सेना इकट्ठी करने के लिए उसने तातार ख़ाँ को 20 करोड़ पुराने गुजराती टनके दिए।[30] इसकी सहायता से कुछ ही दिनों में उसने लगभग 40,000 सैनिक इकट्ठे कर लिए। बहादुर शाह ने मुग़ल साम्राज्य पर तीन तरफ से आक्रमण करने की योजना बनाई। वह स्वयं एक चौथाई सेना के साथ चित्तौड़ पर आक्रमण कर, इन अभियानों की गतिविधि पर दृष्टि रखना चाहता था।[31]

इस योजना के अन्तर्गत[32] आलम ख़ाँ लोदी को एक बड़ी सेना के साथ कालिंजर पर आक्रमण करने के लिए भेजा गया। इस अभियान का लक्ष्य मुग़लों को विभ्रांत करना था। कालिंजर का दुर्ग अभी तक पूर्ण रूप से हुमायूँ के अधिकार में नहीं आया था। जैसा वर्णन किया जा चुका है, कालिंजर के राजा ने समर्पण कर तथा 12 मन सोना हरजाने के रूप में देकर मुग़लों से संधि कर ली थी। यहाँ सफलता के पश्चात् आलम ख़ाँ को तातार ख़ाँ से मिलना था। कदाचित् शेर ख़ाँ से भी यहाँ सहायता मिल सकती थी।

एक दूसरी सेना बुरहानुल मुल्क बनियानी के नेतृत्व में दिल्ली की तरफ भेजी गई। इसका लक्ष्य नागौर, दिल्ली तथा पश्चिमी पंजाब के भागों में उपद्रव करना था। कदाचित् इस तरह कंधार, लाहौर के मार्ग पर अधिकार करना था।

तीसरी सेना तातार ख़ाँ के नेतृत्व में आगरा पर आक्रमण करने के लिए भेजी

गई।[33] वास्तविक रूप में यह प्रमुख दल था तथा इसी के पास सबसे अधिक सैनिक थे। बहादुर शाह ने स्वयं मुग़ल साम्राज्य के किसी भी भाग पर आक्रमण नहीं किया। वह किसी उपयुक्त स्थान से इन तीनों अभियानों पर दृष्टि रखना चाहता था, जिससे आवश्यकता पड़ने पर इनको सहायता दी जा सके। उसका वास्तविक लक्ष्य मुग़ल राजधानी थी। इस तरह यदि उपर्युक्त दल पराजित होते तो यह कहकर कि इन अभियानों से उसका कोई संबंध नहीं था, वह अपना उत्तरदायित्व अस्वीकार कर देता। यदि अभियान सफल होते तो उनकी सहायता कर वह दिल्ली के तख़्त पर अधिकार कर लेता।

बहादुर शाह के अनुभवी मंत्रियों ने इस योजना की आलोचना की। उनका विचार था कि यह कार्य स्पष्ट रूप में मुग़लों की मित्रता को तोड़ने वाला था तथा हुमायूँ इस अभियान को स्पष्ट रूप में बहादुर शाह द्वारा प्रोत्साहित समझेगा और उसे धोखा नहीं दिया जा सकेगा। इसके अतिरिक्त सेना कई भागों में विभाजित हो जाने से कमजोर हो गई थी तथा उसकी सफलता की आशा नहीं थी। यदि वास्तविक रूप में देखा जाए तो बहादुर शाह के परामर्शदाताओं की सम्मति बहुत कुछ अंशों में सत्य थी, किन्तु बहादुर शाह ने उस पर ध्यान नहीं दिया। कदाचित् मुग़लों से प्रत्यक्ष रूप में युद्ध करने का उसमें साहस नहीं था। बहादुर शाह ने स्वयं चित्तौड़ पर आक्रमण करने का निश्चय किया और अपनी सेना लेकर चित्तौड़ की ओर चल पड़ा। यहाँ से वह अफ़गानों पर दृष्टि रख सकता था तथा आवश्यकता पड़ने पर उनकी सहायता कर सकता था।

बहादुर शाह की योजना की असफलता

दुर्भाग्यवश बहादुर शाह की योजना सफल न हो सकी। बहादुर शाह के अभियानों का समाचार पाते ही हुमायूँ बिहार से लौटकर आगरा चला आया।[34] तातार ख़ाँ की सेना जोश में मुग़ल साम्राज्य में घुस गई। उसने बयाना पर अधिकार कर लिया और आगरा पर आक्रमण करने के लिए कुमक भेजी। आगरा में आतंक छा गया। हुमायूँ ने स्थिति को देखकर तुरंत अस्करी तथा हिन्दाल को 18,000 अश्वारोहियों[35] तथा कासिम हुसैन सुल्तान, जाहिद बेग, दोस्त बेग और यादगार नासिर मिर्ज़ा जैसे सेनानायकों के साथ, तातार ख़ाँ के विरुद्ध भेजा। उन्होंने बयाना पर पुनः अधिकार कर लिया। तातार ख़ाँ मुग़ल सेना के आगमन के कारण मंदरैल[36] लौट आया। यहाँ वह अपने 40,000 सैनिकों के साथ शत्रु की प्रतीक्षा करने लगा। दुर्भाग्यवश उसकी सेना में भाड़े के सिपाही थे जो लूट में अधिक दिलचस्पी रखते थे। युद्ध की आशंका से ये सैनिक धीरे-धीरे उसकी सेना छोड़कर भागने लगे।[37] उसके अधिकतर सैनिक उसे धोखा देकर युद्ध के मैदान से खिसक गए। मंदरैल में जिस समय युद्ध प्रारम्भ हुआ तातार ख़ाँ के पास केवल 3,000 घुड़सवार थे।[38]

हिन्दाल 5,000 अश्वारोहियों के साथ बयाना से आगे बढ़ा। तातार ख़ाँ ने अपनी सेना को भागते हुए देखकर भी स्वयं भागने से इनकार कर दिया और कहा कि उसने सुल्तान से धन लिया है, अब उसे क्या मुँह दिखाएगा।[39] फलस्वरूप एक भीषण युद्ध हुआ। तातार ख़ाँ बहुत ही बहादुरी से लड़ता हुआ अपने बचे हुए 300 सैनिकों के साथ मारा गया (नवम्बर 1534 ई.)। बहादुर शाह ने तातार ख़ाँ को किसी भी तरह मुग़लों से युद्ध करने से मना कर दिया था। मिराते सिकन्दरी के अनुसार उसे यह आज्ञा दी गई थी कि वह अपनी सेना को ठीक रखे तथा सुल्तान बहादुर शाह की प्रतीक्षा करे।[40] किन्तु जोश में तातार ख़ाँ ने उसकी इस राय को भुला दिया। वह पराजित अवश्य हुआ किन्तु उसकी इस पराजय में उसके भाड़े के सिपाहियों का बहुत बड़ा हाथ था जिन्होंने उसे धोखा दिया। तातार ख़ाँ युद्ध में लड़ता हुआ शहीद हुआ। उसकी वीरता निस्संदेह असाधारण थी।

तातार ख़ाँ की मृत्यु के पश्चात् प्रमुख अभियान का अन्त हो गया। इससे बहादुर शाह की योजनाओं को बड़ा भारी धक्का लगा। दिल्ली और कालिंजर के अभियानों में भी सफलता नहीं मिली, यद्यपि इन लोगों ने पंजाब में कुछ गड़बड़ी अवश्य पैदा की। गड़बड़ी का समाचार सुनकर तथा यह अनुभव करके कि गम्भीर परिस्थिति आ गई है, हुमायूँ ने हिन्दाल और अस्करी को तातार ख़ाँ को हराने के लिए भेजा था। हुमायूँ का यह निश्चय समयानुकूल था तथा इससे उसने योग्य शासक के गुण दिखाए।

बहादुर शाह की योजना की विफलता मंदरैल में तातार ख़ाँ की पराजय से हुई। तीनों आक्रमणकारी दस्तों की गति तथा शक्ति बराबर नहीं थी। इस कारण इनके आक्रमणों का बराबर प्रभाव होना असम्भव था। उदाहरणार्थ अलाउद्दीन लोदी तथा बुरहानुल मुल्क की सेनाएँ तातार ख़ाँ की सेना से कहीं छोटी थीं जिससे उनकी पराजय में अधिक समय नहीं लगा। सबसे मनोरंजक कार्य तो बहादुर शाह का आँख-मिचौनी जैसा राजनीतिक कार्य था। वह छिपकर पीछे से मुग़लों पर आक्रमण करना चाहता था। अपनी सेना का विभाजन करके उसने अपनी पराजय में स्वयं ही योग दिया। हुमायूँ के तत्काल सेना भेजने के निश्चय तथा उसके भाइयों के सहयोग ने भी इसमें सहायता दी।

इन अभियानों ने बहादुर शाह के विचार को स्पष्ट कर दिया। उसने मुग़ल साम्राज्य से भागे हुए व्यक्तियों को शरण ही नहीं दी बल्कि उन्हें धन, प्रोत्साहन तथा सहायता भी प्रदान की। इन अभियानों के पश्चात् हुमायूँ को बहादुर शाह से भय हो गया। वास्तव में एक कूटनीतिज्ञ की तरह उसे बहादुर शाह की नीयत को पहले ही समझ लेना चाहिए था। इन परिस्थितियों में अब बहादुर शाह से युद्ध करना आवश्यक हो गया।[41]

हुमायूँ और बहादुर शाह में पत्र-व्यवहार

हुमायूँ के गुजरात अभियान के पूर्व हुमायूँ और बहादुर शाह में पत्र-व्यवहार हुआ। ऐसे आठ पत्र–चार हुमायूँ द्वारा चार बहादुर शाह द्वारा लिखे गए। इन पत्रों में पहले छः पत्र संक्षिप्त हैं किन्तु दो पत्र बड़े तथा कूटनीतिक दृष्टि से महत्त्वपूर्ण हैं। इन पत्रों से बहादुर शाह तथा हुमायूँ के विचारों के अतिरिक्त समकालीन कूटनीतिक संबंधों पर प्रकाश पड़ता है। इन पत्रों से स्पष्ट हो जाता है कि बहादुर शाह मीठे-मीठे शब्दों से हुमायूँ को प्रसन्न करना चाहता था, यद्यपि अन्दर-अन्दर वह सेना तैयार कर मुग़ल साम्राज्य को समाप्त करने का प्रयत्न करता रहा। इन पत्रों को देखकर इस बात से आश्चर्य होता है कि बहादुर शाह की मनोवृत्ति और कार्यों को देखकर भी हुमायूँ ने परिस्थिति की गम्भीरता का अनुमान नहीं किया।

इन पत्रों के विषय में यह भी महत्त्वपूर्ण है कि मध्य युग में स्थायी रूप से कोई राजदूत नहीं रहते थे। कभी-कभी आवश्यकतानुसार एक राज्य दूसरे राज्य में दूत भेजते थे। ये दूत सन्देह की दृष्टि से देखे जाते थे और साधारणतः राज्य विदेशी राजदूतों को बहुत अधिक प्रश्रय नहीं देता था क्योंकि राजदूत जासूसी का भी काम करते थे। यह आक्षेप बहुत अंशों में सत्य भी था। जहाँगीर के काल में ईरान और भारत के सम्बन्ध में राजदूतों का कार्य इसका प्रमाण है।[42]

प्रथम पत्र–दीन पनाह के पूर्ण होने के दो माह पश्चात् बहादुर शाह ने हुमायूँ को बधाई का पत्र भेजा। हुमायूँ ने दूत की आवभगत की तथा उसने इसके उत्तर में एक दूत भेजा जिसे आदेश दिया गया कि वह कुछ मौखिक बातें जो उससे कही गई थीं बहादुर शाह से कहे। बहादुर शाह ने हुमायूँ के दूत का स्वागत किया। सर्वप्रथम उससे दरबार में भेंट की जिसमें सभी प्रमुख अमीर उपस्थित थे। उसके पश्चात् पुनः एक विशेष दरबार में सुल्तान उससे मिला जहाँ दूत ने समस्त बातें कहीं जिन्हें कहने के लिए वह भेजा गया था। विशेषतया दूत ने तातार ख़ाँ के विषय में बात की। उसने कहा कि सुल्तान को किसी ऐसे व्यक्ति को शरण नहीं देनी चाहिए जिससे दोनों राज्यों की मित्रता में बाधा उत्पन्न हो। इसी तरह की आशा सुल्तान को हुमायूँ से रखनी चाहिए। दोनों में से किसी को एक-दूसरे का विरोध नहीं करना चाहिए।[43]

हुमायूँ के दूत को महल के निकट ठहराया गया तथा उसके लिए हर प्रकार की सुविधाएँ एवं आनन्द की वस्तुएँ प्रस्तुत की गईं। यही नहीं, उसके लिए बहुत ही अच्छा भत्ता भी निश्चित किया गया। दूत बहादुर शाह के व्यवहार से इतना प्रसन्न हुआ कि उसकी इच्छा हुई कि वह हुमायूँ को छोड़कर बहादुर शाह के साथ रह जाए। अन्त में बहादुर शाह ने उसे भेंट और पत्र के साथ दिल्ली वापस भेजा। उसने अपने पत्र में केवल यह उल्लेख किया कि हुमायूँ ने हाजिब (दूत) द्वारा जो बात कहलाई है वह उसे शिरोधार्य है।[44]

द्वितीय पत्र–सितम्बर 1534 ई. में हुमायूँ कालपी गया। वहाँ का गवर्नर आलम

ख़ाँ भाग कर गुजरात चला गया, जहाँ उसका स्वागत हुआ। बहादुर शाह ने रायसीन, भीलसा तथा चंदेरी की जागीरें भी उसे दे दीं। मुहम्मद ज़मान मिर्ज़ा का भी उसने उसी तरह स्वागत किया। इससे स्पष्ट था कि बहादुर शाह ने जो आश्वासन प्रथम पत्र में दिया था उस पर वह चलने को तैयार नहीं था।

हुमायूँ ने कालपी से दूसरा पत्र लिखा और इसमें उसने मुहम्मद ज़मान मिर्ज़ा के बहादुर शाह द्वारा स्वागत करने की आलोचना की। उसने बहादुर शाह पर अपनी प्रतिज्ञा भंग करने का आरोप लगाया तथा उसे सचेत किया इसके दुष्परिणाम का उत्तरदायित्व बहादुर शाह ही पर होगा। पत्र के अन्त में उसने हज़रत मुहम्मद के कथन का उल्लेख किया जिसमें यह कहा गया था कि प्रतिज्ञा पालन धर्मनिष्ठा का प्रमाण है।[45]

बहादुर शाह का उत्तर हुमायूँ को आगरा में नवम्बर 1534 ई. में प्राप्त हुआ। इसकी भाषा बड़ी संयत थी। बहादुर शाह ने लिखा था कि उसने मुहम्मद ज़मान मिर्ज़ा का स्वागत इस विचार से क़िया था कि वह हुमायूँ के लिए पुत्र के समान था। उसने पुनः प्रतिज्ञा की कि वह हुमायूँ की इच्छा का पालन करने का प्रयत्न करेगा।[46] बहादुर शाह हुमायूँ को विश्वास दिलाकर ऐसी स्थिति में रखना चाहता था, जिसमें हुमायूँ को उसकी तरफ से कोई भय न प्रतीत हो। वास्तव में बहादुर शाह मुग़ल विरोधी कार्य-सेना संगठन का आयोजन करता रहा।

तृतीय पत्र–हुमायूँ का तीसरा पत्र रूपक की भाँति है जिसमें दो दार्शनिक आपस में बातचीत करते हैं। उनमें से एक प्रश्न करता है कि 'संसार में सबसे असहाय व्यक्ति कौन है?' दूसरा उत्तर देता है कि 'वह व्यक्ति जिसके कोई मित्र नहीं हैं।' पहला कहता है, 'नहीं सबसे असहाय व्यक्ति वह है जिसका मित्र था लेकिन उसने उसे खो दिया।'[47] इस तरह हुमायूँ ने इशारे से यह प्रदर्शित करने का प्रयत्न किया कि बहादुर शाह को हुमायूँ की मित्रता खोने की मूर्खता नहीं करनी चाहिए।

बहादुर शाह ने अपने तीसरे उत्तर में युद्ध के पाँच कारणों का उल्लेख किया।[48] उसने उससे यह निष्कर्ष निकाला कि इन पाँच कारणों में कोई भी ऐसा कारण नहीं प्रतीत होता जिसके आधार पर दोनों राज्यों में युद्ध हो। अन्त में उसने लिखा कि उसका किसी से भी बैर भाव नहीं है। उसके धन व्यय करने तथा सेना एकत्र करने का उद्देश्य केवल इस्लाम धर्म का प्रसार जिहाद है। अन्त में उसने लिखा कि यदि और कोई उससे द्वेष करता हो तो भगवान् उसका भला करे।[49]

चतुर्थ पत्र–हुमायूँ का चौथा पत्र[50] लम्बा है तथा उससे यह स्पष्ट हो जाता है कि हुमायूँ तथा बहादुर शाह का संबंध धीरे-धीरे खराब होता जा रहा था। हुमायूँ को अब बहादुर शाह के आश्वासनों पर विश्वास नहीं था। इस कारण उसके पत्र में कुछ कठोरता प्रतीत होती है। पत्र में स्पष्ट कहा गया है कि बहादुर शाह ने सन्धि की शर्तों को तोड़ा है। यदि वह मित्रता चाहता है तो वह मुग़ल विद्रोहियों को अपने

राज्य से निकाल दे, अथवा उन्हें समर्पित कर दे। पत्र में भी हुमायूँ ने उसको समझाने का प्रयत्न किया है कि मुहम्मद ज़मान मिर्ज़ा का स्वागत किसी भी दृष्टि से न्यायसंगत या ठीक नहीं था और उसने पुनः शांति की आशा की।

हुमायूँ के अंतिम पत्र का उत्तर[51] सुल्तान मुहम्मद लारी ने लिखा और इस पत्र में उसने कठोर भाषा का प्रयोग किया। उसने हुमायूँ के पत्र को विस्मयोत्पादक शब्दों से भरा हुआ (विचित्र शैली वाला) तथा उसकी विषयवस्तु को अभिमान से पूर्ण एवं निरर्थक बताया। हुमायूँ के इस कथन को कि उसके दूतों ने मुग़ल विद्रोहियों को गुजरात से निकालने के लिए कहा था, 'झूठ' कहा।

मुहम्मद ज़मान मिर्ज़ा के विषय में पत्र में लिखा गया है कि वह एक प्रसिद्ध वंश का था। उसने उदाहरण देकर यह बात समझाने का प्रयत्न किया कि शरण में आए हुए व्यक्ति को शरण देना उसके (बहादुर शाह के) पूर्वजों की परम्परा है। उसने लिखा कि मुहम्मद ज़मान मिर्ज़ा उससे (बहादुर शाह से) मित्रता के बंधनों से बंधा था तथा वह किसी भी हालत में उसे समर्पित करने को तैयार नहीं था। हुमायूँ की ग्वालियर यात्रा की बहादुर शाह ने आलोचना की। उसने लिखा कि वह उस समय पुर्तगालियों से युद्ध में लगा हुआ था तथा ऐसी स्थिति में एक मित्र को इस तरह के अभियान में भाग नहीं लेना चाहिए था। बहादुर शाह ने आगे लिखा कि उसके आक्रमण की सूचना से कई स्थानों में लोग विद्रोही हो रहे हैं तथा उसके नाम से खुतवा नहीं पढ़ा जा रहा है। पत्र के अन्त में उसने लिखा कि सभी जानते हैं कि ईश्वर की कृपा से कोई भी सम्राट चाहे उसकी सेना कितनी ही बड़ी रही हो, अभी तक उसके वंश को समाप्त नहीं कर सका है। उसने स्वयं एक बड़ी अफ़गान सेना इकट्ठी कर ली है तथा हुमायूँ को अपने दिमाग से घमंड हटा देना चाहिए। बहुत दिन नहीं हैं जब ईश्वर अपना निर्णय स्पष्ट करेंगे।

कूटनीतिक पत्रों का महत्व

हुमायूँ तथा बहादुर के इस पत्र-व्यवहार में पर्याप्त समय लगा। इस बीच बहादुर शाह को अवकाश मिला जिसकी उसे नितांत आवश्यकता थी। इसमें कोई संदेह नहीं कि हुमायूँ में वह सक्रियता नहीं थी जो उसे तुरंत शत्रु की कूटनीतिकता को समझकर उस पर आक्रमण करने के लिए प्रोत्साहित करती। हुमायूँ ने इस पत्र-व्यवहार में अपना समय व्यर्थ में नष्ट किया।

हुमायूँ की दृष्टि से तथा अन्तराष्ट्रीय कानून की दृष्टि से यदि देखा जाए तो हम यह कह सकते हैं कि हुमायूँ यूद्ध के स्थान पर शांतिमय तरीकों से पत्र-व्यवहार द्वारा बहादुर शाह से अपना संबंध सुधारना चाहता था और इस तरह युद्ध के बजाय वह शांति का पोषक था, किन्तु हुमायूँ के जीवन की अन्य घटनाओं को दृष्टि में रखने पर यह स्पष्ट हो जाता है कि वास्तविक रूप में यह हुमायूँ का चारित्रिक दौर्बल्य

था और उसमें जो आलस्य था उसी के कारण वह पत्र-व्यवहार में समय लगाकर अपने आप को भुलावे में रखना चाहता था।

पत्रों से यह प्रतीत होता है कि हुमायूँ ने गुजरात दरबार के शरणार्थियों का प्रश्न विशेष रूप से उठाया था। मध्य युग के मुस्लिम शासकों में शरणार्थी का स्वागत तथा उसकी सहायता राज्य तथा सुल्तान की मनोवृत्ति पर निर्भर करती थी। यदि राज्य शक्तिहीन होता था तो वह अपने से शक्तिशाली राज्य से आए हुए शरणार्थियों को शरण देने में हिचकता था। शरण देने का परिणाम आवश्यकता पड़ने पर युद्ध होता था। यदि हुमायूँ का यह दावा, कि एक मित्र राज्य को अपने मित्र राज्य के शत्रु को शरण नहीं देनी चाहिए, स्वीकार कर लिया जाय तो हमें हुमायूँ के ही जीवन में दो एक घटनाएँ याद रखनी होंगी, जहाँ उसने स्वयं शरणार्थियों के लिए युद्ध किया वहाँ बंगाल के पराजित शासक को गद्दी पर बैठाने के लिए हुमायूँ ने स्वयं शेर ख़ाँ के विरुद्ध बंगाल पर आक्रमण किया। यही नहीं, उसने उसी कारण शेर ख़ाँ से लगभग निश्चित हुई संधि को तोड़ दिया, जिसका वर्णन अगले परिच्छेदों में किया गया है। इसी तरह ईरान के शासक शाह तहमास्प ने शरणार्थी हुमायूँ को एक सेना देकर उसकी सहायता की। इसी तरह बहादुर शाह ने भी मालवा पर आक्रमण इस कारण किया क्योंकि उसके भाई चांद ख़ाँ ने वहाँ शरण ली थी तथा वहाँ का शासक सुल्तान महमूद उसे समर्पित करने को तैयार नहीं था। इन घटनाओं से यह स्पष्ट है कि किसी शरण में आए हुए अमीर अथवा शासक की सहायता का प्रश्न बहुत कुछ परिस्थितियों तथा शासक की मनोवृत्ति पर निर्भर करता था। यद्यपि मध्य युग में यह मान्यता थी कि शरण में आए हुए व्यक्ति की सहायता करनी चाहिए।

संदर्भ

1. रायसीन 22° 20' उत्तर तथा 77° 47' पूर्व, भूपाल से 22 मील की दूरी पर स्थित है। सेंट्रल इंडिया स्टेट गज़ेटियर सीरीज़, भूपाल स्टेट, भाग 3, पृ. 113।
2. यह वही सिलहदी है जो राणा सांगा के साथ खानवा के युद्ध में लड़ा था।
3. कहा जाता है कि सिलहदी के हरम का ठाट-बाट बहादुर के हरम से कहीं अधिक था। उसके पास नर्तकियों के चार दल (अखाड़े) थे जो अपनी कला के लिए विख्यात थे। जिस समय नर्तकियाँ नृत्य करती थीं, चालीस युवतियाँ मशाल दिखाती थीं (बेले, हिस्ट्री ऑफ़ गुजरात, पृ. 366)। डॉ. बनर्जी (हुमायूँ, 1, पृ. 82) मिराते सिकन्दरी के आधार पर लिखते हैं कि बहादुर की नाराज़गी का कारण सिलहदी द्वारा अपने हरम में बहुत-सी मुस्लिम स्त्रियों का रखना था। काम्मिस्सारियट ने भी इस मत का समर्थन किया है। (हिस्ट्री ऑफ़ गुजरात, पृ. 327)। यह कथन सत्य नहीं प्रतीत होता। बहादुर के आक्रमण का प्रमुख कारण राजनीतिक था जो उसकी साम्राज्य विस्तार नीति का एक अंग था। फ़िरिश्ता (ब्रिग्स, 4, पृ. 117) स्पष्ट लिखता है कि यह बहाना मात्र था।
4. डॉ. ईश्वरी प्रसाद के अनुसार इसका नाम लक्ष्मण सेन था। (हुमायूँ, पृ. 62)।
5. बहादुर शाह को दुर्ग विजय के पश्चात जो सोना, चाँदी इत्यादि मृत स्त्रियों की राख से प्राप्त

हुआ उसे उसने एक अमीर बुरहानुल मुल्क बुनयानी को दिया। सभी सभ्य लोगों ने उससे स्वीकार करने की निंदा की। उसने भी प्राप्त धन दान कर दिया। (बेले, हिस्ट्री ऑफ़ गुजरात, पृ. 224-25)।

रायसीन की विजय के लिए देखिए बेले हिस्ट्री ऑफ़ गुजरात, पृ. 356-66; फ़िरश्ता, ब्रिग्स, 4, पृ. 117-23; काम्मिस्सारियट, हिस्ट्री ऑफ़ गुजरात, पृ. 327-28; रास, अरेबिक हिस्ट्री ऑफ़ गुजरात, 1, पृ. 224-25।

6. वीर विनोद, 2, पृ. 27; कैम्ब्रिज़ हिस्ट्री ऑफ़ इंडिया, 3, पृ. 530; टाड, एनल्स एण्ड एन्टीक्यूटीज़ ऑफ़ राजस्थान, 1, पृ. 248।
7. ओझा, उदयपुर राज्य का इतिहास, पृ. 391।
8. शर्मा, मेवाड़ अण्डर दी मुग़ल्स, पृ. 49।
9. रणथम्भौर का दुर्ग चित्तौड़ के पतन के पूर्व या उसके पश्चात् अधिकृत हुआ, यह विवादग्रस्त है। अरेबिक हिस्ट्री ऑफ़ गुजरात के अनुसार रणथम्भौर पर चित्तौड़ के घेरे के पूर्व अधिकार हुआ। डॉ. बनर्जी ने यह मत स्वीकार किया है (हुमायूँ, 1, पृ. 85)।
10. 16वीं सदी में भूमध्य सागर के भागों में अमीर सालमन रैस नामक तुर्की जलसेना नायक का बड़ा नाम था। तुर्की के शासकों ने उसे पुर्तगालियों के विरुद्ध दक्षिणी अरब में भेजा जहाँ वह स्वयं यमन का शासक बन बैठा। 1529 ई. में उसकी हत्या हो गई। उसकी हत्या का बदला उसकी बहन के लड़के मुस्तफा ने लिया और वह स्वयं वहाँ प्रभावशाली बन बैठा। मुस्तफा के पिता बहराम ने 1530 ई. में कुस्तुनतुनियाँ से इसे बहादुर शाह की सहायता के लिए गुजरात जाने की आज्ञा दी। 1531 ई. में मुस्तफा ड्यू पहुँचा। उसी समय पुर्तगालियों ने ड्यू पर आक्रमण कर दिया था। मुस्तफा ने बहादुर शाह की सेना को सहायता दी तथा उसने बहादुरी से युद्ध किया। पुर्तगाली भागकर गोवा चले गए। उसकी सामयिक सहायता से बहादुर शाह प्रभावित हुआ। उसने उसे रूमी ख़ाँ की उपाधि दी, तथा तोपखाने का प्रमुख अधिकारी और भड़ौंच का अमीर नियुक्त किया। (ह्वाइटवे, राइज ऑफ़ पुर्तगीज पावर इन इंडिया, पृ. 224-28; डेनवर्स, पुर्तगीज इन इंडिया, 1, पृ. 400-402; अरेबिक हिस्ट्री ऑफ़ गुजरात, 1, पृ. 220)। कुछ ही दिनों में उसकी गणना प्रसिद्ध तोपचियों में होने लगी।
11. राजमाता कर्णावती ने हुमायूँ के पास 'राखी' पद्मशाह नामक दूत के हाथ भेजी (शर्मा, मेवाड़ अण्डर दी मुग़ल्स, पृ. 50); टाड, एनल्स एण्ड एन्टीक्यूटीज़ ऑफ़ राजस्थान, 1, पृ. 364-65; काम्मिस्सारियट, हिस्ट्री ऑफ़ गुजरात, पृ. 330-31)। कविराज श्यामलदास (वीर विनोद, 2, पृ. 27) लिखते हैं कि विक्रमादित्य स्वयं दिल्ली गया। कैम्ब्रिज़ हिस्ट्री ऑफ़ इंडिया (भाग 4, पृ. 22) में भी प्रार्थना-पत्र भेजने का उल्लेख है।
12. गुलबदन, हुमायूँनामा, बेवरिज, पृ. 116। ख्वन्दमीर, कानूने हुमायूँनी, बेनी प्रसाद, पृ. 61।
13. फ़िरिश्ता, ब्रिग्स, 4, पृ. 124; बेले, हिस्ट्री ऑफ़ गुजरात, पृ. 369-72; काम्मिस्सारियट, हिस्ट्री ऑफ़ गुजरात, पृ. 329-30। मिराते सिकन्दरी के अनुसार बहादुर शाह को एक करोड़ टनके तथा डॉ. बनर्जी (हुमायूँ भाग 1, पृ. 87) के अनुसार पाँच करोड़ टनके प्राप्त हुए।
14. बनर्जी, हुमायूँ 1, पृ. 97-98।
15. रणथम्भौर का दुर्ग चम्बल के तट पर स्थित है। चम्बल नदी कालपी में यमुना से मिलती है। इसी तरह आगरा से थट्टा जाने का मार्ग तथा कंधार से बुरहानपुर जाने का मार्ग एक-दूसरे से अजमेर में मिलते थे। इस तरह व्यापारिक तथा सैनिक दृष्टि से इसका महत्त्व बहुत ही बढ़ गया था।
16. रघुवीरसिंह, पूर्व आधुनिक राजस्थान, पृ. 25 ; बनर्जी, हुमायूँ, 1, पृ. 87।
17. जफरुल वालेह का लेखक अब्दुल्लाह लिखता है कि आलम ख़ाँ 12,000 अश्वारोहियों एवं 300

हाथियों को लेकर बहादुर से जा मिला। ''सुल्तान (बहादुर) एवं हुमायूँ में नाममात्र की सन्धि थी, (आलम) के प्रति उसने सौजन्यपूर्ण व्यवहार किया।'' (रिजवी, हुमायूँ, 2, पृ. 446)।

18. विलियम्स, ऐन एम्पायर बिल्डर, पृ. 120।
19. वही, पृ. 121।
20. बाबरनामा, बेवरिज, पृ. 565।
21. अकबरनामा, 1, पृ. 129।
22. अबुल फ़ज़ल आलम ख़ाँ के पुत्रों में केवल तातार ख़ाँ का उल्लेख करता है (अकबरनामा, 1, पृ. 129)। मीर अबू तुराब वली के अनुसार उसको दो पुत्र तातार ख़ाँ तथा फतेह ख़ाँ थे। (अबू तुराब, तारीख़े गुजरात, पृ. 7)।
23. अबू तुराब, तारीख़े गुजरात, पृ. 3।
24. मीर अबू तुराब वली तारीख़े गुजरात (पृ. 2) में लिखता है कि हुमायूँ तथा बहादुर शाह के ''पारस्परिक मतभेद एवं विरोध का कारण मुहम्मद ज़मान मिर्ज़ा था।'' इस बात का समर्थन मिराते सिकन्दरी का लेखक सिकन्दर भी करता है। इसी घटना के पश्चात् दोनों सम्राटों में पत्र-व्यवहार प्रारम्भ हो गया जिसका वर्णन हम आगे करेंगे। मिराते सिकन्दरी; बेले, हिस्ट्री ऑफ़ गुजरात, पृ. 375।
25. अकबरनामा, 1, पृ. 128।
26. वही, पृ. 148।
27. अबू तुराब, तारीखे गुजरात, पृ. 5; अकबरनामा, 1, पृ. 124।
28. अकबरनामा, 1, पृ. 124।
29. डैनवर्स, दि पुर्तगीज इन इंडिया, 1, पृ. 416-17; ह्वाइटवे, राइज ऑफ़ पुर्तगीज़ पावर इन इंडिया, पृ. 236; काम्मिस्सारियट, हिस्ट्री ऑफ़ गुजरात, पृ. 349-50 द्वारा उद्धृत।
30. अकबरनामा, 1, पृ. 128; अबू तुराब, तारीख़े गुजरात, पृ. 7 तथा 12।
31. बेले, हिस्ट्री ऑफ़ गुजरात, पृ. 382; बनर्जी, हुमायूँ, 1, पृ. 93-94।
32. कुछ हस्तलिपियों में मुल्तानी तथा कुछ में बनियानी लिखा है। डॉ. ईश्वरी प्रसाद (पृ. 67-68) ने भूल से इसे तातार ख़ाँ का पिता लिखा है। तातार ख़ाँ का पिता सुल्तान अलाउद्दीन था। डॉ. बनर्जी (भाग 1, पृ. 94) इसे बुरहानुल मुल्क नरपाली लिखते हैं।
33. मिरात सिकन्दरी के अनुसार तातार ख़ाँ का लक्ष्य बयाना के रास्ते दिल्ली पर आक्रमण करना था। हुमायूँ या तो तातार ख़ाँ से युद्ध करता या दिल्ली पर तातार ख़ाँ का अधिकार हो जाता। बेले, हिस्ट्री ऑफ़ गुजरात, पृ. 382।
34. अकबरनामा, 1, पृ. 126।
35. अबुल फ़ज़ल उसकी सेना की संख्या 18,000, अबू तुराब 15,000 तथा मिराते सिकन्दरी का लेखक 5,000 लिखता है। अकबरनामा, 1, पृ. 129; अबू तुराब, तारीख़े गुजरात, पृ. 12; बेले, हिस्ट्री ऑफ़ गुजरात, पृ. 382।
36. आगरा के दक्षिण बयाना, के समीप 26° 18' उत्तरी तथा 77° 18' पूर्वी पर स्थित।
37. बेले, हिस्ट्री ऑफ़ गुजरात, पृ. 382; अर्सकिन, हिस्ट्री ऑफ़ इंडिया, 2, पृ. 46; बनर्जी, हुमायूँ 1, पृ. 95।
38. बनर्जी, हुमायूँ, 1, पृ. 95; अकबरनामा, 1, पृ. 129।
39. अबू तुराब, तारीख़े गुजरात, पृ. 12-13।
40. बेले, हिस्ट्री ऑफ़ गुजरात, पृ. 382। बहादुर शाह की इस आज्ञा का कारण यह था कि उसे भय था कि यदि तातार ख़ाँ मुग़लों पर विजय पाने में सफल होगा तो वह स्वयं ही मुग़ल तख़्त पर अधिकार करने का प्रयत्न करेगा।

41. डॉ. बनर्जी के निम्न मत से सहमत होना कठिन है–

"Humayun did not complain of Bahadur's aiding Tatar Khan nor did Sultan Bahadur follow the defeat up by other expenditions. Humayun kept quiet on the subject, guessing probably that it was purely the outcome of the mad-cap Tatar's enthusiasm. Humayun ignored the other two expeditions also. For the present the remained perfectly satisfied with the complete discomfiture of the enemy in all the three quarters." (हुमायूँ 1, पृ. 96)।

42. बेनी प्रसाद, जहाँगीर, पृ. 292-97।

43. अरेबिक हिस्ट्री ऑफ़ गुज़रात, पृ. 228; बनर्जी, हुमायूँ, 1, पृ. 99-100 द्वारा उद्‌धृत।

44. वही, पृ. 230; वही, पृ. 100-101।

45. वही; वही।

46. वही; वही। बहादुर शाह ने जिस शेर दो मिस्णों का समाहार कविता को शीर्षक बनाया था उसका अर्थ है, "तुम्हारी प्रतिज्ञाएँ नष्ट न होंगी, इस विषय में कोई उपेक्षा न की जाएगी।"

47. अरेबिक हिस्ट्री ऑफ़ गुजरात; बनजी, हुमायूँ, 1, पृ. 102 द्वारा उद्‌धृत। अन्त में एक शेर है जिसका अर्थ है, "मित्रता का पौधा लगा ताकि मनोकामना की सिद्धि के फल लग सकें; शत्रुता के पौधे उखाड़ डाल, कारण कि इससे असंख्य कष्ट प्राप्त होते हैं।"

48. अरेबिक हिस्ट्री ऑफ़ गुजरात के लेखक अब्दुल्ला ने हाफिज़ दमिश्की के आदाब ग्रंथ से युद्ध के निम्नलिखित पाँच कारण उद्‌धृत किए हैं–

(1) राज्य स्थापित करने की इच्छा, (2) अपने राज्य की रक्षा के लिए युद्ध करना, (3) न्याय के लिए किसी राज्य पर आक्रमण करना, (4) धन बढ़ाने की लिप्सा, तथा (5) विजय और लूट इत्यादि के लिए पृथ्वी को युद्ध से भर देना।

49. शेर का अर्थ है : "हमारी लोक तथा परलोक में किसी से शत्रुता या वैमनस्य नहीं; जो कोई हमसे शत्रुता करता हो, उस पर ईश्वर की अनुकम्पा हो।"

50. बनर्जी, हुमायूँ, 1, पृ. 103-107।

51. इस पत्र के लिए देखिए बेले, हिस्ट्री ऑफ़ गुजरात, पृ. 375-80; बनर्जी, हुमायूँ, 1, पृ. 117-21। बहादुर शाह लिखना-पढ़ना नहीं जानता था। उसका पत्र-व्यवहार मुल्ला महमूद मुंशी करता था। वह पहले हुमायूँ के दरबार में था किन्तु हुमायूँ के अप्रसन्न होने पर वहाँ से गुजरात भाग आया। यहाँ बहादुर शाह ने उसे अपना मुंशी नियुक्त किया। हुमायूँ से अप्रसन्न होने के कारण उसने कठोर पत्र लिखा। जिस समय पत्र पढ़कर सुनाया गया बहादुर शाह शराब के नशे में था। पत्र भेज दिया गया। दूसरे दिन पता चलने पर बहादुर शाह ने मलिक नस्मन से पत्र-वाहक को रोकने के लिए दौड़ाया। किन्तु नरवार (25^0 29' उत्तर तथा 77^0 58' पूर्व) से पीछा करने वाले लौट आए। दूत पत्र लेकर जा चुका था। मिराते सिकन्दरी का लेखक दुःख से कहता है–

"Every disgrace that fell upon the Sultan's-administration and all the calamities which affected his fortunes were due to the scribbling of this insolent man."

(बेले, हिस्ट्री ऑफ़ गुज़रात, पृ. 380)।

6. गुजरात अभियान : जय तथा पराजय

नवंबर 1534 ई. में हुमायूँ आगरा लौट आया। उसने लगभग 18 महीने आगरा, दिल्ली, धौलपुर तथा ग्वालियर में व्यतीत किए। आगरा में कुछ माह कदाचित् सेना एकत्र करने में व्यतीत हुए। उसे बंगाल तथा गुजरात दोनों तरफ से भय था। इस कारण पहले किस तरफ आक्रमण करना पड़ेगा, वह यह निश्चय नहीं कर पा रहा था। इस बीच गुजरात की समस्या को शांति से सुलझाने के विचार से उसने बहादुर शाह से पत्र-व्यवहार किया, किन्तु बहादुर शाह के अंतिम पत्र ने तथा उसकी महान् योजना ने रही-सही आशा भी समाप्त कर दी।[1] बहादुर शाह की महान् योजना में अब केवल उसकी ही सेना चित्तौड़ को घेरे हुए थी। अतः गुजरात पर आक्रमण करना आवश्यक हो गया। हुमायूँ आगरा से बहादुर शाह के विरुद्ध (दिसम्बर 1534 ई. या 1535 ई. के प्रारंभ में) रवाना हुआ।

बहादुर शाह द्वारा चित्तौड़ का दूसरा घेरा

जैसा ऊपर वर्णन किया जा चुका है, बहादुर शाह की महान् योजना का एक अंग चित्तौड़ पर आक्रमण था। नवंबर 1534 ई. में एक बड़ी सेना के साथ वह चित्तौड़ के अभियान पर चल पड़ा। राणा विक्रमाजीत प्रथम पराजय से सचेत नहीं हुआ था। बहादुर शाह ने उसे लोइचा नामक स्थान पर परास्त किया।[2] बहादुर शाह ने यहाँ से आगे बढ़कर चित्तौड़ का घेरा डाला। यह संघर्ष चित्तौड़ के दूसरे साके के नाम से प्रसिद्ध है। शासन प्रबंध राजमाता कर्णावती ने अपने हाथ में ले लिया, विक्रमाजीत तथा उदयसिंह बूँदी भेज दिए गए और दुर्ग की रक्षा का भार देवलिया प्रतापगढ़ के रावत बाघसिंह को दिया गया।[3] राजमाता के आमंत्रण पर चित्तौड़ के सभी सामंत चित्तौड़ की रक्षा के लिए आ डटे। इस तरह आपद्काल में चित्तौड़ में पुनः एकता की स्थापना हुई।

सारंगपुर तथा उज्जैन में हुमायूँ

आगरा से हुमायूँ मालवा की तरफ रवाना हुआ। बेतवा के तट पर सबसे प्रथम

वह रायसीन के दुर्ग के निकट पहुँचा।[4] यह दुर्ग कुछ ही समय पूर्व बहादूर शाह के अधिकार में आया था। दुर्ग के अधिकारियों ने बिना किसी युद्ध के समर्पण कर दिया और हुमायूँ के नाम पर दुर्ग को रखने का आश्वासन दिया। हुमायूँ ने इसे स्वीकार कर लिया तथा वहाँ से आगे बढ़कर सारंगपुर पहुँचा।[5]

हुमायूँ के आक्रमण से बहादुर शाह चिंतित हुआ। अरक्षित गुजरात पर हुमायूँ का आक्रमण हानिकर हो सकता था। गुजरात की रक्षा के लिए उसने चित्तौड़ के घेरे को त्याग कर तथा राजधानी मांडू लौटकर हुमायूँ के आक्रमण से देश की रक्षा करने का विचार किया। उसी समय उसके मंत्री सद्र ख़ाँ ने एक कूटनीतिक परामर्श दिया। उसने कहा कि चित्तौड़ का घेरा अपनी अंतिम अवस्था में है। उसको विजय करने में अब अधिक समय नहीं लगेगा। इस कारण दुर्ग के घेरे को और भी शक्ति के साथ प्रारम्भ करना चाहिए। समय प्राप्त करने के लिए उसने कूटनीतिक अस्त्र प्रयोग करने की सलाह दी। उसने कहा कि वे एक धर्मयुद्ध में लगे हुए हैं। इस समय किसी मुस्लिम शासक का उन पर आक्रमण करना धर्म-विरुद्ध होगा इस कारण हुमायूँ कभी भी उन पर आक्रमण नहीं करेगा।[6] बहादुर शाह को यह मत स्वीकार नहीं था, क्योंकि वह यह समझता था कि हुमायूँ इस तरह की मूर्खता नहीं करेगा। किन्तु अपने मंत्रियों के परामर्श से उसने हुमायूँ को एक पत्र लिखकर प्रार्थना की कि जब तक वह धर्मयुद्ध में लगा हुआ है तब तक वह उस पर आक्रमण न करे। हुमायूँ ने इसे स्वीकार कर लिया और वह चित्तौड़ के पतन तक सारंगपुर तथा उज्जैन में रुका रहा।[7]

डॉ. बनर्जी ने हुमायूँ के बहादुर शाह पर आक्रमण न करने का समर्थन किया है।[8] उनका विचार है कि वहाँ रुके रहने से उसने मुस्लिम परंपरा का पालन ही नहीं किया बल्कि उसके निम्नलिखित लाभ भी हुए–

(1) वह बहादुर शाह के राज्य के कुछ भागों पर अधिकार किए हुए था। आलम ख़ाँ जो बहादुर शाह की सहायता के लिए चित्तौड़ गया हुआ था, अपनी जागीर से हाथ धो बैठा।

(2) सारंगपुर और उज्जैन में रहकर मालवा निवासियों तथा पुरविया राजपूतों को अपने पक्ष में करने का हुमायूँ को सुअवसर मिला।

(3) उसने अपने को मांडूगढ़ तथा गुजरात की सेना के बीच रखकर ऐसी परिस्थिति उपस्थित कर दी थी कि बहादुर शाह उसके कैंप के मार्ग से ही अपनी राजधानी में पहुँच सकता था।

(4) चित्तौड़ की विजय के पश्चात् यदि बहादुर शाह अपनी भारी तोपों के साथ अहमदाबाद जाने का प्रयत्न करता तो हुमायूँ अपनी हल्की तोपों के साथ उससे अधिक शीघ्रता से वहाँ पहुँच सकता था।

(5) बहादुर शाह और मुग़लों के युद्ध में हुमायूँ के लिए राजपूतों से अप्रत्यक्ष

सहायता पाना संभव था, क्योंकि बहादुर शाह के उत्तर और पश्चिम दोनों तरफ राजपूत थे। अनुमानतः राजपूतों ने हुमायूँ को भोजन की सामग्री इत्यादि पहुँचाई इससे उसे इसका कष्ट नहीं हुआ।[9]

डॉ. बनर्जी का यह मत ठीक नहीं प्रतीत होता। हुमायूँ यदि इसी समय राजपूतों की सहायता करने के लिए आगे बढ़ जाता तो यह अधिक संभव था कि राजपूत सदा के लिए उसके मित्र बन जाते और भविष्य में उसे जिन कठिनाइयों का सामना करना पड़ा, कदाचित् उन कठिनाइयों का सामना उसे न करना पड़ता। इस दृष्टि से हुमायूँ ने एक भारी भूल की तथा उसने एक बहुत बड़ा अवसर खो दिया। वास्तविक रूप में हुमायू राजपूतों की सहायता के महत्त्व को नहीं समझ सका। यदि उसने इस सुअवसर से लाभ उठाया होता तो उसका भविष्य ही बदल गया होता।[10]

चित्तौड़ का पतन

बहादुर शाह को जब यह ज्ञात हो गया कि हुमायूँ उसके विरुद्ध और आगे नहीं बढ़ेगा तो उसने नई शक्ति के साथ चित्तौड़ के घेरे का कार्य पुनः प्रारंभ किया। इस घेरे का उत्तरदायित्व प्रसिद्ध तोपची रूमी ख़ाँ को सौंपा गया जो अपनी योग्यता के लिए पूरे भारत में प्रसिद्ध था।

मार्च 1535 ई. के प्रारंभ में रूमी ख़ाँ की तोपों ने दुर्ग, दक्षिण-पश्चिम की रक्षापंक्ति को विध्वंस करना प्रारंभ कर दिया। इस भाग के रक्षक हाड़ा अर्जुन ने बहादुरी के साथ इसकी रक्षा का प्रबंध किया, किन्तु तोपों के सामने उसको सफलता नहीं मिली। रूमी ख़ाँ ने दुर्ग के अन्य भागों पर भी अपनी तोपों से आक्रमण प्रारंभ कर दिया, जिससे घबराकर राजपूतों की 13,000 स्त्रियाँ, रानी कर्मावती के साथ जौहर करके जल मरीं तथा पुरुष प्रमुख द्वार खोलकर युद्ध के लिए बाहर निकल पड़े। भैरों पोल पर भीषण युद्ध हुआ, जिसमें बहुत-से राजपूत मारे गए। लगभग 3,000 बालकों को कुएँ में डाल दिया गया, जिससे वे शत्रु के हाथ में न पड़ें। इस तरह लगभग 32,000 मनुष्य मारे गए।[11]

संघर्ष और नरसंहार के पश्चात् बहादुर शाह ने 8 मार्च 1535 ई. को चित्तौड़ के दुर्ग पर अधिकार कर लिया। उसमें रूमी ख़ाँ को यह दुर्ग देने की आशा दिलाई थी किन्तु अमीर रूमी ख़ाँ के विरुद्ध थे। उन्हें भय था कि उससे रूमी ख़ाँ बहुत शक्तिशाली हो जाएगा। इस कारण बहादुर शाह ने यह दुर्ग रणथंभौर के दुर्गपति नस्सम ख़ाँ को सौंप दिया।

मंदसौर

चित्तौड़ के पतन का समाचार सुनकर हुमायूँ बहादुर शाह से युद्ध करने के लिए उज्जैन से आगे बढ़कर मंदसौर आया। बहादुर शाह चित्तौड़ से गुजरात पहुँच जाना चाहता

था किन्तु मुग़लों की सतर्कता से वह ऐसा करने में सफल न हो सका।

मंदसौर में दोनों सेनाएँ एक-दूसरे के आमने-सामने एक झील के निकट खड़ी रहीं।[12] मुग़लों के एक अग्रणी दस्ते ने बहादुर शाह की सेना में गड़बड़ी उत्पन्न कर दी, किन्तु उसका कुछ विशेष प्रभाव नहीं पड़ा। रणनीति के विषय में बहादुर शाह के सेनानायकों में मतभेद था। प्रमुख सेनानायक ताज ख़ाँ तथा सद्र ख़ाँ ने हुमायूँ की सेना पर तुरंत आक्रमण करने की राय दी। उनका विचार था कि गुजराती सेना चित्तौड़ की विजय से प्रोत्साहित थी। उस समय आक्रमण करने से सफलता की पूर्ण आशा थी। रूमी ख़ाँ ने इसका विरोध किया। उसने कहा कि बहादुर शाह की सबसे बड़ी शक्ति उसका तोपख़ाना था। खुली लड़ाई में तोपख़ाने का पूर्ण उपयोग कठिन था। उसने मजाक के तौर पर कहा कि शक्तिशाली तोपख़ाने के रहते हुए साधारण तलवारों तथा तीरों से युद्ध करना मूर्खता है। उसने यह मत प्रकट किया कि चारों तरफ गाड़ियों का घेरा तैयार कर लिया जाए तथा चारों तरफ खाई खुदवा दी जाए। मुग़लों की सेनाएँ इनके निकट आते ही बंदूकों तथा तोपों से मार डाली जाएँगी।[13]

बहादुर शाह ने रूमी ख़ाँ का विचार कई कारणों से स्वीकार किया। सद्र ख़ाँ की योजना आक्रमण की थी। इसके विपरीत रूमी ख़ाँ की योजना में आक्रमण तथा रक्षा दोनों का समावेश था। कदाचित् बहादुर शाह मुग़लों से खुला युद्ध करने में भय खाता था। सद्र ख़ाँ ने अपने विचार की पुष्टि के लिए कई शक्तिशाली दलीलें भी दी थीं। चित्तौड़ विजय से जहाँ गुजराती सेना में उल्लास था वहाँ मुग़ल सेना भी थकी नहीं थी। रूमी ख़ाँ तोपख़ाने का विशेषज्ञ था। चित्तौड़ की विजय का बहुत कुछ श्रेय उसी को था जिससे उसकी योग्यता का सिक्का जम गया था। इस परिस्थिति में बहादुर शाह ने रूमी ख़ाँ की योजना को स्वीकार किया।

बहादुर शाह की स्वीकृति पाते ही रूमी ख़ाँ ने अपना प्रबंध प्रारम्भ कर दिया। अपनी सेना के चारों तरफ गाड़ियों तथा आरक्षित तोपों से उसने एक रक्षांत दीवार-सी बना दी। एक तरफ झील थी। बाकी तीन तरफ खाइयों से इसे और भी सुरक्षित कर दिया। बहादुर शाह तथा उसकी सेना इस घेरे के अंदर थी। आक्रामक दल एक घुड़सवार दल था। इनका लक्ष्य मुग़लों को तंग करना तथा ऐसी परिस्थितियाँ उपस्थित करना था जिससे मुग़ल गुजराती तोपों के सम्मुख आ जाए और उन्हें मार डाला जाए। यह योजना बाबर की योजना से, जो उसने पानीपत के युद्ध में अपनाई थी, मिलती-जुलती थी।[14] बहादुर शाह ने पानीपत के युद्ध में मुग़लों की युद्ध कला को देखा था तथा वह उससे प्रभावित था। इस कारण उसे विश्वास था कि रूमी ख़ाँ की यह योजना सफल होगी।

प्रारंभ में रूमी ख़ाँ को सफलता मिली। प्रारंभिक मुठभेड़ों में मुग़लों को हानि उठानी पड़ी। 14 अप्रैल 1535 ई. को मुहम्मद ज़मान मिर्ज़ा ने 500 घुड़सवारों के

साथ आक्रमण किया। बहुत-से मुग़ल सैनिक उसका पीछा करते हुए गुजराती तोपों के सामने आ गए तथा मारे गए।[15] मुग़ल सैनिक तोपों के निकट जाने में डरते थे।[16]

हुमायूँ बहादुर शाह की सेना को घेरे रहा। उसने दो-एक बार गुजराती सेना की रक्षापंक्ति को नष्ट करने का प्रयत्न किया, किन्तु उसे पीछे लौटना पड़ा। हुमायूँ ने अब यह निश्चय किया कि गुजराती सेना को इस तरह घेर लिया जाए कि उसे किसी तरह की सामग्री बाहर से प्राप्त न हो सके। उसने उन मार्गों पर जिनसे गुजराती सेना को आवश्यक सामग्री प्राप्त होती थी अपने आदमी बैठा दिए जिससे गुजराती सेना को आवश्यक वस्तुएँ न प्राप्त हो सकें। इसके अतिरिक्त उसने अपने सैनिकों को आज्ञा दी कि वे गुजराती सेना के पास न जाएँ।[17]

योजना में उसे सफलता मिली। गुजराती सेना को खाद्य सामग्री, घोड़ों का चारा, ईंधन इत्यादि के मिलने में कठिनाई होने लगी, जिससे बहादुर शाह के कैंप में बहुत परेशानी हुई। अन्न का भाव बढ़ गया। बहादुर शाह ने बंजारों की सहायता से दस हज़ार लदी बैलगाड़ियों पर अनाज प्राप्त किया तथा उसे लाने के लिए उसने पांच हजार सैनिक भेजे।[18] किन्तु दुर्भाग्यवश इसकी सूचना हुमायूँ को प्राप्त हो गई और अपनी सेना की सहायता से यह अन्न मुग़लों ने अपने अधिकार में कर लिया। इससे गुजराती सेना को बहुत ही निराशा हुई तथा उनका कष्ट बहुत बढ़ गया।[19]

अप्रैल का महीना आ गया था। कुछ ही दिनों में वर्षा प्रारंभ हो सकती थी उस समय झील पानी से भर जाती जिससे हुमायूँ को कठिन परिस्थितियों का सामना करना पड़ता। वह इस समय शेर ख़ाँ से भी दूर था। मालवा में विदेशी सेना तथा युद्ध की ऐसी परिस्थितियों में विद्रोह भी हो सकता था। इस स्थिति में हुमायूँ ने बहादुर शाह की कठिनाइयों से लाभ उठाना चाहा तथा उसने बहादुर शाह की सेना पर 25 अप्रैल को खुलकर आक्रमण करने का निश्चय किया। बहादुर शाह भी इन परिस्थितियों से घबरा गया था। निराशा की अवस्था में उसने युद्ध से भागने का निश्चय किया। 25 अप्रैल की रात को भागने के पहले उसने अपने जवाहिरात, तोपख़ाना तथा जानवरों को नष्ट कर दिया जिससे वे शत्रु के हाथ न लगें। जिस समय बहादुर शाह के प्रिय हाथियों 'शिरजा' तथा 'पतसिंगार' की सूँडें काटी जा रही थीं और उसकी प्रसिद्ध तोपें 'लैला' और 'मजनूँ' नष्ट की जा रही थीं उस समय उसकी आँखों में आँसू आ गए।[20]

रात्रि में अपने पाँच विश्वासपात्र अमीरों के साथ जिसमें कद्रशाह (जो बाद में मालवा का शासक हुआ) तथा ख़ानदेश के शासक प्रमुख थे, बहादुर शाह पिछले मार्ग से निकलकर एक सुनसान मार्ग से मांडू की तरफ रवाना हो गया।[21] प्रारंभ में शत्रुओं को धोखा देने के लिए वह आगरा के मार्ग से अग्रसर हुआ, कुछ दूर जाकर वह पुनः मांडू की तरफ लौट पड़ा।

रात्री में बहादुर के खेमे से शोर सुनकर हुमायूँ को उसके पलायन की सूचना

मिली। सहसा उसे विश्वास नहीं हुआ। 30,000 सिपाहियों के साथ युद्ध के लिए तैयार होकर हुमायूँ अपने खेमे में प्रतीक्षा करता रहा।[22] उसने बहादुर शाह की सेना पर उसी समय आक्रमण नहीं किया, जबकि वह उस समय आक्रमण कर उसकी सेना को पूर्णतया नष्ट कर सकता था।

डॉ. बनर्जी ने हुमायूँ के आक्रमण न करने की नीति की सराहना की है। वे लिखते हैं कि हुमायूँ इतना बहादुर था कि वह शत्रु की कमजोरी से लाभ नहीं उठाना चाहता था, उसी के साथ वे यह भी लिखते हैं कि बहादुर शाह की सैनिक योग्यताओं का हुमायूँ को ज्ञान था और इस कारण वह कोई भी खतरा नहीं मोल लेना चाहता था, विशेषतया इस कारण कि उसकी नाकेबंदी की नीति सफल हो रही थी। इसके अतिरिक्त हुमायूँ अपनी सेना को रात्रि में नियंत्रित रखना चाहता था जिससे सुविधा के साथ शत्रु पर आक्रमण कर सके।[23]

डॉ. बनर्जी के मत में परस्पर विरोधी दलीलें हैं। या तो हुमायूँ वीर था और बहादुर शाह की कमजोरी से लाभ उठाना नहीं चाहता था या उससे भयभीत था। ये दोनों बाते एक साथ नहीं कही जा सकतीं। वास्तव में यदि हम विचार करें तो यह स्पष्ट हो जाता है कि जिस समय बहादुर शाह के खेमे में तोपें, जानवर एवं अन्य सामग्रियाँ नष्ट की जा रही थीं, तथा रूमी ख़ाँ द्वारा हुमायूँ को बहादुर शाह के पलायन की सूचना भी प्राप्त हुई, उस समय हुमायूँ को इन बातों पर पूर्ण विश्वास नहीं हुआ। उसे यह भय था कि यह बात उसे धोखा देने के लिए कही जा रही है जिससे वह गुजराती सेना पर आक्रमण कर दे। यही कारण था कि 30,000 अश्वारोहियों के साथ तैयार होकर हुमायूँ सतर्कता से प्रतीक्षा करता रहा। उसमें खतरा मोल लेने की हिम्मत होती तो उसने निश्चय ही बहादुर शाह की सेना पर आक्रमण कर दिया होता। यह हुमायूँ की वीरता नहीं वरन् उसकी अदूरदर्शिता का प्रतीक था।

बहादुर शाह के भागने के कारण

शक्तिशाली तोपख़ाना एवं नई विजय से उल्लसित सेना के रहते हुए भी बहादुर शाह ने युद्ध क्यों नहीं किया? हुमायूँ द्वारा खाद्य वस्तुओं पर रोक लगाने के परिणामस्वरूप उसके खेमे की हालत दिन पर दिन बिगड़ती जा रही थी। बहादुर शाह की सबसे बड़ी शक्ति उसका तोपख़ाना था जो रूमी ख़ाँ द्वारा संचालित था। बहादुर शाह को यह संदेह हो गया था कि रूमी ख़ाँ मुग़लों से मिला हुआ है। दिन पर दिन बिगड़ती हुई अवस्था से वह घबड़ा गया तथा रूमी ख़ाँ की तरफ उसका संशय और भी दृढ़ हो गया। इसका कारण वह किसी तरह यहाँ से भागकर अपने दृढ़ दुर्ग में पहुँच जाना चाहता था। रूमी ख़ाँ के विश्वास-घात की सूचना पाते ही उसने अपने एक अफ़सर को आज्ञा दी कि रूमी ख़ाँ को मार डाले। उस व्यक्ति ने रूमी ख़ाँ को सूचना दे दी।[24] रूमी ख़ाँ का हुमायूँ से पत्र व्यवहार तो चल ही रहा था, बहादुर शाह को

छोड़कर भागने का अच्छा अवसर प्राप्त हो गया और वह हुमायूँ से जा मिला।[25] बहादुर शाह रूमी ख़ाँ के विश्वासघात से इतना भयभीत था कि उसने अपने पलायन की सूचना अपने विश्वस्त अमीरों को भी नहीं दी। 80 वर्ष का बूढ़ा खुदावंद ख़ाँ, जो पहले मंत्री रह चुका था, यह समाचार सुनकर आश्चर्यचकित रह गया।

बहादुर शाह की सेना का पलायन

गुजराती सेना बहादुर शाह के भाग जाने से बहुत ही निराश्रित हो गई। न भागने का रास्ता था, न वहाँ रुकना संभव था। जिसको जहाँ अवसर मिला, भाग गया। इस बीच सद्र ख़ाँ तथा इमादुल मुल्क ने बुद्धि तथा साहस से काम लिया। उन्होंने जो सेना इकट्ठी हो सकती थी, इकट्ठी की तथा रात्रि के पश्चात् प्रातः अपने झंडे उड़ाते और बाजे बजाते ये दक्षिण की तरफ बढ़े जैसे वे पराजित न होकर विजयी हुए हों। इस सेना के साथ खुदावंद ख़ाँ भी था। अपनी बुढ़ौती तथा क्षीण स्वास्थ्य के कारण वह घोड़े पर नहीं चढ़ सकता था और अपने चार हज़ार सैनिकों के साथ पालकी पर बैठकर मांडू की तरफ जा रहा था।[26]

हुमायूँ ने यादगार नासिर मिर्ज़ा, कासिम हुसैन सुलतान तथा हिंदू बेग के नेतृत्व में एक सेना गुजराती सेना का पीछा करने के लिए भेजी। खुदावंद ख़ाँ तेजी के साथ भागने में असमर्थ था और मुग़लों द्वारा बंदी बना लिया गया।[27] हुमायूँ ने खुदावंद ख़ाँ के साथ बहुत ही अच्छा व्यवहार किया। मुग़लों ने सद्र ख़ाँ का पीछा किया किन्तु वह पकड़ा नहीं जा सका। अपनी सेना के साथ वह मांडू के दुर्ग में बहादुर शाह से जा मिला।

हुमायूं ने बहादुर शाह के खेमे का बचा सामान अपने अधिकार में कर लिया। पूरा खेमा उसी तरह छोड़ दिया गया था। खेमे के ठाट-बाट ने मुग़लों को आश्चर्यचकित कर दिया। अबूतुराब वली के अनुसार पूरा खेमा लगभग एक मील के घेरे में फैला हुआ था। खेमा सोने के काम से युक्त मखमल का था तथा उनके खूंटे सोने और चांदी के थे। इन्हें देखकर हुमायूँ आश्चर्यचकित हो गया और उसने कहा था कि इसमें आश्चर्य की कोई बात नहीं है, क्योंकि बहादुर शाह समुद्र और पृथ्वी दोनों का शासक था।[28] इन चीजों के अतिरिक्त मुग़लों को बहुत-से गुजराती बन्दी प्राप्त हुए जिनमें खुदावंद ख़ाँ के अतिरिक्त बहादुर शाह का श्वसुर तथा थट्टा का भूतपूर्व शासक जाम फ़ीरोज़ भी था। हुमायूँ ने खुदावन्द ख़ाँ को सम्मानित किया तथा उसे अपनी सेना में रख लिया। हुमायूँ ने रूमी ख़ाँ का भी खिलअत द्वारा स्वागत किया।[29]

मुहम्मद ज़मान मिर्ज़ा जो अब तक बहादुर शाह के साथ था, यहाँ से भागकर पंजाब तथा थट्टा की तरफ चला गया।[30] कामरान की अनुपस्थिति में उसने पंजाब में लूटमार करना प्रारंभ कर दिया। बहादुर शाह की इन परिस्थितियों से चित्तौड़ ने लाभ उठाया और राजपूतों ने फिर उस पर अधिकार कर लिया।[31]

मांडू

हुमायूँ भी बहादुर शाह का पीछा करता हुआ मांडू के निकट पहुँचा तथा उसने नालचा में, जो मांडू के दिल्ली दरवाजे से केवल तीन मील की दूरी पर था, अपना पड़ाव डाला।

मांडू का दुर्ग मध्य युग के शक्तिशाली दुर्गों में समझा जाता था। यह 23 मील की परिधि में फैला हुआ था तथा चारों तरफ मोर्चे वाली दीवारों से रक्षित था।[32] मंदसौर से भागकर बहादुर शाह ने यहीं मुग़लों का सामना करने की तैयारी की।

गुजराती सेना मंदसौर के पलायन से हताश हो गई थी। रूमी ख़ाँ तथा अन्य सेनानायकों के विश्वासघात ने बहादुर शाह को दहला दिया था। हुमायूँ जानता था कि मांडू का दुर्ग इतना शक्तिशाली है कि उसे आसानी से अधिकृत नहीं किया जा सकेगा। इसके अतिरिक्त पूर्व में शेर खा की गतिविधि पर उसका ध्यान था। मांडू के घेरे में अधिक समय लगने से खतरा उपस्थित होने का भय था। वर्षा ऋतु आ रही थी जिससे अन्य कठिनाइयों की आशंका थी। इस कारण उसने पुनः बहादुर शाह से सन्धि वार्ता आरंभ की।

हुमायूँ ने सैयद अमीर तथा बैराम ख़ाँ को बहादुर शाह के पास दूत बनाकर यह संदेश लेकर भेजा की वर्षा ऋतु में युद्ध करना ठीक नहीं है। हुमायूँ ने यह प्रस्ताव रखा कि गुजरात का वह भाग जो बहादुर को उसके पूर्वजों द्वारा प्राप्त हुआ था उस पर उसका अधिकार रहे और मालवा तथा अन्य भागों पर मुग़लों का अधिकार हो जाए।[33] हुमायूँ ने यह भी स्वीकार किया कि उसके प्रस्ताव का कारण खुले युद्ध की कठिनाइयाँ थीं। इस तरह दोनों पक्षों में सन्धि वार्ता प्रारंभ हुई। बहादुर शाह ने भी संधि का स्वागत किया।

हुमायूँ का प्रतिनिधि मौलाना मुहम्मद फरगली (परगली) तथा बहादुर शाह का प्रतिनिधि सद्र ख़ाँ नालचा और मांडू के बीच नीली सबील पर मिले। गुजरात की तरफ से सद्र ख़ाँ को सहायता देने के लिए दो शिष्ट मौलवियों को भाग लेने की स्वीकृति भी हुमायूँ ने दे दी।[34] सन्धि वार्ता प्रारंभ में सफल नहीं हुई और हुमायूँ ने दुर्ग पर आक्रमण की तैयारी शुरू कर दी। किन्तु मौलवियों की सहायता से संधि की शर्तें तय हो गईं। इसके अनुसार चित्तौड़ गुजरात को तथा मांडू और उसके निकट के भाग मुग़लों को प्राप्त होते।[35] मुग़ल सम्राट ने इसे स्वीकार किया क्योंकि वह मांडू पर तुरंत अधिकार करना चाहता था।

एक व्यक्तिगत पत्र में हुमायूँ ने सन्धि की स्वीकृति दे दी। इसके अनुसार गुजरात तथा चित्तौड़ बहादुर शाह को प्राप्त होता–यह निश्चय हुआ कि बहादुर शाह मांडू दुर्ग के पश्चिमी द्वार लोआनी से बाहर निकल जाए तथा मुग़ल उत्तरी द्वार अर्थात् दिल्ली द्वार से प्रवेश करें।

बहादुर शाह ने हुमायूँ की शर्तों को स्वीकार कर लिया और उसने अपने सिपाहियों को भी इसकी सूचना दे दी। इसके परिणामस्वरूप सैनिकों तथा गुजराती अधिकारियों के मन में यह निश्चय-सा हो गया कि युद्ध समाप्त हो जाएगा। इस तरह उनके मन से युद्ध की सतर्कता समाप्त हो गई।

उसी रात लगभग दो सौ मुग़ल सैनिक मांडू की दीवार पर सीढ़ियाँ लगाकर तथा कमंदों की सहायता से दुर्ग में प्रवेश कर गए। उन्होंने दुर्ग का फाटक खोल दिया तथा अन्य मुग़ल सैनिकों की सहायता से दुर्ग पर अधिकार कर लिया।[36] इसकी सूचना पाकर हुमायूँ घोड़े पर चढ़कर अपने आदमियों के साथ दुर्ग के फाटक की तरफ आया। दिल्ली दरवाजे से उसने दुर्ग में प्रवेश किया। सद्र ख़ाँ अपने आदमियों सहित अपने घर के द्वार पर खड़ा युद्ध करता रहा तथा घायल होने पर भी अपने स्थान पर दृढ़ रहा। अन्त में उसके उच्च पदाधिकारी उसके घोड़े की लगाम पकड़कर मांडू दुर्ग के अंदर सोनगढ़ (सुगढ़) की ओर ले गए।[37] जिसकी रक्षा का उत्तरदायित्व सुल्तान आलम ख़ाँ के ऊपर था।

कादिर शाह, जिस पर दुर्ग की रक्षा का उत्तरदायित्व था, मुग़लों के प्रवेश की सूचना पाकर दुर्ग के बुर्ज से उतरकर घोड़ा दौड़ाता बहादुर शाह के शयनागार में पहुँचा। बहादुर शाह के सेवक उसे अंदर जाने देने को राजी नहीं हुए। उसकी आवाज़ सुनकर बहादुर शाह जाग गया तथा उसकी आवाज़ पहचानकर उसने उसे अंदर बुलाया। परिस्थिति का ज्ञान प्राप्त करने के पश्चात् बहादुर शाह घोड़े पर चढ़कर बाहर निकला। उसके साथ कादिर शाह और भूपत राय भी थे। रूमी ख़ाँ ने भूपत राय को बहादुर शाह का साथ छोड़ने के लिए भड़काया था और उन्हें हुमायूँ द्वारा सद्व्यवहार का आश्वासन दिया था। भूपत राय ने फिर भी बहादुर शाह का साथ न छोड़ा।[38]

प्रारंभ में बहादुर ने युद्ध करना चाहा किन्तु सोनगढ़ पहुँचकर उसने अनुभव किया कि स्थिति प्रतिकूल है। उसने मांडू छोड़कर भागने का निश्चय किया। रात्रि के अंधकार में उसके घोड़े रस्सियों से बाँधकर दुर्ग की दीवारों से बाहर निकाले गए और बहादुर शाह कुछ साथियों के साथ वहाँ से निकल गया। भागते समय मुग़ल सेना के ऊज़बेक सैनिक बुरी ने बहादुर शाह को पहचान लिया।[39] इस सैनिक ने इसकी सूचना अपने सेनानायक कासिम हुसैन को दी। किन्तु कासिम हुसैन ने यह कहकर टाल दिया की गुजरात का सुल्तान केवल तीन-चार सिपाहियों के साथ नहीं जाएगा। इस तरह भाग्य ने बहादुर शाह के पलायन में साथ दिया।

मांडू का कत्ले आम--मांडू के दुर्ग पर अधिकार करने के पश्चात् मंगलवार का दिन होने से हुमायूँ ने लाल वस्त्र पहना था। उसने कत्ले आम की घोषणा की। तीन दिन तक मुग़ल सैनिक गलियों में खून की नदी बहाते रहे।[40] अन्त में चौथे दिन वच्छु (मंझू) नामक बहादुर शाह के एक गायक के गान से प्रभावित होकर हुमायूँ ने हरा वस्त्र पहना तथा कत्ले आम बंद करने की आज्ञा दी।[41] कत्ले आम के कारण

मांडू में शांति-स्थापित करने में कठिनाई नहीं हुई। सद्र ख़ाँ घायल अवस्था में हुमायूँ के सामने लाया गया। हुमायूँ ने उसे क्षमा कर दिया।[42] अन्य अमीरों के साथ भी दया का बर्ताव किया गया।

सद्र ख़ाँ जब हुमायूँ की सेवा में आया तो प्रारंभ में उसके ऊपर केवल निगरानी रखी गई। उसने यह आश्वासन दिया था कि वह मुग़ल सेना छोड़कर कहीं नहीं जाएगा। वह अपने वचन पर इतना अटल रहा कि बाद में कैंबे में उसे गुजरातियों ने भगाने का प्रयत्न किया किन्तु उसने उनके साथ जाना अंस्वीकार कर दिया।

जहाँ सद्र ख़ाँ के साथ सद्व्यवहार हुआ वहाँ आलम ख़ाँ के साथ कठोरता का व्यवहार किया गया और उसकी एड़ी की नसें काटकर उसे जीवन भर के लिए पंगु कर दिया गया।[43]

मांडू हत्याकांड की आलोचना—हुमायूँ के मांडू निवास तथा दुर्ग पर अधिकार करने की घटनाएँ हमारे सम्मुख कई प्रश्न उपस्थित करती हैं तथा हुमायूँ के चरित्र के कुछ ऐसे अंश प्रदर्शित करती हैं जिन्हें समझना सरल नहीं है। हुमायूँ ने स्वयं ही सन्धिवार्ता प्रारंभ की। संधिवार्ता में उसने सदा उदारता दिखाई। इसी कारण उसने बहादुर शाह के दो मौलवियों को भी उसमें भाग लेने दिया तथा बाद में बहादुर शाह को चित्तौड़ देने की भी स्वीकृति उसने दी। यही नहीं, एक फ़रमान द्वारा उसने सन्धि को पक्का कर दिया। ऐसी परिस्थिति में उसने दुर्ग पर रात को आक्रमण क्यों किया? मुग़ल गुजराती इतिहासकारों ने भी इस पर प्रकाश नहीं डाला है। या तो हुमायूँ ने सन्धिवार्ता बहादुर शाह को धोखा देने के लिए की जिससे वह दुर्ग की रक्षा का प्रबंध ढीला कर दे और मुग़लों को उस पर अधिकार करने में सुविधा हो, अथवा बीच में कुछ ऐसी बातें हुईं जिनके कारण उसने संधि तोड़कर आक्रमण किया। जो भी हो, हुमायूँ का यह कार्य निंदनीय है। उसने वचन भंग किया तथा गुजरातियों पर यह स्पष्ट हो गया कि मुग़लों की बात का कोई विश्वास नहीं है।

एक तरफ हुमायूँ ने स्वीकृत सन्धि तोड़ी और दूसरी तरफ वह इतना क्रोधित हुआ कि तीन दिन तक उसने मांडू में खून की नदियाँ बहा दीं। आखिर उसके क्रोध का कारण क्या था? क्या वह समझता था कि मांडू के दुर्गवासी उसका स्वागत करेंगे? जो भी हो, इस हत्याकांड से उसने गुजरातियों की सद्भावना खो दी। मुग़ल अब गुजरातियों के समक्ष केवल एक नृशंस हत्यारे, झूठे तथा विदेशी रह गए। हुमायूँ की इन्हीं मूर्खताओं के कारण बाद में गुजरात में जन आंदोलन प्रारंभ हुआ, जिसके परिणामस्वरूप मुग़लों को गुजरात से भागना पड़ा।

चंपानीर

मांडू से भागकर बहादुर शाह अहमदाबाद होता हुआ चंपानीर पहुँचा। चंपानीर का दुर्ग बड़ौदा से 25 मील उत्तर में स्थित है। 16वीं शताब्दी में यह एक प्रसिद्ध दुर्ग

था तथा यहाँ गुजरात के सुल्तानों ने अपना कोष संचित कर रखा था।

हुमायूँ मांडू में केवल तीन दिन रहा। उसने सिंध के मिर्ज़ा शाह हुसैन अरगून को उत्तर से गुजरात पर आक्रमण करने के लिए एक पत्र भेजा तथा लिखा कि पाटन में पहुँचने के पश्चात् वह हुमायूँ को सूचित करे तथा उसकी आज्ञा की प्रतीक्षा करे।[44]

हुमायूँ 30,000 घुड़सवार[45] सेना के साथ बहादुर शाह का पीछा करता हुआ अहमदाबाद पहुँचा। यह नगर भी लूटा गया।[46] यहाँ से बढ़कर हुमायूँ चंपानीर के दुर्ग के निकट पहुँचा तथा पिपली दरवाजे के पास स्थित इमादुल मुल्क नामक तालाब के निकट ठहरा। उसने नगर में प्रवेश किया। किन्तु दुर्ग बहादुर शाह के अधिकार में ही रहा।

बहादुर शाह का साहस हिल गया था। यद्यपि उसने दुर्ग में आवश्यक वस्तुएँ जमा कर ली थीं, फिर भी हुमायूँ के पहुँचने के समाचार से उसे घबराहट हुई। उसने कोष, जवाहरात तथा स्त्रियों को मसनद अली अब्दुल अज़ीज़ आसफ ख़ाँ को, डियू पहुँचाने के लिए सुपुर्द किया।[47] दुर्ग का उत्तरदायित्व उसने राजा नरसिंह देव उर्फ कान्ह राज (ख़ाँ जहाँ) तथा इख़्तियार ख़ाँ को दिया और केवल 200 सैनिकों के साथ कैंबे की तरफ भाग खड़ा हुआ। नगर छोड़ने के पूर्व उसने मुहम्मदाबाद-चंपानीर में (जो उसी पहाड़ों पर स्थित था जिस पर चंपानीर का दुर्ग था) आग लगवा दी।

हुमायूँ ने नगर (मुहम्मदाबाद-चंपानीर) में प्रवेश किया और उसने सर्वप्रथम नगर में आग बुझाने का प्रबंध किया। हिन्दू बेग तथा अधिकांश सेना (लगभग 20,000) को उसने दुर्ग के घेरे के लिए छोड़ दिया और स्वयं लगभग 1000 घुड़सवारों के साथ बहादुर शाह का पीछा करने के लिए रवाना हुआ। हुमायूँ ने पीछा करने में तेजी दिखाई किन्तु वह बहादुर शाह के कैंबे नगर छोड़ने के कुछ घंटे बाद वहाँ पहुँचा।

कैंबे में बहादुर शाह ने 100 जहाज़ों का बेड़ा पुर्तगालियों के विरुद्ध युद्ध करने के अभिप्राय से इकट्ठा किया था। नई परिस्थिति में उसे भय हुआ कि यह मुग़लों के हाथ न लग जाए। इस कारण उसने उसे नष्ट कर दिया तथा यहाँ से भागकर डियू चला गया।[48]

हुमायूँ कैंबे से आगे कई कारणों से नहीं बढ़ा।[49] उसने केवल एक छोटा सैन्य दल बहादुर शाह का पीछा करने के लिए भेज दिया। डियू पुर्तगालियों के अधिकार में था। हुमायूँ को भय था कि आगे बढ़ने से उनके साथ संघर्ष होगा। बहादुर शाह उनसे वार्ता कर रहा था। इससे संघर्ष की और भी आशंका थी। इसके अतिरिक्त चंपानीर पर अभी मुग़लों का अधिकार नहीं हुआ था तथा अधिकतर मुग़ल सेना वहीं थी। हुमायूँ के पास कैंबे में सेना कम थी तथा चंपानीर के कोष[50] पर तत्काल अधिकार करना आवश्यक था।

मांडू की घटनाओं के पश्चात् बहादुर शाह ने संधि की कोई वार्ता प्रारंभ नहीं की। मुग़लों पर से उसका विश्वास उठ गया था। बहादुर शाह के एक स्थान से

दूसरे स्थान के पलायन से स्पष्ट हो जाता है कि उसके मन में मुग़लों से युद्ध करने का साहस नहीं रह गया था। मांडू के बाद हुमायूँ ने इतनी तेजी के साथ बहादुर शाह का पीछा किया जिसे देखकर संतोष तथा आश्चर्य होता है। आश्चर्य इस कारण की हुमायूँ में गति का अभाव था तथा अधिकतर वह अपने उत्तरदायित्व को भूलकर एक स्थान पर रुक जाता था। यह कदाचित् उसके जीवन की कुछ घटनाओं में हैं, जब उसने तेजी के साथ बिना समय नष्ट किए शत्रु का पीछा किया। संतोष इस कारण अनुभव होता है कि आवश्यकता पड़ने पर हुमायूँ एक उच्च कोटि के विजेता का गुण भी प्रदर्शित कर सकता था।

चंपानीर से एक छोटी सेना के साथ बहादुर शाह का पीछा करना हम हुमायूँ का दुस्साहस भी कह सकते हैं। विशेषतः जब यह स्पष्ट था कि बहादुर शाह गुजरात में जनप्रिय था और मुग़ल विरोधी भावनाएँ उग्र होती जा रही थीं।

इसके अतिरिक्त चंपानीर के दुर्ग को बिना अधिकार में किए हुए आगे बढ़ना कहाँ तक उचित था, इसमें संदेह किया जा सकता है। यदि बहादुर ने हुमायूँ पर दो तरफ से आक्रमण कर दिया होता तो कठिन परिस्थिति उपस्थित हो सकती थी। हुमायूँ के सौभाग्य से इस तरह की घटना नहीं हुई और इस कारण हुमायूँ के पक्ष में हम यह कह सकते हैं कि उसने स्थिति का पूर्ण अध्ययन कर लिया था। वह जानता था कि गुजरातियों या बहादुर शाह में मुग़लों का सामना करने की शक्ति नहीं है।

गवार तथा कोली जातियों का आक्रमण

हुमायूँ कैंबे में वहाँ के गर्वनर सैयिद शरीफ जिलानी के आतिथ्य का आनन्द ले रहा था। उसी समय बहादुर शाह के दो अधिकारी मलिक अहमद लाड तथा रुक्न दाऊद ने हुमायूँ से बहादुर शाह का बदला लेने का विचार किया। उन्होंने 'कोली' तथा 'गवार' जाति[51] के सरदारों से सहायता ली और रात में मुग़ल खेमे पर आक्रमण कर उसे नष्ट करने की योजना बनाई। कैंबे की जनता मुग़लों के विरुद्ध थी तथा पूरे गुजरात में मुग़ल विरोधी भावना विद्यमान थी। संयोग से हुमायूँ के कैंप में एक नौजवान था जिसे कैंबे के निकट बंदी बनाया गया था। उसकी मां को इस योजना की ख़बर लगी तो उसे अपने पुत्र के प्राणों का भय हुआ (जो हुमायूँ के खेमे में था)। उसने इस सूचना द्वारा अपने पुत्र की स्वतंत्रता प्राप्त करने का विचार किया। प्रारंभ में हुमायूँ के सैनिकों ने बूढ़ी स्त्री की बात का मजाक उड़ाया किन्तु अन्त में वे उसे हुमायूँ के पास ले गए। बुढ़िया ने रात में मुग़ल सेना पर छापे की योजना बताई तथ अन्त में उसने कहा कि, "यदि मेरी बात झूठ निकले तो मेरी तथा मेरे पुत्र की हत्या कर दी जाए।" हुमायूँ ने बुढ़िया तथा उसके पुत्र पर पहरेदार नियुक्त किए तथा आक्रमण से रक्षा की पूर्ण तैयारी कर ली। दूसरे दिन पाँच-छः हज़ार कोली

तथा गवार लोगों ने हुमायूँ के खेमे पर आक्रमण कर दिया। हुमायूँ की सेना तैयार थी और उसने इनका सामना किया। आक्रमणकारियों ने बड़ी बहादुरी के साथ युद्ध किया। हुमायूँ की सेना के कई प्रसिद्ध व्यक्ति इस संघर्ष में काम आए। किन्तु आक्रमणकारी पराजित हुए। हुमायूँ ने बुढ़िया तथा उसके पुत्र को स्वतंत्र कर दिया।[52]

इस लूट में अबुल फ़ज़ल के अनुसार बहुत-सी अमूल्य पुस्तकें भी नष्ट हुईं। इनमें मुल्ला सुल्तान अली के हाथ का लिखा हुआ तथा उस्ताद बिहजाद द्वारा चित्रित तीमूरनामा[53] भी था। बाद में यह पुस्तक पुनः प्राप्त कर ली गई और अकबर के पुस्तकालय में विद्यमान थी। इस आक्रमण से हुमायूँ की रक्षा दैव संयोग से ही हुई अन्यथा बहुत संभव था कि इस अचानक आक्रमण से मुग़ल सेना का पूर्णतया नाश हो जाता। आक्रमणकारियों ने भी एक भूल की। उन्होंने मुग़ल सेना को पराजित करने के स्थान पर लूटपाट प्रारंभ कर दी। मुग़लों को समय मिला तथा वे तीरों से आक्रमणकारियों पर आक्रमण करते रहे जिससे उनकी बड़ी हानि हुई।

तारीख़े गुजरात के लेखक अबू तुराब के अनुसार जिस रात गवारों ने आक्रमण किया, सद्र ख़ाँ के रक्षक उसे बाहर ले जाने लगे। किन्तु उसने जाना स्वीकार नहीं किया तथा कहा कि उसने बादशाह से प्रतिज्ञा की है कि वह उसकी सेवा से पृथक् नहीं होगा। इस कोलाहल में सद्र ख़ाँ तथा जाम फ़ीरोज़ की हत्या कर दी गई। हुमायूँ को जब इसकी सूचना मिली तो उसे बड़ा दुख हुआ।[54]

कैंबे की लूट

इस आक्रमण से क्रोधित होकर हुमायूँ ने कैंबे को जलाने तथा लूटने की आज्ञा दी जिससे कैंबे प्रायः नष्ट हो गया।[55]

चंपानीर दुर्ग की विजय

कुछ दिन कैंबे में रुककर हुमायूँ चंपानीर आया और इस दुर्ग का घेरा प्रारंभ हुआ तथा यह चार महीनों तक चलता रहा। बहादुर शाह ने चंपानीर छोड़ते समय इस दुर्ग की रक्षा हेतु राजा नरसिंह देव तथा इख़्तियार ख़ाँ को नियुक्त किया था। रूमी ख़ाँ ने तोपों का प्रयोग किया। दोनों तरफ से गोलाबारी हुई। मुग़ल सेना को पीछे हटकर सुरक्षित स्थान में शरण लेनी पड़ी। दुर्भाग्यवश राजा नरसिंह देव घायल हुआ तथा उसकी मृत्यु हो गई।[56] इसके पश्चात् इख़्तियार ख़ाँ दुर्गपति हुआ। उसने बहुत ही बहादुरी तथा हिम्मत के साथ दुर्ग की रक्षा की। मुग़लों को सबसे बड़ी कठिनाई यह थी कि प्रयत्न करने पर भी ये पूर्ण रूप से दुर्ग में सामान पहुँचने से नहीं रोक सकते थे। दुर्ग के चारों तरफ जंगल था। जिसके अंदर प्रवेश पाना सरल नहीं था। इस कारण मुग़ल तोपें सफलता नहीं प्राप्त कर सकती थीं।

चार महीने के पश्चात् एक दिन जंगल में हुमायूँ को किसानों का एक दल

मिला जो दुर्ग में सामान पहुँचाता था। इन्हें बंदी बनाकर बुरी तरह पीटा गया। इन्होंने दुर्ग की दीवार के निकट के चोर मार्ग का पता बताया। हुमायूँ ने देखा कि दुर्ग की दीवारें 60 से 80 फुट ऊँची और इतनी सपाट थीं कि उन पर चढ़ना कठिन था। दूसरे दिन चाँदनी रात में मुग़लों ने दुर्ग पर चढ़ने का प्रयत्न किया। हुमायूँ ने दुर्ग पर बाहर से आक्रमण करने का ऐसा दिखावा प्रकट किया, जिससे दुर्ग के अंदर के लोगों को भय न हो। साथ ही उसने सत्तर-अस्सी मोटी कीलें तैयार करायीं। ये कीलें दुर्ग की दीवार में एक-दूसरे के ऊपर ठोकी गईं और इस तरह मुग़ल इस लोहे की सीढ़ी की सहायता से ऊपर पहुँचे। 39 आदमियों के ऊपर पहुँचने के बाद बैराम ख़ाँ तथा उसके पश्चात् हुमायूँ ऊपर पहुँचा।[57] इस तरह लगभग 300 आदमी प्रातः होते-होते दुर्ग की दीवार पर चढ़ गए और उन्होंने दुर्ग के द्वार पर अधिकार कर लिया, जिससे सुविधा से मुग़ल दुर्ग में प्रवेश कर सकें। इख़्तियार ख़ाँ[58] ने संघर्ष असंभव देखकर दूसरे दिन दुर्ग समर्पण कर दिया।[59] हुमायूँ ने उसके साथ अच्छा व्यवहार किया किन्तु शत्रु के अन्य सैनिकों के साथ कठोर व्यवहार किया गया।

चंपानीर के दुर्ग में बहादुर शाह तथा उसके वंश का राजकोष संचित था। जल्दी से भागने के कारण बहादुर शाह इसे न ले जा सका था। हुमायूँ को यह सब कोष प्राप्त हुआ।[60] सम्राट ने प्रसन्नता में सोना चाँदी तथा जवाहरात थालों में भरकर मुग़ल अमीर तथा सैनिकों में बाँट दिए।

कुछ मुग़ल सैनिकों की दक्षिण-विजय की योजना

धन प्राप्त कर हुमायूँ तथा उसके अमीरों को संतोष हुआ तथा वे देवराय तालाव के तट पर अपनी विजयों के पश्चात आराम कर रहे थे। इसी समय एक दिन सम्राट के कुछ निम्न कर्मचारी जैसे किताबदार (पुस्तकालय का प्रबंध करने वाले), सिलहदार (अस्त्र-शस्त्र का प्रबंध करने वाले), दावातदार (लेखन सामग्री की व्यवस्था करने वाले), इत्यादि शराब के नशे में शेख शरफुद्दीन यज़्दी कृत जफ़रनामा पढ़ रहे थे। इसमें हज़रत साहब किरानी की प्रारंभिक विजयों का वर्णन था। वे चालीस निष्ठावानों के साथ रहते थे। उन्होंने इन्हें एकता का महत्त्व समझाया[61] तथा कहा कि यदि चालीसों व्यक्ति संगठित रहें तो विजय सदा उनकी होगी। इन मुग़ल कर्मचारियों ने अपनी संख्या गिनी तथा यह जानकर कि ये 400 हैं अर्थात् उनकी शक्ति चालीस की शक्ति से दस गुनी है उन्होंने दक्षिण विजय की योजना बनाई तथा तत्काल अभियान के लिए रवाना हो गए।[62]

हुमायूँ उनके इस मूर्खतापूर्ण अभियान से बहुत नाराज़ हुआ। उन्होंने आक्रमण की आज्ञा नहीं ली थी। इन चार सौ व्यक्तियों की दक्षिण पर अधिकार करने की महत्त्वाकांक्षा असंभव थी। इस तरह के कार्यों को प्रश्रय देने से अनुशासनहीनता को प्रोत्साहन मिलता तथा मुग़ल सेना के यश को बड़ा धक्का लगता।

दूसरे दिन प्रातः हुमायूँ को इन आदमियों के भागने की सूचना मिली। उन का पीछा करने के लिए तत्काल एक सेना भेजी गई और बंदी बनाकर हुमायूँ के सामने पेश किया गया। उस दिन मंगलवार था और हुमायूँ लाल रंग का वस्त्र पहने हुए फौज़दारी का न्याय कर रहा था। उनके व्यवहार से क्रोधित होकर सम्राट ने उन्हें कठोर दंड दिया। कुछ कत्ल कर दिए गए, कुछ हाथी के पाँवों के नीचे दबा दिए गए और बहुत-से व्यक्तियों के नाक, कान तथा हाथ-पाँव काट दिए गए।[63]

उसी दिन संध्या को नमाज़ के समय इमाम ने फ़ील (अलम तरा कैफ या सूरये फ़ील) नामक कुरान का सूरा पढ़ा। इसमें मुहम्मद साहब के जन्म के वर्ष (571 ई.) यमन के बादशाह, अबरहा के हाथियों की एक सेना द्वारा मक्का पर आक्रमण करने तथा ईश्वर के आदेश से पक्षियों द्वारा कंकड़ियों से उन्हें मार भगाने के वर्णन के पशचात् लिखा है, हे रसूल, क्या तुमने नहीं देखा कि तुम्हारे ईश्वर ने हाथी वालों के साथ क्या किया? क्या उसने उनकी समस्त योजनाओं का खण्डन नहीं कर दिया?

हुमायूँ को ऐसा प्रतीत हुआ कि इमाम ने उसके दंड को ध्यान में रखकर इस विशेष सूरा को पढ़ा है। क्रोधित होकर उसने इमाम को हाथी के नीचे दबा देने की आज्ञा दी। मौलाना मुम्मद फरगली ने इमाम को बचाने का प्रयत्न किया, किन्तु इसका कोई परिणाम नहीं हुआ तथा बेचारे इमाम की हत्या कर दी गई। क्रोध शांत होने पर हुमायूँ रात भर रोता तथा विलाप करता रहा।[64]

इन मूर्खों को दंड देना तो आवश्यक था, किन्तु हुमायूँ ने जिस कठोरता से उनके साथ व्यवहार किया वह न्यायसंगत नहीं कहा जा सकता। उसे यह अनुभव करना चाहिए था कि वह एक नए विजय किए हुए स्थान में था जहाँ अपने सैनिकों की मूर्खता तथा अपनी क्रूरता का प्रदर्शन करना ठीक नहीं था। इमाम के प्रति उसका व्यवहार पूर्ण रूप से बर्बर था। हुमायूँ ने दूरदर्शिता से काम नहीं लिया।[65]

चंपानीर विजय की प्रतिक्रिया

चंपानीर विजय से हुमायूँ को असंख्य धन प्राप्त हुआ। दानी पिता का पुत्र होने के नाते उसने अमीरों तथा सैनिकों को उनकी प्रतिष्ठानुसार जितना भी सोना, चाँदी या जवाहरात उनकी ढाल पर आ सकते थे, उन्हें दिए। अपनी विजय के उपलक्ष्य में उसने चंपानीर से अपने नाम के चाँदी तथा तांबे के सिक्के प्रसारित किए।[66] अबुल फ़ज़ल लिखता है कि चंपानीर की विजय तथा अपार धन संपत्ति की प्राप्ति के कारण हुमायूँ शाहाना जश्न में व्यस्त रहता था तथा भोगविलास की महफ़िलें आयोजित किया करता था।[67] चंपानीर के कोष तथा गुजरात की विजय से जो लाभ प्राप्त हो सकता था उसका उपयोग वह न कर सका। इस तरह उसने समय नष्ट किया।

डॉ. बनर्जी ने उसके चंपानीर में रुके रहने का समर्थन किया है। उनका मत है कि दस माह के अंदर उसने मध्य गुजरात तथा मालवा पर अधिकार कर लिया

था। बहादुर शाह गुजरात से बाहर भागकर डियू चला गया था। इस परिस्थिति में हुमायूँ कुछ दिन रुककर जीते हुए प्रदेशों में एक सुदृढ़ शासन प्रबंध स्थापित करना चाहता था, जिससे उसे जनता का विश्वास प्राप्त हो सके इसके अतिरिक्त चंपानीर में प्राप्त कोष हुमायूँ अपने सहायकों में वितरित करना चाहता था। इसी के साथ-साथ विद्वान् लेखक लिखते हैं कि प्राप्त धन ने उसे अभियानों के प्रति उदासीन बना दिया।[68]

डॉ. बनर्जी एक तरफ तो यह कहते हैं कि हुमायूँ के रुकने का कारण शासन प्रबंध करना था दूसरी तरफ वे लिखते हैं कि चंपानीर में प्राप्त धन के परिणाम स्वरूप उसके मन में अभियानों से विरक्ति आ गई थी। ये दोनों परस्पर विरोधी तर्क हैं। अबुल फ़ज़ल के वर्णन से स्पष्ट हो जाता है कि हुमायूँ भोग-विलास में व्यस्त था तथा उसने उचित शासन प्रबंध करने में रुचि प्रदर्शित नहीं की। यह लिखने के बाद कि हुमायूँ चंपानीर में धन प्राप्त करने के पश्चात् शाहाना जश्न में व्यस्त रहता था, अबुल फ़ज़ल का शासन संबंधी यह विचार रखना कि "शासक को, यदि वह व्यस्त रहे तो, कुछ व्यक्तियों को नियुक्त करना चाहिए जो राजकीय कर्मचारियों तथा उमराओं पर दृष्टि रख सकें,"[69] स्पष्ट करता है कि अबुल फ़ज़ल का इशारा हुमायूँ की तरफ है। अर्सकिन का यह मत सही है कि चंपानीर की विजय के पश्चात् हुमायूँ आनन्दोत्सव में लगा रहा तथा उसने शासन के कार्यों में दिलचस्पी नहीं ली।[70]

हुमायूँ अपने आनन्दोत्सव में इतना व्यस्त था कि उसने लगान वसूल करने का कोई प्रबंध नहीं किया।[71] गुजरात की जनता इससे प्रसन्न नहीं हुई और ज़मीदारों तथा प्रजा का एक प्रतिनिधि मंडल बहादुर शाह से डियू में मिला तथा इसने सुल्तान से उस वर्ष का लगान वसूल करने के लिए किसी को नियुक्त करने की प्रार्थना की। बहादुर शाह ने अपने अमीरों से प्रस्ताव किया कि कोई व्यक्ति जाकर राजस्व वसूल करे। प्रारंभ में कोई भी अमीर इस कठिन कार्य के लिए तैयार नहीं था। अन्त में इमादुल मुल्क से निवेदन किया कि "मैं इस सेवा को स्वीकार करूँगा किन्तु शर्त यह है कि मुझे आवश्यकतानुसार धन व्यय करने का अधिकार प्रदान किया जाए। लोगों को एकत्र करने में जो धन व्यय हो उसका हिसाब मुझसे न माँगा जाए। जो कुछ धन इस व्यय के उपरांत बचेगा, वह सुल्तान के ख़ज़ाने में निस्संदेह भेज दिया जाएगा।" सुल्तान ने इसे स्वीकार कर लिया तथा आज्ञा पत्र दे दिया।[72] इसके अतिरिक्त इमादुल मुल्क के कहने पर बहादुर शाह ने अपनी मुहर लगाकर कुछ सादे कागज़ भी दे दिए जिस पर वह (इमादुल मुल्क) जिसे चाहे जागीर दे सकता था। इस तरह बहादुर शाह का पूर्ण प्रतिनिधि बनकर इमादुल मुल्क बहुत थोड़े सैनिकों के साथ रवाना हुआ।[73] गुजराती जनता ने जिस निष्ठा से लगान वसूल करने के लिए बहादुर शाह को आमंत्रित किया, ऐसे उदाहरण इतिहास में बहुत कम मिलेंगे। इससे जनता की सच्चाई, बहादुर शाह के प्रति उनकी भक्ति तथा जनता में मुग़लों की अप्रियता स्पष्ट हो जाती है। बहादुर शाह को जो अमीर आमंत्रित करने गए

थे उनमें अधिकतर हिंदू थे, जिससे यह प्रकट होता है कि बहादुर शाह हिंदू तथा मुसलमान सभी को प्रिय था।

इमादुल मुल्क की प्रगति इतनी उत्साहवर्धक थी कि अहमदाबाद पहुँचते-पहुँचते उसकी सेना की संख्या 10,000 हो गई। मार्ग में राजस्व वसूल करने के लिए कर्मचारियों को नियुक्त करता हुआ वह आगे बढ़ता गया। अहमदाबाद में जूनागढ़ का हाकिम मुजाहिद ख़ाँ 10,000 अश्वारोहियों के साथ उससे आ मिला।[74] जिस समय वह बेतवा पहुँचा उसके पास 50,000 अश्वारोहियों की सेना एकत्र हो चुकी थी।[75] बहादुर शाह ने भी पुर्तगालियों से 500 योरोपीय सैनिक लेकर इमादुल मुल्क की सहायता के लिए भेजे।[76]

इमादुल मुल्क की पराजय

इमादुल मुल्क के सैन्य संगठन तथा गतिविधि से मुग़लों का स्वप्न टूटा। चंपानीर के दुर्ग में तरदी वेग को नियुक्त कर हुमायूँ अहमदाबाद की ओर बढ़ा जो गुजराती राष्ट्रवादियों का केंद्र बन रहा था। निज़ामुद्दीन अहमद लिखता है कि चंपानीर छोड़ने के पूर्व उसने गुजरात की लूट में प्राप्त धन पुनः सैनिकों में वितरित किया।[77] महेंद्री नदी के तट पर पहुँचकर हुमायूँ वहाँ ठहरा रहा। इमादुल मुल्क तैयार ही था। वह युद्ध के लिए आगे बढ़ा। प्रथम संघर्ष अस्करी की सेना से, जो मुग़ल सेना का अग्रगामी दल था, नरियाद कस्बे तथा महमूदाबाद के बीच में हुआ।[78] मुग़ल सेना का अग्रणी दल पराजित हुआ तथा निकट के थूंहड़ के वृक्षों के पीछे छिप गया।[79] गुजराती सेना लूटपाट में लग गई। इस बीच मिर्ज़ा यादगार नासिर, मीर हिंदू बेग, कासिम हुसैन ख़ाँ अपनी सेनाओं के साथ आ पहुँचे। भीषण युद्ध हुआ। हुमायूँ भी अपनी सेना के साथ पहुँच गया। गुजराती सेना पराजित हुई तथा उसके 2,000 सैनिक मारे गए।[80] इस विजय से अहमदाबाद तथा नेहरवाला (पाटन) पर मुग़लों का अधिकार हो गया। उन्हें यह भी अनुभव हुआ कि गुजराती जनता उनके विरुद्ध है तथा गुजरात पर अधिकार रखना सरल नहीं है। इस पराजय ने गुजरातियों की कमर ही तोड़ दी। उनको इतनी शीघ्र पराजय की आशंका नहीं थी।

हुमायूँ अपनी सेना के साथ कांकरिया ताल पर रुका जो अहमदाबाद से लगभग एक मील दक्षिण-पूर्व स्थित था। साबरमती नदी पार कर वह शेरखीज बनवार (अहमदाबाद से पाँच मील दक्षिण) में प्रमुख स्थानों को देखता रहा। भय था कि यदि विजयी सेना अहमदाबाद में प्रवेश करेगी तो लूट-पाट करेगी। इस कारण हुमायूँ ने मिर्ज़ा अस्करी तथा उसके आदमियों के अतिरिक्त किसी को भी अहमदाबाद के भीतर प्रविष्ट न होने दिया।[81] हुमायूँ ने यह बुद्धिमानी का काम किया।

गुजरात का शासन प्रबंध

गुजरात विजय के पश्चात् वहाँ के शासन प्रबंध की समस्या आई। अमीर हिंदू बेग तथा अन्य अनुभवी परामर्शदाताओं ने हुमायूँ को यह राय दी कि बहादुर शाह को मुग़ल साम्राज्य के अन्तर्गत पुनः गुज़रात का शासक नियुक्त कर दिया जाए। बहादुर शाह इस समय पूर्ण रूप से पराजित हो चुका था। ऐसी परिस्थिति में इस तरह का उदार व्यवहार उसे चिरकाल के लिए मित्र बना लेता तथा शेरशाह के संघर्ष में वह हुमायूँ का एक बहुत ही शक्तिशाली सहयोगी बन जाता। इस दृष्टि से हम कह सकते हैं कि हिन्दू बेग ने परिस्थितियों का हुमायूँ से अधिक अध्ययन किया था।

हुमायू ने इस परामर्श को स्वीकार नहीं किया। उसने गुज़रात को मुग़ल साम्राज्य का अंग बनाने का निश्चय किया।[82] अस्करी को गुजरात का प्रशासक एवं सम्राट का प्रतिनीधि नियुक्त किया गया तथा उसे अहमदाबाद को अपने शासन का केंद्र बनाने का आदेश हुआ। उसकी सहायता के लिए हिंदू बेग को 5,000 घुड़सवारों के साथ सेनापति नियुक्त किया गया। उसे आज्ञा हुई कि जिस स्थान पर भी कुमक की आवश्यकता हो प्रशासक एवं सम्राट के प्रतिनीधि के परामर्श से वह वहाँ पहुंच जाए।[83]

गुजरात का राज्य पाँच भागों में विभाज़ित कर दिया गया तथा प्रत्येक भाग के शासन का उत्तरदायित्व एक-एक अमीर को दिया गया। इस तरह यादगार नासिर को पाटन; कासिम हुसेन सुल्तान को भड़ौंच, नवसारी तथा सूरत; दोस्त इशाक वेग आक़ा को कैंबे एवं र्बड़ौदा; मीर बूचका बहादुर को महमूदाबाद; तथा तरदी बेग को चंपानीर में नियुक्त किया गया।[84] ये सभी अस्करी के प्रति उत्तरदायी थे।

हुमायूँ ने गुजरात के शासन प्रबंध में योग्यता नहीं दिखाई। कुछ प्रमुख अमीरों को नियुक्त करने के अतिरिक्त उसने और कोई ठोस कार्य नहीं किया। गुजरात में कोई खालसा भूमि नहीं निकाली गई जिससे उसे स्थायी आय होती रहती। अस्करी तथा उसके अधीन भिन्न-भिन्न भागों के शासकों में पारस्परिक संबंध भी बहुत स्पष्ट नहीं था। इस तरह जीते हुए भागों को अधीन रखने के लिए कुछ व्यक्तियों को नियुक्त करने के अतिरिक्त उसका प्रबंध शून्य-सा प्रतीत होता है।

गुजरात का प्रबंध करने के पश्चात् बहादुर शाह को अंतिम रूप में परास्त करने के विचार से हुमायूँ डियू की तरफ बढ़ा। वह अहमदाबाद से 30 मील की दूरी पर स्थिति धंदुका नामक स्थान तक पहुँच गया, किन्तु इसी समय उसे उत्तर पूर्वी मुग़ल साम्राज्य से कुछ ऐसी घटनाओं का समाचार प्राप्त हुआ जिससे उसे यह विचार त्यागना पड़ा।

हुमायूँ की अनुपस्थिति में उसके उत्तरी साम्राज्य की स्थिति

हुमायूँ की मालवा तथा गुजरात में लंबी अनुपस्थिति के परिणामस्वरूप उसके साम्राज्य के शासन में ढीलापन आ गया। कई स्थानों पर विद्रोह प्रारंभ हो गए तथा उसके

कर्मचारियों के लिए वहाँ शान्ति तथा सुव्यवस्था बनाये रखना कठिन हो गया। मुहम्मद सुल्तान मिर्ज़ा अपने दो पुत्रों के साथ मुग़ल साम्राज्य के पूर्वी भागों में अराजकता फैलाने का प्रयत्न कर रहा था तथा उसने कन्नौज से जौनपुर तक के भागों पर अपना अधिकार स्थापित कर लिया।[85] आगरा के निकट तथा दोआब में भी इसकी प्रतिक्रिया हुई तथा यहाँ से भी विद्रोह की सूचनाएँ मिलीं। शेर ख़ाँ की गतिविधि सशंकित करने वाली थी। मालवा के दो अफ़गान अमीर सिकन्दर ख़ाँ तथा मल्लू ख़ाँ ने नर्मदा नदी के निकट हिन्दिया के भू-भाग में विद्रोह कर दिया और वहाँ के जागीरदार मेहतर जंबूर को भागकर उज्जैन में शरण लेनी पड़ी। इस प्रदेश में नियुक्त मुग़ल सैनिकों ने भी भागकर यहाँ शरण ली। दरवेश अली किताबदार ने बहादुरी से दुर्ग की रक्षा करने का प्रयत्न किया, किन्तु वह दुर्ग की रक्षा करते समय मारा गया, जिससे अन्य रक्षकों को बड़ी निराशा हुई तथा उन्होंने दुर्ग को समर्पित कर दिया।[86]

गुजरात से मांडू

उपर्युक्त परिस्थितियों ने हुमायूँ को चिंतित कर दिया। बहादुर शाह का पीछा करना छोड़कर उसने किसी केंद्रीय स्थान से अपने साम्राज्य पर दृष्टि रखने का निश्चय किया। कैंबे, बड़ौदा, सूरत, नन्दावर, असीरगढ़ होता हुआ हुमायूँ बुरहानपुर पहुँचा। यहाँ वह एक सप्ताह रहा।[87] उसकी उपस्थिति ने दक्षिण के राज्यों को सावधान कर दिया। गुजरात की विजय से उन्हें भय हुआ कि हुमायूँ अपनी साम्राज्यवादी नीति का प्रसार दक्कन में भी करना चाहता है। इस परिस्थिति में बुरहान निज़ाम शाह, इमाद शाह तथा दक्कन के अन्य शासकों ने आत्मसर्मण के पत्र लिखकर उसकी अधीनता स्वीकार कर ली।[88] हुमायूँ को उनके समर्पण से कदाचित् आश्चर्य हुआ किन्तु उसे संतोष तथा प्रसन्नता हुई, क्योंकि उसके साम्राज्य के पूर्वी भाग के समाचार अच्छे नहीं थे। यहाँ से हुमायूँ मांडू चला गया। यह स्थान उसे इतना प्रिय लगा कि वह यहाँ कई महीने रुका रहा तथा उसने इसे साम्राज्य का अस्थायी केंद्र बना दिया।[89]

यहाँ से वह मिर्ज़ाओं तथा आगरा पर दृष्टि रख सकता था। बहादुर शाह डियू में था। मालवा के विद्रोही भाग गए। रणथंभौर, चित्तौड़ तथा अजमेर बहादुर के कर्मचारियों के अधीन थे। सूरत रूमी ख़ाँ सफर के अधीन था। काठियावाड़ के लोग अब भी बहादुर शाह को ही अपना स्वामी समझते थे। बहादुर शाह शेर ख़ाँ को मुग़लों के विरुद्ध प्रोत्साहित कर रहा था। इन सब कठिनाइयों पर दृष्टि रखने के लिए मांडू हुमायूँ को अधिक उपयुक्त प्रतीत हुआ।

उसी समय इतिहासकार ख़्वन्दमीर का देहांत हो गया। उसकी लाश दिल्ली ले जाकर शेख निज़ामुद्दीन औलिया एवं अमीर खुसरो की दरगाह के समीप के दफ़नाई गई।[90]

गुजरात में मुक्ति आंदोलन

हुमायूँ के गुजरात छोड़ने के तीन महीने तक गुजरात में शांति रही। साथ ही मालवा तक मुग़ल साम्राज्य की स्थिति में सुधार हुआ। सिकन्दर ख़ाँ सतवास तथा मल्लू ख़ाँ ने उज्जैन तथा हिंदिया त्याग दिया, बुरहानुल मुल्क बामियानी रणथंभौर से भगा दिया गया तथा दरिया ख़ाँ और मुहाफिज ख़ाँ रायसीन से हटा दिए गए। मिर्ज़ा हिन्दाल ने मिर्ज़ाओं को हटाकर उन्हें जौनपुर की तरफ भगा दिया। शेर ख़ाँ की प्रगति नगण्य थी।

इन तीन महीनों में मुग़ल गुजरात में अपनी योग्यता प्रदर्शित कर सकते थे। दुर्भाग्यवश उन्होंने कोई भी रचनात्मक कार्य नहीं किया जिससे गुजरात के भिन्न-भिन्न भागों से विद्रोह के समाचार आने लगे। यदि अस्करी ने अच्छे शासक की योग्यता दिखाई होती और मुग़ल अमीरों को अपने में मिलाकर उसने गुजरात में एक शक्तिशाली शासन की नींव डाली होती तो मुग़ल साम्राज्य की रक्षा हो सक्ती थी। दुर्भाग्यवश अस्करी ने अपना समय दावतों में बरबाद किया और उसी के साथ अमीरों ने भी उसका अनुकरण किया। साथ ही गुजरात के मुग़ल अमीरों को अस्करी पर न तो विश्वास था और न उनमें एकता थी। इसके परिणामस्वरूप वे गुजरात के विद्रोह का सामना न कर सके।

गुजरात में मुग़लों ने अपने व्यवहार से यह स्पष्ट कर दिया था कि वे विदेशी हैं और गुजरातियों के प्रति उनके हृदय में कोई भी दया ममता नहीं है। मांडू तथा चंपानीर के दुर्गों में जो हत्याकांड मुग़लों ने किए थे उन्हें गुजरात की जनता अभी भूली नहीं थी। इसके अतिरिक्त बहादुर शाह गुजरात का जनप्रिय शासक था। पराज़य के पश्चात् मुग़लों के दुर्व्यवहार से जनसाधारण के हृदय में उसके प्रति और भी ममता जाग उठी थी। ऐसी परिस्थिति में गुजरात की जनता बहादुर शाह के साथ थी। स्वयं बहादुर शाह गुजरात के निकट डियू के द्वीप में था। सूरत का गढ़ उसके अधिकार में था तथा उसके पास एक जहाज़ी बेड़ा था जो उसके निकट के समुद्र में चक्कर लगाया करता था। इस तरह बहादुर शाह कभी भी गुजरात पर आक्रमण कर सकता था तथा मुग़लों से असंतुष्ट जनता का नेतृत्व कर सकता था।

मुग़ल विरोधी प्रथम विद्रोह नवसारी में हुआ। सुलतान बहादुर शाह का एक अमीर नूरुद्दीन ख़ानेजहाँ शिराजी उसे छोड़कर हुमायूँ से जा मिला था। हुमायूँ ने उसे सूरत का सेनापति नियुक्त किया था। इसका पद हिंदू बेग के अधीन था। उसने अपने नए स्वामी को छोड़कर पुनः बहादुर शाह का पक्ष ग्रहण कर लिया। उसने अबदुल्ला ख़ाँ ऊज़बेक पर आक्रमण कर उसे परास्त कर[91] नवसारी पर अधिकार कर लिया। अबदुल्ला ख़ाँ यहाँ से भागकर भड़ौंच चला गया। विद्रोहियों ने रूमी ख़ाँ सफर[92] के सहयोग से सूरत पर भी अधिकार कर लिया ख़ानेजहाँ ने स्थल मार्ग से तथा रूमी ख़ाँ ने समुद्र के मार्ग से भड़ौंच पर आक्रमण किया। इस पर कासिम हुसैन

ख़ाँ[93] के हाथ-पांव फूल गए। वह भागकर चम्पानीर चला गया। वहाँ से पुनः भागकर वह अहमदाबाद गया। एक गुजराती अमीर सैयिद इसहाक ने, जिसे सुल्तान बहादुर ने शिताब ख़ाँ की उपाधि दी थी, कैम्बे पर अधिकार कर लिया। मलिक सैयिद अहमद लाद ने दोस्त इशाक बेग आक़ा को बड़ौदा से भगाकर उस पर अधिकार कर लिया।[94]

उत्तरी गुजरात में मुग़ल विरोधी आंदोलन ने जोर पकड़ा। अस्करी ने यादगार नासिर मिर्ज़ा को परामर्श के लिए पाटन बुलाया। अबू तुराब 'तारीख़े गुजरात में लिखता है कि अस्करी ने उसके पास यह संदेश भेजा था कि गुजराती लोग पाटन के समीप पहुँच गए हैं, अतः यह उचित होगा कि वह अहमदाबाद की ओर रवाना हो ताकि सब लोग मिलकर युद्ध करें। मिर्ज़ा नासिर पाटन नहीं छोड़ना चाहता था, किन्तु अस्करी ने उसको लिखा कि यदि वह उसकी बात नहीं मानेगा तो वह बादशाह का विद्रोही समझा जाएगा। विवश होकर यादगार नासिर को अहमदाबाद जाना पड़ा।[95] मूर्खतावश वह अपनी सेना भी साथ लेता गया। सुल्तान बहादुर के दो अमीर, दरिया ख़ाँ तथा मुहाफिज ख़ाँ, सुल्तान से मिलने डियू जा रहे थे। मार्ग में पाटन को अरक्षित पाकर उन्होंने उस पर अधिकार कर लिया।[96] गुजरातियों के विद्रोह तथा मुग़लों के पलायन की परिस्थिति इस सीमा तक पहुँची कि मुग़लों के पास गुजरात और मालवा में केवल तीन प्रमुख स्थान (अहमदाबाद, चंपानीर तथा मांडू) ही रह गए।

मुग़लों की स्थिति

अस्करी अपने स्वभाव, व्यवहार तथा योग्यता से न मुग़ल अमीरों को प्रसन्न कर सका न गुजरात की जनता को। वह अपने पद को अधिक महत्त्व देना चाहता था तथा गुजरात के सभी मुग़ल अमीरों को अपने अधीन समझता था। इसके विपरीत मुग़ल अमीर उसे अपनी ही तरह एक अमीर समझते थे तथा उनमें से कुछ जो हुमायूँ के अधिक विश्वासपात्र थे, अस्करी से सतर्क थे। वे प्रमुख आज्ञाएँ हुमायूँ से प्राप्त करना चाहते थे। इस तरह मुग़ल अमीरों में न पारस्परिक सद्भावना थी और न अस्करी यह भावना उत्पन्न करने में सफल हुआ।

गुजराती मुक्ति आन्दोलन के प्रसार ने सभी मुग़ल सैनिकों को सतर्क कर दिया। अस्करी तथा हिंदू बेग बारबार हुमायूँ के पास मांडू संदेश भेज रहे थे तथा उससे सहायता और निश्चित आदेश चाहते थे। दुर्भाग्यवश हुमायूँ ने उन्हें कोई उत्तर नहीं दिया इससे उन्हें निराशा हुई। इस परिस्थिति में हिंदू बेग ने अस्करी को यह सुझाव दिया कि वह अपने नाम से खुतबा पढ़े, सिक्के चलाये तथा गुजरात का स्वतंत्र शासक बन जाए।[97] अस्करी ने प्रारंभ में यह विचार अस्वीकार कर दिया, किन्तु उसके मन से यह बात निकली नहीं जैसा कि अस्करी की एक दावत से स्पष्ट हो जाता है।

अस्करी की दावत

एक दिन संध्या के समय जब अस्करी अपने मित्रों के साथ बैठकर शराब पी रहा था उसने शराब के नशे में कहा कि वह ईश्वर का प्रतिरूप है। गजनफर ने जो उसका दूध-भाई था, मज़ाक में कहा कि "आप हैं, किन्तु इस समय शराब के नशे में हैं।" जितने लोग निकट थे वे सभी हँस पड़े। अस्करी कुछ दूरी पर था इससे यह मज़ाक नहीं सुन सका। जब उसे यह मज़ाक बताया गया तो वह बहुत क्रोधित हुआ और उसने गजनफर को बंदीगृह में बंद कर दिया। गजनफर वहाँ से अपने 300 साथियों के साथ भागकर बहादुर शाह से जा मिला।[98] उसने उसे मुग़लों की दयनीय स्थिति का ज्ञान कराया तथा उसे आक्रमण करने के लिए प्रेरित किया।[99] गजनफर के भागने के परिणामस्वरूप अन्य मुग़ल अमीर भी अस्करी को छोड़कर बहादुर शाह से जा मिले।

बहादुर शाह से संघर्ष

हुमायूँ के मांडू से वापस चले जाने के पश्चात् बहादुर शाह डियू में पड़ा रहा। वहाँ से गुजरात पर दृष्टि रखकर वह उस पर पुनः अधिकार करने के सुयोग की प्रतीक्षा करता रहा। गुजरात की घटनाओं की सूचना उसको मिलती रहती थी। गुजरात के मुक्ति आन्दोलन तथा कई प्रमुख स्थानों पर उसके नाम से अधिकार हो जाने के पश्चात् तथा गजनफर द्वारा मुग़लों की दयनीय अवस्था का ज्ञान प्राप्त हो जाने से उसे मुग़लों के विरुद्ध आगे बढ़ने में सुविधा हुई। बहादुर शाह ने डियू से निकलकर सरखेज के निकट अपना पड़ाव डाला।

अहमदाबाद में मुग़ल कुछ दिन रहे। किन्तु स्थिति बिगड़ती जा रही थी। मुग़ल सेना की संख्या गुजराती सेना से बहुत कम (2:5 के अनुपात में) थी। इसके अतिरिक्त गुजरात की जनता का असहयोग तथा मुग़ल अमीरों का पारस्परिक मतभेद स्थिति को और भी बिगाड़ रहा था। प्रारंभ में अस्करी का विचार गयासपुर में युद्ध करने का था किन्तु इमादुल मुल्क की सेना की शक्ति बढ़ती जा रही थी। अहमदाबाद सुरक्षित नहीं था। यहाँ से युद्ध करना भी उपयुक्त न था। इस कारण अस्करी, हिंदू बेग इत्यादि ने अपनी पूर्ण शक्ति को चंपानीर में केंद्रित करने का निश्चय किया। इससे संगठित रूप में गुजराती सेना का सामना किया जा सकता था तथा यदि पराजय भी होती तो मुग़ल सेना का पूर्ण नाश नहीं होता। विजय होने पर अहमदाबाद पर अधिकार हो सकता था।[100] अस्करी अहमदावाद से अपनी सेना के साथ चंपानीर की तरफ रवाना हुआ। मार्ग में असावल नामक स्थान पर बहादुर शाह तथा अस्करी की सेनाएँ तीन दिन तक युद्ध के लिए एक-दूसरे के सामने खड़ी रहीं। अन्त में अस्करी की सेना बिना युद्ध किए ही चम्पानीर की तरफ बढ़ गई।[101] बहादुर शाह को उनके इस तरह भाग जाने से आश्चर्य हुआ। उसने मुग़ल सेना का पीछा किया

तथा उसके पिछले भाग से, जिसका नेतृत्व यादगार नासिर मिर्ज़ा कर रहा था, युद्ध भी हुआ जिसमें मुग़लों की हानि हुई। अस्करी यहाँ से अपनी सेना के साथ चंपानीर पहुँचा।

चंपानीर में तरदी बेग ने उन्हें घोड़े तथा रहने का स्थान दिया। अस्करी ने तरदी बेग को परिस्थितियों की भयंकरता बताई और उससे धन की सहायता माँगी जिससे वह बहादुर शाह से युद्ध कर पराजय का बदला ले। तरदी बेग ने अस्करी को हुमायूँ की स्वीकृति के बिना धन देना अस्वीकार कर दिया।[102] हुमायूँ उस समय मांडू में था जो चंपानीर से अधिक दूर नहीं था। तरदी बेग ने हुमायूँ को अस्करी के कार्यों की सूचना दी। साथ ही उसने यह मत भी प्रकट किया कि अस्करी के विचार पवित्र नहीं हैं और उसकी दृष्टि आगरा पर भी है। अस्करी ने तरदी बेग को हर तरह से समझाने का प्रयत्न किया, किन्तु उसने हुमायूँ की स्वीकृति के बिना सहायता देने से इनकार कर दिया। तरदी बेग से किसी प्रकार की सहायता की आशा न पाकर अस्करी ने षड्यंत्र रचा। परिस्थिति पर विचार करने के लिए प्रमुख अमीरों की एक गोष्ठी आमंत्रित हुई जिसमें तरदी बेग भी बुलाया गया। वास्तविक रूप में अस्करी तरदी बेग को अपने अधिकार में करना चाहता था। तरदी बेग को संदेह हो गया और वह तुरंत दुर्ग में चला गया तथा उसने अस्करी को अपने सैनिकों को दुर्ग से दूर हटाने की आज्ञा दी। उनके हिचकने पर उसने उनके ऊपर गोलियों की वर्षा की।[103] अपनी योजना की असफलता के परिणामस्वरूप अस्करी आगरा की ओर रवाना हुआ।

हुमायूँ का आगरा वापस लौटना

जिस समय गुजरात में विद्रोह हो रहे थे हुमायूँ मांडू में पड़ा था। मालवा में हुमायूँ को अस्करी की आगरा यात्रा की सूचना मिली। इस सूचना से उसकी निद्रा भंग हुई और अपनी सेना इकट्ठी कर वह भी आगरा की तरफ रवाना हुआ जिससे अस्करी के पहुँचने के पहले वह वहाँ पहुँच सके।

मुग़लों के पलायन की सूचना पाते ही बहादुर शाह ने महेन्द्री नदी पार की तथा चंपानीर की तरफ बढ़ा। दुर्ग की रक्षा असंभव देखकर तरदी बेग ने जितना भी कोष ले जाना संभव था ले लिया तथा हुमायूँ की तरफ रवाना हो गया। तरदी बेग के भागने की सूचना पाते ही बहादुर शाह ने दुर्ग पर अधिकार कर लिया। इस तरह गुजरात पर उसका पुनः अधिकार हो गया।[104] जो मुग़ल चंपानीर के दुर्ग में थे उनके साथ बहादुर शाह ने अच्छा व्यवहार किया तथा उन्हें वस्त्र, घोड़े, खर्चे देकर वहाँ से चले जाने की अनुमति दी।

मांडू में तरदी बेग हुमायूँ से मिला तथा वहाँ से उसकी सेना के साथ वह आगरा की तरफ रवाना हुआ। आगरा के मार्ग में चित्तौड़ के निकट अस्करी और हुमायूँ

की मुलाकात हुई और दोनों भाइयों में पुनः मित्रता स्थापित हुई, जिसमें हरम की स्त्रियों ने भी सहायता दी। इस तरह दोनों भाई बची सेनाएँ तथा मुग़ल स्त्रियों के साथ आगरा की तरफ रवाना हुए।

हुमायूँ ने अस्करी को तो क्षमा कर ही दिया उसके अन्य अमीरों को भी उसने दंड नहीं दिया।[105] आगरा लौटकर हुमायूँ ने हिंदू बेग को जौनपुर का गवर्नर नियुक्त किया तथा कुछ महीने बाद उसे अमीरुल उमरा की उपाधि दी। मिर्ज़ा नासिर को कालपी का गवर्नर नियुक्त किया गया। इससे स्पष्ट है कि दोनों का मतभेद समाप्त हो गया था।

अस्करी हुमायूँ के पास जाने के बजाए आगरा की तरफ क्यों रवाना हुआ? अबुल फ़ज़ल तथा कुछ अन्य समकालीन इतिहासकारों का मत है कि अस्करी स्वतंत्र होना तथा आगरा पर अधिकार करना चाहता था।[106] उसके मन में जो भी इरादा रहा हो, प्रकट रूप में उसने न खुतवा पढ़ा न अपने नाम से सिक्के चलाए, जैसा बाद में हिन्दाल ने किया। संभवतः उसका इरादा आगरा में राजत्व धारण करने का था किन्तु उसे असका अवसर नहीं मिला।

तरदी बेग के व्यवहार की समीक्षा

तरदी बेग ने अस्करी की सहायता क्यों नहीं की? तबकाते अकबरी का लेखक निज़ामुद्दीन अहमद लिखता है कि जब अस्करी तथा उसके साथी चंपानीर पहुँचे तो तरदी बेग ने विद्रोह प्रारम्भ कर दिया तथा किला बंद करके बैठा रहा तथा उसने हुमायूँ के पास सूचना भेजी कि मिर्ज़ा अस्करी ने विद्रोह करने का निश्चय कर लिया है।[107] इस तरह वह सम्पूर्ण दुर्भाग्य का उत्तरदायित्व बेग पर डालता है। फ़िरिश्ता लिखता है कि अस्करी चंपानीर तथा गुज़रात के अन्य भागों पर अधिकार कर अपने नाम से खुतवा पढ़ना चाहता था तथा सिक्का चलाना चाहता था।[108] बदायूँनी लिखता है कि अस्करी हिंदू बेग की सहायता से अपने नाम से खुतवा पढ़ना चाहता था।[109] तारीख़े गुजरात के लेखक अबू तुराब के अनुसार जिस समय अस्करी चम्पानीर पहुँचा, तरदी बेग ने प्रारंभ में उसके साथ सद्व्यवहार किया और प्रत्येक व्यक्ति को एक-एक घोड़ा दिया तथा उनका आदर सत्कार किया किन्तु राजसी कोष से सम्राट की आज्ञा के बिना एक पैसा भी देने से इनकार कर दिया। उसके बाद जब उसे विश्वास हो गया कि अस्करी उसे बंदी बनाना चाहता है तो वह उसके विरुद्ध हो गया।[110] अबू तुराब आगे लिखता है कि मिर्ज़ाओं की दशा शोचनीय थी अतः उन्होंने निश्चय किया कि अस्करी बादशाह बने और हिंदू बेग उसका वकील। अन्य मिर्ज़ाओं के नाम पर भी बड़ी-बड़ी जागीरें रखी गईं किन्तु तरदी बेग उन्हें मांडू जाने के लिए ज़ोर देता रहा तथा अन्त में उसने उनकी सेना पर तोप चलाई। अब्दुल्ला ने अपनी अरबी भाषा में लिखे गुजरात के इतिहास (जफरूल वालेह व मुजफ्फ़र व आलेह) में अबू

तुराब के मत का समर्थन किया है।[111] अबुल फ़ज़ल के अनुसार मिर्ज़ाओं का विचार चंपानीर पर अधिकार करना तथा अस्करी को सुल्तान बनाना था।[112]

उपर्युक्त वर्णन से यह स्पष्ट हो जाता है कि अस्करी गुजराती सेना से पराजित होकर चंपानीर के दुर्गपति से सहायता माँगने आया था। यह तरदी बेग से धन, सैनिक तथा सुरक्षित स्थान चाहता था जिससे सेना संगठित कर बहादुर शाह से पुनः युद्ध कर सके। पराजय ने अस्करी को सचेत तथा सजग कर दिया था तथा अब वह अपना खोया यश पुनः प्राप्त करना चाहता था। गुजरात इतना शीघ्र तथा इतने कम संघर्ष से मुग़लों को प्राप्त हुआ कि अस्करी को आशा थी कि वह सरलता से उस पर शासन कर सकेगा। मुग़लों को धन का भी अभाव नहीं था। कुछ स्वभाव से तथा कुछ परिस्थितिवश अस्करी आनंद-विनोद में लगा रहा। विद्रोहों ने उसकी आँखें खोल दीं तथा उसने पुनः खोया हुआ भू-भाग तथा मान प्राप्त करना चाहा। अस्करी गुजरात का गवर्नर भी था। तरदी बेग उसके अधीन था। इस तरह परिस्थिति तथा वैधानिकता की दृष्टि से उसे पूर्ण आशा थी कि तरदी बेग उसकी सहायता करेगा। सहायता न पाने पर अस्करी की नाराज़गी स्वाभाविक थी। अस्करी तरदी बेग को बंदी बनाकर चंपानीर में संचित कोष तथा सेना पर अधिकार करना चाहता था। इसमें भी उसे सफलता नहीं मिली। गुजरात में केवल चंपानीर का दुर्ग ही मुग़लों के अधिकार में रह गया था। हुमायूँ की विरक्ति और तरदी बेग के दुर्व्यवहार के कारण तथा गुजरात में रहना असंभव जानकर अस्करी आगरा की तरफ रवाना हुआ।

तरदी बेग ने अस्करी के साथ यह दुर्व्यवहार क्यों किया? वह उत्तरदायी तथा योग्य व्यक्ति था। प्रांत के गवर्नर तथा सम्राट के भाई के साथ दुर्व्यवहार उसने बिना कारण नहीं किया होगा। यह निश्चित है कि तरदी बेग हुमायूँ के प्रति स्वामिभक्त था। उसे अस्करी की गतिविधि तथा विचारों का पूर्ण ज्ञान था। उसे यह भी ज्ञात था कि उसके मन में स्वतंत्र शासक बनने का भी विचार आ चुका है। इस कारण वह अस्करी के प्रत्येक व्यवहार के प्रति पूर्णतया सतर्क तथा जागरूक था। प्रारंभ में उसने सहायता दी। किन्तु यह जानकर कि उसे बंदी बनाने का षड्यंत्र किया जा रहा है तथा अस्करी हुमायूँ के विरुद्ध विद्रोह करना चाहता है उसने उसे दुर्ग के अंदर नहीं घुसने दिया।[113]

वैधानिक दृष्टि से तरदी बेग का व्यवहार ग़लत था। किन्तु हुमायूँ के प्रति प्रेरित स्वामिभक्ति की दृष्टि से तथा परिस्थितियों को देखते हुए उसे दोषी नहीं ठहराया जा सकता।

एक और प्रश्न विचारणीय है। यदि अस्करी हुमायूँ से क्षमा प्राप्त करना चाहता था तो उसे मांडू जाना चाहिए था। वहाँ जाने के स्थान पर वह आगरा क्यों गया? इसके दो कारण हो सकते हैं : या तो वह शर्म से भागकर आगरा जाना चाहता था जहाँ अपने संबंधियों से मिलकर क्षमा याचना करे, अथवा वह विद्रोह करना चाहता

था। अस्करी के मन में स्वतंत्र होने का कितना साहस था, यह संदेहजनक है, क्योंकि कुछ ही दिन पूर्व, हिन्दू बेग के सुझाव पर, उसे स्वयं को गुजरात का स्वतंत्र शासक घोषित करने का साहस नहीं हुआ था। आगरा की तरफ बढ़ते समय उसकी गति ऐसी थी कि हुमायूँ ने उसे चित्तौड़ में जा पकड़ा। यदि वास्तव में आगरा पर अधिकार करने का उसका इरादा होता, तो उसने निश्चय ही हुमायूँ के पहुँचने के पहले वहाँ पहुँचने का प्रयत्न किया होता।[114] तरदी बेग के असहयोग से कोई लाभ नहीं हुआ। अस्करी तो गुजरात से गया ही, तरदी बेग को भी चंपानीर छोड़कर निकल जाना पड़ा और इस तरह गुजरात से मुग़ल साम्राज्य का अन्त हो गया।

मुग़लों के गुजरात से पलायन के कारण

जिस तरह मुग़लों ने गुजरात पर आसानी से अधिकार किया था, ठीक उसी तरह वह उनके हाथ से निकल गया। इस दुष्परिणाम के निम्नलिखित कारण थे :

1. हुमायूँ ने गुजरात में मांडू तथा चंपानीर के हत्याकांड द्वारा गुजरात को भयभीत कर दिया। यही नहीं, मांडू में संधि निश्चित करने के पश्चात् उसने उसे तोड़ दिया। इस तरह गुजरातियों के मन में मुग़लों पर से विश्वास तो हट ही गया, साथ ही मुग़ल-विरोधी भावनाओं का जन्म हुआ।

2. गुजरात से मांडू जाने के पूर्व हुमायूँ ने गुजरात का उचित प्रबंध नहीं किया। बहुत-सी समस्याएँ उसने वैसी ही छोड़ दी थीं। बहादुर शाह जीवित तथा स्वतंत्र था। मालवा के विद्रोही आज़ाद थे। सूरत में अब भी बहादुर शाह के अमीर रूमी ख़ाँ सफर का अधिकार था। बहादुर शाह का जहाज़ी बेड़ा समुद्रतट पर चक्कर लगा रहा था, उसको पराजित करने का कोई प्रबंध नहीं किया गया। काठियावाड़ पर अब भी बहादुर शाह का अधिकार था तथा बहादुर शाह के अधिकतर अमीर स्वतंत्र थे। इस परिस्थिति में हुमायूँ ने गुजरात में केवल बहादुर शाह को उसके राज्य से खदेड़ देने तथा उसके राज्य पर सेना के बल पर अधिकार करने के अतिरिक्त संगठन की दृष्टि से कुछ भी नहीं किया।

3. किसी भी विदेशी भू-भाग पर राज्य करने के लिए यह आवश्यक है कि वहाँ की जनता यह अनुभव करे कि विदेशी शासन इसके पूर्व के शासन से अधिक अच्छा है। मुग़लों के लिए यह आवश्यक था कि वे गुजरातियों का हृदय जीतने का प्रयत्न करते और एक ऐसे शासन की स्थापना करते जिससे गुजरात के निवासी संतुष्ट तथा प्रसन्न हो जाते। मुग़लों ने गुजरात में संगठित और सुव्यवस्थित शासन की स्थापना करने का भी कोई प्रयत्न नहीं किया, जिसके परिणामस्वरूप गुजरात के निवासियों को बहादुर शाह तथा उसके शासन की बराबर याद आती रहती थी।

4. अस्करी ने अपनी दावतों तथा व्यवहार से नई परिस्थिति में अपने को अयोग्य साबित कर दिया। शासक की दृष्टि से अस्करी तथा बहादुर शाह दोनों में बहादुर

शाह को उच्च स्थान प्राप्त था। गुज़रात के निवासी एक अयोग्य, विदेशी तथा व्यसनी शासक के अधीन कैसे रह सकते थे?

5. मुग़ल सरदारों में पारस्परिक वैमनस्य था तथा सद्भावना का नितांत अभाव था। एक साथ मिलकर मुग़ल शक्ति के हित में कार्य करने में वे असमर्थ थे। हुमायूँ ने गुजरात में नियुक्तियाँ करते समय अस्करी तथा उसके अन्य अमीरों का संबंध निश्चित नहीं किया था। इसी कारण वे सब एक मत से अस्करी को समर्थन देने को तैयार नहीं थे। कुछ तो उसके समर्थक बने, किन्तु कुछ बराबर हुमायूँ को ही अपना स्वामी समझते रहे। इस तरह गुजरात के गवर्नर की गतिविधि पर उसके अधीन कर्मचारी दृष्टि रखते थे। इस कारण तरदी बेग ने उसका विरोध किया और मुग़ल गुजरात के विद्रोह का सामना न कर सके।

6. बहादुर शाह बहुत ही जनप्रिय शासक था और गुजरात की जनता उसके लिए कुछ भी करने को तैयार थी। बहादुर शाह के समर्थन का आंदोलन गुजरात का जन आंदोलन था जिसका सामना करना सरल नहीं था।

7. अहमदाबाद के मुग़ल केंद्र से भिन्न-भिन्न जिलों में स्थित मुग़ल अफसरों तथा स्थानों पर पूर्ण नियंत्रण नहीं स्थापित हो सका जिसके परिणामस्वरूप ये भाग एक के बाद एक उसके हाथ से निकल गए।

8. हुमायूँ ने मालवा में मुग़ल शासन के स्थायित्व के लिए कुछ प्रबंध नहीं किया। इस तरह यह प्रांत जिस तरह प्राप्त हुआ था उसी तरह हाथ से निकल गया। हुमायूँ ने मालवा में कई माह व्यतीत किए फिर भी उसने वहाँ के शासन में कोई दिलचस्पी नहीं ली।

9. हुमायूँ ने इतनी लापरवाही दिखाई कि उसने चंपानीर के दुर्ग में प्राप्त संपूर्ण कोष भी नहीं हटाया। तरदी बेग जितना कोष ले जा सकता था ले गया। बाकी पुनः बहादुर शाह को प्राप्त हो गया।[115] बुद्धिमानी तो यह थी कि संपूर्ण कोष आगरा या दिल्ली भेज दिया गया होता।

10. ऐसा प्रतीत होता है कि मुग़लों का गुप्तचर विभाग सजग तथा योग्य नहीं था। इस कारण हुमायूँ को अस्करी तथा गुजरात के भिन्न-भिन्न भागों का पूर्ण ज्ञान न प्राप्त हो सका। अन्त में उसे परिस्थितियों के भीषण होने के पश्चात् उसकी सूचना मिली।

11. आगरा वापस लौटने के पूर्व या पश्चात् भी उसने बहादुर शाह के विषय में अपना मत नहीं बदला। यदि उसने संधि कर उसे मिला लिया होता तो उससे मुग़लों को सहायता प्राप्त होती। गुजरात से मुग़ल ऐसे भाग आए जैसे वहाँ से उनका कोई संबंध नहीं था।

12. हुमायूँ, जो गुजरात के बहुत ही निकट था, शांति से क्यों बैठा रहा? उसने गुजरात की परिस्थिति पर ध्यान क्यों नहीं दिया? गुजरात में विद्रोह तथा मुग़लों की

पराजय की सूचनाएँ प्राप्त करने पर भी उसने गुजरात पर मुग़ल शासन स्थापित करने का प्रयत्न क्यों नहीं किया? इन प्रश्नों का उत्तर देना कठिन है। क्या हुमायूँ अस्करी को गुजरात का गवर्नर बनाकर अथवा एक नए राज्य का निर्माण कर उसे वहीं स्थापित करना चाहता था? अथवा वह अपनी सुस्ती तथा अफ़ीम के नशे में इतना व्यस्त था कि उसने इसकी ओर तनिक भी दृष्टिपात नहीं किया? यदि यह मान भी लिया जाए कि उसके पास गुजरात भेजने के लिए अधिक सेना नहीं थी, इस कारण उसने सहायता नहीं भेजी अथवा उससे सैनिक सहायता माँगी ही नहीं गई तो भी यह बताना कठिन है कि इन विद्रोहों के समय उसने वहाँ शांति स्थापित करने के लिए परामर्श क्यों नहीं दिया। उसने इस तरह विरक्ति क्यों अपना ली? स्पष्ट है कि हुमायूँ की लापरवाही मुग़लों के गुजरात पलायन का एक प्रमुख कारण बनी।[116]

बहादुर शाह की मृत्यु

गुजरात पर पुनः अधिकार करने के पश्चात् बहादुर शाह ने अपने अमीरों से मंदसौर में रूमी ख़ाँ की राय मानने के लिए क्षमा माँगी।[117] उसका विश्वास था कि उसकी पराजय का प्रमुख कारण उसकी यही भूल थी। गुजरात की विजय ने उसे पुनः अपने अपूर्ण कार्यों को पूरा करने का समय दिया। किन्तु दुर्भाग्यवश परिस्थिति ठीक तरह से सम्हलने के पहले ही उसकी दुखद मृत्यु हो गई।

25 अक्तूबर 1535 ई. को जिस समय बहादुर शाह डियू में था उसने पुर्तगालियों के साथ एक संधि की। इस संधि के द्वारा पुर्तगाली गवर्नर नूनों द कुन्हा ने जल तथा थल दोनों स्थलों पर उसके शत्रुओं के विरुद्ध उसकी सहायता करने की प्रतिज्ञा की। बहादुर शाह ने इसके बदले में डियू में पुर्तगालियों को एक दुर्ग बनाने की आज्ञा दी, किन्तु डियू में प्राप्त आयात कर पर पुर्तगाल के राजा को कोई अधिकार नहीं दिया गया तथा यह बहादुर शाह को ही प्राप्त होता रहा। बहादुर शाह ने बेसीन के संबंध में प्रारंभिक संधि की भी स्वीकृति दे दी। दोनों दलों ने धर्मपरिवर्तन न करने का भी वचन दिया।[118] यह संधि बहादुर शाह की परवशता की चरम सीमा थी, क्योंकि गत 25 वर्षों से पुर्तगाली डियू को प्राप्त करने के लिए प्रयत्न कर रहे थे किन्तु उन्हें सफलता नहीं मिली थी।[119]

मुग़लों के पलायन तथा गुजरात पर बहादुर शाह के इतने शीघ्र अधिकार कर लेने से पुर्तगालियों को आश्चर्य हुआ। वे भूले नहीं थे कि बहादुर शाह की कठिनाई ही उनके प्रसार के लिए सहायक है। इधर पुर्तगालियों तथा बहादुर शाह का संबंध भी अच्छा नहीं चल रहा था। बहादुर शाह पुर्तगालियों की चाल समझता था, तथा उनकी बढ़ती हुई शक्ति के प्रति वह जागरूक था। परिस्थिति सुधरने पर उसे दुख हुआ कि कठिन परिस्थितियों में उसने पुर्तगालियों को डियू में दुर्ग बनाने की आज्ञा दी।

डियू में दुर्ग बनने के पश्चात् दुर्ग के पुर्तगालियों तथा डियू नगर के नागरिकों में संघर्ष होता रहता था। बहादुर शाह दुर्ग तथा नगर के बीच एक दीवार बनाकर दोनों को अलग कर देना चाहता था। पुर्तगाली इसके लिए तैयार नहीं थे। यही नहीं, पुर्तगाली डियू के बंदरगाह से बहादुर शाह के जहाज भी नहीं जाने देते थे। इन सब कठिनाइयों को ठीक करने के लिए चंपानीर के दुर्ग से बहादुर शाह 1536 ई. के अन्त में डियू आया। 13 नवंबर 1536 ई. को 8 बजे रात में वह बिना पूर्व सूचना के डियू के दुर्ग में गया। पुर्तगाली सतर्क थे। बहादुर शाह के साथ कुछ ही व्यक्ति थे। आसानी से उसकी हत्या हो सकती थी किन्तु पुर्तगाली दुर्गपति का साहस नहीं हुआ। इस भूल के लिए पुर्तगाली गवर्नर ने बाद में दुर्गपति की भर्त्सना की। बहादुर शाह उस रात लौट आया।[120] फरवरी 1537 ई. में बहादुर शाह ने पुर्तगाली गवर्नर को समुद्रतट पर एक दावत के लिए बुलाया। नूनो को यह सूचना मिली थी कि बहादुर उसे बंदी बनाकर तुर्की के सुल्तान के पास भेजना चाहता है। उसने इस भय से बीमारी का बहाना कर दावत में सम्मिलित होना अस्वीकार कर दिया तथा अपने संबंधी मैनुअल डि सूसा को सुल्तान से क्षमा माँगने के लिए भेजा। समाचार पाकर बहादुर शाह ने स्वयं जाकर नूनो को देखने का निश्चय किया। (13 फरवरी 1537 ई.)

सुरक्षा के प्रबंध के बिना कुछ व्यक्तियों[121] के साथ बहादुर शाह नाव से रवाना हो गया। मिराते सिकन्दरी के अनुसार बहादुर शाह के अमीरों ने उसे समझाया कि बिना हथियार के जाना ठीक नहीं है किन्तु बहादुर शाह ने इसे स्वीकार नहीं किया। नूनो को बहादुर शाह के इस तरह पहुँचने की आशा नहीं थी। उसने जल्दी से उससे मिलने की तैयारी की। बहादुर शाह को कई बातों से संदेह हुआ। पुर्तगालियों के विचार पवित्र नहीं हैं। नूनो स्वस्थ था तथा उसका दावत में न आना एक बहाना मात्र था। बहादुर शाह जल्दी से अपनी नाव पर आ गया तथा उसने नाव चलाने की आज्ञा दी। उसी बीच पुर्तगालियों की नौकाओं ने उसे घेर लिया। बहादुर शाह ने अपने कुछ बहादुर साथियों के साथ बहादुरी से युद्ध किया किन्तु इतने कम व्यक्तियों के साथ पुर्तगालियों का सामना करना असंभव था। कोई और मार्ग न देखकर वह समुद्र में कूद पड़ा, किन्तु वह पहचान लिया गया तथा किसी पुर्तगाली नाविक ने भाले से उसे मार डाला और उसकी लाश को समुद्र में फेंक दिया, जो तलाश करने पर भी प्राप्त न हो सकी।

बहादुर शाह की मृत्यु की घटनाओं के विषय में पुर्तगाली तथा भारतीय इतिहासकारों में मतभेद है। इसमें कोई संदेह नहीं कि दोनों तरफ से संदेह था तथा साधारण बातों को भी इसी दृष्टि से देखा जाने लगा था। बहादुर शाह पुर्तगालियों को अपने समुद्रतट से बाहर निकालना चाहता था। दूसरी तरफ पुर्तगाली अधिक से अधिक सुविधाएँ प्राप्त करना चाहते थे। परिस्थितियों को ध्यान में रखने से स्पष्ट

है कि बहादुर शाह के प्रति पुर्तगालियों की जो आशंकाएँ थीं वे निराधार थीं। यदि बहादुर शाह उन्हें बंदी बनाना चाहता था तो वह बिना हथियार तथा बिना तैयारी के क्यों पुर्तगाली गवर्नर से मिलने गया? पुर्तगाली गर्वनर को बंदी बनाने से उसका लाभ ही क्या था? बहादुर शाह पुर्तगाली कैंप में केवल छः व्यक्तियों के साथ गया था और वहाँ उसकी नृशंस हत्या हुई, इसमें कोई संदेह नहीं रह जाता।[122]

बहादुर शाह गुजरात में इतना जनप्रिय था कि लोगों को उसकी मृत्यु पर विश्वास नहीं हुआ तथा कुछ वर्षों तक कई बार गुजरात तथा दक्कन से उसके प्रकट होने की सूचनाएँ मिलती रहीं।[123]

बहादुर शाह का चरित्र तथा उसकी पराजय के कारण

भारतीय इतिहास के प्रांतीय शासकों में बहादुर शाह का एक प्रमुख स्थान है। जिस समय वह गद्दी पर बैठा गुजरात कठिन स्थिति में था। अपनी योग्यता तथा कार्यों से कुछ ही दिनों में उसने वहाँ शांति तथा सुशासन स्थापित किया। उसने अपनी सेना को नए हथियारों से सुसज्जित कर दिया जिससे भारत की सेनाओं में उसकी सेना की गणना प्रथम श्रेणी में होने लगी। उसने सात-आठ वर्षों में ही अपने निकट के राज्यों पर अपना प्रभाव पूर्ण रूप से स्थापित कर लिया। उसने अपनी शक्ति इतनी बढ़ा ली कि वह दिल्ली के बादशाह से भी होड़ लेने के लिए तैयार हो गया। यही नहीं, उसका दरबार मुग़ल सम्राट से असंतुष्ट व्यक्तियों का केंद्र बन गया था। समकालीन लेखकों ने उसकी बहादुरी, बुद्धिमानी, जनप्रियता तथा गतिशीलता की प्रशंसा की है। वह अपनी दानशीलता के लिए भी प्रसिद्ध था। कहा जाता है कि संगीतकार उसके दरबार में इतना धन प्राप्त करते थे कि उसके मंत्री को नकली सिक्कों का प्रयोग करना पड़ता था। गायक मंझू के हुमायूँ दरबार से वापस आने पर बहादुर शाह इतना प्रसन्न हुआ कि उसने कहा कि उसका जो कुछ खोया था उसे प्राप्त हो गया तथा ईश्वर से उसके माँगने के लिए कुछ भी नहीं रह गया था।

बहादुर शाह के शासन से उसकी हिंदू प्रजा भी प्रसन्न थी। गुजरात में उसके पक्ष में जन आंदोलन में हिंदुओं ने भी पूर्ण सहयोग दिया। राजस्व वसूल करने के लिए जो लोग उससे प्रार्थना करने गए, उनमें हिंदू भी थे। राजा नरसिंह देव पर तो उसका विश्वास अटल था। उसकी मृत्यु का समाचार सुनकर ही उसको विश्वास हो गया कि अब चंपानीर उसके हाथ से निकल गया, यद्यपि इख़्तियार ख़ाँ जैसा योग्य व्यक्ति दुर्ग की रक्षा करने के लिए संलग्न था।

बहादुर शाह के चरित्र में कुछ दोष भी थे। अपने शत्रुओं के प्रति वह क्रूर था तथा अपने भाइयों की हत्याएँ कर उसने एक ग़लत परंपरा स्थापित की। वह शराब भी अधिक पीने लगा था तथा कहा जाता है कि जब वह पुर्तगालियों के पास गया तो उस समय भी वह शराब के नशे में था। कभी-कभी वह बिना सोचे-समझे

उतावलेपन में काम करता था। रक्षा का पूर्ण प्रबंध किए बिना पुर्तगालियों के पास जाना बुद्धिमानी नहीं थी।

इन दोषों के होते हुए भी बहादुर शाह की महानता में कमी नहीं आती। जिस समय वह गद्दी पर बैठा उसकी अवस्था 20 वर्ष की थी तथा 11 वर्ष के राज्यकाल के पश्चात अपनी मृत्यु के समय वह 31 वर्ष का था। इतनी अल्पायु में उसने जो सफलता प्राप्त की वह साधारणतया संभव नहीं होती। बहादुर शाह जैसा योग्य तथा महत्त्वाकांक्षी सुल्तान, जिसकी सेना संगठित तथा शक्तिशाली थी, मुग़लों से इतने शीघ्र कैसे पराजित हो गया? सबसे आश्चर्य की बात तो यह है कि उसने मुग़लों से खुलकर कभी भी युद्ध नहीं किया। मंदसौर, चंपानीर, मांडू सभी स्थानों से वह भागता ही गया था। उसका साहस तब लौटा जब हुमायूँ गुजरात से बाहर चला गया तथा गुजरात में जन-आंदोलन का प्रभाव फैल चुका था। आख़िर उसके पलायन का कारण क्या था? उसके जीवन तथा शासन की घटनाओं के अध्ययन से स्पष्ट मालूम होता है कि बहादुर शाह जहाँ राजपूतों, मालवा के शासकों, पुर्तगालियों इत्यादि के विरुद्ध युद्ध करने में कभी भी हतोत्साहित नहीं होता था, वहाँ मुग़लों से युद्ध करने का उसका साहस नहीं हुआ। ऐसा मालूम होता है कि पानीपत के प्रथम युद्ध ने, जिसमें वह दर्शक के रूप में उपस्थित था, उसके मन में भय उत्पन्न कर दिया था। इसी कारण उसका मुग़लों के विरुद्ध युद्ध करने का साहस नहीं हुआ। उसने स्वयं अफ़गानों और मुग़लों के युद्ध की शीशे तथा पत्थर के युद्ध से तुलना की थी। कदाचित् इसी कारण वह मुग़लों से भागता रहा। उसकी पराजय का यह प्रमुख कारण था।

बहादुर शाह की मृत्यु के पश्चात् गुजरात

बहादुर शाह की मृत्यु के पश्चात् पुर्तगाली गर्वनर ने डियू में स्थित बहादुर शाह के कोष, तोपखाने इत्यादि पर अधिकार कर लिया। डियू की जनता में आतंक-सा छा गया जिसे बड़ी कठिनाई से शांत किया जा सका। गुजरात की जनता तथा अमीरों की निराशा तथा दुख की कोई सीमा नहीं रही।

मुहम्मद ज़मान मिर्ज़ा के हुमायूँ विरोधी कार्यों का वर्णन किया जा चुका है। बहादुर शाह के मंदसौर से पलायन के पश्चात् मुहम्मद ज़मान सिंध गया, किन्तु वहाँ से उसे सफलता नहीं प्राप्त हुई। वहाँ से वह लाहौर गया। कामरान उस समय ईरान के शाह से कंधार की रक्षा में लगा हुआ था जिसका वर्णन अगले पृष्ठों में किया गया है। मुहम्मद ज़मान को अवसर मिला। उसने पहले लाहौर पर अधिकार करना चाहा, किन्तु वहाँ का अधिकारी कामरान के प्रति स्वामिभक्त बना रहा।[124] मुहम्मद ज़मान ने लाहौर का घेरा डाला, किन्तु सफलता की आशा नहीं दिखाई दे रही थी। इसी समय कामरान लाहौर लौट आया। विवश होकर मुम्मद ज़मान मिर्ज़ा यहाँ से भागकर दिल्ली के आसपास चक्कर लगाता रहा (1536 ई. की वर्षा ऋतु में)। मुग़ल

साम्राज्य में सफलता की कोई आशा न देखकर कुछ दिन बाद वह पुनः गुजरात की तरफ चला गया।

बहादुर शाह के कोई संतान नहीं थी जिससे उसकी मृत्यु के पश्चात् उसके उत्तराधिकारी की समस्या सामने आई। मुहम्मद ज़मान मिर्ज़ा ने गुजरात की इस कठिनाई से लाभ उठाया। बहादुर शाह की मुत्यु से दुःखी होने का उसने अभिनय किया तथा हरम की स्त्रियों के सामने कपड़े फाड़कर पागल की तरह रोता रहा तथा उनके समझाने पर भी शांत नहीं हुआ। उसने राजमाता से प्रार्थना की कि सुल्तान बहादुर शाह उसे अपना छोटा भाई समझता था इस कारण उसे वह गोद ले ले। उसे समझाया गया कि गुजरात में स्त्रियाँ राजनीति में भाग नहीं लेतीं तथा उसे मंत्रियों से वार्ता करनी चाहिए। फिर भी मुहम्मद ज़मान ने राजमाता तथा हरम की स्त्रियों से लगभग 20 लाख रुपये प्राप्त कर लिया और उसकी सहायता से उसने एक बड़ी सेना एकत्रित की।[125] बाहर से तो वह पुर्तगालियों से बहादुर शाह की हत्या का बदला लेने की बात करता था और छिपकर उसने पुर्तगालियों से सहायता की प्रार्थना की। अपने पक्ष में करने के लिए उसने उन्हें धन तो दिया ही, इसके अतिरिक्त 27 मार्च 1537 ई. को उसने एक संधि की जिसके अनुसार उसने मंगलौर, दमन तथा समुद्र के किनारे की लगभग ढाई कोस भूमि उन्हें दे दी जैसे वह गुजरात का सुल्तान हो। इसके बदले में पुर्तगालियों की सहायता से डियू की शफ़ा मस्जिद में उसके नाम से खुतबा पढ़ा गया।[126]

इस बीच बहादुर शाह के अमीर मुहम्मद ज़मान के विरोधी हो गए। बहादुर शाह ने अपना उत्तराधिकारी अपनी बहन के पुत्र ख़ानदेश के मीरान मुहम्मद शाह तथा उसके पश्चात् अपने स्वर्गीय भाई लतीफ ख़ाँ के पुत्र महमूद को नियुक्त किया था। अमीर उसकी इस इच्छा के प्रति सहानुभूति रखते थे। इसके अतिरिक्त मुहम्मद ज़मान के प्रति उनके मन में कोई प्रेम नहीं था। वह मुग़ल सम्राट का संबंधी था और उसके पिछले कार्य ऐसे थे कि उसका विश्वास नहीं किया जा सकता था। गुजरात के मुग़ल विरोधी जन-आंदोलन के पश्चात मुग़ल सम्राट के संबंधी के गद्दी पर बैठने की आशा नहीं थी। इसके अतिरिक्त मुहम्मद ज़मान अपने व्यसनों से गुजरातियों की घृणा का पात्र बन गया था। गुजरात की गद्दी पर अधिकार करने के दाँवपेंच ने उन्हें उसका और विरोधी बना दिया। इमादुल मुल्क मलिक के नेतृत्व में डियू के निकट ऊना में मुहम्मद ज़मान पराजित हुआ तथा उसकी सेना तितर-बितर हो गई।[127] गुजरात से भागकर वह सिंध तथा वहाँ से उत्तरी भारत चला गया।

बहादुर शाह की बहन का बेटा मीरान मुहम्मद शाह के राजत्व काल में उसका बराबर सहयोगी रहा तथा सुल्तान के सभी प्रमुख अभियानों में उसने भाग लिया था। बहादुर शाह की मृत्यु के पश्चात् अमीरों ने उसे गद्दी पर बैठाया, किन्तु उसका शासन अधिक दिन तक न रहा। कुछ ही सप्ताह पश्चात् बहादुर शाह के भाई लतीफ़

ख़ाँ का पुत्र महमूद, महमूद तृतीय के नाम से, गुजरात का शासक बना (1538-1554 ई.)।

हुमायूँ के गुजरात अभियान के समय उसका साम्राज्य

गुजरात अभियान में हुमायूँ को लगभग दो वर्ष लगे। इस बीच की मुग़ल साम्राज्य की घटनाओं में तीन प्रमुख हैं : (1) कंधार पर ईरानी आक्रमण, (2) मिर्ज़ाओं का विद्रोह तथा (3) शेर ख़ाँ का उत्कर्ष।

कंधार पर ईरानी आक्रमण–हुमायूँ के गुजरात अभियान के समय ईरान में कुछ राजनीतिक घटनाएँ हुईं, जिनका प्रभाव मुग़ल साम्राज्य पर भी पड़ा। ईरान के शासक शाह तहमास्प के मंत्री शामूल ने शाह को मारकर उसके भाई साम मिर्ज़ा को, जो हेरात का गवर्नर था, गद्दी पर बैठाने का षड्यंत्र रचा किन्तु उसे सफलता नहीं मिली। शाह के भय से ईरान से भागकर उन लोगों ने कंधार पर आक्रमण किया। कंधार के दुर्गपति ख़्वाजा कलां बेग ने बड़ी बहादुरी से आक्रमणकारियों का सामना किया। सूचना पाकर कामरान भी बीस हज़ार अश्वरोहियों के साथ वहाँ पहुँच गया। ईरानी पराजित हुए (फरवरी 1535 ई.)।[128] अप्रैल, 1537 ई. में शाह तहमास्प ने कंधार पर पुनः आक्रमण किया। ख़्वाजा कलां इस बार दुर्ग की रक्षा न कर सका। उसने शहर खाली कर दिया तथा दीवानख़ाने को उत्तम फर्श तथा वस्तुओं से सजा कर[129] वह स्वयं थट्टा एवं उच्च मार्ग से लाहौर पहुँचा। कामरान उसकी कायरता से क्रुध हुआ तथा एक महीने तक उसने उसे अभिवादन की अनुमति नहीं दी। तैयारी कर कुछ दिन पश्चात् उसने मिर्ज़ा हैदर को लाहौर शासन हेतु नियुक्त किया तथा कंधार पर पुनः आक्रमण किया।

कंधार विजय के पश्चात् शाह तहमास्प ने कंधार का शासन बुदाग़ ख़ाँ क़ाचार को सौंप दिया तथा ईरान लौट गया। कामरान ने वहाँ पहुँचकर क़िले का अवरोध किया। बुदाग़ ख़ाँ क़िला समर्पित कर वापस चला गया।[130] इस तरह ईरान के शाह से कंधार की रक्षा करने का श्रेय कामरान को प्राप्त हुआ।

मिर्ज़ाओं का विद्रोह–मुहम्द ज़मान मिर्ज़ा के अतिरिक्त मुहम्मद सुल्तान ने भी हुमायूँ को चैन नहीं लेने दिया। हुमायूँ के राज्य के प्रारंभिक वर्षों में उसने मुहममद ज़मान मिर्ज़ा के साथ मिलकर दो बार विद्रोह किया था। दूसरी बार वह अंधा बना दिया गया तथा मुहम्मद ज़मान के ही साथ बंदीगृह में रखा गया। मुहम्मद ज़मान के वहाँ से निकल भागने के पश्चात् यह भी भाग गया तथा कहीं छिपा रहा। गुजरात अभियान में हुमायूँ की व्यस्तता से लाभ उठाकर मुहम्मद सुल्तान मिर्ज़ा ने विरोध करने का विचार किया। वह स्वयं तो अंधा बना दिया गया था किन्तु उसके कई पुत्र थे[131] जो इधर-उधर धूमधाम किया करते थे। जुलाई-अगस्त 1536 ई. में मुहम्मद सुल्तान कन्नौज की तरफ बढ़ा। उसने कन्नौज तथा बिलग्राम पर अधिकार कर लिया।

अपने पुत्रों को उसने अन्य स्थानों पर अधिकार करने के लिए भेजा। इस तरह उलूग़ मिर्ज़ा को जौनपुर की तरफ तथा शाह मिर्ज़ा को कड़ा मानिकपुर की तरफ भेजा। मिर्ज़ा हिन्दाल एक सेना लेकर अन्य अमीरों के साथ इनके विरुद्ध बढ़ा। कन्नौज के निकट हिन्दाल ने गंगा नदी को पार किया। यहाँ युद्ध हुआ जिसमें भीषण अंधड़ के कारण शत्रु तथा मित्र का अन्तर कर पाना कठिन हो गया। सुल्तान मिर्ज़ा जौनपुर की तरफ भागा। हिन्दाल ने बिलग्राम पर अधिकार कर लिया। इसी समय हुमायूँ के राजधानी में लौटने की सूचना मिली जिससे विद्रोही और भी हताश हो गए। हिन्दाल मिर्ज़ा ने सुल्तान मिर्ज़ा तथा उसके पुत्रों को दूसरी बार भी पराजित कर दिया तथा जौनपुर पर अधिकार कर लिया। विद्रोही बंगाल की तरफ भाग गए।[132] इस तरह हिन्दाल ने मुग़ल साम्राज्य की एक कठिन समय में सहायता की।

शेर ख़ाँ का उत्कर्ष--हुमायूँ तथा शेर ख़ाँ के बीच चुनार की संधि का वर्णन चौथे अध्याय में किया जा चुका है। चुनार से आगरा लौटने के पश्चात् हुमायूँ ने गुजरात पर आक्रमण किया। इस तरह शेर ख़ाँ को अपनी शक्ति बढ़ाने के लिए लगभग चार वर्ष (1532-36 ई.) का समय मिल गया। इस बीच उसने अपने को बिहार का शासक ही नहीं बल्कि अफ़गानों का एक मात्र नेता भी बना लिया।

दौरा के युद्ध के पश्चात् महमूद लोदी का प्रभुत्व समाप्त हो गया तथा शेर ख़ाँ अफ़गानों का एकमात्र नेता बन गया। उसने अफ़गानों को सेना में भर्ती किया तथा उन्हें अफ़गानों के लिए प्राण देने को प्रोत्साहित किया। अब्बास ख़ाँ लिखता है कि बहुत-से अफ़गान जो अपनी दुरव्यवस्था के कारण साधु हो गए थे, पुनः शेर ख़ाँ की सेना में भर्ती हो गए। शेर ख़ाँ ने अफ़गानों को सैनिक होने के लिए विवश किया तथा जो अफ़गान सैनिक बनने को तैयार नहीं हुए उन्हें उसने मरवा डाला।[133]

चुनार की सन्धि के परिणामस्वरूप शेर ख़ाँ का लड़का कुतुब ख़ाँ 500 अफ़गान सैनिकों के साथ हुमायूँ के साथ मालवा बन्धक के रूप में गया था। शेर ख़ाँ इससे चिन्तित था तथा उसे किसी-न-किसी तरह वापस बुलाना चाहता था। उसकी आज्ञा से कुतुब ख़ाँ अपने सैनिकों के साथ मंदसौर से हुमायूँ को छोड़कर भाग आया। इससे शेर ख़ाँ को शांति मिली। वह जानता था कि उसका पुत्र वास्तव में हुमायूँ के पास एक बंधक के रूप में था तथा उसके मुग़ल विरोधी कार्यों का बदला उसके पुत्र से लिया जाएगा। संभव है कि शेर ख़ाँ ने अपने लड़के को बहादुर शाह के कहने से ही बुला लिया हो।[134] इसी बीच शेर ख़ाँ ने काला पहाड़ की विधवा लड़की बीबी फ़तेह मलिका से विवाह कर उसका धन प्राप्त कर लिया, किन्तु विवाह के पश्चात् उसने उसके साथ अच्छा व्यवहार नहीं किया।[135]

आंतरिक संगठन पूर्ण कर शेर ख़ाँ ने अपनी पूर्वी सीमा पर दृष्टि डाली। नुसरत शाह की मृत्यु (939 हि.; दिसंबर, 1532 ई.) के पश्चात् बंगाल कठिन परिस्थिति से गुज़र रहा था। उसकी मृत्यु के पश्चात् उसका लड़का अलाउद्दीन फ़िरोज़ शाह

गद्दी पर बैठा। किन्तु उसका शासन अधिक दिन नहीं रहा तथा चार महीने के शासन के पश्चात् महमूद शाह ने उसे मार डाला और स्वयं बंगाल का शासक बन बैठा (मई 1533 ई.)। वह पूर्णतया अयोग्य था तथा परिस्थिति को सुधारने में असमर्थ था। इस बीच पुर्तगाली बंगाल में आ चुके थे तथा वे बंगाल की कठिनाई से लाभ उठाकर अधिक से अधिक सुविधाएँ प्राप्त करना चाहते थे। महमूद शाह के राजत्व को हाजीपुर का गवर्नर मख़दूमे आलम स्वीकार करने को तैयार नहीं था क्योंकि वह उसे नुसरत शाह के पुत्र का हत्यारा समझता था। महमूद ने मुंगेर के हाक़िम कुतुब ख़ाँ के नेतृत्व में एक सेना बिहार पर आक्रमण करने के लिए भेजी। शेर ख़ाँ अफ़गानों के पारस्परिक झगड़ों को सुलझाने में लगा था। उसने सेना इकट्ठी की तथा प्रारंभ में ऐसा दिखाया कि वह कुतुब ख़ाँ से युद्ध करने के लिए तैयार नहीं है। एक दिन उसने अचानक कुतुब ख़ाँ की सेना पर आक्रमण कर दिया। इस युद्ध में कुतुब ख़ाँ मारा गया तथा उसकी सेना हाथी, तोपख़ाना तथा कोष छोड़कर भाग गई। शेर ख़ाँ ने अपने पुराने मित्रों, शेख इस्माइल सूर तथा हामिद ख़ाँ ककर को, उनकी इस युद्ध में प्रदर्शित वीरता के उपलक्ष में क्रमशः शुजात ख़ाँ तथा सरमस्त ख़ाँ की उपाधि दी।[136]

महमूद शाह ने एक दूसरी सेना मख़दूमे आलम के विरुद्ध भेजी। शेर ख़ाँ ने अपने मित्र मख़दूम आलम के सहायतार्थ मिर्ज़ा हसन को भेजा। मख़दूम आलम ने अपनी सभी संपत्ति शेर ख़ाँ के पास सुरक्षित रखने के लिए भेजा और कहलाया कि यदि उसकी विजय हुई तो वह इसको वापस ले लेगा। इस युद्ध में मख़दूम आलम मारा गया।[137] उसकी मृत्यु के पश्चात् उसका संचित कोष शेर ख़ाँ को प्राप्त हो गया जो उसकी शक्ति के प्रसार के लिए बहुत ही उपयोगी सिद्ध हुआ।

शेर ख़ाँ के उत्कर्ष से नुहानी तथा जलाल ख़ाँ सतर्क हो गए। किसी भी तरह शेर ख़ाँ को अपने अधीन रखने की आशा न देखकर जलाल ख़ाँ नुहानी अमीरों तथा सेना के साथ भागकर बंगाल चला गया (सितंबर 1533 ई.)। महमूद ने कुतुब ख़ाँ के पुत्र इब्राहीम ख़ाँ के नेतृत्व में एक सेना शेर ख़ाँ के विरुद्ध भेजी। उसका लक्ष्य जलाल को पूर्ण रूप से बिहार में स्थापित करने का था। सूरजगढ़ नामक स्थान पर भीषण युद्ध हुआ (1534 ई.)[138] जिसमें शेर ख़ाँ विजयी हुआ। इस विजय ने शेर ख़ाँ को बिहार का वास्तविक शासक बना दिया।[139]

अनुकूल समय देखकर शेर ख़ाँ ने बंगाल पर आक्रमण करने के लिए योग्य सेनापतियों के अधीन अपनी सेना भेजी (1535 ई. के मध्य में)। वह स्वयं परिस्थिति का अवलोकन करता रहा, क्योंकि बहादुर शाह पराजित हो चुका था तथा शेर ख़ाँ को भय था कि कहीं हुमायूँ शीघ्र आगरा न लौट आए। उसे यह भी संदेह था कि कहीं सुल्तान महमूद शाह हुमायूँ से सहायता की प्रार्थना न करे। यह निश्चय हो जाने पर कि हुमायूँ इधर नहीं लौटेगा शेर ख़ाँ स्वयं भी (जनवरी 1536 ई. के मध्य

में) बंगाल के अभियान पर चल पड़ा। उसकी सेना में 1,500 नावें तथा 1,500 हाथी भी थे।

तेलियागढ़ी के निकट पुर्तगालियों ने, जो महमूद शाह की सहायता कर रहे थे, उसे रोकने का प्रयत्न किया। शेर ख़ाँ ने उन्हें धोखा दिया तथा अन्य मार्ग से बंगाल में प्रवेश कर गया। बंगाल की सेना राजधानी की रक्षा के लिए वापस आई। शेर ख़ाँ ने गौड़ को घेर लिया। महमूद शाह को विवश होकर शेर ख़ाँ को तेरह लाख स्वर्ण दीनार देकर उससे संधि करनी पड़ी। इसके अतिरिक्त शेर ख़ाँ को 90 मील लंबी तथा लगभग 30 मील चौड़ी भूमि भी प्राप्त हुई।[140]

शेर ख़ाँ ने प्रारंभ से ही बहादुर शाह को अपना मित्र बनाने का प्रयत्न किया। दोनों हुमायूँ के शत्रु थे तथा दोनों की दृष्टि आगरा के तख़्त पर थी। इस कारण दोनों एक-दूसरे को इस लक्ष्य में सहायता दे रहे थे कि एक दक्षिण-पश्चिम से तथा दूसरा पूर्व से मुग़ल साम्राज्य पर आक्रमण करे। अबुल फ़ज़ल लिखता है कि सुल्तान बहादुर शाह ने शेर ख़ाँ के पास अनुभवी दूत तथा उपहार भेजकर मित्रता स्थापित की। यही नहीं, बाद में उसने व्यापारियों द्वारा शेर ख़ाँ की धन से सहायता की।[141] यह धन कदाचित् इस कारण दिया गया था कि शेर ख़ाँ इसका प्रयोग पूर्व में विद्रोह करने के लिए करे जिससे हुमायूँ का ध्यान गुजरात अभियान से हट जाए। बहादुर शाह की पराजय के पश्चात् उसके सेना के बहुत-से सिपाही शेर ख़ाँ की सेना में भरती हो गए।[142] इस तरह एक तरफ तो अरब सागर में बहादुर शाह का अन्त हुआ और दूसरी तरफ बंगाल की खाड़ी में शेर ख़ाँ का उदय हुआ।

1536 ई. के अन्त तक शेर ख़ाँ ने अपनी शक्ति बढ़ा ली थी। बिहार में वह पूर्ण शक्तिशाली था। बंगाल का शासक पराजित हो चुका था तथा शेर ख़ाँ बंगाल पर भी अधिकार करने की योजना बना रहा था। बहादुर शाह की मृत्यु के पश्चात् तो वह मुगल विरोधी आंदोलन का एकमात्र नेता रह गया था। लाद मलिका तथा फतेह मलिका से विवाह कर, मख़दूमुल मुल्क के धन का उत्तराधिकारी बन कर तथा बंगाल के शासक सें धन वसूल कर उसने अपनी आर्थिक स्थिति ठीक कर ली थी। धन की सहायता से उसने सेना संगठित कर ली। इस सेना में अधिकतर अफ़गान थे, जिनमें कुछ मुग़लों से युद्ध भी कर चुके थे तथा जिनमें मुग़लों को पराजित करने की लालसा ही नहीं थी बल्कि लक्ष्य भी था। ये सैनिक जोश से परिपूर्ण थे। शेर ख़ाँ के सहयोगियों में आज़म हुमायूँ सरवानी, मियां बीबन, कुतुब ख़ाँ, मारूफ फ़र्मूली इत्यादि प्रतिभाशाली अमीर भी थे। शेर ख़ाँ ने अपने कार्यों तथा व्यवहार से उन सभी के मन में विश्वास पैदा कर लिया था और वे अपने नेता के लिए हर तरह का बलिदान करने को तैयार थे। इस तरह हुमायूँ का गुजरात अभियान शेर ख़ाँ के उत्कर्ष के लिए एक वरदान बन गया।

संदर्भ

1. बदायूँनी लिखता है कि हुमायूँ ने मुहम्मद ज़मान मिर्ज़ा को वापस करने के लिए बहादुर शाह को पत्र लिखा। बहादुर शाह ने इसका कठोर उत्तर दिया जिसके कारण हुमायूँ ने गुजरात पर आक्रमण करने का संकल्प कर लिया।(मुंतखबुत्तवारीख, 1, पृ. 345)। मिराते सिकन्दरी भी इसका समर्थन करता है, (बेले, हिस्ट्री ऑफ़ गुजरात, पृ. 381)।
2. बनर्जी, हुमायूँ, 1, पृ. 88।
3. बाघसिंह ने राणा का स्थान ग्रहण किया, इस कारण उसे दीवानजी कहकर पुकारा जाने लगा। बाघसिंह के वंशज बाद में भी दीवान की उपाधि धारण करते रहे (वीर विनोद, 2, पृ. 33)।
4. अकबरनामा, 1, पृ. 30।
5. सारंगपुर मध्यप्रदेश में बंबई-आगरा मार्ग पर इंदौर से 74 मील, 23^0 34' उत्तर तथा 76^0 29' पूर्व में स्थित है।
6. अकबरनामा, 1, पृ. 130; अबू तुराव, तारीख़े गुजरात, 13; फ़िरिश्ता ब्रिग्स, 2, पृ. 75-76; तबकाते अकबरी, डे, 2, पृ. 49।
7. जौहर, स्टीवर्ट, पृ. 4, तबकाते अकबरी, डे, 2, पृ. 49; मुंतखबुत्तवारीख, 1, पृ. 346; फ़िरिश्ता, ब्रिग्स, 2, पृ. 75-76।
8. बनर्जी, हुमायूँ, 1, पृ. 119-20।
9. हुमायूँ के पक्ष में हम कह सकते हैं कि उज्जैन में रुक कर हुमायूँ एक केंद्रीय स्थान पर था। यहाँ से वह बहादुर शाह के प्रमुख सैनिक, अड्डे मांडू को ख़ानदेश (जहाँ का शासक बहादुर शाह का मित्र था तथा बहादुर शाह की सेना में चित्तौड़ में मौजूद था) से अलग कर सकता था। यहाँ से वह गुजरात, चित्तौड़ तथा दक्कन पर दृष्टि रख सकता था।
10. "Humayun, however, was guided by intuition and inspiration rather than by cool inference from carefully surveyed facts." (शर्मा, मेवाड़ अण्डर दि मुग़ल्स, पृ. 54)।
11. वही, पृ. 55; वीर विनोद, 2, पृ. 31।
12. अकबरनामा, 1, पृ. 130।
13. वही, पृ. 131, तबकाते अकबरी, डे, पृ. 50; अबू तुराब, पृ. 13-14।
"Flushed with their success at Chitor Bahadur's troops might have overwhelmed the imperial army had they been immediately led to the attack." (काम्मिस्सारियट, हिस्ट्री ऑफ़ गुजरात, पृ. 350)।
14. देखिए अकबरनामा का अंग्रेज़ी अनुवाद, भाग 1 पृ. 302, हेनरी बेवरिज का नोट।
15. अकबरनामा, 1, पृ. 132।
16. तबकाते अकबरी, डे, 2, पृ. 50।
17. जौहर, स्टीवर्ट, पृ. 4; तबकाते अकबरी, डे, 2, पृ. 51; अबू तुराब, पृ. 14; बेले, हिस्ट्री ऑफ़ गुजरात, पृ. 384।
18. बेले, हिस्ट्री ऑफ़ गुजरात, पृ. 384-85, दस हज़ार बैलगाड़ियाँ अतिशयोक्ति पूर्ण प्रतीत होती हैं।
19. वही, पृ. 385। मिराते सिकंदरी के अनुसार रूमी ख़ाँ ने इसकी सूचना हुमायूँ को दे दी थी।
20. अकबरनामा, 1, पृ. 132; बेले, गुजरात, पृ. 384-86; फ़िरिशता, ब्रिग्स, 2, पृ. 126-28; अरेबिक हिस्ट्री ऑफ़ गुजरात, 1, पृ. 232, तथा 239-40; जौहर, स्टीवर्ट, पृ. 4-5।
21. तबकाते अकबरी, डे, 2, पृ. 21; फ़िरिश्ता, ब्रिग्स, 2, पृ. 76-77; अबू तुराब, पृ. 15। अरेबिक

हिस्ट्री ऑफ़ गुजरात, पृ. 240 के अनुसार उसके साथ भागने वालों की संख्या दस से कम थी।

22. अकबरनाम, 1, पृ. 132।
23. बनर्जी, हुमायूँ, 1, पृ. 126।
24. काम्मिस्सारियट, हिस्ट्री ऑफ़ गुजरात, पृ. 353 में Hist des Decouvertes des Protugais by Lafitau के भाग 1, पृ. 312 के आधार पर उद्धृत।
25. रूमी ख़ाँ हुमायूँ से कहाँ मिला इस पर समकालीन इतिहासकार एकमत नहीं हैं। जौहर के अनुसार रूमी ख़ाँ मंदसौर से बहादुर शाह का पीछा करते हुए मार्ग में मिला (जौहर, स्टीबर्ट, पृ. 5)। कबलामा के अनुसार वह नालचा में मिला। (अकबरनामा 1, पृ. 132-33)। निज़ामुद्दीन अहमद ने स्थान का उल्लेख नहीं किया है। मिराते सिकंदरी के अनुसार रूमी ख़ाँ बहादुर शाह के भागने के पूर्व ही भाग गया था (बेले, गुजरात, पृ. 385)। इन लेखकों के वर्णन से स्पष्ट है कि रूमी ख़ाँ मंदसौर तथा मांडू के बीच हुमायूँ से मिला। मुग़ल इतिहासकार उसकी सराहना करते हैं और उसे विश्वासघाती नहीं कहते। इसके विपरीत गुजराती इतिहासकार उसकी निंदा करते हैं।
26. अबू तुराब, पृ. 16।
27. अकबरनामा, 1, पृ. 133; मासिरे रहीमी, 1, पृ. 526।
28. मिराते सिकन्दरी के अनुसार सुल्तान सिकन्दर लोदी कहा करता था कि दिल्ली की आय गेहूँ तथा बाजरे से होती है तथा गुजरात की मूँगा तथा मोती से। (बेले, गुजरात, पृ. 386; काम्मिस्सारियट, पृ. 352)।
29. अकबरनामा, 1, पृ. 132-33। रूमी ख़ाँ के विषय में मिराते सिकन्दरी का लेखक सिकन्दर अपने पिता की सूचना के आधार पर जो हुमायूँ का किताबदार था तथा इस घटना के समय वहाँ उपस्थित था, लिखता है कि जिस समय हुमायूँ मन्दसौर में बहादुर शाह के परित्यक्त खेमे में पहुँचा तो वहाँ अन्य वस्तुओं के अतिरिक्त उसे एक तोता भी मिला। हुमायूँ ने उसे अपने पास रख लिया। जब रूमी ख़ाँ के स्वागत के लिए उसका नाम लेकर बुलाया गया, तो तोते ने कहा "फट रूमी ख़ाँ हराम ख़्वार, फट रूमी ख़ाँ हराम ख्वार" (अर्थात रूमी ख़ाँ हराम ख्वार पर लानत है)। उसने दस बार यह कहा। रूमी ख़ाँ का सिर नीचा हो गया। हुमायूँ ने उससे कहा, "यदि किसी मनुष्य ने कहा होता तो उसकी जबान खींच ली जाती। लेकिन इस परिन्दे को क्या कहा जाए।" उपस्थित लोग समझ गए कि जिस समय रूमी ख़ाँ बहादुर के खेमे से भाग गया तब बहादुर शाह के दरबारियों ने इन शब्दों का प्रयोग किया होगा जिन्हें तोते ने सुना होगा और रूमी ख़ाँ का नाम सुनकर उसने उन्हीं शब्दों को दुहरा दिया। (बेले, गुजरात, पृ. 386-87; अरेबिक हिस्ट्री ऑफ़ गुजरात, पृ. 335)।

    अर्सकिन, 2, पृ. 55; बनर्जी, हुमायूँ 1, पृ. 124; ईश्वरी प्रसाद, हुमायूँ, पृ. 73-75। मुग़ल इतिहासकार उसकी तारीफ़ करते हैं। उनका यह दृष्टिकोण तो स्पष्ट ही समझ में आ जाता है। रूमी ख़ाँ के जीवन की घटनाओं को देखने से उसके विश्वासघात से हमें आश्चर्य नहीं होना चाहिए। वह एक महत्त्वांकाक्षी व्यक्ति था जो अपने स्वार्थ के लिए कुछ भी कर सकता था। जब उसे चित्तौड़ का दुर्ग नहीं प्राप्त हुआ तो उसे निराशा हुई। ऐसा प्रतीत होता है कि उसे विश्वास हो गया था कि बहादुर शाह से अधिक लाभ नहीं होगा। इस तरह मुग़लों से मिलकर वह अधिक लाभ प्राप्त करना चाहता था।
30. अकबरनामा, 1, पृ. 132।
31. बनर्जी, हुमायूँ 1, पृ. 129; ओझा, उदयपुर राज्य का इतिहास, पृ. 401; शर्मा, मेवाड़ अण्डर दि मुग़ल्स, पृ. 58।
32. मांडू के दुर्ग के वर्णन के लिए देखिए, आरकियोलाजिकल सर्वे रिपोर्ट, 1912-13, ई. पृ. 148-51।

33. संदेश यह था : "हममें-तुममें भाईचारा है। कभी-कभी सगे भाइयों में भी आपस में झगड़ा तथा मतभेद हो जाता है। क्योंकि वर्षा ऋतु आ गई है अतः हमें खेमे में रहने के कष्ट से मुक्ति दिलाई जाए और भाईचारे से मांडू को हमारे लिए छोड़ दिया जाए ताकि हम वर्षा ऋतु वहाँ सुगमतापूर्वक व्यतीत कर सकें। तुम अपने पूर्वजों के राज्य गुजरात में शांति एवं सुख से रहो।" अबू तुराब, तारीखे़ गुजरात, पृ. 16।

34. ये शिष्ट मौलवी इतिहासकार अबू तुराब का पिता शाह कुतुबुद्दीन शुकरूल्लाह तथा उसका चचा शाह कमालुद्दीन फुतहुल्लाह थे। अबु तुराब, पृ. 16-17।

35. अबू तुराब, पृ. 16; अकबरनामा, 1, पृ. 133; अरेबिक हिस्ट्री, पृ. 241; डॉ. बनर्जी ने हुमायूँ के चित्तौड़ देने की बात का समर्थन किया है। वे लिखते हैं कि हुमायूँ ने इस कारण इसे स्वीकार किया, क्योंकि इसमें उसे कोई हानि नहीं थी और चित्तौड़ प्राप्त करने की उसकी आकांक्षा भी नहीं थी। राजपूतों के उसके साथ संपर्क अच्छे थे और वह उनके ऊपर शासन करने का इच्छुक न था। इसके अतिरिक्त हुमायूँ जानता था कि बहादुर शाह चित्तौड़ को अपने अधिकार में नहीं रखेगा। (हुमायूँ, भाग 1, पृ. 132)।

36. अकबरनामा, 1, पृ. 133; काम्मिस्सारियट, पृ. 353।

37. अकबरनामा, पृ. 134; तबकाते अकबरी, डे, 2, पृ. 52।

38. मिराते सिकन्दरी के अनुसार रूमी ख़ाँ ने भूपत को एक पत्र में लिखा, "तुम्हें मालूम है कि बहादुर शाह ने तुम्हारे वंश को क्या हानि पहुँचाई है। ऐसे हत्यारे के लिए प्राण देना बुद्धिमानी नहीं है। बदला लेने का समय आ चुका है। जब आक्रमण हो तो अपने अधिकृत फाटकों को खोल दो। हुमायूँ तुम्हारे पिता का स्थान तुम्हें देगा तथा अन्य कृपा प्रदर्शित करेगा।" लेखक के अनुसार मांडू राज्य का पतन भूपत राय के विश्वासघात से हुआ (बेले, गुजरात, पृ. 387-88)। इसके विपरित अबुल फ़ज़ल स्पष्ट लिखता है कि भूपत राय बहादुर शाह के साथ भाग गया। (अकबरनामा, 1, पृ. 133)। उाबू तुराब भी भूपत की स्वामिभक्ति का समर्थन करता हैं तारीख़े गुजरात, पृ. 18।

39. बुरी, बरी या नूरी पहले सुल्तान बहादुर का सेवक रह चुका था तथा बाद में कासिम हुसैन का सेवक हो गया था। (अकबरनामा 1, पृ. 133)। फ़िरिश्ता लिखता है कि सद्र ख़ाँ ने अपने प्राणों की बाज़ी लगाकार बहादुर को बचाया था (ब्रिग्स, 2, पृ. 77)।

40. अकबरनामा, 1, पृ. 134; अरेबिक हिस्ट्री, पृ. 233।

41. एक दिन बहादुर शाह का एक गायक कलावंत मंझू पकड़कर हुमायूँ के सामने लाया गया। हुमायूँ बहुत क्रोधित था तथा जिस ओर उसकी नजर जाती थी, अग्नि बरसाती थी। खुशहाल बेग ने मंझू का परिचय दिया तथा कहा, "हे बादशाह, यह मंझू कलावंत गायकों का बादशाह है।" बादशाह ने उसे क्रोध से देखा। खुशहाल बेग ने पुनः कहा कि "हिन्दुस्तान में ऐसा गायक न होगा।" बादशाह ने कहा "कुछ गा।" मंझू फ़ारसी संगीत में अद्वितीय था। उसने गाना प्रारंभ किया। उसका गाना सुनकर बादशाह की दशा में परिवर्तन हुआ। उसने लाल वस्त्र त्यागकर हरा वस्त्र धारण किया। हुमायूँ ने उससे कहा; "जो माँगना चाहे माँग ले, तुझे प्रदान कर दूँगा।" मंझू ने अपने बंदी संबंधियों की मुक्ति की प्रार्थना की। मंझू घोड़े पर बैठाया गया और उसने जिसे कहा उसे मुक्त कर दिया गया। कुछ लोगों ने हुमायूँ से कहा कि मंझू सभी को मुक्त कर रहा है। हुमायूँ ने कहा "कोई बात नहीं। आज यदि वह मुझसे मेरा राज्य भी मांगता तो मैं इनकार न करता।" कुछ दिन हुमायूँ के पास रहकर मंझू भागकर पुनः बहादुर शाह की सेवा में चला गया। बहादुर शाह ने उसे देखकर कहा, "आज मेरा जो खोया हुआ था मुझे मिल गया।" (मिराते सिकन्दरी; बेले, गुजरात, पृ. 388-90) मिराते सिकन्दरी के लेखक का पिता उस

समय हुमायूँ के दरबार में था, जब मंझू लाया गया था।

42. मांडू के पतन के पश्चात् सद्र ख़ाँ के भविष्य के विषय में समकालीन इतिहासकार एकमत नहीं हैं। अबुल फ़ज़ल के अनुसार सद्र ख़ाँ का उसकी बहादुरी के लिए स्वागत किया गया और उसे मुग़ल सेना में रखा गया। (अकबरनामा, 1, पृ. 134)। इसके विपरीत मिराते सिकन्दरी का लेखक लिखता है कि सद्र ख़ाँ बहुत बुरी तरह पराजित हुआ और मार डाला गया (बेले, गुजरात, पृ. 388)। अबुल फ़ज़ल का कथन सही है।
43. तबक़ाते अकबरी, डे, 2, पृ. 52, नोट 1; अकबरनामा, पृ. 134।
44. तारीख़े सिंध अथवा तारीखे मासूमी, पृ. 162-63।
45. काम्मिस्सारियट के अनुसार 10,000 (हिस्ट्री ऑफ़ गुजरात, पृ. 355)।
46. बदायूँनी, मुंतख़बुत्तवारीख, 1, पृ. 346; तबकाते अकबरी, डे, 2, पृ. 53।
47. अरेबिक हिस्ट्री, पृ. 243।
48. अकबरनामा, 1, पृ. 134। तारीख़े फ़िरिश्ता के अंग्रज़ी अनुवादक कर्नल ब्रिग्स तुर्की इतिहासकार फ़ेरदी के आधार पर लिखते हैं कि बहादुर शाह ने यहाँ से अपना परिवार तथा हीरे-जवाहिरात जो तीन सौ लोहे के सन्दूकों में थे, मदीना भेज दिए। इनमें वह सब धन था, जो उसने जूनागढ़, चंपानीर, अबूगढ़, चित्तौड़ तथा मालवा से प्राप्त किया था। यह धन भारत नहीं लौटा। यह तुर्की के सुल्तान सुलेमान (जन्म 1494 ई. सुल्तान 1520-66) को प्राप्त हो गया। इस धन के कारण उसे ऐश्वर्यशाली सुलेमान (Sulaiman the magnificent) कहा जाने लगा। बहादुर शाह ने गुजरात के सुल्तानों की पेटी भी, जो बहुमूल्य थी, अपने दूत के द्वारा सुलेमान के पास इस आशा से भेजी कि हुमायूँ के विरुद्ध उसे सहायता प्राप्त होगी। फ़िरिशता, ब्रिग्स 4, पृ. 151।
49. अरेबिक हिस्ट्री ऑफ़ गुजरात का लेखक लिखता है कि डियू से बहादुर शाह ने अपने अमीर महमूद लारी तथा मुहतरम ख़ाँ को रूमी ख़ाँ से मिलने के लिए कैम्बे भेजा। इन लोगों ने रूमी ख़ाँ से उसके विश्वासघात की निन्दा की तथा प्रायश्चित् के लिए उससे कहा कि वह हुमायूँ को डियू पर आक्रमण करने से रोके। रूमी ख़ाँ ने हुमायूँ को यह कहकर समझाया कि समुद्री जलवायु उसके लिए हानिकर है तथा इस समय लौटना ही उपयुक्त है। हुमायूँ ने स्वीकार कर लिया, क्योंकि इसी समय अहमदाबाद में अशांति की सूचनाएँ आईं। अरेबिक हिस्ट्री, 1, पृ. 256-57; काम्मिस्सारियट, पृ. 357-358।
50. बनर्जी, हुमायूँ 1, पृ. 142।
51. इन जातियों के विषय में जानने के लिए देखिए बांबे गज़ेटियर, 9, भाग 1, पृ. 237-39; होदीवाला स्टडीज़ इन इण्डो-मुस्लिम हिस्ट्री, 1, पृ. 488) के अनुसार वास्तविक शब्द गँवार है। डॉ. ईश्वरी प्रसाद (हुमायूँ, 1, पृ. 77) का विचार है कि कोली तथा गँवार जंगली जाति के थे।
52. अकबरनामा, पृ. 136; गुलबदन, हुमायूँनामा, बेवरिज, पृ. 132; अबू तुराब, पृ. 20-21।
53. अकबरनामा, 1, पृ. 136।
54. अबू तुराब, तारीख़े गुजरात, पृ. 21।
55. अकबरनामा, 1. पृ. 136।
56. मिराते सिकन्दरी के अनुसार जिस समय बहादुर शाह को नरसिंह देव की मृत्यु की सूचना मिली, उसने कहा "खेद है चंपानीर का क़िला हाथ से निकल गया।" अफ़ज़ल ख़ाँ वजीर ने पूछा कि "क्या कोई समाचार मिला है?" बहादुर शाह ने कहा, "नहीं राजा नरसिंह देव की मृत्यु हो गई। इस मुल्ला (अर्थात इख़्तियार ख़ाँ) में इतनी शक्ति कहाँ कि वह क़िले की रक्षा कर सके !" (बेले, गुजरात, पृ. 390-92)। अरेबिक हिस्ट्री ऑफ़ गुजरात का लेखक भी इसका समर्थन करता है (अरेबिक हिस्ट्री, पृ. 235)।

57. अकबरनामा, 1, पृ. 137।

58. अबुल फ़ज़ल इख़्तियार ख़ाँ की योग्यता की प्रशंसा करता है। वह लिखता है कि वह शासन की योग्यता के साथ-साथ ज्ञान-विज्ञान, विशेष रूप से गणित एवं ज्योतिष में निपुण था तथा कविता भी करता था। अकबरनामा, 1, पृ. 138।

59. चंपानीर दुर्ग को अधिकृत करने की तिथि में समकालीन इतिहासकारों में मतभेद है। अबुल फ़ज़ल के अनुसार चंपानीर का पतन सफ़र महीने के पहले सप्ताह में, बदायूनी के अनुसार 9 सफ़र को तथा अबू तुराब के अनुसार 6 सफ़र को हुआ। (अबू तुराब, पृ. 24, अकबरनामा, 1, पृ. 138) अबुल फ़ज़ल लिखता है कि उसकी तिथि अव्वल हफ्तये माहे सफ़र के अक्षरों से निकलती है। इसके अनुसार वह तिथि 973 हिजरी सफ़र माह के पहले हफ्ते (20 से 27 जुलाई 1536 ई.) के बीच पड़ती है।

60. जौहर लिखता है कि सुलतान बहादुर शाह के कोष का पता नहीं चल रहा था। आलम ख़ाँ नामक बहादुर शाह के एक विश्वसनीय अमीर को, जो पुनः मुग़ल अमीर बन गया था, इसका पता था। बात निकलवाने के लिए उसे शराब पिलाई गई। शराब के नशे में उसने वह हौज़ तथा कुएँ बताये जहाँ से बहादुर शाह के पूर्वजों द्वारा जमा किया गया कोष प्राप्त हुआ। गुजरात के सुल्तान सोना तथा चाँदी पिघलाकर कुएँ में डालते जाते थे। (जौहर, स्टीवर्ट, पृ. 6-7)।

61. एक दिन हज़रत साहब किरानी ने अपने 400 साथियों से प्रत्येक से दो-दो बाण लिये और उन्हें एक में बाँधकर उन्हें तोड़ने के लिए कहा, पर प्रयत्न करने पर भी वे उन्हे नहीं तोड़ सके। फिर उसने बंडल को खोल दिया और प्रत्येक को दो-दो बाण दिये। इसे उन लोगों ने तोड़ दिया। किरानी ने उन्हें समझाया कि यदि उनमें एकता होगी तो वे जहाँ भी जाएँगे। उनका कोई सामना नहीं कर सकता और उन्हें सफलता प्राप्त होगी। (अकबरनामा, 1, पृ. 139)।

62. अकबरनामा, 1, पृ. 139।

63. वही।

64. वही, पृ. 140।

65. "Humayun who was never a statesman inflicted sanguinary punishments on that pseudo-adventures." (बनर्जी, हुमायूँ, 1, पृ. 148)। अर्सकिन ने भी इसकी निन्दा की है (भाग 2, पृ. 69)।

66. काम्मिस्सारियट, पृ. 360-61। लाहौर म्यूज़ियम में एक सिक्का है जिसके एक तरफ 'चंपानीर की विजय 942 हि.' तथा दूसरी तरफ 'शहर मुकर्रम में निर्मित' अंकित है। उसी वर्ष के दूसरे सिक्के पर चंपानीर का नाम 'शहर अल जमा' अंकित है। टेलर, दि क्वायन्स ऑफ़ गुजरात सल्तनत, (J.B.B.R.A.S. 1903, XXI, पृ.317-18) अंकित है।

67. अकबरनामा, 1, पृ. 138।

68. बनर्जी, हुमायूँ, 1, पृ. 140।

69. अकबरनामा, 1, पृ. 138-39।

70. अर्सकिन, 2, पृ. 67; ईश्वरी प्रसाद, हुमायूँ, पृ. 80, तथा काम्मिस्सारियट, पृ. 364 का भी यही मत है।

71. काम्मिस्सारियट, पृ. 366।

72. अबू तुराब, पृ. 26-27।

73. अबू तुराब (पृ. 26-27) के अनुसार 70; अबुल फ़ज़ल, अकबरनामा, 1, (पृ. 137-38) के अनुसार 200 अश्वारोही।

74. अबुल फ़ज़ल (अकबरनामा 1, पृ. 138) के अनुसार जिस किसी के पास भी दो घोड़े थे वह

उसे एक लाख गुजराती टनके देता था। अबुल फ़ज़ल के इस कथन में अतिशयोक्ति प्रतीत होती है। इससे हम केवल यही अनुमान लगा सकते हैं कि इमादुल मुल्क ने पानी की तरह धन बहाया।

75. अरेबिक हिस्ट्री ऑफ़ गुजरात, 1, पृ. 257-58 के अनुसार उसकी सेना 30,000 तथा अबू तुराब के अनुसार (पृ. 27) 50,000 हो गई। अबुल फ़ज़ल लिखता है कि उसकी सेना में 30,000 अश्वारोही अल्पसमय में इकट्ठे हो गए। पुनः लिखता है कि मुजाहिद ख़ाँ 10,000 अश्वारोहियों के साथ आ मिला (अकबरनामा, 1, पृ. 138)। इससे 50,000 की संख्या अधिक संभव प्रतीत होती है। निज़ामुद्दीन के अनुसार 50,000 सेना एकत्र हुई (तबकाते अकबरी, डे, 2, पृ. 56)। फ़िरिश्ता (ब्रिग्स, 2, पृ. 80) इसका समर्थन करता है।
76. ईश्वरी प्रसाद, हुमायूँ, पृ. 81।
77. तबकाते अकबरी, डे, 2 पृ. 57।
78. यह युद्ध महमूदाबाद तथा नरियाद के बीच हुआ। डॉ. बनर्जी ने इस युद्ध का नाम महमूदाबाद युद्ध दिया है (हुमायूँ, 1, पृ. 152 तथा फुटनोट 2)। वे लिखते हैं कि फ़िरिश्ता ने यह नाम दिया है। फ़िरिश्ता इस युद्ध को महमूदाबाद के निकट लिखता है। (फ़िरिश्ता, पृ. 215; ब्रिग्स, 2, पृ. 80) न कि महमूदाबाद में। अबुल फ़ज़ल (अकबरनामा, 1, पृ. 140) इसे नरियाद कस्बे तथा महमूदाबाद के बीच बतलाता है। निज़ामुद्दीन भी इसे महमूदाबाद के निकट लिखता है। (तबकाते अकबरी, डे, 2, पृ. 57)।
79. इस युद्ध की घटनाओं के विषय में समकालीन इतिहासकारों में मतभेद है। अबुल फ़ज़ल (अकबरनामा, 1, पृ. 140) के अनुसार अस्करी की पराजय होने वाली थी कि यादगार नासिर मिर्ज़ा इत्यादि पहुँच गए। फ़िरश्ता (ब्रिग्स, 2, पृ. 80) के अनुसार इमादुल मुल्क अस्करी द्वारा पराजित हुआ। निज़ामुद्दीन अहमद का पिता उस समय अस्करी का वज़ीर था। उसने इस युद्ध का वर्णन अपने पिता की सूचना पर किया है। वह लिखता है कि मुग़ल सेना का अग्रगामी दल अस्करी के नेतृत्व में आगे बढ़ा। इमादुल मुल्क की सेना पराजित हुई। हवा बड़ी गरम थी। उसी समय गुजराती सेना बड़ी तेजी से आगे बढ़ी। अस्करी अपनी सेना सुव्यवस्थित नहीं कर सका तथा कुछ दूर झाड़ी की आड़ में छिप गया। गुजरात वाले लूट-मार में व्यस्त हो गए। अस्करी झाड़ी से बाहर निकला। गुजराती पराजित हुए। (तारीखे गुजरात, पृ. 27-28) के अनुसार अस्करी युद्ध न कर सका तथा नवधारा के थूहड़ के वृक्षों के पीछे चला गया। इमादुल मुल्क की सेना लूटपाट में लग गई। इसी समय हुमायूँ की अन्य सेना कासिम हुसेन ख़ाँ और हिन्दू बेग के नेतृत्व में पहुँच गई। अस्करी मिर्ज़ा भी अपनी सेना इकट्ठी कर आ गया। भीषण युद्ध हुआ जिसमें गुजराती पराजित हुए।
80. अकबरनामा, 1, पृ. 140; तबकाते अकबरी, डे, 1, पृ. 57-58। अकबरनामा के अनुसार मृत गुजराती सैनिकों की संख्या तीन या चार हज़ार के बीच थी। निज़ामुद्दीन के अनुसार 2,000। देखिए, रास, अरेबिक हिस्ट्री, 1, पृ. 249; अर्सकिन, 2, पृ.73-76।
81. अकबरनामा, 1, 141।
82. जौहर, स्टीवर्ट, पृ. 7-8। जौहर लिखता है कि हिन्दू बेग तथा अन्य अमीरों की राय पर हुमायूँ बहुत नाराज़ हुआ तथा उसने कहा "जिस राज्य को तलवार की शक्ति से विजय किया है, उसे नष्ट नहीं करना चाहिए। इस राज्य को सुव्यवस्थित करना और इसकी शासन-व्यवस्था को दिल्ली के अधीन करना चाहिए।"
83. अकबरनामा, 1, पृ. 141।
84. वही, समकालीन इतिहासकारों में शासन प्रबंध संबंधी नियुक्तियों में मत-भिन्नता है। अरेबिक

हिस्ट्री (भाग 1, पृ. 258) के अनुसार अहमदाबाद में मिर्ज़ा हिन्दाल, अस्करी तथा हिन्दू बेग; नेहरवाला पाटन में यादगार नासिर मिर्ज़ा; भड़ौंच, सूरत एवं नवसारी में कासिम हुसेन ख़ाँ को तथा चंपानीर में तरदी बेग को नियुक्त किया गया। मिरातें सिकन्दरी के अनुसार हुमायूँ ने अस्करी को अहमदाबाद, कासिम बेग को भड़ौंच, यादगार नसिर मिर्ज़ा को पाटन तथा बाबा बेग जलेर को चंपानीर में नियुक्त किया (वेले, गुजरात, पृ. 392-93)। निज़ामुद्दीन अहमद के अनुसार अहमदाबाद में मिर्ज़ा अस्करी को, नेहरवाला पाटन में मिर्ज़ा यादगार नासिर को, भड़ौंच हिन्दू बेग को, चंपानीर तरदी बेग को तथा बड़ौदा कासलम हुसेन सुल्तान को दिया गया। (तबकाते अकबरी, डे, 2, पृ. 58)। अबुल फ़ज़ल का वर्णन अधिक प्रमाणित है तथा उसे ही स्वीकार किया गया है। देखिए, काम्मिस्सारियट, पृ. 368।

85. ईश्वरी प्रसाद, हुमायूँ, पृ. 82।
86. अकबरनामा, 1, पृ. 141-42।
87. वही, पृ. 142; तबकाते अकबरी, डे, 2, पृ. 58।
88. फ़िरिश्ता, ब्रिग्स, 2, पृ. 80-81।
89. अकबरनामा, 1, पृ. 142।
90. फ़िरिश्ता, ब्रिग्स, 2, पृ. 81।
91. अबू तुराब, पृ. 29; अकबरनामा, 1, पृ. 142-43; तबकाते अकबरी, डे, 2, पृ. 58।
92. यह रूमी ख़ाँ सफ़र सूरत के दुर्ग का निर्माता था तथा तोपची रूमी ख़ाँ से भिन्न था।
93. कासिम हुसेन सुल्तान, सुल्तान हुसेन बाइकरा के वंश का था तथा हुमायूँ का संबंधी था। खानवा के युद्ध में उसने प्रमुख अंग का नेतृत्व किया था। बाद में बाबर ने उसे बदायूं का गवर्नर नियुक्त किया। (बनर्जी, हुमायूँ, 1, पृ. 159)।
94. अबू तुराब, पृ. 21; तबकाते अकबरी, डे, 2, पृ. 58-59; अकबरनामा, पृ. 143।
95. अबू तुराब, पृ. 29।
96. अकबरनामा, 1, पृ. 143।
97. डॉ. बनर्जी ने (हुमायूँ, 1, पृ. 162-63) हिन्दू बेग के इस सुझाव को बुद्धिहीन कहा है। उनका मत है कि इसी के कारण गजनफ़र को बाद में बंदी बनाया गया तथा तरदी बेग के मन में संदेह उत्पन्न हुआ। डॉ. ईश्वरी प्रसाद का (हुमायूँ, पृ. 85) कथन है कि "Hindu Beg a blunt soldier that he was, decided that a do nothing emperor was no master for him." डॉ. त्रिपाठी का (राइज़ एण्ड फॉल, पृ. 82-83) विचार है कि हिन्दू बेग समझता था कि इस सुझाव से सभी अमीरों तथा गुजराती जनता में यह विश्वास पैदा हो जाएगा कि उनके राज्य की एकता तथा भलाई अस्करी को अपना शासक स्वीकार करने से सुरक्षित रहेगी। फ़िरिश्ता (ब्रिग्स, 4, पृ. 82) स्पष्ट लिखता है कि हिन्दू बेग ने यह सलाह सेना का विश्वास प्राप्त करने के लिए दी। (फ़िरिश्ता, ब्रिग्स, 4, पृ. 82) बदायूँनी लिखता है कि अस्करी हिन्दू बेग से मिलकर खुतबा पढ़वाना चाहता था किन्तु यह संभव नहीं हो सका। (मुंतखबुत्तवारीख, 1, पृ. 534)।
98. तबकाते अकबरी, डे, 2, पृ. 59-60; फ़िरिश्ता, ब्रिग्स, 2 पृ. 81-82। अबुल फ़ज़ल इसका पूरा वर्णन नहीं करता; वह केवल इतना ही लिखता है कि पारस्परिक असहयोग तथा अल्पदर्शिता के कारण गजनफ़र 300 अश्वरोहियों सहित बहादुर शाह से जा मिला। (अकबरनामा, 1, पृ. 143)।
99. अकबरनामा, 1, पृ. 143; तबकाते अकबरी, डे, पृ. 59-60।
100. फ़िरिश्ता (ब्रिग्स, 4, पृ. 130) लिखता है कि गुजरात के विद्रोह तथा मुग़ल प्रबंध की असफलता

को देखकर अस्करी ने मुग़ल अमीरों की सभा बुलाई तथा उसने कहा कि "सम्राट इस समय मांडू में है। गुजरात पर अधिकार रखने और प्रबंध की असफलता के पश्चात् हमारा यहाँ रहना व्यर्थ है। शेर ख़ाँ पूर्वी बंगाल में अपनी सेना दिल्ली पर अधिकार करने के लिए इकट्ठी कर रहा है। इसलिए मैं समझता हूँ कि हम लोगों का चंपानीर पहुँचकर वहाँ के कोष पर अधिकार कर आगरा जाना ही श्रेयस्कर है।"

101. अकबरनामा, 1, पृ. 143; बेले, पृ. 393; अबू तुराब, पृ. 30। "इस कारण कि वे न तो हज़रत जहाँबानी के प्रति निष्ठावान थे और न उनके विचार ही शुद्ध थे, अतः अंधकारमय विचारों एवं अशुद्ध कल्पनाओं के कारण युद्ध किए बिना चंपानीर की ओर चल दिए और नाना प्रकार की तबाही प्रकट हुई।" (अकबरनामा, 1, पृ. 143)

102. अकबरनामा, 1, पृ. 144।

103. अबू तुराब (तारीख़े गुजरात, पृ. 31) लिखता है कि तरदी बेग अस्करी से मिलने जा रहा था कि एक विश्वासपात्र, जो मिर्ज़ाओं के पास से आ रहा था, मार्ग में मिल गया। उसने उसके कान में कहा कि "मिर्ज़ाओं ने तुम्हें बंदी बनाने की योजना बनाई है।" तरदी बेग अबू तुराब के घर पर उतर गया तथा उसे पता लगाने को भेजा। जब उसे विश्वास हो गया कि अस्करी का संकल्प ठीक नहीं है तो उसने उन्हें वहाँ से चले जाने को कहा।

104. अरेबिक हिस्ट्री ऑफ़ गुजरात (भाग 1, पृ. 260) के अनुसार गुजरात पर मुग़लों का अधिकार हिजरी के महीनों के अनुसार 13 महीने 13 दिन रहा (25 अप्रैल 1535 ई. से 24 मई 1536 ई.) रास-अरेबिक हिस्ट्री 1, पृ. 260।

105. अकबरनामा, 1, पृ. 144।

106. वही, अबू तुराब, (पृ. 31) के अनुसार अस्करी का इरादा आगरा पर अधिकार करने का था।

107. तबकाते अकबरी पृ. डे, 2, पृ. 61।

108. फ़िरिश्ता, फा., 216 ब्रिग्स का अनुवाद (भाग 2, पृ. 82-83) भिन्न है।

109. "मिर्ज़ा अस्करी जो अहमदाबाद में था, पादशाह के पूर्व की ओर प्रस्थान कर जाने के उपरांत अमीर हिन्दू बेग कूचीन से मिलकर अपने नाम का खुतबा पढ़वा देना चाहता था किन्तु यह संभव न हुआ। वह साधारण-सा युद्ध करके चंपानीर पहुँचा। वहाँ के हाक़िम तरदी बेग ने क़िले की प्रतिरक्षा प्रारंभ कर दी। अस्करी मिर्ज़ा के विद्रोह संबंधी पत्र दरबार में भेजे।" (बदायूँनी, पृ. 347)

110. अबू तुराब, पृ. 30-31।

111. रिज़वी, हुमायूँ, 2, पृ. 467।

112. अकबरनामा, 1, पृ. 144।

113. बनर्जी, हुमायूँ, 1, पृ. 165।

114. त्रिपाठी, राइज़ एन्ड फाल, पृ. 85।

115. काम्मिस्सारियट, पृ. 370-71।

116. "The reasons for the Mughal collapse may be found in the passive resistance of the people of the country, in Humayun's failure to send up reinforcements." (काम्मिस्सारियट, पृ. 369)।

117. अरेबिक हिस्ट्री, पृ. 259-60; काम्मिस्सारियट, पृ. 371।

118. बेले, पृ. 394-95; काम्मिस्सारियट, पृ. 363-66।

119. यह संधि कितनी महत्त्वपूर्ण थी इसका अनुमान इससे लगा सकते हैं कि बाटेलहो नामक एक पुर्तगाली एक छोटी सोलह फुट लंबी, नौ फुट चौड़ी, साढ़े चार फुट गहरी नाव में पुर्तगाल

के शासक को यह सूचना देने के लिए तेजी से भागकर पुर्तगाल गया। (काम्मिस्सारियट, पृ. 373)।

120. काम्मिस्सारियट, पृ. 374-75।

121. पुर्तगाली इतिहासकारों के अनुसार 13, तथा मिराते सिकन्दरी के अनुसार 5। बेले गुजरात, पृ. 395-97; काम्मिस्सारियट, पृ. 376 तथा 380।

122. बहादुर शाह की मृत्यु के लिए देखिए फ़िरिश्ता, ब्रिग्स, पृ. 132-41; बांबे गज़ेटियर, जिल्द 1, भाग 1, पृ. 347-51; बेले, पृ. 294-97; अर्सकिन, 2, पृ. 91-95, व्हाइटवे, राइज़ ऑफ़ पुर्तगीज़ पावर इन इंडिया, पृ. 244-50; अरेबिक हिस्ट्री, 1, पृ. 261-62; काम्मिस्सारियट, पृ. 372-83; बर्ड, हिस्ट्री ऑफ़ गुजरात, पृ. 251, नोट।

123. अबुल फ़ज़ल लिखता है कि लोगों को उसकी मृत्यु का विश्वास नहीं हुआ तथा कुछ लोगों का विचार है कि वह बचकर भाग गया था। दक्कन में एक व्यक्ति प्रकट हुआ जिसे निज़ामुल मुल्क ने स्वीकार किया कि वह बहादुर शाह था तथा उसने चौगान खेला। इसी तरह तारीख़े गुजरात के लेखक अबू तुराब के आधार पर अबुल फ़ज़ल लिखता है कि बहादुर शाह के गुरु कुतुबुद्दीन शिराजी की बहादुर शाह से मुलाकात हुई और उसने कुछ ऐसे विषय पर बात की जो बहादुर शाह के अतिरिक्त और कोई नहीं जानता था। (अकबरनामा, 1, पृ. 146)।

124. अकबरनामा, 1, पृ. 126-27।

125. काम्मिस्सारियट, पृ. 387-88।

126. अकबरनामा, 1, पृ. 146; काम्मिस्सारियट, पृ. 388।

127. बेले, पृ. 400-401, काम्मिस्सारियट, पृ. 388। इस युद्ध में बाबर के प्रधान मंत्री मीर खलीफ़ा के पुत्र हिसामुद्दीन मीराक ने बड़ी वीरता दिखलाई। उसने युद्ध कर गुजराती सेना को रोक लिया जिससे मुहम्मद ज़मान को भगाने में सुविधा हुई। (बनर्जी, हुमायूँ 1, पृ. 173)।

128. अकबरनामा, 1, पृ. 135 के अनुसार ख़्वाजा कलां ने आठ मास तक दुर्ग की रक्षा की।

129. अबुल फ़ज़ल के अनुसार ख़्वाजा कलां ने बादशाहों की व्यक्तिगत आवश्यकता संबंधी वस्तुओं, भोजन सामग्री इत्यादि को सजाया तथा क़िले की कुंजी शाह के पास भेज दी और कहलाया कि उसके पास किले की रक्षा करने के न साधन हैं न शक्ति है। इस कारण वह जा रहा है तथा एक घर सजाकर अतिथि को सौंपे जा रहा है। वह स्वयं शाह के सामने उपस्थित नहीं हुआ क्योंकि यह स्वामिभक्ति के विरुद्ध था (अकबरनामा, 1, पृ. 135)। बदायूँनी के अनुसार उसने दीवानखाने को खूब सजाकर बंद कर दिया और बाहर निकल गया। वह आगे लिखता है कि शाह तहमास्प ने उसकी प्रशंसा की तथा कहा कि "कामरान मिर्ज़ा का सेवक बड़ा ही उत्तम है।" (मुंतखबुत्तवारीख, 1, पृ. 347-48)। निज़ामुद्दीन अहमद लिखता है कि वह एक 'चीनीखाना' जो बहुत ही सजाकर तैयार किया था, उत्तम फर्श इत्यादि से सजाकर चला गया। श्री डे ने चीनीख़ाना को चीनी मिट्टी का बना कहा है। (तबकाते अकबरी, डे, 2, पृ. 61) अबुल फ़ज़ल ने चीनीख़ाने का उल्लेख नहीं किया है।

130. अकबरनामा, 1, पृ. 135-36;, तबकाते अकबरी, डे, 2, पृ. 61।

131. उसके 6 पुत्रों का उल्लेख मिलता है। उलूग़ मिर्ज़ा, शाह मिर्ज़ा, मुहम्मद मिर्ज़ा, इब्राहीम मिर्ज़ा, मसूद हुसेन मिर्ज़ा, तथा आकिल मिर्ज़ा।

132. जौहर (स्टीवर्ट, पृ. 9-10) लिखता है कि ये लोग भागकर पूर्णिया की तरफ चले गए।

133. तारीख़े शेरशाही, इलियट और डासन, 4, पृ. 352।

134. क़ानूनगो, शेरशाह, पृ. 112।

135. अब्बास ख़ाँ के अनुसार बीबी फ़तेह मलिका ने शेर ख़ाँ को तीन सौ मन सोना दिया। शेर ख़ाँ

ने उसे दो परगने मददेमाश के तौर पर उसके खर्च के लिए दिए। (इलियट और डासन, 4, पृ. 355; तथा इस विवाह के वर्णन के लिए पृ. 352-55)। डॉ. क़ानूनगो शेर ख़ाँ के इस कार्य की निंदा करते हैं। वे लिखते हैं, "This is an indefensible act of spoilation of a helpless woman and deserves unqualified condemnation" (शेरशाह, पृ. 111)।

136. क़ानूनगो, शेरशाह, पृ. 83-85; स्टीवर्ट, हिस्ट्री ऑफ़ बंगाल, पृ. 76।
137. इलियट और डासन, 4, पृ. 334।
138. वही, पृ. 441-42; कानूनगो, शेरशाह; पृ. 98-105।
139. "The victory of Surajgarh gave an air of legitimacy to Sher Khan's virtual assumption of the sovereignty of Bihar." (क़ानूनगो, शेरशाह, पृ. 105)।
140. क़ानूनगो, शेरशाह, पृ. 126-27।
141. अकबरनामा, 1, पृ. 148।
142. इलियट और डासन, 4, पृ. 352।

7. शेर ख़ाँ से संघर्ष

गुजरात अभियान से हुमायूँ निराश तथा दुःखी होकर आगरा लौटा। गुजरात तथा मालवा जिस तरह उसके हाथ से निकल गए वह किसी भी सम्राट के लिए लज्जास्पद था। आख़िर गुजरात आक्रमण का परिणाम क्या हुआ? जहाँ तक राज्य का प्रश्न था गुजरात पर बहादुर शाह का अधिकार हो गया, मालवा पर क़द्रशाह ने अधिकार कर लिया तथा बहादुर शाह की पराजय के पश्चात् राणा विक्रमादित्य ने चित्तौड़ पर अधिकार कर लिया।[1] इस तरह गुजरात अभियान के पूर्व की परिस्थिति पुनः लौट आई। इसके अतिरिक्त, राजनीतिक दृष्टि से मुग़ल सम्राट के यश तथा मान को गहरा धक्का लगा। उसकी असफलता के बाद उसकी कमजोरियाँ तथा भूलें और अधिक बढ़कर पूरे भारत में फैल गईं। इन कारणों से हुमायूँ के मन में एक ऐसा विषाद घर कर गया जिसे हटाना सरल नहीं था।

आगरा लौटकर भी हुमायूँ के मन से गुजरात का मोह नहीं गया तथा राजधानी और साम्राज्य का उचित प्रबंध कर वह पुनः गुजरात पर आक्रमण कर उसे अपने अधीन करना चाहता था।[2] इसी समय एक अन्य समस्या ने उसे आकर्षित किया। अहमदनगर के शासक बुरहान निज़ाम शाह ने हुमायूँ को पत्र भेजकर सूचित किया कि गुजरात, ख़ानदेश, बीजापुर तथा बरार के शासक मिलकर उसके राज्य पर आक्रमण करना चाहते हैं। उसने हुमायूँ से प्रार्थना की कि जिस समय इनकी सेनाएँ आक्रमण करें उसी समय हुमायूँ इन राज्यों पर आक्रमण कर दे।[3] यह निमन्त्रण बहुत ही आकर्षक था, क्योंकि इस अभियान की सफलता से गुजरात अभियान की लज्जा तथा दुःख दूर हो सकता था, किन्तु कई कारणों से हुमायूँ ने इसे स्वीकार नहीं किया। अहमदनगर की सहायता को जाने के लिए एक बलवती सेना की आवश्यकता थी। हुमायूँ के पास उस समय सेना तैयार नहीं थी। उसके साम्राज्य की पूर्वी सीमा पर शेर ख़ाँ तथा अफ़गानों का संगठन इतना भीषण होता जा रहा था कि उसका उचित प्रबन्ध किए बिना दक्षिण और पश्चिम के राज्यों पर आक्रमण करना बुद्धिमानी नहीं थी। इसके अतिरिक्त हुमायूँ का अवसादी मन गुजरात तथा मालवा की घटनाओं से इतना दुःखी तथा निराश था कि उस दिशा में पुनः आक्रमण करने का उसे साहस नहीं हुआ।

हुमायूँ के आगरा में रुकने का कारण

हुमायूँ आगरा में लगभग एक वर्ष तक रुका रहा।[4] इस समय शेर ख़ाँ शक्ति का संचय कर रहा था। हुमायूँ के गुजरात अभियान से लौटने का एक प्रमुख कारण शेर ख़ाँ की गतिविधि भी थी। फिर तत्काल शेर ख़ाँ पर आक्रमण करने के स्थान पर उसने अपना समय क्यों बरबाद किया? बहादुर शाह ने गुजरात पर पुनः अधिकार कर लिया था। हुमायूँ आगरा से उसकी गतिविधि पर दृष्टि रखना चाहता था। विद्रोही मिर्ज़ा भी साम्राज्य के इधर-उधर चक्कर काट रहे थे तथा वे कभी भी राजधानी में प्रकट हो सकते थे। हुमायूँ ने अस्करी को सम्भल की तरफ मिर्ज़ाओं के विरुद्ध भेजा किन्तु उनका पता नहीं चला।[5]

फरवरी 1537 ई. में बहादुर शाह की मृत्यु हो गई और मुहम्मद ज़मान मिर्ज़ा ने गुजरात की गद्दी पर अधिकार करने का प्रयत्न किया। मुहम्मद ज़मान मिर्ज़ा जैसे व्यक्ति का गुजरात पर शासन करना खतरे से खाली नहीं था। इसी बीच अहमद नगर का निमंत्रण भी पहुँचा। हुमायूँ पूर्व या पश्चिम के कार्यक्रम को निश्चित नहीं कर पा रहा था।

इसी समय जुनायद बरलास की मृत्यु हो गई। यह योग्य व्यक्ति था तथा जौनपुर के शासक की हैसियत से उसने मुग़ल साम्राज्य की पूर्वी सीमा पर नियन्त्रण तथा शांति बनाए रखी थी। उसकी मृत्यु के पश्चात् हुमायूँ ने इस स्थान पर हिन्दू बेग को नियुक्त किया। यह एक बड़ा उत्तरदायित्वपूर्ण पद था, क्योंकि हिन्दू बेग को साधारण गवर्नर के कार्य के अतिरिक्त शेर ख़ाँ पर भी दृष्टि रखनी थी। हुमायूँ ने हिन्दू बेग को आज्ञा दी कि वह शेर ख़ाँ का पूरा समाचार भेजे।

अब्बास ख़ाँ लिखता है कि हिन्दू बेग के आगमन का समाचार पाकर शेर ख़ाँ ने पेशकश भेजकर नए गवर्नर से निवेदन किया कि उसने सम्राट को जो आश्वासन दिया तथा उससे न तो वह विचलित हुआ था और न उसने मुग़ल राज्य में हस्तक्षेप ही किया था। उसने हिन्दू वेग से प्रार्थना की कि वह सम्राट को सूचित कर दें कि वह इधर न आएँ। उसने अपने को एक मुग़ल सेवक एवं राजभक्त घोषित किया। शेर ख़ाँ के पेशकश को देखकर हिन्दू बेग बड़ा प्रसन्न हुआ तथा उसने शेर ख़ाँ के वकील के सामने ही कहा कि शेर ख़ाँ से कह दो कि जब तक 'मैं जीवित हूँ वह निश्चिंत रहे। उसे कोई भी हानि नहीं पहुँचा सकेगा।' उसी समय शेर ख़ाँ के वकील के सामने ही उसने हुमायूँ के पास पत्र लिखवाया कि, "शेर ख़ाँ आपके निष्ठावानों में है। वह हज़रत बादशाह के नाम का खुतबा पढ़वाता है तथा सिक्का चलवा रहा है। वह अपने राज्य की सीमा के आगे नहीं बढ़ा है। सम्राट के वापस होने के बाद उसने कोई अनुचित कार्य नहीं किया है जिससे उसकी शिकायत हो।"[6] इस सूचना को पाकर हुमायूँ पूर्व की ओर से निश्चिंत होकर आगरा में रुका रहा।

हुमायूँ ने गुजरात अभियान से आकर सेना एकत्रित करना प्रारंभ कर दिया।

सैनिकों को शिक्षित करने का भी उसने प्रबंध किया तथा उनकी शिक्षा के लिए उसने बदख़्शाँ के आदमियों को नियुक्त किया।[7] इससे मालूम होता है कि परिस्थिति की ओर से वह सचेत था। हिन्दू बेग की रिपोर्ट के सम्बन्ध में हमारे सम्मुख दो प्रश्न आते हैं। प्रथम, क्या हिन्दू बेग की रिपोर्ट सही थी? तथा दूसरा, क्या हुमायूँ को उसे स्वीकार करना चाहिए था?

अब्बास ख़ाँ स्पष्ट लिखता है कि हिन्दू बेग ने रिश्वत स्वीकार कर शेर ख़ाँ की इच्छा के अनुसार रिपोर्ट भिजवा दी अर्थात् हिन्दू बेग की रिपोर्ट सही नहीं थी। रिपोर्ट को पढ़ने से पता चलता है कि हिन्दू बेग ने उसे इस तरह लिखवाया था कि वह दोषी न ठहराया जा सके। शेर ख़ाँ ने अपने नाम से न खुतबा पढ़वाया था और न अपने नाम का सिक्का ही चलवाया था। उसने मुग़ल राज्य पर आक्रमण भी नहीं किया था। फिर उसे विद्रोही कहना सही नहीं था। हुमायूँ ने हिन्दू बेग की रिपोर्ट को स्वीकार कर लिया। हिन्दू बेग पर हुमायूँ को सदा विश्वास बना रहा। इस कारण उसने हिन्दू बेग को जौनपुर के गवर्नर के पद पर स्थायी कर दिया, अमीरुल अमरा की उपाधि दी तथा अलंकृत कुर्सी पर बैठने का सम्मान प्रदान किया।[8]

हिन्दू बेग की रिपोर्ट को स्वीकार करना हुमायूँ के लिए ठीक नहीं था। यह सही है कि शेर ख़ाँ ने अपने नाम से न खुतबा पढ़वाया और न सिक्का चलाया था किन्तु उसने कई ऐसे कार्य किए थे जो उसकी नीति को स्पष्ट प्रकट कर रहे थे। गुजरात अभियान में शेर ख़ाँ के पुत्र कुतुब ख़ाँ का अपनी सेना के साथ मुग़ल सेना से भाग आना क्या अपराध नहीं था? शेर ख़ाँ ने बिहार की जागीर तथा नए विजित प्रदेशों के लिए दिल्ली को कोई कर या भेंट नहीं दिया था। इसके अतिरिक्त, एक ऐसे व्यक्ति के लिए जो अपने को मुग़लों का अमीर कहे, एक स्वतंत्र राज्य (बंगाल) पर आक्रमण करना, क्या यह स्पष्ट नहीं कर रहा था कि शेर ख़ाँ मुग़लों को चकमा दे रहा था? हिन्दू बेग ने गुजरात में अस्करी को स्वतंत्र होने का परामर्श दिया था। ऐसे व्यक्ति पर इतना विश्वास करना उचित नहीं था। हिन्दू बेग पर हुमायूँ का इतना विश्वास क्यों था, यह बताना कठिन है।

वास्तव में हुमायूँ परिस्थिति की भयंकरता का अनुमान न लगा सका। वह आनंदमय जीवन व्यतीत करने वाला व्यक्ति था। किसी कार्य की महत्ता समझकर उस पर तत्काल कार्य करना उसके लिए कठिन था। किसी कार्य के प्रारंभ करने में वह अधिकतर देर करता था। इसी कारण गुजरात अभियान में वह कई स्थानों में रुका रहा। बाद में बंगाल में भी इसी तरह उसने कई महीने व्यर्थ बिता दिए। इस तरह दो कठिन अभियानों के बीच आराम करना उसकी प्रकृति बन गई थी। इसके अतिरिक्त हुमायूँ किसी भी अभियान या विशेष कार्य करने का निश्चय तत्काल नहीं कर पाता था। फ़िरिश्ता का यह कथन कि हुमायूँ ने अफ़ीम की मात्रा बढ़ा दी थी जिससे राजसी कार्यों में उसकी दिलचस्पी कम हो गई,[9] केवल यह संकेत

करता है कि गुजरात अभियान की असफलता के अवसाद के कारण उसने अधिक मात्रा में अफ़ीम खाना प्रारंभ कर दिया था। निज़ामुद्दीन तो स्पष्ट लिखता है कि गुजरात से लौटकर हुमायूँ ने एक वर्ष आमोद-प्रमोद में व्यतीत किया।[10] उपर्युक्त विवेचन से यह सारांश निकलता है कि हुमायूँ, जो प्रकृति से आलसी और आरामतलब था, हिन्दू बेग की रिपोर्ट के पश्चात् आराम से बैठ गया तथा उसने तब तक आँखें नहीं खोलीं जब तक शेर ख़ाँ ने बंगाल पर आक्रमण नहीं किया।

शेर ख़ाँ की गतिविधि

हिन्दू बेग के आश्वासन से शेर ख़ाँ को विश्वास हो गया कि हुमायूँ अब कुछ दिन उस पर आक्रमण नहीं करेगा। इस बीच उसने बंगाल पर आक्रमण कर उस पर अधिकार करने का निश्चय किया। पिछले बंगाल अभियान के समय पुर्तगालियों ने बंगाल के शासक महमूद की सहायता की थी जिससे शेर ख़ाँ को बड़ी असुविधा हुई थी। ये लोग गुजरात के बहादुर शाह से युद्ध में लगे थे तथा उसकी मृत्यु के पश्चात् उन्हें तुर्की के सुल्तान सुलेमान तथा बहादुर शाह के उत्तराधिकारी के संयुक्त आक्रमण का भय था। इस कारण पुर्तगाली सुल्तान महमूद की सहायता करने की स्थिति में नहीं थे। यह समय बंगाल पर आक्रमण करने के लिए उपयुक्त था। शेर ख़ाँ ने कर न देने का दोष लगाकर बंगाल पर आक्रमण कर दिया।[11] महमूद के लिए शेर ख़ाँ का सामना करना सरल नहीं था। वह भागकर गौड़ में जा छिपा। शेर ख़ाँ की सेना ने नगर की ओर प्रस्थान किया तथा उसके आसपास के स्थानों पर अधिकार कर लिया।

बंगाल अभियान

हुमायूँ को शेर ख़ाँ के अभियान की सूचना मिली। उसने निश्चय कर लिया कि अब बंगाल पर आक्रमण करना ही चाहिए।[12] आक्रमण के पूर्व उसने राजधानी का प्रबन्ध करना उचित समझा तथा उसने साम्राज्य के भिन्न-भिन्न भागों में योग्य व्यक्तियों को नियुक्त किया। इस तरह दिल्ली तथा उसके निकट के स्थानों की रक्षा तथा शासन का उत्तरदायित्व मीर फ़ख्र अली को दिया गया। आगरा में मीर मुहम्मद बख्शी को, कालपी में यादगार नासिर मिर्ज़ा को और कन्नौज तथा उसके निकट के भागों में बाबर के दामाद नूरुद्दीन मिर्ज़ा को नियुक्त किया गया।[13]

इस तरह राजधानी तथा उसके निकट के भागों का शासन व्यवस्थित करने के पश्चात् हुमायूँ अस्करी तथा हिन्दाल के साथ 27 जुलाई 1537 ई. को आगरा से रवाना हुआ।[14] उसके साथ उसकी बेगमें तथा साम्राज्य के प्रमुख अमीर रूमी ख़ाँ, तरदी बेग, बैराम ख़ाँ, कासिम हुसेन ख़ाँ ऊजबेक, जाहिद बेग, जहाँगीर कुली बेग इत्यादि थे। अधिकतर अमीर नदी के मार्ग से रवाना हुए किन्तु सेना का मुख्य भाग

स्थल-मार्ग से चला। हुमायूँ कभी जल-मार्ग से नाव पर चलता था तथा कभी घोड़े पर कभी स्थल-मार्ग से।

हुमायूँ के आक्रमण की सूचना पाते ही शेर ख़ाँ ने इसका प्रतिवाद किया। उसने कहा कि उसने मुग़लों के विरुद्ध कोई भी कार्य नहीं किया है। वह न तो अपनी पश्चिमी सीमा के आगे बढ़ा है और न मुग़ल साम्राज्य के किसी अन्य क्षेत्र में हस्तक्षेप ही किया है। इसलिए सम्राट को उसका विरोध नहीं करना चाहिए। हुमायूँ ने इस प्रतिरोध का कोई भी उत्तर नहीं दिया और आगे बढ़ गया।

हुमायूँ के अभियान से शेर ख़ाँ चिंतित हुआ। उसने गौड़ के घेरे का प्रबंध किया तथा वहाँ ख्वास ख़ाँ को नियुक्त किया। चुनार के दुर्ग की रक्षा का उत्तरदायित्व उसने अपने पुत्र कुतुब ख़ाँ तथा अन्य अफगानों को सौंपा। शेर ख़ाँ स्वयं भरकुण्डा[15] में अफ़गान परिवारों के साथ चला गया। बाहर से वह दोनों दुर्गों पर तथा हुमायूँ की गतिविधि पर दृष्टि रख सकता था।

आगरा से चलकर हुमायूँ नवम्बर 1537 ई. में चुनार पहुँचा।

मुहम्मद ज़मान मिर्ज़ा का समर्पण

आगरा में हुमायूँ ने अपनी बहन मासूमा सुल्तान बेगम (मुहम्मद ज़मान मिर्ज़ा की स्त्री) की प्रार्थना पर मुहम्मद ज़मान को क्षमा कर दिया था। चुनार के समीप मुहम्मद ज़मान हुमायूँ के खेमे में आया। मिर्ज़ा अस्करी तथा हिन्दाल ने उसका स्वागत किया तथा दूसरे दिन एक ही दरबार में उसे दो बार ख़िलअत, पेटी एवं घोड़े प्राप्त हुए।[16] हुमायूँ का मुहम्मद ज़मान के प्रति यह आदर उसके बहनोई होने के कारण था। शासन की दृष्टि से इस तरह का व्यवहार दुर्बलता का प्रतीक था।

चुनार का घेरा

जिस समय हुमायूँ चुनार दुर्ग को घेरे हुए था उसी समय शेर ख़ाँ की सेना गौड़ को घेरे हुए थी। गौड़ में बंगाल के शासक का राजकोष था। हुमायूँ के बंगाल पहुँचने के पूर्व यदि शेर ख़ाँ गौड़ पर अधिकार कर लेता तो उसे यह कोष, भू-भाग तथा यश भी प्राप्त होता, जिससे उसकी शक्ति बढ़ जाती। यही सब विचार कर हुमायूँ के ज्येष्ठ अमीर दिलावर ख़ाँ इत्यादि ने परामर्श दिया कि चुनार-विजय की चिंता न की जाए तथा मुग़ल सेना आगे बढ़े जिससे शेर ख़ाँ के गौड़ के कोष को हस्तगत करने के पूर्व वहाँ पर पहुँच जाए। इसके विपरीत कुछ अन्य अमीरों की राय थी कि पहले चुनार को जीत लिया जाए उसके बाद आगे बढ़ा जाए। जब हुमायूँ ने ख़ानख़ाना युसुफ़ खैल से पूछा तो उसने कहा : "नौजवानों की राय है कि प्रथम चुनार पर अधिकार किया जाए, ज्येष्ठों की राय है कि गौड़ में अत्यधिक कोष है तथा गौड़ पर प्रथम अधिकार करना उपयुक्त तथा लाभकर है। इसके पश्चात् चुनार

पर अधिकार करना सरल होगा।" हुमायूँ ने इसका उत्तर दिया कि मैं नौजवान हूँ तथा नौजवानों का परामर्श स्वीकार करता हूँ। मैं चुनार के दुर्ग को अपने पीछे नहीं छोड़ूँगा।[17]

हुमायूँ को चुनार पर अधिकार करने में लगभग 6 महीने लगे। इस बीच शेर ख़ाँ ने गौड़ पर अधिकार कर उसके कोष को सुरक्षित स्थान पर हटा दिया तथा कुछ दिनों में वह हुमायूँ को पराजित करने में सफल हुआ। इस पृष्ठभूमि में कुछ आधुनिक विद्वानों ने हुमायूँ के इस निश्चय की आलोचना की है तथा कुछ ने इसका समर्थन किया है।

डॉ. बनर्जी ने हुमायूँ के निश्चय का समर्थन किया है।[18] उनके अनुसार (1) हुमायूँ को गुजरात का बहुत ही कटु अनुभव था। चम्पानीर के दुर्ग पर अधिकार किए बिना ही वह आगे कैम्बे तक बढ़ गया था। उस अभियान में हुमायूँ को प्रारंभ में तो विजय लाभ हुआ, किन्तु कुछ ही दिनों के बाद पूरा प्रांत उसके हाथ से निकल गया। हुमायूँ इस भूल को दुहराना नहीं चाहता था। (2) शेर ख़ाँ की दृष्टि में चुनार का बहुत महत्त्व था। पाँच वर्ष पूर्व उसने मुग़लों को चुनार समर्पण करने में आनाकानी की थी। चुनार विजय से अफ़गानों के दक्षिण बिहार को धक्का लगता। चुनार का कोष यदि हटाया नहीं गया था तो वह भी हुमायूँ के हाथ लगने की आशा थी। (3) हुमायूँ को यह आशा नहीं थी कि बंगाल का शासक महमूद इतना शीघ्र शेर ख़ाँ द्वारा पराजित हो जाएगा। (4) नवम्बर 1537 ई. में हुमायूँ स्वयं अफ़गानों के विरुद्ध युद्ध कर रहा था और महमूद कहाँ तक शेर ख़ाँ का सामना कर सकता और कहाँ तक नहीं, इसमें उसको कोई दिलचस्पी नहीं थी। हुमायूँ की महमूद में दिचलस्पी गौड़ के पतन के बाद तथा उसके हुमायूँ से मिलने के पश्चात् प्रारंभ होती है। (5) हुमायूँ शेर ख़ाँ की योग्यता का ठीक मूल्याँकन नहीं कर सका। (6) मखजाने अफ़गाना के लेखक का यह विचार सही प्रतीत होता है कि गौड़ पर आक्रमण करने का परामर्श हुमायूँ के अमीरों ने वहाँ के धन के लोभ से दिया न कि किसी और परिस्थिति के कारण। यदि हुमायूँ चुनार पर अधिकार किए बिना आगे बढ़ जाता तो महमूद की सहायता के लिए उसे बंगाल को पार करना पड़ता। क्या युद्ध को उत्तरी भारत के अंतिम छोर तक ले जाना ठीक था? विद्वान लेखक के अनुसार घटना के पश्चात् बुद्धिमान होना सरल है। हुमायूँ की वास्तविक भूल शेर ख़ाँ का सही मूल्यांकन न करना था। इसके अतिरिक्त बंगाल के शासक द्वारा तत्काल सहायता का कोई अनुरोध नहीं किया गया था। इस कारण हुमायूँ ने आराम से चुनार के दुर्ग का घेरा प्रारम्भ किया।[19]

उपर्युक्त तर्कों के अतिरिक्त यह भी कहा जा सकता है कि यदि चुनार शेर ख़ाँ के अधिकार में रह जाता और हुमायूँ आगे बढ़ जाता तो उसकी सेना पर चुनार की तरफ से तथा बंगाल की तरफ से एक साथ आक्रमण हो सकता था, जो अत्यंत

ही भयंकर होता। चुनार का दुर्ग अफगानों की शक्ति का प्रतीक था। यह आगरा तथा पटना के बीच पड़ता था। सैनिक दृष्टि से इसका बहुत महत्त्व था। ऐसे दुर्ग को शेर ख़ाँ के हाथ में छोड़ना न्यायसंगत नहीं था। इस पर अधिकार किए बिना बनारस-बक्सर मार्ग शेर ख़ाँ के अधिकार में रहता जिससे उसकी शक्ति में वृद्धि होती।

हुमायूँ के निश्चय के विपक्ष में कहा जा सकता है कि गौड़ के पतन से शेर ख़ाँ को धन तथा यश दोनों प्राप्त होता जिससे उसकी शक्ति बहुत अधिक बढ़ जाती। यही नहीं, विजय के उल्लास में उसकी सेना में उत्साह भी भर जाता। यदि हुमायूँ ने आगे बढ़कर बंगाल के शासक की सहायता की होती तो वह उसका परम मित्र बन जाता। बंगाल तथा मुग़ल सम्राट दोनों मिलकर, दो तरफ से शेर ख़ाँ के राज्य तथा शक्ति को चूर-चूर कर सकते थे, क्योंकि शेर ख़ाँ की शक्ति का केंद्र बंगाल तथा मुग़ल साम्राज्य के बीच था। यह कहना सही नहीं है कि युद्ध को भारत के अन्तिम छोर तक ले जाना ठीक नहीं था। शेर ख़ाँ पर आक्रमण करते समय बंगाल तक जाने की अधिक संभावना थी। हुमायूँ इस बात को जानता था। इसी कारण उसने अपनी राजधानी का ऐसा प्रबन्ध किया जिससे अधिक समय लगने पर भी कोई गड़बड़ी न हो। यह तर्क कि हुमायूँ को महमूद में दिलचस्पी उससे मिलने के पश्चात् प्रारंभ हुई, हुमायूँ की अदूरदर्शिता प्रदर्शित करता है।

दोनों तरफ के तर्कों के अध्ययन से तथा बाद की घटनाओं से हम हुमायूँ की वास्तविक भूल का अनुमान लगा सकते हैं। हुमायूँ को शेर ख़ाँ की योग्यता का ठीक अनुमान नहीं था। वह उसे एक विद्रोही मात्र समझता था। उसे यह आशा थी कि चुनार का दुर्ग बहुत जल्द उसके अधिकार में आ जाएगा किन्तु इस दुर्ग पर अधिकार करने में छः महीने लग गए। इस तरह चुनार की शक्ति का ठीक ज्ञान उसे नहीं हो सका।[20] सुल्तान महमूद इतना शीघ्र पराजित हो जाएगा, उसे इसकी आशा नहीं थी। ऐसा प्रतीत होता है कि हुमायूँ का जासूसी विभाग उत्तम नहीं था, जिससे शेर ख़ाँ की गतिविधि इत्यादि की ठीक सूचना उसे नहीं प्राप्त हो सकी। हुमायूँ ने निश्चय करते समय एक भयंकर भूल की। ज्येष्ठ अमीरों से उसे यह नहीं कहना चाहिए था कि वह नौजवान है तथा नौजवानों के मत को ही स्वीकार करेगा। उसकी इस बात से वृद्ध तथा अनुभवी अमीरों को चोट लगी तथा उनके मन में यह विचार आना स्वाभाविक था कि सम्राट ने उनकी मानहानि की है। यदि हुमायूँ ने चुनार के घेरे का उत्तरदायित्व किसी अन्य व्यक्ति को दे दिया होता तथा स्वयं बंगाल की तरफ रवाना हो गया होता तो अधिक अच्छा होता। इसमें सेना के विभाजन का भय अवश्य था किन्तु उचित धन व्यय कर सेना एकत्रित कर कुछ महीने निश्चय ही बचाए जा सकते थे।

चुनार पर अधिकार

चुनार के दुर्ग पर अधिकार करने का उत्तरदायित्व रूमी ख़ाँ को सौंपा गया। बहादुर शाह को त्यागने के पश्चात् रूमी ख़ाँ हुमायूँ की सेवा में आ गया था। हुमायूँ ने उसे मीर आतश का पद दिया। रूमी ख़ाँ ने दुर्ग का निरीक्षण किया। उसने देखा कि दुर्ग के सूखे भाग इतने ठोस थे कि प्रवेश करना कठिन था। दुर्ग के कमजोर स्थान का पता लगाने के लिए उसने एक अबीसीनियन दास कुलाफ़ात को बुरी तरह बेंत से मारा। बुरी अवस्था में कुलाफ़ात चुनार के दुर्गपति के पास गया और वहाँ उसने रूमी ख़ाँ के व्यवहार की निंदा की और अपनी सेवाएँ चुनार के दुर्गपति को अर्पित कीं। अफ़गानों ने उसके प्रति सद्भावना दिखलायी, उसके घावों की मरहम-पट्टी की और दुर्ग की बहुत-सी बातों की जानकारी उसे होने दी। कुलाफ़ात के द्वारा रूमी ख़ाँ को चुनार दुर्ग की आंतरिक कमजोरियों का ज्ञान हो गया और उसी के अनुसार उसने दुर्ग पर अधिकार करने का प्रयत्न किया। कुलाफ़ात की सूचना पर रूमी ख़ाँ ने कार्य प्रारंभ किया। उसकी योजना दुर्ग पर तोपों की सहायता से अधिकार करने की थी। रूमी ख़ाँ ने नौकाओं पर एक मुकाबिला कोब या सरकोब तैयार कराया। यह एक तैरता हुआ तोपख़ाना था जो काफ़ी ऊँचा था। ऐसा प्रबंध था कि इस तोपख़ाने को ले जाकर किले के निकट की दीवार उड़ायी जा सकती थी। ऐसा भी प्रबंध था कि उसी समय स्थल-मार्ग से भी आक्रमण हो सके। संपूर्ण प्रबंध के पश्चात् किले पर आक्रमण हुआ। भीषण युद्ध हुआ जिसमें अफ़गानों ने बड़ी वीरता दिखाई। सात सौ मुग़ल मारे गए तथा रूमी ख़ाँ के नवनिर्मित सरकोब का एक भाग टूट गया। दूसरे दिन उसकी मरम्मत हुई तथा मुग़लों ने आक्रमण करने का पुनः प्रबंध किया। दुर्ग के अफ़गानों ने दुर्ग को बचाना असंभव जानकर दुर्ग को समर्पित कर दिया।[21]

दुर्ग के समर्पण के पश्चात् बहुत-से अफ़गान सैनिक बंदी बनाए गए। जौहर के अनुसार 300 तोपचियों के हाथ काट दिए गए जिससे वे भविष्य में अपने अनुभव का प्रयोग न कर सकें। अबुल फ़ज़ल तथा जौहर दोनों लिखते हैं कि हुमायूँ ने उन्हें क्षमा कर दिया था। जौहर इसका उत्तरदायित्व रूमी ख़ाँ पर डालता है। अबुल फ़ज़ल के अनुसार मुईद बेग दूल्दाई ने जो हुमायूँ का विश्वासपात्र था, इस तरह उनके हाथ काटने की आज्ञा दी जैसे सम्राट की आज्ञा हो। दोनों लिखते हैं कि हुमायूँ इससे बहुत रुष्ट हुआ तथा उसने उसे इसके लिए फटकारा।[22] शरण में आए तथा क्षमा किए गए इन व्यक्तियों के साथ यह व्यवहार अनुचित था। यह कहना कि हुमायूँ की आज्ञा के विरुद्ध इनके हाथ काटे गए, यह प्रश्न उपस्थित करता है कि हुमायूँ ने उसकी आज्ञा का उल्लंघन करने वाले व्यक्तियों को क्या दण्ड दिया? यदि दण्ड नहीं दिया गया तो क्या यह उसकी मौन सहमति नहीं प्रकट करता है? क्या इससे मुग़ल सम्राट के अमीरों की अनुशासनहीनता नहीं प्रकट होती? किसी भी दृष्टि से हुमायूँ इस अत्याचार के लिए निश्चित ही उत्तरदायी था।

चुनार विजय के उपलक्ष में हुमायूँ ने एक दरबार किया जिसमें उन अमीरों को जिन्होंने इसमें प्रमुख भाग लिया था, इनाम तथा ख़िलअत प्रदान किए गए। रूमी ख़ाँ को उसकी बहादुरी के पुरस्कार स्वरूप चुनार का गवर्नर नियुक्त किया गया। दुर्भाग्यवश रूमी ख़ाँ इसका उपयोग नहीं कर सका। कुछ ही दिनों में उसके मुग़ल साथियों ने ईर्ष्यावश उसे विष देकर मार डाला। उसकी मृत्यु के पश्चात् चुनार मीर बेग को प्रदान किया गया।[23]

रोहतास दुर्ग पर शेर ख़ाँ का अधिकार

जिस समय हुमायूँ चुनार के दुर्ग का घेरा डाले हुए था उसी बीच शेर ख़ाँ ने गौड़ दुर्ग के घेरे को और भी कठोर कर दिया। बिहार तथा बंगाल के अधिकतर भागों पर भी उसने अपना अधिकार स्थापित कर लिया। जलाल ख़ाँ तथा ख़्वास ख़ाँ को गौड़ के घेरे का उत्तरदायित्व सौंपकर शेर ख़ाँ पुनः भरकुण्डा के निकट पहुँच गया।

शेर ख़ाँ ने इस बीच अनुभव किया कि भरकुण्डा का दुर्ग उसके तथा अन्य अफ़गानों के परिवारों को सुरक्षित रखने के लिए काफ़ी नहीं था। गौड़ में प्राप्त धन इत्यादि रखने की समस्या भी थी। इस दृष्टि से उसे रोहतास[24] दुर्ग बहुत ही उपयुक्त प्रतीत हुआ। रोहतास दुर्ग के राजा से उसकी मित्रता थी, विशेषतया उसका ब्राह्मण मन्त्री चूरामणि[25] उसका परम मित्र था। जिस समय जागीर सम्बन्धी संघर्ष चल रहा था उस समय शेर ख़ाँ के भाई निज़ाम ने अपने परिवार के साथ यहीं शरण ली थी। शेर ख़ाँ ने चूरामणि को पत्र लिखा था कि वह बड़ी कठिनाई में था तथा रोहतास का दुर्ग कुछ दिनों के लिए उसे दे दिया जाए। चूरामणि के कहने से राजा ने इसकी स्वीकृति दे दी। किन्तु जब शेर ख़ाँ ने भरकुण्डा से अपना परिवार भेजा तो राजा ने उन्हें दुर्ग में प्रवेश करने की स्वीकृति नहीं दी। उसने कहा कि उसने जब निज़ाम को दुर्ग में शरण दी थी, उस समय उसके पास कम सेना थी। अब शेर ख़ाँ की सेना राजा की सेना से अधिक थी। शेर ख़ाँ ने राजा को लिखा कि उसने राजा के कहने से परिवार भरकुण्डा से भेजा था। यदि हुमायूँ को पता चलेगा तो वह आक्रमण कर अफ़गानों के परिवार का नाश कर देगा और इसका उत्तरदायित्व राजा पर होगा। शेर ख़ाँ ने चूरामणि को 6 मन सोना रिश्वत में दिया तथा प्रार्थना की कि कुछ दिन के लिए दुर्ग उसे दे दिया जाए। उसने भय भी दिखाया कि यदि दुर्ग उसे प्राप्त नहीं होता तो वह हुमायूँ से मिल जाएगा और राजा से बदला लेगा। चूरामणि ने राजा को समझाया और धमकी दी कि उसने शेर ख़ाँ को वचन दे दिया है, यदि उसका वचन भंग होगा तो वह आत्महत्या कर लेगा। राजा ने विवश होकर अफ़गानों को प्रवेश करने दिया। अफ़गानों को शेर ख़ाँ ने डोलियों में छिपाकर दुर्ग में भेजा तथा शक्ति के बल पर दुर्ग पर अधिकार कर लिया।[26]

शेर ख़ाँ का दुर्ग पर धोखे से अधिकार करना उसके चरित्र का कलंक है।

राजा ने बड़े बुरे समय निज़ाम को शरण दी थी। शेर ख़ाँ ने यह सब भुला दिया। राजा के अस्वीकार करने से मालूम होता है कि उसे शेर ख़ाँ की नीयत पर संदेह हो गया था। शेर ख़ाँ द्वारा चूरामणि को रिश्वत देने ही से प्रतीत होता है कि वह दुर्ग को हस्तगत करना चाहता था। डोली की कहानी अस्वीकार भी कर दी जाए तो भी शेर ख़ाँ विश्वासघात के दोष से नहीं बच सकता।

बनारस-विजय तथा शेर ख़ाँ से संधि-वार्ता

चुनार की विजय के पश्चात् हुमायूँ ने आगे बढ़कर बनारस पर अधिकार किया। कुछ दिन बनारस में रुककर मुग़ल सेना आगे बढ़कर सोन नदी के तट पर मनेर[27] पहुँची। जौहर के अनुसार उसका इरादा भरकुण्डा के दुर्ग की तरफ जाने का था,[28] जहाँ से शेर ख़ाँ बंगाल तथा बिहार की अपनी सेनाओं को नियंत्रित कर रहा था। मनेर में हुमायूँ ने संधि करने का विचार किया। यह विचार उसके मन में क्यों आया, यह बताना कठिन है, क्योंकि चुनार विजय के पश्चात् उसे संधिवार्ता प्रारंभ करने के स्थान पर अफ़गानों को पराजित करने का संकल्प करना चाहिए था। हुमायूँ ने कबूल हुसेन तुर्कमान को अपना दूत बनाकर भेजा तथा उसने संधि की निम्नलिखित शर्तें रखीं—[29]

1. शेर ख़ाँ मुग़लों की सेवा में उपस्थित होगा।
2. शेर ख़ाँ बंगाल के शासक से प्राप्त राजसी छतरी तथा अन्य राजसी चिह्नों को मुग़ल सम्राट को समर्पित कर देगा।
3. शेर ख़ाँ रोहतास तथा बंगाल पर अपना अधिकार त्याग देगा।
4. चुनार, जौनपुर का प्रांत अथवा अन्य जागीर जो शेर ख़ाँ पसंद करे, उसे प्राप्त होगी।

शेर ख़ाँ के लिए इन शर्तों को मानने का अर्थ था पूर्ण रूप से मुग़लों के आगे समर्पण कर देना। कदाचित्, चुनार-विजय से मुग़ल इतने प्रसन्न थे कि उन्हें ऐसा अनुमान हुआ कि वे शेर ख़ाँ से कोई भी शर्त मनवा लेंगे। शेर ख़ाँ के लिए इन शर्तों को स्वीकार करना असंभव था। इन शर्तों को स्वीकार करने का अर्थ था कि उस समय तक शेर ख़ाँ ने अफ़गानों के संगठन के लिए जो कुछ भी किया था वह सब समाप्त कर दे। शेर ख़ाँ ने देखा कि कूटनीति का उत्तर भी उसी तरह देना चाहिए। यदि मुग़लों द्वारा प्रस्तुत शर्तें उसने अस्वीकार कर दी होतीं तो युद्ध की संभावना थी। शेर ख़ाँ तत्काल युद्ध के लिए तैयार नहीं था। गौड़ में प्राप्त धन को वह हटाना चाहता था। उसने हुमायूँ के प्रस्ताव के विरोध में दूसरा प्रस्ताव रखा और कहा कि उसने बंगाल को पाँच-छः वर्ष के परिश्रम से तलवार के बल पर विजय किया है और उसके बहुत से आदमी इसमें मारे गए हैं।[30] उसने हुमायूँ के सामने निम्नलिखित दूसरी शर्तें उपस्थित कीं :

1. शेर ख़ाँ मुग़लों को बिहार समर्पित कर देगा।

2. बंगाल शेर ख़ाँ को प्राप्त होगा तथा उसकी सीमाएँ वही होंगी जो सुल्तान सिकंदर के समय थीं।

3. शेर ख़ाँ बंगाल से प्राप्त राजत्व के सभी चिह्न मुग़ल सम्राट के पास भेज देगा।

4. शेर ख़ाँ प्रत्येक वर्ष दस लाख रुपए बंगाल से भेजेगा।

5. मुग़ल सम्राट अपनी संपूर्ण सेना के साथ आगरा लौट जाएगा।

6. शेर ख़ाँ ने जीवन भर हुमायूँ का सेवक तथा स्वामिभक्त रहने का वचन दिया।[31]

ये शर्तें स्वीकृत हो गई[32] तथा हुमायूँ ने शेर ख़ाँ के लिए घोड़ा तथा ख़िलअत भेजी। दुर्भाग्यवश इसी समय बंगाल से गौड़ के पतन की सूचना मिली तथा बंगाल के पराजित शासक ने अपना एक दूत हुमायूँ के पास भेजा। कुछ ही दिन बाद वह स्वयं भी पराजित एवं घायल होकर हुमायूँ के पास आ पहुँचा। महमूद तथा हुमायूँ के मिलन की पूर्ण घटनाओं का ज्ञान हमें नहीं है, किन्तु इतना स्पष्ट है कि उसने हुमायूँ से अपने लिए युद्ध करने की प्रार्थना की। उसने ऐसा विश्वास दिलाया कि गौड़ के अतिरिक्त बंगाल का अधिकतर भाग उसके प्रति राजभक्त था तथा बंगाल में भोजन तथा उन्य आवश्यक वस्तुएँ बहुतायत में उपलब्ध थीं। उसने हुमायूँ से प्रार्थना की कि वह बंगाल पर आक्रमण कर शेर ख़ाँ को पराजित करे। उसने अपने पूर्ण सहयोग का वचन दिया। इन विश्वासों के परिणामस्वरूप तथा पराजित शासक की सहायता की इच्छा से, हुमायूँ ने शेर ख़ाँ से निश्चित संधि को तोड़ दिया। सम्भव है इस निश्चय में शेर ख़ाँ के कुछ व्यवहारों ने सहायता की हो, क्योंकि अब तक शेर ख़ाँ ने कोई भी भू-भाग मुग़लों को नहीं दिया था और जब हुमायूँ के कर्मचारी रोहतासगढ़ पर अधिकार करने के लिए पहुँचे तो उन्हें निराश लौटना पड़ा। इन परिस्थितियों में संधि टूट गई।

संधिवार्ता के प्रारंभ तथा विफलता के सम्बन्ध में कुछ बातें विचारणीय हैं। हुमायूँ को संधिवार्ता प्रारंभ नहीं करनी चाहिए थी। इससे उसकी कमजोरी प्रकट होती है। यदि उसने यह भूल कर भी दी थी तो संधि की शर्तों के निश्चित हो जाने के पश्चात् संधि तोड़ना ठीक नहीं था। इससे अफ़गानों के मन में यह बात जम गई कि हुमायूँ झूठा है और उसकी बात का कोई विश्वास नहीं। शेर ख़ाँ ने इसका लाभ भी उठाया और बाद में उसने सैनिकों से कहा कि वह हर तरह से संधि के लिए तैयार था, उसने मुग़लों को सब कुछ समर्पित कर दिया, फिर भी मुग़ल संधि के लिए तैयार नहीं हुए, यद्यपि अफ़गान केवल रहने का एक स्थान चाहते थे, उसे भी देने के लिए मुग़ल तैयार नहीं थे। उसने हुमायूँ पर संधि करने के पश्चात् तोड़ने का भी दोष लगाया। अन्त में उसने कहा कि इस परिस्थिति में अफ़गानों के सामने

सिवा युद्ध के अन्य कोई मार्ग नहीं था।[33]

हुमायूँ ने सुल्तान महमूद की बात का विश्वास कर लिया। उसने वास्तविक स्थिति जानने का प्रयत्न नहीं किया। यदि वह चाहता तो जान सकता था कि सुल्तान महमूद का अधिकार बंगाल में नाममात्र को रह गया था और उस परिस्थिति में वहाँ जाना ठीक नहीं था। महमूद हुमायूँ की शरण में आया था और उसकी सहायता करना हुमायूँ का नैतिक कर्तव्य था, किन्तु प्रत्येक परिस्थिति में सहायता करना ठीक नहीं कहा जा सकता। विशेषतः जब संधि हो चुकी थी उस समय किसी को सहायता देने के लिए संधि तोड़कर झूठा बनना, किसी भी दृष्टि से ठीक नहीं था।

वास्तव में शेर ख़ाँ समय चाहता था, जिससे धीरे-धीरे मुग़लों का साहस तथा शक्ति कम हो जाए और उसे गौड़ से कोष हटाने तथा शक्ति संचय करने का समय प्राप्त हो जाए। दुर्भाग्य से हुमायूँ शेर ख़ाँ की इस चाल को नहीं समझ सका। यह महत्त्वपूर्ण है कि बिहार और बंगाल में से एक को समर्पण करने के प्रश्न पर शेरशाह ने बंगाल को अपने पास रखना उचित समझा, यद्यपि वह बिहार में अपने जीवन का एक बहुत बड़ा भाग बिता चुका था तथा बिहार उसकी जन्मभूमि थी। वस्तुस्थिति को देखते हुए स्पष्ट हो जाता है कि संधि-वार्ता तोड़ने का उत्तरदायित्व हुमायूँ पर था। गुजरात अभियान में भी उसने इसी तरह बहादुर शाह से संधि तोड़ी थी।

हुमायूँ का बंगाल में प्रवेश

संधि-वार्ता की विफलता के पश्चात् हुमायूँ मनेर से बंगाल की तरफ रवाना हुआ। उसने अपनी सेना को दो भागों में विभाजित किया। मुईद बेग, तरदी बेग, जहाँगीर कुली इत्यादि के नेतृत्व में 30,000 अश्वारोहियों का अग्रणी दल आगे-आगे चला। दूसरा दल स्वयं हुमायूँ के नेतृत्व में अग्रणी दल के सात कोस पीछे चला।[34] कुछ सेना जल-मार्ग से तथा कुछ स्थल-मार्ग से चली। पटना तक हुमायूँ उसी मार्ग से गया जिस मार्ग से बाबर ने अफ़गानों के विरुद्ध अभियान किया था। इस मार्ग की यात्रा करने से मुग़लों की सेना गंगा के निकट थी और साथ ही बंगाल पर आक्रमण करने का यह सबसे सरल मार्ग था। पटना में, सम्राट के कुछ सहायकों ने वर्षा ऋतु के समाप्त होने तक अभियान स्थगित करने का परामर्श दिया।[35] सुल्तान महमूद ने इसका विरोध किया। उसने हुमायूँ को समझाकर कि ऐसा करने से अफ़गान बंगाल में अधिक शक्तिशाली हो जाएँगे। हुमायूँ को यह राय ठीक मालूम हुई तथा उसने कासिम हुसेन सुल्तान को पटना का गवर्नर नियुक्त किया[36] और मुंगेर की तरफ मुग़ल सेना को बढ़ने की आज्ञा दी। जिस समय हुमायूँ पटना के निकट था शेर ख़ाँ निकट के एक गाँव में रुका हुआ था। मुईद बेग के जासूसों ने इसकी सूचना अपने सेनानायक को दी। मुईद बेग को यह पता नहीं था कि शेर ख़ाँ की सेना बहुत ही कम है। उसे ऐसा भय हुआ कि शेर ख़ाँ मुग़ल सेना पर आक्रमण करने

वाला है। उसने हुमायूँ से परामर्श करना उचित तथा आवश्यक समझा। उसने तत्काल सम्राट को इसकी सूचना दी। हुमायूँ ने आज्ञा दी कि सत्य का पता लगाया जाए। उस दिन पूरा समाचार न प्राप्त हो सका। दूसरे दिन पता चला कि शेर ख़ाँ उस गाँव को छोड़कर कहीं और चला गया। शेर ख़ाँ को मार्ग में सईफ़ ख़ाँ मिला जो अपना परिवार रोहतास पहुँचाने जा रहा था। मुग़ल समीप होने के कारण शेर ख़ाँ ने उसे भागने को कहा। किन्तु यह जानकर कि अफ़गान नेता के प्राण खतरे में हैं, सईफ़ ख़ाँ ने अपना परिवार रोहतास पहुँचाने का उत्तरदायित्व शेर ख़ाँ को सौंपा और स्वयं गूगारघर में मुग़लों को रोकने के लिए तैयार हो गया।

दूसरे दिन मुग़लों ने शेर ख़ाँ का पीछा किया। कुछ मील आगे बढ़ने पर उन्होंने देखा कि सईफ़ ख़ाँ अपने भाइयों के साथ गूगारघर के मार्ग पर खड़ा था। युद्ध हुआ जो दोपहर तक चलता रहा और मुग़ल विजयी हुए। सईफ़ ख़ाँ के तीन भाई मारे गए और वह स्वयं बुरी तरह घायल होकर बेहोश हो गया। वह सम्राट के सामने लाया गया। हुमायूँ ने उसकी बहादुरी तथा उसकी शेर ख़ाँ के प्रति स्वामिभक्ति की प्रशंसा की तथा उसे स्वतंत्र कर दिया और उसकी इच्छानुसार उसको शेर ख़ाँ के पास लौट जाने दिया।[37] इस बीच शेर ख़ाँ को वहाँ से निकल जाने की पूर्ण सुविधा मिली। पटना से मुंगेर होता हुआ हुमायूँ भागलपुर पहुँचा।[38] यहाँ से कोलगाँव (कहलगाँव) के निकट उसने जहाँगीर कुली बेग तथा बैराम ख़ाँ इत्यादि को पाँच-छः हजार अश्वारोहियों के साथ अग्रगामी दल की तरह गढ़ी भेजा।[39] मार्ग में कहलगाँव के निकट यह सूचना मिली कि अफ़गानों ने सुल्तान महमूद के दोनों पुत्रों को मार डाला है। सुल्तान महमूद इस दुखद समाचार को न सह सका और उसकी मृत्यु हो गई। सुल्तान की लाश सादुल्लापुर ले जाई गई जहाँ दफना दी गई।[40] हुमायूँ कहलगाँव से चलकर तेलियागढ़ी के निकट पहुँचा।

हुमायूँ के पूर्वी अभियान में बंगाल के सुल्तान की मृत्यु एक महत्त्वपूर्ण घटना थी। सुल्तान की उपस्थिति से हुमायूँ को बंगाल पर अधिकार करने में बड़ी सुविधा होती। उसकी मृत्यु के साथ उसके पुत्रों की भी मृत्यु हो गई थी। इस तरह बंगाल के सुल्तान के पक्ष में बंगाल पर अधिकार करने का बहाना समाप्त हो गया।

शेर ख़ाँ ने अपने पुत्र जलाल ख़ाँ को 13,000 चुने हुए सैनिकों के साथ तेलियागढ़ी नामक दर्रे पर नियुक्त कर दिया था। उसे यह आज्ञा दी गई थी कि वह हुमायूँ को वहाँ तब तक रोके रहे जब तक गौड़ से कोष रोहतास न हटा लिया जाए। जलाल ख़ाँ की सहायता के लिए उसने सेनापति ख़्वास ख़ाँ को भी वहीं नियुक्त कर दिया। जलाल ख़ाँ ने दर्रे की चोटी पर तोपें लगा दी थीं जिससे आती हुई मुग़ल सेना पर आक्रमण किया जा सकता था। इस तरह मुग़लों को दर्रे में प्रवेश करते समय बहुत सतर्कता की आवश्यकता थी।

तेलियागढ़ी से कुछ दूर हुमायूँ अपना पड़ाव डाले पड़ा था। मुग़ल अपने स्थान

से अफ़गानों को उत्तेजित करते रहे जिसस अफ़गान दर्रे से बाहर आएँ। शेर ख़ाँ ने स्पष्ट आज्ञा दे रखी थी कि अफ़गान आक्रमण प्रारंभ न करें। जलाल ख़ाँ नौजवान था तथा मुग़लों के अपशब्दों तथा इधर-उधर के छिटपुट आक्रमणों से वह परेशान हो गया था। उसने आक्रमण करने का निश्चय कर लिया। एक दिन दोपहर को जब कुछ मुग़ल सैनिक अफ़गानों को परेशान करने के पश्चात् अपने खेमे में लौटकर आराम कर रहे थे जलाल ख़ाँ ने तोपखाना तथा 6,000 घुड़सवार सेना के साथ मुग़लों पर आक्रमण कर दिया (जुलाई-अगस्त 1538 ई.)। इस युद्ध में बैराम ख़ाँ ने अपनी वीरता से शत्रु के छक्के छुड़ा दिए। बहुत-से मुग़ल सैनिक तथा कुछ प्रमुख मुग़ल अमीर मारे गए। मुग़ल पराजित हुए[41] तथा बचे हुए मुग़लों ने भागकर कोलगाँव (कहलगाँव) में हुमायूँ को सूचित किया। उसी समय अन्धड़ और पानी ने स्थिति को और भी गम्भीर बना दिया। जलाल ख़ाँ ने गढ़ के मार्ग को रोक लिया। एक महीने अफ़गानों के प्रतिरोध तथा प्राकृतिक कठिनाइयों के कारण मुग़लों को सफलता नहीं मिली। इस बीच शेर ख़ाँ ने झारखंड[42] के मार्ग से गौड़ का कोष रोहतास के दुर्ग में हटा दिया तथा अफ़गान सेना को तेलियागढ़ी से हटाने की उसने जलाल ख़ाँ को आज्ञा दी। अफ़गान सेना के हटने के पश्चात् हुमायूँ बिना किसी कठिनाई के गौड़ पहुँच गया। यह हुमायूँ के लिए बहुत बड़ा सौभाग्य था क्योंकि तेलियागढ़ी से उद्धवनाला तक (लगभग 35 मील) पहाड़ियाँ गंगा नदी के इतने निकट थीं कि यदि अफ़गान चाहते तो मुग़लों को पग-पग पर रोक सकते थे।

हुमायूँ का बंगाल निवास

गौड़[43] को अपने अधीर करने के पश्चात् हुमायूँ के सम्मुख गौड़ के प्रबंध की समस्या आई। अफ़गानों ने गौड़ छोड़ते समय उसे नष्ट कर दिया था[44] तथा बहुत से आदमी मारे गए थे। बहुत-सी लाशें पड़ी थीं जिनका अंतिम संस्कार करने वाला कोई नहीं था। हुमायूँ ने लाशें हटवाकर उनका अंतिम संस्कार कराया तथा नगर की सफ़ाई कराई। सुल्तान महमूद की लाश भी मँगाकर गौड़ के उपनगर सादुल्लापुर में दफ़ना दी गई। शासन के लिए बंगाल कई भागों में विभाजित कर हुमायूँ ने भिन्न-भिन्न क्षेत्रों के शासन हेतु अपने अमीरों को वहाँ पर नियुक्त कर दिया।[45] इसके पश्चात् हुमायूँ ने गौड़ का नाम बदलकर जन्नताबाद[46] कर दिया। बंगाल की जलवायु उसे बहुत पसंद आयी।[47] इन कार्यों के अतिरिक्त हुमायूँ ने संगठन सम्बन्धी कोई अन्य कार्यवाही नहीं की यद्यपि वह यहाँ कई महीने रूका रहा।[48]

बिहार तथा बंगाल विशेष कठिनाई के बिना हुमायूँ के अधिकार में आ गए। तेलियागढ़ी के अतिरिक्त कहीं भी युद्ध नहीं हुआ। सिन्ध के शासक मिर्ज़ा शाह हुसेन अरगून ने मीर अलीका अरगून को हुमायूँ को इस विजय के लिए बधाई देने को भेजा।[49] इससे प्रतीत होता है कि गुजरात के पलायन से जो मानहानि मुग़लों

की हुई थी उसे इस विजय ने कम कर दिया तथा मुग़लों के यश में वृद्धि हुई।

गढ़ी से जलाल ख़ाँ के हटने के पश्चात् हुमायूँ ने हिन्दाल को, जिसे तिरहुत तथा पूर्णियाँ का शासक नियुक्त कर दिया गया था, उसकी इच्छा से इन भागों से मुग़ल सेना के लिए आवश्यक वस्तुएँ लाने की आज्ञा दी।[50] किन्तु हिन्दाल वहाँ से बिना आज्ञा के आगरा की तरफ रवाना हो गया। वहाँ पहुँचकर वह स्वयं बादशाह बनने का स्वप्न देखने लगा।

हिन्दाल के विद्रोह की सूचना पाकर मीर फ़ख्र अली दिल्ली से आगरा आया। उसने हिन्दाल मिर्ज़ा को समझाने का प्रयत्न किया तथा कठिनाई से उसे जौनपुर जाने के लिए राजी कर लिया। इसी बीच खुसरो बेग कुकुल्ताश, जाहिद बेग, मिर्ज़ा नजर एवं कुछ अन्य अमीर हुमायूँ से असंतुष्ट होकर बंगाल से भागकर मिर्ज़ा नूरुद्दीन मुहम्मद के पास कन्नौज पहुँचे। उसके प्रोत्साहित करने पर ये लोग भी हिंदाल से जा मिले।[51] इन सब घटनाओं की सूचना पाकर हुमायूँ ने शेख बहलूल को[52] हिंदाल को समझाने के लिए भेजा। हिन्दाल ने शेख का स्वागत किया तथा उसे अपने महल में ठहराया। बहलूल ने उसे समझाकर अपने पक्ष में कर लिया। चार-पाँच दिन बाद मिर्ज़ा नूरुद्दीन मुहम्मद कन्नौज से आगरा पहुँचा और उसने हिन्दाल को पुनः विद्रोह करने तथा अपने नाम से खुतबा पढ़ने के लिए तैयार कर लिया। किन्तु जब तक शेख बहलूल जीवित था षड्यन्त्र की सफलता की आशा नहीं थी जिस समय बहलूल हिन्दाल के पूर्वी अभियान की तैयारी कर रहा था, षड्यंत्रकारियों ने उस पर यह अभियोग लगाकर कि वह शेर ख़ाँ को अस्त्र-शस्त्र भेजने की योजना बना रहा था तथा उससे पत्र-व्यवहार कर रहा था उसकी निर्मम हत्या कर डाली। हिन्दाल के नाम से खुतबा पढ़ा गया[53] और उसने अपनी स्वतंत्रता की घोषणा की।

हिन्दाल के इस व्यवहार से उसकी माता दिलदार बेगम बड़ी दुःखी हुई तथा जब हिन्दाल उसके पास पहुँचा तो उसने मातम के कपड़े (नीचे वस्त्र) धारण किए तथा उससे बहुत नाराज़ हुई। किन्तु हिन्दाल पर इसका कोई प्रभाव नहीं पड़ा। वह आगरा से दिल्ली की ओर रवाना हुआ। यह समाचार सुनकर यादगार नासिर मिर्ज़ा और मीर फ़ख्र अली ने दिल्ली पहुँचकर उसकी रक्षा का पूर्ण प्रबंध किया। हिन्दाल के आगमन का समाचार पाकर निकट के अधिकांश जागीरदारों ने उसका अभिवादन किया। हिन्दाल ने दिल्ली को घेर लिया। मीर फ़ख्र अली ने कामरान को भी सूचित कर दिया तथा उससे आने की प्रार्थना की। कामरान एक सेना के साथ दिल्ली की तरफ रवाना हुआ। उसके आगमन की सूचना पाकर हिन्दाल दिल्ली का अवरोध त्यागकर आगरा की तरफ रवाना हो गया। फ़ख्र अली जिस तरह हिन्दाल से सशंकित था उसी तरह कामरान से भी सतर्क था। उसने कामरान को दिल्ली पर अधिकार करने का अवसर नहीं दिया तथा उसे हिन्दाल का पीछा करने के लिए आगरा भेजा। हिन्दाल आगरा से अलवर की तरफ चला गया। दिलदार बेगम तथा अन्य स्त्रियों

की मध्यस्थता से हिन्दाल ने क्षमा माँगना स्वीकार किया। उसके गले में कपड़ा बाँधकर उसे कामरान के सम्मुख उपस्थित किया गया। इस तरह हिन्दाल का विद्रोह शांत हुआ।[54] हिन्दाल के विद्रोह का दुष्टपरिणाम हुमायूँ के बंगाल अभियान तथा उसके साम्राज्य पर भी पड़ा। हिन्दाल की जागीर तिरहुत तथा पूर्णियाँ बंगाल के प्रवेश द्वार पर थी। उसके भागने से प्रवेश द्वार का संतरी ही भाग गया। हुमायूँ के लिए आवश्यक वस्तुओं का पाना कठिन हो गया, जिससे उसकी सेना को अनेक कष्ट उठाने पड़े। आगरा में उसके विद्रोह के कारण केंद्रीय शासन में कठिनाइयाँ हुई। शेर ख़ाँ ने मुग़लों के इन संकटों से लाभ उठाया तथा उसने जौनपुर और बिहार के अन्य स्थानों पर अधिकार कर लिया। दिल्ली और आगरा के मुग़ल अमीर हिन्दाल के विद्रोह से इतने सतर्क थे कि वे उधर सेना न भेज सके और इस तरह शेर ख़ाँ के शक्ति-संचय में सहायक बने।

हुमायूँ के बंगाल निवास के समय शेर ख़ाँ की परिस्थिति कठिन थी। उसके राज्य के तीन तरफ–पूर्व, पश्चिम तथा उत्तर मुग़ल साम्राज्य था। शेर ख़ाँ ने अपने राज्य के निकट के भागों को अपने अधीन करने का निश्चय किया। इस तरह उसने बनारस पर आक्रमण कर उस पर अधिकार कर लिया तथा वहाँ के मुग़ल हाकिम मीर फ़ज़ल अली तथा 700 मुग़लों को मार डाला।[55] यहाँ से बढ़ कर उसने जौनपुर का घेरा डाला। हिन्दू बेग की मृत्यु के पश्चात् बाबा बेग जलायर वहाँ का गवर्नर था। उसने जौनपुर का पूर्ण प्रबंध किया तथा आगरा और गौड़ से सेना मँगाने के लिए पत्र लिखा। अफ़गान जौनपुर पर अधिकार न कर सके।[56] शेर ख़ाँ ने जौनपुर को छोड़कर कन्नौज तक के भागों को रौंद डाला। हैबत ख़ाँ नीयाजी, जलाल ख़ाँ जालू, सरमस्त ख़ाँ सरवानी तथा अन्य अफ़गान अमीरों ने मिलकर बहराइच पर अधिकार कर लिया तथा वहाँ से आगे बढ़कर सम्भल से भी मुग़लों को निकाल दिया।[57] ख़्वास ख़ाँ को शेर ख़ाँ ने खानखाना युसूफ खैल के विरुद्ध मुंगेर भेजा। ख्वास ख़ाँ ने उसे बंदी बना लिया। जिसने भी अफ़गानों का विरोध किया, मारा गया। इस तरह दोआब के दक्षिण-पूर्वी भागों पर मुग़ल अधिकार समाप्त प्रायः हो गया।

शेर ख़ाँ ने इस भागों को केवल अधिकृत ही नहीं किया वरन् इनके शासन का भी प्रबंध वह करता जाता था। इस तरह उसने लगान वसूल करने के लिए आमिल तथा शांति सुव्यवस्था के लिए अन्य कर्मचारी नियुक्त किए।

शेर ख़ाँ के इन भागों पर अधिकार करने के परिणामस्वरूप बंगाल तथा आगरे का यातायात सम्बन्ध प्रायः टूट-सा गया।[58] संभव है कि शेर ख़ाँ आगरा से बंगाल अथवा बंगाल से आगरा जाने वाली सूचनाओं को रोककर गलत सूचनाएँ भेज देता रहा हो। इस तरह हुमायूँ कई महीने बंगाल में रुका रहा।

हुमायूँ के बंगाल निवास के कारण

गौड़ पर अधिकार करने के पश्चात् हुमायूँ इतने दिन वहाँ क्यों रुका रहा? यह ऐतिहासिक पहेली है जिसे सुलझाना सरल नहीं है। साधारणतया बंगाल पर अधिकार के पश्चत् वहाँ उचित शासन प्रबंध कर हुमायूँ को आगरा लौट जाना चाहिए था। हाँ, यदि बंगाल में लगातार युद्ध होता रहता तो उसके ठहरने की आवश्यकता हो सकती थी किन्तु इस तरह को कोई भी संकट नहीं था। इसके विपरीत उसके साम्राज्य तथा राजधानी में महान संकट था। अफ़गानों का उत्कर्ष तीव्रता से हो रहा था तथा उसके भाइयों की दृष्टि उसके साम्राज्य पर थी। फिर हुमायूँ ने अपना समय क्यों नष्ट किया? समकालीन इतिहासकारों ने इस विषय पर भिन्न-भिन्न मत दिए हैं,[59] जो इतने संक्षिप्त हैं कि उनसे पूरी बात समझ में नहीं आती। आधुनिक इतिहासकारों में कुछ ने कल्पना के आधार पर हुमायूँ के निवास का समर्थन करने का प्रयत्न किया है।[60] डॉ. ईश्वरी प्रसाद के अनुसार मुग़लों ने शासन-प्रबंध में लापरवाही दिखाई तथा शेर ख़ाँ से उन्होंने इतनी सरलता से कुछ भागों पर अधिकार कर लिया था कि वे गर्व के नशे में चूर थे। अफ़ीम के नशे के कारण हुमायूँ को राज्य कार्य से प्रायः विरक्ति हो गई थी। शेर ख़ाँ की सैनिक हलचलों से आगरा तथा बंगाल का यातायात-सम्बन्ध टूट गया था जिससे समाचार नहीं मिल पा रहे थे। यही नहीं आवश्यक वस्तुएँ भी उसे नहीं प्राप्त हो रही थीं।[61] डॉ. त्रिपाठी का विचार है कि बंगाल के शासन प्रबंध की समस्या, आवश्यक वस्तुओं की कमी, हिन्दाल का विद्रोह, यातायात की असुविधा के कारण सही[62] समाचार प्राप्त करने की कठिनाई तथा तैयारी पूर्ण करने के लिए हुमायूँ को रुकना पड़ा।

घटनाओं के अध्ययन से प्रतीत होता है कि हुमायूँ को राज्य कार्य से पूर्णतः विरक्ति नहीं हुई थी। सिन्ध के शासक के राजदूत मीर अलीक़ से वह मिला था। जब उसे हिंदाल के विद्रोह की सूचना मिली तो उसने शेख बहलूल को उसे समझाने के लिए भेजा था। इससे स्पष्ट है कि आवश्यक राज्य कार्य वह करता था। अबुल फ़ज़ल, जौहर तथा गुलबदन बेगम सभी लिखते हैं कि वहाँ की जलवायु अच्छी थी, इस कारण फ़िरिश्ता तथा तारीख़े अलफ़ी के इस कथन को कि वहाँ की जलवायु खराब थी, स्वीकार किया नहीं जा सकता। किन्तु, इसमें कोई संदेह नहीं कि हुमायूँ ने राज्य कार्य में पूर्ण रुचि नहीं ली। इसी समय हिन्दाल, जिसे आवश्यक वस्तुएँ लाने के लिए भेजा गया था, आगरा भाग गया। पशुओं का चारा तथा सेना का भोजन दुष्प्राप्य हो गया, जिससे बहुत से पशुओं की मृत्यु हो गई।[63] सेना में कठिनाइयाँ उपस्थित हो गईं, लोग मौका पाते ही बंगाल छोड़कर आगरा भाग जाते थे।[64] इस बीच हुमायूँ आनंद-विनोद तथा जश्न में लगा हुआ था। यह उसके चरित्र का अंग था। उसने बहादुर शाह के विरुद्ध आक्रमण करने के पूर्व भी तरह-तरह के जश्न

किए थे। प्रकृति से हुमायूँ आनंद-प्रिय व्यक्ति था जिसके कारण वह शासन के कार्य को भूल-सा गया था। अबुल फ़ज़ल लिखता है, वह आनंद मनाने में इतना व्यस्त रहता था कि उसके पास बुरे समाचार भेजने का किसी को साहस नहीं होता था। संभव है उसने मस्ती का पूरा आनंद लेने के लिए अफ़ीम की मात्रा भी बढ़ा दी हो। सम्राट के साथ उसका हरम भी था तथा बंगाल अभियान के प्रारंभ से पूर्व उसने वहाँ के शासन का उचित प्रबंध कर दिया था इस कारण उस ओर से वह निश्चिंत था। हुमायूँ शेर ख़ाँ की शक्ति का मूल्यांकन नहीं कर सका। उसे आशा नहीं थी कि जिस व्यक्ति ने एक बार भी खुलकर युद्ध करने का साहस न किया हो तथा प्रत्येक बार भागता रहा हो, क्या वह मुग़ल साम्राज्य को अधीन करने का स्वप्न में भी साहस करेगा? हुमायूँ में एक अच्छे शासक की योग्यता नहीं थी जिसके कारण बंगाल को उसके निवास का कोई लाभ नहीं हुआ।

बंगाल अभियान का परिणाम

हुमायूँ के बंगाल अभियान के दो कारण थे। प्रथम शेर ख़ाँ की शक्ति को चूर करना तथा दूसरा सुल्तान महमूद को बंगाल की गद्दी पर बैठाना। महमूद की मृत्यु तथा उसके पुत्रों की हत्या से दूसरा लक्ष्य संभव न हो सका। शेर ख़ाँ की शक्ति भी कम न हो सकी। इसके विपरीत उसने अपनी शक्ति और बढ़ा ली। इस तरह हुमायूँ का अभियान असफल ही कहा जाएगा। राजधानी से अनुपस्थित रहने के कारण वहाँ बहुत-सी गड़बड़ियाँ पैदा हो गईं। शेर ख़ाँ से संधि तोड़ने के कारण हुमायूँ का मान बहुत कम हो गया और बहुतों की दृष्टि में वह अविश्वसनीय समझा जाने लगा था। बंगाल निवास से मुग़लों की अकर्मण्यता तथा अयोग्यता पूर्ण रूप में स्थापित हो गई। उसकी सेना की अवस्था भी बिगड़ती जा रही थी। अनुशासनहीनता, हथियारों की कमी तथा पशुओं की मृत्यु ने उसकी सेना को शक्ति-हीन-सा बना दिया था।

हुमायूँ के बंगाल निवास का स्वप्न तब टूटा जब उसे अपनी राजधानी की हलचल तथा अफ़गानों द्वारा मुग़ल साम्राज्य पर आक्रमण के समाचार प्राप्त हुए। संकटकालीन परिस्थिति का अनुमान हम इससे लगा सकते हैं कि वर्षा के कारण नदियाँ भर गई थीं तथा मार्ग अवरुद्ध हो गया था और यह समय युद्ध के लिए उपयुक्त नहीं था,[65] फिर भी हुमायूँ ने आगरा वापस चलने की आज्ञा दी।

बंगाल से वापसी

बंगाल से लौटते समय किसी को बंगाल का गवर्नर नियुक्त करना आवश्यक था। मुग़लों का आत्मबल इतना कम हो गया था कि बंगाल की गवर्नरी स्वीकार करने के लिए प्रारंभ में कोई तैयार नहीं हो रहा था। ज़ाहिद बेग को बंगाल के गवर्नर का पद स्वीकार करने को कहा गया। वह उसके लिए तैयार नहीं हुआ। उसने कहा :

"मेरी हत्या के लिए कोई अन्य मार्ग न था तो बंगाल दिया जा रहा है।" हुमायूँ इससे बहुत रुष्ट हुआ तथा ज़ाहिद बेग यहाँ से भागकर आगरा में हिन्दाल से जा मिला।[66] अन्त में 5,000 घुड़सवार सेना के साथ जहाँगीर कुली बेग को बंगाल में छोड़कर हुमायूँ गंगा नदी के उत्तरी तट के मार्ग से आगरा रवाना हुआ।

उत्तरी तट के मार्ग से लौटने के दो कारण थे–(1) ख़्वास ख़ाँ ने मुंगेर जीत लिया तथा वहाँ के मुग़ल गवर्नर ख़ानखाना यूसूफ़ खैल को गिरफ्तार कर लिया था। इस तरह दक्षिणी तट का मार्ग अरक्षित हो गया था। (2) शेर ख़ाँ की एक सेना गढ़ी के दर्रों को रोके हुए थी जो गंगा के दक्षिणी तट पर था।

उसने दिलावर ख़ाँ लोदी को मुंगेर को सुरक्षित रखने के लिए भेजा था किन्तु ख्वास ख़ाँ के विरुद्ध दिलावर ख़ाँ सफल नहीं हो सका। मुंगेर पर अफ़गानों ने अधिकार कर लिया तथा दिलावर ख़ाँ को बंदी बना लिया।

अफ़गानों ने तेलियागढ़ी के पास हुमायूँ की सेना को रोकना चाहा। वर्षा आरंभ हो गई थी जिससे कठिनाइयाँ और बढ़ गईं। अधिक वर्षा के कारण मार्ग कीचड़ तथा दलदल से भर गया था, अधिकतर घोड़े थकान से मर गए। सेना का संगठन भी ढीला तथा अस्त-व्यस्त था।[67]

हुमायूँ कष्ट तथा कठिनाइयों से इतना घबड़ा गया था कि उसे अपने पर ही विश्वास नहीं रह गया था। कदाचित् उसे यह भी भय था कि उसके अन्य अमीर, विशेषतया अस्करी, उसका साथ छोड़ देंगे। इस स्थिति में उसने अस्करी से अग्रणी दल का नेतृत्त्व करने की प्रार्थना की तथा उससे कोई चार वस्तुओं को माँगने के लिए कहा। अस्करी ने उससे धन बंगाल से प्राप्त कुछ बहुमूल्य वस्तुएँ, कुछ हाथी तथा हिजड़े माँगे।[68] उसकी इस माँग को सुनकर उसके अमीर आश्चर्यचकित हो गए। उन्होंने कहा कि उस समय जब कि शेर ख़ाँ से संघर्ष निश्चित था, वीर सैनिकों, धन तथा अभियान का उत्तरदायित्व ग्रहण करने के स्थान पर अन्य वस्तुओं का माँगना उपयुक्त नहीं था। अस्करी को उनकी राय पसंद आई और उसने हुमायूँ से अन्य तीन वस्तुएँ माँगीं : (1) सेना की संख्या बढ़ाई जाए, (2) सैनिकों का भत्ता बढ़ाया जाए, (3) आवश्यकता के लिए पर्याप्त धन तैयार रहे। उसने अभियान का उत्तरदायित्व भी ग्रहण करने का वचन दिया। हुमायूँ ने उसकी सभी शर्तें स्वीकार कर लीं।

अस्करी ने गढ़ी पार की तथा वहाँ से कहलगाँव होते हुए मुंगेर के निकट पहुँचा। सेना अब तक गंगा नदी के उतरी तट के मार्ग से यात्रा कर रही थी। मुंगेर के निकट हुमायूँ ने एक युद्ध परिषद् की बैठक की। उसने अपने अमीरों से पूछा कि उसे उत्तरी मार्ग से चलना चाहिए अथवा दक्षिणी मार्ग से? बहलूल बेग, मुल्ला मुहम्मद परगारी तथा अधिकतर अमीरों की राय थी कि सेना को उत्तरी तट के मार्ग से ही आगे बढ़ना चाहिए। इसके विपरीत मुईद बेग ने कहा कि हुमायूँ महान सम्राट था और उसे उसी मार्ग से वापस जाना चाहिए जिस मार्ग से वह बंगाल गया था अर्थात्

उसे नदी पार कर दक्षिणी मार्ग से यात्रा करनी चाहिए। यदि वह ऐसा न करेगा तो शेर ख़ाँ उसकी हँसी उड़ाएगा कि सम्राट ने उसके भय से उत्तरी मार्ग ग्रहण किया।[69] इस मत को हुमायूँ ने स्वीकार कर लिया और नदी को पार कर वह नदी के दूसरे (दक्षिणी) तट से यात्रा करने लगा।

हुमायूँ के मार्ग बदलने की इतिहासकारों ने कटु आलोचना की है।[70] इसमें कोई संदेह नहीं कि हुमायूँ ने भावना से प्रभावित होकर नदी पार करने का निश्चय किया। उसकी सेना की अवस्था ठीक नहीं थी। नदी के दूसरी तरफ के भागों पर अफ़गानों का अधिकार था। ऐसी परिस्थिति में दक्षिणी मार्ग में उसे पग-पग पर कठिनाइयों का सामना करना पड़ा। जौहर लिखता है कि अफ़गानों की सेना उनके पीछे-पीछे आ रही थी तथा कभी-कभी छोटी-मोटी लड़ाइयाँ भी होती रहती थीं। मुग़लों की सेना की दीन अवस्था का ज्ञान होने से शेर ख़ाँ को मुग़लों से युद्ध करने का प्रोत्साहन प्राप्त हुआ।

हुमायूँ के निर्णय के पक्ष में कहा जा सकता है कि मुग़ल दक्षिणी मार्ग से परिचित थे तथा उत्तरी मार्ग जंगलों इत्यादि के कारण आगे बहुत सुरक्षित नहीं था। अस्करी ने उत्तरी मार्ग से लौटते समय इस कठिनाई की ओर सम्राट का ध्यान आकर्षित किया था। दक्षिणी मार्ग से मुग़ल चुनार पहुँचते, जिसका उस समय वह पतन नहीं हुआ था। चुनार का दुर्ग बड़ा था तथा वहाँ पहुँचकर मुग़लों को अपनी स्थिति ठीक करने में सुविधा थी। इस मार्ग परिवर्तन ने शेर ख़ाँ की आक्रामक नीति को स्थगित कर दिया तथा उसे रक्षात्मक नीति अपनानी पड़ी। इसके अतिरिक्त इस मार्ग की सुविधा के कारण मुग़ल सेना और भी तेजी से आगे बढ़ने लगी।[71]

दक्षिणी मार्ग से यात्रा करने में हुमायूँ को कोई विशेष सुविधा नहीं हुई। मनेर के निकट उसे अफ़गानों के साथ एक अनिर्णायक युद्ध करना पड़ा। दूसरे दिन अफ़गानों ने हुमायूँ की प्रसिद्ध तोप कोहशिकन पर, जिसे रूमी ख़ाँ ने सफलता के साथ चुनार के दुर्ग में प्रयोग किया था, अधिकार कर लिया। हुमायूँ ने लोगों को अस्त्र-शस्त्र धारण करने की आज्ञा दी।[72] चार दिन बाद हुमायूँ चौसा[73] पहुँचा। उसने कर्मनासा नदी पार कर उसके पश्चिमी तट पर अपना खेमा स्थापित किया।

हुमायूँ के बंगाल से वापस होने के कारण शेर ख़ाँ रोहतास के निकट के भागों से उसकी गतिविधि को देख रहा था। हुमायूँ के आगे बढ़ने पर उसने अपने अमीरों से परामर्श किया। सभी प्रमुख अमीरों ने मुग़लों से युद्ध करने का परामर्श दिया।[74] यह देखकर की अफ़गानों में पूर्ण एकता है तथा वे मुग़लों से युद्ध करने के लिए तैयार है, शेर ख़ाँ रोहतास की पहाड़ियों से बाहर निकला तथा मुग़लों की ओर अग्रसर हुआ। जिस समय हुमायूँ चौसा के निकट पहुँचा, लगभग उसी समय शेर ख़ाँ की सेना भी उसके निकट पहुँचकर बिहिया[75] नामक गाँव में खेमा डालकर मिट्टी के घेरे-से उसकी रक्षा का प्रबंध कर रही थी। दोनों सेनाओं के बीच में कर्मनासा नदी

थी। कासिम हुसेन सुल्तान ने निवेदन किया कि उसी समय आक्रमण किया जाए क्योंकि शेर ख़ाँ की सेना थकी हुई थी जबकि मुग़ल सेना आराम कर ताज़ा हो गई थी। हुमायूँ को यह मत उचित प्रतीत हुआ, किन्तु उसी समय मुईद बेग ने राय दी कि युद्ध प्रतीक्षा करके करना चाहिए, घबड़ाना नहीं चाहिए।[76] हुमायूँ ने इसे स्वीकार कर लिया तथा युद्ध स्थगित हो गया।

कामरान तथा हिन्दाल आगरा में थे। वहाँ का वातावरण बदल गया था। वहाँ कामरान तथा मुग़ल अमीरों ने शेर ख़ाँ के विरुद्ध हुमायूँ की सहायता के लिए चौसा की तरफ जाने का भी इरादा किया। इसी समय कुछ लोगों ने कामरान को समझाया कि चौसा जाने से हुमायूँ अपने शत्रु का तो नाश कर देगा किन्तु वे (कामरान तथा उसके समर्थक) फँस जाएँगे।[77] इस राय से कामरान इत्यादि पुनः लौट आए। यह हुमायूँ का बहुत बड़ा दुर्भाग्य था। यदि यह मुग़ल सेना वहाँ पहुँच जाती तो चौसा के युद्ध तथा हुमायूँ के भविष्य का नक़्शा ही बदल जाता।

चौसा का युद्ध

मुग़ल तथा अफ़गान सेनाएँ गंगा नदी के दक्षिण तट पर डटी हुई थीं। दोनों सेनाओं के बीच पतली कर्मनासा नदी थी। कर्मनासा यद्यपि छोटी नदी थी फिर भी उसमें जल इतना था कि उसे आसानी से पार नहीं किया जा सकता था। कर्मनासा और गंगा के संगम के पतले पश्चिमी भाग में अफ़गान इकट्ठे थे और उसके चौड़े भाग में मुग़ल। यदि दोनों की परिस्थितियों को देखा जाए तो यह स्पष्ट हो जाता है कि अफ़गानों की स्थिति मुग़लों की अपेक्षा खराब थी। वे दोनों नदियों के बीच, त्रिकोण के ऊपरी भाग में पड़ गए थे। यदि मुग़लों ने कर्मनासा तथा गंगा के बीच के भाग को घेरने का प्रयत्न किया होता तो अफ़गान दो तरफ से नदी और एक तरफ से मुग़ल सेना से घिर जाते और इस त्रिकोण से भाग निकलना कठिन हो जाता, किन्तु दुर्भाग्यवश दोनों सेनाएँ एक-दूसरे के सामने लगभग तीन महीने (1539 ई. के अप्रैल से जून तक) खड़ी रहीं। इस तरह तीन महीने व्यर्थ बीत गए।[78]

शेर ख़ाँ के युद्ध स्थगित करने के कई कारण थे। उसने ख्वास ख़ाँ को अपनी सेना के साथ तत्काल आने के लिए दूत भेजा था। वह उसकी प्रतीक्षा में था। इस बीच वह शक्ति संचय भी करता जा रहा था। शेर ख़ाँ की दृष्टि आकाश पर भी थी तथा वह चाहता था कि वर्षा प्रारंभ हो जाए। इसके अतिरिक्त वह उपयुक्त अवसर की प्रतीक्षा में था, ऐसा अवसर जब वह अफ़गानों को मुग़लों के विरुद्ध मानसिक तथा शारीरिक शक्ति से तैयार कर ले। उसने अभी तक मुग़लों से खुलकर युद्ध नहीं किया था। इस कारण वह बिना पूर्ण तैयारी तथा विजय की आशा के उन पर आक्रमण करने के लिए तैयार नहीं था।

चौसा पहुँचने पर मुग़ल सेना की अवस्था अच्छी नहीं थी। कामरान के आगरा

निवास के कारण सेना में घबराहट थी।[79] अन्न तथा पशुओं के लिए चारे की कमी थी। इस बीच चुनार से बेग मीराक तथा जौनपुर से बाबा बेग जलायर अफ़गानों के भय से भागकर चौसा पहुँचे। इनके पहुँचने से सहायता जरूर पहुँची किन्तु साथ

चौसा के युद्ध के पूर्व की स्थिति

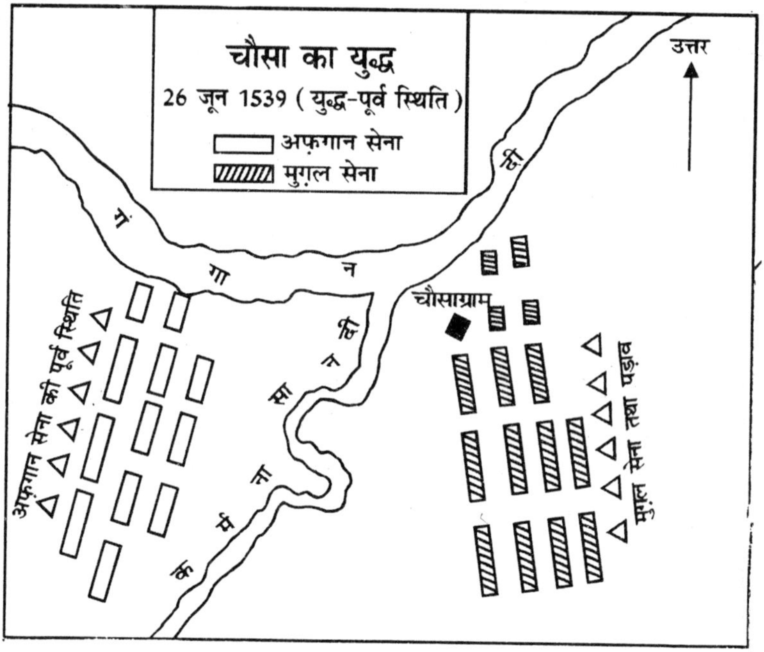

ही भोजन तथा चारें की कठिनाई भी बढ़ गई।[80] अफ़गानों से पराजित होकर चुनार तथा जौनपुर से वापस आए हुए मुग़ल सैनिकों का, चौसा के मैदान में खड़े मुग़ल सैनिकों तथा सेनानायकों की मनःस्थिति तथा साहस पर क्या प्रभाव पड़ा होगा, इसका हम अनुमान लगा सकते हैं। सेना की शोचनीय अवस्था देखकर हुमायूँ ने सहायता लेने के लिए एक द्रुतगामी दूत आगरा भेजा किन्तु आगरा की जो दशा थी उसमें वहाँ से कोई सहायता न मिल सकी।

इस बीच हुमायूँ ने पुनः संधि वार्ता प्रारंभ की। संधि वार्ता के लिए हुमायूँ ने शेख खलील[81] को शेर ख़ाँ के पास दूत बनाकर भेजा। जिस समय हुमायूँ का दूत पहुँचा शेर ख़ाँ आस्तीन चढ़ाए, बेलचा हाथ में लिए जून के महीने की सख़्त गरमी में अपनी सेना के लिए खाइयाँ खोदने में व्यस्त था। दूत को देखते ही उसने हाथ धोये तथा छाया का प्रबंध कर जमीन पर बैठ गया और संधि की वार्ता प्रारंभ कर दी। ऐसा प्रतीत होता है कि संधि की शर्तें भी निश्चित हो गईं। इसके अनुसार

यह निश्चय हुआ कि शेर ख़ाँ को संपूर्ण बंगाल तथा बिहार की उसकी पुरानी जागीर प्राप्त होगी; शेर ख़ाँ हुमायूँ की अधीनता स्वीकार करेगा और उसके नाम से खुतबा पढ़वाएगा तथा सिक्के चलवाएगा; चुनार का दुर्ग भी शेर ख़ाँ को प्राप्त होगा।

चौसा के युद्ध की गतिविधि

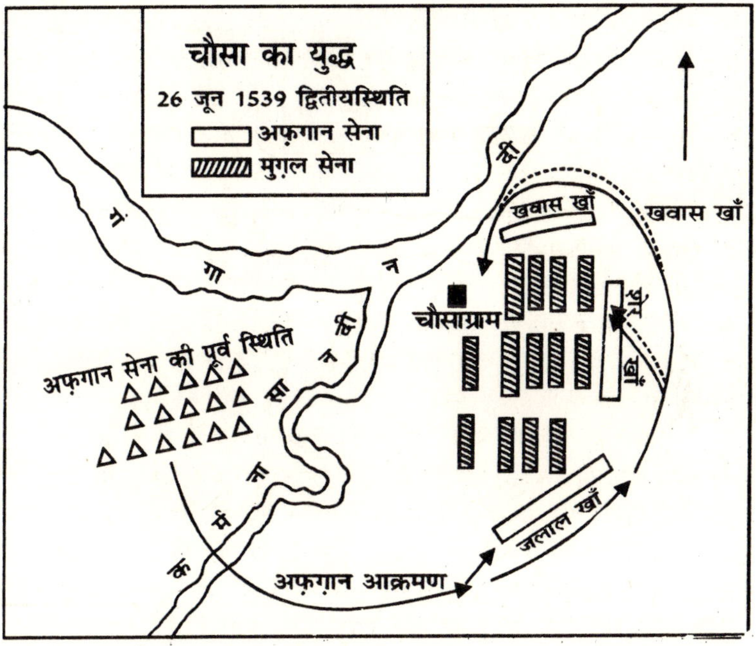

यह सोचकर कि किसी को यह पता न चले कि मुग़लों ने कठिनाई में पड़कर संधि की है, हुमायूँ ने शेर ख़ाँ से कहा कि वह नदी का भाग छोड़ दे जिससे मुग़ल सेना को कर्मनासा पार करने में कठिनाई न हो। इसके अतिरिक्त उसने यह भी स्वीकार कराया कि नदी के पूर्वी तट पर पहुँचने पर शेर ख़ाँ तथा उसकी सेना कुछ दूर तक मुग़लों द्वारा पीछा किए जाने पर हट जाए।[82] यह इस कारण किया गया जिससे मुग़लों का मान बढ़े तथा यह प्रतीत हो कि अफ़गान अपनी शक्तिहीनता के कारण पराजित हुए हैं।

हुमायूँ ने इस तरह की शर्तें क्यों रखीं? क्या उसे शेर ख़ाँ की नीयत पर संदेह था? अथवा यह केवल औपचारिक था? यह बताना कठिन है। शेर ख़ाँ ने मुग़लों की इन शर्तों को स्वीकार कर लिया।[83] बाद की घटनाओं से यह स्पष्ट है कि उसने यह केवल दिखावे के लिए किया था। शेर ख़ाँ ने हुमायूँ को विश्वास दिलाने के लिए मुग़ल खेमे में जो अनाज आ रहा था उसमें रुकावट डालना बंद कर दिया। हुमायूँ

ने भी नदी पार करने के लिए पुल बनाने की आज्ञा दे दी। शेर ख़ाँ इस बीच ख़्वास की प्रतीक्षा कर रहा था। ख़्वास ख़ाँ भी 30 मई 1539 ई. को पहुँच गया। ख़्वास ख़ाँ के पहुँचने के पश्चात् शेर ख़ाँ ने यह समाचार प्रसारित कर दिया कि झारखण्ड के चेरुह सरदार या जमींदार उस पर आक्रमण करने आ रहे हैं। उसने अपने सैनिकों को तैयार किया तथा प्रायः लगभग आठ मील झारखण्ड की तरफ बढ़ गया। पर यह कहकर कि चेरुह सरदार अभी दूर हैं वह पुनः लौट आया। दूसरे दिन भी इसी तरह जाकर वह लौट आया। पाँच-छः दिन शेर खा इस तरह का युद्धाभ्यास करता रहा।[84] इससे मुग़लों को विश्वास हो गया कि शेर ख़ाँ चेरुह सरदार पर आक्रमण कर रहा है। शेर ख़ाँ के सैनिकों को इससे युद्धाभ्यास भी हो गया तथा उन्हें रात्रि में बिना शोर तथा गडबड़ी किए आक्रमण करने की आदत भी पड़ गई।

इसी बीच मानसून प्रारंभ हो गया था। पानी बरसने लगा था जिससे गंगा-कर्मनासा का पाट भी बढ़ गया था। चेरुह सरदार पर शेर ख़ाँ के आक्रमण की सूचना पाकर हुमायूँ ने शेर ख़ाँ तथा चेरुह सरदार के युद्ध से अपने को तटस्थ रखने की घोषणा की। हुमायूँ का यह विचार आश्चर्यजनक प्रतीत होता है विशेषतः इस कारण कि उसने यहाँ भी उसी तरह का व्यवहार किया जैसा गुजरात के अभियान में उसने चित्तौड़ के सम्बन्ध में किया था।

सातवें दिन शेर ख़ाँ ने उसी तरह का युद्धाभ्यास किया। 25 जून 1539 ई. को प्रातः शेर ख़ाँ ने ख़्वास ख़ाँ को चुने हुए सैनिकों के साथ रवाना कर दिया जैसे वह चेरुह सरदार पर आक्रमण करने जा रहा हो। शेख़ ख़लील ने पत्र द्वारा हुमायूँ को सूचित किया कि ख़्वास ख़ाँ सेना के साथ रवाना हो गया है तथा सम्राट को सतर्क रहना चाहिए जिससे वह उस पर आक्रमण न कर दे।[85] किन्तु हुमायूँ ने इस तरफ ध्यान नहीं दिया तथा उस रात सम्राट तथा मुग़ल निश्चिंत थे।

रात्रि में शेर ख़ाँ ने अपनी सेना एकत्र की तथा मुग़ल सेना के दूसरी तरफ शांति के साथ रवाना हुआ। कुछ दूर जाने पर उसने प्रमुख सरदारों की एक विचार-गोष्ठी की। ख़्वास ख़ाँ भी जो प्रातः रवाना हो गया था, आ मिला। शेर ख़ाँ ने मुग़ल सम्राट की धोखेबाजी, अफ़गानों के प्रति उसके विचार, अपनी स्वामिभक्ति इत्यादि का वर्णन कर अन्त में कहा कि युद्ध के सिवा अब अफ़गानों के लिए अन्य मार्ग नहीं रह गया है। सभी सरदारों ने प्रतिज्ञा की कि वे मुग़लों को पराजित करने में प्राण की बाजी लगा देंगे।[86] कुछ दूर और जाने के पश्चात् उत्साहित अफ़गान सेना प्रातः होने के कुछ पूर्व मुग़ल खेमे की तरफ लौट पड़ी (26 जून 1539 ई.)।[87]

मुग़ल सेना शेर ख़ाँ की गतिविधि से अनभिज्ञ थी। अफ़गानों की चेरुह सरदार के युद्ध में व्यस्तता तथा संधि हो जाने की निश्चिंतता से मुग़ल सेना सुख से सो रही थी। रात की पहरेदारी का उत्तरदायित्व मुहम्मद ज़मान मिर्ज़ा पर था। ऐसे संकट काल में ऐसे व्यक्ति को, जिसने राज्यारोहण के उपरांत बराबर हुमायूँ का विरोध

किया हो, यह उत्तरदायित्व देना हुमायूँ की अदूरदर्शिता थी।

अफ़गानों ने अपनी सेना को तीन भागों में विभाजित किया। पहला दल शेर ख़ाँ के पुत्र जलाल ख़ाँ, दूसरा शेर ख़ाँ तथा तीसरा ख्वास ख़ाँ के नेतृत्व में था।[88] अफ़गानों ने कर्मनासा नदी को पार कर मुग़ल सेना पर आक्रमण किया। उन्होंने नदी के पुलों पर अधिकार कर लिया। जलाल ख़ाँ ने कर्मनासा की तरफ के भागों, शेर ख़ाँ ने उससे आगे बढ़कर मुग़ल सेना के मध्य भाग तथा ख़्वास ख़ाँ ने गंगा के तट के निकट के भाग पर आक्रमण किया। इस तरह मुग़ल सेना तीन तरफ से घिर गई। उनके दो तरफ नदी थी और बाकी तरफ अफ़गानों की सेना।

मुग़ल सेना इतनी बेख़बर थी तथा आक्रमण इतना तीव्र था कि मुग़लों को अपने घोड़ों पर ज़ीन कसने तथा अस्त्र-शस्त्र धारण करने तक का अवसर नहीं मिला।[89] आक्रमण का समाचार सुनकर हुमायूँ तैयार होकर बाहर आया। मुग़ल सेना में गड़बड़ी फैल गई थी और मुग़ल सैनिकों में भगदड़ मची हुई थी। हुमायूँ ने शांति स्थापित करने का प्रयत्न किया तथा इस भय से कि कहीं उसके अन्य सैनिक भाग न जाएँ, उसने निकट के पुलों को तोड़ देने की आज्ञा दी। इसका परिणाम बहुत ही भयंकर हुआ क्योंकि जिस समय हुमायूँ युद्ध में पराजित होकर भागना चाहता था, इन पुलों के नष्ट हो जाने से भागना एक तरह से असंभव हो गया।

हुमायूँ ने मुग़ल सेना को अफ़गानों के विरुद्ध युद्ध करने के लिए एकत्रित करने का प्रयत्न किया, किन्तु केवल लगभग 300 सैनिक ही उसके नक्कारे की आवाज़ पर उसके साथ आ सके। इन सैनिकों के बल पर भी हुमायूँ शेर ख़ाँ से युद्ध करने के लिए तैयार हो गया। उसने बड़ी बहादुरी के साथ अफ़गानों के एक हाथी को घायल कर दिया जिसमें उसे स्वयं चोट लगी।[90] हुमायूँ युद्ध करके उसका निर्णय कर लेना चाहता था किन्तु कुछ बुद्धिमान साथियों ने देखा कि यह एक तरह से आत्महत्या ही थी। उन्होंने हुमायूँ के घोड़े की लगाम पकड़कर उसे युद्ध के मैदान से बाहर निकाला। कठिनाई से हुमायूँ नदी के तीर पर पहुँचा। किन्तु पुलों के टूट जाने से नदी पार करना आसान नहीं था। हुमायूँ ने अपना घोड़ा नदी में डाल दिया किन्तु नदी की धारा इतनी तेज थी कि उसके लिए नदी पार करना असंभव हो गया। इस परिस्थिति में निज़ाम नामक एक भिश्ती की मशक की सहायता से हुमायूँ नदी के दूसरे तट पर पहुँचा।[91] जिस समय हुमायूँ नदी पार कर रहा था, इस कठिन पराजय की भयंकर परिस्थिति में भी उसका दार्शनिक मस्तिष्क शांत था। उसने भिश्ती से उसका नाम पूछा और उससे यह सुनकर कि उसका नाम निज़ाम था उसने उस व्यक्ति के प्रति आभार प्रकट करते हुए कहा कि उसका नाम निज़ामुद्दीन औलिया[92] होगा। हुमायूँ ने निज़ाम को वचन दिया कि वह राजसिंहासन पर आरूढ़ हो जाएगा तो उसको आधे दिन तक बादशाह बनाएगा।[93] नदी पार कर हुमायूँ आगरा की तरफ रवाना हुआ।

चौसा के युद्ध का परिणाम

चौसा का युद्ध निर्णयात्मक था और उसने शेर ख़ाँ की शक्ति में चार चाँद लगा दिए। इस युद्ध में हुमायूँ पूर्ण रूप से पराजित हुआ और उसकी सेना नष्ट हो गई। यही नहीं, इससे मुग़लों के यश को बहुत बड़ा धक्का लगा। बाबर के आगमन से अब तक के युद्धों में यह मुग़लों की प्रथम पराजय थी।

इस युद्ध में कुछ प्रमुख अमीर मारे गए। मुहम्मद ज़मान मिर्ज़ा जिसने हुमायूँ के विरुद्ध कई बार विद्रोह किया था, भागने का प्रयत्न किया पर वह डूबकर मर गया। इसके प्रमुख मृत अमीरों में मौलाना मुहम्मद परगजी, मौलाना कासिम अली सद्र, भट्टा के मौलाना जलाल भी थे।[94] बाबा बेग जलयार तथा कुचबेग को हुमायूँ ने अपनी रानी बेग़ा बेगम को हिफाजत से लाने के लिए भेजा। बेगम के ख़ेमे के पास ये सभी मारे गए। इनके अतिरिक्त लगभग आठ हजार मुग़ल सेना भी मारी गई।[95]

कई स्त्रियाँ भी इस युद्ध में या तो डूबकर मर गईं या उनका पता न चला। गुलबदन बेगम ने इनमें से कुछ स्त्रियों का नाम दिया है। हुमायूँ की दो पत्नियाँ—चाँदबीबी तथा शादबीबी—हुमायूँ की प्रमुख बेगम बेगा बेगम की पुत्री आक़िक़ा तथा सुल्तान हुसेन बैकरा की पुत्री आयशा बेगम इनमें प्रमुख थीं। इन खोई हुई स्त्रियों के अतिरिक्त शेर ख़ाँ ने हुमायूँ की प्रमुख पत्नी बेग़ा बेगम को बंदी बना लिया। शेर ख़ाँ ने युद्ध के समय भी बेग़ा बेगम की रक्षा का प्रबंध किया तथा उसने हुक्म जारी किया कि कहीं भी मुग़ल स्त्रियों अथवा बच्चों को न मारा जाए और जो मिलें उन्हें बेग़ा बेगम के ख़ेमे में भेज दिया जाए। इस तरह लगभग चार हजार स्त्रियाँ जमा हो गईं।[96]

जिस समय हुमायूँ को बेग़ा बेगम के लापता होने का समाचार मिला, उसने अपने चार अमीरों को उसे तलाश करने के लिए भेजा किन्तु उस युद्ध में तरदी बेग के अतिरिक्त सभी मारे गए और तरदी बेग ने लौटकर परिस्थिति की सूचना दी। बाद में शेर ख़ाँ ने बेग़ा बेगम को हुमायूँ के पास यह कर वापस भेजा कि इन पर कोई अत्याचार नहीं हुआ है। बेग़ा बेगम बाद में हाज़ी बेगम के नाम से प्रसिद्ध हुई। उसे अकबर का विशेष स्नेह प्राप्त था और हुमायूँ की मृत्यु के पश्चात् अकबर के राजत्व में उसने दिल्ली में हुमायूँ के मकबरे का निर्माण कराया।

इस युद्ध ने शेर ख़ाँ को बंगाल तथा बिहार का तत्काल अधिकारी बना दिया। यह उसकी मुग़लों से खुलकर प्रथम लड़ाई थी। प्रारंभ का भय समाप्त हो गया। अब वह कभी भी मुग़लों से लड़कर उन्हें पराजित कर सकता था। अविजेय मुग़लों की पराजय ने अफ़गान सैनिकों में अपार उत्साह पैदा कर दिया तथा उन्हें शेर ख़ाँ के नेतृत्व में कठिन से कठिन कार्य करने के लिए तैयार कर दिया।[97]

चौसा के युद्ध में हुमायूँ की पराजय के कारण

चौसा के युद्ध में मुग़ल पूर्ण रूप से पराजित हो गए। उनकी सेना के अधिकतर

सैनिक मारे गए अथवा बंदी बनाए गए। जो बचे वे इधर-उधर भाग गए। मुग़ल अमीर तथा स्त्रियाँ भी इस युद्ध में पूर्ण रूप से बचायी न जा सकीं। स्वयं मुग़ल सम्राट बड़ी कठिनाई से नगण्य साथियों के साथ भागकर अपने प्राण बचा सका। अफ़गानों ने मुग़लों की शक्ति को इस तरह चूर कर दिया कि युद्ध के परिणाम के विषय में संदेह नहीं रह गया।

हुमायूँ की पराजय का प्रथम कारण उसकी सेना की दुर्व्यवस्था थी। बहुत-से घोड़े मारे गए थे या बीमार थे। बंगाल में इतने दिनों रुकने के कारण सैनिकों में शिथिलता आ गई थी। उनके खाने-पीने का प्रबंध भी ठीक नहीं था। इस तरह युद्ध के लिए जिस तरह की चुस्ती की आवश्यकता होती है, वह उसकी सेना में नहीं थी।

चौसा के मैदान में तीन महीने रुककर हुमायूँ ने शेर ख़ाँ को उसकी सेना को संगठित करने का सुअवसर दिया। इन तीन महीनों तक रुकने का मुग़लों को कोई लाभ नहीं हुआ। आगरा से कोई सहायता नहीं प्राप्त हो सकी। इसके विपरीत कामरान तथा अस्करी के आगरा के निकट रहने से हुमायूँ तथा उसके स्वामिभक्त अमीरों के मन में संशय बना हुआ था। इसके अतिरिक्त हुमायूँ ने मार्ग बदलकर तथा नदी को पार कर अफ़गानों को अपनी हीनावस्था का ज्ञान होने दिया तथा सेना को संकट में डाल दिया।

संधि के वातावरण तथा इस विश्वास ने कि अब शेर ख़ाँ से युद्ध नहीं करना पड़ेगा, मुग़लों को इस तरह निश्चिंत कर दिया था कि उन्होंने रात्रि की सुरक्षा का भी उचित प्रबंध नहीं किया। जिस समय अफ़गानों ने आक्रमण किया, मुग़ल बेखबर सो रहे थे। सबसे बड़ा दुर्भाग्य तो यह था कि हुमायूँ ने उस रात्रि की सुरक्षा का उत्तरदायित्व मुहम्मद ज़मान मिर्ज़ा को सौंपा था। ऐसे व्यक्ति को जिसने हुमायूँ के राज्यारोहण के पश्चात् कई बार विद्रोह किया हो, ऐसे उत्तरदायित्व का कार्य देना किसी भी दृष्टि से उचित नहीं था। मुहम्मद ज़मान को हुमायूँ के भाग्य से क्या रुचि हो सकती थी? जिस समय अफ़गानों ने आक्रमण किया, वह बेख़बर था।

चौसा की पराजय शेर ख़ाँ में प्रथम श्रेणी के सेनापति का गुण प्रदर्शित करती है। उसने प्रत्येक दृष्टि से अपनी सेना को तैयार कर लिया था। उसकी सेना का साहस तथा उत्साह ऊँचा था और उसके पास युद्ध के सभी साधन उपलब्ध थे। शेर ख़ाँ ने अपनी सेना को रात्रि में शांति से आक्रमण करने का भी प्रशिक्षण दे दिया था। नैपोलियन ने एक बार कहा था कि युद्ध में आदमियों का नहीं बल्कि 'आदमी' का महत्त्व है। शेर ख़ाँ ने इस युद्ध में अपनी योग्यता से पूर्ण रूप से इस कथन को चरितार्थ कर दिया।

यह कहना कि शेर ख़ाँ के धोखे से आक्रमण के कारण हुमायूँ पराजित हुआ[98] बहुत महत्त्वपूर्ण नहीं है। हुमायूँ स्वयं संधिवार्ता तोड़कर मनेर से बंगाल की तरफ बढ़ा था। गुजरात अभियान में उसने मांडू के दुर्ग पर संधि निश्चित हो जाने के पश्चात्

आक्रमण किया था। फिर यदि शेर ख़ाँ ने उसके साथ उसी तरह का व्यवहार किया तो उसमें आश्चर्य या दुःख का कोई कारण नहीं प्रतीत होता। शत्रु से सदा सतर्क रहना चाहिए। चौसा के युद्धस्थल में मुग़लों ने जैसी निश्चिन्तता दिखलाई वह परिस्थितियों के प्रति उनकी उदासीनता का स्पष्ट प्रमाण है।

चौसा से आगरा

निज़ाम भिश्ती की मशक की सहायता से गंगा नदी पार कर हुमायूँ, नदी के दूसरे तट पर बीरपुर के निकट पहुँचा। वहाँ से वह चुनार आया।[99] यहाँ तीन दिन रुककर वह आगे बढ़ा। यहाँ गहोर का शासक राजा बीरभान अरैल[100] के निकट उससे मिला। उसने हुमायूँ की बड़ी सहायता की। हुमायूँ के साथी भूख, प्यास तथा थकान से परेशान थे। राजा ने उनके लिए आवश्यक वस्तुओं का प्रबंध किया। बहुत-से सैनिकों के पास घोड़े नहीं थे, उनके लिए घोड़ों का प्रबंध किया गया। पाँच-छः दिन हुमायूँ यहाँ रुका रहा। इसी समय सूचना मिली कि अफ़गानों की सेना हुमायूँ का पीछा करती हुई उसके निकट पहुँच गई है। बीरभान ने अपने पाँच-छः हजार सैनिकों के साथ अफ़गानों की सेना का मार्ग रोक लिया। इससे हुमायूँ को आगे बढ़ जाने का अवसर मिला।

अरैल से हुमायूँ कड़ा पहुँचा। कन्नौज के निकट के गंगातट के भागों पर अफ़गानों ने अधिकार कर लिया था। इस कारण यह मार्ग सुरक्षित नहीं था। गंगातट को छोड़कर हुमायूँ यमुनातट के मार्ग से कालपी होते हुए आगरा की तरफ रवाना हुआ। मार्ग में उसके अपने सैनिक उसे छोड़-छोड़ भागते जा रहे थे। जो अमीर तथा सैनिक उसके पास थे उनके हृदय में भी वह सच्चाई, सहानुभूति तथा स्वामिभक्ति नहीं थी जिसकी हुमायूँ को अत्यंत आवश्यकता थी। कालपी में कासिम कराचा के पुत्र ने हुमायूँ के लिए अत्यधिक उपहार (पेशकश) का प्रबंध किया था। किन्तु उसके पिता ने जो हुमायूँ के साथ आ रहा था, उसे रोक दिया। इस कारण केवल नाममात्र की चीजें हुमायूँ के सामने पेश की गईं। हुमायूँ को इसकी सूचना मिल गई थी, जिससे उसे बहुत क्रोध आया। उसने पेशकश में से केवल एक जड़ाऊ ज़ीन (और वह भी कामरान को देने के लिए) ही स्वीकार की तथा अन्य वस्तुएँ वापस कर दीं।[101]

आगरा में

हुमायूँ के आगरा पहुँचने[102] की सूचना किसी को नहीं थी। सबसे पहले उसकी मुलाकात कामरान से हुई। एक-दूसरे को देखते ही दोनों भाइयों की आँखों में आँसू भर आए।[103] उसी दिन हुमायूँ ने अपने संबंधियों से मुलाकात की; इनमें गुलबदन बेगम भी थी। उसने गुलबदन से कहा कि बंगाल अभियान के समय तो वह सोचता रहता था कि उसे भी साथ ले गया होता, किन्तु हलचल के बाद उसने ईश्वर को धन्यवाद दिया कि वह उसके साथ नहीं गई थी। हिन्दाल की माता तथा अन्य व्यक्तियों के कहने

से हुमायूँ ने हिन्दाल को क्षमा कर दिया। वह अलवर से बुलाया गया तथा पुरानी सभी बातें भुलाकर संकट काल में एकता स्थापित हुई। कामरान तथा अस्करी तो वहाँ थे ही, मुहम्मद सुल्तान मिर्ज़ा भी अपने पुत्र के साथ आगरा आ पहुँचा। उसे भी क्षमा कर दिया गया। इस तरह आगरा में सभी प्रमुख मुग़ल अमीर तथा स्त्रियाँ उपस्थित हो गए। हुमायूँ भी शेर ख़ाँ से युद्ध के लिए अस्त्र-शस्त्र तथा सामग्रियाँ एकत्र करने में व्यस्त हो गया।

निज़ाम भिश्ती

हुमायूँ के आगरा पहुँचने के कुछ ही दिन पश्चात् निज़ाम भी पहुँचा। हुमायूँ ने उसे आधे दिन के लिए राज सिंहासन पर बैठने दिया। उसे कुछ शासन सम्बन्धी आदेश देने का अधिकार भी दिया गया तथा उसने जो आदेश दिया उसे कार्यान्वित किया गया।[104] अमीर तथा अन्य लोगों ने उसका अभिवादन किया। कामरान बीमारी का बहाना कर दरबार में नहीं गया। हुमायूँ के इस कार्य से वह बहुत क्रुद्ध हुआ। उसने हुमायूँ से कहलाया कि उस समय जब शेर ख़ाँ निकट था इस तरह का कार्य उचित न था। भिश्ती को अधिक से अधिक इनाम इत्यादि दिया जा सकता था किन्तु उसे सिंहासन पर बैठाने की आवश्यकता नहीं थी।[105]

कामरान के कथन में बहुत कुछ तथ्य था। निज़ाम एक बहुत ही साधारण एवं निम्न कोटि का व्यक्ति था। ऐसे व्यक्ति को मुग़ल सिंहासन पर बैठाने तथा अमीरों द्वारा उसका अभिवादन करने से मुग़ल सिंहासन की मानहानि हुई। हुमायूँ का यह कार्य एक मज़ाक बन गया। यह कार्य भावना से प्रभावित था। जिस व्यक्ति ने हुमायूँ के प्राण बचाए थे तथा जिसके कारण उसे पुनः सिंहासन पर बैठने का सौभाग्य प्राप्त हुआ था, उसके आभार से वह दबा जा रहा था। हुमायूँ का यह दृष्टिकोण व्यक्तिगत रूप में आदर्श कहा जा सकता है किन्तु प्रशासकीय विचार से यह उचित नहीं था।

विचार-विमर्श

हुमायूँ जुलाई 1539 ई. में आगरा पहुँचा। इस समय से लेकर शेर ख़ाँ के विरुद्ध पुनः आक्रमण करने के समय (मई 1540 ई.) तक लगभग दस महीने हुमायूँ आगरा में ही रहा। यह समय उसने युद्ध की तैयारी तथा शेर ख़ाँ के विरुद्ध संयुक्त मोर्चा स्थापित करने में व्यतीत किया। क्या इतना समय व्यर्थ के विचार-विमर्श करने में बरबाद करना उचित था? यदि नहीं, तो हुमायूँ इस बीच क्या करता रहा?

चौसा से लौटने के पश्चात् हुमायूँ स्वयं चालीस दिन बीमार रहा।[106] कदाचित् चौसा के युद्ध से उसे ऐसा मानसिक धक्का लगा जिसे सहना उसके लिए सरल नहीं था। चौसा के युद्ध में उसके शरीर पर चोट भी लगे थे जिससे उसका कष्ट और बढ़ गया था। इस तरह कुछ दिन यों ही बीत गए।

कामरान की सेना में बीस हज़ार बहुत ही अच्छे सैनिक थे। यदि उसने यह सेना हुमायूँ की सेवा में उपस्थित कर दी होती तो संभव था कि हुमायूँ ने अफ़गानों से चौसा की पराजय का बदला ले लिया होता। किन्तु कामरान अपनी सेना को हुमायूँ के नेतृत्व में भेजने के लिए तैयार नहीं था। उसने शेर ख़ाँ से स्वयं युद्ध करने की आज्ञा माँगी। हुमायूँ ने इसकी आज्ञा नहीं दी तथा उसने कहा कि ''शेर ख़ाँ ने मुझसे युद्ध किया है और उसका बदला मैं लूँगा।'' इस तरह दोनों भाइयों में समझौता न हो सका।[107]

हुमायूँ ने कामरान के आक्रमण करने का क्यों विरोध किया? हुमायूँ के राज्य काल के प्रारंभ में कामरान का व्यवहार अच्छा नहीं था। हुमायूँ उसे संशय की दृष्टि से देखता था। बंगाल से इतने शीघ्र लौटने का एक प्रमुख कारण राजधानी में कामरान की उपस्थिति भी थी। हुमायूँ को भय था कि यदि कामरान शेर ख़ाँ को पराजित करने में सफल हो जाता तो उसकी शक्ति में वृद्धि हो जाती तथा वह जनप्रिय भी हो जाता। उस समय वह हुमायूँ के लिए एक कठिन परिस्थिति उपस्थिति कर सकता था। इसके अतिरिक्त कामरान को भेजने से हुमायूँ की कमजोरी स्पष्ट हो जाती और प्रत्येक व्यक्ति की दृष्टि में हुमायूँ एक शक्तिहीन मनुष्य समझा जाता। हुमायूँ के स्वयं युद्ध करने के निश्चयात्मक विचार में आत्म-निर्भरता, आत्म-सम्मान तथा आत्मविश्वास की झलक मिलती है। वास्तव में यह हुमायूँ की प्रतिष्ठा का प्रश्न था।[108]

कामरान अपने दृष्टिकोण से अपनी सेना को हुमायूँ के नेतृत्व में देने के लिए तैयार नहीं था। हुमायूँ की पराजय के पश्चात् कामरान उसे अयोग्य समझने लगा था और उसका विचार था कि हुमायूँ शेर ख़ाँ को पराजित करने में सफल नहीं हो सकेगा। हुमायूँ द्वारा निज़ाम भिश्ती को गद्दी पर बैठाने के कारण कामरान बहुत नाराज़ था और उसने हुमायूँ को इस कार्य के लिए क्षमा नहीं किया। इसके अतिरिक्त कामरान के परामर्शदाता ख़्वाजा कलां ने गंगा के भाग में किसी भी तरह का अभियान करने की राय नहीं दी और इस परामर्श को कामरान ने स्वीकार कर लिया। वास्व में दोनों भाइयों में पारस्परिक सद्भावना की कमी थी। ऐसी परिस्थिति में कामरान को यह संदेह था कि कदाचित् हुमायूँ उसकी सेना का उपयोग उसी के विरुद्ध करे। इसके अतिरिक्त कामरान को अपनी रक्षा के लिए भी सेना की आवश्यकता थी। ईरान की सेना ने कुछ ही दिन पूर्व दो बार कन्धार पर आक्रमण किया था। अपने चुने हुए सैनिकों के अन्त के पश्चात् इन भागों पर अधिकार रखना सरल नहीं था। कामरान की काबुल से अनुपस्थिति काल में मध्य एशिया में ऊज़बेक नेता ऊबेदुल्ला ख़ाँ की मृत्यु हो गई थी।[109] उसकी मृत्यु के पश्चात् योग्य नेता के अभाव में वहाँ गड़बड़ी का भय था। कामरान कदाचित् निकट रहकर मध्य एशिया पर दृष्टि रखना चाहता था। इसके अतिरिक्त ऊबेदुल्ला ख़ाँ की मृत्यु के पश्चात् शाह तहमास्प को अब ऊज़बेकों से भय नहीं था। इस कारण कामरान के प्रांत पर ईरानी आक्रमण का भय था।

हुमायूँ के बंगाल निवास के समय कामरान आगरा आया, किन्तु वह मीर फख़्र अली के सहायता माँगने पर आया था। इसमें कोई संदेह नहीं कि यहाँ आकर वह हिंदाल को सही मार्ग पर लाने में सफल हुआ तथा उसने कोई ऐसा कार्य नहीं किया जो हुमायूँ के लिए हानिकर हो। यदि वह चाहता तो अपने 20,000 सैनिकों की सहायता से आगरा तथा दिल्ली पर अधिकार करने का प्रयत्न करता, किन्तु उसने ऐसा कुछ भी नहीं किया। फिर उसने हुमायूँ की सहायता क्यों नहीं की? कदाचित् अपनी सुरक्षा का विचार उसके मन में इतना बढ़ गया था कि वह भागकर पंजाब जाना चाहता था जिससे वह अपने भू-भाग की रक्षा कर सके। इस तरह दोनों भाइयों का विवाद कामरान की सेना के उपयोग का नहीं वरन् उसके नेतृत्व का था।

इसी बीच कामरान बीमार पड़ गया। भारत की जलवायु उसके लिए बहुत अनुकूल नहीं थी। दो-तीन महीने की बीमारी के कारण वह अपने हाथ-पैर का ठीक तरह प्रयोग भी नहीं कर पाता था।[110] उसका रोग इतना अधिक बढ़ गया और वह इतना कमज़ोर हो गया कि पहचाना भी नहीं जाता था तथा उसके जीवित रहने की आशा भी कम थी।[111] प्रसिद्ध हक़ीम अबुल बक़ा की दवा से वह कुछ संभला। बीमारी में उसे यह संदेह हो गया कि हुमायूँ तथा उसकी विमाताओं ने मिलकर उसे विष दे दिया है। जब हुमायूँ को उसके इस संदेह का पता चला तो वह स्वयं उसके पास गया तथा उसने शपथ लेकर उसे विश्वास दिलाने का प्रयास किया कि उसका संदेह निराधार था, किन्तु कामरान को विश्वास नहीं हुआ। उसने लाहौर जाने का निश्चय कर लिया तथा हुमायूँ से अनुमति माँगी। उस परिस्थिति में हुमायूँ उसको अनुमति देने के लिए तैयार नहीं था तथा उसने उसकी प्रार्थना पर ध्यान ही नहीं दिया। किन्तु कामरान बराबर जाने की जिद करता था। कामरान ने हैदर मिर्ज़ा को अपनी तरफ मिला लिया तथा समस्त राज्यकार्य उसे ही सौंप दिया। उसने हैदर मिर्ज़ा से लाहौर चलने की याचना की। उसने दीनता से कहा, "ऐसी स्थिति में जब शत्रुओं ने मेरे राज्य पर एवं रोग ने मेरे शरीर पर प्रभुत्व स्थापित कर लिया है और मैं रुग्ण हो गया हूँ, भ्रातृभाव का हाथ मेरी ओर से मत खींचो तथा इन दो महान् संकटों से मेरी रक्षा करो और मुझे लाहौर पहुँचा दो।"[112] हुमायूँ को जब इसकी सूचना मिली तो वह बहुत ही चिंतित हुआ। अत्यंत द्रवित शब्दों में उसने कामरान से कहा कि, "शेर ख़ाँ तथा मुग़ल सम्राट में युद्ध छिड़ा हुआ है। इसी युद्ध पर बाबर के पुत्रों तथा साम्राज्य का भाग्य निर्भर है। यदि हैदर मिर्ज़ा लाहौर चला जाएगा तो वह सुरक्षित स्थान में पहुँच जाएगा तथा बच जाएगा किन्तु बाकी सभी मारे जाएँगे। हुमायूँ की पराजय के पश्चात् लाहौर के पतन में देर नहीं लगेगी।" उसने हैदर मिर्ज़ा को याद दिलाया कि उसका उत्तरदायित्व केवल कामरान के प्रति ही नहीं वरन् सभी के प्रति था। यदि वह इस तरह चला जाएगा तो सभी यही कहेंगे कि हैदर मिर्ज़ा ने कठिन समय में बाबर के वंशजों के प्रति अपने कर्तव्य का पालन नहीं किया।[113]

हुमायूँ की प्रार्थना पर हैदर मिर्ज़ा तो रुक गया किन्तु, कामरान इससे बहुत नाराज़ हुआ। उसने लाहौर जाने का पूर्ण निश्चय कर लिया। उसकी जिद को देखकर हुमायूँ ने उससे प्रार्थना की कि यदि वह जाना ही चाहता है तो जाए पर अपनी सेना छोड़ता जाए। कामरान इसके लिए भी तैयार नहीं हुआ। उसने पहले ख़्वाजा कलां को लाहौर भेज दिया तथा नाममात्र के कुछ सैनिकों को छोड़कर[114] स्वयं भी चला गया। व्यापारियों तथा अन्य लोगों ने अपने परिवारों की स्त्रियों इत्यादि को भी कामरान के साथ भेज दिया। कामरान ने गुलबदन से भी लाहौर चलने के लिए कहा। प्रारंभ में तो वह तैयार नहीं हुई किन्तु बाद में हुमायूँ के कहने से वह उसके साथ चली गई।[115]

कामरान के इस तरह हुमायूँ को कठिन परिस्थिति में छोड़कर जाने से मुग़लों की मनःस्थिति तथा साहस पर बहुत बुरा प्रभाव पड़ा। सबसे बड़ा दुर्भाग्य तो यह था कि जिस समय कामरान रवाना हुआ उसी समय शेर ख़ाँ के आक्रामक गतिविधि की भयंकर सूचनाएँ प्राप्त हुईं। हैदर मिर्ज़ा, जो उस समय वहाँ उपस्थित था, स्पष्ट लिखता है कि कामरान मिर्ज़ा के प्रस्थान के साथ ही साथ शेर ख़ाँ के सौभाग्य की उन्नति तथा चग़ताई शक्ति का ह्रास प्रारंभ हो गया।[116] अबुल फ़ज़ल भी कामरान के इस कार्य की निंदा करता है।[117] उसका सबसे बड़ा अपराध तो यह था कि वह स्वयं ही नहीं गया बल्कि अन्य व्यक्तियों को भी हुमायूँ के पास से भगा ले जाना चाहता था। उसके लाहौर चले जाने का प्रभाव इससे स्पष्ट हो जाता है कि मुग़लों से संबंधित लोग भागकर रक्षित स्थान में जाने लगे। शेर ख़ाँ का आतंक इतना अधिक हो गया था कि उसके पास कोई नहीं गया। भय और आतंक युद्ध की पहली पराजय होती है। मुग़लों का हतोत्साह उनकी पराजय का संकेत कर रहा था।

इस तरह हुमायूँ ने लगभग दस महीने बरबाद कर दिए। उसने तैमूर वंशियों, विशेषतया अपने भाइयों को अपने पक्ष में करने का प्रयत्न किया किन्तु उसे सफलता नहीं मिली। पारिवारिक मतभेद, उसका आलसी स्वभाव तथा बीमारी उसके इतने दिनों आगरा रुकने के प्रमुख कारण थे।

चौसा के युद्ध के पश्चात् शेर ख़ाँ की गतिविधि

चौसा की विजय ने अफ़गानों का उत्साह तथा यश आकाश तक फैला दिया। शेर ख़ाँ ने फिर भी अपना समय बरबाद नहीं किया। चौसा के युद्ध के पश्चात् उसने ख्वास ख़ाँ को बिहार की तरफ झारखण्ड के चेरुह सरदार के विरुद्ध और जलाल ख़ाँ बिन जालू तथा हाजी ख़ाँ बटनी को बंगाल की तरफ भेजा और स्वयं हुमायूँ का पीछा करता हुआ आगे बढ़ा।[118] उसने गंगा नदी को पार कर कन्नौज तक के भू-भागों पर अपना अधिकार कर लिया। चौसा की विजय के पश्चात् उसने बरमजीद गौड़[119] को एक सेना के साथ हुमायूँ का पीछा करने के लिए भेज दिया। शेर ख़ाँ

कदाचित् हुमायूँ को बंदी नहीं बनाना चाहता था। इसी कारण उसने उसका पीछा करने में उतनी सक्रियता नहीं दिखलाई किन्तु गंगा के पूर्वी तट के भू-भागों पर उसने अपना अधिकार स्थापित कर लिया।

शेर ख़ाँ के सेनानायकों (हाजी ख़ाँ बटनी तथा जलाल ख़ाँ बिन जालू) ने गौड़ को घेर लिया। मुग़ल सेनापति जहाँगीर कुली बेग ने उसकी रक्षा करने का प्रयत्न किया। किन्तु अफ़गान सेना अधिक थी तथा आगरा से किसी तरह की सहायता की आशा नहीं थी, अन्त में उसने गौड़ खाली कर दिया और वह आगरा की तरफ रवाना हुआ और अफ़गानों के इस आश्वासन पर कि उसके प्राण नहीं लिए जाएँगे, उसने समर्पण कर दिया। इसी समय बिहार का प्रबंध कर शेर ख़ाँ भी गौड़ पहुँच गया। अफ़गानों ने अपने वचन का पालन नहीं किया तथा जहाँगीर कुली को पाँच हज़ार मुग़ल सैनिकों के साथ, जिन्हें हुमायूँ गौड़ से आगरा वापस जाते समय छोड़ आया था, शेर ख़ाँ की आज्ञा से मार डाला गया।[120] ख़ानख़ाना युसुफ खैल को भी, जिसे मुंगेर में अफ़गानों ने बंदी बनाया था, मार डाला गया। ख़्वास ख़ाँ ने भी चेरुह सरदार को पराजित कर उसके राज्य को नष्ट कर डाला।

इस तरह शेर ख़ाँ वास्तव में एक बड़े भू-भाग का स्वामी बन गया था, किन्तु अभी तक वह केवल अफ़गानों का नेता था तथा उसे वैधानिकता प्राप्त नहीं हुआ था। इस हेतु उसने गौड़ में 'अल सुल्तान उल आदिल' की उपाधि धारण की, अपने नाम से सिक्के चलाए तथा उसके नाम से खुतबा पढ़ा गया। इस तरह उसने राजत्व ग्रहण किया तथा शेर ख़ाँ से शेरशाह बन गया।[121]

पूर्ण रूप से सुल्तान बनने के लिए दिल्ली तथा आगरा पर अधिकार करना आवश्यक था। खिज्र ख़ाँ को बंगाल का गवर्नर नियुक्त कर शेरशाह हुमायूँ से अंतिम युद्ध करने के लिए 1540 ई. के प्रारंभ में बंगाल से रवाना हुआ। इलाहाबाद के निकट पहुँचकर उसने अपने पुत्र कुतुब ख़ाँ को, मालवा के जागीरदारों को आगरा तथा दिल्ली के निकट गड़बड़ी करने के लिए प्रोत्साहित करने को, मांडू भेजा। वह स्वयं कन्नौज की तरफ बढ़ गया। मालवा, सारंगपुर तथा मांडू के शासक मल्लू ख़ाँ रायसीन तथा चंदेरी के शासक पूरनमल, तथा कुछ अन्य जागीरदारों ने कदाचित् ईसा ख़ाँ को सहायता का वचन दिया था। कुतुब ख़ाँ के चंदेरी की तरफ जाने की सूचना पाते ही हुमायूँ ने यादगार नासिर मिर्ज़ा, क़ासिम हुसेन ख़ाँ ऊजबेक तथा इस्कन्दर सुल्तान को एक सेना के साथ उसके विरुद्ध भेजा।[122] मालवा के सरदारों ने मुग़लों के आगमन की सूचना पाकर कुतब ख़ाँ की सहायता नहीं की। कुतुब ख़ाँ सूर मुग़लों द्वारा पराजित हुआ तथा मारा गया। शेर ख़ाँ को अपने पुत्र की मृत्यु का बहुत दुःख हुआ। उसने मालवा के सरदारों को, जिन्होंने वचन देकर भी सहायता नहीं दी, कभी भी क्षमा नहीं किया तथा बाद में उसने उनसे इसका बदला लिया। कुतुब ख़ाँ की पराजय से मुग़लों का कुछ उत्साह वर्द्धन हुआ।

हुमायूँ का आगरा से प्रस्थान

शेरशाह के कन्नौज की तरफ बढ़ने की सूचना पाकर हुमायूँ आगरा से रवाना हुआ (मई 1540 ई.)। उसने सेना इकट्ठी अवश्य की थी, किन्तु जल्दी के कारण सेना संगठित न हो पाई थी। इसके अतिरिक्त कामरान तथा कुछ अन्य अमीरों के चले जाने के कारण निराशा क' वातावरण फैला हुआ था। बीरभान ने (जो अरैल से हुमायूँ के साथ आगरा आया था) उसे यह सुझाव दिया कि शेर ख़ाँ से युद्ध करने के स्थान पर पन्ना राज्य की पहाड़ियों में मुग़ल सेना ले जाई जाए तथा उसे अच्छी तरह प्रशिक्षित करने के पश्चात् शेरशाह पर आक्रमण किया जाए। हुमायूँ ने इस परामर्श को स्वीकार नहीं किया। बीरभान का सुझाव बहुत कुछ अंशों में विचारणीय था किन्तु शेरशाह की बढ़ती हुई शक्ति में आगरा छोड़ देने का अर्थ वास्तव में बिना युद्ध के पराजय स्वीकार करना था। हुमायूँ ने इस कारण शेरशाह से युद्ध करने का निश्चय किया। बीरभान के इस सुझाव से मुग़ल सेना की वास्तविक स्थिति का हम अनुमान लगा सकते हैं।

आगरा से चलकर हुमायूँ ने कन्नौज के निकट भोजपुर[123] नामक स्थान पर अपना पड़ाव डाला। गंगा की दूसरी तरफ कन्नौज के सामने शेरशाह अपनी सेना के साथ डटा हुआ था। मुग़लों ने गंगा नदी पार करके भोजपुर घाट पर एक पुल तैयार किया। अफ़गानों ने उन्हें रोकना चाहा। एक छोटा-सा संघर्ष हुआ।[124] हुमायूँ की सेना ने नदी पार नहीं की तथा नदी के किनारे और आगे बढ़कर कन्नौज के निकट अपना पड़ाव डाला। अफ़गान नौकाओं पर मुग़ल सेना का पीछा कर रहे थे। मुग़लों को उन पर तोप चलानी पड़ी। अफ़गान इस बार भयभीत नहीं थे तथा युद्ध के लिए लालायित थे। मुग़लों के कन्नौज पहुँचने से दोनों सेनाएँ एक-दूसरी के सामने आ गईं।

हुमायूँ के गंगा के तट पर पहुँचते ही शेरशाह ने अपने एक दूत द्वारा हुमायूँ के पास यह संदेश भेजा कि चूँकि दोनों सेनाएँ युद्ध के लिए तैयार हैं इसलिए यह आवश्यक है कि दोनों नदी के एक तरफ हो जाएँ। उसने कहा कि यदि हुमायूँ नदी को पार करने के लिए तैयार न हो तो वह स्वयं नदी को पार करेगा। नदी पार करते समय दूसरी सेना कुछ मील पीछे हट जाएगी जिससे आक्रमण का भय न रहे। हुमायूँ ने शेरशाह के इस वचन को एक तरह से चुनौती समझा और उसने स्वयं नदी को पार करने की इच्छा प्रकट की। मुग़लों के नदी पार करते समय शेर खा दस-बारह मील पीछे हट गया। जिस समय हुमायूँ की सेना नदी पार कर रही थी, शेरशाह के कुछ परामर्शदाताओं ने उससे कहा कि हुमायूँ पर उसी समय आक्रमण कर दिया जाए, किन्तु शेरशाह ने उन्हें समझाया कि ऐसा करना उचित नहीं। इस बात से शेरशाह की बहादुरी और उसकी महत्ता का पता चलता है।

हुमायूँ का नदी पार करना उसकी रणनीति के लिए बहुत सहायक नहीं हुआ। नदी

पार करते समय मुग़ल सेना की दयनीय स्थिति का ज्ञान अफ़गानों को हो गया। इसके अतिरिक्त नदी पार करने के पश्चात् जिस स्थान पर मुग़लों ने अपना पड़ाव डाला वहाँ भूमि नीची थी जिससे मुग़लों को बाद में वर्षा प्रारंभ होने के पश्चात् बड़ी कठिनाई हुई। हुमायूँ ने नदी पार करने का निश्चय भावना-वश किया जिससे अफ़गान यह न समझें कि मुग़ल कायर हैं। इसके अतिरिक्त उस समय हुमायूँ की सेना से उसके सैनिक भाग रहे थे जिससे युद्ध अधिक दिन टालना कठिन मालूम हो रहा था।[125]

कन्नौज का युद्ध

दोनों सेनाएँ एक-दूसरी के सामने कन्नौज[126] के निकट लगभग एक महीने तक डटी रहीं। शेरशाह के इतने दिन प्रतीक्षा करने के दो प्रमुख कारण थे। उसने ख़्वास ख़ाँ को चेरुह सरदार के विरुद्ध झारखण्ड की तरफ भेजा था। उसे ख़्वास ख़ाँ की विजय का समाचार मिल चुका था और वह उसके आगमन की प्रतीक्षा कर रहा था। वर्षा की भी आशा थी जिससे मुग़ल पड़ाव में पानी तथा कीचड़ भर जाने की सम्भावना थी। हुमायूँ ने कदाचित युद्ध इस कारण नहीं प्रारंभ किया क्योंकि उसको अपने तोपख़ाने पर विश्वास था तथा वह चाहता था कि युद्ध शेरशाह ही प्रारंभ करे जिससे मुग़ल अपने तोपख़ाने से अफ़गान आक्रमणकारियों को भून डालें। उसकी सेना असंगठित

कन्नौज के युद्ध के पूर्व सेनाओं की स्थिति

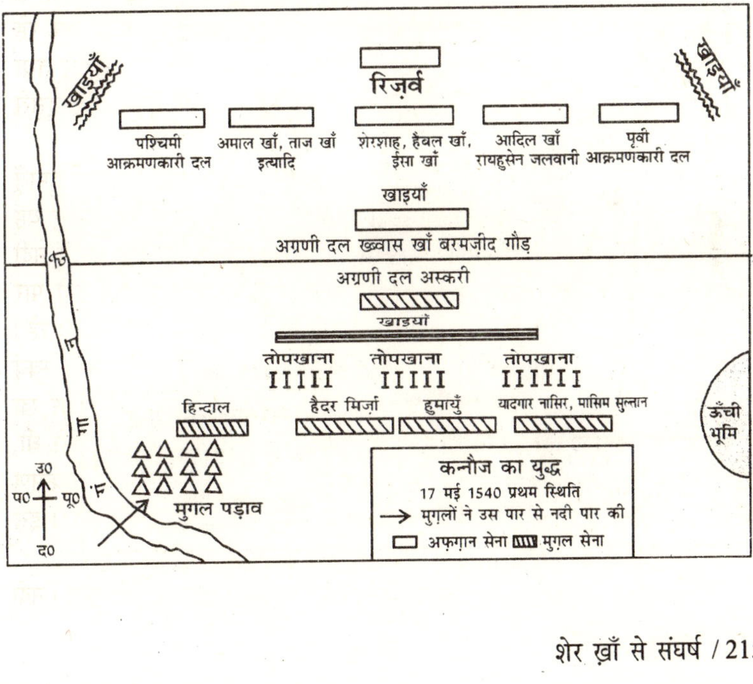

थी। संभवतः है वह समय प्राप्त कर अपनी सेना को संगठित करना चाहता था।

अफ़गान तथा मुग़ल सेनाओं की वास्तविक संख्या क्या थी, यह निश्चित रूप से नहीं बताया जा सकता, किन्तु इसमें कोई संदेह नहीं कि हुमायूँ की सेना अफ़गानों की सेना से अनुमानतः दुगुनी थी।[127] परन्तु मुग़ल सेना संगठित नहीं थी। मुग़ल तोपख़ाना शक्तिशाली था। इसमें सात सौ तोप की गाड़ियाँ (गरदून) थीं, जिनमें से प्रत्येक को चार-चार जोड़ी बैल खींचते थे। इन पर एक-एक छोटी तोप (ज़र्बज़न) लदी हुई थी जिससे पाँच सौ मिस्काल का गोला चलाया जाता था तथा उसका निशाना अचूक था। 21 गाड़ियाँ ऐसी थीं जिन्हें आठ-आठ जोड़ी बैल खींचते थे। इनमें पत्थर के गोलों की जगह पाँच हजार मिस्काल के पिघलाए हुए पीतल के गोले चलाए जाते थे तथा उनका मूल्य दो सौ मिस्काल चाँदी के बराबर था। एक 'फरसंग' की दूरी पर जो वस्तु भी दृष्टिगत होती उसे वे मार सकते थे।[128]

शेर ख़ाँ ने अपनी सेना को सात भागों में विभाजित किया था।[129] अग्रणी दल का नेतृत्व ख़्वास ख़ाँ तथा बरमजीद गौड़ कर रहे थे। मध्य में शेरशाह के नेतृत्व में आज़म हुमायूँ सरवानी (जिसे हैबत ख़ाँ नियाजी की उपाधि प्राप्त थी, ईसा ख़ाँ सरवानी, सरमस्त ख़ाँ कुतुब ख़ाँ लोदी, बिजली ख़ाँ, सईफ ख़ाँ सरवानी इत्यादि थे। उसके दाहिने जलाल ख़ाँ के नेतृत्व में ताज ख़ाँ जलोई तथा नियाजी अफ़गान इत्यादि[130] तथा बाएँ

कन्नौज के युद्ध में सेनाओं की गतिविधि

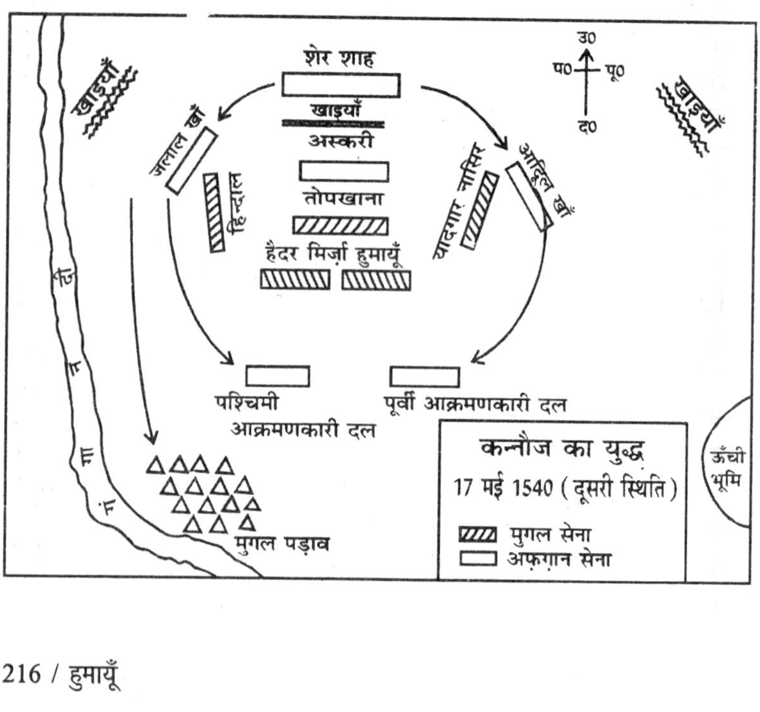

तरफ आदिल ख़ाँ सूर, राय हुसेन जलवानी तथा किरानी अफ़गान इत्यादि थे। दाहिने तथा बाएँ दस्तों के दोनों तरफ आक्रमणकारी दस्ते थे तथा सबसे पीछे रक्षित सेना (रिज़र्व फोर्स) थी। शेरशाह ने इस तरह दाहिने तथा बाएँ अपने पुत्रों (जलाल ख़ाँ तथा आदिल ख़ाँ) को रखकर युद्ध में अपनी स्थिति मजबूत कर ली थी। पूर्व तथा पश्चिम में दो खाइयाँ खोदकर अफ़गान सेना और भी मजबूत बन गई थी।

मुग़ल सेना भी अफ़गान सेना की भाँति कई भागों में विभाजित थी। सेना के मध्य में हैदर मिर्ज़ा तथा हुमायूँ थे। हैदर मिर्ज़ा हुमायूँ की बायीं ओर था। इस तरह उसका दायाँ बाजू हुमायूँ के बाएँ बाजू की ओर था। हैदर मिर्ज़ा के समस्त सैनिक उसकी बायीं तरफ नियुक्त थे तथा उसके साथ चार सौ बहुत ही अनुभवी व्यक्ति थे जिन्हें युद्ध तथा रणक्षेत्र का पूर्ण ज्ञान था।[131] हैदर मिर्ज़ा की बायीं तरफ हिंदाल तथा हुमायूँ की दाहिनी तरफ यादगार नासिर तथा कासिम हुसेन सुल्तान थे।[132] इन सेनाओं के सामने तोपख़ाना था। तोपख़ाने के आगे खाइयाँ तथा उसके आगे अस्करी का अग्रणी दल था। तोपख़ाने का नेतृत्व मुहम्मद ख़ाँ रूमी, उस्ताद अहमद रूमी तथा हुसेन ख़लीफ़ा के हाथ में था।

एक महीने, जब तक दोनों सेनाएँ एक-दूसरे के सामने डटी रहीं, छिटपुट लड़ाइयाँ होती रहीं। इसी बीच वर्षा प्रारंभ हो गई। अफ़गानों ने युद्ध के लिए यही सबसे उपयुक्त समय समझकर मुग़लों पर आक्रमण कर दिया। शेरशाह की योजना मुग़लों को नदी के बाकी तीन तरफ से घेर लेने की थी। बाबर ने पानीपत के युद्ध में जो तुलग़मा युद्ध नीति अपनायी थी वही नीति यहाँ शेरशाह ने अपनायी। युद्ध के पहले शेरशाह ने अफ़गानों को एक भाषण द्वारा उत्साहित किया।[133] अफ़गान सेना के दोनों आक्रमणकारी दस्तों ने आगे बढ़कर मुग़ल सेना को घेर लेने का प्रयत्न किया। युद्ध का प्रारंभ हिन्दाल तथा जलाल ख़ाँ सूर के युद्ध से हुआ। जलाल ख़ाँ कठिन परिस्थिति में फँस गया तथा घोड़े पर से गिर पड़ा। संभव था कि उसकी सेना पूर्ण रूप से पराजित हो जाती किन्तु उसके अन्य चार सहायक–सरदार जलाल ख़ाँ जलोई, मियां अयूब कलकपुर, मुहम्मद गुकबूर, गाजी मुक़बिल सिलहदार[134] डटे रहे जिससे हिन्दाल की सेना का प्रभाव कम हो गया। जलाल के दस्ते की यह हालत देखकर शेरशाह स्वयं उसकी सहायता के लिए जाना चाहता था किन्तु कुतुब ख़ाँ लोदी ने उसे समझाया कि यह उचित नहीं होगा क्योंकि उसके हटने से अफ़गान सेना यह समझेगी कि केंद्र भी टूट गया। शेरशाह ने उसका परामर्श मान लिया तथा अन्य कमांडरों को उसकी सहायता के लिए भेज दिया।

अग्रणी दस्तों में भी युद्ध प्रारंभ हो गया। ख्वास ख़ाँ ने आगे बढ़कर अस्करी की सेना पर आक्रमण कर दिया। किन्तु उससे अधिक भार यादगार नासिर तथा कासिम हुसेन पर पड़ा। ये दोनों आदिल ख़ाँ तथा सरमस्त ख़ाँ द्वारा पीछे हटा दिए गए। दाहिने डिवीजन के सैनिक भागकर मध्य में चले गए, जो हुमायूँ के नेतृत्व में

था।[135] इनके आने से इस भाग में खलबली तथा हुल्लड़ प्रारंभ हो गया। इससे अफ़गानों के आक्रमणकारी दस्तों को मौका मिला और उन्होंने चक्कर से घूमकर मुग़ल सेना के दाहिने भाग पर आक्रमण कर दिया तथा एक दल मुग़लों के पीछे भी उन्हें घेरने के लिए पहुँच गया। इस तरह घिर जाने से मुग़ल सेना में और भी गड़बड़ी फैल गई। मुग़ल अमीरों के पास दासों की बड़ी संख्या थी। प्रत्येक प्रतिष्ठित अमीर जिसके पास सौ सैनिक थे, उसके पास पाँच सौ सेवक तथा दास थे।[136] इन दासों ने बड़ी गड़बड़ी मचाई। वे आतंकित होकर अपने स्वामियों से पृथक् हो गए और इधर-उधर भागने लगे। वर्षा के कारण मुग़ल पड़ाव, जो नीची जमीन पर था, पानी से भर गया। हैदर मिर्ज़ा ने निकट की ऊँची जमीन पर सेना को ले जाना चाहा। हुल्लड़, वर्षा तथा कीचड़ में इससे और भी गड़बड़ी पैदा हो गई। सबसे बड़ा दुर्भाग्य तो यह हुआ कि मुग़लों की इतनी बड़ी-बड़ी तोपें धरी ही रह गईं तथा वे उनका प्रयोग भी न कर सके। अफ़गानों ने मुग़लों को चारों तरफ से घेरकर मारकाट प्रारंभ कर दी।

यह सब इतनी शीघ्र हो गया कि मुग़लों को अपना युद्धकौशल दिखाने का अवसर ही नहीं मिला। हैदर मिर्ज़ा, जो इस युद्ध का संचालन कर रहा था, लिखता है कि चग़ताई लोग (मुग़ल) बिना घायल हुए ही रणक्षेत्र से भाग खड़े हुए। एक तोप भी न चलाई गई। अफ़गानों ने भागते हुए मुग़ल सैनिकों का चार मील तक पीछा किया। मुग़ल भागकर नदी की तरफ गए तथा अपने प्राण बचाने के लिए नदी में कूद पड़े और हजारों की संख्या में मारे गए।

हुमायूँ ने बहादुरी से युद्ध किया तथा युद्धस्थल पर डटा रहा। इसी समय एक अफ़गान ने हुमायूँ के घोड़े पर आक्रमण किया जिससे उसका घोड़ा बिगड़ गया। बड़ी कठिनाई से अस्करी, यादगार नासिर तथा कुछ अन्य व्यक्तियों को एकत्र कर वह नदी के तट पर आया। इसी समय उसे एक हाथी दिखाई दिया। उसने हाथी पर बैठकर नदी पार करना चाहा, किन्तु फीलवान के विचार सन्देहात्मक थे, इसलिए उसे मार डाला गया।[137] उसने नदी में अपना घोड़ा डाल दिया, किन्तु वह घोड़े से अलग हो गया। उसे शमसुद्दीन मुहम्मद गज़नवी ने सहायता दी जिससे बड़ी कठिनाई से उसने नदी पार की।[138]

कन्नौज के युद्ध के पश्चात् पलायन

कन्नौज से हुमायूँ आगरा की तरफ रवाना हुआ। मार्ग में भोगाँव[139] के किसानों ने उसका विरोध किया तथा बाज़ार बंद कर तीन हज़ार अश्वारोहियों के साथ उस पर आक्रमण। हुमायूँ ने उनके विरुद्ध आक्रमण करने को अस्करी कहा। किन्तु उसने देर कर दी जिससे यादगार नासिर ने नाराज़ होकर कहा कि, "तुम लोगों के पारस्परिक विरोध के कारण स्थिति इस सीमा तक पहुँच गई, फिर भी सावधान नहीं होते।" अन्त में हिन्दाल तथा यादगार नासिर मिर्ज़ा ने उन पर आक्रमण उनसे घोर युद्ध

कर उन्हें पराजित कर दिया।[140] यहाँ से चलकर हुमायूँ आगरा पहुँचा। पराजय ने उसे इतना निराश कर दिया था कि वह अपने महल में नहीं गया वरंच प्रसिद्ध संत रफ़ीउद्दीन सफवी के निवास पर रुका। आसपास के प्रदेशों में अव्यवस्था थी तथा उपद्रव मचा हुआ था। कन्नौज के युद्ध के पश्चात् शेरशाह ने बरमजीद गौड़ को हुमायूँ का पीछा करने के लिए भेजा। उसने उसे यह आज्ञा दी कि वह मुग़लों से युद्ध न करे, केवल उनका पीछा करे।

अफ़गानों की इस सेना के आगमन से हुमायूँ ने देखा कि आगरा सुरक्षित नहीं है। एक रात आगरा में रहकर अपना परिवार तथा जो कोष वह ले जा सकता था उसे लेकर वह पंजाब की तरफ रवाना हुआ।

कन्नौज के युद्ध का परिणाम

कन्नौज का युद्ध मध्य युग का एक परावर्तन बिंदु है। इसने मुग़लों की सत्ता समाप्त कर अफ़गानों के सिर पर राजमुकुट रख दिया। चौसा के युद्ध से प्रारंभ सत्ता-परिवर्तन के कार्य को इस युद्ध ने पूर्णता प्रदान की। मुग़ल सम्राट हुमायूँ कन्नौज के युद्ध के पश्चात् अपने साम्राज्य से निष्कासित हो गया तथा 15 वर्ष तक उसे दर-दर की ठोकरें खानी पड़ीं।

पानीपत के युद्ध में अफ़गानों की पराजय से उनकी शक्ति तथा यश की जो हानि हुई थी, उसे इस युद्ध ने पुनः स्थापित कर दिया। यही नहीं, जिस युद्धकौशल से मुग़लों ने अफ़गानों को पानीपत के युद्ध में पराजित किया था उसी युद्धकला से अफ़गानों ने मुग़लों को पराजित किया। यह युद्ध शेरशाह के युद्धकौशल का प्रतीक था।

हुमायूँ की तुलना में शेरशाह अधिक कुशल शासक था। मुग़लों को भगाकर उसने एक संगठित शासन की नींव डाली जिसके आधार पर अकबर तथा उसके पश्चात् उसके उत्तराधिकारियों ने शासन चलाया। इस तरह हुमायूँ की पराजय जनता तथा शासन की दृष्टि में वरदान बन गई।

युद्ध में मुग़लों को बड़ी हानि उठानी पड़ी। उनके बहुत-से अमीर मारे गए। दासों तथा सैनिकों में जो वहाँ मौजूद थे वे सभी मारे गए।[141] मुग़लों द्वारा परित्यक्त सामान तथा अस्त्र-शस्त्र अफ़गानों ने लूट लिए।

मुग़लों के यश को गहरा धक्का लगा। हुमायूँ को अब साधारण आदमी भी सहायता देने से डरता था। इस कारण कन्नौज से आगरा के मार्ग में उसे अनेक कठिनाइयों का सामना करना पड़ा।

हुमायूँ की पराजय के कारण

आगरा से कन्नौज की यात्रा करते समय हुमायूँ की सेना की अवस्था कुछ ऐसी थी

कि उसे स्वयं युद्ध में सफलता की आशा नहीं थी। सेना जल्दी से एकत्र की गई थी तथा प्रशिक्षित नहीं थी। कामरान के लाहौर चले जाने तथा अन्य अमीरों के भाग जाने से स्थिति और भी कमजोर हो गई थी। हैदर मिर्ज़ा के अनुसार हुमायूँ की सेना में युद्ध से भागने का नारा लगाया जा रहा था तथा युद्ध-स्थल से भी कितने ही व्यक्ति भाग खड़े हुए। इन भागने वालों में मुहम्मद सुल्तान मिर्ज़ा तथा उसके पुत्र भी थे। युद्धभूमि में हुमायूँ के दोनों भाइयों, यादगार नासिर मिर्ज़ा, कासिम हुसेन सुल्तान तथा हैदर मिर्ज़ा के अतिरिक्त अन्य कोई प्रमुख सेना-नायक नहीं था। बाबर के समय के सेनानायक अब नहीं थे। इस तरह मुग़ल सेना में अनुभवी सेना-नायकों की कमी थी। स्वयं हुमायूँ में वह जोश अथवा अर्जित यश नहीं था जो इस अनियंत्रित सेना में शक्ति तथा उत्साह फूँक सकता। इसके अतिरिक्त चौसा की पराजय के पश्चात् हुमायूँ के यश तथा मनःस्थिति दोनों को ही धक्का लगा था।[142]

दूसरी तरफ अफ़गान सेना संगठित थी। राष्ट्रीय जागरण की भावना तथा चौसा की विजय ने अफ़गानों को उत्साह से भर दिया था। उनके सेनानायकों में कुछ ने अल्पकाल में ही बड़ी प्रसिद्धि प्राप्त कर ली थी तथा उनका नाम लड़ने वाले सैनिकों में उत्साह भर देता था। उनका नेता शेरशाह योग्य सैनिक तथा निम्न श्रेणी से उच्च स्थान प्राप्त करने के कारण वह प्रत्येक परिस्थिति के लिए तैयार था। वह अफ़गानों का लाडला था तथा वे उसके लिए अपना प्राण अर्पण करने में अपना सौभाग्य समझते थे। शेरशाह युद्धकौशल में प्रवीण था। कन्नौज की विजय उसकी युद्धकला की श्रेष्ठता का प्रमाण है। उसने मुग़लों की कमज़ोरी का अध्ययन कर लिया था और उसका पूरा लाभ भी उठाया। युद्ध के पूर्व उसके भाषण ने अफ़गानों को उत्साह से भर दिया।

गंगा नदी पार कर हुमायूँ एक नई मुसीबत में फँस गया। उसने जो स्थान अपनी सेना के लिए चुना वह ठीक नहीं था। वह नीची भूमि नदी के तट पर तथा अफ़गानों के निकट था। यही नहीं, युद्ध-स्थल तथा उसका पड़ाव एक ही था। इस तरह युद्ध के समय उसके पड़ाव के दासों, नौकरों तथा अन्य कर्मचारियों ने बड़ी गड़बड़ी मचाई। हुमायूँ जानता था कि वर्षा आने ही वाली है तथा उसका पड़ाव नदी के तट पर नीची जमीन पर है। फिर भी उसने तत्काल युद्ध प्रारंभ नहीं किया तथा युद्ध के मैदान में व्यर्थ समय गँवाया। इस तरह उसने रक्षात्मक नीति अपनायी तथा शत्रु के आक्रमण की प्रतीक्षा करता रहा।[143]

वर्षा ने मुग़लों की परिस्थिति को अत्यंत भयंकर बना दिया। हैदर मिर्ज़ा की ऊँचे स्थान पर चलने की आज्ञा ने मुग़ल सेना को और भी अव्यवस्थित कर दिया तथा अफ़गानों को आक्रमण करने में सुविधा हुई। सबसे बड़ा दुर्भाग्य तो यह था कि अपने भाग्य-निर्णायक युद्ध के संचालन का उत्तरदायित्व हुमायूँ ने हैदर मिर्ज़ा को सौंप दिया था। चौसा के युद्ध के अनुभव से (जब उसने मुहम्मद जमान मिर्ज़ा को

रात की सुरक्षा का उत्तरदायित्व दिया था) उसने कोई लाभ नहीं उठाया। यही नहीं, शेरशाह की प्रगति के कारण हुमायूँ को बड़ी घबराहट में युद्ध के लिए अग्रसर होना पड़ा था। सत्य तो यह है कि न तो हुमायूँ न उसके सैनिक शेरशाह कि सेनों का सामना करने के लिए उत्साहित थे।

संदर्भ

1. किंवदंतियों के अनुसार हुमायूँ ने स्वयं गुजरात से लौटते समय राणा को चित्तौड़ की गद्दी पर बैठाया। ऐतिहासिक दृष्टि से यह सत्य नहीं है। मांडू से हुमायूँ चित्तौड़ के मार्ग से लौटा जरूर था, किन्तु राणा ने इसके पूर्व ही चित्तौड़ पर अधिकार कर लिया था। शर्मा, मेवाड़ अण्डर दि मुग़ल्स, पृ. 57-58; बनर्जी, हुमायूँ, 1, पृ. 167-68।
2. अकबरनामा, 1, पृ. 147।
3. फ़िरिश्ता, ब्रिग्स, 3, पृ. 228-29
4. गुलबदन, हुमायूनामा, बेवरिज, पृ. 133; मुन्तख़बुत्तवारीख़ 1, पृ. 348; तबक़ाते अकबरी, डे, 2, पृ. 61।
5. जौहर, स्टीवर्ट, पृ. 11।
6. तारीख़े शेरशाही, इलियट तथा डासन, 4, पृ. 356।
7. अहमद यादगार, सलातीने अफ़ागेना।
8. मुन्तख़बुत्तवारीख़, 1, पृ. 348।
9. फ़िरिश्ता, ब्रिग्स, 2, पृ. 83
10. तबकाते अकबरी, डे, 2, पृ. 61।
11. कम्पोस के अनुसार महमूद ने कर देना अस्वीकार किया जिसके उपरांत शेर ख़ाँ ने आक्रमण कर दिया। (हिस्ट्री ऑफ़ पुर्तगीज़ इन बंगाल, पृ. 40)।
    डॉ. क़ानूनगो के अनुसार उसने महमूद शाह के विरुद्ध अक्तूबर, 1537 ई. के मध्य में अतिक्रमण किया जब हुमायूँ आगरा में था (शेरशाह, पृ. 136)।
12. अकबरनामा, 1, पृ. 147; मुन्तख़बुत्तवारीख़, 1 पृ. 348; फ़िरिश्ता, ब्रिग्स, 2, 83-85।
13. अकबरनामा, 1, पृ. 149।
14. हुमायूँ किस तिथि को रवाना हुआ, इसमें मतभेद है। अबुल फ़ज़्ल ने तिथि नहीं दी है। निज़ामुद्दीन अहमद के अनुसार 14 सफ़र 942 हिजरी 12 अगस्त 1535 ई. (तबक़ाते अकबरी, डे, 2, पृ. 62); फ़िरिश्ता के अनुसार 18 सफ़र, 943 हिजरी (27 जुलाई 1537 ई.) (फ़िरिश्ता फा., पृ. 216); ब्रिग्स के अनुवाद में (भाग 2, पृ. 83) आठ सफर है, जो गलत है।
15. यह दुर्ग आधुनिक वीरभूमि जिले में स्थित था। आईने अकबरी (भाग-2, पृ. 153) के अनुसार भरकुण्डा शरीफाबाद सरकार का एक परगना था। देखिए ब्लाख़मैन का लेख, जरनल एशियाटिक सोसाइटी ऑफ़ बंगाल 1873 ई., पृ. 223, तथा बीम्स का लेख, जरनल रायल एशियाटिक सोसाइटी, 1896-9 ई.। यह स्थान चुनार से 50 मील दक्षिण 24^0 34' उत्तर, 83^0 43' पूर्व स्थित है। होदीवाला 1, पृ. 450; इलियट और डासन, 4, पृ. 350 में इसे नहरकुण्डा कहा गया है, जो गलत है।
16. अकबरनामा, 1, पृ. 149-50; तथा जौहर, स्टीवर्ट, पृ. 13।
17. तारीख़े शेरशही, इलियट तथा डासन, 4, पृ. 357; डार्न, हिस्ट्री ऑफ़ दि अफ़गान्स, पृ. 106। अकबरनामा, तथा तबक़ाते अकबरी में इस परामर्श गोष्ठी का उल्लेख नहीं है। जौहर तथा फ़िरिश्ता ने भी इसका जिक्र नहीं किया है।

18. बनर्जी, हुमायूँ, 1, पृ. 200-202।

19. बनर्जी, हुमायूँ, 1, पृ. 202।

20. तारीखे एलचीए निज़ाम शाह के अनुसार हुमायूँ चुनार दुर्ग को विजय किए बिना ही बंगाल की तरफ जाना चाहता था कि, अज़ीकुली तोपची ने, जो हुमायूँ का विश्वास पत्र था, उससे कहा कि वह क़िले को अल्पकाल में ही जीत लेगा। हुमायूँ उसकी बात में आ गया। रिज़वी, हुमायूँ, 2, पृ. 32।

21. चुनार दुर्ग की विजय किस तरह हुई इसका बृहद् तथा स्पष्ट वर्णन समकालीन ग्रंथों में नहीं मिलता। अबुल फ़ज़ल ने अकबरनामा (भाग 1, पृ. 151) में इसका संक्षिप्त वर्णन किया है। निज़ामुद्दीन अहमद ने अपने वर्णन में मुकाबिला कोब के निर्माण का विशेष वर्णन किया है (तबक़ाते अकबरी, डे, 2, पृ. 63-64)। जौहर का वर्णन सबके अधिक है। उसने कुलाफ़ात के भेजने तथा आक्रमण का वर्णन किया है। तज़किरतुल वाकयात, स्टीवर्ट, पृ. 12-14; तारीखे अलफ़ी।

22. अकबरनामा, 1, पृ. 151। जौहर, स्टीवर्ट, पृ. 14। अबुल फ़ज़ल के अनुसार हुमायूँ ने दो हज़ार आदमियों को क्षमा कर दिया दुल्दाई ने इन्हीं लोगों के हाथ काटने की आज्ञा दी थी। जौहर के अनुसार 300 तोपचियों के हाथ काटे गए।

23. अकबरनामा, 1, पृ. 151। जौहर का वर्णन अकबरनामा से भिन्न है। जौहर लिखता है कि चुनार की विजय के पश्चात् हुमायूँ ने एक शाहाना जश्न आयोजित किया, उसके पश्चात् उसने रूमी ख़ाँ से पूछा कि चुनार का क़िला कैसा है? रूमी ख़ाँ ने उत्तर दिया कि यदि उसे ऐसा क़िला प्राप्त हो जाए तो वह किसी को उसके निकट फटकने न दे। हुमायूँ ने पूछा कि क़िला किसको दिया जाए। रूमी ख़ाँ ने उत्तर दिया कि उपस्थित अमीरों में से बेग मीरक के अतिरिक्त कोई योग्य नहीं है। हुमायूँ ने दुर्ग मीरक बेग को दे दिया। इससे सभी अमीर रूमी ख़ाँ के शत्रु हो गए तथा उसे विष देकर मार डाला। (तजकिरतुल वाकयात, स्टीवर्ट, पृ. 14)।

24. रोहतास दुर्ग के विषय में फ़िरिश्ता (ब्रिग्स, 2, पृ. 116-17) लिखता है कि उसने भारत के अनेक पहाड़ी दुर्गों को देखा था किन्तु रोहतास दुर्ग की तुलना में कोई भी नहीं था। यह एक पहाड़ी पर पाँच कोस के वर्ग में स्थित था। पानी की सुविधा तथा दुर्ग तक पहुँचने का एक ही मार्ग होने से यह अजेय बन गया था।

25. अब्बास ने राजा का नाम नहीं दिया है किन्तु लिखता है कि उसका मंत्री चूरामणि नामक एक ब्राह्मण था। अबुल फ़ज़ल के अनुसार राजा का नाम चिंतामन तथा वह ब्राह्मण था (अकबरनामा, 1, पृ. 153)। फ़िरिशता के अनुसार राजा का नाम हरिकृष्णराय था (ब्रिग्स, 2, पृ. 115)। अर्सकिन ने राजा का नाम हरीकृष्ण बरकीस लिखा है। (हिस्ट्री ऑफ़ इण्डिया अण्डर बाबर एण्ड हुमायूँ, 2, पृ. 147)। होदीवाला के अनुसार (स्टडीज़, 1, पृ. 452) बरकीस ग़लत है। कुछ हस्तलिखित प्रतियों में हरकिसन की जगह बरकिस भी मारजिन (हाशिया) में लिखे होने के कारण, हरिकृष्ण के साथ बरकीस भी जोड़ दिया गया है।

26. शेर ख़ाँ ने डोली में अफ़गानों को भेजकर रोहतास दुर्ग पर अधिकार किया था या नहीं, यह विवादग्रस्त है। तारीख़े ख़ाँ जहाँ लोदी के अनुसार शेर ख़ाँ ने 1200 डोलियों में दो-दो अफ़गान सैनिकों को अन्दर भेजा, केवल प्रारंभ की कुछ डोलियों में बूढ़ी स्त्रियाँ थीं। अहमद यादगार के अनुसार केवल तीन सौ डोलियाँ थीं, प्रत्येक में दो-दो सैनिक तथा चार-चार रोहीला पालकी ढोने वाले थे। इन सभी ने अन्दर जाकर मारकाट शुरू कर दी, राजा को मार डाला तथा दुर्ग पर अधिकार कर लिया। फ़िरिश्ता ने भी डोली की कहानी को स्वीकार किया है। वह लिखता है कि शेर ख़ाँ ने पालकी ढोने वाले सैनिक भी रखे थे। इसके अतिरिक्त रुपए रखने के पाँच सौ बोरों में उसने गोलियाँ रखवाईं तथा वेश बदले हुए लाठीधारी सैनिकों द्वारा उन्हें भी अन्दर

भेजा। इन लोगों ने अन्दर प्रवेश कर मौका पाते ही राजा के आदमियों पर तथा दुर्ग पर अधिकार कर लिया। फ़िरिश्ता के अनुसार राजा दुर्ग से भाग गया (ब्रिग्स, 2, पृ. 115-16)। निज़ामुद्दीन अहमद भी डोली भेजने का वर्णन करता है। उसके अनुसार 1,000 डोलियाँ थीं तथा प्रत्येक में एक-एक सैनिक था। प्रारंभ की कुछ डोलियों में स्त्रियाँ थीं। राजा के आदमियों ने प्रारंभ की डोलियों का निरीक्षण किया। इस पर शेर ख़ाँ ने यह कहकर इसका विरोध किया कि पर्दे की स्त्रियों की तलाशी लेने का वह अधिकार नहीं देगा। राजा ने इसे स्वीकार कर लिया (तबक़ाते अकबरी, डे, 2, पृ. 162-63)। अब्बास सरवानी ने तारीख़े शेरशाही में डोली की कहानी को अस्वीकार किया है। (इलियट और डासन, 4, पृ. 361-62) शेर ख़ाँ के चरित्र, उसकी आवश्यकताएँ तथा समकालीन इतिहासकारों के वर्णन से यह कहानी सत्य प्रतीत होती है।

27. मनेर पटना से बीस मील पश्चिम में है। उस समय सोन गंगा नदी से यहाँ मिलती थी। आईने अकबरी, 2, पृ. 163। यह 25^0 38' उत्तर तथा 84^0 35' पूर्व पर स्थित था।
28. जौहर, स्टीवर्ट, पृ. 15।
29. वही पृ. 15-16। दूत का नाम क़ुबूल हुसेन तुर्कमान या कब्ल हुसेन तुर्कमान था। स्टीवर्ट ने अपने अनुवाद में इसका नाम केवल हुसेन तुर्कमान दिया है।
30. वही, पृ. 16।
31. अब्बास, तारीख़े शेरशाही, इलियट तथा डासन, 4, पृ. 362।
32. ये शर्तें हुमायूँ द्वारा स्वीकृत हुईं अथवा नहीं, इस विषय में समकालीन इतिहासकार एकमत नहीं हैं। अफ़गान इतिहासकारों के अनुसार मुग़ल सम्राट ने ये शर्तें स्वीकार कर लीं किन्तु बाद में सुल्तान महमूद के पहुँचने पर इन्हें अस्वीकार कर दिया। तारीख़े शेरशाही, इलियट तथा डासन, 4, पृ. 362-63। जौहर के वर्णन से ऐसा प्रतीत होता है कि संधि की शर्तें अभी निश्चित नहीं हुई थीं तथा बातचीत चल रही थी (जौहर, स्टीवर्ट, पृ. 16)। गुलबदन बेगम के अनुसार हुमायूँ इन शर्तों पर विचार कर रहा था कि इसी समय बंगाल का शासक पहुँचा (हुमायूँनामा, बेवरिज, पृ. 133)। संभव है कि शेर ख़ाँ से शर्तों को मनवा कर हुमायूँ ने यह सोचा कि बंगाल के सुल्तान के स्वागत से अपनी पुरानी शर्तें मनवा लेगा। इसी बीच शेर ख़ाँ यह समझकर कि संधि नहीं होगी, बंगाल की तरफ रवाना हो गया।
33. तारीख़े शेरशाही, इलियट और डासन, 4, पृ. 363-64।
34. वही, पृ. 365, प्रमुख अमीरों के नामों की आलोचना के लिए देखिए होदीवाला, 1, पृ. 453।
35. अकबरनामा, 1 पृ. 151।
36. गुलबदन, हुमायूँनामा, बेवरिज, पृ. 135।
37. तारीख़े शेरशाही, इलियट और डासन, 4, पृ. 365-67।
38. कहलगाँव या कालगोंग भागलपुर में 25:16' उत्तर तथा 87:14' पूर्व, गंगा के दक्षिणी तट पर।
39. अकबरनामा, 1, पृ. 152। गढ़ी सन्थाल परगने में एक दर्रा है। उत्तर में गंगा नदी तथा दक्षिण में राजमहल की पहाड़ियाँ हैं। अबुल फ़ज़्ल इसे बंगाल का द्वार कहता है।
40. मालदा गज़ेटियर, पृ. 201।
41. तारीख़े शेरशाही, इलियट और डासन, 4, पृ. 367; अकबरनामा, 1, पृ. 152।
42. झारखण्ड छोटा नागपुर तथा वीरभूमि के जंगली भाग को कहा जाता है। मुण्डारी भाषा में 'वीर' शब्द का अर्थ जंगल होता है। (ब्लाख़मैन, नोट्स फ्राम मुहम्मडन हिस्टोरियन्स आन छुटिया नागपुर, पचेट एंड पालामऊ ज. ए. सोसाइटी बंगाल, कलकत्ता, 1871 ई. पृ. 111)। अकबरनामा के अनुसार वीरभूमि तथा पचे से रतनपुर तथा रोहतासगढ़, दक्षिणी बिहार से उड़ीसा तक की सरहद का भू-भाग झारखण्ड कहलाता था। (होदीवाला, 1, पृ. 453-54)।

43. गौड़ लखनौती तथा लक्ष्मणावती के नाम से प्रसिद्ध था। यह 25^0 52' उत्तर तथा 80^0 10'5 पूर्व स्थित था। आज गौड़ में केवल टीले हैं यद्यपि उस समय यह पन्द्रह-बीस मील के क्षेत्र में फैला हुआ था। यहाँ बंगाल के शासकों द्वारा निर्मित अनेक इमारतें हैं जिनमें आदीना मस्जिद, सोना मस्जिद, दाख़िल दरवाज़ा इत्यादि प्रसिद्ध हैं। इसके उत्तर-पश्चिम सादुल्लापुर के उपनगर में महमूद की कब्र है।

44. "Sher Khan burnt and pillaged the city of Gaur and took possession of sixty millions in gold." (कैम्पोस, हिस्ट्री ऑफ़ दि पुर्तगीज, पृ. 40)। यहाँ शेर ख़ाँ का तात्पर्य अफ़गानों से है।

45. जौहर, स्टीवर्ट, पृ. 18।

46. गुलबदन, हुमायूँनामा, वेवरिज, पृ. 134; कानूनगो, शेरशाह, पृ. 178। फ़िरिश्ता के अनुसार उसने गौड़ का नाम इसलिए बदल दिया क्योंकि गोर का अर्थ फारसी में कब्र से होता है (ब्रिग्स, 2, पृ. 84) कदाचित् फ़िरिश्ता ने यह अर्थ अपने अनुमान से लगाया है। स्टीन-गस्स की पर्सियन इंगलिश डिक्शनरी में गौर का अर्थ विधर्मी, अग्निपूजक, कब्रगाह, मरुस्थल, शराब तथा आन्दोत्सव दिया गया है (पृ. 1101)। बंगाल के शासक गियासुद्दीन आजमशाह (1389-1396 ई.) के सिक्कों पर जन्नताबाद अंकित है (स्मिथ तथा राइट, केटेलॉग ऑफ़ क्वायन्स इन दि इण्डियन म्यूज़ियम, 2, पृ. 156।

47. अकबरनामा, 1, पृ. 153

48. हुमायूँ गौड़ में कितने दिन रहा, इस विषय में समकालीन इतिहासकार एकमत नहीं हैं। गुलबदन बेगम (हुमायूँनामा, बेवरिज, पृ. 134) के अनुसार वह वहाँ नौ महीने रहा; तारीख़े अलफ़ी (रिज़वी, हुमायूँ, 2, पृ. 53) के अनुसार एक वर्ष; बदायूनी (मुन्तख़बुत्तवारीख़, 1, पृ. 349) के अनुसार दो-तीन महीने; निज़ामुद्दीन अहमद, (डे, 2, पृ. 163) तथा फ़िरिश्ता, (ब्रिग्स, 2, पृ. 84-85) के अनुसार तीन महीने। डॉ. कानूनगो (शेरशाह, पृ. 178) के अनुसार वह नौ महीने बंगाल में रहा। डॉ. बनर्जी (हुमायूँ, 1; पृ. 227) के अनुसार आठ महीने (अगस्त 1538 ई. से मार्च 1539 ई. तक), डॉ. त्रिपाठी के अनुसार अक्तूबर 1538 ई. में उसने गौड़ में प्रवेश किया तथा जनवरी 1539 ई. को उसने गौड़ छोड़ा (त्रिपाठी, राइज़, एण्ड फॉल, पृ. 113) अबुल फ़ज़ल (अकबरनामा, 1, पृ. 157) लिखता है कि जिस समय हुमायूँ गौड़ से रवाना हुआ, बाढ़ आ रही थी तथा नदियाँ पानी से भरी थीं। बेवरिज के अनुसार (अकबरनामा का अंग्रेजी अनुवाद पृ. 341, नोट नं. 1) हुमायूँ सितम्बर 1538 ई. में रवाना हुआ; डॉ. कानूनगो (शेरशाह पृ. 180) के अनुसार मार्च 1539 ई. में हुमायूँ गौड़ से रवाना हुआ।

49. तारीख़े सिंध, पृ. 165।

50. तारीख़े शेरशाही के अनुसार जलाल के गढ़ी छोड़ने के पश्चात् हिन्दाल को हुमायूँ ने आगरा भेजा तथा स्वयं गौड़ की तरफ रवाना हो गया। (इलियट तथा डासन, 4, पृ. 368) अबुल फ़ज़ल के अनुसार हुमायूँ ने हिन्दाल को, जिसे तिरहुत एवं पूर्णियाँ प्रदान किया गया था, उसकी प्रार्थना पर इस आशय से बिदा कर दिया कि वह अपनी नई जागीर में जाकर आवश्यक वस्तुओं सहित बंगाल पहुँच जाए (अकबरनामा, 1, पृ. 152-53)। अबुल फ़ज़ल का वर्णन सही मालूम होता है क्योंकि, हिन्दाल को उस परिस्थिति में, जब गौड़ पर अभी विजय नहीं हुई थी, भेजना न्यायसंगत नहीं प्रतीत होता है।

51. अकबरनामा, 1 पृ. 154।

52. शेख बहलूल ग्वालियर के प्रसिद्ध संत शेख मुहम्मद गौस सत्तारी का बड़ा भाई था। बील, ओरियण्टल बायोग्राफिकल डिक्शनरी, पृ. 256।

53. अकबरनामा, 1, पृ. 155; मुन्तख़बुत्तवारीख़, पृ. 350; फ़िरिश्ता ब्रिग्स, 2, 85, तारीख़े रशीदी, एलियस तथा रास, पृ. 470।
54. अकबरनामा, 1, पृ. 156।
55. वही, पृ. 153, तारीख़े शेरशाही, इलियट तथा डासन, 4, पृ. 368; जौहर के अनुसार 700 मुग़लों को शेर ख़ाँ ने मार डाला। वह स्थान का उल्लेख नहीं करता। कदाचित् वे बनारस में मारे गए थे। डॉ. कानूनगो (शेरशाह, पृ. 175) का मत है कि चुनार का पतन तथा वहाँ के तोपचियों के हाथ काटने से शेर ख़ाँ इतना क्रोधित था कि उसका बदला निकालने के लिए उसने क्रूरता का बर्ताव किया।
56. तारीख़े शेरशाही के अनुसार मुग़ल गवर्नर मारा गया। (इलियट तथा डासन, 4, पृ. 368)। यह सही नहीं प्रतीत होता क्योंकि गुलबदन बेगम तथा अबुल फ़ज़ल उसके चौसा के युद्ध के समय वहाँ होने का उल्लेख करते हैं। (हुमायूँनामा, पृ. 135; अकबरनामा, 1, पृ. 158)।
57. तारीख़े शेरशाही इलियट और डासन, 4, पृ. 368।
58. अकबरनामा, 1, पृ. 157।
59. जौहर के अनुसार हुमायूँ भोगविलास में व्यस्त हो गया और गौड़ पर उसका अधिकार करने के एक मास पश्चात् किसी को दर्शन नहीं हो सका। वह सदा एकांत महल में रहता था (जौहर, स्टीवर्ट, पृ. 18)। अबुल फ़ज़ल लिखता है कि हुमायूँ को बंगाल की जलवायु बहुत अच्छी लगी तथा वह भोगविलास में लीन हो गया (अकबरनामा, 1, पृ. 153)। यातायात के रुकावट के कारण सही समाचार शिविर तक नहीं पहुँच पाते थे। जो समाचार बंगाल पहुँचते भी थे उन्हें हुमायूँ तक पहुँचाने का किसी को साहस नहीं होता था क्योंकि कोई भी ऐसी बात जिससे दुःख तथा परेशानी हो, उससे कहने की मनाही थी (अकबरनामा, 1, पृ. 157) निज़ामुद्दीन के अनुसार, हुमायूँ अपना समय आमोद-प्रमोद में व्यतीत करता था (तबकाते अकबरी, डे, 2, पृ. 163)। बदायूनी के अनुसार, हुमायूँ को बंगाल की जलवायु बहुत पसंद आयी। उसने उसका नाम जन्नताबाद रखा था वहीं रह गया। (मुन्तख़बुत्तवारीख़, 1, पृ. 349)। फ़िरिश्ता के अनुसार वहाँ की जलवायु खराब थी जिससे बहुत से ऊँट और घोड़े मर गए तथा मनुष्य रुग्ण हो गए (फ़िरिश्ता, 2, पृ. 217; ब्रिग्स, पृ. 84-85) ब्रिग्स के अनुवाद में घोड़ों तथा ऊँटों के मरने का उल्लेख नहीं है। तारीख़े अलफी का लेखक भी बंगाल की जलवायु की खराबी के कारण घोड़ों के नष्ट होने का उल्लेख करता है (रिजवी, हुमायूँ 2, पृ. 53)। गुलबदन बेगम लिखती है कि वह गौड़ में आराम से सुरक्षित था (हुमायूँनामा, बेवरिज, पृ. 134) खुलासत्तवारीख़ के अनुसार हुमायूँ ने महल में बहुत-से जश्न किए किन्तु राज्य कार्य के बारे में उदासीन था। तारीखे दाऊदी के अनुसार शेर ख़ाँ ने एक बहुत ही सुन्दर स्त्री भेंट कर दी थी जिसके कारण हुमायूँ ने राज्य कार्य में कोई दिलचस्पी नहीं ली। मख़जाने अफ़ागेनी के अनुसार शेर ख़ाँ ने महल को इतने सुन्दर ढंग से सजा दिया था जिससे हुमायूँ उसमें आनंद में लीन हो गया (बनर्जी, हुमायूँ, 1, पृ. 213)।
60. डॉ. बनर्जी ने कल्पना के आधार पर जैसा वे स्वयं लिखते हैं, हुमायूँ के बंगाल के निवास के निम्नलिखित कारण दिए हैं (हुमायूँ, 1, पृ. 213-14)।

    (1) हुमायूँ अपने भाइयों के प्रति उत्तरदायी था। अस्करी उसके साथ था। सम्राट् अस्करी के स्वास्थ्य को खतरे में नहीं डालना चाहता था और न अपने अन्य आदमियों को मौत के मुख में डालना चाहता था। (2) दिल्ली तथा गौड़ का यातायात टूट गया था, जिससे उसे पूरा समाचार नहीं प्राप्त हो रहा था। (3) वह शेर ख़ाँ की शक्ति का मूल्यांकन नहीं कर सका, विशेषतया उसे उसकी युद्धक्षेत्र की शक्ति का अनुमान नहीं था। (4) गौड़ निवास का प्रारंभिक भाग, हम कल्पना कर सकते हैं, उसकी बीमारी का समय था। विद्वान लेखक का पहला तथा चौथा तर्क

कोरी कलपना पर आधारित है। यदि हुमायूँ बीमार रहता तो मुग़ल इतिहासकारों ने इसका अवश्य उल्लेख किया होता। क्या वह गुजरात अभियान के पश्चात् मांडू निवास के समय बीमार था? यदि उसे अस्करी की बीमारी अथवा सेना के स्वास्थ्य की चिंता थी तो उसने उसके लिए क्या किया?

61. ईश्वरी प्रसाद, हुमायूँ, पृ. 122-23।
62. त्रिपाठी, राइज़ एण्ड फाल, पृ. 93।
63. फ़िरिश्ता, 2 फा., पृ. 217।
64. जैसे ज़ाहित बेग, खुसरो देग, कुकुल्ताश इत्यादि। अकबरनामा, 1, पृ. 154; जौहर, स्टीवर्ट, पृ. 18-19।
65. अकबरनामा 1, पृ. 157।
66. जौहर, स्टीवर्ट, पृ. 18-19; अकबरनामा, 1, पृ. 157।
67. तबक़ाते अकबरी, डे, पृ. 163।
68. जौहर, स्टीवर्ट, पृ. 20। इससे अस्करी के चरित्र का अनुमान लगाया जा सकता है।
69. वही, पृ. 21-22, गुलबदन, हुमायूँनामा, बेवरिज, पृ. 135।
70. अर्सकिन, 2, पृ. 155; डॉ. कानूनगो (शेरशाह, पृ. 183) लिखते हैं : "Muyyid Beg proved the evil genius of Humayun who was, as it were, delivered into the hands of the enemy."
71. त्रिपाठी, राइज़ एण्ड फाल, पृ. 94।
72. जौहर, स्टीवर्ट, पृ. 22; ईश्वरी प्रसाद, हुमायूँ, पृ. 128, फुटनोट; क़ानूनगो, शेरशाह, पृ. 184-185।
73. चौसा बिहार प्रांत में बक्सर तहसील का एक गाँव है। बक्सर से चार मील पश्चिम 25^0 31' उत्तर तथा 83^0 54' पूर्व, कर्मनासा नदी के पूर्वी तट पर स्थित है।
74. शेर ख़ाँ के भाषण तथा इस गोष्ठी के निर्णय के लिए देखिए तारीख़े शेरशाही, इलियट तथा डासन, 4, पृ. 369-70।
75. बिहिया शाहाबाद ज़िले में, शाहाबाद तहसील में है। अकबरनामा, 1, पृ. 158 के अनुसार बिहिया भोजपुर के निकट एक ग्राम है। मखज़ाने अफाग़ेन में इसे गलती से शतया या शुया कहा गया है। डार्न, पृ. 118; बाबरनामा, वेवरिज, पृ. 362-67। बिहिया भोजपुर से 25 मील पूर्व, बक्सर से पाँच मील तथा डुमराँव से दो मील की दूरी पर है।
76. जौहर, स्टीवर्ट, पृ. 22-23। "Had the emperor followed the sound advice tendered by the latter, the history of India might have been different." (ईश्वरी प्रसाद, हुमायूँ, पृ. 129)। "Humayun committed another blunder in putting off the battle. He could have hoped to succeed by making an immediate attack only " बनर्जी 1, पृ. 224।
77. तारीख़े रशीदी, एलियस तथा रास द्वारा अनुवादित, पृ. 471; फ़िरिश्ता, ब्रिग्स, 2, पृ. 87।
78. जौहर, स्टीवर्ट, पृ. 23 के अनुसार दोनों सेनाएँ दो महीने एक दूसरे के सामने डटी रहीं। हैदर मिर्ज़ा (तारीख़े रशीदी, एलियस तथा रास पृ. 470), बदायूँनी (मुन्तख़बुत्तवारीख़, 1, पृ. 350) तथा फ़िरिश्ता (ब्रिग्स, 2, पृ. 85) के अनुसार तीन महीने।
79. तबक़ाते अकबरी, डे, 2, पृ. 68।
80. गुलबदन, हुमायूँनामा, बेवरिज, पृ. 135।
81. बदायूँनी (मुन्तख़बुत्तवारीख़, 1 पृ. 350-51) के अनुसार हुमायूँ ने शेख अज़ीज़ को भेजा। बाद में शेर ख़ाँ ने शेख़ ख़लील को भेजा। अब्बास के अनुसार (इलियट तथा डासन, 4 पृ. 371) हुमायूँ ने शेख़ ख़लील को भेजा। ये प्रसिद्ध सूफ़ी संत शेख़ फ़रीद शकरगंज के वंश के थे। इन्होंने सबके सामने शेर ख़ाँ को संधि के लिए समझाया। इसी बीच उसके मुँह से निकला,

"यदि तुम शांति नहीं चाहते हो तो युद्ध करो।" शेर ख़ाँ ने इसका उत्तर दिया, "आप जो कुछ कह रहे हैं वह मेरे लिए शुभ है।" इसके उपरांत पारितोषिक देकर उसने शेख़ को विदा कर दिया। पुनः उसने उन्हें एकांत में बुलाया। उसने उन्हें याद दिलाया कि अफ़गान उनके पूर्वज शेख़ फ़रीद का कितना सम्मान करते थे। उन्हें प्रसन्न कर उसने पूछा कि वह उसे राय दे कि वह युद्ध करे या शांति। शेख़ ने जो शेर ख़ाँ की चापलूसी से प्रसन्न हो गया था, स्वीकार किया कि हुमायूँ की सेना की हालत खराब थी तथा युद्ध अफ़गानों के लिए लाभप्रद था। अब्बास के अनुसार इस परामर्श के पश्चात शेर ख़ाँ ने युद्ध का निश्चय कर लिया।

जौहर तथा अब्बास के अनुसार हुमायूँ ने शेख़ ख़लील को शेर ख़ाँ के पास भेजा। फ़िरिश्ता, निज़ामुद्दीन अहमद तथा बदायूँनी के अनुसार शेर ख़ाँ ने शेख़ ख़लील को भेजा (जौहर, स्टीवर्ट, 23; फ़िरिश्ता ब्रिग्स, 2, पृ. 87; तबक़ाते अकबरी, डे, 2, पृ. 68; मुन्तख़बुत्तवारीख़, 1, पृ. 351)। जौहार वहाँ उपस्थित था तथा अब्बास ने इस घटना का विस्तृत वर्णन किया है। उनका कथन सत्य प्रतीत होता है। डॉ. त्रिपाठी, (राइज़ एण्ड फाल, पृ. 65) लिखते हैं कि मुग़लों की स्थिति अच्छी थी तथा संधिवार्ता शेर ख़ाँ ने प्रारंभ की।

82. तारीखे शेरशाही, इलियट तथा डासन, 4, पृ. 37।
83. बदायूँनी (मुन्तख़बुत्तवारीख़, 1, पृ. 351) के अनुसार शेर ख़ाँ ने कुरान की शपथ लेकर इन शर्तों को स्वीकार किया। जौहर (स्टीवर्ट, पृ. 23) के अनुसार सन्धि हो गई। फ़िरिश्ता के अनुसार दोनों दलों ने शपथ ग्रहण कर संधि की शर्तें स्वीकार की (ब्रिग्स, 2, पृ0 87)। तबक़ाते अकबरी (डे, 2, 69) में केवल इतना लिखता है कि संधि निश्चय हो गई।
84. मख़जने अफ़ाग़ेना के अनुसार पाँच-छः दिन तक; अब्बास के अनुसार केवल दो दिन ही उसने इस तरह का युद्धाभ्यास किया (डार्न, पृ. 120, इलियट तथा डासन, 4, पृ. 372)। शेर ख़ाँ ने जिस सरदार पर आक्रमण किया उसकी विवेचना के लिए देखिए होदीवाला, 1, पृ. 454।
85. जौहर, स्टीवर्ट, पृ. 24; कानूनगो, शेरशाह, पृ. 192।
86. शेर ख़ाँ के भाषण इत्यादि के लिए देखिए, तारीख़े शेरशाही, इलियट तथा डासन, 4, पृ. 373-74।
87. चौसा का युद्ध किस दिन हुआ था इस विषय में डॉ. क़ानूनगो (शेरशाही पृ. 194) 27 जून; डॉ. बनर्जी (हुमायूँ 1, पृ. 228), डॉ. ईश्वरी प्रसाद (हुमायूँ, पृ. 134) तथा डॉ. यदुनाथ सरकार (मिलिटरी हिस्ट्री आफ़ इण्डिया, पृ. 63) 26 जून स्वीकार करते हैं। बदायूँनी (मुन्तख़बुत्तवारीख़, 1, पृ. 352) इस घटना को 946 हिजरी तथा इसकी तारीख़ के लिए यह मिसरा लिखता है :

    'सलामत बुवद पादशाह कसे।' अकबरनामा, 1, पृ. 159 में इसकी तिथि 9 सफ़र, 946 हि. (26 जून 1539 ई.) दिया है। बेवरिज ने अकबरनामा के अंग्रेजी अनुवाद में, 7 जून 1539 ई. दिया है जो सही नहीं है।
88. अकबरनामा, 1, पृ. 159।
89. वही, पृ. 159।

    "He (Sher Khan) first off all deluded his enemies by signing a Peace treaty and then threw them totally off their guard by undertaking a campaign against his local Hindu enemy, the Chero chieftain." सरकार, मिलिटरी हिस्ट्री ऑफ़ इण्डिया, पृ. 63।
90. जौहर, स्टीवर्ट, पृ. 25।
91. हुमायूँ के निज़ाम द्वारा सहायता पाने की घटनाओं के विषय में समकालीन इतिहासकारों में थोड़ी भिन्नता है। जौहर के अनुसार हुमायूँ ने घोड़ा नदी में डाल दिया। घोड़ा कुछ ही देर में डूब गया। उसी बीच एक व्यक्ति मशक फुलाए दिखाई दिया। उसने संकेत किया कि "हे बादशाह मशक पकड़ ले।" उसी की सहायता से हुमायूँ ने नदी पार की। जौहर उसका नाम पूछने तथा

उसे गद्दी पर बैठाने के लिए वचन देने का भी वर्णन करता है, (स्टीवर्ट, पृ. 25-26)। निज़ामुद्दीन अहमद लिखता है कि सम्राट ने अपना घोड़ा नदी में डाल दिया। वह आधा डूब गया। एक भिश्ती की सहायता से वह बचा तथा पानी से निकलकर आगरा की तरफ रवाना हुआ (तबक़ाते अकबरी डे, 2, पृ. 69)। अबुल फ़ज़्ल के अनुसार हुमायूँ पुल के निकट पहुँचा। वहाँ पुल टूट चुका था। वह घोड़े सहित नदी में कूद पड़ा। वह घोड़े से पृथक हो गया तथा निज़ाम भिश्ती की मशक की सहायता से उसने नदी पार की। वह भिश्ती से नाम पूछने तथा गद्दी पर बैठाने का वचन देने का उल्लेख करता है (अकबरनामा 1, पृ. 195)।

92. निज़ामुद्दीन औलिया दिल्ली सल्तनत काल के प्रसिद्ध संतों में से थे। इनका जन्म बदायूँ में 1236 ई. में तथा मृत्यु दिल्ली में 1325 ई. में हुई। इनकी मज़ार दिल्ली में है जो निज़ामुद्दीन कहलाती है। इनकी जीवनी के लिए देखिए हबीब, हजरत अमीर खुसरु ऑफ़ देहली, पृ. 29-40; एनसाइक्लोपीडिया ऑफ़ इस्लाम, 3, पृ. 932।
93. अकबरनामा, 1, पृ. 159।
94. वही, 1, पृ. 1591
95. फ़िरिश्ता, ब्रिग्स, 2, पृ. 88।
96. इलियट तथा डासन, 4, पृ. 375-76 तथा पृ. 374 का पहला नोट; चौसा में लापता तथा मृत मुग़ल स्त्रियों के लिए देखिए, गुलबदन, हुमायूँनामा, बेवरिज, पृ. 136-37।
97. क़ानूनगो, शेरशाह, पृ. 196।
98. "But to these causes of victory we must also add his utter lack of scruples. He felt no qualms of conscience in breaking his word and sanctioning arrangements which were contrary to his declared intentions." (ईश्वरी प्रसाद, हुमायूँ पृ. 136)
99. हुमायूँ चौसा से सीधे चुनार आया या नहीं, यह निश्चित रूप में नहीं कहा जा सकता। समकालीन इतिहासकारों में केवल गुलबदन बेगम ही लिखती है कि वह चुनार में तीन दिन रुका रहा (हुमायूँनामा, बेवरिज, पृ. 135)। मार्ग में हुमायूँ सारनाथ में चौखण्डी स्तूप के निकट रुका रहा। वहाँ एक अभिलेख है जिससे यह प्रमाणित होता है। (बंगाल पास्ट एण्ड प्रेज़ेन्ट, जिल्द 63, पृ. 11-17)।
100. अरैल इलाहाबाद जिले के करछना तहसील में, इलाहाबाद दुर्ग की दूसरी तरफ, यमुना के दाहिने किनारे नैनी स्टेशन के निकट स्थित था।
101. जौहर, स्टीवर्ट, पृ. 26-27।
102. चौसा से आगरा पहुँचने में हुमायूँ ने अधिक समय नहीं लगाया। हैदर-मिर्ज़ा के अनुसार हुमायूँ सफ़र 946 हि. (18 जून 1539 ई. से 17 जुलाई 1539 ई. के बीच) में आगरा पहुँचा। तारीख़े रशीदी (एलियस तथा रास, पृ. 471)। डॉ. क़ानूनगो के अनुसार आगरा पहुँचने में उसने 13 दिन लगाए, अर्थात् वह 10 जुलाई को आगरा पहुँचा (शेरशाह, पृ. 197, टिप्पणी)। हुमायूँ मार्ग में तीन दिन चुनार तथा पाँच दिन अरैल में रुका रहा। क्या हुमायूँ ने केवल पाँच दिन ही में यह यात्रा पूरी की? यह संभव नहीं प्रतीत होता। उसने इससे अधिक समय लगाया होगा।
103. तबक़ाते अकबरी, डे, 2, पृ. 70; मुन्तख़बुत्तवारीख़, 1, पृ. 353।
104. अबुल फ़ज़्ल 'नीम रोज़' (आधा दिन) शब्द का प्रयोग करता है। (अकबरनामा, 1, पृ. 160), गुलबदन बेगम का वर्णन अबुल फ़ज़्ल के वर्णन से कुछ भिन्न है। गुलबदन के अनुसार निज़ाम दो दिन तक सिंहासन पर बैठाया गया और वह जिसको जो चाहता था देने दिया गया। अमीरों को उसे अभिवादन करना पड़ता था (हुमायूँनामा, बेवरिज, पृ. 140)। जौहर के अनुसार (स्टीवर्ट, पृ. 27) उसे केवल दो घंटे के लिए ही गद्दी पर बैठाया गया।

105. गुलबदन, हुमायूँनामा, बेवरिज, पृ. 140।

106. वही, पृ. 137।

107. अबुल फ़ज़ल के वर्णन से ऐसा प्रतीत होता है कि प्रारंभ में कामरान ने शेर ख़ाँ के विरुद्ध अपने नेतृत्व में युद्ध करने के लिए अपनी सेवाएँ अर्पित कीं। यह स्वीकार न होने से उसने अपनी सेना नहीं दी तथा कुछ दिन पश्चात् लाहौर चला गया (अकबरनामा, 1, पृ. 161-62)। जौहर ने इस विषय में कुछ नहीं लिखा है। बदायूँनी (भाग 1, पृ. 353-54) भी लिखता है कि कामरान अपने नेतृत्व में शेर ख़ाँ से युद्ध करना चाहता था। उसके अस्वीकार होने पर उसने पंजाब जाने का निश्चय किया। निज़ामुद्दीन अहमद नेतृत्व के प्रश्न का वर्णन नहीं करता है। फ़िरिश्ता का वर्णन भी निज़ामुद्दीन के समान है।

108. डॉ. त्रिपाठी का मत भिन्न है। उनके अनुसार : "Humayun had an experience of the strength & resourcefulness of Sher Khan. He did not, therefore, encourage Kamran to invite a conflict with him until full preparations were completed. Moreover, it was not wise to stake the troops of Kamran which appeared to the only effective force then availabe" (राइज़ एण्ड फाल, पृ. 97)

109. अहसानत्तवारीख़, 1, पृ. 294-303।

110. तारीख़े रशीदी, एलियस तथा रास, पृ. 472। फ़िरिश्ता के अनुसार उसकी बीमारी का कारण उसके खानपान में त्रुटियाँ थीं जिसके कारण उसको पेचिस (रक्तातिसार) का रोग हो गया (ब्रिग्स, 2, पृ. 89)। निज़ामुद्दीन अहमद उसके रोग के लिए 'अमराज़े मुतज़ादा' अर्थात् एक दूसरे के विरुद्ध रोग लिखता है (तबक़ाते अकबरी, फा. पृ. 44)।

111. गुलबदन, हुमायूँनामा, बेवरिज, पृ. 140-41।

112. तारीख़े रशीदी, एलियस तथा रास, पृ. 472-73।

113. वही, पृ. 473-74; अकबरनामा, 1, पृ. 162।

114. हैदर मिर्ज़ा के अनुसार कामरान ने इस्कन्दर सुल्तान के नेतृत्व में एक हज़ार सैनिक छोड़े थे (तारीख़े रशीदी, एलियस तथा रास, पृ. 474)। फ़िरिश्ता इसका समर्थन करता है (ब्रिग्स, 2 पृ. 89)। अबुल फ़ज़ल के अनुसार कामरान ने तीन हज़ार आदमी मिर्ज़ा अब्दुल्लाह मुग़ल के नेतृत्व में छोड़े (अकबरनामा, 1, पृ. 162)। निज़ामुद्दीन अहमद के अनुसार उसने प्रारंभ में तो अपनी सेना छोड़ने का वचन दिया था किन्तु बाद में केवल दो हज़ार सैनिक आगरा में छोड़कर अपनी बाकी सेना लेकर लाहौर चला गया (तबक़ाते अकबरी, डे, 2 पृ. 71)।

115. गुलबदन, हुमायूँनामा, बेवरिज, पृ. 141-42।

116. तारीख़े रशीदी, एलियस तथा रास, पृ. 472।

117. अकबरनामा, 1, पृ. 161-62।

118. तारीख़े शेरशाही, इलियट तथा डासन, 4, पृ. 377; डार्न, हिस्ट्री ऑफ़ दी अफ़गान्स, पृ. 123।

119. बरमज़ीद गौड़ एक अफ़गान तथा मुलसमान था। डॉ. क़ानूनगो का यह कथन है कि वह राजपूत था तथा उसका नाम ब्रह्मजीत या ब्रह्मादित्य था (शेरशाह, पृ. 225, 369) सही नहीं है। देखिए होदीवाला, 1, पृ. 457-58।

120. अकबरनामा, 1, पृ. 160; तारीख़े शेरशाही, इलियट तथा डासन, 4, पृ. 378।

121. शेर ख़ाँ ने अपने को कहाँ सुल्तान घोषित किया, यह विवादग्रस्त है। समकालीन इतिहासकार एकमत नहीं हैं। इसकी विवेचना के लिए देखिए, क़ानूनगो, शेरशाह, पृ. 200-208।

122. डॉ. ईश्वरी प्रसाद अब्बास के आधार पर लिखते हैं कि अस्करी तथा हिन्दाल भेजे गए (हुमायूँ, पृ. 142); बदायूँनी (मुन्तख़बुत्तवारीख़, 1, पृ. 354), निज़ामुद्दीन अहमद (तबक़ाते अकबरी, डे,

2, पृ. 72), फ़िरिश्ता (ब्रिग्स, 2, पृ. 89), अबुल फ़ज़ल (अकबरनामा, 1, पृ. 161) के अनुसार यादगार नासिर मिर्ज़ा, क़ासिम हुसेन सुल्तान, इस्कन्दर सुल्तान भेजे गए। यही सत्य प्रतीत होता है।

123. डॉ. ईश्वरी प्रसाद के अनुसार भोजपुर कन्नौज से 31 मील उत्तर-पश्चिम था (हुमायूँ, पृ. 143); डॉ. बनर्जी (हुमायूँ, 1, पृ. 240, फुटनोट) के अनुसार 23 मील।

124. अबुल फ़ज़ल लिखता है कि 150 मुग़ल सैनिकों ने अफ़गानों की बड़ी सेना को पराजित कर दिया तथा ख़ेमे में वापस आए। उसी के पश्चात् अफ़गानों ने गर्दबाज नामक हाथी के द्वारा पुल तोड़ने का प्रयत्न किया तथा उसके स्तम्भों को तोड़ डाला। उसी समय मुग़लों ने तोप चलाई जिससे हाथी के पाँव कट गए तथा शत्रु पराजित हुए। (अकबरनामा, 1, पृ. 163)। कदाचित् युद्ध निर्णायक नहीं था तथा पुल को तोड़कर अफ़गानों ने मुग़लों को नदी नहीं पार करने दिया।

125. तारीख़े रशीदी, एलियस तथा रास, पृ. 274-75।

126. डॉ. कानूनगो इस युद्ध को बिलग्राम का युद्ध कहते हैं तथा युद्धस्थल हरदोई जिले में बिलग्राम के निकट निश्चित करते हैं। डॉ. बनर्जी (हुमायूँ, पृ. 243) तथा डॉ. ईश्वरी प्रसाद इसे कन्नौज का युद्ध कहते हैं। यह युद्ध शेरगढ़ तथा नानामऊ घाट के बीच के नदी-तट के दूसरी तरफ ऊँची जमीन पर हुआ था। शेरशाह ने इस विजय के उपलक्ष्य में सिक्के चलाए जिस पर शेरगढ़ उर्फ कन्नौज अंकित है। देखिए डॉ. ईश्वरी प्रसाद, हुमायूँ, पृ. 150-51; कानूनगो, शेरशाह, पृ. 216 तथा 219-20 फुटनोट। मिर्ज़ा हैदर इसे गंगा का युद्ध लिखता है क्योंकि यह गंगा के तट पर हुआ था।

127. कन्नौज के युद्ध में दोनों दलों की सेनाओं की संख्या कितनी थी, यह निश्चित रूप से नहीं बताया जा सकता। जौहर के अनुसार आगरा से चलते समय हुमायूँ की सेना में 90,000 अश्वारोही थे, बदायूँनी, निज़ामुद्दीन अहमद तथा फ़िरिश्ता हुमायूँ की सेना को एक लाख लिखते हैं तथा मिर्ज़ा हैदर दोनों सेनाओं की संख्या दो लाख लिखते हैं तथा युद्ध में अफ़गान सेना को 15,000 और मुग़ल सेना को 40,000। निज़ामुद्दीन अहमद तथा फ़िरिश्ता के अनुसार शेर ख़ाँ की सेना पचास हज़ार, बदायूँनी के अनुसार पाँच हज़ार तथा कुछ हस्तलिखित प्रतियों में पचास हज़ार है, जो अधिक सही प्रतीत होती है। (जौहर, स्टीवर्ट, पृ. 29, फ़िरिश्ता, ब्रिग्स, 2, पृ. 90; तबक़ाते अकबरी, डे, पृ. 72-73, मुन्तख़बुत्तवारीख़, 1, पृ. 354, तारीख़े रशीदी, एलियस तथा रास, पृ. 472-77; इलियट तथा डासन, 5, पृ. 131)। डॉ. कानूनगो ने शेर ख़ाँ की सेना को केवल 13,000 माना है जो असंभव प्रतीत होता है क्योंकि अब्बास के अनुसार शेर ख़ाँ ने सभी स्वस्थ अफ़गानों को सेना में भर्ती कर लिया था। डॉ. बनर्जी मिर्ज़ा हैदर की संख्या को उलटकर स्वीकार करते हैं अर्थात मुग़ल सेना 15,000 तथा अफ़गान सेना 40,000 (बनर्जी, हुमायूँ 1, पृ.-42-43; कानूनगो, शेरशाह, पृ. 222) कैम्ब्रिज़ हिस्ट्री ऑफ़ इण्डिया, भाग 3, पृ. 35 ने हैदर मिर्ज़ा की संख्या स्वीकार की है। डॉ ईश्वरी प्रसाद के अनुसार हुमायूँ की सेना तीस-चालीस हज़ार थी (हुमायूँ, पृ. 144)।

128. तारीख़े रशीदी, इलियट तथा डासन, 5, पृ. 131-32; एलियस तथा रास द्वारा अनुवादित पृ. 474, इरविन, आर्मी ऑफ़ दि इण्डियन मुग़लल्स, पृ. 115।

129. अब्बास ख़ाँ ने उसके दाहिने, बाएँ तथा मध्य (अर्थात् तीन) के दस्तों का ही वर्णन किया है (इलियट तथा डासन, 4, पृ. 381) कदाचित् उसने दो आक्रमणकारी दस्तों (फ्लैकिंग डिवीजन्स) तथा अग्रणी दस्ते का उल्लेख नहीं किया है। डॉ. ईश्वरी प्रसाद (हुमायूँ, पृ. 146) केवल छः दस्ते लिखते हैं किन्तु युद्ध के प्लान में रिज़र्व तथा अग्रणी दल को लेकर सात होते हैं। हैदर मिर्ज़ा के अनुसार शेरशाह की सेना छः भागों में विभाजित थी। उसने रिजर्व का उल्लेख नहीं किया है (तारीख़े रशीदी, इलियट तथा डासन, 5, पृ. 133-34)।

130. जौहर, स्टीवर्ट, पृ. 306, अकबरनामा, 1, पृ. 164, डार्न, पृ. 126; इलियट तथा डासन, पृ. 380।
131. तारीख़े रशीदी, इलियट तथा डासन, 5, पृ. 133।
132. डॉ. ईश्वरी प्रसाद (हुमायूँ, पृ. 146) के अनुसार यादगार नासिर हैदर मिर्ज़ा के बाएँ तथा अस्करी हुमायूँ के दाएँ था। अबुल फ़ज़ल लिखता है कि जलाल ख़ाँ इत्यादि मिर्ज़ा हिन्दाल के सामने तथा मुबारिज ख़ाँ, बहादुर ख़ाँ इत्यादि यादगार नासिर मिर्ज़ा एवं हुसेन ख़ाँ के समक्ष पहुँचे। ख्वास ख़ाँ, बरमजीद एवं अन्य समूह मिर्ज़ा अस्करी के मुकाबले में आए (अकबरनामा, 1, पृ. 164-65)। ख्वास ख़ाँ अग्रणी दल में था, इसलिए अस्करी का मुग़ल अग्रणी दल में तथा हिन्दाल का हैदर मिर्ज़ा के बाएँ रहना अधिक सही मालूम होता है। डॉ. बनर्जी ने इसी मत को स्वीकार किया है।
133. तारीख़े शेरशाही, इलियट तथा डासन, 4 पृ. 381।
134. वही, पृ. 381-82।
135. तारीख़े रशीदी, एलियस तथा रास, 476; अकबरनामा, 1, पृ. 165; जौहर, स्टीवर्ट, पृ. 30।
136. तारीख़े रशीदी, इलियट तथा डासन, 5, पृ. 134-35।
137. जौहर, स्टीवर्ट, पृ. 31-32; जौहर के अनुसार साफा (पगड़ी) बाँधकर उसे नदी पार करनी पड़ी।
138. अकबरनामा, 1, पृ. 166-67, मुन्तख़बुत्तवारीख़, 1, पृ. 355। यह समसुद्दीन अकबर की धाय माहम अंगा का पति था।
139. उत्तर प्रदेश के मैनपुरी जिले में परगना तथा तहसील भोगाँव 17^0 17' उत्तर तथा 79^0 14' पूर्व। डिस्ट्रिक्ट गज़ेटियर मैनपुरी, जिल्द 10, पृ. 196।
140. जौहर, स्टीवर्ट, पृ. 33, अकबरनामा, 1, पृ. 166-67।
141. तारीख़े रशीदी, इलियट तथा डासन, 5, पृ. 135। हैदर मिर्ज़ा लिखता है कि हज़ार आदमी थे, केवल आठ बचे, जिससे इस युद्ध में मुग़लों की क्षति का अनुमान लगाया जा सकता है।
142. अब्बास लिखता है कि हुमायूँ ने युद्ध के पश्चात् राजीउद्दीन सफ़वी से कहा कि उसने कुछ दरवेशों को मुग़लों के घोड़ों को मारते हुए देखा था (इलियट तथा डासन, 4, पृ. 382)। डॉ. बनर्जी इसके आधार पर लिखते हैं कि हुमायूँ के दिमाग में कोई गड़बड़ी आ गई थी (बनर्जी, हुमायूँ, 1, पृ. 248)।
143. "This battle proved that the army that cannot take the offensive is doomed and purely passive defence is futile." (सरकार, मिलिटरी हिस्ट्री ऑफ़ इण्डिया, पृ. 65)

8. निष्कासन-पंजाब तथा सिन्ध में

आगरा में अधिक दिन रुकना अथवा वहाँ सेना एकत्र करना हुमायूँ के लिए असंभव था। अस्करी, हिन्दाल तथा अन्य प्रमुख अमीर अभी वहाँ उपस्थित थे, किन्तु भय तथा निराशा ने मुग़लों की सक्रियता तथा कार्यशीलता प्रायः समाप्त कर दी थी। अफ़गान सेना उनका पीछा कर रही थी तथा जनता मुग़ल विरोधी हो गई थी। इस परिस्थिति में हुमायूँ को अपने महल में भी जाने का साहस नहीं हुआ तथा उसने शेख़ मुबारक के गुरु के गुरु संत सैयिद रफ़ीउद्दीन के यहाँ ही ठहरना उचित समझा। संत ने उसे आश्वासन तथा आशीर्वाद दिया कि उसे पुनः राज्य प्राप्त होगा। उसने उसे रोटी तथा ख़रबूज़ा खाने को दिया तथा परामर्श दिया कि वह आगरा से लाहौर चला जाए। जो भी कोष साथ ले जाया जा सकता था उसे लेकर अपने संबंधियों तथा स्वामिभक्त सेवकों के साथ हुमायूँ आगरा से रवाना हुआ।[1]

आगरा से लाहौर

हुमायूँ की मानसिक अवस्था इतनी दयनीय थी कि उसने बड़े दुःख से कहा कि उस हलचल में स्त्रियों को साथ ले जाना कठिन है। चौसा के युद्ध में अक़ीक़ा बीबी (आठ वर्ष की) गायब हो गई थी। हुमायूँ को बाद में पछतावा हुआ कि उसने उसकी हत्या क्यों नहीं कर दी। हिन्दाल इससे भयभीत हुआ कि कहीं हुमायूँ स्त्रियों की हत्या न कर दे। उसने कहा कि वह अपने प्राण रहते उनकी रक्षा करेगा। उसने अपनी माता तथा प्रमुख स्त्रियों को अपने साथ कर लिया तथा सतर्कता के साथ अपनी जागीर–अलवर–की तरफ रवाना हुआ।[2]

आगरा से हुमायूँ सीकरी कस्बे की ओर रवाना हुआ। वह सीकरी में कुछ घण्टे रुका। उसी समय एक बाण आकर गिरा। उसका पता लगाने के लिए जो लोग भेजे गए वे घायल हुए।[3] स्पष्ट था कि शत्रु निकट थे अथवा वहाँ की जनता मुग़ल विरोधी थी। वहाँ रुकना उचित न था। हुमायूँ वहाँ से बजौना कस्बे में पहुँचा।[4] यहाँ सूचना मिली कि बरमजीद गौड़ हुमायूँ का पीछा करता हुआ आ रहा है। जौहर, जो उस समय सेना में उपस्थित था, लिखता है कि उस समाचार से सेना में हाहाकार

मच गया। कोई किसी को पहचानता नहीं था अपनी-अपनी वस्तुएँ छिपाकर लोग तेजी से आगे बढ़ने लगे। हुमायूँ ने यहाँ साहस से काम लिया। उसने लोगों को सान्त्वना दी और कहा कि धैर्य से काम लेना चाहिए और यदि मौत ही आए तो उसे स्वीकार करना चाहिए। सुरक्षा के लिए उसने अपनी सेना को चार भागों में विभाजित कर दिया। दाएँ मिर्ज़ा हिन्दाल, बाएँ यादगार नासिर मिर्ज़ा, मध्य में हुमायूँ तथा अन्य अमीर उसके पीछे रवाना हुए।[5] इससे लोगों में थोड़ा साहस आया। यहाँ से चलकर हुमायूँ दिल्ली पहुँचा (25 मई 1544 ई.)। यहाँ कासिम हुसेन सुल्तान तथा अन्य अमीर उससे आकर सिले। यहाँ रुकना भी ठीक नहीं था। यहाँ से आगे बढ़कर हुमायूँ रोहतक पहुँचा।

हिन्दाल तथा अस्करी को हुमायूँ ने अलवर और सम्भल से धन तथा अन्य वस्तुएँ लाने के लिए भेजा था। स्त्रियों की रक्षा करता हुआ हिन्दाल वहाँ से आ रहा था। मार्ग में कुछ लोगों ने उस पर आक्रमण किया जिसमें उसके घोड़े को भी एक तीर लगा। भीषण युद्ध के पश्चात् हिन्दाल ने उनकी रक्षा की।[6] अस्करी, हिन्दाल तथा हैदर मिर्ज़ा रोहतक में हुमायूँ से आ मिले।[7] मुग़लों का सम्मान इतना कम हो गया था कि रोहतक के दुर्ग वालों ने उनके पहुँचने पर नगर का द्वार बंद कर लिया। मुग़लों को युद्ध कर उसपर अधिकार करना पड़ा। यहाँ से आगे बढ़कर हुमायूँ सरहिन्द पहुँचा (24 जून 1540 ई.) अफ़गान मुग़लों का पीछा कर रहे थे। उनसे मुग़ल दल की रक्षा करने के विचार से हुमायूँ ने हिन्दाल को सरहिन्द में रुकने की आज्ञा दी। हुमायूँ ने अभी माछीवारा में सतलज नदी को पार ही किया था कि उसे शेरशाह के दिल्ली पहुँचने की सूचना मिली। बरमजीद गौड़ तथा कुतुब ख़ाँ ने हिन्दाल को भी वहाँ से हटने के लिए विवश कर दिया।[8] हिन्दाल तथा अन्य मुग़ल तेजी के साथ लाहौर की तरफ रवाना हुए। हुमायूँ ने पुनः हिन्दाल को जालन्धर में रुकने की आज्ञा दी। हुमायूँ के आगे बढ़ने के पश्चात् ही अफ़गानों ने भी सतलज को पार किया तथा हिन्दाल को जालन्धर में घेर लिया।[9]

लाहौर में एकता का प्रयत्न

कुछ ही दिन बाद मिर्ज़ा हैदर तथा अन्य लोगों के साथ हुमायूँ लाहौर पहुँचा। वहाँ दौलत ख़ाँ की सराय के निकट कामरान ने सम्राट का स्वागत किया तथा ख़्वाजा दोस्त मुहम्द मुंशी के बाग में, जो अत्यंत आकर्षक स्थान था, उसे ठहराया गया।[10] कुछ ही दिन बाद मुज़फ़्फ़र तुर्कमान की कुमक के साथ पहुँच जाने से मिर्ज़ा हिन्दाल जालन्धर छोड़कर सकुशल लाहौर पहुँच गया। जालन्धर पर अफ़गानों का अधिकार हो गया। धीरे-धीरे अस्करी तथा सभी प्रमुख अमीर वहाँ पहुँच गए (जुलाई 1540 ई.) केवल मुहम्मद सुल्तान मिर्ज़ा तथा उलूग मिर्ज़ा इधर-उधर लूटमार करने में व्यस्त रहे।[11]

लगभग तीन महीने हुमायूँ लाहौर में रुका रहा (जुलाई से अक्तूबर 1540 ई.), इस बीच एक तरफ तो उसने मुग़लों में एकता स्थापित करने का प्रयत्न किया और दूसरी तरफ शेरशाह से संधि-वार्ता भी करता रहा। एकता स्थापित करने के लिए लाहौर में उपस्थित सभी मुग़ल अमीरों की उसने एक सभा बुलाई (7 जुलाई 1540 ई.)।[12] उपस्थित लोगों ने एकता स्थापित करने के सम्बन्ध में एक प्रतिज्ञापत्र (तज़किरा) पर अपने हस्ताक्षर किए। इसके पश्चात् विचार-विमर्श की गोष्ठी प्रारंभ हुई।

हुमायूँ ने अपने प्रारंभिक भाषण में एकता का महत्त्व समझाया। सुल्तान हुसेन मिर्ज़ा की मृत्यु के पश्चात् उसके 18 पुत्रों ने, पारस्परिक वैमनस्य के कारण किस तरह खुरासान खो दिया इसकी याद दिलाई। उसने कहा कि बाबर ने कष्ट तथा परिश्रम से भारत के साम्राज्य का निर्माण किया था। यदि आपसी फूट के कारण यह साम्राज्य हाथ से निकल गया तो बुद्धिमान लोग उन सभी की निन्दा करेंगे। उसने अपील की कि ईर्ष्या त्यागकर अफ़गानों के विरुद्ध युद्ध के विषय में विचार करना चाहिए जिससे उन्हें सम्मान प्राप्त हो सके।[13]

विचार-विमर्श में तीन व्यक्तियों ने अपना मत विशेष रूप से प्रकट किया। कामरान ने सुझाव रखा कि लाहौर में रुकना ठीक नहीं; हुमायूँ मिर्ज़ाओं तथा सेना को लेकर कुछ दिन पर्वतों में समय व्यतीत करें; कामरान मुग़लों के परिवारों को लेकर उन्हें काबुल में सुरक्षित स्थान पर पहुँचाकर लौट आएगा। हिन्दाल ने इसके विरोध में प्रस्ताव रखा कि सभी लोग भक्कर चले जाएँ और वहाँ से गुजरात पर आक्रमण किया जाए; दोनों प्रांतों पर अधिकार करने के पश्चात् अफ़गानों से मुग़ल साम्राज्य को मुक्त कराने में कठिनाई नहीं होगी। हिन्दाल के सुझाव का समर्थन यादगार नासिर मिर्ज़ा ने भी किया। तीसरा सुझाव हैदर मिर्ज़ा का था। उसने कहा था कि मुग़ल सरहिन्द तथा रावलपिंडी की पहाड़ियों में चले जाएँ तथा उस पर अधिकार कर लें। वह स्वयं थोड़ी सेना लेकर कश्मीर पर आक्रमण कर उसे दो महीने में अपने अधिकार में कर लेगा। वह सुरक्षित स्थान था। मुग़ल वहाँ अपने परिवारों को पहुँचा दें। शेरशाह की सबसे बड़ी शक्ति उसकी बड़ी-बड़ी तोपें थीं। तोपों को पर्वतों पर पहुँचाना अफ़गानों के लिए कठिन होगा। उसकी विशाल सेना खाद्य-सामग्री के अभाव में नष्ट हो जाएगी।[14] इस तरह मुग़ल अपने लक्ष्य में सफल होंगे। कामरान ने हैदर मिर्ज़ा के प्रस्ताव का विरोध किया। उसने कहा कि उन लोगों के पास परिवार वालों की संख्या बहुत बड़ी थी। इन सबको पर्वतों में भेजने का अर्थ उन्हें नष्ट करना था। वाद-विवाद से कुछ भी तथ्य नहीं निकला। इस तरह कठिन परिस्थिति में तथा प्रतिज्ञा करने पर भी मुग़लों में एकता स्थापित न हो सकी।

एकता के प्रयत्न की विफलता के लिए उत्तरदायी कौन था? अबुल फ़ज़ल तथा मिर्ज़ा हैदर ने इसका उत्तरदायी कामरान को ठहराया है।[15] अबुल फ़ज़ल लिखता

है कि कामरान अपने स्वार्थ में चाहता था कि सभी छिन्न-भिन्न हो जाएँ और वह स्वयं काबुल जाकर वहाँ विलासमय जीवन व्यतीत कर सके। हैदर मिर्ज़ा के अनुसार कामरान ने कोई बात निश्चित नहीं होने दी। आधुनिक लेखकों ने भी कामरान की स्वार्थपरता की आलोचना की है।[16]

इसमें कोई संदेह नहीं कि कामरान का व्यवहार सहृदयता से दूर था। उन कठिनाइयों में उसे आँखें मूँदकर हुमायूँ की सहायता करनी चाहिए थी। कामरान अपनी जागीर बचाने की चिंता थी। उसने देखा कि हुमायूँ, अस्करी तथा हिन्दाल ने अपना भू-भाग तो खो ही दिया है अब वे उसके प्रदेश पर भी अधिकार करना चाहते हैं। पंजाब पर अधिकार रखना सरल नहीं था, काबुल तथा अफगानिस्तान की इतनी आय नहीं थी कि सबका खर्च चल सके। इस कारण वह स्वयं हुमायूँ को छोड़कर काबुल चला जाना चाहता था। उसकी भूल केवल इतनी थी कि उसे समझना चाहिए था कि वह अकेले शेरशाह से काबुल भी नहीं बचा सकेगा। इसके अतिरिक्त केवल कामरान ही नहीं, बल्कि अन्य अमीर भी इतने भयभीत थे कि वे पुनः शेरशाह से युद्ध करने के लिए तैयार नहीं थे। मुग़लों के साधन भी इस समय सीमित थे। इस कारण हुमायूँ को छोड़कर इस बात में शेष सभी लोगों में मतैक्य था कि शेरशाह से तत्काल युद्ध न किया जाए।

जो प्रस्ताव रखे गए थे उन सभी में कोई-न-कोई दोष था। हिन्दाल के सुझाव के अनुसार भक्कर में अधिक समय इतने लोगों के साथ मुग़लों का रुकना कठिन था, फिर भी यह सुझाव बहुत अनुपयुक्त नहीं था। बहादुर शाह की मृत्यु के पश्चात् गुजरात कठिन परिस्थितियों से गुज़र रहा था। उत्तराधिकार की समस्या तथा अन्य कठिनाइयों ने वहाँ की शांति समाप्त कर दी थी। ऐसी स्थिति में उस पर अधिकार करना कठिन नहीं था। मालवा पर अभी शेरशाह का अधिकार नहीं हुआ था। इस तरह अफ़गानों से युद्ध करने के लिए वह उपयुक्त स्थान था। कामरान का प्रस्ताव तो अपने को बचाने का था। वह किसी तरह काबुल के भाग को शेरशाह तथा हुमायूँ दोनों से सुरक्षित रखना चाहता था। इसके अतिरिक्त मुग़ल अमीरों के परिवारों को अपने अधिकार में काबुल में रखकर वह एक तरह से अधिकतर लोगों को अपने नियंत्रण में रखना चाहता था। हैदर मिर्ज़ा ने अपनी योजना में यह नहीं कहा कि सब मिलकर कश्मीर विजय करें, बल्कि वह अकेला विजय हेतु जाता और अन्य मुग़ल उसकी प्रतीक्षा करते। मुग़ल परिवारों को इस परिस्थिति में पर्वतों में रखना भी खतरे से खाली नहीं था। मुग़लों का सबसे बड़ा दुर्भाग्य तो यह था कि सभी अपने प्रस्ताव को सबसे अधिक उपयुक्त समझते थे तथा झुकने के लिए तैयार नहीं थे। इस तरह किसी निश्चय पर पहुँचना असंभव हो गया।

शेरशाह से संधि-वार्ता

कन्नौज के युद्ध के पश्चात् शेरशाह ने गंगा नदी को पार किया तथा हुमायूँ का पीछा करने के लिए उसने बरमजीद गौड़ को भेजा किन्तु उसने यह आदेश दिया था कि वह हुमायूँ से युद्ध न करे। उसने एक दूसरी सेना सम्भल के विरुद्ध भेजी। हुमायूँ के आगरा से चले जाने के पश्चात् बरमजीद गौड़ ने आगरा में प्रवेश किया तथा बहुत-से मुग़लों को, जो वहाँ उपस्थित थे, मार डाला। ये मुग़ल सैनिक नहीं थे तथा इनके मारने का कोई कारण नहीं था। कुछ दिन पश्चात् आगरा पहुँचने पर शेरशाह ने बरमजीद के इस कार्य के लिए उसकी भर्त्सना की किन्तु उसे कोई दण्ड नहीं दिया गया। यहाँ से उसने ख़्वास ख़ाँ तथा बरमजीद को हुमायूँ का पीछा करने के लिए भेजा। इन्हीं के भय से हुमायूँ लाहौर की तरफ तेजी से भागता गया। कुछ दिन आगरा में बिताकर शेरशाह दिल्ली गया। उसने हाजी ख़ाँ बटनी को मेवात का गवर्नर नियुक्त किया। दिल्ली का समुचित प्रबंध करने के पश्चात् वह वहाँ से पंजाब की तरफ रवाना हुआ।

इसी बीच कामरान ने अपने सद्र काज़ी अब्दुल्ला को गुप्त रूप से शेरशाह के पास दिल्ली भेजा। कामरान ने शेरशाह को यह आश्वासन दिया कि यदि पहले की भाँति पंजाब उसके पास रहने दिया जाए तो वह थोड़े समय में योग्य सेवाएँ करने में सफल होगा।[17] उसका अभिप्राय था कि वह हुमायूँ को मरवा डालेगा या बंदी बनाकर शेरशाह को समर्पित कर देगा। शेरशाह ने कामरान के दूत का स्वागत किया। उसे यह जानकर संतोष हुआ कि मुग़ल पारस्परिक वैमनस्य के कारण एकता नहीं स्थापित कर सकेंगे। शेरशाह कामरान को हुमायूँ से अलग तो करना चाहता था किन्तु वह जानता था कि उसकी वास्तविक लड़ाई हुमायूँ से है। परिस्थिति का सही ज्ञान प्राप्त करने के लिए उसने सद्र के साथ अपना दूत भी लाहौर भेजा। कामरान ने शेरशाह के दूत का स्वागत किया तथा उसके लिए एक जश्न किया जिसमें उसने हुमायूँ को भी आमंत्रित किया[18] और सम्राट इसमें सम्मिलित भी हुआ। कामरान इस तरह अपना महत्त्व दिखाना चाहता था। वह यह प्रमाणित करना चाहता था कि वह हुमायूँ से बड़ा है। इस जश्न में हुमायूँ का सम्मिलित होना उपयुक्त नहीं था।

लाहौर में शेरशाह का एक दूत हुमायूँ से भी मिला। हुमायूँ ने भी उसके स्वागत में एक दावत दी। कामरान सतर्क तथा सशंकित था। उसने हुमायूँ से प्रार्थना की कि उसे भी जश्न में बुलाया जाए तथा उसने हुमायूँ ही के पास बैठने की इच्छा प्रकट की।[19] कामरान ने यह प्रार्थना अस्करी और हिन्दाल से अपना महत्त्व बढ़ाने तथा हुमायूँ और शेरशाह के दूत की वार्ता पर दृष्टि रखने के लिए की। दावत के पश्चात हुमायूँ ने शेरशाह के पास एक कविता भेजी जिसका अर्थ था कि वह शेर ख़ाँ को अपना मित्र समझता था, किन्तु उसके व्यवहार से उसे निराशा हुई है।[20]

शेरशाह ने हुमायूँ की इस कविता का कोई उत्तर नहीं दिया।

हुमायूँ ने पुनः कामरान के सद्र काज़ी अब्दुल्ला के साथ मुजफ्फ़र बेग को शेरशाह के पास यह लिखकर भेजा कि उसने पूरा हिन्दुस्तान उसके लिए छोड़ दिया है, अब सरहिन्द दोनों राज्यों की सीमा हो जाए। शेरशाह जानता था कि मुग़ल शक्तिहीन हैं। उसने उन्हीं शब्दों में उत्तर दिया–"मैंने आपके लिए काबुल छोड़ दिया। आप वहीं जाएँ।"[21]

शेरशाह की इन बातों से हुमायूँ को बड़ी निराशा हुई तथा संधिवार्ता समाप्त हो गई।

हुमायूँ तथा कामरान दोनों ही शेरशाह से अलग-अलग संधिवार्ता कर रहे थे। इस कारण यह प्रश्न उठता है कि वैधानिक दृष्टि से पंजाब तथा काबुल के भागों पर किसका अधिकार था। कन्नौज की पराजय के पश्चात् 1540 ई. में लाहौर पहुँचने पर हुमायूँ यह समझता था कि उसका साम्राज्य छोटा होकर बदख़्शाँ से सरहिन्द तक ही सीमित रह गया है। इसी कारण उसने सरहिन्द को मुग़ल तथा अफ़गान राज्यों की सीमा बनने के लिए शेरशाह से कहा। सिक्का तथा खुतबा अब भी हुमायूँ के नाम से चलता था।[22] कामरान स्वतंत्र रूप से संधिवार्ता अवश्य कर रहा था किन्तु हुमायूँ की वैधानिकता को उसने कभी चुनौती नहीं दी थी। इस तरह वैधानिक दृष्टि से तो यहाँ का शासक हुमायूँ था किन्तु वास्तव में ये भाग कामरान के थे। दोनों भाई शेरशाह को अलग-अलग प्रसन्न कर अपने पक्ष में करने में लगे हुए थे। यह देखकर कि पंजाब हाथ से निकला जा रहा है, कामरान बावला हो गया और उस मनःस्थिति में उसने हुमायूँ को समाप्त करने के लिए शेरशाह को पत्र लिखा, जिससे उसके भाग्य का शत्रु ही समाप्त हो जाए।

शेरशाह को मुग़लों की पारस्परिक वार्ता की सूचना थी। उनके मतभेद तथा उनकी वार्ता की विफलता से उसे प्रसन्नता हुई। कामरान तथा हुमायूँ की संधिवार्ता ने मुग़लों की कमजोरी को और भी स्पष्ट कर दिया। इस परिस्थिति में उन्हें पराजित करना तथा पंजाब से निकालना कठिन नहीं था। शेरशाह ने हुमायूँ को जो कठोर उत्तर भेजा वह उसके द्वारा मुग़लों की कमजोरी से लाभ उठाने का प्रमाण है।

शेरशाह जानता था कि पंजाब में कोई प्राकृतिक सीमारेखा या क्षेत्र नहीं था। यदि सरहिन्द सीमा माना जाता तो मुग़लों और अफ़गानों का संघर्ष निरंतर होता रहता। मुग़लों में एकता की कमी थी। इस समय उनसे अपनी शर्तें मनवायी जा सकती थीं। इस दृष्टि से शेरशाह का प्रस्ताव पूर्णतया व्यावहारिक था। इसके अतिरिक्त मुग़लों को पानीपत के पूर्व जो भाग प्राप्त थे वहीं तक शेरशाह उन्हें सीमित रखना चाहता था और इब्राहीम लोदी के साम्राज्य की सीमाओं को अफ़गानों और मुग़लों की सीमाएँ समझता था।

शेरशाह ने मुग़लों को अफ़गानिस्तान के भागों पर अधिकार रखने की स्वीकृति

क्यों दी? ये भाग उसकी तथा उस जाति की जन्मभूमि थे। अफ़गान सैनिकों की भर्ती करने का यही केन्द्र था तथा इसके बिना मुस्लिम राज्यों से सम्बन्ध असंभव था। उस परिस्थिति में मुग़लों को उन भागों से भी निकाल देने का विचार कोरी कल्पना नहीं था,[23] वरंच उसकी सूझबूझ का परिणाम था। शेरशाह का जन्म भारत में हुआ था। इस कारण अफगानिस्तान के प्रति उसका प्रेम मुग़लों अथवा अन्य अफ़गानों की भाँति नहीं था। उसने स्वयं अपनी जागीर के विभाजन के प्रश्न पर कहा था कि रोह (अफगानिस्तान) का कानून यहाँ नहीं चलेगा। वह यह भी समझता था कि इन भागों पर अधिकार करने में बराबर संघर्ष होता रहेगा क्योंकि मुग़लों को बदख़्शाँ तथा मध्य एशिया से अफ़गानिस्तान के भागों पर आक्रमण करने में सुविधा होती। शेरशाह अपने को लोदी साम्राज्य का उत्तराधिकारी समझता था, इस कारण उसकी सीमा तक अपने को सीमित रखता था। फिर भी शेरशाह सतर्क था तथा उसने इस पर दृष्टि रखी कि मुग़ल अफ़गानों को अपनी सेना में न रख सकें। इसके लिए वह अफगानिस्तान से आए हुए अफ़गानों को पारितोषिक तथा धन देकर अपनी तरफ मिलाए रखता था। अफ़गान राष्ट्रीयता की भावना से भी उसे इसमें सहायता मिली।

मुग़लों की दशा अत्यंत ही दयनीय थी। एकता स्थापित करने का हुमायूँ का प्रयत्न विफल हो गया। कामरान का व्यवहार स्वार्थपूर्ण तथा निराशा-जनक था। उसकी दृष्टि इतनी संकुचित हो गई थी कि यदि शेरशाह ने थोड़ा भी प्रश्रय दिया होता तो वह हुमायूँ को गिरफ्तार कर अफ़गानों को समर्पित कर देता। किन्तु शेरशाह ने कामरान से इस तरह की कोई माँग नहीं की। क्या शेरशाह इसे नीच कार्य समझता था? अथवा उसे कामरान पर विश्वास नहीं था? मुग़ल सम्राट को बंदी बनाकर रखने या मार डालने में क्या उसे विद्रोह तथा अन्य कठिनाइयों का भय था? इन प्रश्नों का निश्चित रूप से उत्तर देना कठिन है।

लाहौर से विदाई

शेरशाह ने मुग़लों के मतभेद से लाभ उठाया। मुग़लों को पंजाब से भगाने में अब किसी तरह के संघर्ष का भय नहीं था। उसने आगे बढ़कर सरहिन्द पर अधिकार कर लिया तथा उसी महीने सतलज पार कर उसने सुल्तानपुर[24] में प्रवेश किया। शेरशाह के इतने निकट पहुँचने की सूचना ने मुग़लों को कँपा दिया। लाहौर पर कब आक्रमण हो जाएगा, कहा नहीं जा सकता था।

कामरान ने देखा कि पंजाब उसके हाथ से निकल गया। वह इसके लिए हुमायूँ को उत्तरदायी समझता था। सम्राट से उसका विश्वास उठ गया था। काबुल तथा कन्धार बचाने की उसकी उत्सुकता बढ़ गई। वह बारबार अफ़गानिस्तान जाने पर जोर देने लगा। हुमायूँ के सामने उसे अनुमति देने के अतिरिक्त अन्य कोई मार्ग

नहीं था। उसने कामरान को आशीर्वाद दिया तथा उसे जाने की अनुमति दे दी।[25] हैदर मिर्ज़ा कश्मीर जाने के लिए उत्सुक था। जो सैनिक उसके साथ जाना चाहते थे उन्हें लेकर कश्मीर पर आक्रमण करने की अनुमति भी हुमायूँ ने उसे दे दी।

हुमायूँ के सामने अब तीन मार्ग थे—बदख़्शाँ, कश्मीर या सिन्ध की तरफ अपने बचे हुए अमीरों तथा सैनिकों को लेकर अग्रसर होना। बदख़्शाँ जाने में दो कठिनाइयाँ थीं। प्रथम कामरान उसे अफगानिस्तान के मार्ग से जाने देने के लिए तैयार नहीं था। दूसरे, बाबर ने बदख़्शाँ सुलेमान मिर्ज़ा को दे दिया था। बिना उससे युद्ध किए उस पर अधिकार करना असंभव था। हुमायूँ के पास न तो युद्ध के साधन थे न कोई केंद्र ही था जहाँ से वह इस अभियान का नियंत्रण कर सकता। इस तरह हुमायूँ ने बदख़्शाँ जाने का विचार त्याग दिया। कश्मीर अभी विजय नहीं हुआ था। उधर जाने से हुमायूँ को एक निर्धन तथा अविकसित देश में फँसने का भय था। काबुल जाने अथवा उसको अफ़गानों के विरुद्ध केन्द्र बनाने का प्रश्न ही नहीं था क्योंकि कामरान किसी भी तरह काबुल को छोड़ने के लिए तैयार नहीं था। वह बार-बार यही कहता था कि "काबुल बाबर बादशाह ने मेरी माता (गुलरुख़ बेगम) को दिया था। हुमायूँ का काबुल जाना उचित नहीं।" हुमायूँ ने इसका उत्तर यह दिया कि बाबर काबुल के विषय में बार-बार कहता था कि "मैं काबुल किसी को न दूँगा। मेरे पुत्रों को काबुल के विषय में कोई लोभ नहीं करना चाहिए, क्योंकि ईश्वर ने मुझे सब पुत्र काबुल में दिए हैं और अधिकांश विजय काबुल में ही बैठकर हुई हैं।"[26] इस तरह हुमायूँ यह प्रदर्शित करना चाहता था कि काबुल पर सभी भाइयों का समान अधिकार है। इससे कामरान और भी सशंकित हुआ।

लाहौर त्यागने का निश्चय कर हुमायूँ ने रावी नदी को पार किया तथा पश्चिम की तरफ रवाना हो गया (31 अक्टूबर 1540 ई.)।[27]

गुलबदन बेगम मुग़लों की उस समय की मनःस्थिति का वर्णन करती हुई लिखती हैं कि जैसे ही हुमायूँ के जाने की सूचना मिली, ऐसा प्रतीत हुआ मानो कयामत (प्रलय) का दिन था। लोगों ने अपने-अपने स्थानों को उसी तरह सजा-सजाया छोड़ दिया। नकद धन जितना ले जा सकते थे, ले लिया तथा रवाना हो गए।[28]

हुमायूँ का मन अपनी यात्रा के विषय में निश्चित नहीं था। उसने हैदर मिर्ज़ा को विश्वास दिलाया था कि यदि कश्मीर विजय में उसके प्रारंभिक सफलता प्राप्त होगी तो वह उधर प्रस्थान करेगा।[29] यहाँ से चलकर हुमायूँ चेनाब के तट पर हज़ारा पहुँचा। कामरान अभी तक हुमायूँ के साथ आ रहा था, यद्यपि उसने काबुल जाने का विचार कर लिया था। उसके साथ हुमायूँ भी बदख़्शाँ जाना चाहता था किन्तु कामरान उसे उधर जाने देने के लिए तैयार नहीं था। यहाँ हुमायूँ से विदा लेकर कामरान भीरा गया। शेरशाह की प्रगति से भयभीत होकर ख़्वाजा कलां सियालकोट से भागकर भीरा आ गया था। ख़्वाजा कलां हुमायूँ का साथ देना चाहता था किन्तु

कामरान ने उसको उसके ही घर में बंदी बना लिया तथा उस पर अधिकार कर लिया। इसके पश्चात् हुमायूँ भी वहाँ पहुँचा। कामरान के इस व्यवहार से हुमायूँ के सहायकों में रोष फैल गया तथा उनमें से जब्बार कुली कुरची ने कामरान की हत्या करनी चाही, किन्तु हुमायूँ ने इसकी अनुमति नहीं दी।[30]

यहाँ से आगे बढ़कर ये लोग खुशाब पहुँचे। यहाँ से 6 कोस चलने के पश्चात् एक ऐसा मार्ग मिला जिसमें दो सेनाएँ एक साथ नहीं जा सकती थीं। वहाँ से दो मार्ग निकलते थे, एक काबुल को जाता था दूसरा मुल्तान को। इस दर्रे पर पहुँचकर कामरान पहले उसमें प्रवेश करना चाहता था। हुमायूँ ने सम्राट होने के नाते इसका विरोध किया क्योंकि एक बादशाह की हैसियत से उसे ही प्रथम जाना चाहिए था। दरबारियों ने भी परंपरा के आधार पर हुमायूँ का पक्ष लिया। अबुल बका नामक एक सम्माननीय अमीर के समझाने पर कामरान को अन्त में हुमायूँ की बात स्वीकार करनी पड़ी।[31] किन्तु दर्रे को पार कर हुमायूँ को वहीं छोड़कर कामरान ने अस्करी, ख़्वाजा कलां तथा कुछ अन्य अमीरों के साथ काबुल का रास्ता लिया। सिन्ध नदी के तट पर मुहम्मद सुल्तान मिर्ज़ा तथा उसके दो लड़के जो अभी तक मुल्तान के आसपास लूटमार कर रहे थे, कामरान के साथ हो लिए तथा वे भी काबुल की ओर रवाना हो गए।

कामरान के पलायन से हुमायूँ के दल में निराशा छा गई तथा उनकी संख्या भी कम हो गई। कामरान के जीवन की यह एक ऐसी रेखा है जहाँ से उसका हुमायूँ विरोधी कार्य स्पष्ट रूप से प्रारंभ हो जाता है। हुमायूँ यहाँ से मुल्तान पहुँचा। कुछ दिन मुल्तान में रुककर वह उच्च की तरफ रवाना हुआ।

हिन्दाल ने कामरान के व्यवहार का विरोध किया था तथा वह कामरान के प्रति हुमायूँ की दयालुता से क्रोधित था। वह तत्काल सिन्ध और गुजरात की तरफ जाना चाहता था। हुमायूँ को ठीक निश्चय न करते देखकर वह स्वयं सिन्ध तथा गुजरात पर आक्रमण करने के अभिप्राय से हुमायूँ को वहीं छोड़कर, यादगार नासिर मिर्ज़ा, कासिम हुसेन तथा कुछ अन्य व्यक्तियों के साथ सिन्ध की तरफ रवाना हुआ।[32] इस तरह अपने सभी भाइयों द्वारा परित्यक्त हुमायूँ अपने कुछ विश्वासपात्र सैनिकों के साथ झेलम के पश्चिमी किनारे से होता हुआ 31 दिसंबर 1540 ई. को उच्च पहुँचा।[33] मार्ग में उसे बहुत कठिनाइयों का सामना करना पड़ा। जल तथा अनाज का अभाव था। एक सेर बाजरे के लिए एक अशर्फी खर्च करने पर भी अन्न मिलना कठिन था।[34]

उच्च में

हिन्दाल ने हुमायूँ का साथ तो छोड़ दिया किन्तु उसे बहुत अधिक सफलता नहीं प्राप्त हुई। बीस दिन बिना अन्न और जल के वह इधर-उधर मारा-मारा फिरा। हुमायूँ

के उच्च पहुँचने के कुछ दिन पूर्व वह सम्राट के दल से मिला। दोनों भाइयों में पुनः सुलह हुई। दोनों उच्च पहुँचे और यहाँ से एक योजना के अनुसार कार्य प्रारंभ हुआ।[35]

उच्च में हुमायूँ को बख्शु लंगाह से कुछ सहायता की आशा थी। यह उस बिलोच वंश का था जो 1525-26 ई. में मुल्तान पर राज्य करता था। किन्तु उस वर्ष मिर्ज़ा शाह हुसेन अरगून से पराजित होकर वह उच्च की तरफ चला गया था। उससे सहायता पाने की आशा से हुमायूँ ने उसके पास ख़िलअत भेजी और उसे ख़ानेजहाँ की उपाधि, झण्डा एवं नक्कारा प्रदान करने का आश्वासन दिया। हुमायूँ का संवाद पाकर बख्शु विशेष उत्साहित नहीं हुआ। वह जानता था कि एक निर्वासित, शक्तिहीन भूतपूर्व सम्राट से प्राप्त सम्मान का कोई अर्थ नहीं। फिर भी हुमायूँ की तात्कालिक आवश्यकताओं की पूर्ति के लिए उसने खाने-पीने की सामग्री से उसकी सहायता की तथा व्यापारियों को उसके पड़ाव में खाने के सामान ले जाने की आज्ञा दी। किन्तु वह स्वयं उपस्थित नहीं हुआ। इस तरह हुमायूँ को अन्न से लदी 100 नावें प्राप्त हुईं। नौकाओं की सहायता से वह चेनाब नदी पार कर भक्कर पहुँचा (26 जनवरी, 1541 ई.)।[36]

खुशाब में शेरशाह ने ख़्वास ख़ाँ तथा अन्य अफ़गान सरदारों को, हुमायूँ को पंजाब से भगाने के लिए नियुक्त किया। हुमायूँ के सहायकों की संख्या इतनी कम थी कि यदि ख़्वास ख़ाँ चाहता तो हुमायूँ को गिरफ्तार कर सकता था, किन्तु ऐसा प्रतीत होता है कि अफ़गानों का लक्ष्य हुमायूँ को पंजाब से भगा देना था न कि उसको बन्दी बनाना।[37]

सिंध में

पंजाब पार कर हुमायूँ सिन्ध नदी के पूर्वी तट पर स्थित रोहरी पहुँचा। यह भक्कर का एक प्रसिद्ध नगर था। यहाँ हुमायूँ चारबाग़ नामक उद्यान में ठहरा। उसके अन्य सहयोगी भी वहाँ आकर रुके, किन्तु सभी के ठहरने के लिए वहाँ पर्याप्त स्थान नहीं था, इस कारण हिन्दाल अपने साथियों के साथ चार-पाँच कोस दक्षिण रुका। बाद में नदी को पार कर उसने नदी के दूसरे तट पर अपना पड़ाव डाला।[38]

उत्तर में पंजाब, पूर्व में राजपूताना, दक्षिण-पूर्व में गुजरात तथा पश्चिम में बिलूचिस्तान एवं दक्षिण-पश्चिम में समुद्र से घिरा होने के कारण मध्य युग में सिन्ध का महत्त्वपूर्ण स्थान था। सिन्ध के शासक शाह हुसेन ने मुग़लों के साथ अच्छा सम्बन्ध बनाए रखने का प्रयत्न किया था। उसने बाबर के नाम से खुतबा पढ़कर उससे अपनी रक्षा कर ली थी।[39] गुजरात अभियान के समय हुमायूँ की प्रार्थना पर शाह हुसेन ने उत्तर से गुजरात पर उस समय आक्रमण किया जिस समय हुमायूँ दूसरी तरफ से आक्रमण कर रहा था। शाह हुसेन ने रादनपुर के मार्ग से बढ़कर पाटन को घेर लिया। उसके एक सेनापति सुल्तान महमूद ने महमूदाबाद तक बढ़कर, वहाँ तक

के भाग को नष्ट कर दिया। अरगून सुल्तान के आक्रमण का कोई परिणाम नहीं हुआ क्योंकि सिन्ध के अमीर इस अभियान के पक्ष में नहीं थे।[40]

शाह हुसेन बुद्धिमान था। वह अपने राज्य की रक्षा के लिए सतर्क था। इसी कारण जब उसने अपने एक दूत, मीर अलीका अरगून, को हुमायूँ के पास बंगाल विजय पर बधाई देने के लिए गौड़ भेजा, तो उसी के साथ उसने मीर खुश मुहम्मद अरगून को, कामरान के पास उसकी कन्धार विजय पर बधाई देने के लिए आगरा भेजा।[41] वास्तव में दोनों दूत मुग़लों की अवस्था का पता लगाने के लिए भेजे गए थे। चौसा के युद्ध के पश्चात् ही उसे भय हुआ कि मुग़ल सिन्ध में आ सकते हैं, इस कारण उसने उच्च से भक्कर तक नदी के दोनों तरफ की कृषि को नष्ट करने की आज्ञा दी।[42] कन्नौज के युद्ध के पश्चात् वह और भी सतर्क हो गया। उसने भक्कर के दुर्ग को आवश्यक वस्तुओं से भर दिया तथा निकट के असुरक्षित स्थानों को नष्ट कर दिया। इस तरह उसने अपनी रक्षा का पूर्ण प्रबंध कर लिया था।

भक्कर का गवर्नर इस समय सुल्तान महमूद था। हुमायूँ की सेना के पहुँचते ही सुल्तान महमूद ने इसे आक्रमण समझा और मुग़लों का सामना करने के लिए तैयार हो गया। रोहरी का दुर्ग उसने नष्ट कर दिया और स्वयं भक्कर के द्वीप दुर्ग में अपनी सेना के साथ चला गया। अपने साथ वह अपनी नावें भी लेता गया जिससे हुमायूँ उन पर अधिकार न कर सके। हुमायूँ ने उसे दुर्ग को समर्पित करने और स्वयं उपस्थित होने के लिए लिखा। सुल्तान महमूद ने अपने स्वामी शाह हुसेन और अरगून की आज्ञा के बिना दुर्ग को समर्पित करना अस्वीकार कर दिया, किन्तु उसने हुमायूँ के साथ सद्व्यवहार किया। उसने अन्न तथा आवश्यक वस्तुएँ बाज़ार के अधीक्षक मेहतर अशरफ़ के नेतृत्व में हुमायूँ के पास भेज दीं।[43]

डॉ. बनर्जी लिखते हैं कि भक्कर के गवर्नर को हुमायूँ तथा शाह हुसेन के पत्र-व्यवहार का ज्ञान नहीं था, इसी कारण उसने सम्राट का विरोध किया।[44]

विद्वान् लेखक का मत ठीक नहीं प्रतीत होता। शाह हुसेन का अपने राज्य तथा दुर्ग की रक्षा का प्रबंध करना, जिनका वर्णन किया जा चुका है, तथा बाद में भी शाह हुसेन के दुर्ग को समर्पित न करना प्रमाणित करता है कि गवर्नर को अपने स्वामी की इच्छा का ज्ञान था। फिर, पत्र-व्यवहार के समय दुर्ग पर आक्रमण करना हुमायूँ के लिए उचित न था।

भक्कर के दुर्ग को अधीन करने में असफल होकर हुमायूँ ने दो प्रतिनिधियों, अमीर ताहीर तथा अमीर समन्दर, को शाह हुसेन अरगून के पास संदेश लेकर भेजा। इसमें उसने सिन्ध में बिना सूचना के आने के लिए क्षमा माँगी तथा उसे आश्वासन दिया कि वह सिन्ध पर अधिकार नहीं करना चाहता था और केवल परिस्थिति वश उसके राज्य में पहुँच गया था। उसने शाह हुसेन अरगून से अपने लिए गुजरात पर आक्रमण करने में सहायता देने की प्रार्थना की।[45]

हुमायूँ के अमीर किसी सुरक्षित स्थान के लिए चिंतित थे जहाँ वे अपने परिवारों को रख सकते। उनकी बातों को ध्यान में रखकर हुमायूँ ने सिंध के शासक के पास निम्नलिखित शर्तें दूत द्वारा भेजीं–[46]

1. शाह हुसेन मुग़लों की अधीनता स्वीकार करे।

2. वह स्वयं हुमायूँ के सामने उपस्थित हो।

3. गुजरात विजय में शाह हुसेन मुग़लों की सहायता करे।

4. कुछ समय के लिए शाह हुसेन भक्कर का दुर्ग मुग़लों को समर्पित कर दे जिससे वे अपना परिवार वहाँ सुरक्षित रख सकें।

इसी समय बहुत से दरीजा एवं साफियानी जाति के लोग हुमायूँ की सेना में भर्ती हो गए जिससे उसकी सेना तथा सहायकों की संख्या बहुत बढ़ गई।[47] अनाज की कमी से भाव बहुत अधिक बढ़ गया तथा अकाल की स्थिति हो गई। सहायकों की संख्या बढ़ने से हुमायूँ के मन में आशा का संचार हुआ कि यदि आवश्यकता पड़ी तो वह शक्ति से भी इन भू-भागों पर अधिकार कर सकेगा। शुक्रवार की नमाज़ के समय रोहरी की मस्जिद में उसके नाम से खुतबा पढ़ा गया।[48] अकाल से बचने के लिए यादगार नासिर मिर्ज़ा को नदी की दूसरी तरफ तथा हिन्दाल को सेहवान के निकट पातर में[49] पड़ाव डालने का प्रबंध करना पड़ा।

शाह हुसेन ने हुमायूँ के दूत का स्वागत किया। अपने उत्तर में उसने हुमायूँ से गुजरात अभियान में सहायता देने तथा स्वयं उपस्थित होने की बात कही किन्तु वह रोहरी का दुर्ग मुग़लों को समर्पित करने के लिए तैयार नहीं था। उसने मुग़लों को रोहरी छोड़कर हाजकान[50] जाने की सलाह दी, क्योंकि वहाँ अनाज की अधिकता भी तथा निकट होने के कारण शाह हुसेन को वहाँ उपस्थित होने में सुविधा थी।[51]

शाह हुसेन ने अपनी सतर्कता नहीं छोड़ी। वह जानता था कि हुमायूँ को खुलकर सहायता देने का अर्थ शेरशाह को आमंत्रित करना था। हुमायूँ एक निष्कासित शासक था। उसके पास न इतने साधन थे न यश था कि वह अफ़गानों से युद्ध कर सकता। अधिक संभव था कि मुग़ल सुविधा पाकर सिंध में ही जमे रहते और इस तरह शाह हुसेन का राज्य ही समाप्त हो जाता। इस परिस्थिति में शाह हुसेन ने मुग़ल सम्राट को अन्न तथा मीठी बातों से संतोष तो दिलाया, किन्तु वह किसी तरह इन्हें अपने राज्य के बाहर निकालना चाहता था। इसी कारण हुमायूँ द्वारा भेजे गए दूत को वह उसकी स्वीकृति से ही रोके रहा तथा हुमायूँ को स्पष्ट उत्तर न देकर उसको कई महीने भुलावे में डाले रखा। रोहरी के दुर्ग की रक्षा का भी उसने उचित प्रबंध किया था, यद्यपि उसे हुमायूँ के स्वभाव का ज्ञान था तथा वह समझता था कि हुमायूँ जिस उद्यान में ठहरा था उसकी सुन्दरता को छोड़कर वह स्वयं रोहरी पर आक्रमण नहीं करेगा।[52] रोहरी के दुर्ग की रक्षा का प्रबंध कर वह स्वयं सीविस्तान पर आक्रमण करने के लिए रवाना हो गया।

कुछ दिन रोहरी के उद्यान में रुकने के पश्चात् हुमायूँ ने पुनः अपने मीरे माल (कोषाध्यक्ष) अब्दुल गफ़ूर को शाह हुसेन को बुलाने के लिए भेजा। शाह हुसेन ने उत्तर दिया की उसकी लड़की (माह चुचक) से कामरान का विवाह निश्चित था और वह उसके प्रबंध में लगे होने के कारण उपस्थित होने में असमर्थ था।[53]

शाह हुसेन के उत्तर के पश्चात् अब उससे संघर्ष के अतिरिक्त अन्य मार्ग नहीं था। हुमायूँ ने इस बीच कई महीने व्यर्थ की वार्ता में व्यतीत कर दिए जिसका कोई परिणाम नहीं हुआ। इसी समय हिन्दाल के कन्धार जाने की सूचना मिली।[54] मुग़ल दल के अधिकतर अमीर उसका साथ छोड़कर चले ही गए थे। हिन्दाल के चले जाने पर स्थिति और भी बिगड़ जाती। अतः हुमायूँ इस समाचार से चिंतित हुआ। हिन्दाल से मिलकर उसे समझाना आवश्यक था, यह सोचकर वह पातर पहुँचा। उसने यहाँ हिन्दाल से उसकी कन्धार यात्रा के विषय में पूछा। हिन्दाल ने उसे निराधार बताया जिससे हुमायूँ को बड़ा संतोष हुआ।

हमीदा बानो से विवाह

हुमायूँ पातर में कुछ दिन रहा। इस बीच एक दिन वह हिन्दाल की माँ दिलदार बेगम से मिलने गया। यहाँ सभी स्त्रियाँ उससे मिलने तथा उसका स्वागत करने आईं। इन स्त्रियों में हुमायूँ की दृष्टि एक 14 वर्ष की लड़की पर पड़ी। हुमायूँ ने हिन्दाल से उसके विषय में पूछा। हिन्दाल ने उत्तर दिया कि वह उसके शिक्षक मीर बाबा दोस्त[55] की पुत्री हमीदा बानो थी। यह जानकर कि उसकी मँगनी तब तक नहीं हुई थी, हुमायूँ ने अपने निकट ही खड़े हमीदा बानो के भाई ख़्वाजा मुअज्ज़म से कहा कि "यह लड़का मेरा अपना सम्बन्धी होता है" और हमीदा बानो से भी कहा कि "यह भी मेरी सम्बन्धी है।"[56] दूसरे दिन हुमायूँ ने दिलदार बेगम से हमीदा बानो से विवाह करने की इच्छा प्रकट की। हिन्दाल हुमायूँ की इस बात को सुनकर क्रोधित हुआ और उसने कहा, "आप मुझे उत्साहित करने तथा सान्त्वना देने नहीं आए हैं, बल्कि अपने लिए दुलहन का प्रबंध करने आए हैं। अगर आप इसी तरह का विचार रखेंगे तो मैं यहाँ से आपको छोड़कर चला जाऊँगा।"[57] मिर्ज़ा हिन्दाल ने आगे कहा कि वह हमीदा बानो को अपनी बहन और पुत्री की तरह समझता है। हुमायूँ बादशाह था और संभव था कि दोनों की न बन सके।[58] हुमायूँ इससे बड़ा नाराज़ हुआ और वहाँ से उठकर चला गया।

हुमायूँ का यह व्यवहार अनुचित था। निष्कासन की कठिन परिस्थिति में, अपने से 19 वर्ष छोटी लड़की से, प्रथम बार ही देखकर, विवाह का प्रस्ताव करना उसके चरित्र की दुर्बलता का द्योतक है। हुमायूँ की अवस्था इस समय लगभग 33 वर्ष की थी और हमीदा बानो 14 वर्ष की थी। देखने में भी दोनों में बहुत अन्तर था। हुमायूँ के कई पत्नियाँ थीं। गुलबदन बेगम ने छह पत्नियों का उल्लेख किया है।[59]

जिनमें से चार कदाचित् उस समय उसके साथ थीं। ऐसी परिस्थिति में एक लड़की को देखकर उससे तुरंत विवाह करने का प्रस्ताव उच्छृंखलता का प्रतीक है। हिन्दाल हमीदा बानो को अपनी बहन समझता था और उसकी कम उम्र होने के कारण उसे अपनी लड़की की तरह मानता था। इस परिस्थिति में हुमायूँ के इस प्रस्ताव से उसका क्रोधित होना स्वाभाविक था।

हुमायूँ के क्रोधित होकर चले जाने से दिलदार बेगम को बहुत दुःख हुआ। उन्होंने अपने पुत्र हिन्दाल को उसके व्यवहार के लिए डाँटा और उससे कहा कि बादशाह के सामने उसे इस तरह का व्यवहार नहीं करना चाहिए। इस समस्या को दिलदार बेगम ने स्वयं अपने हाथ में लिया और उन्होंने हुमायूँ को एक पत्र लिखा जिसमें उन्होंने उसके क्रोधित होकर चले जाने पर आश्चर्य तथा दुःख प्रकट किया और उसे सूचित किया कि हमीदा बानो की माता ने इस प्रश्न पर दिलचस्पी लेनी प्रारंभ कर दी है और लड़की की स्वीकृति के लिए प्रयत्नशील है।[60] हुमायूँ इससे बड़ा प्रसन्न हुआ। उसे कुछ आशा हुई कि उसकी मनोकामना पूरी होगी। उसने दिलदार बेगम को लिखा कि वे जो भी प्रयत्न करेंगी वह उसे स्वीकार करेगा, और जहाँ तक 'निर्वाह-व्यय' का प्रश्न था जो कुछ भी वे चाहें वह स्वीकार कर लेगा। अन्त में उसने लिखा कि उसकी आँखें मार्ग पर लगी हुई हैं।[61]

दिलदार बेगम ने हिन्दाल को समझा-बुझाकर उससे इस विवाह की स्वीकृति ले ली। हुमायूँ का मन देखकर उन्होंने एक मज़लिस उसके स्वागत में बुलायी। बादशाह ने दिलदार बेगम से मुलाक़ात के अवसर पर हमीदा बानो से मुलाकात करने की इच्छा प्रकट की। हमीदा बानो बुलाई गई पर वह नहीं आई। फिर सुभान कुली को उसे बुलाने के लिए भेजा गया किन्तु हमीदा बानो आने के लिए फिर भी तैयार नहीं हुई। वह बार-बार कहती रही कि "बादशाह से भेंट करना एक बार ही जायज़ है, दूसरी बार नामहरम (जिसके सामने स्त्रियों का जाना उचित नहीं) है। मैं नहीं जाऊँगी।" चालीस दिन तक हमीदा बानो को समझाने का प्रयत्न होता रहा। एक दिन दिलदार बेगम ने कहा कि "आखिर तुम किसी से विवाह तो करोगी ही, फिर बादशाह से अच्छा कौन होगा?" हमीदा बानो ने उत्तर दिया, "मैं किसी से विवाह जरूर करूँगी, लेकिन वह ऐसा मनुष्य होगा जिसके गरीबान मेरे हाथ छू सकें, न कि ऐसा जिसके दामन को भी मैं न छू सकूँ।"[62] अर्थात् दोनों में इतना सामाजिक अन्तर था कि यह विवाह उचित नहीं था। दिलवार बेगम ने उसे बहुत समझाया, अन्त में बड़ी कठिनता से हमीदा बानो विवाह के लिए तैयार हुई।[63]

29 अगस्त 1541 ई. को दोनों का विवाह संपन्न हुआ। हुमायूँ ने, जो स्वयं ज्योतिषशास्त्र का ज्ञाता था, दिन और समय निश्चित किया। जब निश्चित समय में देर होने लगी तो हुमायूँ ने मीर अबुल बका को तुरंत समय से विवाह संपन्न क़रने के लिए जल्दबाज़ी की। विवाह के पश्चात् मीर अबुल बका को दो लाख सिक्के

'निकाहाना' के रूप में दिए गए।'[64]

हुमायूँ और हमीदा बानो का विवाह कई दृष्टियों से महत्त्वपूर्ण है। यह एक शिआ-सुन्नी विवाह था। उस समय जब इस्लाम के इन दो संप्रदायों में पारस्परिक वैमनस्य अपनी सीमा पर था, इस विवाह से हुमायूँ की उदारता प्रकट होती है। इस विवाह के चौदह महीने पश्चात् हमीदा बानो के गर्भ से अकबर का जन्म हुआ जो भारत का ही नहीं बल्कि विश्व के महान् शासक के रूप में विख्यात हुआ। दोनों की आयु में काफी अन्तर था। फिर भी दोनों का पारिवारिक जीवन बहुत ही सुखी रहा। इससे इस विवाह की सफलता प्रकट होती है।

हिन्दाल का पलायन

हुमायूँ की गतिविधि तथा मरुभूमि की कठिनाइयों से हिन्दाल परेशान तो था ही, इसी समय कन्धार के गवर्नर कराचा ख़ाँ ने उसे कन्धार आने के लिए आमंत्रित किया।[65] हिन्दाल इसके प्रति आकर्षित भी हुआ, किन्तु हुमायूँ को छोड़ने का वह पूर्ण निश्चय नहीं कर पा रहा था। हमीदा से हुमायूँ के विवाह करने के पश्चात् अपना विरोध प्रदर्शित करने के बहाने यहाँ से कन्धार रवाना होने का उसे अच्छा अवसर मिला। विवाह के पश्चात् ही हुमायूँ को छोड़कर वह कन्धार की तरफ रवाना हो गया।

हुमायूँ के भाइयों में हिन्दाल ही उसके साथ रह गया था। उसके जाने से मुग़ल दल को और भी निराशा हुई। हुमायूँ के भाइयों में हिन्दाल उसके साथ रहना अवश्य चाहता था, किन्तु ऐसा संभव नहीं हो पाता था और वह कुछ दिन साथ रहकर भाग खड़ा होता था। इस बार भी वैसा ही हुआ। वास्तव में हिन्दाल के हृदय में दो विरोधी भावनाओं का संघर्ष हो रहा था। एक तरफ हुमायूँ के साथ मिलकर सहयोग करने की प्रवृत्ति उसमें थी और दूसरी तरफ समकालीन परिस्थितियों तथा अपने अन्य भाइयों की आकांक्षाओं को देखकर वह भी हुमायूँ के प्रभाव से अलग होकर स्वतंत्र होने का प्रयत्न करना चाहता था। इस परिस्थिति में उसकी द्वितीय प्रवृत्ति ने विजय पाई और उसने हुमायूँ को त्याग दिया। जिस परिस्थिति में हुमायूँ था, उसमें उसे छोड़ना मुग़लों के लिए बहुत बड़ी हानि का कारण बना।

अबुल बका की मृत्यु

हुमायूँ का चचेरा भाई यादगार नासिर मिर्ज़ा हिन्दाल के अधिक समीप था। कन्धार जाते समय हिन्दाल ने उससे भी साथ चलने के लिए कहा। हुमायूँ इससे बहुत ही चिंतित हुआ। सभी संबंधियों ने उसका साथ छोड़ दिया था। यदि नासिर मिर्ज़ा भी चला जाता तो हुमायूँ की शक्ति को बहुत बड़ा धक्का लगता। हमीदा बानो से विवाह के तीन ही दिन पश्चात् हुमायूँ पातर से रोहरी आया। शाह हुसेन अरगून की शर्तों

को अस्वीकार करने के पश्चात् अब भक्कर के दुर्ग पर शक्ति से अधिकार करने के अतिरिक्त अन्य कोई मार्ग नहीं था। इसके लिए आपसी एकता आवश्यक थी। हुमायूँ ने इस कारण यादगार नासिर को समझाने के लिए अबुल बका को भेजा। वह बाबर के समय का एक प्रमुख अमीर था। उसी ने हुमायूँ की बीमारी के समय बाबर को कोई बहुमूल्य वस्तु न्यौछावर करने की सलाह दी थी।[66] मुग़लों में उसका विशेष आदर तथा सम्मान था।

मीर अबुल बका ने नासिर मिर्ज़ा से मुलाक़ात की तथा निम्नलिखित शर्तों पर उसे हुमायूँ की सहायता करने पर राजी किया–[67]

1. यादगार नासिर सिन्ध नदी पारकर हुमायूँ से मिलेगा तथा हुमायूँ की सेवा में रहकर उसकी सहायता करेगा।

2. हिन्दुस्तान विजय के पश्चात् यादगार नासिर को, उसकी सेवा के पुरस्कार स्वरूप, हुमायूँ अपने साम्राज्य का एक तिहाई भाग देगा।

3. हिन्दुस्तान की विजय के पूर्व यदि हुमायूँ काबुल पर अधिकार करेगा तो यादगार नासिर को गजनी, चीर्ख तथा लोहगढ़[68] के भाग प्राप्त होंगे। ये स्थान बाबर ने अपने छोटे भाई नासिर मिर्ज़ा की पत्नी, अर्थात् यादगार नासिर की माता को दिए थे।

इस प्रकार एक तरह से साम्राज्य के विभाजन की शर्त स्वीकृत हुई। हुमायूँ की इन शर्तों को स्वीकार करने की आलोचना की जा सकती है, किन्तु उसकी परिस्थितियों पर विचार करने से यह स्पष्ट हो जाता है कि उसने कोई भूल नहीं की। यादगार नासिर मिर्ज़ा से सहयोग प्राप्त करने का इस संधि के अतिरिक्त अन्य कोई मार्ग नहीं था।

भक्कर के दुर्गवासियों को हिन्दाल के कन्धार जाने तथा यादगार नासिर के उसका साथ देने की सूचना थी। उन्हें इससे प्रसन्नता थी, क्योंकि इससे मुग़लों की आक्रामक शक्ति कम हो जाती।

यादगार नासिर मिर्ज़ा के विचार परिवर्तन से भक्कर दुर्ग के रक्षकों को बहुत निराशा हुई। उन्होंने इस सबकी जड़ अबुल बका को ही समझा। मीर 18 जमादि उल अव्वल 948 हि.[69] को यादगार नासिर से मिलकर दूसरे दिन लौट रहा था। मार्ग में भक्कर के रक्षकों ने उस पर आक्रमण किया। वह घायल हुआ तथा दूसरे दिन उसकी मृत्यु हो गई।[70] हुमायूँ को इससे बहुत दुःख हुआ, क्योंकि मीर अबुल बका ने उसकी सहायता करने में अपने प्राण खोए थे। ऐसे समय जब सभी उसे छोड़कर भाग रहे थे, ऐसे उपयोगी व्यक्ति उसके साथ नहीं थे।

सेहवान पर आक्रमण

पातर से भक्कर लौटने पर शाह हुसेन अरगून के दूत शेख मीरक ने हुमायूँ से मुलाकात

की। शाह हुसेन ने अन्य शर्तों को स्वीकार कर लिया था किन्तु वह हुमायूँ के सामने उपस्थित होने को तैयार नहीं था। वास्तव में वह हुमायूँ को धोखे में रखना चाहता था। हुमायूँ ने दूत को विदा किया तथा शाह हुसेन को सामने उपस्थित होने के लिए कहा। कुछ दिन व्यतीत होने पर भी शाह हुसेन नहीं आया। युद्ध के अतिरिक्त अब अन्य कोई मार्ग नहीं था।

यादगार नासिर नदी पार कर हुमायूँ से आ मिला था। विचार-विमर्श के पश्चात् यादगार नासिर को भक्कर दुर्ग के अभियान के लिए छोड़कर हुमायूँ भट्टा की तरफ रवाना हुआ (सितम्बर 1541 ई., 1 जमादि उल आखिर 948 हि.)। मार्ग में सेहवान के निकट कुछ सिंधियों ने हुमायूँ के दल पर आक्रमण किया, किन्तु हुमायूँ के दल ने उन्हें मार भगाया। 6 नवम्बर 1541 ई. (17 राजव, 948 हि.) को हुमायूँ सेहवान[71] कस्बे में पहुँचा और उसने दुर्ग को घेरना प्रारंभ किया।

सेहवान का घेरा काफी दिनों तक चला। शाह हुसेन ने भक्कर के दुर्ग में आवश्यक वस्तुएँ जमा कर दीं और स्वयं सेहवान तथा भक्कर के बीच चक्कर लगाता रहा, जिससे मुग़लों को खाने-पीने की वस्तुएँ न प्राप्त हो सकें तथा उसके दुर्ग-रक्षकों को किसी तरह की कमी न हो। इस बीच मुग़लों की काफी कष्द हुआ। खाने-पीने तथा युद्ध-सामग्री की कमी तथा बीमारियों के अतिरिक्त बाढ़ ने मुग़लों के कष्ट को और भीषण बना दिया। इस परिस्थिति में बहुत-से अमीर तथा सिपाही हुमायूँ को छोड़कर भागने लगे। शाह हुसेन ऐसे व्यक्तियों को प्रोत्साहित करता था तथा उन्हें धन और पद देकर अपनी ओर कर लेता था। मीर ताहिर सद्र तथा ख़्वाजा गियासुद्दीन जामी जैसे व्यक्ति भी हुमायूँ को छोड़कर शाह हुसेन से जा मिले। इसी तरह मीर बरका, मिर्ज़ा हसन, जफर अली, ख़्वाजा महीब अली बख्शी हुमायूँ को छोड़कर यादगार नासिर से भक्कर में जा मिले।[72] इसी बीच हुमायूँ को पता चला कि मुनीम ख़ाँ, फजील बेग तथा अन्य लोग भाग जाना चाहते हैं। हुमायूँ ने भागने वालों को रोकने के लिए उनके नेता मुनीम ख़ाँ को बंदी बना लिया।

दूसरी तरफ यादगार नासिर मिर्ज़ा रोहरी में डटा हुआ था। इस तरह मुग़ल सेना दो भागों में बँटी हुई थी। सिंधियों ने तीन बार यादगार नासिर पर आक्रमण किया। अंतिम बार के आक्रमण में मुग़लों ने बहुत-से शत्रुओं को मार डाला। इस तरह यादगार नासिर को पराजित करने में असफल होकर शाह हुसेन ने एक दूसरा षड्यंत्र रचा।

सेहवान में हुमायूँ की स्थिति दिन-प्रतिदिन खराब होती जा रही थी। स्थिति यहाँ तक पहुँची कि शाह हुसेन के पड़ाव पर आक्रमण करने के लिए अलीबेग जलायर पाँच सौ सिपाहियों का भी प्रबंध न कर सका।[73] इस दुर्दशा की अवस्था में हुमायूँ ने यादगार नासिर से सहायता माँगी। यादगार नासिर ने तरदी बेग तथा कासिम बेग को सेना के साथ भेजा तथा स्वयं हुमायूँ की सहायता के लिए जाने की तैयारी की।

शाह हुसेन इससे सतर्क हुआ। उसने यादगार नासिर को फुसलाकर अपने पक्ष में करने की योजना बनाई। उसने बाबर कुली को यादगार नासिर के पास भेजकर कहलाया कि उसके कोई पुत्र नहीं है और वह यादगार नासिर से अपनी पुत्री का विवाह कर उसे अपना राज्य देना चाहता है।[74] यही नहीं, उसने यह भी आश्वासन दिया कि दोनों मिलकर सरलता से गुजरात पर अधिकार कर सकेंगे। यादगार नासिर इस कुचक्र में फँस गया। उसने हुमायूँ की सहायता की माँग पर ध्यान नहीं दिया तथा प्रारंभ में सहायतार्थ भेजी गई सेना को भी वापस बुला लिया। सेहवान का घेरा चलाना असंभव था। हुमायूँ को विवश होकर सेहवान का घेरा उठाना पड़ा। बचे हुए सैनिकों को लेकर वह भक्कर की तरफ रवाना हुआ।

मार्ग में हुमायूँ को अनेक कठिनाइयों का सामना करना पड़ा। वह घोड़े से गिर पड़ा जिससे उसके हाथ-पाँव में चोट लगी। सिंधी सेना ने एक बार अचानक आक्रमण कर दिया और मुग़ल महिलाओं को नंगे पैर भागकर अपनी रक्षा करनी पड़ी।[75] हुमायूँ ने निराश होकर मुनीम ख़ाँ को शाह हुसेन से मुग़लों के प्रति उदारता दिखाने की प्रार्थना करने के लिए भेजा। शाह हुसेन ने उसकी प्रार्थना अस्वीकार कर दी किन्तु हुमायूँ को अधिक तंग नहीं किया गया।

भक्कर पहुँचकर हुमायूँ को और निराशा हुई। यहाँ यादगार नासिर नदी पार करने के लिए उसे नावें देने को तेयार नहीं था। रात में उसने सिंधियों से नावें हटा लेने को कह दिया और प्रातः उसने हुमायूँ से यह कहकर क्षमा माँग ली कि शत्रु नावें लेकर भाग गए।[76] इस समय स्थानीय दो जमींदारों—हाला तथा गन्जम—की सहायता से हुमायूँ ने सिन्धु नदी पार की। हुमायूँ के नदी पार करने की सूचना से यादगार नासिर इन जमींदारों से बड़ा नाराज़ हुआ। कुछ अरगून सैनिकों को मारकर उनके सिरों के साथ वह नाटकीय ढंग से हुमायूँ के सामने उपस्थित हुआ जिससे उसका संदेह मिट जाए। हुमायूँ ने उसे क्षमा कर दिया। शाह हुसेन के कहने पर यादगार नासिर ने दोनों जमींदारों को हुमायूँ के खेमे से जहाँ वे शाह हुसेन के डर से छिपे हुए थे, पकड़कर शाह हुसेन को दे दिया। शाह हुसेन ने उन्हें मार डाला।[77] इस तरह हुमायूँ की मूर्खता से उसके आपत्तिकाल के दो सहायकों की निर्मम हत्या हुई।

यादगार नासिर हुमायूँ के आदमियों को भड़काता रहा और हुमायूँ के खेमे से इनका भागना इतना साधारण हो गया कि उसको रोकने के लिए हुमायूँ को एक बार रात भर जागना पड़ा। यादगार नासिर अब खुले रूप से हुमायूँ का विरोध करने लगा। वह उसे रोहरी में पड़ाव डालने देने के लिए भी तैयार नहीं था। यही नहीं, एक बार उसने हुमायूँ पर छापा मारने का भी विचार किया।[78] बड़ी कठिनाई से उसे रोका जा सका। हुमायूँ के लिए आपत्तिकाल की ये कठिनाइयाँ असहनीय थीं। मुग़ल पड़ाव में दुर्भिक्ष की अवस्था थी, मित्र, सम्बन्धी सभी उसे धोखा देते जा रहे थे।

किसी का विश्वास नहीं किया जा सकता था। इस मानसिक कष्ट की अवस्था में चारों तरफ से निराश हुमायूँ ने संन्यास लेने का विचार किया और राजत्व त्यागकर काबा जाने का विचार करने लगा। ऐसी कठिन स्थिति में उसने जोधपुर जाने का विचार किया। वहाँ के शासक मालदेव ने कुछ दिन पूर्व उसे आमंत्रित किया था।

मालदेव तथा हुमायूँ

राजपूताना के इतिहास में राठौर वंश का प्रमुख स्थान है। बारहवीं सदी के अन्त में यहाँ का शासक जयचन्द (1170-94 ई.) था। मुहम्मद गोरी के द्वारा चन्दवार के युद्ध में पराजित होने के पश्चात् इस वंश की शक्ति को बहुत बड़ा धक्का लगा, किन्तु इस वंश का अन्त नहीं हुआ। यहाँ से भागकर ये लोग जोधपुर चले गए, जो बाद में इस राज्य का केंद्र बना। जिस समय मुग़ल साम्राज्य की स्थापना हुई उस समय जोधपुर पर मालदेव राज्य करता था। राव मालदेव, राव गांगा का ज्येष्ठ पुत्र था। इसका जन्म 5 दिसम्बर, 1511 ई. को हुआ था। गांगा का स्वभाव विनम्र और सुशील था। उसने अपना राज्य बढ़ाने का कोई प्रयत्न नहीं किया। इसके विपरीत मालदेव उग्र स्वभाव का और महत्त्वाकांक्षी था। इस कारण वह अपने पिता का विरोध करता था। एक दिन जब अफीम की पिनक में गांगा ऊपर की मंजिल के झरोखे में बैठा था, मालदेव ने पीछे से जाकर उसे उठा कर नीचे फेंक दिया, जिससे उसकी मृत्यु हो गई।[79] पिता को मारकर जिस समय मालदेव जोधपुर की गद्दी पर बैठा उस समय उसके अधिकार में केवल सोजत तथा जोधपुर के परगने थे। प्रारंभ में बहादुर शाह के उत्कर्ष से उसे कठिनाई हुई किन्तु उसकी मृत्यु के पश्चात् निकट के राज्यों के पारस्परिक झगड़ों से लाभ उठाकर कुछ ही वर्षों में उसने आसपास के अनेक राज्यों पर अधिकार कर जोधपुर के साम्राज्य को बहुत बढ़ा लिया। जिस समय हुमायूँ तथा शेर ख़ाँ में कन्नौज की लड़ाई हुई उस वर्ष तक नागौर, मेड़ता, बीकानेर, जैसलमेर पर तो मालदेव का अधिकार था ही, साथ ही जयपुर के कुछ भाग भी उसके अधिकार में थे। इसके अतिरिक्त मेवाड़ पर भी उसने आक्रमण किया था।[80] राजपूताने में उसकी शक्ति सबसे अधिक थी। अजमेर तथा नागौर विजय के पश्चात् उसकी सीमा मुग़ल सीमा से (बाद में शेरशाह की सीमा से) मिलती थी। अजमेर तथा नागौर दिल्ली शासन के अधीन रह चुके थे। मालदेव का राज्य दिल्ली के निकट था तथा उसके पास लगभग 50,000 बलवती अश्वारोही सेना थी।[81] वह महत्त्वाकांक्षी भी था। इस परिस्थिति में दिल्ली के शासक से कभी-न-कभी संघर्ष असंभव नहीं था।

मालदेव का निमंत्रण

जिस समय हुमायूँ सिंध में था उसे मालदेव का निमंत्रण मिला।[82] जिसमें उसने संकेत

किया था कि यदि हुमायूँ जोधपुर आ जाए तो वह उसकी सहायता करेगा। मालदेव के इस निमंत्रण के कारण क्या थे? मुग़ल-अफ़गान संघर्ष में जोधपुर के लिए तटस्थ रहना अधिक उपयुक्त था। किन्तु मालदेव निश्शंक तथा बहादुर व्यक्ति था। वह कठिनाइयों से डरता नहीं था। इस परिस्थिति में उसे अपनी शक्ति को दृढ़ करने के लिए अच्छा अवसर मिला। कुछ राजनीतिक घटनाएँ ऐसी हुईं जिनसे उसे अपना निश्चय पक्का करने में सरलता हुई।

महत्त्वाकांक्षी मालदेव ने राज्य विस्तार की इच्छा से प्रेरित होकर कुपा की अध्यक्षता में एक बड़ी सेना बीकानेर की तरफ रवाना की।[83] चढ़ाई की ख़बर पाकर बीकानेर के शासक राव जैतसी ने अपने मंत्री नागराज से सलाह कर उसे शेरशाह के पास सहायता हेतु भेजा।[84] नागराज तथा कल्याण मल के लौटने के पहले ही मालदेव ने बीकानेर पर आक्रमण कर, जैतसी को युद्ध में मारकर उसके राज्य पर अधिकार कर लिया।[85] बीकानेर द्वारा शेरशाह से सहायता माँगने की सूचना पाकर ही मालदेव ने हुमायूँ को आमंत्रित किया था। ऐसा प्रतीत होता है कि उसे भय था कि वह शेरशाह से बीकानेर की रक्षा नहीं कर सकेगा। इसी कारण हुमायूँ के जोधपुर राज्य में प्रवेश करने के पश्चात् ही उसने उसे बीकानेर देने का आश्वासन दिया।[86] हुमायूँ को आमंत्रित करने के पश्चात् शेरशाह से युद्ध अनिवार्य था। मालदेव इसके लिए तैयार था। हुमायूँ के निष्कासन को वह अस्थायी समझता था। मुग़ल सम्राट को दिल्ली तख़्त पर बैठाकर वह उत्तरी भारत की राजनीति को नियंत्रित कर सकता था।[87] मालदेव का निमंत्रण हुमायूँ के राजपूतों के प्रति प्रेम के कारण नहीं था।[88] प्रथम दो मुग़ल सम्राटों ने कभी राजपूतों की सहायता नहीं की जिससे यह निष्कर्ष निकाला जा सके। वास्तव में यह निमंत्रण मालदेव की अपनी रक्षार्थ तथा अपनी स्थिति को सुदृढ़ बनाने के लिए था। मालदेव बुद्धिमान राजनीतिज्ञ था। निमंत्रण भेजने के पूर्व उसने लाभ-हानि का अनुमान लगा लिया होगा, क्योंकि इसमें असफलता का अर्थ उसका विनाश था।[89] परिस्थिति भी मालदेव के पक्ष में थी। शेरशाह अभी अपने शासन और साम्राज्य को पूर्ण रूप से संगठित नहीं कर सका था। बंगाल में खिज्र ख़ाँ के विद्रोह के परिणामस्वरूप शेरशाह अपनी सेना के एक भाग के साथ पूर्वी अभियान में लगा था। लगभग 50,000 अफ़गान सेना गक्खर के विरुद्ध लगी हुई थी। इस तरह शेरशाह की अधिकतर सेना के दो भाग उसके साम्राज्य की पूर्वी तथा पश्चिमी सीमाओं में व्यस्त थे। दोनों भागों की सेनाओं को एकत्र करने में काफी समय लग जाता। ग्वालियर अब भी शेरशाह के अधिकार में नहीं आया था और शेरशाह का सेनापति शुजात ख़ाँ उसका घेरा डाले हुए पड़ा था। मालवा के सरदार शेरशाह के विरुद्ध थे। राजपूत सेनाएँ स्थायी नहीं थीं, बल्कि समय पर इकट्ठी की जाती थीं। मालदेव की सेना उस समय उसके पास थी। ऐसी परिस्थिति में यदि हुमायूँ 1541 ई. की वर्षा ऋतु में जोधपुर आ जाता तो संभव था कि मालदेव उसकी

सहायता कर उसे दिल्ली के तख़्त पर बैठाने में सफल होता। किन्तु इस बीच हुमायूँ सिंध के भागों में मारा-मारा फिरता रहा तथा सिन्ध की विजय में लगा रहा, जिस पर अधिकार करना वह अधिक आवश्यक समझता था। सिंध की कठिनाइयाँ, हिन्दाल का पलायन, यादगार नासिर का विद्रोह तथा सिंध पर विजय पाना असंभव देखकर हुमायूँ को जोधपुर के निमंत्रण की याद आई।

हुमायूँ की जोधपुर यात्रा

चारों तरफ से निराश होकर हुमायूँ ने जोधपुर जाने का विचार किया। उसने यादगार नासिर को वह प्रदेश समर्पित कर दिया तथा उसे यह चेतावनी दी कि शाह हुसेन अरगून उसे भक्कर पर अधिकार नहीं करने देगा। भक्कर को छोड़कर हुमायूँ उच्च आया (मई 1542 ई.)। मार्ग में उसे जल, अन्न तथा जानवरों के लिए चारे का बहुत कष्ट हुआ। उच्च में उसने बख्शु लंगाह से सहायता माँगी, किन्तु इस बार उसने सहायता नहीं दी। मार्ग में मुग़लों पर आक्रमण कर लोग उन्हें लूट भी लेते थे। स्थिति इतनी खराब हो गई कि मुग़लों को बेर तथा इसी प्रकार के जंगली फलों को खाकर समय काटना पड़ा।[90] इस तरह हुमायूँ को बहुत कठिनाइयों का सामना करना पड़ा। उच्च से दिलावरा, वासिलपुर होते हुए 31 जुलाई 1542 ई. को बीकानेर से 12 कोस पर हुमायूँ ने पड़ाव डाला। मार्ग में अली बेग ने सुझाव दिया कि दिलावरा के दुर्ग पर अधिकार कर लिया जाए किन्तु हुमायूँ ने यह कहकर अस्वीकार कर दिया कि इससे मालदेव नाराज हो जाएगा।[91]

मालदेव के राज्य में पहुँचने के पश्चात् हुमायूँ को ऐसा आभास हुआ कि मालदेव कदाचित् उसकी सहायता नहीं करेगा। अबुल फ़ज़ल लिखता है कि हुमायूँ के साथियों को मालदेव से धोखे का भय हुआ तथा उन्होंने हुमायूँ को सतर्क रहने के लिए कहा। हुमायूँ ने मीर समन्दर को अपना दूत बनाकर मालदेव के दरबार में भेजा। लौटकर मीर समन्दर ने सूचना दी कि मालदेव यद्यपि स्वामिभक्ति की बात करता है पर उससे सहायता की आशा नहीं है और उसके विचार पवित्र और विश्वसनीय नहीं हैं।[92]

मुग़लों की अवस्था इस समय बहुत ही शोचनीय थी। अन्न तथा पानी के बिना उन्हें बहुत कष्ट उठाना पड़ा।[93] हुमायूँ की सेना फलौदी परगने में पहुँची। यहाँ उन्हें आवश्यक वस्तुएँ प्राप्त हुईं। मालदेव ने भी सूखे मेवे, अशर्फियों से लदा ऊँट, कवच तथा एक पत्र भेजा, जिसमें हुमायूँ का स्वागत करते हुए उसने लिखा कि "मैं आपको बीकानेर देता हूँ।"[94] इसी बीच हुमायूँ का एक दरबान राजू भागकर मालदेव के पास आया। वहाँ उसने मालदेव को सूचित किया कि हुमायूँ के पास कुछ बहुमूल्य हीरे-जवाहरात हैं। वही सूचना एक दूसरे व्यक्ति जान मुहम्मद इशाक आक़ा से भी मिली। स्थिति का पता लगाने के लिए मालदेव ने नागौर के सनकाई नामक अपने एक विश्वासपात्र सेवक को एक व्यापारी के भेष में हुमायूँ के पास भेजा। उसने

यह प्रकट किया कि वह हुमायूँ से हीरे खरीदना चाहता है। हुमायूँ ने इसका उत्तर दिया कि ऐसे अमूल्य हीरे खरीदे नहीं जा सकते। वे या तो तलवार के ज़ोर से प्राप्त किए जा सकते हैं या किसी सम्राट से दान द्वारा प्राप्त हो सकते हैं।[95] इस वार्ता ने तथा मालदेव के इस बने हुए व्यापारी के आगमन ने हुमायूँ को सशंकित कर दिया।

हुमायूँ ने एक दूसरे दूत रायमल सोनी को मालदेव के पास भेजा। संदेह इतना अधिक हो गया था कि उससे यह कहा गया कि यदि वह लिखकर परिस्थितियों की सूचना न दे सके तो संकेत द्वारा इसकी सूचना दे। संकेत के लिए निश्चित हुआ कि यदि वह एक हाथ की पाँचों अंगुलियों को मोड़ ले तो इसका अनुमान लगाया जाए कि मालदेव विश्वसनीय व्यक्ति है, किन्तु यदि उसे धोखे का भय हो तो केवल सबसे छोटी अँगुली दबाकर इशारा करे।[96]

रायमल सोनी को भेजने के पश्चात् हुमायूँ ने फलौदी से आगे बढ़कर कुलये योगी (या योगी तालाब) नामक स्थान पर अपना पड़ाव डाला। यहाँ रायमल द्वारा भेजा गया संदेशवाहक आया। उसने अपनी कनिष्ठा बंद की, जिससे मालदेव से धोखे का संकेत मिला। इससे हुमायूँ के मुग़ल दल में बड़ी बेचैनी हुई। हुमायूँ फिर भी निराश नहीं हुआ। उसे आशा थी कि मालदेव निश्चय ही उसकी सहायता करेगा। इसके अतिरिक्त मार्ग की कठिनाइयाँ तथा अन्य कोई सहायक न होने से भी उसने पुनः एक बार मालदेव के विचारों के विषय में पता लगाने का प्रयत्न किया। उसने तीसरी बार शमसुद्दीन अतका ख़ाँ को मालदेव के पास भेजा।

शेरशाह तथा मालदेव

शेरशाह की पंजाब विजय तथा उसकी मुग़लों से संधि वार्ता का वर्णन हम ऊपर कर आए हैं। शेरशाह मुग़लों को पंजाब से पूर्णतया हटा देना चाहता था। इसी हेतु उसने ख्वास ख़ाँ को हुमायूँ का, तथा कुतुब ख़ाँ को कामरान का पीछा करने के लिए नियुक्त किया था। कामरान के सिंध नदी के पार करने के पश्चात् कुतुब ख़ाँ सिंध नदी से लौट आया। ख़्वास ख़ाँ भी हुमायूँ के सिंध प्रवेश करने के पश्चात् पंचनद से लौट आया।[97] शेरशाह कुछ दिन खुशाब में शासन प्रबंध करने के लिए रुका रहा। बिलोच लोगों को अधीन रखने के लिए उसने रोहतास नामक दुर्ग का निर्माण प्रारंभ किया। हैदर मिर्ज़ा ने कश्मीर पर अधिकार कर लिया था। कश्मीर के भूतपूर्व शासक काज़ी चक को सहायता देकर शेरशाह ने हैदर मिर्ज़ा को व्यस्त रखा। इसी समय उसे बंगाल में खिज्र ख़ाँ के विरोध की सूचना मिली। हैबत ख़ाँ नियाजी, ख्वास ख़ाँ तथा अन्य सरदारों को 50,000 सेना के साथ गक्खर प्रदेश में छोड़कर वह बंगाल चला गया (मार्च 1541 ई.)।

बंगाल में शांति स्थापित कर तथा वहाँ का शासन संगठित कर शेरशाह ने

मालवा पर आक्रमण किया। इस समय मालवा में तीन स्वतंत्र सरदार शासन करते थे। मांडू, उज्जैन तथा सारंगपुर में मल्लू ख़ाँ, रायसीन में पूरनमल तथा हिन्दीया तथा सेवास में मुईन ख़ाँ। शेरशाह के पहुँचते ही हुमायूँ द्वारा नियुक्त मुहम्मद कासिम ने ग्वालियर समर्पित कर दिया। गागरोन में रायसीन के राजा प्रतापशाह के शक्तिशाली सहायक पूरनमल ने उसकी अधीनता स्वीकार की। कादिर शाह ने भी शेरशाह की अधीनता स्वीकार की, किन्तु एक रात वह भागकर गुजरात चला गया। मुईन ख़ाँ ने भी अधीनता स्वीकार की। शेरशाह को कादिर के भागने का अनुमान था। उसने मुईन ख़ाँ को बन्दी बना लिया तथा उसका राज्य अपने अधीन कर लिया।[98] पूरा मालवा बिना खून बहाए शेरशाह के अधिकार में आ गया। शासन प्रबंध करने के लिए वहाँ अपने अधिकारी नियुक्त कर शेरशाह ने रणथम्भौर की ओर कूच किया। दुर्ग के प्रबंध का उस्मान ख़ाँ ने बिना युद्ध के किला उसको सुपुर्द कर दिया। वहाँ अपने अधिकारी नियुक्त कर शेरशाह आगरा लौटा। इस तरफ शेरशाह ने बिलोचिस्तान से बंगाल तथा मालवा में जितने समय में शांति स्थापित की तथा शत्रुओं को पराजित किया, उतने समय हुमायूँ सिंधु में कठिन परिस्थितियों में घूमता रहा इससे दोनों की शक्ति तथा योग्यता का मूल्यांकन हो सकता है।

आगरा पहुँचने के कुछ ही दिन बाद शेरशाह को हुमायूँ की जोधपुर यात्रा की सूचना मिली। जैसा ऊपर वर्णन किया जा चुका है, शेरशाह मुग़लों को हिंदुस्तान की भूमि से भगा देना चाहता था। वह मालदेव की शक्ति को जानता था। जोधपुर दिल्ली से अधिक दूर नहीं था। रणथम्भौर तथा मालवा को अधीन करने के पश्चात् आगरा की स्थिति सुरक्षा की दृष्टि से अच्छी हो गई थी। फिर भी झज्जर[99] मालदेव के अधिकार में था। यह दिल्ली से केवल 30 मील की दूरी पर था।

हुमायूँ के आगमन की सूचना से शेरशाह का सशंकित होना स्वाभाविक था। व्यर्थ के कूटनीतिक पत्र-व्यवहार का अवसर नहीं था। शेरशाह प्रत्येक कार्य को तत्काल तथा व्यावहारिक ढंग से करने का अभ्यासी था। वह आगरा से नागौर की तरफ तत्काल रवाना हो गया। कुछ दूर आगे बढ़ने के पश्चात् उसने अपना एक दूत मालदेव के पास भेजा। उसने मालदेव को सूचित किया कि या तो वह स्वयं हुमायूँ को जोधपुर से भगा दे या यदि उसको कठिनाई हो तो वह अफ़गानों को ऐसा करने के लिए सुविधा दे। अर्थ स्पष्ट था, यदि हुमायूँ ने जोधपुर में प्रवेश किया तो अफ़गान दूसरी तरफ से जोधपुर में प्रवेश कर मुग़लों को वहाँ से निकाल देंगे। शेरशाह ने नागौर तथा उसके निकट के भागों पर जो जोधपुर के भाग थे, अधिकार कर ही लिया था। जोधपुर पहुँचने में उसे अधिक समय नहीं लगता। शेरशाह उस समय मालदेव से युद्ध करना नहीं चाहता था, इस कारण उसने लिखा कि यदि मालदेव हुमायूँ को भगा देगा तो वह नागौर पर उसका अधिकार स्वीकार कर लेगा और अलवर तथा अन्य स्थान जो वह चाहेगा उसे देगा।[100]

हुमायूँ की जोधपुर से वापसी

जिस समय अतका ख़ाँ मालदेव के दरबार में पहुँचा, उसी समय शेरशाह का दूत भी वहाँ पहुँचा। मालदेव के लिए बड़ी कठिन परिस्थिति थी। वह हुमायूँ और शेरशाह दोनों से बचना चाहता था। किन्तु उसे अब अपने को या तो अफ़गानों का मित्र घोषित करना था या मुग़लों का। मुग़ल पक्ष लेने का अर्थ था शेरशाह का जोधपुर पर आक्रमण। मालदेव युद्ध करने की परिस्थिति में नहीं था। उसकी सेना तैयार नहीं थी। मुग़लों की अवस्था ऐसी नहीं थी कि वे अफ़गानों से मालदेव की रक्षा करते। मालदेव ने शेरशाह के दूत को दिखाने के लिए अपने कुछ सैनिकों को मुग़लों के पड़ाव की दिशा में भेजा, जिससे अफ़गान दूत को यह विश्वास हो जाए कि मालदेव शेरशाह के पत्र के अनुसार कार्य करने को तैयार हैं, साथ ही मालदेव ने अतका ख़ाँ को रोक लिया, जिससे वह भी देख ले कि सेना भेजी जा रही है, तथा हुमायूँ को इसकी सूचना दे दे। अतका ख़ाँ ने राजपूत सेना को जाते हुए देखा।[101] उसके मन में पहले से मालदेव पर संशय तो था ही, उसे विश्वास हो गया कि मालदेव का विचार मुग़लों पर आक्रमण करने का है। बिना अनुमति लिए ही उसने वहाँ से भाग जाने का निश्चय किया। हुमायूँ का भूतपूर्व पुस्तकाध्यक्ष मुल्ला सुर्ख उस समय मालदेव की सेवा में था। उसने भी हुमायूँ को सूचित किया कि हुमायूँ आगे न बढ़े, जहाँ है वहाँ से फौरन वापस लौट जाए, मालदेव उसे (हुमायूँ को) बंदी बनाना चाहता है, मुग़ल उस पर बिलकुल विश्वास न करें। उसने अपने भूतपूर्व सम्राट को यह भी सूचित किया कि अफ़गान नेता ने मालदेव के पास हुमायूँ को किसी भी तरह गिरफ्तार करने के लिए दूत भेजा है तथा उसके बदले में उसे अलवर और नागौर देने का वचन दिया है।[102] अतका ख़ाँ मालदेव के दरबार से बिना मालदेव की आज्ञा लिए ही लौट आया और उसने हुमायूँ को सूचित किया कि रुकने का समय नहीं है। मुग़ल पड़ाव में हलचल मच गई। भागने की तैयारी होने लगी।

मुग़ल पड़ाव उठाने की तैयारी कर रहे थे, उसी समय दो गुप्तचरों को बंदी बनाकर प्रस्तुत किया गया। अभी उनसे पूछताछ की जा रही थी कि उनमें से एक ने महमूद गिर्दबाज की कमर से तलवार खींच ली और सबसे पहले उसी पर आक्रमण कर दिया। उसके बाद उसने बाकी ग्वालियरी को घायल कर दिया। दूसरे गुप्तचर ने एक अन्य की कमर से कटार खींच ली तथा कुछ लोगों को घायल कर दिया और हुमायूँ के घोड़े की भी हत्या कर दी। बड़ी कठिनता से इन दोनों की हत्या की जा सकी।[103] इसी समय शोर हुआ कि मालदेव आ गया। हलचल मच गई। मुग़ल अमीर अपने स्वार्थ में कितने लीन थे तथा हुमायूँ की अवस्था कितनी दयनीय हो गई थी, यह गुलबदन के वर्णन से स्पष्ट हो जाता है। वह लिखती है कि इस हलचल में कोई ऐसा घोड़ा नहीं था जिस पर गर्भवती हमीदा बेगम भाग सकती। हुमायूँ ने तरदी बेग से घोड़ा देने को कहा किन्तु उसने इनकार कर दिया। हुमायूँ

ने अपना घोड़ा इसके लिए देने और स्वयं जौहर के ऊँट पर यात्रा करने का विचार व्यक्त किया। सौभाग्य से माहम अंगा के पति नदीम बेग ने अपनी माता का घोड़ा बेगम को दिया और स्वयं ऊँट पर सवार होकर रवाना हुआ।[104]

जोनी तालाब से चलकर हुमायूँ फलौदी पहुँचा। राजपूत मुग़लों का पीछा कर रहे थे। तरदी बेग और मुनीम ख़ाँ को कुछ सैनिकों के साथ स्त्रियों की रक्षा के लिए नियुक्त कर हुमायूँ आगे बढ़ा। फलौदी से हुमायूँ सातलमेर पहुँचा।[105] मार्ग में राजपूतों के दल से मुग़लों का युद्ध हुआ।[106] मुग़ल सेना की संख्या कम थी फिर भी राजपूतों ने जमकर युद्ध नहीं किया। कदाचित् ये मुग़लों से लड़कर हुमायूँ को बंदी नहीं बनाना चाहते थे। मार्ग की कठिनाइयाँ असहनीय थीं। हवा गर्म थी। घोड़े तथा चौपाए घुटने तक बालू में धँस जाते थे। अधिकांश स्त्रियाँ तथा पुरुष पैदल थे। सबसे बड़ा कष्ट जल का था। तीन-तीन दिन उन्हें बिना जल के रहना पड़ा। पानी के लिए आपस में लड़ाई होती थी। डोल ज्योंही कुएँ से बाहर निकाला जाता त्योंही लोग उस पर टूट पड़ते थे, जिससे रस्सी टूट जाती थी। अनेक व्यक्ति प्यास से मर गए और नष्ट हो गए।[107] इस तरह कठिनाइयों को सहता हुआ हुमायूँ जैसलमेर के निकट पहुँचा (13 अगस्त 1542 ई.)।

जैसलमेर राज्य में गौ हत्या वर्जित थी। हुमायूँ के आदमियों ने यहाँ कुछ गायों की हत्या कर दी, यहाँ का शासक रावल लोनकरन इससे बहुत नाराज़ हुआ। उसने मुग़ल सम्राट के पास अपना दूत भेजकर इसकी शिकायत की तथा स्पष्टीकरण माँगा। मुग़लों ने इसके लिए क्षमा माँगने के बजाय दूत को बंदी बना लिया। रावल लोनकरन ने अपने आदमियों द्वारा ऐसा प्रबंध किया कि मुग़लों को जल न प्राप्त हो सके। रावल के पुत्र मालदेव ने मुग़लों पर आक्रमण कर उनके कुछ आदमियों को घायल कर दिया तथा अपने दूत को स्वतंत्र कर लिया।[108]

यहाँ से हुमायूँ ने अमरकोट (उमरकोट) जाने का विचार किया। अमरकोट के राना के पिता को शाह हुसेन अरगून ने मरवा डाला था।[109] हुमायूँ को आशा थी कि उसकी सहायता से वह सिंध विजय करने में सफल होगा। 22 अगस्त 1542 ई. को हुमायूँ केवल सात घुड़सवारों के साथ अमरकोट पहुँचा।[110] यहाँ अमरकोट के राना वीरसाल[111] ने हुमायूँ का स्वागत किया। उसे दुर्ग के अंदर स्थान दिया गया तथा मुग़लों को सभी आवश्यक वस्तुएँ प्राप्त हुईं।

क्या मालदेव विश्वासघाती था?

समकालीन तथा आधुनिक इतिहासकारों ने मालदेव के हुमायूँ के प्रति किए गए व्यवहार की आलोचना की है। मुग़ल इतिहासकारों ने मालदेव को विश्वासघाती तथा धोखेबाज़ कहा है। जिसने हुमायूँ को आमंत्रित कर उसे बंदी बनाने का प्रयत्न किया। अबुल फ़ज़ल लिखता है, ‘‘कुछ लोग ऐसा भी कहते थे कि पहले मालदेव की भावना हुमायूँ

के प्रति शुद्ध थी और वह उसकी सेवा भी करना चाहता था। बाद में या तो हुमायूँ की सेना की बुरी दशा और अल्प संख्या देखकर अथवा शेरशाह के झूठे वायदों एवं बढ़ती हुई शक्ति के कारण मालदेव बदल गया या संभवतः इसका कारण शेरशाह का भय हो। जो भी हो वह हुमायूँ का विरोधी हो गया था। इन लोगों का बहुमत फिर भी इसी ओर था कि प्रारंभ से अन्त तक मालदेव का सहायता का वचन देना और इस सम्बन्ध में बादशाह (हुमायूँ) को पत्र भेजना कपटपूर्ण था।[112] जौहर ने मालदेव पर हुमायूँ के सामने उपस्थित न होने और उचित सेवा-सत्कार न करने का दोष लगाया है तथा वह लिखता है कि मालदेव का विचार हुमायूँ को कष्ट पहुँचाने का था।[113] गुलबदन बेगम पुस्तकाध्यक्ष मुल्ला सुर्ख के पत्र द्वारा हुमायूँ को सूचित करने, हुमायूँ के पड़ाव पर दो जासूसों के पकड़े जाने का वर्णन करती है जिससे प्रकट होता है कि मुग़लों को मालदेव की नीयत में संदेह था।[114] बदायूँनी के अनुसार शेरशाह की चेतावनी पाकर मालदेव ने "एक बहुत बड़ी सेना को विश्वासघात एवं बादशाह को बंदी बनाने के लिए स्वागत के बहाने भेजा।"[115] तारीख़े मासूमी के अनुसार हुमायूँ को गुप्तचरों से समाचार मिला कि "मालदेव ने शेरशाह के धूर्ततापूर्ण आश्वासन एवं उसके प्रभुत्व को देखकर एक सेना को इस आशय से नियुक्त कर दिया कि शाही लश्कर का मार्ग रोककर आक्रमण करे।"[116] फ़िरिश्ता लिखता है कि जब मालदेव को पता चला कि मुग़ल सेना बड़ी ही अव्यवस्थित है और दुर्दशा को प्राप्त हो चुकी है तो वह उनको आमंत्रित करने पर पश्चात्ताप करने लगा और यह प्रयत्न करने लगा कि उन्हें बंदी बनाकर शेर ख़ाँ अफ़गान के पास अपनी निष्ठा एवं स्वामिभक्ति के प्रमाण में भेज दे।[117] निज़ामुद्दीन अहमद संतुलित इतिहासकार है। वह लिखता है कि जब राय मालदेव को हुमायूँ के पहुँचने का समाचार प्राप्त हुआ और यह ज्ञान हुआ कि उनके साथ बहुत थोड़ी-सी सेना है तो वह बड़ा चिंतित हुआ। कारण कि वह अपने में शेर ख़ाँ का मुकाबला करने की शक्ति नहीं पाता था। शेर ख़ाँ ने भी मालदेव के पास राजदूत भेजकर अत्यधिक आश्वासन एवं धमकियाँ दी थीं। राय मालदेव ने अत्यधिक निष्ठुरता प्रदर्शित करते हुए यह निश्चय किया कि यदि संभव हो सके तो उन्हें बंदी बनाकर शत्रु को सौंप दे, कारण कि नागौर का राज्य तथा उसके अधीनस्थ स्थान शेर ख़ाँ के हाथ आ चुके थे, अतः उसे भय था कि कहीं शेर ख़ाँ उससे रुष्ट न हो जाए। इस उद्देश्य से उसने एक बहुत बड़ी सेना हुमायूँ के विरुद्ध भेजी। अतका ख़ाँ को जाने की अनुमति इस कारण न दी गयी कि वह हुमायूँ को सावधान न कर दे। अतका ख़ाँ ने उसके व्यवहार से उसके हृदय की बात भाँप ली और बिना अनुमति के लौट गया। हुमायूँ के एक किताबदार ने, जो उसकी पराजय के पश्चात् दिल्ली से राजा मालदेव के पास चला गया था, एक प्रार्थनापत्र उसकी सेवा में भेजा कि मालदेव विश्वासघात कर रहा है, आप जितनी शीघ्र उसके राज्य से निकल जाएँ, अच्छा है। अतका ख़ाँ के प्रयत्न तथा किताबदार

के पत्र के कारण हुमायूँ तत्काल अमरकोट की ओर चल पड़ा।[118]

मारवाड़ की हस्तलिखित पुस्तकों में इस घटना का वर्णन इस प्रकार है–

"शेरशाह से हारकर जब बादशाह हुमायूँ मालदेव जी से सहायता प्राप्त करने को जोधपुर के निकट आकर ठहरा, तब रावजी ने उसका बड़ा आदर-सत्कार किया। इसके बाद हुमायूँ ने जोधपुर के निकट रहना अनुचित समझ फलौदी में अपना मुकाम करने की इच्छा प्रकट की। उसे उन्होंने भी सहर्ष स्वीकार कर लिया। जब इसी के अनुसार वह देइझट से फलौदी को रवाना हुआ तब मार्ग के ग्रामों में होने वाले उपद्रव को रोकने के लिए इन्होंने अपने सैनिक भी उसके पीछे भेज दिए। परन्तु शाही लश्कर को इससे उलटा यह संदेह हो गया कि शायद ये लोग मार्ग में हमको मारकर शाही ख़ज़ाना लूटने को ही साथ हुए हैं।

"इसके बाद एक दुर्घटना और हो गई। जिस समय हुमायूँ फलौदी पहुँचा उस समय उसके कुछ सैनिकों ने मिलकर एक गाय को मार डाला। इससे रावजी की सेना में घोर असंतोष फैल गया। यह देख हुमायूँ का संदेह और भी बढ़ गया और वह फलौदी को छोड़ सिंध की तरफ चल पड़ा। परन्तु रावजी के सैनिकों ने समझा कि हिंदुओं के धर्म का अपमान करने के लिए ही शाही सैनिकों ने यह गोवध किया है। इससे वे लोग उत्तेजित हो गए और उन्होंने जाते हुए बादशाह का पीछा किया। सातलमेर में पहुँचते-पहुँचते दोनों पक्षों के बीच मुठभेड़ हो गई। परन्तु अन्त में अपने आदमियों की संख्या की अधिकता के कारण हुमायूँ बचकर निकल गया और जैसलमेर होता हुआ अमरकोट जा पहुँचा।"[119]

मुग़ल इतिहासकारों के वर्णनों से निम्नलिखित बातें प्रकट होती हैं–

1. मालदेव ने हुमायूँ को आमंत्रित किया।

2. निमंत्रण के कई महीने बाद हुमायूँ जोधपुर पहुँचा।

3. हुमायूँ के जोधपुर पहुँचते ही शेरशाह ने मालदेव के राज्य में प्रवेश कर उसे चेतावनी दी कि वह उसे अपने राज्य से बाहर निकाल दे।

4. हुमायूँ के जोधपुर में प्रवेश करने पर प्रारंभ में मालदेव ने आश्वासन दिया किन्तु वह हुमायूँ के सामने उपस्थित नहीं हुआ।

5. मुग़ल दूत अतका ख़ाँ तथा शेरशाह का दूत एक साथ मालदेव के दरबार में पहुँचे।

6. मालदेव ने हुमायूँ के पीछे एक सेना भेजी जिसकी शक्ति तथा संख्या मुग़लों से कहीं अधिक थी फिर भी कोई मुग़ल बंदी नहीं बनाया गया, यद्यपि एक साधारण युद्ध हुआ।

7. मालदेव ने अपने जासूस हुमायूँ के खेमे में भेजकर उसकी स्थिति का पता लगाने का प्रयत्न किया।

उपर्युक्त वर्णन तथा घटनाओं के अध्ययन से स्पष्ट हो जाता है कि जिस समय

मालदेव ने हुमायूँ को निमंत्रित किया था उस समय की अपेक्षा जब हुमायूँ आया तब परिस्थिति पूर्णरूप से बदल चुकी थी। शेरशाह बंगाल से लौट आया था, मालवा पर उसका अधिकार हो चुका था और वह जोधपुर के राज्य में प्रवेश कर अपनी सेना के साथ उस पर आक्रमण करने को तैयार था। मालदेव की सेना कदाचित् तैयार नहीं थी। मुग़ल सेना नाममात्र की थी। अफ़गान सेना का सामना करना असंभव था। इस तरह हुमायूँ के आगमन के समय मारवाड़ की पूर्वी तथा दक्षिणी-पूर्वी सीमा पर राजनीतिक परिस्थिति ही बदल गई थी। यदि मालदेव ने बुद्धिमानी न दिखाई होती तो शेरशाह ने जोधपुर पर आक्रमण कर दिया होता और मुग़ल तो भाग ही जाते, मालदेव भी पददलित होता। हुमायूँ की सबसे बड़ी भूल यह थी कि जिस समय निमंत्रण दिया गया, उस समय वह न आकर कई महीने बाद आया। इसमें मालदेव का दोष नहीं था। मालदेव ने हुमायूँ के प्रति कठोरता नहीं दिखाई। उसके व्यवहार से उसकी कठिनाई तथा असमंजस स्पष्ट प्रकट होता है। यदि वह चाहता तो हुमायूँ को बंदी बना सकता था, किन्तु वह ऐसा करना नहीं चाहता था। वह चाहता था कि किसी तरह हुमायूँ जोधपुर से चला जाए। यह मालदेव के पक्ष में ही नहीं बल्कि हुमायूँ के पक्ष में भी ठीक था। ऐसा प्रतीत होता है कि मालदेव को हुमायूँ की शक्ति का अनुमान नहीं था। जिस तरह हुमायूँ ने अपने दूत भेजे तथा मालदेव की वास्तविक नीयत का पता लगाना चाहा उसी तरह मालदेव ने भी अपने गुप्तचर भेजे। दुर्भाग्यवश ये गुप्तचर पकड़े गए जिससे मुग़ल सशंकित हो गए। मारवाड़ के समकालीन इतिहासकारों के वर्णन से भी यह साबित होता है कि यह सब विषम परिस्थितियों तथा संदेह का परिणाम था। मालदेव का इसमें कोई दोष नहीं था। अबुल फ़ज़ल तथा निज़ामुद्दीन अहमद के वर्णन से यह स्पष्ट हो जाता है; वे भी पूर्ण रूप से मालदेव को विश्वासघाती नहीं मानते। शेरशाह के प्रभाव का वे स्पष्ट उल्लेख करते हैं जिससे प्रमाणित होता है कि राज्य की सुरक्षा के लिए उसके सामने अन्य कोई मार्ग नहीं था। वास्तव में उन कठिन परिस्थितियों में मालदेव हमारी सहानुभूति का पात्र है। उसके विश्वासघात का प्रश्न ही नहीं उठता।[120]

अमरकोट में

हुमायूँ अमरकोट बड़ी बुरी अवस्था में पहुँचा। उसके पास न धन था न कपड़े। साथियों, सैनिकों तथा सहयोगियों की संख्या भी कम थी। जो थे भी उन्हें कई महीनों से वेतन नहीं मिला था जिससे वे शोर मचाते रहते थे।[121] हुमायूँ ने तरदी बेग से बीस प्रतिशत ब्याज पर 80,000 अशर्फियों का ऋण लिया।[122] जौहर के अनुसार सब लोगों की तलाशी ली गई तथा जिसके पास जितना धन था सब इकट्ठा किया गया। बाद में प्रत्येक व्यक्ति का आधा धन वापस कर दिया गया और केवल आधा ही लिया गया।[123] प्राप्त धन सेवकों तथा साथ के लोगों में वितरित कर

दिया गया। केवल धन ही नहीं, लोगों से उनके आधे कपड़े भी लिए गए, जिन्हें हुमायूँ ने अपने लिए रख लिया। इस तरह धन एकत्र कर हुमायूँ ने सेना को दिया जिससे उन लोगों ने घोड़े, हथियार तथा अन्य आवश्यक वस्तुएँ खरीदीं।

अमरकोट में हुमायूँ लगभग दो महीने रहा (22 अग़स्त से 11 अक्टूबर 1542 ई. के बीच)। यहाँ राणा तथा मुग़लों ने मिलकर शाह हुसेन अरगून पर आक्रमण करने की तैयारी की। राणा भी शाह हुसेन से प्रसन्न नहीं था। वह उससे अपने पिता की मृत्यु का बदला लेना चाहता था। उसने दो हज़ार अपनी तथा पाँच हज़ार अपने मित्रों की सेनाएँ[124] हुमायूँ की सेवा के लिए देने का वचन दिया। इससे हुमायूँ को बड़ी आशा हुई। अपने परिवारों को अमरकोट के दुर्ग में रखकर ये लोग जून के[125] विरुद्ध रवाना हुए (राजब 1, 949 हि.)।

राणा तथा मुग़ल सेना 15 कोस पर पड़ाव डाले हुए थी। उसी समय तरदी बेग ने हुमायूँ को हमीदा बानो के पुत्र-जन्म की सूचना दी। हुमायूँ की प्रसन्नता का ठिकाना न रहा। उस मरुभूमि में जश्न मनाने तथा नियमानुसार अमीरों और अन्य लोगों को इनाम देने के लिए धन नहीं था। हुमायूँ ने ईश्वर को धन्यवाद दिया। वितरित करने के लिए वस्तुओं के अभाव में उसने जौहर से कस्तूरी मँगाकर, उसे तोड़कर अमीरों में बाँटते हुए कहा कि उसके पास पुत्र के जन्म के अवसर पर यही वितरित करने को है। "भगवान इस पुत्र का नाम और यश इस कस्तूरी की सुगन्ध की तरह फैलाए।"[126] इस तरह विश्व के महान सम्राट अकबर का जन्मोत्सव मनाया गया। तरदी बेग को इस शुभ सूचना देने के उपहार स्वरूप उसके पुराने अपराधों को क्षमा कर दिया गया।[127]

अकबर की जन्म-तिथि

अकबर की जन्म-तिथि के विषय में समकालीन तथा आधुनिक इतिहासकारों में मतभेद है। अबुल फ़ज़ल के अनुसार अकबर का जन्म रविवार, 5 राजब 949 हि. अर्थात् 15 अक्तूबर 1542 ई. को हुआ। इस तिथि को अन्य समकालीन इतिहासकारों ने भी स्वीकार किया है।[128] इसके विपरीत जौहर लिखता है कि अकबर का जन्म शनिवार 14 शाबान, 949 हि. (23 नवम्बर, 1542) को हुआ था।[129] कुछ विद्वानों ने[130] जौहर की तिथि को ही सही माना है। इनमें डॉ. विन्सेन्ट स्मिथ प्रमुख हैं। वे लिखते हैं कि अबुल फ़ज़ल ने जान-बूझकर अकबर की जन्म-तिथि बदल दी। इन विद्वानों का मत है कि जन्म के समय जौहर उपस्थित था, इस कारण उसके द्वारा लिखी गई तिथि अधिक विश्वसनीय है। जौहर के गलत तिथि लिखने का कोई कारण नहीं हो सकता है। अकबर की असली जन्म-तिथि बाद में उसे जादू-टोने से बचाने के लिए बदल दी गई, क्योंकि मुग़लों को यह भय था कि यदि अकबर की सही जन्म-तिथि का पता लग जाएगा तो जादू-टोने से उसकी हानि की जा सकती है। पाँचवीं राजब

का दिन यह जानकर चुना गया क्योंकि इसी दिन पैगम्बर मुहम्मद साहब गर्भ में आए थे। रविवार को चुनने का कारण ईरानियों में इसकी महत्ता का होना बताया जाता है।

इन विद्वानों के मत का खण्डन आधुनिक इतिहासकारों ने किया है।[131] अब यह सर्वसम्मति से स्वीकृत है कि अबुल फ़ज़ल द्वारा दी गई तिथि सही है। जौहर के संस्मरण अबुल फ़ज़ल के अकबरनामा के लिए लिखे गए थे। यदि अबुल फ़ज़ल ने जानबूझकर तिथि बदली तो वह आसानी से जौहर की तिथि ही बदल देता।[132] इसके अतिरिक्त अपने संस्मरण लिखने के समय जौहर के पास कोई लिखित नोट नहीं थे। इस तरह उसे अपनी स्मृति पर ही निर्भर होना पड़ा। वह अधिक पढ़ा-लिखा नहीं था और संस्मरण लिखते समय बूढ़ा भी हो गया था। अतएव उसकी तिथि पर अधिक विश्वास नहीं किया जा सकता है। इसी कारण उसकी तिथि और दिन में भी अन्तर है। 14 शाबान शनिवार नहीं था बल्कि बृहस्पतिवार का दिन था। अपने पूरे संस्मरण में जौहर ने केवल पाँच तिथियों का उल्लेख किया है और उनमें से तीन तिथियाँ गलत साबित हो चुकी हैं। गुलबदन बेगम ने अपने संस्मरण में वही तिथि दी है जिसे अबुल फ़ज़ल ने स्वीकार किया था। गुलबदन बेगम स्त्री थी तथा अकबर की माता हमीदा बानो से उसकी घनिष्ठता थी। तिथि लिखने के पूर्व उसने निश्चय ही उससे पूछा होगा। माँ होने के नाते हमीदा बानो को निश्चय ही अकबर की तिथि याद होगी। इस तरह सही तिथि को जानने के लिए वह अच्छी परिस्थिति में थी। अबुल फ़ज़ल बहुत ही विश्वसनीय इतिहासकार है। यदि यह मान भी लिया जाए कि अकबर की जन्म-तिथि अन्धविश्वास के कारण बदली गई तो और किसी मुग़ल राजकुमार की तिथि क्यों नहीं बदली गई? इसके अतिरिक्त जो दान-पुण्य अकबर के जन्म-तिथि के दिन होते थे वे कदाचित् सभी व्यर्थ जाते। यदि मुग़ल इतने अंध-विश्वासी थे तो क्यों वे इस तरह की भूल करते कि दान का उन्हें कोई पुण्य न प्राप्त हो? फिर यदि अबुल फ़ज़ल ने तिथि बदली तो अकबरनामा की रचना के समय अकबर बालक नहीं रह गया था वरंच प्रौढ़ता को प्राप्त हो चुका था, उस समय टोने का भय भी उतना नहीं रह गया था। इन सब बातों से यह स्पष्ट है कि अकबर का जन्म 15 अक्तूबर 1542 ई. को हुआ था तथा अबुल फ़ज़ल द्वारा दी गई तिथि सही है।

जून में

पुत्र-जन्म के आनन्दोत्सव के लिए न समय था न सुविधा। हुमायूँ अपनी सेना के साथ पाँच दिन चलकर जून नगर के निकट पहुँचा। यहाँ अरगून गवर्नर जानी बेग अपनी सेना के साथ मुग़लों का विरोध करने के लिए तैयार था। हुमायूँ ने शत्रु पर आक्रमण कर उसे पीछे हटा दिया। यहाँ से हुमायूँ ने जून नगर में प्रवेश किया तथा बागेआईना में ठहरा। यहाँ उसने जीते हुए ग्रामों को अपने अमीरों में वितरित किया।

कुछ दिन बाद अमरकोट से स्त्रियों को भी बुला लिया गया। हमीदा बानो तथा अकबर दिसंबर 1542 ई. को जून पहुँचे।[133]

काबुल तथा बदख़्शाँ की स्थिति

कामरान मिर्ज़ा के 1541 ई. में हुमायूँ का साथ छोड़ने का वर्णन हम ऊपर कर आए हैं। कामरान सिंध नदी पार कर काबुल तथा कन्धार चला गया।

अपनी शक्ति सुदृढ़ करने के लिए कामरान बदख़्शाँ पर भी अपनी शक्ति स्थापित करना चाहता था। उसने मिर्ज़ा सुलेमान को अपने नाम से खुतबा पढ़वाने के लिए लिखा। मिर्ज़ा सुलेमान के अस्वीकार करने पर बदख़्शाँ पर आक्रमण कर दिया। युद्ध हुआ। सामना करना असंभव जानकर मिर्ज़ा सुलेमान ने समर्पण कर दिया तथा कामरान के नाम से खुतबा पढ़कर और सिक्का चलाने का वचन देकर उसकी अधीनता स्वीकार कर ली। सुलेमान के कुछ प्रदेश लेकर अपने आदमियों में वितरित कर कामरान काबुल वापस गया।[134]

यह स्थिति अधिक दिन तक न चली। कामरान की असावधानी से लाभ उठाकर सुलेमान मिर्ज़ा ने बदख़्शाँ के उन भागों पर, जिन्हें कामरान ने छीन लिया था, पुनः अधिकार कर लिया। कामरान ने दूसरी बार उस पर चढ़ाई की। सुलेमान ने अपने को किलए जफर में बंद कर लिया। खाद्य सामग्री की कमी होने लगी। उसके अधिकांश अमीरों ने कामरान की अधीनता स्वीकार कर ली। सुलेमान को विवश होकर समर्पण करना पड़ा। कामरान ने शासन प्रबंध के लिए वहाँ अपने आदमी नियुक्त किए तथा सुलेमान मिर्ज़ा और उसके पुत्र इब्राहीम को बंदीगृह में डाल दिया (8 अक्तूबर 1541 ई. ; 17 जमादि उस्सानी, 948 हि.)।[135]

कामरान ने कराचा बेग को कन्धार में नियुक्त किया था। कराचा बेग हिन्दाल का मित्र था। सिंध से हुमायूँ को छोड़कर कराचा बेग के निमंत्रण पर हिन्दाल कन्धार चला गया तथा अपने मित्र की सहायता से उसने कन्धार पर अधिकार कर लिया।[136] कामरान हिन्दाल के लाहौर के व्यवहार से अप्रसन्न था ही, इस समाचार ने उसे और भी क्रोधित कर दिया। शक्तिशाली सेना के साथ उसने कन्धार पर आक्रमण किया। इसी बीच यादगार नासिर मिर्ज़ा भी सिंध से निराश होकर कन्धार पहुँचा। हुमायूँ के जोधपुर चले जाने के पश्चात् यादगार नासिर को आशा थी कि शाह हुसेन से उसका सम्बन्ध और भी निकटतम हो जाएगा, किन्तु उसे निराशा हुई। दो महीने में ही स्पष्ट हो गया कि सिंध के शासक से उसे कोई सहायता नहीं मिलेगी। हुमायूँ के पास जाने में उसे शर्म का अनुभव हुआ। अन्य मार्ग न देखकर वह कन्धार पहुँचा। उसके वहाँ पहुँचने के समय कामरान कन्धार घेरे हुए था, कुछ ही दिनों में हिन्दाल ने दुर्ग समर्पित कर दिया। कामरान हिन्दाल को बंदी बनाकर यादगार नासिर के साथ काबुल लौट आया। अस्करी अब तक गजनी का गवर्नर था। कन्धार के दुर्ग

तथा नगर में कामरान ने अस्करी को नियुक्त किया। प्रारंभ में कामरान ने हिन्दाल के साथ कठोर व्यवहार किया किन्तु बाद में उसे स्वतंत्र कर दिया गया तथा उसे जूये शाही[137] की जागीर दी गई।

सिंध में अंतिम दिन

यादगार नासिर के सिंध से निकल जाने से शाह हुसेन को साँस लेने का अवसर मिला। मुग़लों के सिंध से निकल जाने के पश्चात् उसने अपने दुर्गों की मरम्मत कराई तथा रक्षा का अन्य प्रबंध किया। इसी समय उसे हुमायूँ के पुनः वापस आने, जानी बेग की पराजय तथा हुमायूँ के जून निवास की सूचना मिली। मुग़लों का सामना करने के लिए नई शक्ति से वह थट्टा आया और वहाँ से आगे बढ़कर उसने जून से आठ मील की दूरी पर पड़ाव डाला।[138]

जून में हुमायूँ ने निकट के शासकों से सहयोग प्राप्त करने का प्रयत्न किया। उसकी अपील पर 'सूदा' एवं 'समीचा' तथा 'कच्छ' एव 'जाम' के जमींदार पंद्रह-सोलह हज़ार अश्वारोहियों के साथ उसकी सेवा में आ गए।[139] इससे हुमायूँ को बड़ी आशा हुई।

जून में हुमायूँ को कठिन परिस्थितियों का सामना करना पड़ा। सुल्तान महमूद भक्कारी के नेतृत्व में सिंधी बारबार मुग़लों पर आक्रमण कर रहे थे। इन्हीं आक्रमणों में एक दिन शेख अली बेग की मृत्यु हो गई।[140] इससे हुमायूँ को बड़ा दुःख हुआ, क्योंकि वह उस समय उसका प्रमुख सहायक था। शाह हुसेन अरगून ने हुमायूँ के सहायकों तथा अमीरों को अपने पक्ष में करने का प्रयत्न किया और उसने कुछ लोगों को अपने पक्ष में कर भी लिया। इनमें बाबर के प्रधान मन्त्री निज़ामुद्दीन ख़लीफ़ा का पुत्र खालिद बेग प्रमुख था।

बैराम ख़ाँ का आगमन

कन्नौज की परायज के पश्चात् बैराम ख़ाँ हुमायूँ से अलग हो गया था। अफ़गानों के उत्तरी भारत पर अधिकार करने के पश्चात् बैराम ख़ाँ ने संभल में मियां अब्दुल वहाब तथा लखनोर के राजा मित्र सेन के यहाँ शरण ली। उस भाग के प्रमुख अफ़गान नसरी ख़ाँ के प्रभाव से राजा मित्र सेन ने बैराम ख़ाँ को उसे समर्पित कर दिया। नसीर ख़ाँ ने उसे ईसा ख़ाँ को समर्पित कर दिया। ईसा ख़ाँ बैराम ख़ाँ की योग्यता से परिचित था। उसने उसका शेरशाह से परिचय कराया। शेरशाह ने उठकर उसका स्वागत किया तथा उसे गले लगा लिया और उसे उच्च स्थान प्रदान किया। बैराम ख़ाँ फिर भी हुमायूँ के प्रति स्वामिभक्त रहा तथा अवसर पाकर एक दिन वह ग्वालियर के भूतपूर्व गवर्नर अबुल कासिम के साथ बुरहानपुर से भाग खड़ा हुआ। पीछा करने वाले अफ़गानों द्वारा दोनों पकड़े गए। शेरशाह की आज्ञा थी कि बैराम ख़ाँ को मार

डाला जाए और अबुल कासिम को भागने दिया जाए। पीछा करने वाले अफ़गान बैराम ख़ाँ को नहीं पहचानते थे। पकड़े जाने पर दोनों ने ही अपने को बैराम ख़ाँ कहा। दोनों बंदियों में अबुल कासिम अधिक सुंदर था। उसे ही बैराम ख़ाँ समझकर अफ़गान उसे बंदी बनाकर शेरशाह के सामने ले गए। इस तरह बैराम ख़ाँ को भागने का अवसर मिला। शेरशाह अबुल कासिम से बहुत नाराज़ हुआ और उसने उसे मरवा डाला। बैराम खा यहाँ से भागकर गुजरात पहुँचा और वहाँ से वह सिंध में हुमायूँ से मिला।[141] उसके आगमन से इस कठिन परिस्थिति में, जब सभी भाग रहे थे, हुमायूँ बड़ा प्रसन्न हुआ। उसका स्वागत करते हुए उसने कहा, ''हमारे दुःख का साथी आ गया।''[142]

शाह हुसेन से अंतिम संघर्ष

शाह हुसेन ने राणा बीरसाल को हुमायूँ से अलग करने का प्रयत्न किया। शाह हुसेन द्वारा भेजी गई ख़िलअत और कटार राणा ने हुमायूँ को भिजवा दी[143] तथा किसी भी प्रलोभन पर वह मुग़ल सम्राट को छोड़ने को तैयार नहीं हुआ। दुर्भाग्यवश, कुछ समय बाद तरदी बेग तथा ख़्वाजा गाज़ी[144] से किसी बात पर वाद-विवाद होने के कारण बीरसाल नाराज़ हो गया तथा यह कहकर चला गया कि ''मुग़लों की सहायता करना समय तथा शक्ति का दुरुपयोग है।'' बीरसाल के जाने के पश्चात् सदा, समीचा तथा अन्य जातियों के लोग भी चले गए।[145] इनके जाने से भगदड़ मच गई। अन्य लोग भी, जिन्हें हुमायूँ में पूर्ण आस्था नहीं थी, जाने लगे। इस तरह हुमायूँ के बहुत से सहयोगी उसे छोड़कर चले गए। उनके चले जाने से शाह हुसेन को अवसर मिला तथा वह मुग़ल सेना पर अचानक आक्रमण करने की तैयारी करने लगा। जौहर लिखता है कि मुनीम ख़ाँ मुग़ल पड़ाव का परित्याग कर शाह हुसेन से जा मिला। उसने उसे सूचित किया कि हुमायूँ का पड़ाव मैदान में है जहाँ रक्षा तथा शरण का कोई प्रबंध नहीं है। सौभाग्य से हुमायूँ को भी मुनीम ख़ाँ की इस बात का पता चल गया। यह समाचार पाते ही हुमायूँ ने फौरन खाइयां खोदने की आज्ञा दी और डंडा लेकर खाइयाँ खोदने के लिए उसने स्वयं विभिन्न स्थानों पर लोगों को नियुक्त किया। तीन दिन में रक्षात्मक खाई बनकर तैयार हो गई। जब शाह हुसेन आया तो खाइयों से रक्षित मुग़ल पड़ाव देखकर मुनीम ख़ाँ पर नाराज हुआ।[146]

शाह हुसेन निराश नहीं हुआ। उसने नाकेबंदी कर मुग़ल पड़ाव में पहुँचने वाली आवश्यक वस्तुओं को रोक दिया। हुमायूँ की अवस्था अत्यंत शोचनीय थी। उसके पास शत्रु पर आक्रमण करने के लिए न तोपें थीं न इतने आदमी ही कि शत्रु का सामना किया जा सके। चारों तरफ से खाइयों द्वारा घिरा हुमायूँ का पड़ाव उसके लिए बंदीगृह-सा बन गया था। सिंध विजय का स्वप्न टूट गया। सिंध में उसे जो कष्ट हुआ वैसा कष्ट उसे कभी न प्राप्त हुआ। हताश होकर उसने शाह

हुसेन अरगून से संधि करने का निश्चय किया

सिन्ध से विदाई

शाह हुसेन हुमायूँ की कठिनाई से लाभ उठाना चाहता था। यह जानकर कि मुग़ल स्वयं चले जाना चाहते हैं उसने बाबर कुली को सन्धिवार्ता के लिए भेजा। संधि की शर्तों के अनुसार मुग़लों ने सिंध छोड़ने का वचन दिया। उनके जाने में सुविधा देने के लिए शाह हुसेन ने सेना को लेकर जाने के लिए तीस नावें, एक लाख मिश्कल नकद, 2000 गदहों के ले जाने के बराबर अनाज, 300 ऊँट[147] तथा 300 घोड़े देने का वचन दिया। उसने जून नगर के सामने सिंध नदी पर पुल बनाने की भी प्रतिज्ञा की जिससे मुग़ल सुविधा से जा सकें। सब वस्तुएँ शीघ्र पहुँचा दी गईं। हुमायूँ ने सिंध से विदा ली (11 जुलाई 1543 ई.; 7 रबीउल आखिर 950 हि.)[148] तथा सिंध नदी पार कर कंधार की तरफ रवाना हुआ। उसे कामरान से तो अधिक आशा नहीं थी किन्तु वह समझता था कि अस्करी कदाचित् उसे कंधार का दुर्ग समर्पित कर देगा और उसके सहयोग से वह पुनः शक्ति प्राप्त करने में समर्थ होगा। उसके अधिकतर अमीरों ने उसका साथ छोड़ दिया था; प्रमुख अमीरों में केवल बैराम ख़ाँ तथा तरदी बेग ही उसके साथ थे।

शाह हुसेन का हृदय साफ नहीं था। एक तरफ उसने हुमायूँ को अपने राज्य से बाहर निकालने में सुविधा दी और दूसरी तरफ उसने काबुल में कामरान और कन्धार के गवर्नर अस्करी को हुमायूँ की कन्धार यात्रा की सूचना भी दे दी।[149] जिससे कामरान और अस्करी उससे प्रसन्न हों और साथ ही यदि हुमायूँ उनके हाथ पड़ जाए तो भविष्य में हुमायूँ से उसे कोई खतरा न रहे।

शाह हुसेन को यह भय था कि यदि वह मुग़लों के किसी एक दल को अपने में मिला नहीं लेता तो उसे भविष्य में कठिनाइयों का सामना करना पड़ेगा। वह शत्रु को विभाजित कर देना चाहता था। इसी बीच कामरान ने शाह हुसेन की लड़की से विवाह करने का प्रस्ताव अब्दुल बहाब द्वारा भेजा। कामरान और शाह हुसेन की सीमाएँ निकट थीं। कामरान ने कन्धार विजय पर अपनी शक्ति और बढ़ा ली थी। इस परिस्थिति में सिंध के शासक ने कामरान के इस प्रस्ताव को स्वीकार कर लिया और अपनी सच्चाई दिखलाने के लिए उसने बाबर की सौतेली बहन शहर बानू बेगम को भेजा।

सिंध से ईरान

जिस समय हुमायूँ कन्धार की तरफ जा रहा था, मार्ग में कामरान का दूत अब्दुल वहाब मिला। इससे उसने सीवी (सिविस्तान), जो अब्दुल वहाब के अधीन था, प्राप्त करने का प्रयत्न किया किन्तु उसे सफलता नहीं मिली। हुमायूँ बोलन के दर्रे से होता

हुआ शाल पहुँचा।[150] अस्करी इस समय कामरान का सहायक था। कामरान ने अस्करी को, हुमायूँ को बंदी बनाने की आज्ञा दी थी। अस्करी हुमायूँ पर आक्रमण की तैयारी कर रहा था। हुमायूँ को अस्करी के विचारों की सूचना मिली। ऐसी परिस्थिति में कन्धार पर आक्रमण करने का विचार त्यागकर वह दक्षिण की तरफ घूमकर मश्तंग की ओर रवाना हुआ। मार्ग में डाकुओं ने उस पर आक्रमण किया। उसे ठंड से भी बहुत कष्ट उठाना पड़ा क्योंकि उसके साथियों के पास ठंड से बचने के लिए पर्याप्त वस्त्र नहीं थे। इन परिस्थितियों का सामना करता हुआ हुमायूँ मश्तंग पहुँचा।[151]

यहाँ से उसने अस्करी को स्नेहमय तथा उपदेशपूर्ण पत्र भेजा। अस्करी के कुछ अमीरों ने उसे हुमायूँ का पक्ष लेने का सुझाव दिया किन्तु अस्करी ने इस तरफ ध्यान नहीं दिया तथा हुमायूँ के विरुद्ध योजनाएँ बनाता रहा।

अस्करी दो हज़ार सैनिक लेकर हुमायूँ के विरुद्ध रवाना हुआ। मार्ग का ज्ञान न होने के कारण उसने जय बहादुर[152] नामक ऊज़बेक को भी अपने साथ ले लिया था। यह व्यक्ति एक समय हुमायूँ की सेना में था। उसने रात्रि में जाकर बैराम ख़ाँ को अस्करी के विचारों की सूचना दे दी। यह सूचना पाकर प्रारंभ में तो हुमायूँ निश्चिंत नहीं हुआ क्योंकि अब भी उसे उन पर पूर्ण अविश्वास नहीं था। वह अपने भाइयों से लड़ने को तैयार नहीं था, किन्तु पुनः परिस्थिति समझकर वह भयभीत हुआ। वह समझ गया कि यदि बचना है तो तत्काल कार्य करना होगा। उसने निश्चय किया कि वह ईरान होता हुआ मक्का चला जाएगा। अस्करी के कोई पुत्र नहीं था और उसे आशा थी कि अस्करी तथा उसकी स्त्री अकबर की देखभाल करेंगे। इस तरह बालक अकबर को दो धायों के साथ वहीं छोड़कर, हमीदा बानो बेगम तथा कुछ साथियों के साथ हुमायूँ वहाँ से ईरान की ओर अग्रसर हुआ।[153]

हुमायूँ के रवाना होने के कुछ ही देर बाद वहाँ अस्करी पहुँचा। उसे हुमायूँ के भाग जाने से निराशा हुई। यह सूचना पाकर कि अकबर खेमे में छोड़ दिया गया है उसने उस पर अधिकार कर लिया। उसने अकबर तथा अन्य लोगों के साथ सद्व्यवहार किया।[154] अकबर उसकी दो धायों, जीजी अनूगा तथा माहम अनूगा और हुमायूँ द्वारा छोड़ी गई वस्तुओं को लेकर वह कन्धार लौट गया (15 दिसंबर 1543 ई.)। उसने अपने महल के पास अकबर के रहने का प्रबंध किया और उसकी देख-रेख अपनी स्त्री सुल्तान बेगम को सुपुर्द कर दी। सुल्तान बेगम ने अकबर के साथ बहुत ही प्रेम और सहृदयता का व्यवहार किया। अस्करी ने इस तरफ कोई विशेष ध्यान नहीं दिया। केवल दो बार अकबर से उसके सम्बन्ध का ज्ञान हमें प्राप्त है। धायों के कहने से अकबर को बुरी नजर से बचाने के लिए उसने एक बार अपने साफे से उसे मारा तथा दूसरी बार हसन अब्दाल की दरगाह पर उसने अकबर को मुंडन के लिए ले जाने की आज्ञा दी।[155]

हुमायूँ मुश्तंग से सीस्तान की तरफ रवाना हुआ। उसके साथियों की संख्या

तीस से अधिक नहीं थी जिसमें केवल दो स्त्रियाँ[157]—हमीदा बानो और हसन अली ईशक आगा की बिलोच पत्नी थीं। मुश्तंग से हुमायूँ गरमसीर पहुँचा। मार्ग में ठंड से उसे बहुत कष्ट उठाना पड़ा। अस्करी के पीछे आने का भय लगा हुआ था। एक बार उन्हें रात भर बरफ में रहना पड़ा। असहनीय ठंड थी। पास में न ईंधन था न भोजन। भूख से सभी व्याकुल थे। अन्त में एक घोड़ा मारा गया। उबालने के लिए बर्तन के अभाव में ढाल तथा शिरस्त्राण में मांस पकाकर खाना पड़ा।[158] बिलोच प्रदेश में कुछ लोग उन्हें बंदी बनाकर अस्करी को समर्पित करना चाहते थे। उस समय अली ईशक आगा की बिलोच बीवी ने उनकी भाषा में बात कर हुमायूँ की सहायता की। कामरान ने बिलोच सरदार मलिक होती को एक फ़रमान द्वारा हुमायूँ को बंदी बनाकर उसके पास भेजने के लिए लिखा था तथा इसके लिए उसने बहुत पारितोषिक देने का वादा किया था। हुमायूँ से मिलकर सरदार के विचार बदल गए। उसने हुमायूँ के साथ उदारता का व्यवहार किया। वह हुमायूँ को अपने खेमे में ले गया। तथा उसके लिए आवश्यक वस्तुएँ प्रदान कीं।[159] यहाँ से जब हुमायूँ रवाना हुआ तो बिलोच सरदार ने उसे गरमसी पहुँचा दिया। यहाँ का प्रमुख अधिकारी मीर अब्दुल हई अक्सरी द्वारा नियुक्त हुआ था। अपने स्वामी के भय से वह स्वयं तो उपस्थित नहीं हुआ किन्तु हुमायूँ के लिए उसने कुछ आवश्वक वस्तुएँ भेज दीं। अस्करी का मालगुजारी वसूल करने का अधिकारी, ख़्वाजा जलालुद्दीन महमूद,[160] बाबा हाज़ी के दुर्ग में लगान वसूली के लिए आया हुआ था। हुमायूँ के बुलाने पर वह उपस्थित हुआ। उसने अपनी सेवा तथा धन हुमायूँ को अर्पित किया। आपत्ति-काल में यह बहुत बड़ी सहायता थी। हुमायूँ ने प्राप्त वस्तुएँ अपने सहायकों में वितरित कीं तथा ख़्वाजा जलालुद्दीन महमूद को 'बादशाह की व्यक्तिगत संपत्ति का अधीक्षक' नियुक्त किया।[161]

कठिनाइयों में हुमायूँ ने पुनः संसार से विरक्त होने का विचार किया किन्तु अपने आपत्तिकाल के साथियों के समझाने से उसने यह विचार स्थगित कर दिया। भाइयों से सहायता की कोई आशा नहीं थी इसके विपरीत कामरान के प्रदेश में अधिक दिन रहने से संघर्ष का भय था। केवल एक मार्ग था—ईरान के शाह से सहायता प्राप्त करना। हुमायूँ ने ईरान के शाह तहमास्प को एक निष्ठायुक्त पत्र लिखा (28 दिसंबर 1543 ई.)। पत्र में उसने ईरान में प्रवेश करने तथा शाह से मुलाकात करने की प्रार्थना की थी। इस पत्र को जय बहादुर द्वारा भेजा गया।

उत्तर प्राप्त होने तक हुमायूँ का विचार गरमसीर में रुकने का था। इसी समय सूचना मिली कि अस्करी उसका पीछा करता हुआ आ रहा है। रुकने तथा सोचने का समय नहीं था। हुमायूँ ने बिना उत्तर की प्रतीक्षा किए हेलमन्द नदी पार की तथा ईरान के सीस्तान प्रांत में प्रवेश किया।

संदर्भ

1. अबबरनामा, 1, पृ. 167।
2. गुलबदन, हुमायूँनामा, बेवरिज, पृ. 143।
3. जौहर, स्टीवर्ट, पृ. 34।
4. साम्राज्य खोने पर भी हुमायूँ को राजत्व के नियमों का बड़ा ध्यान था। चलते समय फ़ख्र अली हुमायूँ के आगे निकल गया जो राज्योचित नियमों के विरुद्ध हुमायूँ था। हुमायूँ इससे बहुत क्रुद्ध हुआ तथा उसने फ़ख्र अली को मृत्यु दण्ड देने की धमकी दी। फ़ख्र अली की स्वामिभक्ति में कोई संदेह नहीं था। उसने भूल स्वीकार की तथा पीछे चलने लगा। जौहर, स्टीवर्ट, पृ. 34-35।
5. जौहर (स्टीवर्ट, पृ. 36) तीन भाग लिखता है किन्तु पिछले दल को भी मान लिया जाए तो चार भाग होते हैं।
6. गुलबदन, हुमायूँनामा, बेवरिज, पृ. 143।
7. अकबरनामा, 1, पृ. 167।
8. जौहर, स्टीवर्ट, पृ. 36।
9. वही, पृ. 36।
10. अकबरनामा, 1, पृ. 167।
11. तारीख़े रशीदी, एलियस तथा रास, पृ. 478।
12. वही, पृ. 477; अकबरनामा, 1, पृ. 168; तबक़ाते अकबरी, डे, 2, पृ. 74-75।
13. अकबरनामा, 1, पृ. 168।
14. अकबरनामा, 1, पृ. 169; मासीरे रहीमी, 1, पृ. 540; तारीख़े रशीदी, एलियस तथा रास, पृ. 479-80।
15. अकबरनामा, 1, पृ. 168-69; तारीख़े रशीदी, पृ. 481।
16. अर्सकिन, 2, पृ. 197, 200; डॉ. ईश्वरी प्रसाद, हुमायूँ, पृ. 160।
17. अकबरनामा, 1, पृ. 169, अबुल फ़ज़ल के शब्द इस प्रकार हैं—व मजमूने मकतूब चुनां नविश्त कि अगर पंजाब बदस्तूर साबिक बरमन मुकर्र दारन्द दर अन्दक जमान कारहाये शायेस्ता ब तकदीम रसानम।
18. वही, पृ. 170।
19. गुलबदन, हुमायूँनामा बेवरिज, पृ. 144-45।
20. कविता इस प्रकार थी—

    दर आइना गरचे खुद नुमाई बाशद
    पैवस्ता ज खेशतन जुदाई बाशद।
    खुद रा ब मिसले गोर दीदन अजब अस्त,
    ई बुल अजबो कारे खुदाई बाशद।

    अर्थात् यद्यपि दर्पण में अपना चेहरा देखा जा सकता है फिर भी वह अपने से अलग रहता है। अपने आपको दूसरे के रूप में देखना यह बड़े आश्चर्य की बात है, यह चमत्कार ईश्वर का कार्य है।" गुलबदन, हुमायूँनामा, पृ. 48।
21. गुलबदन, हुमायूँनामा, बेवरिज, पृ. 144।
22. कैटलाग ऑफ़ क्वायन्स, इन्डियन म्यूज़ियम, कलकत्ता, नं. 4; कैटलाग ऑफ़ क्वायन्स, प्राविन्शियल म्यूज़ियम, लखनऊ, नं. 3; लाहौर से 946 हिजरी तक हुमायूँ के सिक्के मिलते हैं।
23. "The abstention from an attack on the Mughals at Kabul and a free permission to them

to settle there, must be pronounced a generous gesture on the part of the Afghan King." (बनर्जी, हुमायूँ, पृ. 12)।

24. कपूरथला कस्बे से 16 मील दक्षिण, $31^0$13' उत्तर तथा $75^0$15' पूर्व।
25. जौहर, स्टीवर्ट, पृ. 39।
26. गुलबदन, हुमायूँनामा, बेवरिज, पृ. 147।
27. अकबरनामा, 1, पृ. 170।
28. गुलबदन, हुमायूँनामा, बेवरिज, पृ. 144।
29. अकबरनामा, 1, पृ. 171; तारीख़े रशीदी, पृ. 481।
30. जौहर, स्टीवर्ट, पृ. 40।
31. वही, पृ. 40-41।
32. अकबरनामा, 1, पृ. 171।
33. वही, पृ. 172। उच्च 29^0 14' उत्तर तथा 71^0 4' पूर्व में मावलपुर के दक्षिण पूर्व में 38 मील पर स्थित है :
34. बदायूँनी, मुन्तख़बुत्तवारीख़, 1 पृ. 356; अकबरनामा, 1, पृ. 171।
35. अकबरनामा, 1, पृ. 171-72।
36. वही, पृ. 172; गुलबदन, हुमायूँनामा, बेवरिज, पृ. 148। भक्कर सिंध नदी पर एक द्वीप है। यह 27^0 43' उत्तर तथा 68^0 56' पूर्व में सक्कर तथा रोहरी के बीच में स्थित था।
37. अबुल फ़ज़्ल (अकबरनामा 1, पृ. 172) लिखता है कि यद्यपि मुग़लों की सेना कम थी किन्तु ख़्वास ख़ाँ तथा अफ़गान सेना को युद्ध करने का साहस नहीं हुआ।
38. अकबरनामा, 1, पृ. 172-73; रोहरी कस्बा, 27^0 41' उत्तर तथा 68^0 56' पूर्व सिंध नदी के पूर्वी तट पर स्थित है।
39. तारीख़े मासूमी, पृ. 142।
40. वही, पृ. 162-64।
41. तारीख़े मासूमी, पृ. 165।
42. वही, पृ. 166; इलियट तथा डासन, 1, पृ. 317।
43. तारीख़े मासूमी (पृ. 168) के अनुसार उसने 500 गदहों के बोझ के बराबर अनाज एवं भोजन सामग्री भेजी।
44. बनर्जी, हुमायूँ, 2, पृ. 26।
45. गुलबदन, हुमायूँनामा, बेवरिज, पृ. 148; तबक़ाते अकबरी, डे, 2, पृ. 77।
46. अकबरनामा, 1, पृ. 173; गुलबदन, हुमायूँनामा, बेवरिज, पृ. 148-49; तारीख़े मासूमी, पृ. 168।
47. तारीख़े मासूमी, (पृ. 170) के अनुसार दो लाख। कदाचित् यह संख्या अतिशयोक्तिपूर्ण है।
48. वही, पृ. 170। जौहर उस समय वहाँ उपस्थित था किन्तु वह उनका उल्लेख नहीं करता।
49. आधुनिक 'पात कुहना' ग्राम के पास। आईने अकबरी, 2, पृ. 342 के अनुसार यह मुल्तान के सूबे के सीविस्तान सरकार में था। देखिए मेजर जनरल एम.आर. हेग, दि इण्डस डेल्टा कन्ट्री, पृ. 91; बेवरिज द्वारा अकबरनामा का अंग्रेज़ी अनुवाद, पृ. 362, टिप्पणी 2।
50. बर्न्स, नैरेटिव ऑफ़ सिंध, आईने अकबरी, 2, पृ. 341। हाजकान, जाजकान या चाचकान थट्टा के पूर्व, रन के पश्चिम में सिंध की शाखा पर स्थित था। अकबर के समय में यह मुल्तान सूबे की सरकार में था। इसमें 11 महाल थे जिनका राजस्व 1,17,84,586 दाम था।
51. अकबरनामा, 1, पृ.173-74।
52. तारीख़े मासूमी, पृ. 169।

53. गुलबदन, हुमायूँनामा, बेवरिज, पृ. 149।

54. अकबरनामा, 1, पृ. 147; तबक़ाते अकबरी, 2, डे, पृ. 77; गुलबदन, हुमायूँनामा, बेवरिज, पृ. 149।

55. मीर बाबा दोस्त ईरान का निवासी था तथा हुमायूँ के समय सद्र के पद पर नियुक्त हुआ था। (तारीख़े मासूमी, पृ. 171 के अनुसार उसका नाम शेख अली अकबर जामी था। इसकी विवेचना के लिए देखिए गुलबदन बेगम के हुमायूँनामा के अंग्रेज़ी अनुवाद में बेवरिज की टिप्पणी पृ. 237-41) बाद में अकबर के समय यह तीन हज़ार का मनसबदार नियुक्त हुआ। जौहर ने मीर बाबा दोस्त को हिन्दाल का आखुन्द कहा है। आखुन्द का अर्थ शिक्षक या धर्म प्रचारक है।

56. गुलबदन बेगम-हुमायूँनामा, पूर्वोद्धृत

57. जौहर, रिज़वी मुग़ल कालीन भारत, हुमायूँ, भाग 1, पृ. 624।

58. हुमायूँनामा, पृ. 52।
"हज़रत पादशाह अन्द मबादां मआशे नेक न शबद" ता बायसे कुलफ़त शवद।

59. हुमायूँ की पत्नियों के लिए इस पुस्तक का ग्यारहवाँ अध्याय देखिए।

60. गुलबदन, हुमायूँनामा, बेवरिज, पृ. 150।

61. वही।

62. गुलबदन के शब्द इस प्रकार हैं—
आरे ब कसे ख़्वाहम रसीद कि दस्ते मन ब गरेबाने ऊ बरसद न आकि व कसे बेरसम कि दस्ते मन मीदानम ब दामने ऊ रसद (हुमायूँनामा, फा. पृ. 53)।
डॉ. बनर्जी (भाग 2, पृ. 34) ने इसका अर्थ यह लगाया है कि हुमायूँ बहुत लम्बा था तथा हमीदा कद में उससे बहुत छोटी थी। यह अर्थ ठीक नहीं है। यह वाक्य अलंकारिक है तथा इसमें हुमायूँ तथा हमीदा के सामाजिक स्तर की भिन्नता की तरफ इशारा है। हमीदा बानो का इस तरह हुमायूँ की लम्बाई की तरफ इशारा करना असंभव प्रतीत होता है। यदि उसका यह अर्थ होता तो गुलबदन बेगम, जिसने इसका वर्णन किया है, ऐसा न लिखती, क्योंकि इससे हमीदा की बेशर्मी प्रकट होती है।

63. हमीदा बानो ने हुमायूँ से विवाह करना क्यों अस्वीकार किया, इस विषय में डॉ. विंसेंट स्मिथ और सर रिचार्ड बर्न (स्मिथ, अकबर, पृ. 13; कैम्ब्रिज़ हिस्ट्री ऑफ़ इण्डिया, 4, पृ. 38) का यह सुझाव कि वह किसी दूसरे को प्यार करती थी और उसकी मँगनी हो चुकी थी, सत्य नहीं है क्योंकि यह समकालीन इतिहासकारों द्वारा समर्थित नहीं है। केवल जौहर लिखता है कि विवाह सम्बन्धी बातचीत चल रही थी। मंगनी हो गई थी या हमीदा बानो किसी अन्य से प्रेम करती थी, यह किसी भी समकालीन इतिहासकार ने नहीं लिखा है। गुलबदन बेगम ने स्पष्ट रूप से हमीदा बानो के इस विवाह के अस्वीकार करने का कारण लिखा है और कदाचित् वही कारण मुख्य था। दोनों उपर्युक्त लेखकों के विचार इस दृष्टि से काल्पनिक हैं। श्रीमती बेवरिज के अनुसार हमीदा बानो की प्रारंभिक अस्वीकृति का कारण हुमायूँ की कई पत्नियों का होना था। (हुमायूँनामा अंग्रेज़ी अनुवाद, पृ. 150 नोट 1)

64. दो लाख चाँदी के सिक्के देना उस समय हुमायूँ के लिए असंभव प्रतीत होता है। कदाचित् दो लाख रुपये नहीं बल्कि दो लाख दाम (पाँच हज़ार रुपये) उसे दिए गए। (बनर्जी, हुमायूँ, 2, पृ. 37 नोट 3) विवाह की तिथि के विषय में अबुल फ़ज़्ल केवल 948 हि. लिखता है। गुलबदन बेगम केवल इतना ही कहती है कि विवाह सोमवार, जुमादिउल अव्वल 948 हि. को हुआ, किस तिथि को हुआ यह वह नहीं लिखती। डॉ. बनर्जी इससे प्रथम सप्ताह (29 अगस्त) निश्चित करते हैं तथा डॉ. ईश्वरी प्रसाद ने श्रीमती बेवरिज के मत को स्वीकार किया है (सितंबर 1541

ई.)। (बनर्जी 2, पृ. 37; हुमायूँनामा, बेवरिज, पृ. 151; ईश्वरी प्रसाद, हुमायूँ, पृ1. 207)।

65. अकबरनामा, 1, पृ. 174।

66. अकबरनामा 1, पृ. 116 तथा 118।

67. वही, पृ. 174-75।

68. लोहगढ़ अब लोगर कहलाता है तथा गजनी ज़िले में है। बाबर के अनुसार यह काबुल का एक तूमान परगना था। चीर्ख लोहगढ़ के परगने में एक गांव है। आइने अकबरी, 2, पृ. 410; बाबरनामा, बेवरिज, पृ. 217 में चीर्ख का वर्णन है।

69. अकबरनामा, 1, पृ. 174। हिजरी वर्ष की सभी स्वीकार करते हैं किन्तु इसके दिन तथा अंग्रेज़ी तिथि के विषय में मतभेद है। डॉ. बनर्जी के अनुसार 18 जमादिउल अव्वल 948 हि. को शुक्रवार 9, सितम्बर 1541 ई. था। बेवरिज अकबरनामा के अंग्रेजी अनुवाद में 11 सितम्बर लिखती हैं। कुछ समकालीन इतिहासकारों ने उस दिन मंगलवार लिखा है। बनर्जी, हुमायूँ, 2, पृ. 43, नोट 2।

70. अकबरनामा, पृ. 175; अर्सकिन' 2, पृ. 222; श्रीमती बेवरिज (हुमायूँनामा पृ. 151) लिखती हैं कि उसे सुल्तान भक्कारी के पास भेजा गया, वह बीमार पड़ा था उसकी मृत्यु हो गई। उनका यह वर्णन सही नहीं है।

71. सेहवान 26° 26' उत्तर तथा 67° 54' पूर्व में स्थित था। तबक़ाते अकबरी, डे, 2, पृ. 79, नोट 2)

72. अकबरनामा, 1, पृ. 176।

73. जौहर, स्टीवर्ट, पृ. 46।

74. तारीखे मासूमी, पृ. 174; अकबरनामा, 1, पृ. 177; तबक़ाते अकबरी डे, 2, पृ. 81।

75. जौहर, स्टीवर्ट, पृ. 47; अंग्रेज़ी अनुवाद में स्त्रियों के अर्धनग्न अवस्था में भागने का उल्लेख है।

76. तबकाते अकबरी, डे, 2, पृ. 82।

77. अकबरनामा, पृ. 178; तबक़ाते अकबरी, डे, पृ. 82-83।

78. अकबरनामा, 1, पृ. 178; तबक़ाते अकबरी, डे 82-83।

79. ओझा, जोधपुर का इतिहास, 1, पृ. 280-81; रेऊ, मारवाड़ का इतिहास, 1, पृ. 115; कविराज श्यामलदास, वीरविनोद, 2, पृ. 808।

80. श्रीराम शर्मा, स्टडीज़ इन मेडिवल इंडियन हिस्ट्री, अध्याय 12, हुमायूँ तथा मालदेव, पृ. 166; निज़ामुद्दीन अहमद के अनुसार उस समय उसकी शक्ति एवं सेना की बराबरी करने वाला और कोई व्यक्ति हिन्दुओं में नहीं था। तबक़ाते अकबरी, डे, 2, पृ. 83-84।

81. कानूनगो, शेरशाह, पृ. 267; रघुवीर सिंह, पूर्व आधुनिक राजस्थान, पृ. 30; राजपूत इतिहासकारों के अनुसार उसकी सेना 80,000 थी।

82. तबक़ाते अकबरी, डे, 2, पृ. 84 के अनुसार मालदेव ने कई बार उसे जोधपुर आने के लिए आमंत्रित किया। अबुल फ़ज़ल भी लिखता है कि उसने कई पत्र भेजकर अपनी स्वामिभक्ति का आश्वासन दिया था। अकबरनामा, 1, पृ. 179; डॉ. कानूनगो के अनुसार (शेरशाह, पृ. 266-67) मालदेव का निमंत्रण फरवरी तथा अगस्त 1541 ई. के बीच प्राप्त हुआ होगा।

83. जोधपुर राज्य की ख़्याति, 1, पृ. 69; ओझा, जोधपुर का इतिहास, 1, उद्धृत पृ. 292।

84. जय सोम का कर्मचन्द वंशोत कीर्त्तन काव्यम्; ओझा, जोधपुर का इतिहास, जिल्द 1, पृ. 292।

85. रेऊ, मारवाड़ का इतिहास, 1, पृ. 125-26; यह घटना 1598 विक्रमी (1541-42 ई.) की है। ओझा, जोधपुर का इतिहास, 1, पृ. 292-93।

86. गुलबदन, हुमायूँनामा, बेवरिज, पृ. 154।
87. डॉ. ईश्वरी प्रसाद, हुमायूँ पृ. 210।
88. "Probably, he also considered Humayun personally a friend of the Rajputs and was aware of his relations with the Sisodias of Mewar." बनर्जी, हुमायूँ, 2, पृ. 59 का यह विचार सत्य नहीं है।
89. कानूनगो, शेरशाह, पृ. 266।
90. जौहर, स्टीवर्ट, पृ. 52-53।
91. जौहर, स्टीवर्ट, पृ. 53। हुमायूँ ने उत्तर दिया, "इस दुर्ग पर अधिकार जमा लेने से मैं संसार का बादशाह न हो जाऊँगा पर मालदेव जरूर नाराज़ हो जाएगा।"
92. अकबरनामा, 1, पृ. 171-80।
93. जौहर लिखता है कि मार्ग में हुमायूँ को एक मुग़ल मिला जिससे उसने ऋण लिया था। वह प्यास के कारण मरने-मरने को हुआ था। हुमायूँ ने उससे कहा, "जो ऋण मुझ पर है यदि उसे तू जल की एक करौती के बदले में क्षमा कर दे तो तुझे जल पिलाऊँगा।" मुग़ल ने इसे स्वीकार किया। हुमायूँ ने कुछ लोगों को साक्षी बनाया और जल मुग़ल को दिया (जौहर, स्टीवर्ट, पृ. 54)। इससे हुमायूँ के चरित्र, पानी की कठिनाई तथा हुमायूँ के धन की कमी प्रमाणित होती है।
94. गुलबदन हुमायूँनामा, बेवरिज, पृ. 154; जौहर, स्टीवर्ट, पृ. 55।
95. अकबरनामा, 1 पृ. 180; जौहर, स्टीवर्ट, पृ. 55।
96. अकबरनामा, 1 पृ. 180।
97. कानूनगो, शेरशाह, पृ. 231।
98. शेरशाह के मालवा विजय के लिए देखिए—कानूनगो, शेरशाह, पृ. 249-62; आशीर्वादीलाल श्रीवास्तव, शेरशाह एण्ड हिज़ सक्सेसर्स, पृ. 42-43।
99. 28^0 35' अक्षांश तथा 78^0 43' देशान्तर पर स्थित।
100. गुलबदन, हुमायूँनामा, बेवरिज, पृ., 154।
101. तबक़ाते अकबरी, डे, 2, पृ. 85। यदि मालदेव का विचार वास्तव में हुमायूँ के ऊपर आक्रमण कर उसे बंदी बनाना होता तो उसने अतका ख़ाँ को बंदी बना लिया होता या उससे छिपकर सेना भेजता।
102. गुलबदन, हुमायूँनामा, बेवरिज, पृ. 154।
103. वही। समकालीन इतिहासकारों में इस घटना के विषय में भिन्नताएँ हैं। अबुल फ़ज़ल (अकबरनामा, 1, पृ. 180) के अनुसार हीने खरीदने के बहाने इन लोगों ने मुग़ल पड़ाव में प्रवेश किया। निज़ामुद्दीन (तबक़ाते अकबरी, डे, पृ. 86) लिखता है कि दो गुप्तचर पकड़े गए, अभी उनसे पूछ-ताछ हो ही रही थी कि उन्होंने आक्रमण कर दिया। बदायूँनी (मुन्तख़बुत्तवारीख़, पृ. 440) के अनुसार दो गुप्तचर पड़ाद के पास पकड़े गए तथा उन लोगों को मृत्यु दण्ड दिया गया। उसी समय एक ने आक्रमण कर दिया। जौहर (स्टीवर्ट, पृ. 55-56) के अनुसार पथ-प्रदर्शन के लिए दो ऊँटवान पकड़े गए। इनके ऊँटों को राजसी ऊँटों के साथ बाँधने को कहा गया तथा हुमायूँ ने आज्ञा दी कि इनके हथियार छीनकर उन्हें बंदी बना दिया जाए। उसी समय उन लोगों ने आक्रमण किया।
104. गुलबदन, हुमायूँनामा, बेवरिज, पृ. 154-55।
105. बनर्जी, हुमायूँ, 2, पृ. 69।
106. अकबरनामा, 1, पृ. 181; गुलबदन, हुमायूँनामा, बेवरिज, पृ. 155-56; निज़ामुद्दीन के अनुसार

शेखअली बेग के नेतृत्व में 22 मुग़लों ने संख्या में अपने से एक बड़ी राजपूत सेना को पराजित किया। (तबक़ाते अकबरी डे, 2, पृ. 84) बदायूँनी (मुन्तखबुत्तवारीख, पृ. 440) का वर्णन भी निज़ामुद्दीन ही जैसा है। जौहर के अनुसार भी मुग़ल सेना की संख्या कम थी (स्टीवर्ट, पृ. 57)।

107. गुलबदन, हुमायूँनामा, बेवरिज, पृ. 155-57।
108. अकबरनामा, 1, पृ. 181-182; जौहर, स्टीवर्ट, पृ. 58-59।
109. हुमायूँनामा, बेवरिज, पृ. 157।
110. अकबरनामा, 1, पृ. 182।
111. अबुल फ़ज़ल के अनुसार (अकबरनामा, 1, पृ. 187) राणा का नाम राना परसाद था। तारीख़े मासूमी (पृ. 177) बीरसाल लिखता है जो सही है।
112. अकबरनामा, 1, पृ, 180।
113. जौहर, स्टीवर्ट, पृ. 55।
114. गुलबदन, हुमायूँनामा, बेवरिज, पृ. 154-55।
115. मुन्तखबुत्तवारीख, 1, पृ. 440।
116. तारीख़े मासूमी; पृ. 176।
117. फ़िरिश्ता ब्रिग्स, 1, पृ. 93।
118. तबक़ाते अकबरी, डे, 2, पृ. 85-86।
119. रेऊ, मारवाड़ का इतिहास, 1, पृ. 127; वीर विनोद, 2, पृ. 809 में कविराज़ श्यामलदास लिखते हैं कि बादशाह के साथियों ने एक गाय की हत्या कर दी जिससे मालदेव नाराज़ हुआ। उसकी नाराज़गी की ख़बर पाकर हुमायूँ डरकर अमरकोट चला गया।
120. कानूनगो, शेरशाह, पृ. 176; ईश्वरी प्रसाद, हुमायूँ, पृ. 211; त्रिपाठी, राइज़ एण्ड फाल, पृ. 105।
121. जौहर, स्टीवर्ट, पृ. 62; हुमायूँनामा, बेवरिज, पृ. 157।
122. गुलबदन, हुमायूँनामा, बेवरिज, पृ. 157।
123. जौहर, स्टीवर्ट, पृ. 63-64।
124. वही, पृ. 62। गुलबदन बेगम (हुमायूँनामा, बेवरिज, पृ. 157) दो-तीन हज़ार अच्छी सेना लिखती हैं।
125. अबुल फ़ज़ल के अनुसार जून जाजकान सरकार का एक महाल था तथा इसका लगान 31, 65, 418 दाम था। (आईन अकबरी, 2, पृ. 341) यह बहुत ही उपजाऊ महाल था। संभवतः यह थट्टा तथा सेहवान के मध्य में सिंध के पूर्वी तट पर था। हेग के अनुसार सिंध डेल्टा प्रदेश में अमरकोट से 75 मील दक्षिण-पश्चिम तथा थट्टा से 50 मील उत्तर-पूर्व में रन के बायें तट पर (मेजर जरनल एम.आर. हेग, दि इण्डस डेल्टा कन्ट्री, पृ. 92-93)। जून का नगर उस समय सिंध के प्रसिद्ध नगरों में से था। आज यहाँ केवल उसके भग्नावशेष हैं जो आधुनिक टांडो गुलाम हैदर के दक्षिण-पूर्व में दो मील पर है। 1658 ई. में राजकुमार दारा शिकोह कुछ समय के लिए भागता हुआ यहीं ठहरा था और यहीं उसकी पत्नी नादिरा बेगम की मृत्यु हुई थी।
126. जौहर, स्टीवर्ट, पृ. 66।
127. गुलबदन, हुमायूँनामा, बेवरिज, पृ. 158।
128. अकबरनामा, 1, पृ. 183; तबक़ाते अकबरी, डे, 2, पृ. 89-90; मुन्तखबुत्तवारीख (पृ. 441-42) तथा फ़िरिश्ता (ब्रिग्स, 2, पृ. 95) के अनुसार अकबर का जन्म रविवार रात्रि में 5 रजब, 949 को हुआ था। गुलबदन बेगम (हुमायूँनामा, बेवरिज पृ. 157) के अनुसार अकबर रविवार के प्रातः चौथी राजब को पैदा हुआ था।

129. जौहर, स्टीवर्ट, पृ. 65।

130. जाफर शरीफ, इस्लाम इन इन्डिया; कविराज श्यामलदास, बर्थ डेट ऑफ़ अकबर, जरनल एशियाटिक सोसाइटी ऑफ़ बंगाल, 1886, पृ. 80-88; विन्सेन्ट स्मिथ, बर्थ ऑफ़ अकबर, इण्डियन एन्टीक्वेरी, 1915, पृ. 238।

131. बनर्जी, दी बर्थ ऑफ़ अकबर, प्रोसीडिंग्स ऑफ़ दि इंडियन हिस्ट्री कांग्रेस कलकत्ता, 1939, पृ. 1002-12; बनर्जी, हुमायूँ 2, पृ. 75-86। डॉ. आशीर्वादीलाल श्रीवास्तव, दि डेट ऑफ़ अकबर्स बर्थ, हिस्ट्री एंड पोलिटिकल साइंस जनरल, आगरा कालेज, आगरा, जिल्द 2, पृ. 12-13। इस पुस्तक के लेखक का लेख—सम्राट अकबर की जन्म तिथि, सरस्वती, इलाहाबाद, अप्रैल 1946 ई.।

132. तबक़ाते अकबरी, डे, 2, पृ. 90-91, नोट 1।

133. जौहर, स्टीवर्ट, पृ. 67; गुलबदन, हुमायूँनामा, बेवरिज, पृ. 158; अकबरनामा, 1, पृ. 184-85।

134. अकबरनामा, 1, पृ. 200।

135. वही, पृ. 200-201।

136. गुलबदन, हुमायूँनामा, बेवरिज, पृ. 160। अकबरनामा, 1, पृ. 201।

137. अकबरनामा, 1, पृ. 200। जूये शाही, आधुनिक जलालाबाद है। बदायूँनी के अनुसार उसे गजनी दिया गया (मुन्तखबुत्तवारीख, पृ. 442); गुलबदन के अनुसार कामरान ने गजनी देने की प्रतिज्ञा की थी किन्तु बाद में लमगानात एवं तनगीहार उसे दिए गए। (गुलबदन, हुमायूँनामा, बेवरिज, पृ. 162)

138. तारीख़े मासूमी, पृ. 178-79; जौहर, स्टीवर्ट, पृ. 68।

139. जौहर, स्टीवर्ट, 67-68; गुलबदन (हुमायूँनामा, बेवरिज, पृ. 158) के अनुसार उनके आने से सेना की संख्या 10,000 तक पहुँची।

140. गुलबदन, हुमायूँनामा, बेवरिज, पृ. 159; तबक़ाते अकबरी, डे, 2, पृ. 92-93; अकबरनामा, 1, पृ. 185।

141. बैराम के संक्षिप्त प्रारंभिक जीवन तथा इस घटना के लिए देखिए जौहर, स्टीवर्ट, पृ. 69; बनर्जी, हुमायूँ, 2, पृ. 90-91, पृ. 90 का चौथा नोट; इलियट तथा डासन 5, पृ. 215, नोट; अकबरनामा, 1, पृ. 185-86।

142. वही 'शरीके दर्दे मा आमद।'

143. जौहर, स्टीवर्ट, पृ. 68 के अनुसार एक कुत्ते को यह ख़िअलत पहनाकर तथा कटार बाँधकर शाह हुसेन के पास भेजा गया जिससे शाह हुसेन बड़ा शर्मिंदा हुआ।

144. गुलबदन ने (बेवरिज, पृ. 158) इसका नाम तारदी मुहम्मद ख़ाँ तथा जौहर ने (स्टीवर्ट, पृ. 69) ख़्वाजा गाज़ी लिखा है।

145. जौहर, स्टीवर्ट, पु. 69; हुमायूँनामा, बेवरिज, पृ. 169।

146. जौहर, स्टीवर्ट, पृ. 69।

147. गुलबदन के अनुसार 1000 ऊंट। ये ऊंट भी जंगली थे तथा करीब 200 ऊँट भाग गए। हुमायूँनामा (बेवरिज, पृ. 163), तबक़ाते अकबरी (डे, 2, पृ. 93) के अनुसार 300 ऊँट।

148. अकबरनामा, 1, पृ. 189।

149. तबक़ाते अकबरी, डे, पृ. 93।

150. आधुनिक क्वेटा (अकबरनामा, 1, पृ. 190)। गुलबदन (बेवरिज, पृ. 165) इस स्थान को शाल मस्तान तथा निज़ामुद्दीन अहमद (तबक़ाते अकबरी, डे, 2, पृ. 94) की कुछ हस्तलिखित प्रतियों में शाल जमीस्तान और कुछ में शाल व मस्तान लिखा है।

151. मश्तंग क्वेटा के दक्षिण-पश्चिम, दक्षिण की ओर 32 मील पर क्वेटा खिलात के बीच में था।

152. जौहर उसे जोबी बहादुर लिखता है, अबुल फ़ज़ल अकबरनामा, 1, पृ. 190 जय बहादुर या जी बहादुर ऊज़्बेक लिखता है। इलियट तथा डासन, 5, पृ. 215, में उसका नाम हवाली या जवानी लिखा है। इसके विवेचन के लिए देखिए, होदीवाला, स्टडीज़ इन इण्डो-मुस्लिम हिस्ट्री, 1, पृ. 510।

153. घोड़ों की कमी थी। हुमायूँ ने तरदी बेग से घोड़ा माँगा, उसने इनकार कर दिया। कोई मार्ग न देखकर हमीदा तथा हुमायूँ एक ही घोड़े पर चढ़कर आगे बढ़े। जौहर, स्टीवर्ट, 76; तबक़ाते अकबरी, डे, 2 पृ. 95; अकबरनामा, 1, पृ. 191।

154. गुलबदन, हुमायूँनामा, बेवरिज, पृ. 165-66; तबकाते अकबरी, डे, 2, पृ. 95, अकबरनामा, 1, पृ. 193; जौहर, स्टीवर्ट, पृ. 77; के अनुसार जब अकबर उसे समर्पित किया गया तो उसने उसे गोद में उठा लिया तथा उसे हृदय से लगा लिया।

155. अकबरनामा, 1, पृ. 194-95। तुर्की में यह प्रथा थी कि जब पुत्र अपने पाँव चलने लगता तो पिता या पिता का बड़ा भाई या जो कोई उसके स्थान पर होता, पगड़ी सिर पर से उतारकर बालक के चलते समय उसे मारता था और बालक गिर पड़ता था।

156. तबकाते अकबरी, डे, 2, पृ. 95 के अनुसार उसके साथ केवल 22 आदमी थे। फ़िरिश्ता तथा बदायूँनी इसका समर्थन करते हैं। गुलबदन (बेवरिज, पृ. 166) तीस आदमी तथा दो स्त्रियाँ लिखती हैं। जौहर (स्टीवर्ट, पृ. 76) चालीस पुरुष तथा दो स्त्रियाँ लिखता है।

157. गुलबदन, हुमायूँनामा, बेवरिज, पृ. 166-67।

158. वही, पृ. 167; अकबरनामा 1, पृ. 202।

159. आईने अकबरी, 1, पृ. 384। बाद में यह व्यक्ति अकबर का दीवान हुआ तथा इसे ढाई हज़ार का मनसबदार नियुक्त कर गजनी भेजा गया। बाद में मुनीम ख़ाँ के अकबर ने राज्य के तीसरे वर्ष इनकी हत्या करा दी। मआसिरुल उमरा, भाग 1, पृ. 615-18।

160. अकबरनामा, 1, पृ. 202।

161. वही, पृ. 204।

9. ईरान-यात्रा तथा भाइयों से संघर्ष

हुमायूँ ने ईरान के सीस्तान प्रांत में कठिन परिस्थिति में प्रवेश किया। तब तक शाह ने उसके प्रार्थना पत्र का उत्तर भी नहीं दिया था।[1] औपचारिक दृष्टि से हुमायूँ को शाह की आज्ञा के लिए प्रतीक्षा करनी चाहिए थी, पर इसके लिए समय नहीं था। सीस्तान के गवर्नर अहमद सुल्तान शामलू को कदाचित् हुमायूँ के प्रार्थना पत्र का ज्ञान था। उसने निष्कासित मुग़ल सम्राट का उचित स्वागत करने का प्रबंध किया। हुमायूँ के सीस्तान प्रांत में प्रवेश करते ही शामलू ने अपने एक प्रमुख व्यक्ति को हुमायूँ का स्वागत करने के लिए भेजा। नगर से तीन-चार मील पर पहुँचने पर अपने प्रमुख अमीरों के साथ उसने सम्राट (हुमायूँ) का स्वागत किया। नगर में गवर्नर ने अपना निवास स्थान हुमायूँ को रहने के लिए दिया तथा अपनी स्त्रियों, माता तथा अन्य स्त्रियों को हमीदा बानो का स्वागत करने के लिए भेजा। हुमायूँ को उपहार भी दिए गए। अहमद सुल्तान शामलू के भाई हुसेन कुली मिर्ज़ा ने हुमायूँ को कुछ पुस्तकें भेंट की तथा दोनों में शिआ-सुन्नी सिद्धांतों पर वार्तालाप हुआ जिससे हुमायूँ को बड़ी प्रसन्नता हुई। राजसी स्वागत के अतिरिक्त बहुत दिनों के बाद हुमायूँ को सुखमय विश्राम प्राप्त हुआ।[2]

हुमायूँ का स्वागत करने के पश्चात् ही अहमद सुल्तान शामलू ने शाह के पुत्र तथा हिरात के गवर्नर सुल्तान मुहम्मद मिर्ज़ा को हुमायूँ के आगमन की सूचना भेज दी और शाह से हुमायूँ को हिरात के मार्ग से दरबार में भेजने की आज्ञा माँगी।[3]

इसी समय दो मुग़ल अमीर, हाजी मुहम्मद तथा हसन कोका, अस्करी को छोड़कर हुमायूँ से आ मिले। इन लोगों ने हुमायूँ को परामर्श दिया कि वह पुनः लौटकर कन्धार पर अधिकार करे। इन लोगों ने वहाँ के कुछ अमीरों से सहायता मिलने की भी आशा दिलाई, किन्तु हुमायूँ ने इनकी बात स्वीकार नहीं की तथा बैराम ख़ाँ के इस मत का समर्थन किया कि ईरान के शाह से मुलाकात करने के पश्चात् ही कार्यक्रम निश्चित करना चाहिए।[4]

हुमायूँ का पत्र तथा यह सूचना पाकर कि शरणार्थी सम्राट ने सीस्तान में प्रवेश किया है, शाह तहमास्प बहुत प्रसन्न हुआ। तीन दिन तक कज़वीन में इस खुशी

में नक्कारे बजते रहे। शाह ने हुमायूँ के दूत को विदा कर दिया और गवर्नरों तथा अफ़सरों को सूचना भिजवा दी कि हुमायूँ का राजसी स्वागत होना चाहिए और उसकी जरूरत की सभी वस्तुएँ उसके लिए उपलब्ध होनी चाहिए।[5] आज्ञापत्र से स्पष्ट है कि हुमायूँ का शानदार स्वागत किया गया।

कुछ दिन सीस्तान में व्यतीत कर हुमायूँ हिरात के लिए रवाना हुआ। मार्ग में फराह[6] के निकट उससे शाह के दूत, जो हुमायूँ के पत्र का उत्तर ला रहा था तथा शाह के दरबार से लौटते हुए अपने दूत, जय बहादुर (चूली बहादुर) से मुलाक़ात हुई। हुमायूँ को यहाँ शाह का पत्र प्राप्त हुआ जिसमें उसने ईरान में हुमायूँ के आगमन का स्वागत किया था तथा उसके शीघ्र मिलने की आशा व्यक्त की थी।[7]

हिरात में

सीस्तान से हुमायूँ ने हिरात में प्रवेश किया। मार्ग में जहाँ भी हुमायूँ का पड़ाव पड़ता वहाँ कोई-न-कोई प्रतिष्ठित एवं सम्मानित व्यक्ति उसका स्वागत करता तथा उसके लिए आवश्यक वस्तुओं का प्रबंध करता। हिरात में उसका शानदार स्वागत हुआ। शाह तहमास्प के ज्येष्ठ पुत्र, हिरात के गवर्नर, मुहम्मद ख़ाँ ने प्रमुख लोगों के साथ नगर के तीन-चार मील बाहर उसका स्वागत किया। नगर में प्रवेश करते समय हिरात में बूढ़े तथा जवान सभी ने दो कतारों में खड़े होकर हुमायूँ का अभिवादन किया। उसे हिरात की सबसे सुंदर इमारत मंजिले बेगम में ठहराया गया। दो-तीन दिन बाद सुहम्मद ख़ाँ ने जहाँआरा बाग में उसका स्वागत किया। इसमें नगर के सभी प्रमुख अधिकारी, तथा सम्भ्रान्त लोग आए हुए थे जिससे समस्त मैदान भरा हुआ था, मानो ईद या नौरोज़ हो। इस जलसे में गायन, नृत्य और भोजन का वृहत् प्रबंध किया गया। हुमायूँ के स्वागत में कुछ कविताएँ पढ़ी गईं जिन्हें सुनकर उसकी आँखों में आँसू आ गए।

हुमायूँ कुछ दिन हिरात में रुका रहा।[8] प्रत्येक सप्ताह उसे शाह द्वारा भेजे गए उपहार तथा शुभकामनाएँ प्राप्त होती रहीं। वहाँ हुमायूँ ने नौरोज़ के त्यौहार से संबंधित जलसे भी देखे जो ईरान में बहुत शान से मनाये जाते थे। इस जलसे में हुमायूँ राजसिंहासन पर बैठाया गया। उसके दाहिने राजकुमार मुहम्मद मिर्ज़ा और बायें सद्र मीर मुहम्मद यूसुफ बैठाए गए। गान तथा मनोरंजन हुआ और हुमायूँ को बहुत-सी वस्तुएँ भेंट के रूप में प्राप्त हुईं।

हिरात में समय बड़े आनंद में व्यतीत हुआ। नित्य किसी नए स्थान की सैर होती थी। हुमायूँ ने हिरात के प्रमुख स्थानों, संतों के मक़बरों और बगीचों की सैर की। हर समय आमोद-प्रमोद की महफ़िलें आयोजित होती रहती थीं। भोग-विलास तथा आनंद की सभी वस्तुएँ उपलब्ध थीं।[9]

हिरात से कज़वीन

हिरात से हुमायूँ ने मशहद जाने की अनुमति के लिए शाह को एक पत्र लिखा। शाह ने इस पत्र का उत्तर भेजा जिसमें उसने हुमायूँ को मशहद जाने की स्वीकृत दी।[10] हिरात से हुमायूँ मशहद की तरफ रवाना हुआ। मार्ग में वह जाम पहुँचा। यहाँ उसने कई धार्मिक स्थानों के दर्शन किए और प्रार्थना की जिनमें शिहाबुद्दीन अहमद अलजामी का मज़ार भी थी।[11] अहमद अलजामी हुमायूँ की माँ माहम बेगम तथा उसकी पत्नी हमीदा बानो के पूर्वज थे।

जाम में कुछ दिन रहने के पश्चात् हुमायूँ मशहद पहुँचा (15 मुहर्रम 950 हि. 8 अप्रैल 1544 ई.)। यहाँ भी उसका स्वागत हुआ। वह बहुत ही सुंदर स्थान, चहार बाग़ में ठहराया गया। मशहद में वह चालीस दिन रुका रहा। यहाँ वह अपना समय कभी-कभी रात भर प्रार्थनाओं में बिताता था। यहाँ उसने इमाम अली की मज़ार की यात्रा की तथा वहाँ के नियम के अनुसार इबादत की तथा दीपक बुझाया। उसने वहाँ अपना धनुष लटकाने के लिए दिया।[12] मशहद में हुमायूँ को शाह का एक पत्र प्राप्त हुआ जिसमें उसने हुमायूँ से कज़वीन आने के लिए लिखा था।

मशहद से हुमायूँ नीशापुर, सब्ज़बार[13], दामगान बिस्ताम, सामनाम और सूफीयाबाद होता हुआ दर्स पहुँचा। यहां से हुमायूँ ने बैराम ख़ाँ को शाह के पास अपने दूत के रूप में भेजा। शाह तहमास्प कज़वीन में था।[14] बैराम ख़ाँ के उपस्थित होने पर उन्होंने उससे कहा कि वह शिआ लोगों की तरह बाल काट ले और ईरानी टोपी (ताज) पहने। बैराम ख़ाँ ने कहा कि वह एक दूसरे शासक का सेवक है और वह केवल अपने स्वामी की आज्ञा से ही वैसा कर सकता है। शाह तहमास्प इससे बहुत नाराज़ हुआ और उससे कहा कि बैराम ख़ाँ की जो इच्छा हो करे। उसे डराने के लिए शाह ने कुछ बंदियों[15] को उन्हें सुन्नी कहकर फाँसी देने की आज्ञा दी। शाह ने हुमायूँ को पत्र लिखा कि वह अपने स्थान पर रहे तथा बूबक बेग को भेज दे।

बूबक बेग ने शाह से मिलकर उनका क्रोध शांत किया जिससे शाह ने हुमायूँ को कजवीन आने की अनुमति दी। दर्स से चलकर हुमायूँ कज़वीन आंया। यहाँ वह तीन दिन तक रुका रहा। यहाँ बैराम ख़ाँ आकर उससे मिला। शाह इस बीच गरमी व्यतीत करने के लिए कज़वीन से सुल्तानियां चला गया था। शाह से मिलने के लिए हुमायूँ यहाँ से चौथे दिन सुल्तानियाँ की तरफ रवाना हुआ।

शाह तहमास्प से मुलाकात

अबहर तथा सुल्तानियां के मार्ग में हुमायूँ की शाह तहमास्प से मुलाकात हुई।[16] शाह के पड़ाव तक पहुँचने में जब हुमायूँ को एक दिन की दूरी बाकी रह गई तो शाह के वजीर काज़ी जहाँ कज़वीनी तथा अन्य अमीरों ने आगे बढ़कर हुमायूँ का स्वागत किया। कुछ और चलने के पश्चात् राजसी परिवार के व्यक्तियों, शाह के भाई शाह

मिर्ज़ा और बहराम मिर्ज़ा एवं अन्य लोगों ने मुग़लिया सम्राट का स्वागत किया तथा उपहार दिए।[17] यहाँ से शाह के भाइयों के साथ उससे मिलने के लिए हुमायूँ आगे बढ़ा।

हुमायूँ से मिलने के समय शाह ने आगे बढ़कर हुमायूँ का स्वागत किया।[18] और हुमायूँ को गले लगाकर अपने कालीन पर अपनी दाहिनी तरफ बैठाया। उसने हुमायूँ से उसके स्वास्थ्य तथा यात्रा के बारे में पूछा। शाह ने इसके पश्चात् हुमायूँ से ईरानी ताज पहनने के लिए कहा। हुमायूँ ने इसे स्वीकार कर लिया और शाह से कहा कि ताज बड़प्पन की निशानी है और वह उसे प्रसन्नता से पहनेगा। शाह तहमास्प ने स्वयं अपने हाथ से यह ईरानी टोपी हुमायूँ के सिर पर रख दी। शाह से मिलने के पश्चात् हुमायूँ बहराम मिर्ज़ा के महल में ठहराया गया। यहाँ हुमायूँ के बाल शिआ लोगों के बालों की तरह काटे गए।[19]

हुमायूँ के ईरान निवास को हम तीन कालों में विभाजित कर सकते हैं–

(1) प्रारंभ में शाह ने हुमायूँ को शिआ बनाने का प्रयत्न किया; इसके पश्चात् (2) लगभग दो माह तक दोनों शासकों में मतभेद रहा तथा इस बीच एक-दूसरे से न मुलाकात हुई और न किसी तरह का पत्र-व्यवहार हुआ, (3) अन्त में दोनों के मतभेद दूर हो गए और शाह ने हुमायूँ को सहायता देकर विदा किया।

शाह से मतभेद

ईरान में हुमायूँ का भव्य स्वागत हुआ था तथा शाह ने स्वयं उसमें दिलचस्पी ली थी। दोनों का मिलन भी मधुर था किन्तु यह अधिक दिन नहीं रहा। हुमायूँ के स्वागत के पश्चात् दूसरे दिन सुबह शाह सुल्तानियाँ जा रहा था। हुमायूँ शाह से मिलने गया, किन्तु शाह ने हुमायूँ की बातों का उत्तर नहीं दिया। इससे हुमायूँ को बहुत दुःख हुआ। दोनों शासक सुल्तानियां की तरफ रवाना हुए। शाह ने हुमायूँ के पास यह समाचार भेजा कि यदि वह शिआ मत स्वीकार कर लेगा तो वह उसे हर तरह की सहायता देने के लिए तैयार है और यदि वह ऐसा नहीं करेगा तो उसे आग में फेंक दिया जाएगा। हुमायूँ ने इसका उत्तर दिया कि उसे राजत्व की आकांक्षा नहीं है और उसने मक्का जाने के लिए शाह से ईरान से केवल गुजरने की अनुमति माँगी थी। शाह ने फिर दूसरा संवाद भेजा जिसमें उसने हुमायूँ से कहलवाया कि शाह सुन्नियों के विरुद्ध एक युद्ध की घोषणा करना चाहता है और यह सौभाग्य है कि एक सुन्नी बादशाह उसके अधिकार में आ गया है। इसके पश्चात् शाह ने काज़ी जहाँ को हुमायूँ के पास भेजा। काज़ी जहाँ ने हुमायूँ को परामर्श दिया कि जिन परिस्थितियों में हुमायूँ था उसमें शाह से सुलह कर लेना अधिक युक्तिसंगत था। हुमायूँ ने काज़ी जहाँ से सभी बातें लिखित रूप में पेश करने के लिए कहा। काज़ी जहाँ ने तीन कागज़ शाह तहमास्प की स्वीकृति से उसके सामने पेश किए। हुमायूँ ने दो तो स्वीकार कर लिया

किन्तु तीसरे को स्वीकार करने के लिए वह तैयार नहीं था। काज़ी जहाँ ने उसे समझाया कि उसे इस समय तीसरा भी स्वीकार कर लेना चाहिए। हुमायूँ ने अन्त में यह कहकर कि धार्मिक विचारों में जबरदस्ती नहीं होनी चाहिए, विवश होकर तीसरे पत्र पर भी हस्ताक्षर कर दिए।[20]

शाह तथा उसके अमीर हुमायूँ के इस व्यवहार से संतुष्ट हुए। शाह ने इसके पश्चात् शिकार का प्रबंध किया और हुमायूँ को कई स्थानों पर शिकार के लिए ले जाया गया। यहाँ हुमायूँ ने अपनी तीरंदाजी की योग्यता का प्रमाण दिया।

हुमायूँ ने शाह को बहुत-से हीरे तथा लाल पत्थर भेंट किए। इसमें एक बहुत ही बड़ा था जो कदाचित् कोहिनूर था।[21] इसे देखकर शाह बहुत प्रभावित हुआ और उसने बैराम बेग को ख़ाँ की उपाधि से विभूषित किया। इस तरह दूसरे के सेवक को उपाधि देने का नियम नहीं था। इससे हुमायूँ की हीनावस्था का अनुमान होता है। बैराम ने, जैसा ऊपर वर्णन किया जा चुका है, शाह से शिआ टोपी पहनने से इनकार कर दिया था किन्तु अब अपने स्वामी की ही शिआ मत स्वीकार करने की विवशता को जानकर बैराम ने ख़ाँ की उपाधि स्वीकार कर ली।

मतभेद के कारण

ईरान में प्रवेश करने के पश्चात् हुमायूँ का शानदार स्वागत हुआ था। उसके शिआ मत की औपचारिकता स्वीकार करने के पश्चात् दोनों का सम्बन्ध और दृढ़ होना चाहिए था। इसके विपरीत दोनों में फिर कैसे मतभेद पैदा हो गया? वास्तव में कई कारणों ने मिलकर यह परिस्थिति उपस्थित कर दी।

हुमायूँ के कुछ अमीर, जैसे रोशन बेग कोका, ख़्वाजा ग़ाजी दीवान तथा मुहम्मद नेज़ाबाज़, जो कामरान के सेवक थे, हज़ से लौटकर यहीं थे। ये लोग शाह से हुमायूँ के विरुद्ध बातें करते थे[22] तथा वे उसे विश्वास दिलाना चाहते थे कि अपने दुर्व्यवहार के कारण ही हुमायूँ को अपने भाइयों से अलग होना पड़ा था। वे लोग कहते थे कि यदि उन्हें कुछ सेना मिल जाए तो वे कंधार जीतकर शाह को समर्पित कर देंगे। कंधार प्राप्त करने का स्वप्न शाह के लिए आकर्षक था। कुछ किज़िलबाश तथा तुर्कमान लोगों ने, जो कदाचित् कामरान द्वारा धन प्राप्त कर उसके पक्ष में शाह को भड़काना चाहते थे, शाह को यह विश्वास दिलाया कि यदि वह हुमायूँ की सहायता करेगा तो वह भी अपने पिता बाबर की ही तरह ईरानी सेना को नष्ट कर देगा, जैसे शाह इस्माइल सफ़वी से सहायता पाकर बाबर ने बेग वजीर तथा 12,000 अश्वारोहियों को, जो उसकी सहायता के लिए दिए गए थे, नष्ट कर दिया था।[23]

गुजरात अभियान में सफलता प्राप्त करने के पश्चात् हुमायूँ ने 12 उत्तम बाणों पर अपना नाम तथा 11 साधारण तीरों पर शाह तहमास्प का नाम लिखा था। इस तरह उसने सफ़वी शासक को हीन स्थान दिया था। शाह ने अब हुमायूँ से ऐसा

करने का कारण पूछा। हुमायूँ ने इसका उत्तर दिया कि हिंदुस्तान का क्षेत्रफल सफ़वी शासक के राज्य से बड़ा है। शाह ने कहा कि यह अभिमान का फल है कि हुमायूँ एक साधारण व्यक्ति से पराजित होकर इस अवस्था को प्राप्त हुआ है। हुमायूँ ने इसका उत्तर दिया कि यह सब ईश्वर की लीला है। इसके अतिरिक्त एक और मनोरंजक घटना हुई। फ़िरिश्ता लिखता है कि बातचीत में एक दिन शाह ने हुमायूँ से उसकी पराजय का कारण पूछा। हुमायूँ ने इसे अपने भाइयों के विरोध का परिणाम बताया। शाह ने कहा, "आपका अपने भाइयों के प्रति व्यवहार ठीक नहीं था।" इसी समय भोजन तैयार था। बहराम मिर्ज़ा नौकर की तरह सुराही लिये हाथ धुलाने के लिए खड़ा था। शाह ने उसकी तरफ देखकर कहा कि भाइयों के साथ ऐसा व्यवहार होना चाहिए। बहराम मिर्ज़ा इससे नाराज़ हुआ तथा उसने साथियों को डरा दिया कि हुमायूँ की बातों से रुष्ट होकर शाह उन्हें मार डालेगा।[24]

इन कारणों के अतिरिक्त वास्तविक कारण राजनीतिक तथा धार्मिक थे। शिआ तथा सुन्नी संप्रदायों में उस युग में वैमनस्य तथा संघर्ष था। ईरान का शाह तहमास्प एक कट्टर शिआ था और वह शिआ धर्म फैलाना चाहता था। हुमायूँ सुन्नी था और उसके अधिकतर अनुयायी भी सुन्नी थे। इस परिस्थिति में दोनों शासकों में धार्मिक कारणों से मतभेद स्वाभाविक था। शाह के बैराम ख़ाँ तथा हुमायूँ के साथ के व्यवहार से भी यह बात स्पष्ट हो जाती है। धार्मिक कारणों के अतिरिक्त राजनीतिक कारण भी थे। मुग़ल तथा सफ़वी राज्यों में प्रतिस्पर्धा थी। बाबर को शाह इस्माइल ने सहायता दी थी किन्तु उसने अपने वादे पूरे नहीं किये थे। बदायूँनी तथा फ़िरिश्ता दोनों वंशों की प्रतिस्पर्धा का उल्लेख करते हैं।

दोनों शासकों में समझौता

दो महीने तक दोनों शासकों में कोई सम्बन्ध नहीं रहा। ऐसा कहा जाता है कि शाह तहमास्प हुमायूँ को मार डालना चाहता था किन्तु उसकी बहन सुल्तान बेगम[25] ने शाह को समझाया कि ऐसा करना ठीक नहीं है और एक शरणार्थी सम्राट की सहायता करना धर्म है; यदि शाह सहायता नहीं कर सकते तो उन्हें जाने दें, इसके अतिरिक्त मन्त्री काज़ी जहाँ कज़वीनी तथा नूरुद्दीन हकीम ने भी मित्रता कराने में सहायता की।[26]

शाह ने अपनी बहन से पूछा कि क्या हुमायूँ शिआ मत स्वीकार कर सकता है तथा भारत में उसका प्रचार करेगा? यदि वह इसे स्वीकार कर ले तो शाह उसकी सहायता करेगा। सुल्तान बेगम ने हुमायूँ से इसके विषय में बातचीत की। हुमायूँ ने उत्तर दिया कि वह जन्म से मुहम्मद साहब के वंश के ही प्रति निष्ठावान रहा है। चग़ताई अमीरों तथा कामरान के विरोध का एक कारण यह भी था। सुल्तान बेगम ने शाह को हुमायूँ की इस बात की सूचना दी तथा हुमायूँ द्वारा लिखी गई

एक रुबाई पढ़ी जिसमें हुमायूँ ने अपने को 'नादे अली' का सुमिरन करने वाला कहा था।[27] शाह इससे कुछ प्रसन्न हुआ। उसने बैरम ख़ाँ से अकेले में बातचीत की तथा अन्त में हुमायूँ को सहायता देने का निश्चय किया।

सहायता की शर्तों में निश्चय हुआ कि शाह हुमायूँ को 12,000 अश्वारोही सैनिक देगा। यह सेना हुमायूँ को जमीनदावर, कन्धार, काबुल तथा ग़ज़नी विजय करने में सहायता देगी।[28] सेना के साथ शाह का बालक राजकुमार मुराद भी जाएगा। शाह को इस सहायता के लिए कन्धार प्राप्त होगा जो हुमायूँ राजकुमार मुराद को समर्पित कर देगा। हुमायूँ शाह की भतीजी (शाह की बहन तथा मासूम बेग की पुत्री) से विवाह करेगा।[29] शाह ने कुमक की सूची हुमायूँ को दी। उसने अपने पुत्र सुल्तान मुहम्मद मिर्ज़ा को खुरासान से आवश्यक सहायता देने का आदेश दिया। शाह ने हुमायूँ को 3,000 तुमान नकद तथा घोड़े, ऊँट, ईरानी कपड़े, राजसी तम्बू इत्यादि वस्तुएँ दीं जिनका मूल्य लगभग 20,0000 तुमान था।[30] निश्चित हुआ कि हुमायूँ की सहायता के लिए दी गई सेना सीस्तान में उसकी प्रतीक्षा करेगी।

पुनः मित्रता हो जाने के पश्चात् एक दावत हुई तथा जलसे हुए। तीन दिनों तक जश्न होता रहा।

शाह से विदाई

जश्न तथा दावतों के पश्चात् दूसरे दिन प्रातः हूमायूँ शाह से मिलने गया। तीन तह किये हुए एक छोटे कालीन पर शाह बैठा हुआ था। हूमायूँ के लिए उस पर बैठने का स्थान नहीं था। शाह वैसे ही बैठा था। कोई स्थान न देखकर हुमायूँ ज़मीन पर बैठने में संकोच कर रहा था। सौभाग्यवश वहाँ हाजी मुहम्मद कुश्का नामक मुग़ल उपस्थित था। परिस्थिति देखकर उसने सूझ से काम लिया तथा उसने अपना निषंग (तूणीर, तरकस) फाड़कर ज़मीन पर बिछा दिया जिस पर हुमायूँ बैठा।[31] शाह का यह व्यवहार आश्चर्य में डालने वाला है। एक तरफ स्वागत का समारोह तथा दूसरी तरफ साधारण शिष्टता भी न प्रदर्शित करना, एक पहेली प्रतीत होती है।

दोनों शासक तख़्ते सुलेमान से (जहाँ वे ठहरे थे) आगे बढ़कर आठ मील पर रुके। यहाँ शाह ने हुमायूँ के स्वागत में पुनः एक दावत दी। इसमें हिंदुस्तानी भोजन भी बना। शाह ने चावल (खुश्का) दाल के साथ बहुत पसंद किया तथा उसने इसकी प्रशंसा की।[32] यहाँ से दोनों शासक मियाना आए। विदा का अवसर आया। वर्षा हो रही थी। औपचारिकता के अनुसार शाह दो सेब और चाकू लेकर खड़ा हो गया और कहा, "हुमायूँ बादशाह, आपसे विदा लेता हूँ, इसे ले लें।" हुमायूँ ने अंतिम उपहार स्वीकार किया। शाह ने फातेहा पढ़ा और दोनों विदा हुए।

क्या हुमायूँ ने शिआ मत स्वीकार किया?

हुमायूँ के ईरान निवास की घटनाओं का ज्ञान बहुत स्पष्ट नहीं है। मुग़ल इतिहासकार, विशेषतया अबुल फ़ज़ल, इस बात को ध्यान में रखते हुए भी कि हुमायूँ शरणार्थी के रूप में ईरान आया हुआ था, किसी ऐसी बात का वर्णन नहीं करना चाहते थे जिससे मुग़ल वंश की हीनता प्रदर्शित हो। इसीलिए हुमायूँ के शिआ मत स्वीकार करने अथवा शाह की आज्ञाओं को विवशता में स्वीकार करने के विषय में वे मौन हैं। इस कारण यह निश्चय करना कठिन है कि हुमायूँ ने शिआ मत स्वीकार किया अथवा नहीं, फिर भी अन्य इतिहासकारों तथा घटनाओं से हम उसकी वास्तविक स्थिति का अनुमान लगा सकते हैं।

जैसा ऊपर वर्णन किया जा चुका है, हुमायूँ ने शिआ टोपी पहनी, शिओं जैसे बाल कटवाए तथा काज़ी जहाँ के प्रभाव से अथवा शाह के क्रोध के भय से उन तीनों पर्चों पर हस्ताक्षर कर दिए जो शिआ धर्म के सिद्धांतों से संबंधित थे। कट्टर सुन्नी मुल्ला बदायूँनी का वर्णन इस विषय में उल्लेखनीय है। वह लिखता है कि दोनों सम्राटों में पुनः मेल हो जाने के पश्चात् पुनः शिकार तथा जश्न का दौर प्रारंभ हुआ। इसके पश्चात् शाह ने हुमायूँ से शिआ मत स्वीकार करने तथा तबर्रा (इस धर्म के बाद के अनुयायी जो कुछ सम्मानित सहाबा के विरुद्ध कहते हैं) कहने के लिए आग्रह किया। हुमायूँ ने वाद-विवाद के बाद एक कागज पर यह सब लिखकर लाने को कहा। वे लोग अपने समस्त धार्मिक विश्वासों को लिखकर लाए। बादशाह ने उन्हें पढ़ा तथा 12 इमामों का उल्लेख अपने खुतबे में किया।[33] ईरान में हुमायूँ ने शिआ धर्म से संबंधित स्थानों तथा हज़रत अली के मज़ार की यात्रा की। इस तरह बाहर से उसने शिआ मत स्वीकार करने जैसा व्यवहार किया।[34] संभव है इन कार्यों में उसकी स्त्री हमीदा बानो तथा बैराम ख़ाँ का प्रभाव पड़ा हो।

हुमायूँ उदार व्यक्ति था। अपनी उदारता के कारण वह शिआ तथा सुन्नियों में वैसा भेद नहीं रखता था, जैसे ईरान का शाह रखता था। ईरान में रहते हुए हुमायूँ ने बहुत-से शिआ स्थानों की यात्रा की और शिआ मत के प्रति सहृदयता का भी परिचय दिया। भारत लौटने के पश्चात् उसने कई ऐसे अधिकारी नियुक्त किये जो शिआ थे। उसकी कविताओं से भी अनुमान होता है कि उसके मन में हज़रत अली तथा शिआओं के सिद्धांतों के प्रति श्रद्धा थी। भारत विजय के पश्चात् बहुत शीघ्र उसकी मृत्यु हो गई और उसके शिआ मत दर्शन का पूर्ण प्रभाव हमारे सम्मुख नहीं आता।

हुमायूँ ईरान में प्रवेश करने को तैयार नहीं था। वह जानता था कि वह एक बड़े साम्राज्य का शासक रह चुका है। वह स्वयं ईरान के शाह को मुग़ल सम्राट से छोटा समझता था। हीनावस्था में एक शरणार्थी के रूप में वहाँ जाने में उसे लज्जा

का अनुभव हो रहा था। वह भी जानता था कि ईरान शिआ राज्य है। शाह की कट्टरता का भी उसे ज्ञान था। बाबर को शिआ मत किस स्थिति में स्वीकार करना पड़ा था, यह भी वह भूला नहीं था। शिआ मत स्वीकार करने के कारण ही बाबर को अंतिम बार समरकन्द खोना पड़ा था।[35] उसके अधिकतर अमीर सुन्नी थे। शिआ होने पर उनकी सहायता प्राप्त करना कठिन था। फिर काबुल, ख़ुरासान तथा अफ़गानिस्तान के अधिकतर मुसलमान सुन्नी थे, उन पर शिआ मत स्वीकार करने के पश्चात् शासन करना कठिन था। इन सब कठिनाइयों को जानते हुए भी उसे विवश होकर ईरान जाना पड़ा और उसे वही करना पड़ा जिसका उसको भय था। प्रारंभ में उसने विरोध किया किन्तु अन्त में उसने समर्पण कर दिया।

हुमायूँ का धर्म परिवर्तन सच्चे दिल से नहीं था। वह राजनीतिक सुविधा तथा परिस्थितियों का परिणाम था। उसने इसे वास्तविक धर्म परिवर्तन की तरह नहीं लिया। बदायूँनी लिखता है कि एक बार शेख हमीद ने हुमायूँ से शिकायत की कि उसके सैनिकों के अधिकतर नामों में अली रहता है।[36] इसका अर्थ था कि वे सब शिआ मत से प्रभावित थे। हुमायूँ इससे बहुत नाराज़ हुआ तथा उसने क्रोध से कहा कि उसके पितामह का ही नाम उमर शेख था। इससे स्पष्ट है कि ईरान से वापस आने के पश्चात् वह अपने को शिआ धर्मावलम्बी स्वीकार करने को तैयार नहीं था। मृत्यु के समय वह पूर्ण रूप से सुन्नी था या शिआ, यह बताना कठिन है।[37] पर इतना निश्चय है कि वह समकालीन धार्मिक कट्टरता की तुलना में उदार था।

ईरान निवास के समय हुमायूँ के प्रमुख सहयोगी

ईरान में बैराम ख़ाँ ने हुमायूँ की बड़ी सहायता की। उसी ने हुमायूँ को ईरान जाने के लिए परामर्श दिया था। बैराम ख़ाँ स्वयं शिआ था और उसके पूर्वज ईरान के शासक रह चुके थे। ईरान में बैराम ख़ाँ अपने संबंधियों से मिला किन्तु उसके लिए यह गौरव की बात है कि वह हुमायूँ के साथ रहा। शाह तहमास्प बैराम ख़ाँ को अपनी सेवा में रखना चाहता था और उसने उसे दियारबक्र तथा अज़रबाइजान की जागीर भी देने का वायदा किया, किन्तु बैराम ख़ाँ ने इसे स्वीकार नहीं किया। यही नहीं, शिआ होते हुए भी उसने ईरानी टोपी पहनने से इनकार कर दिया और हुमायूँ के साथ-साथ रहा। वह हुमायूँ का सेवक पहले था शिआ बाद में। हुमायूँ के दूत तथा परामर्शदाता के रूप में बैराम ख़ाँ ईरान में उसके लिए बहुत बड़ी शक्ति सिद्ध हुआ। ईरान के शाह बहराम मिर्ज़ा ने जब हुमायूँ के विरुद्ध षड्यन्त्र रचा तो उसके विरुद्ध बैराम ख़ाँ ने हुमायूँ को शांति से काम लेने के लिए उपयुक्त राय दी। कन्धार विजय तथा उसके पश्चात् भी उसकी स्वामिभक्ति से हुमायूँ को बल मिला। बैराम ख़ाँ के अतिरिक्त हुमायूँ की पत्नी हमीदा बानो ने भी उसकी बड़ी सहायता की। उसने शाह की बहन को अपने स्वभाव तथा बातचीत से प्रभावित कर लिया। जैसा

वर्णन किया जा चुका है, शाह की बहन ही ने उसके क्रोध को शांत कर उसे हुमायूँ की सहायता करने के लिए तत्पर किया।

ईरान से विदाई

शाह से विदा लेकर हुमायूँ बहराम मिर्ज़ा के साथ तबरेज की तरफ रवाना हुआ। सियान तक दोनों साथ आए। विदा होते समय हुमायूँ ने एक हीरे की अंगूठी बहराम को दी जो हुमायूँ की माता का स्मृति चिह्न था। शुभकामनाओं के साथ दोनों विदा हुए।

तबरेज के गवर्नर ने नगर के बाहर जाकर हुमायूँ का स्वागत किया। शाह तहमास्प के निर्देश के अनुसार पूरा नगर हुमायूँ के स्वागत के लिए सजाया गया था। यहाँ हुमायूँ की मुलाकात अब्दुस्समद नामक चित्रकार से हुई।[38] कुछ दिन पश्चात् यह हुमायूँ की सेवा में आ गया और मुग़ल चित्रकला का जन्मदाता बना। हुमायूँ ने उसको अपनी सेवा में आमन्त्रित किया था, किन्तु उस समय वह इसके लिए तैयार नहीं हुआ। इसके अतिरिक्त इतिहासकार वायज़ीद भी यहीं से हुमायूँ के साथ हो गया। तबरेज़ में, जौहर के अनुसार, हुमायूँ पाँच दिन रहा। यहाँ उसे तबरेज़ के प्रसिद्ध खेल—भेड़ियों की दौड़ तथा पैदल चौग़ान—दिखाए गए। हुमायूँ ने यहाँ प्राचीन काल के अवशेषों तथा नगर के प्रमुख भवनों की सैर की।

तबरेज़ से चार दिन की यात्रा के पश्चात् हुमायूँ अदर्बेल के निकट पहुँचा। अदर्बेल के गवर्नर तथा प्रमुख अमीरों ने हुमायूँ का स्वागत किया। यहाँ वह एक सप्ताह रहा। यहाँ उसने सफ़वी वंश के संस्थापक शेख़ शफ़ीउद्दीन तथा शाह इस्माईल की मज़ारों का दर्शन किया तथा यहाँ उसने कुछ उपहार भी दिया।[39] पूर्व निश्चय के अनुसार वह यहाँ शाह की भतीजी से विवाह करना चाहता था जो कदाचित् संपन्न न हो सका।[40] यहाँ से हुमायूँ लाल सागर[41] की तरफ रवाना हुआ किन्तु कुहरे के कारण वह पुनः अदर्बेल लौट आया और यहाँ से कज़वीन की तरफ लौट गया।

हुमायूँ के कज़वीन पहुँचने के समय ही शाह तहमास्प भी वहाँ पहुँचा। यह सुनकर कि हुमायूँ भी वहीं था, उसे आश्चर्य हुआ। उसने आज्ञा दी कि हुमायूँ फौरन कज़वीन से चला जाए। इस तरह हुमायूँ को विवश होकर शाह की आज्ञा से कज़वीन छोड़ना पड़ा।[42]

यहाँ से हुमायूँ दर्स होता हुआ सब्ज़वार पहुँचा। दर्स में हमीदा बानो ने एक पुत्री को जन्म दिया।[43] यहाँ से हुमायूँ मशहद पहुँचा। यहाँ के गवर्नर तथा अमीरों ने हुमायूँ का स्वागत किया। हुमायूँ ने इमाम अली तथा अन्य मक़बरों की पुनः यात्रा की। मशहद से वह जाम (29 दिसंबर 1544 ई.) होता हुआ सीस्तान पहुँचा। यहाँ लगभग 15 दिनों तक वह रुका रहा। यहाँ हुमायूँ ने शाहज़ादा मुराद के नेतृत्व में मुग़ल सम्राट की सहायता के लिए दी गई ईरानी सेना का निरीक्षण किया। इस

सेना में 12,000 घुड़सवार तथा शाह के अंगरक्षक दल के 300 सैनिक भी थे। शाहज़ादा मुराद अभी बच्चा था। इस तरह वास्तविक रूप में ईरानी सेना का अभिभावक बुदाग़ ख़ाँ था।

कंधार विजय

सीस्तान से हुमायूँ ने ईरान के शाह के साम्राज्य को छोड़कर कामरान के राज्य में प्रवेश किया। हुमायूँ ने ईरानी सेनानायकों से बुस्त दुर्ग पर अधिकार करने के लिए कहा किन्तु उन्होंने यह कहकर प्रारंभ में अस्वीकार कर दिया कि यह शाह की आज्ञा के विरुद्ध है। हुमायूँ ने उन्हें आश्वासन किया कि वह इस विषय में शाह से आज्ञा ले लेगा। यहाँ से हुमायूँ ने गरमसीर में प्रवेश किया। यहाँ मीर अब्दुल हुई ने लकी का दुर्ग हुमायूँ को समर्पित कर दिया।

ईरानी सेना ने बुस्त के दुर्ग को घेरा। यह दुर्ग कामरान के अधिकार में था। दुर्ग के रक्षकों ने युद्ध किया किन्तु वे पराजित हुए और उन्होंने दुर्ग समर्पित कर दिया।

इसी समय सूचना मिली कि मिर्ज़ा अस्करी कंधार से ख़ज़ाने के साथ भागना चाहता है। यह समाचार सुनकर हुमायूँ ने अपने विश्वसनीय सेवकों के साथ 5,000 ईरानी सैनिकों को कंधार इस आशय से भेजा कि वे अस्करी को कोष हटाने से रोकें।[44] हुमायूँ के आक्रमण की सूचना पाकर अस्करी ने कामरान को सहायता के लिए लिखा। कामरान ने कुछ सेना क़ासिम हुसेन के साथ भेजी तथा उसने यह आदेश दिया कि हुमायूँ का सामना किया जाए और दुर्ग का समर्पण न किया जाए।

बालक अकबर इस समय कंधार में था। कामरान ने क़ुरबान करावल बेगी को काबुल से अकबर को बुलाने के लिए भेजा। अस्करी के कुछ अमीरों ने परामर्श दिया कि बालक को हुमायूँ को समर्पित कर दिया जाए, किन्तु अस्करी ने अकबर को काबुल भेजना ही ठीक समझा और शीतऋतु, बरफ तथा वर्षा के बावजूद उन्हें काबुल भेज दिया। बालक के साथ उसकी धाय, माहम अनगा, जीजी अनगा, अतगा ख़ाँ तथा अन्य अमीर भी भेजे गए।[45]

कंधार के निकट मिर्ज़ा अस्करी के सैनिकों तथा हुमायूँ द्वारा भेजी गई कुमक में युद्ध हुआ जिसमें बहुत से ईरानी मारे गए। किन्तु ईरानियों ने अस्करी तथा उसकी सेना को दुर्ग में शरण लेने के लिए विवश कर दिया। 21 मार्च 1545 ई. के लगभग हुमायूँ भी दुर्ग के निकट जा पहुँचा।

कंधार का दुर्ग

मध्य युग में कंधार का दुर्ग अपनी स्थिति तथा शक्ति के कारण बहुत ही महत्त्वपूर्ण समझा जाता था। यह दुर्ग भारत से अफ़गानिस्तान और ईरान के सम्बन्धों के बीच

एक महत्त्वपूर्ण कड़ी था।'[46]

ईरान के शाह तथा मुग़ल सम्राटों में कंधार के लिए बराबर संघर्ष होता रहता था। बाबर की मृत्यु के पश्चात् साम मिर्ज़ा ने कई बार कंधार पर अधिकार करने का प्रयत्न किया, किन्तु उसे सफलता नहीं मिली थी।[47] इसके पश्चात् दोनों देशों का कूटनीतिक संपर्क स्थगित रहा। हुमायूँ के ईरान में प्रवेश करने के पश्चात् कंधार के दुर्ग को प्राप्त करने के आश्वासन से शाह ने उसे सहायता देना स्वीकार किया था।

बैराम ख़ाँ की काबुल यात्रा

कंधार पर शक्ति द्वारा अधिकार करने की कठिनाई का अनुभव कर हुमायूँ ने बैराम ख़ाँ को कामरान के पास दूत बनाकर काबुल भेजने का निश्चय किया।[48] यह कूटनीतिक यात्रा थी। बैराम ख़ाँ का लक्ष्य केवल कामरान से ही मिलना नहीं था वरन् अस्करी, हिन्दाल तथा अन्य मुग़ल अमीरों से मिलकर उन्हें हुमायूँ के पक्ष में लाने का प्रयत्न करना था। इसके अतिरिक्त कामरान की वास्तविक स्थिति का ज्ञान प्राप्त करना भी आवश्यक था। बालक अकबर के विषय में भी हमीदा बानो तथा हुमायूँ को उत्कंठा थी। इस यात्रा का उद्देश्य उसके विषय में भी पता लगाना था। बैराम ख़ाँ अपने साथ कामरान तथा सुलेमान मिर्ज़ा के नाम शाह का पत्र भी ले गया था।

काबुल पहुँचने पर कामरान ने बैराम ख़ाँ का स्वागत किया किन्तु उस पर दृष्टि रखी गई। तीन दिन पश्चात् बैराम ख़ाँ से कामरान की मुलाकात हुई।[49] दोनों में चार घंटे तक वार्ता हुई। इसके पश्चात् उसने सुलेमान मिर्ज़ा तथा हिन्दाल से भी मुलाकात की। ये दोनों कामरान के अधिकार में बंदी के रूप में थे। कामरान ने बैराम ख़ाँ को इनसे मिलने की आज्ञा तो दी किन्तु मिलते समय उसने अपना एक विश्वासपात्र व्यक्ति भी साथ कर दिया जिससे कोई गुप्त वार्ता न हो सके। बैराम ख़ाँ ने यादगार नासिर मिर्ज़ा से भी मुलाकात की तथा बालक अकबर से मिलकर उसके विषय में जानकारी प्राप्त की। इस तरह प्रमुख व्यक्तियों से मिलकर बैराम ख़ाँ कंधार वापस आया।

बैराम ख़ाँ की काबुल यात्रा सफल रही। कामरान को भय हुआ कि इस बार हुमायूँ निश्चित ही सफल होगा। उसने संधि-वार्ता के लिए ख़ानज़ादा बेगम को कंधार भेजा तथा हिन्दाल को आजाद कर दिया। सुलेमान मिर्ज़ा को भी स्वतन्त्र कर उन्हें बदख़्शाँ का प्रदेश वापस कर दिया गया।[50] इस तरह कामरान ने निकट के व्यक्तियों का सहयोग प्राप्त करने का प्रयत्न किया, किन्तु उसे सफलता नहीं मिली। हिन्दाल तथा बहुत-से अमीर हुमायूँ से जा मिले। सुलेमान मिर्ज़ा तथा यादगार नासिर मिर्ज़ा बदख़्शाँ चले गए।

इधर कंधार का घेरा चलता रहा। हुमायूँ ने और भी शक्ति से दुर्ग पर चारों

तरफ से आक्रमण आरंभ कर दिया किन्तु अस्करी ने समर्पण नहीं किया। बैराम ख़ाँ के काबुल से वापस आने तथा बहुत-से अमीरों के काबुल से भागकर हुमायूँ की सेना में आ मिलने से अस्करी और भी निराश हुआ। इसी समय एक रात मुग़लों ने 'दुर्ग चहार-दर' की तरफ एक तोपख़ाना स्थापित कर लिया। दूसरे दिन प्रातः ईरानी सेना उस तरफ से आक्रमण करने के लिए बढ़ी। इसी बीच अस्करी ने संधि के लिए मीर ताहिर को दूत बनाकर भेजा तथा हुमायूँ से ख़ानज़ादा बेगम के पहुँचने तक लड़ाई बंद करने के लिए प्रार्थना की। वास्तव में यह मिर्ज़ा अस्करी की केवल चाल थी। कामरान ने अस्करी को लिखा था कि वह सहायता के लिए आ रहा है, तबतक अस्करी दुर्ग को समर्पित न करे। अस्करी इस तरह समय चाहता था जिससे वह तब तक अपनी शक्ति को संगठित कर ले।

कंधार पर अधिकार

इस बीच इतने दिनों तक कंधार के दुर्ग पर घेरा डाले हुए ईरानी सैनिक थक गए थे और वे ईरान वापस लौट जाना चाहते थे। आक्रमण के समय उन्हें यह आशा थी कि हुमायूँ के पहुँचते ही अस्करी, हिन्दाल तथा कामरान के बहुत-से अमीर और सैनिक हुमायूँ के पास चले आएँगे और इस तरह उन्हें शीघ्र ही सफलता प्राप्त हो जाएगी। दुर्ग के इतने दिनों के घेरे ने उन्हें निराश कर दिया। इसी समय कामरान के कंधार आने की सूचना मिली जिससे वे और भी आतंकित हुए।

सौभाग्यवश बैराम ख़ाँ की कूटनीति के फलस्वरूप बहुत-से प्रमुख अमीर (जैसे उलूग़ मिर्ज़ा, क़ासिम हुसेन सुल्तान इत्यादि) कामरान का साथ छोड़कर हुमायूँ के साथ आ गए। कामरान कंधार की सहायता हेतु न आ सका। अस्करी के सहयोगी भी उसे त्यागकर आने लगे निराश होकर अन्त में अस्करी ने दुर्ग को साढ़े पाँच महीने के घेरे के पश्चात् उसे समर्पित कर दिया (3 सितम्बर 1545 ई.)।[51] वह काबुल जाना चाहता था किन्तु हुमायूँ ने इसकी आज्ञा नहीं दी।

ख़ानज़ादा बेगम दुर्ग से बाहर आयीं और उन्होंने मिर्ज़ा अस्करी के लिए हुमायूँ से क्षमा माँगी। अस्करी के गले में तलवार लटकाकर उसे हुमायूँ के सामने पेश किया गया। अन्य अमीर भी हुमायूँ के सामने लाए गए। इस समय अस्करी को उसका मूल पत्र दिखाया गया जो उसने, हुमायूँ के मरुभूमि में रहते समय, अपने बिलोच सहायकों को लिखा था। अस्करी इससे बहुत ही लज्जित हुआ। हुमायूँ ने उसे कुछ दिन के लिए बंदी बनाने की आज्ञा दी।[52]

दुर्ग के आत्म-समर्पण के पश्चात् हुमायूँ ने ईरानियों को आज्ञा दी कि वे दुर्ग निवासियों को दुर्ग से निकलने के लिए तीन दिन का समय दें और इस बीच उन्हें किसी भी तरह परेशान न किया जाए। कंधार पर अधिकार करने के पश्चात् हुमायूँ ने दुर्ग को शाहज़ादा मुराद, बुदाग ख़ाँ तथा उसके साथियों को समर्पित कर दिया

और स्वयं उसने चारबाग़ ?में पड़ाव डाला। प्रारंभ में दुर्ग में प्राप्त कोष पर हुमायूँ ने अपनी तथा बुदाग ख़ाँ की मुहरें लगा दीं। बाद में उसने कोष शाह के पास भेज दिया। शाह ने प्रसन्न होकर हुमायूँ को 9 वस्त्र तथा एक द्रुतगामी खच्चर भेजा। शाह के प्रति सम्मान प्रदर्शित करने के लिए हुमायूँ खच्चर पर पाँच-छः कदम चढ़कर उतर गया।[53]

अस्करी के समर्पण के पश्चात् ही ईरानियों तथा हुमायूँ में मतभेद प्रारंभ हो गया। इस सम्बन्ध में तीन बातें प्रमुख थीं, दुर्ग, दुर्ग में प्राप्त कोष का वितरण तथा अस्करी का भविष्य। ईरानी चाहते थे कि दुर्ग पर उनका अधिकार हो जाए और कोष को अधिकार में करके तथा अस्करी को बंदी बनाकर वे शाह के पास भेज दें। हुमायूँ ने दुर्ग तो समर्पित कर दिया तथा कोष भी दे दिया, किन्तु वह अस्करी को समर्पित करने के लिए तैयार नहीं था।

हुमायूँ अपने सैनिकों के साथ चारबाग़ में पड़ाव डाले पड़ा था। बुदाग बेग तथा ईरानी सैनिक कंधार के दुर्ग में थे। इस बीच कुछ परिस्थितियों तथा कारणों के परिणामस्वरूप हुमायूँ ने कंधार पर अधिकार करने का निश्चय किया। हुमायूँ ने बुदाग बेग के पास सूचना भेजी कि वह अस्करी को दुर्ग के अंदर बंदी रखना चाहता है। मुग़लों की योजना थी कि अस्करी के दुर्ग में प्रवेश करते समय दुर्ग पर आक्रमण कर उस पर अधिकार कर लिया जाए। प्रमुख मुग़ल अमीर इस योजना के अनुसार निश्चित स्थानों पर नियुक्त कर दिए गए थे। दुर्ग के ईरानियों को संदेह हो गया और उन्होंने कुछ दिनों तक किसी को भी दुर्ग के भीतर नहीं जाने दिया। कुछ हिंदुस्तानी तथा मुग़ल ऊँटों पर घास तथा ईंधन बेचने के बहाने दुर्ग के अंदर गए और पुनः लौट आए। एक रात अपने गट्ठरों में हथियार छिपाकर ये लोग दुर्ग के अंदर प्रवेश कर गए। दरबानों को इन्होंने मार डाला तथा दुर्ग का फाटक खोल दिया। हाज़ी मुहम्मद तथा उलूग़ मिर्ज़ा मासूर फाटक पर नियुक्त थे। इन लोगों ने पहले प्रवेश किया। बैराम ख़ाँ ने गन्दीगान फाटक से प्रवेश किया। ईरानी सैनिक इस अचानक आक्रमण के लिए तैयार नहीं थे। दुर्ग की रक्षा करना असंभव देखकर बुदाग बेग ने दुर्ग छोड़ दिया तथा ईरानी सेना के साथ अपने देश लौट गया। हुमायूँ ने कंधार पर अधिकार कर बैराम ख़ाँ को वहाँ का दुर्गपति नियुक्त किया।[54] इसके पश्चात् उसने शाह को एक पत्र भेजा जिसमें उसने लिखा कि बुदाग का व्यवहार ठीक नहीं था; शाहज़ादा मुराद की मृत्यु हो चुकी थी, इस कारण बैराम ख़ाँ को, जो कि शाह का स्वामिभक्त सेवक है, कंधार जागीर के रूप में दिया गया। शाह ने हुमायूँ के इस प्रबंध को स्वीकार किया।[55]

क्या हुमायूँ ने विश्वासघात किया?

मुग़ल इतिहासकारों ने हुमायूँ के कंधार के दुर्ग से ईरानियों को भगाकर अधिकार

करने का समर्थन किया है। इसके विपरीत ईरानी इतिहासकारों ने हुमायूँ के इस कार्य की निंदा की है। मुग़ल इतिहासकारों के अनुसार, अभियान में अधिक दिन लग जाने के कारण ईरानी सैनिक हुमायूँ से आज्ञा लिये बिना ही वापस लौटकर ईरान चले गए।[56] शाह के साथ जो संधि हुई थी उसके अनुसार उन्हें काबुल की विजय तक हुमायूँ की सेवा में रहना चाहिए था। ईरानी सैनिकों में हुमायूँ की सहायता करने का उत्साह भी नहीं था। बुदाग बेग तथा उसके आदमी कंधार की जनता पर अत्याचार कर रहे थे[57] जिससे जनता आतंकित थी तथा वे लोग हुमायूँ से न्याय की आशा करते थे। शाहजादा मुराद की मृत्यु हो गई थी।[58] कंधार के दुर्ग को छोड़ने से हुमायूँ को भय हुआ कि वह तुर्कमानों के हाथ में चला जाएगा। क़न्धार विजय के पश्चात् हुमायूँ काबुल पर आक्रमण करना चाहता था। आक्रमण के पूर्व परिवार को किसी सुरक्षित स्थान में रखना आवश्यक था। जाड़ा प्रारंभ हो गया था जिससे मुग़ल कष्ट में थे। हुमायूँ ने बुदाग बेग से कुछ सामान तथा स्त्रियों को रखने के लिए दुर्ग में स्थान की माँग की। बुदाग बेग ने इसे अस्वीकार कर दिया। काबुल अभियान में स्त्रियों को ले जाना उपयुक्त न था। हुमायूँ के प्रमुख अमीरों ने इस पर उसे परामर्श दिया कि दुर्ग पर अधिकार कर लेना चाहिए।[59] जौहर के अनुसार कंधार पर पुनः अधिकार का कारण ईरानियों द्वारा अस्करी को बंदी बनाकर ले जाने की माँग तथा हुमायूँ के पड़ाव में आवश्यक सामग्रियों के ले ज़ाने में उत्पन्न की हुई बाधा थी।[60]

मुग़ल इतिहासकारों के विपरीत ईरानी इतिहासकार उपर्युक्त दलीलों को अस्वीकार करते हैं। वे हुमायूँ तथा मुग़लों को प्रतिज्ञा तोड़ने के कारण विश्वासघाती समझते हैं। उनका मत है कि शाह के पुत्र मुराद की मृत्यु भी कंधार पर अधिकार होने से पूर्व ही (दुर्ग के अवरोध के समय) हो गई थी। इस कारण यह कहना कि राजकुमार की मृत्यु के कारण उस पर अधिकार किया गया, ग़लत है। मुग़ल कामरान के आक्रमण से अपनी सुरक्षा के लिए एक स्थान चाहते थे। इस कारण बैराम ख़ाँ के कहने पर उन्होंने धोखे से दुर्ग पर अधिकार कर लिया। इसके अतिरिक्त दुर्ग के अंदर कुछ क़िज़ीलबाश (शिआ) दुर्ग के सुन्नियों द्वारा मार डाले गए थे।[61] ईरानी सेना कंधार से वापस नहीं गई, बल्कि उसकी सहायता से ही बाद में काबुल जीता गया। काबुल की विजय के पश्चात् शाह ने हुमायूँ को काबुल विजय पर बधाई देने के लिए तथा उससे कंधार वापस माँगने के लिए दूत भेजा किन्तु हुमायूँ ने उसे झूठे आश्वासन देकर लौटा दिया।

दोनों पक्षों के कथनों के अध्ययन से यह स्पष्ट हो जाता है कि परिस्थितियों की विषमता तथा अन्य कारणों से दोनों दलों में ग़लतफ़हमी हो गई। मुग़ल तथा ईरानियों का सहयोग दोनों के स्वार्थ के कारण था। फिर भी दोनों में शत्रुता के कुछ मूल कारण थे। दोनों में धार्मिक मतभेद था। अल्पकालीन सहयोग से दोनों का मतभेद गया नहीं तथा पारस्परिक धार्मिक संघर्ष होते रहे।[62] कंधार के दुर्ग के

अधिकतर निवासी सुन्नी थे, ईरानियों द्वारा उन पर अत्याचार की सूचना भी मुग़लों को प्राप्त हुई। इस तरह दोनों दलों में धार्मिक उत्तेजना जागृत हुई। यह मतभेद अस्करी को बंदी बनाकर शाह के पास न भेजने से और भी बढ़ गया। ईरानी एक तरफ तो सहायक होने के कारण मुग़लों से अपने को उच्च समझते थे,[63] दूसरी तरफ उन्हें बराबर यह भय लगा रहता था कि कहीं हुमायूँ भी बाबर की तरह धोखा न दे। इस तरह दोनों दलों में परस्पर अविश्वास बढ़ा तथा वे एक-दूसरे से सतर्क रहने लगे। हुमायूँ तथा शाह में कोई लिखित संधि नहीं हुई थी। संभव है सभी ईरानी सैनिकों को इसका पूर्ण ज्ञान न हो। इस बीच मुराद की मृत्यु, बुदाग बेग के मुग़लों के परिवारों को दुर्ग में शरण देने से इनकार करने, हुमायूँ के सहयोगियों को किसी सुरक्षित स्थान की आवश्यकता पर जोर देने तथा शीत ऋतु की भयंकरता आदि से विवश होकर हुमायूँ को कंधार पर अधिकार करना पड़ा।[64]

नैतिकता की दृष्टि से हुमायूँ का कंधार पर अधिकार उचित नहीं कहा जा सकता। हुमायूँ ने शाह से इस शर्त पर सहायता ली थी कि वह कंधार विजय करके ईरानियों को दे देगा। उसने ऐसा किया भी। यदि ईरानी सैनिक जनता पर अत्याचार करते थे, अथवा ईरानी सेनापतियों ने हुमायूँ को जाड़े में शरण देने से इनकार किया था, या शर्त के अनुसार काबुल, ग़ज़नी और बदख़्शाँ पर अधिकार करने में हुमायूँ की सहायता नहीं की, तो हुमायूँ के लिए यह उचित था कि वह शाह को इसकी सूचना देता और उसके उत्तर के पश्चात् कार्य करता। हुमायूँ ने ऐसा कुछ भी नहीं किया और शाह को सूचित किये बिना ही उसने कंधार के दुर्ग पर अधिकार कर लिया।[65]

नैतिक दृष्टि से जो भी कहा जाए, परिस्थितियों की दृष्टि से हुमायूँ ने बुद्धिमानी का कार्य किया। उसने बैरम ख़ाँ को कंधार का दुर्ग दे दिया और शाह को लिखा कि उसने केवल शाह के अधिकारियों में परिवर्तन ही किया है। शाह ने इसे स्वीकार कर लिया। ईरानी इतिहासकारों के अनुसार हुमायूँ ने एक दूसरे दूत, काज़ी जैनुद्दीन शैखाली को भी शाह के पास यह विश्वास दिलाने के लिए भेजा कि वह अपनी शक्ति संचित करने के पश्चात् कंधार लौटा देगा।[66] हुमायूँ के काबुल पर अधिकार करने के पश्चात् शाह ने एक दूत, बलद बेग, को भेजकर हुमायूँ को बधाई दी तथा कंधार समर्पित करने को कहा, किन्तु हुमायूँ ने बदख़्शाँ विजय के पश्चात् ऐसा करने का आश्वासन दिया।[67] कंधार विजय के पश्चात् हुमायूँ के क्या विचार थे, यह बताना कठिन है।

हुमायूँ के ईरान निवास का महत्त्व तथा परिणाम

हुमायूँ को ईरान में शरण मिली तथा ईरानियों की सहायता से उसने कंधार के दुर्ग पर अधिकार किया। यदि ईरान के शाह ने उसे शरण न दी होती तो संभव था

कि वह कामरान के हाथ पड़ जाता, और इसका क्या परिणाम होता, इसकी हम केवल कल्पना कर सकते हैं। यही नहीं, यदि शाह ने हुमायूँ को गिरफ्तार कर लिया होता या उसे मार डाला होता तब भी कोई ऐसी शक्ति नहीं थी जो शाह से इसके लिए जबावतलब करती। शाह की सहायता इस दृष्टि से महत्त्वपूर्ण थी। किन्तु इसके पश्चात् की विजयों की सफलता का श्रेय हुमायूँ को है। इसमें शाह या उसके सैनिकों से कोई विशेष सहयोग नहीं प्राप्त हुआ था।

शाह ने सहायता अवश्य दी थी किन्तु उसका व्यवहार दया, प्रेम, सज्जनता, अपमान, घृणा तथा नीचता का सम्मिश्रण है। एक तरफ तो उसने शानदार स्वागत किया, दावतें दीं, गले मिला, अपनी भतीजी से विवाह का वचन दिया, सैनिक तथा धन दिया, और दूसरी तरफ, उसने हुमायूँ को आग में जलाने की धमकी दी, उसे शिआ मत स्वीकार करने पर विवश किया तथा विदा के दूसरे दिन हुमायूँ जब मिलने गया तो उसने बैठने को भी न पूछा। इस परस्पर विरोधी व्यवहार से उसकी सहायता का मूल्य बहुत ही कम हो जाता है।[68]

हुमायूँ के ईरान निवास का प्रभाव स्वयं उस पर तथा भविष्य में मुग़ल संस्कृति पर पड़ा। इससे मुग़लों से ईरान का कूटनीतिक सम्बन्ध स्थापित हुआ। अकबर के राज्य ग्रहण करने के पश्चात्, इस संपर्क के परिणामस्वरूप बहुत-से अमीर, सैनिक तथा साहित्य और कला के विशेषज्ञ ईरान से भारत आए और इस तरह ईरानी कला तथा साहित्य का प्रभाव मुग़ल साहित्य और कला पर पड़ा। अब्दुस्समद तथा मीर सैयिद अली ने आगे चलकर मुग़ल चित्रकला को जन्म दिया। मुग़ल वास्तु कला पर भी ईरानी प्रभाव पड़ा। हुमायूँ का मक़बरा इसका स्पष्ट उदाहरण है। इस दृष्टि से हुमायूँ का ईरान निवास व्यर्थ नहीं गया।[69]

काबुल की प्रथम विजय

कंधार पर अधिकार करने के पश्चात् हुमायूँ ने विजित भाग अपने राज्य के उच्च पदाधिकारियों को प्रदान कर दिए। उलूग मिर्ज़ा को तीरी का प्रदेश, हाज़ी मुहम्मद ख़ाँ को लहू के परगने, इस्माईल बेग को जमीनदावर, शेर अफ़गन को किलात तथा हैदर सुल्तान को शाल प्रदान किया गया। इसके अतिरिक्त अन्य अमीरों को भी जागीरें प्राप्त हुईं।[70]

इस बीच अस्करी हुमायूँ की निगरानी से भागकर एक अफ़गान के घर में जा छिपा। अफ़गान ने स्वयं आकर इसकी सूचना दी। हुमायूँ ने ख़्वाजा अम्बर नाज़िर को उसे पकड़ने के लिए भेजा। अस्करी ऊनी कालीन के नीचे छिपा हुआ था जहाँ से पकड़कर उसे लाया गया।[71] हुमायूँ ने उसे माहम अनगा के पति नदीम कोकलताश के संरक्षण में रख दिया।

कंधार विजय के उपरांत हुमायूँ ने काबुल विजय करने का निश्चय किया।

इसी बीच कुछ व्यापारियों ने कंधार से जाते हुए ईरानी सैनिकों से उनके घोड़े खरीद लिए थे और उन्हें हुमायूँ तथा उसके साथियों के हाथ उधार बेच दिए। उन्होंने इस बात की लिखा-पढ़ी कर ली कि वे मुग़लों द्वारा हिंदुस्तान की विजय के पश्चात् इसका मूल्य लेंगे।[72] हुमायूँ के इस सौदे से स्पष्ट प्रतीत होता है कि उस समय हुमायूँ के पास धन की कमी थी तथा व्यापारियों को यह आशा थी कि कदाचित् हुमायूँ भारत पर अधिकार कर लेगा।

अपनी सेना को तैयार कर हुमायूँ काबुल की तरफ रवाना हुआ। दवा बेग हज़ारा की सहायता से उसने तीरी के दुर्ग में प्रवेश किया। तीन दिनों की बीमारी के पश्चात् क़वल चक में उसकी बुआ ख़ानज़ादा बेगम की मृत्यु हो गयी।[73] वह वहीं दफनायी गई तथा बाद में उसका शव काबुल ले जाया गया जहाँ वह बाबर की कब्र के पास स्थायी रूप से दफना दी गयी।

मार्ग में हुमायूँ को अनेक कठिनाइयों का सामना करना पड़ा। कठिन मार्ग तथा जाड़े की कड़ी ठंड के साथ ही पड़ाव में महामारी फैल गयी जिससे बहुत-से लोगों की मृत्यु हुई। इस समय हुमायूँ के पास लगभग 2000 सैनिक और 71 अफ़सर थे।[74] वह शीघ्रातिशीघ्र काबुल पहुँच जाना चाहता था। मार्ग की कठिनाइयों को देखकर हिन्दाल ने सुझाव दिया कि अभियान स्थगित कर दिया जाए तथा जाड़े में सेना कंधार में निवास करे। हुमायूँ को यह परामर्श अच्छा नहीं लगा और उसने हिन्दाल से कहलाया कि वह अपना कार्य देखता रहे और उसकी चिंता न करे। यदि वह आराम चाहता है तो अपनी जागीर जमीनदावर में जाड़ा व्यतीत करे। इससे स्पष्ट होता है कि हुमायूँ में पहले की कमज़ोरी कम हो गयी थी। हिन्दाल का सुझाव सच्चे हृदय से दिया गया था। किन्तु हुमायूँ का विरोध देखकर उसने हुमायूँ से क्षमा माँगी और उसके साथ रवाना हो गया।

कामरान सतर्क था। उसने काबुल के दुर्ग की रक्षा का प्रबन्ध किया। उसने एक बड़ी सेना एकत्र की तथा कासिम बरलास की एक सेना के साथ हुमायूँ को खिमार के दर्रे पर रोकने के लिए भेजा और मीर आतिश क़ासिम मुखलिस तुरबाती को वहाँ तोपख़ाना स्थापित करने की आज्ञा दी। उसे आशा थी कि वह हुमायूँ को सरलता से पराजित कर देगा। किन्तु भाग्य हुमायूँ के साथ था। ख़्वाजा मुअज्ज़म, हाज़ी मुहम्मद तथा शेर अफ़गन के नेतृत्व में हुमायूँ की सेना ने खिमार दर्रे पर अधिकार कर कासिम बरलास को पीछे हटा दिया।

हुमायूँ की प्रगति के परिणामस्वरूप कामरान के बहुत-से सहयोगी उसे छोड़कर हुमायूँ से आ मिले। इन व्यक्तियों में कामरान का प्रधान मन्त्री बाबुस बेग, मीर आतिश तुरबाती तथा मीर अर्ज सैयिद अब्बास भी थे।[75] कामरान इससे बहुत ही चिंतित हुआ। उसने देखा की संघर्ष व्यर्थ है अतः संधि करने का निश्चय किया। वार्ता के लिए उसने ख़्वाजा खाबंद महमूद तथा ख़्वाजा अब्दुल खालिक को अपना

दूत बनाकर भेजा। ये लोग हुमायूँ से बात कर कामरान के पास लौट गए तथा कह गए कि यदि कामरान तैयार हो गया तो वे दोपहर तक वापस आएँगे। उनके न लौटने पर हुमायूँ ने रोशन इशाक बेग को कामरान के पास भेजा।[76] हुमायूँ कामरान को इस शर्त पर क्षमा करने के लिए तैयार था कि वह स्वयं आकर क्षमा माँगे। कामरान ने इसका कोई उत्तर नहीं दिया। फिर भी हुमायूँ को सन्धि की आशा थी। इस कारण उसने सैनिक कार्यवाइयाँ स्थगित कर दीं।

कामरान को साँस लेने का अवसर मिला। किन्तु उसका साहस समाप्त हो गया था। उसने देखा कि उसके निकट जितने भी व्यक्ति हैं उनमें वह किसी का विश्वास नहीं कर सकता। अर्द्धरात्रि में उसने 12,000 सिपाहियों को बरख़ास्त कर दिया और अपने लड़के मिर्ज़ा इब्राहीम तथा स्त्री के साथ दुर्ग छोड़कर गज़नी की तरफ रवाना हुआ। हुमायूँ ने हिन्दाल के नेतृत्व में 700 भाले युक्त सिपाहियों को कामरान का पीछा करने के लिए भेजा। उसका लक्ष्य था कि या तो कामरान का गिरफ्तार कर लिया जाए या उसे इन भागों से भगा दिया जाए। कामरान एक स्थान से दूसरे स्थान को भागता गया और भागकर वह हज़ारा जिले में पहुँचा। यहाँ उसने अपनी लड़की का विवाह किया। यहाँ से भागकर वह सिन्ध की तरफ रवाना हुआ जहाँ उसने मिर्ज़ा शाह हुसेन अरगून की लड़की से विवाह किया और वहीं रहने लगा।[77]

हुमायूँ को कामरान के काबुल से भागने की सूचना मिली। उसने बाबुस बेग को नागरिकों के रक्षार्थ तथा नगर पर अधिकार करने के लिए भेजा तथा स्वयं काबुल में प्रवेश किया (17 नवम्बर 1545 ई.)।[78] यहाँ नागरिकों ने नगर में हुमायूँ के स्वागत में रोशनी की। हुमायूँ ने सार्वजनिक क्षमा की घोषणा की तथा अपने सेवकों को जागीरें प्रदान कीं। इस तरह हिन्दाल को गज़नी, तथा उलूक मिर्ज़ा को ज़मीनदावर एवं तीरनी प्राप्त हुए। चौसा तथा कन्नौज के युद्ध में मारे गए लोगों के परिवारों को भी उपहार दिया गया।

अकबर से मिले हुए हुमायूँ को दो वर्ष से अधिक हो गए थे और गुलबदन बेगम तथा दिलदार बेगम से वह पाँच वर्ष से नहीं मिला था। काबुल विजय के पश्चात् इन सब लोगों से उसकी मुलाकात हुई।[79] इसके पश्चात् हुमायूँ अकबर के ख़तना के सिलसिले में दावतों तथा जलसों में व्यस्त रहा।[80] इसी समय ईरान के शाह का दूत हुमायूँ को काबुल विजय के उपलक्ष्य में बधाई देने तथा कंधार का दुर्ग प्राप्त करने की आशा से आया।

यादगार मिर्ज़ा काबुल से बदख़्शाँ चला गया था जिसका वर्णन किया जा चुका है। वह भी हुमायूँ के पास वापस लौट आया। इसने हुमायूँ के साथ बहुत अच्छा व्यवहार नहीं किया था, किन्तु हुमायूँ ने इसे क्षमा कर दिया। यादगार नासिर मिर्ज़ा ने अपनी आदत नहीं छोड़ी। हुमायूँ इससे बहुत क्रोधित हुआ और यह निश्चय हो

जाने पर कि वह पुनः उसका विरोध करने पर उतारू है, उसने उसे बंदी बना लिया।[81] इसी समय मुईद बेग की मृत्यु हो गयी। यह हुमायूँ के लिए एक दुर्भाग्य समझा जाता था और ईरानी इसे जीवित शैतान कहते थे।

बदख़्शाँ विजय

कामरान से अपनी स्वतंत्रता प्राप्त कर सुलेमान मिर्ज़ा बदख़्शाँ चला गया था। यह उसके पूर्वजों का राज्य था, इस पर अधिकार करने में उसे अधिक कठिनाई नहीं हुई। उसने अपनी शक्ति संगठित की तथा खुस्त, अन्दराव तथा कुन्दूज़ पर भी अधिकार कर लिया। ये भाग बदख़्शाँ के अधिकार क्षेत्र में नहीं आते थे। मिर्ज़ा सुलेमान ने अपने नाम से खुतबा पढ़वाया तथा एक स्वतन्त्र शासक की भाँति खुल्लम-खुल्ला विरोध प्रारंभ कर दिया। हुमायूँ ने कई बार उसके पास फ़रमान भेजकर उसे काबुल बुलाया पर वह हर बार टालमटोल करता रहा और उपस्थित न हुआ। उसके कुछ सहयोगियों ने उसे डरा दिया था कि उसके काबुल पहुँचते ही हुमायूँ बदख़्शाँ पर अधिकार कर लेगा। इस कारण हुमायूँ के फ़रमान के उत्तर में उसने लिखा कि कामरान ने बदख़्शाँ लौटाते समय उसे कसम खिला दी थी कि वह बिना युद्ध किए हुमायूँ के सामने उपस्थित नहीं होगा।[82] हुमायूँ की इच्छा थी कि सुलेमान मिर्ज़ा का राज्य उतना ही रहने दिया जाए जितना बाबर ने उसके पिता को दिया था किन्तु सुलेमान के इस पत्र से स्पष्ट हो गया कि युद्ध के अतिरिक्त अन्य मार्ग नहीं था।

यादगार नासिर का अन्त

यादगार नासिर मिर्ज़ा ने हुमायूँ के भाइयों की तरह उसे सदा धोखा दिया था। बदख़्शाँ अभियान के समय यदि उसे काबुल में ही बंदी रखा जाता तो भय था कि कहीं वह पुनः कोई कठिनाई न उपस्थित कर दे। इसी बीच सूचना मिली कि वह भागने का प्रयत्न कर रहा है। उसके अपराधों की सूची बनी और उस पर तीस अपराध लगाए गए। उसे मृत्यु-दण्ड दिया गया और मुहम्मद अली तग़ाई को, जिसके सुपुर्द काबुल की प्रतिरक्षा थी, यह कार्य सौंपा गया, किन्तु उसने निवेदन किया कि उसने जीवन में एक गौरैया भी नहीं मारी है, उसके लिए यह कार्य असंभव है। हुमायूँ ने यह कार्य मुहम्मद क़ासिम मौज़ी को सौंपा, जिसने उसकी हत्या कर दी। बाद में उसका शव कज़वीन ले जाया गया जहाँ उसे नासिर मिर्ज़ा (बाबर का छोटा भाई) के कब्रिस्तान में दफ़न कर दिया गया।[83]

बदख़्शाँ अभियान

सुलेमान मिर्ज़ा से किसी भी तरह समर्पण की आशा न देखकर 1546 ई. में एक बड़ी सेना के साथ हुमायू ने बदख़्शाँ की तरफ प्रस्थान किया। ईरानी दूत के साथ

आए हुए कुछ ईरानी सैनिक तथा कूटनीतिज्ञ भी हुमायूँ के साथ ही बदख़्शाँ रवाना हुए।[84] प्रस्थान के पूर्व हुमायूँ ने मीर मुहम्मद अली को काबुल की सुरक्षा के लिए नियुक्त कर दिया तथा बंदी अस्करी को अपने साथ रखने का निश्चय किया जिससे उसकी अनुपस्थिति में वह बहुत गड़बड़ी न करे।

सुलेमान जानता था कि हुमायूँ उस पर आक्रमण करेगा। इस कारण उसने युद्ध की तैयारी कर ली थी तथा शत्रु की प्रतीक्षा कर रहा था। तीरगरान नामक स्थान पर दोनों सेनाओं में भीषण युद्ध हुआ। इस युद्ध में ईरान के शाह के अंगरक्षक दल के सैनिकों ने बड़ी बहादुरी दिखायी। सुलेमान भी बहादुरी से लड़ा किन्तु हुमायूँ के सैनिकों के सामने वह खड़ा न रह सका। उसके सैनिक भागने लगे और उसे भी भागकर ख़ुस्त में शरण लेनी पड़ी। उसके बहुत-से सैनिकों ने हुमायूँ की सेना में प्रवेश किया। सुलेमान ख़ुस्त से भागकर कुलाब चला गया।[85] हुमायूँ ने आगे बढ़कर ख़ुस्त पर अधिकार किया। वहाँ से कलागान होता हुआ किश्म पहुँचा। बदख़्शाँ के अधिकांश उच्च पदाधिकारियों ने समर्पण कर दिया।

किश्म में हुमायूँ ने बदख़्शाँ के अधिकृत भाग अपने आदमियों में बांट दिए। इस तरह हिन्दाल को कुन्दुज तथा उसके निकट के भाग, मुनीम ख़ाँ को ख़ुस्त तथा बाबुस को तालीकान प्राप्त हुआ।[86] बदख़्शाँ की व्यवस्था करने के पश्चात् हुमायूँ ने जाड़े भर क़िला-ए-ज़फ़र में रहकर बदख़्शाँ की स्थिति को पूर्ण रूप से व्यवस्थित करने का निश्चय किया। इस विचार से वह क़िला-ए-ज़फ़र की तरफ रवाना हुआ, किन्तु मार्ग में शाखदान नामक स्थान पर वह अचानक बीमार पड़ गया (15 नवम्बर 1546 ई.)। चार दिन तक वह बेहोश रहा। इस बीच उसके शत्रुओं ने यह अफ़वाह फैला दी कि उसकी मृत्यु हो गयी है। इस समाचार ने पुनः राजनीतिक भूकम्प ला दिया। मिर्ज़ा सुलेमान के समर्थक सिर उठाने लगे। यही नहीं, हुमायूँ के समर्थक भी परिस्थिति से लाभ उठाने का अवसर ढूँढ़ने लगे। मिर्ज़ा हिन्दाल भी कुत्सित विचारों सहित अन्य अमीरों को लेकर कोकटा नदी के तट तक पहुँच गया।[87] मध्य युग में सम्राटों के व्यक्तित्व का कितना महत्त्व था तथा केवल उसकी मृत्यु के अफ़वाह से ही कितनी गड़बड़ियाँ हो सकती थीं इन घटनाओं से हम इसकी कल्पना कर सकते हैं। हुमायूँ की बेहोशी में कराचा बेग ने साहस, दृढ़ता तथा स्वामिभक्ति का प्रदर्शन किया। गड़बड़ी में उसे भय हुआ कि बंदी अस्करी कहीं भाग न जाए, इस कारण उसने उसे अपने खेमे में लाकर रखा तथा सतर्कता बरती। पाँचवें दिन होश आते ही हुमायूँ ने सबको समझाने के लिए कराचा बेग को भेजा और फ़ज़ील बेग को काबुल रवाना किया जिससे वहाँ ग़लत अफ़वाह न फैल सके।[88]

हुमायूँ को पूर्ण स्वस्थ होने में दो माह लगे। उसकी बीमारी में हमीदा बानो तथा मौलाना बायज़ीद ने, जो चिकित्साशास्त्र का उत्तम ज्ञाता था, उसकी बड़ी सेवा की।

काबुल पर कामरान का पुनः अधिकार

हुमायूँ की बीमारी से कामरान ने लाभ उठाया। जैसा ऊपर वर्णन किया जा चुका है, वह सिन्ध में शाह हुसेन अरगून के साथ रह रहा था। उसने शाह हुसेन से एक हज़ार अश्वारोही लिये तथा किलात आया। यहाँ कुछ अफ़गान व्यापारियों से उसने जबरदस्ती घोड़े छीन लिये। गज़नी के मार्ग में उसने पुनः कुछ घोड़े छीने और इस तरह लूट-पाट से आवश्यक वस्तुएँ एकत्र करता हुआ वह गज़नी पहुँचा। ग़ज़नी हिन्दाल मिर्ज़ा की जागीर थी किन्तु इस समय हिन्दाल वहाँ नहीं था। वहाँ का शासन गवर्नर जाहिद बेग के अधिकार में था। वह अच्छा शासक नहीं था। जिस समय कामरान पहुँचा, जाहिद बेग शराब के नशे में बेहोश अपने बिस्तर पर सो रहा था। अब्दुर्रहमान क़स्साब की सहायता से कामरान के सैनिक कमन्द द्वारा क़िले में प्रवेश कर गए। कामरान ने बिना कठिनाइयों के गज़नी पर अधिकार कर लिया। जाहिद बेग पकड़कर उसके सामने लाया गया और मार डाला गया।[89]

कामरान ने अपने दामाद दौलत सुल्तान को गज़नी के शासन हेतु नियुक्त किया तथा यहाँ से काबुल की तरफ रवाना हुआ। जिस समय वह काबुल पहुँचा काबुल का हाकिम मुहम्मद तगाई अपने स्नानागार में था। वह वहाँ से नंगा निकाला गया और मार डाला गया। किसी को भी कामरान का सामना करने का साहस नहीं हुआ और कामरान ने काबुल पर अधिकार कर लिया।[90]

हुमायूँ का काबुल पर दूसरी बार अधिकार

अस्वस्थता की हालत में ही हुमायूँ क़िला-ए-ज़फ़र लाया गया। कुछ स्वस्थ होने पर उसे काबुल के पतन की सूचना मिली। हुमायूँ की स्थिति पुनः बिगड़ गयी थी। बदख़्शाँ में सुलेमान के पक्ष में विद्रोह के चिह्न स्पष्ट थे। काबुल के पतन ने उसे और भी निराश कर दिया। हुमायूँ ने इस स्थिति में बुद्धिमानी से काम लिया। उसने देखा कि कामरान तथा सुलेमान मिर्ज़ा दोनों उसके विरोधी हैं। यदि दोनों आपस में मिल जाएँगे तो कठिनाई और बढ़ जाएगी। उसने सुलेमान मिर्ज़ा को संतुष्ट करने का निश्चय किया और उससे संधि कर ली। उसने बदख़्शाँ सुलेमान मिर्ज़ा को वापस कर दिया पर उसके राज्य का कुछ भाग, कुन्दूज, अन्दराब, ख़ुस्त, कमहर्द तथा गूरी मिर्ज़ा हिन्दाल को दे दिया।[91] इस तरह सुलेमान को बदख़्शाँ तो प्राप्त हुआ किन्तु उसकी शक्ति कम हो गयी।

जनवरी 1547 ई. को हुमायूँ क़िला-ए-ज़फ़र से रवाना हुआ। तालीकान, कुन्दूज होते हुए काबुल के निकट ज़मज़मा के क्षेत्र में उसने पड़ाव डाला। यहाँ उसने अपने सहयोगियों के परामर्श पर काबुल पर आक्रमण किया।

प्रथम संघर्ष देहे अफ़गान के पास शेर अफ़गन से हुआ, जो कामरान की एक बड़ी सेना लेकर डटा हुआ था। कामरान की सेना हिन्दाल द्वारा पराजित हुई तथा

उसका नेता अफ़गन बंदी बनाकर हुमायूँ के सामने उपस्थित किया गया। हुमायूँ ने उसे क्षमा प्रदान करनी चाही किन्तु कराचा ख़ाँ के विवश करने पर उसे मृत्यु दण्ड दिया गया।[92] काबुल नगर पर हुमायूँ का अधिकार हो गया। कामरान ने काबुल दुर्ग में शरण ली। प्रतिदिन संघर्ष होता रहता था। एक दिन कामरान का एक प्रमुख सहयोगी शेर अली हुमायूँ के सैनिकों द्वारा पराजित हुआ और भागकर हज़ारा प्रदेश में चला गया।[93]

हुमायूँ के आगमन तथा उसकी सक्रियता से निराश होकर कामरान उद्दण्ड हो गया। हुमायूँ के साथ आने वाले बहुत-से अमीरों तथा सैनिकों के परिवार काबुल के दुर्ग में थे। कामरान ने उन पर निगरानी रखी। उसने उनके सम्बन्धियों से उनके लिए जबरदस्ती पत्र लिखवाए कि यदि वे हुमायूँ का साथ छोड़कर कामरान से न आ मिलेंगे तो उनके प्राणों का भय है।[94] कामरान का यह तरीका बेकार नहीं गया और मीर मुर्शीद, इस्कन्दर सुल्तान, मिर्ज़ा संजर बरलास इत्यादि कई अमीर हुमायूँ को छोड़कर कामरान से आ मिले। अपनी योजना की सफलता से कामरान ने और भी अत्याचार प्रारंभ कर दिए जो बर्बरता तथा नीचता से पूर्ण थे। हुमायूँ के स्वामिभक्त सेवक बाबुस बेग की स्त्री की इज्जत लेने के लिए, बाज़ार के गुण्डों को भेजा गया तथा उसके सात, पाँच और तीन वर्ष के छोटे-छोटे बच्चों को मारकर उनकी लाशें लटका दी गयीं। मुहम्मद कासिम की स्त्री को उसके स्तन से लोहे के फाटक पर लटका दिया गया। इसी तरह के अमानुषिक अत्याचार अन्य लोगों के साथ भी हुए।[95] कामरान आतंक फैलाकर काबुल के दुर्गवासियों को अपने पक्ष में करना चाहता था।

कामरान के अत्याचार का यहीं अन्त नहीं हुआ। एक दिन वह हवेली से दालान में जा रहा था। उसी समय किसी ने तोप चलायी। कामरान बाल-बाल बच गया पर वह इससे बड़ा क्रोधित हुआ। उसने बालक अकबर को क़िले के ऊपर ले जाकर क़िले की दीवार पर बैठा दिया। माहम अनगा बालक के साथ गयी और उसने बालक को अपनी गोद में ले लिया और अपनी पीठ गोलों की तरफ कर दी। हुमायूँ की सेना काबुल के दुर्ग को घेरे हुए थी और उसका तोपख़ाना गोलाबारी कर रहा था। हुमायूँ को कामरान की इस आज्ञा का पता चल गया और उसने तोपख़ाने के मुँह को दूसरी तरफ घुमा दिया। इस तरह अकबर को कोई हानि नहीं पहुँची।[96]

कामरान का यह कार्य बड़ा ही निन्दनीय था। अबुल फ़ज़ल इसकी आलोचना करता हुआ लिखता है कि यह कौन-सी मानवता एवं वीरता थी? किस हिंसक पशु अथवा राक्षस की यह प्रथा है? ऐसे आदेश देने वाले की जिह्वा क्यों न गूँगी हो गयी? अबुल फ़ज़ल का क्रोध स्वाभाविक है।

कामरान ने यह कार्य क्यों किया? वह चाहता था कि हुमायूँ अपनी गोलाबारी बंद कर दे। वह जानता था कि अकबर को क़िले की दीवार के ऊपर रखने की सूचना पाते ही हुमायूँ गोलाबारी बंद कर देगा। हुआ भी वैसा ही। यदि उसका लक्ष्य

अकबर को मारने का होता तो अन्य साधनों से भी वह ऐसा कर सकता था। गुलबदन के वर्णन से ऐसा प्रतीत होता है कि इसकी सूचना भी किसी ने हुमायूँ को जाकर दी[97] जिससे कामरान के लक्ष्य की पूर्ति तथा अकबर की रक्षा हो गयी।

हुमायूँ ने क़िले का अवरोध और कठोर कर दिया। इसी समय ज़मीनदावर से उलूग़ मिर्ज़ा, क़िलात से क़ासिम हुसेन ख़ाँ शैबानी, कंधार से शाह कुली सुल्तान तथा कुछ अन्य लोग बदख़्शाँ से हुमायूँ की सेवा में आ उपस्थित हुए।[98] इससे हुमायूँ को काफ़ी शक्ति मिली तथा कामरान भी भयभीत हुआ।

सब तरफ से निराश होकर कामरान ने कठोर नीति को त्याग कर दया तथा पारितोषिक की प्रतिज्ञा कर अमीरों को अपने वश में करने का प्रयत्न किया, किन्तु दुर्ग के भीतर अमीरों में निराशा बढ़ती गई। उन्हें स्पष्ट प्रतीत हो रहा था कि आज नहीं तो कल निश्चय ही दुर्ग पर हुमायूँ अधिकार कर लेगा। यदि वे इस समय हुमायूँ से मिल जाएँगे तो उन्हें अधिक लाभ होगा। इसी समय कामरान को पता चला कि हुमायूँ की सहायता को और लोग भी आ गए हैं और दुर्ग की रक्षा करना अब असंभव है। इसके हाथ-पैर फूल गए। 27 अप्रैल 1547 ई. की मध्य रात्रि में कामरान चुपके से काबुल के दुर्ग के दिल्ली दरवाजे से निकलकर भाग गया।[99] हुमायूँ ने हिन्दाल तथा अन्य अमीरों को कामरान का पीछा करने के लिए भेजा। उन लोगों ने कामरान को पकड़ लिया। कामरान के पास भागने के लिए घोड़ा भी नहीं था और वह एक आदमी के कन्धे पर बैठकर भागने का प्रयत्न कर रहा था। हिन्दाल को कामरान पर दया आयी; उसने उसे एक घोड़ा दिया तथा उसे भाग जाने दिया। इस तरह कर्तव्य को त्यागकर हिन्दाल ने भाई के प्रेम से प्रभावित होकर उसे भागने में सहायता की।[100]

कामरान के दुर्ग को छोड़कर भाग जाने के पश्चात् हुमायूँ ने काबुल के दुर्ग में प्रवेश किया। पूरी रात उसके सैनिक नगर में लूटपाट करते रहे। कामरान के साथ सहयोग करने के कारण हुमायूँ दुर्गवासियों से नाराज़ था। वह उन्हें दण्ड देना चाहता था। इसी से उसने अपने सैनिकों को उस रात कत्ले-आम से नहीं रोका। कुछ धार्मिक व्यक्ति भी कामरान के साथ सहयोग करने के अपराध में मार डाले गए।[101] अभागे नागरिकों के प्रति हुमायूँ का यह व्यवहार न्यायसंगत नहीं था। पिछले अध्याय में हम वर्णन कर आए हैं कि गुजरात अभियान के समय भी हुमायूँ ने इसी तरह का व्यवहार किया था। काबुल के शांतिमय किन्तु अभागे निवासियों के लिए कठिन अग्नि-परीक्षा थी। उन पर कामरान ने भी अत्याचार किया और हुमायूँ ने भी।

कामरान का पलायन तथा हुमायूँ से संघर्ष

काबुल के दुर्ग से निकलकर कामरान ने बदख़्शाँ जाने का विचार किया। रात में केवल एक सेवक अली क़ुली कुरची के साथ वह संजिद आया। मार्ग में हज़ारा लोगों

ने उसका सामान लूट लिया। उसे पहचानकर उन लोगों ने उसे जुहाक तथा बमियान भेज दिया। जुहाक में उसकी मुलाकात अपने पुराने सेवक मिर्ज़ा बेग तथा शेर अली से हो गयी। उसने कुछ सेना भी एकत्र कर ली ओर उसकी सहायता से गुरी दुर्ग के हाक़िम मिर्ज़ा बेग बरलास को पराजित कर दुर्ग पर अधिकार कर लिया।[102] शेर अली को वहीं छोड़कर वह स्वयं सुलेमान मिर्ज़ा से सहायता की आशा से बदख़्शाँ गया, किन्तु सुलेमान मिर्ज़ा से उसे कोई सहायता न प्राप्त हुई। चारों तरफ से निराश होकर उसने ऊज़बेकों से सहायता लेने का विचार किया तथा बल्ख़ की तरफ रवाना हुआ।

चग़ताइयों तथा ऊज़बेकों का पारस्परिक संघर्ष पुश्तैनी था। बल्ख़ उस समय पीर मुहम्मद ख़ाँ के अधिकार में था। उसने कामरान का स्वागत किया। चग़ताइयों (मुग़लों) को आपस में लड़ाकर वह लाभ उठाना चाहता था। कामरान को और कहीं से आशा नहीं थी। दोनों में एक सन्धि हुई जिसके अनुसार पीर मुहम्मद ने कामरान को बदख़्शाँ तथा काबुल विजय करने में पूर्ण सहायता देने का वचन दिया। इसके बदले में कामरान ने इन प्रदेशों पर अधिकार होने के पश्चात् बदख़्शाँ ऊज़बेकों को देने का आश्वासन दिया।[103] इस तरह पीर मुहम्मद तथा बल्ख़ की सेना की सहायता से कामरान ने पुनः युद्ध आरंभ किया।

काबुल पर अधिकार करने के पश्चात् हुमायूँ ने कराचा ख़ाँ को कामरान के विरुद्ध भेजा। उसने हिन्दाल तथा सुलेमान मिर्ज़ा को इस अभियान में कराचा ख़ाँ को सहायता देने की आज्ञा दी। कराचा ख़ाँ ने मिर्ज़ाओं के साथ ग़ूरी के किले पर आक्रमण किया। शेर अली ने उसका डटकर सामना किया। किन्तु वे क़िले पर अधिक दिन अधिकार न रख सके और भाग खड़े हुए। हुमायूँ की सेना ने ग़ूरी पर अधिकार कर लिया।[104] यहाँ से सेना कामरान के विरुद्ध आगे बढ़ी।

ऊज़बेकों की सहायता से कामरान की शक्ति बढ़ गयी। उसने एक-एक करके क़िला-ए-ज़फ़र, बगलान, किश्म, तालीकान इत्यादि पर अधिकार कर लिया। हुमायूँ की सेना पराजित हुई। हिन्दाल को कुन्दुल के दुर्ग में शरण लेनी पड़ी और कराचा ख़ाँ को सहायता के लिए काबुल जाना पड़ा।

बदख़्शाँ की इस दुरवस्था की सूचना पाकर हुमायूँ काबुल से बदख़्शाँ की तरफ रवाना हुआ (जनवरी 1547 ई.)। कड़ाके का जाड़ा पड़ रहा था। यात्रा कठिन थी, फिर भी हुमायूँ ने साहस नहीं छोड़ा और ग़ूरबंद[105] तक पहुँच गया। यहाँ उसकी मुलाकात कराचा ख़ाँ से हुई। मार्ग में कबायलियों ने उसका सामान लूट लिया था। काबुल जाकर वहाँ से आवश्यक वस्तुएँ एकत्र कर पुनः वापस आने की अनुमति लेकर वह काबुल चला गया। हुमायूँ गूरबंद से आगे बढ़कर गुलबहार में कराचा ख़ाँ की प्रतीक्षा करता रहा। इस बीच बरफ पड़ने लगी जिसके कारण हिन्दूकुश के मार्ग बंद हो गए। आगे बढ़ना असंभव देकखर हुमायूँ को पुनः काबुल लौट आना पड़ा।[106]

काबुल लौटने के पश्चात् शुभ दिन तथा शुभ मुहुर्त में अकबर का विद्यारंभ हुआ। (7 शव्वाल 954 हि. अर्थात् 20 नवम्बर 1547 ई.)। हुमायूँ ने उस समय के प्रख्यात विद्वान् मुल्लाज़ादा मुल्ला ईसामुद्दीन इब्राहीम को अपने पुत्र का शिक्षक नियुक्त किया। ईसामुद्दीन को कबूतरबाज़ी का बहुत शौक था, इस कारण बालक की शिक्षा का उचित प्रबन्ध नहीं हो सका। हुमायूँ ने कुछ ही दिन बाद उसे बदलकर मौलाना बायज़ीद को इस कार्य के लिए नियुक्त किया।[107]

कामरान शांत नहीं था। हुमायूँ के सहयोगियों को अपने पक्ष में करने का प्रयत्न वह बराबर करता रहा। इसके परिणामस्वरूप लगभग 3,000 अश्वारोही तथा कुछ बहुत ही विश्वासपात्र अमीर, जैसे कराचा ख़ाँ,[108] बाबुस बेग, ईस्माइल बेग दुल्दाई इत्यादि उसे छोड़कर बदख़्शाँ में कामरान से जा मिले। इतने आदमियों के पलायन से हुमायूँ की शक्ति को धक्का लगा। उसने कराचा ख़ाँ का पीछा करने का प्रयत्न किया किन्तु ये पकड़े न जा सके। हुमायूँ काबुल में रुका रहा तथा ज़ोरों से अभियान की तैयारी करने लगा।

12 जून 1548 ई. को हुमायूँ ने कामरान से युद्ध करने के लिए काबुल से कूच किया। इस बीच उसकी शक्ति बढ़ती जा रही थी। हुमायूँ कराबाग़ से गुलबहार पहुँचा और यहाँ से हमीदा बानो और अकबर को काबुल भेज दिया।[109] काबुल के दुर्ग की रक्षा के लिए उसने मुहम्मद क़ासिम ख़ाँ मौजी को नियुक्त किया। यहाँ से अमीरों के साथ हिन्दूकुश होता हुआ वह अन्दराब के दुर्ग के निकट पहुँचा। उस पर बिना कठिनाई के उसका अधिकार हो गया। यहाँ हिन्दाल कुन्दूज़ से वापस आकर हुमायूँ से मिला और अपने साथ वह कामरान के प्रमुख सहयोगी शेर अली को बंदी के रूप में लेता आया। शेर अली ने सदा एक सच्चे सैनिक की तरह कामरान का साथ दिया था। वह एक योग्य शासक था। इस कारण हुमायूँ ने उसका सहर्ष स्वागत किया। उसने उसे क्षमा कर दिया, ख़िलअत प्रदान की तथा ग़ूरी की जागीर प्रदान की।[110]

कामरान भी सतर्क था। उसने तालीक़ान दुर्ग को कराचा ख़ाँ की सहायता से अच्छी तरह मजबूत बना लिया। वह स्वयं किश्म और क़िला-ए-ज़फ़र के निकट सेना के साथ डटा हुआ था। उसने यह नीति शत्रु को धोखा देने के लिए अपनायी थी, जिससे शत्रु की सेना को यह अंदाज न हो कि कामरान के पास युद्ध करने की शक्ति है।

हुमायूँ ने मिर्ज़ा हिन्दाल को बेगी नदी पार करने की आज्ञा दी। पूरी सेना ने अभी नदी को पार नहीं किया था जब कामरान की सेना ने उस पार आक्रमण कर दिया। यह एक बहुत ही उपयुक्त समय था, क्योंकि हिन्दाल नदी के एक तरफ और हुमायूँ अपनी बाकी सेना के साथ दूसरी तरफ था। हिन्दाल की सेना पराजित हुई और उसका सामान लूट लिया गया। सौभाग्य से उसी समय हुमायूँ पहुँच गया।[111]

यदि कामरान ने इस विजय से लाभ उठाकर हुमायूँ की सेना का पीछा किया होता तो संभव था उसे हुमायूँ को पराजित करने में सफलता मिलती, किन्तु कामरान युद्ध के पश्चात् तालीक़ान के दुर्ग में जा छिपा। जो सामान उसने भागते समय छोड़ दिया था उसे हुमायूँ की सेना ने लूट लिया और तालीक़ान के दुर्ग के निकट की भूमि को रौंद डाला। जो बंदी बनाये गए उन्हें मृत्यु-दण्ड दिया गया। हुमायूँ ने पूर्ण शक्ति के साथ तालीक़ान के दुर्ग पर आक्रमण किया। पुनः हुमायूँ ने कामरान को पत्र लिखकर संघर्ष समाप्त करने के लिए कहा, किन्तु इस शांति-प्रस्ताव को कामरान ने स्वीकार नहीं किया।[112] उसे आशा थी कि उसे ऊज़्बेकों से सहायता मिलेगी।

संधि तथा मिलन

निराश होकर हुमायूँ ने दुर्ग का घेरा और भी कठोर कर दिया। इस घेरे का सामना करना कामरान के लिए कठिन हो गया। विवश होकर उसने मीर अरब मक्की को, जिसे हुमायूँ का विश्वास प्राप्त था, सन्धि वार्ता के लिए भेजा और अन्त में निम्नलिखित शर्तों पर सन्धि निश्चित हुई–

1. विद्रोही अधिकारियों की गरदनें बाँधकर उन्हें हुमायूँ के दरबार में भेज दिया जाए।
2. हुमायूँ के नाम से ख़ुतबा पढ़ा जाए।
3. कामरान स्वयं गुप्त रूप से मक्का चला जाए।

संधि होने के पश्चात् 17 अगस्त 1548 ई.[113] को सद्र मौलाना अब्दुल बाकी ने नगर में प्रवेश किया और हुमायूँ के नाम से खुत्वा पढ़ा गया। दुर्ग का घेरा हटा लिया गया जिससे वह मक्का चला जाए।

हुमायूँ ने तालिक़ान के दुर्ग में प्रवेश किया। उसने सार्वजनिक क्षमा की घोषणा की। कराचा खा भी उसके सामने लाया गया और उसे भी क्षमा कर दिया। मक्का की तरफ कुछ दूर यात्रा करने के पश्चात् हुमायूँ द्वारा क्षमा किए जाने की सूचना पाकर कामरान ने स्वयं समर्पण करने का निश्चय किया और वह हुमायूँ से मिलने के लिए वापस लौट आया।

कामरान की इच्छा को हुमायूँ अस्वीकार न कर सका और उसने अस्करी को स्वतंत्र कर दिया और उसे हिन्दाल तथा अन्य अमीरों के साथ कामरान का स्वागत करने के लिए भेजा। हुमायूँ के कारामन के स्वागत के लिए अपने अमीरों को तीन दलों में भेजा। प्रथम दल में मुनीम ख़ाँ, तरदी बेग तथा अन्य अमीर थे, दूसरे में राजवंश से सम्बन्धित व्यक्ति जैसे कासिम हुसेन, सुल्तान शैबानी, खिज्र ख़्वाजा सुल्तान इत्यादि और तीसरे में हिन्दाल और अस्करी मिर्ज़ा थे।

हुमायूँ ने एक दरबार किया जहाँ कामरान उपस्थित किया गया।[114] दरबार में आते समय एक कर्मचारी से एक रूमाल लेकर कामरान ने अपने गले में बाँध

लिया और एक अपराधी की भाँति हुमायूँ के सामने उपस्थित हुआ। हुमायूँ ने अपनी दाहिनी तरफ कामरान को बिठाया। दोनों भाइयों ने एक-दूसरे को गले लगाया और पिछली बातें भूलने को कहा। दोनों की आँखों से आँसू बहने लगे जिसे देखकर बहुत से उपस्थित लोग भी द्रवित हो गए। शर्बत का एक प्याला लाया गया जिसका आधा हुमायूँ ने पिया और बाकी कामरान को दिया। कामरान के स्वागत में एक दावत का प्रबन्ध हुआ जहाँ तरह-तरह के भोजन तैयार किए गए। गायकों ने सुंदर गीत गाये और इस तरह दो दिन आन्दोत्सव में बीते। गुलबदन बेगम लिखती है कि लोगों में आश्चर्यजनक रूप से प्रसन्नता थी। भाइयों के युद्ध के कारण अमीर अपने सम्बन्धियों के खून के प्यासे थे। अब सब मिलकर प्रसन्नतापूर्वक समय व्यतीत कर रहे थे।[115] सभी भाइयों ने बल्ख़ के विरुद्ध अभियान की तैयारी की, किन्तु कोई निश्चय नहीं हो सका।

जश्न के बाद हुमायूँ ने अपने भाइयों के बीच जागीरें वितरित कीं। कामरान को कुलाब या खातलान, अस्करी को कुरातिगीन, हिन्दाल को कुन्दूज़, गोरी, काहमर्द, बकलान, इश्कामिश, नारी या नारीन, और सुलेमान मिर्ज़ा तथा इब्राहीम मिर्ज़ा को क़िला-ए-ज़फ़र, तालीक़ान तथा कुछ अन्य परगने दिए गए। अस्करी को हिन्दाल के साथ जाने की आज्ञा हुई, क्योंकि अस्करी ने हाल ही में स्वतंत्रता प्राप्त की थी। कामरान की सहायता के लिए हुमायूँ ने चकर बेग को उसका अमीरुल उमरा नियुक्त किया तथा हिन्दाल के साथ शेर अली उसका मन्त्री बनाकर भेजा गया।[116]

कामरान अपनी जागीर से संतुष्ट नहीं हुआ और उसने फ़रमान प्राप्त होने पर कहा कि वह काबुल तथा बदख़्शाँ का मालिक रह चुका है। कुलाब तो बदख़्शाँ का एक परगना मात्र है। मैं इस जागीर को कैसे स्वीकार कर सकता हूँ? हुसेन कुली, जो वहाँ उपस्थित था, उसने इसका जवाब दिया कि यह आश्चर्य की बात है कि इतने अपराधों के बाद भी उसे जागीर दी गई और वह उसे स्वीकार नहीं कर रहा था। कामरान ने इसका अर्थ समझ लिया। पुनः विद्रोह करने का उसमें तत्काल साहस नहीं था। किन्तु इससे स्पष्ट हो जाता है कि उसका हृदय साफ नहीं था। परिस्थिति को समझकर उसने प्राप्त जागीर स्वीकार कर ली।

जागीरों के विभाजन के पश्चात् सभी व्यक्ति अपनी-अपनी जागीरों पर अधिकार करने के लिए रवाना हो गए। हुमायूँ स्वयं काबुल की तरफ रवाना हुआ। चारों भाइयों ने एक ही प्याले से शर्बत पिया। ऐसा प्रतीत हो रहा था कि अब चारों भाइयों में मेल-मिलाप हो जाएगा। हुमायूँ यहाँ से यात्रा कर 5 अक्तूबर 1548 ई. को काबुल पहुँचा[117] जहाँ उसकी अपने पुत्र अकबर से पुनः भेंट हुई।

कामरान का हृदय अब भी कलुषित था। उसने चारों तरफ से निराश होकर हुमायूँ को समर्पण किया था। हज़ के लिए जाने का उसका विचार धार्मिक विश्वास के कारण नहीं, बल्कि परिस्थितियों के कारण था। हुमायूँ ने जो जागीर दी थी उससे

उसका असंतोष इस बात का प्रमाण है कि वह इस जागीर को हुमायूँ की दया न समझकर यह समझता था कि हुमायूँ ने उसका अपमान किया है। हमें याद रखना चाहिए कि इस समय हुमायूँ के पास काबुल, बदख़्शाँ तथा भारत का पुराना राज्य नहीं था बल्कि उसका राज्य सीमित था। कामरान को जागीर उसके भरण-पोषण के लिए दी गयी थी, जिसको उसे प्रसन्नता के साथ स्वीकार करना चाहिए था।

लाहौर से अलग होने के पश्चात् चारों भाइयों का यह प्रथम स्नेहपूर्ण मिलन था। हुमायूँ ने इसमें पूर्ण संयम, दया तथा क्षमा का प्रदर्शन किया और उसने उनके साथ इस तरह व्यवहार किया मानो कुछ हुआ ही न हो। उसकी इसी दया का लाभ उसके भाइयों ने उठाया।

हुमायूँ के मन में अपने भाइयों के प्रति अपार स्नेह था, यह केवल बाबर की इच्छा के प्रति एक कर्तव्यनिष्ठा नहीं थी बल्कि हार्दिक स्नेह था। मिलते ही हुमायूँ का कामरान को अपनी दाहिनी तरफ बैठाने, स्नेह से द्रवित होकर आँखों में आँसू आ जाने और अन्त में कामरान के भरण-पोषण की चिंता कर उसे जागीर देने से यह स्पष्ट है कि हुमायूँ का हृदय और विचार कैसा था। इतनी शत्रुता करने के पश्चात् भी कामरान को क्षमा करने में उसे एक क्षण भी नहीं लगा। यह बादशाह हुमायूँ की एक बहुत बड़ी कमजोरी और व्यक्ति हुमायूँ की एक बहुत बड़ी शक्ति का प्रमाण है।

एकता का प्रभाव

हुमायूँ के भाइयों में शांति और सुलह स्थापित हो जाने के परिणाम तत्काल प्रकट हुए। निकट के शासकों ने हुमायूँ के पास बधाई देने के लिए दूत भेजे। हैदर मिर्ज़ा ने कश्मीर से हुमायूँ को पत्र लिखकर उसे बधाई दी तथा कश्मीर आने के लिए आमन्त्रित किया। उसका विचार था कि वहाँ से हिन्दुस्तान पर सुविधा से आक्रमण किया जा सकता था। हुमायूँ अभी भारतीय अभियान के लिए तैयार नहीं था। उसने हैदर मिर्ज़ा को उत्तर दिया कि सुविधा होते ही वह कश्मीर आएगा। काशगर के शासक अब्दुल रशीद ख़ाँ ने बहुत से तोहफ़े हुमायूँ के पास भेजे। हुमायूँ ने ख़्वाजा ज़लालुद्दीन महमूद को ईरान के शाह के पास अपना दूत बनाकर भेजा।[118] इस तरह अपने भाइयों के संघर्ष से छुट्टी पाकर हुमायूँ ने कूटनीतिक सम्बन्ध स्थापित किया तथा शासन को एक नई दिशा में ले जाने के लिए उसने योजनाएँ प्रारंभ कीं।

हुमायूँ के निष्कासन काल की समस्याओं को उसके अमीरों के विश्वासघात ने और भी कठिन बना दिया था। वे कभी कामरान के साथ रहते और कभी उसका साथ छोड़कर हुमायूँ के साथ हो जाते थे। इस तरह दोनों भाइयों में युद्ध कराने में इनका प्रमुख हाथ रहता था। इस बार हुमायूँ ने इन अमीरों की समस्या पर भी ध्यान दिया। कराचा ख़ाँ तथा मुसाहिब बेग ने प्रायः हुमायूँ को धोखा दिया था। दण्ड के

रूप में हुमायूँ ने इन्हें मक्का चले जाने की आज्ञा दी। ये लोग रवाना हुए किन्तु हज़ारा प्रदेश में ही रुके रहे। हुमायूँ अपनी आज्ञा पर स्थिर न रह सका और कुछ दिन बाद इन्हें पुनः क्षमा कर दिया गया। हुमायूँ का प्रबल शत्रु मुहम्मद उलूग बेग मिर्ज़ा तथा उसका भाई मुहम्मद शाह मिर्ज़ा इस बीच मार डाले गए[119] जिससे हुमायूँ को शांति मिली।

बल्ख अभियान

भाइयों के संघर्ष से निश्चिंत होकर हुमायूँ ने बल्ख़ पर आक्रमण करने का निश्चय किया। इसके कई कारण थे। ऊज़्बेक सरदार पीर मुहम्मद ख़ाँ ने कामरान की सहायता की थी जिसके कारण हुमायूँ बहुत नाराज था तथा वह उसे दण्ड देना चाहता था। इसके अतिरिक्त बल्ख़ का भाग बहुत ही उपजाऊ था। कामरान अपनी प्राप्त जागीर से प्रसन्न नहीं था। हुमायूँ बल्ख विजय कर उसे कामरान को देना चाहता था।[120] वास्तव में बल्ख़ अभियान का कारण साम्राज्य विस्तार, शक्ति-संचय तथा अपने पूर्वजों के राज्य पर अधिकार करने की हुमायूँ की आकांक्षा थी।

परिस्थितियाँ बल्ख़-आक्रमण के अनुकूल थीं। बदख़्शाँ पर हुमायूँ का अधिकार हो गया था। कामरान ने समर्पण कर दिया था, भाइयों में कम-से-कम बाहर से मित्रता प्रकट हो रही थी, उसके दो शत्रुओं की मृत्यु हो चुकी थी। अनुकूल परिस्थिति देखकर हुमायूँ ने पीर मुहम्मद पर आक्रमण करने का निश्चय किया। उसने कामरान, हिन्दाल, अस्करी, मिर्ज़ा इब्राहीम तथा सुलेमान को बल्ख़ अभियान के लिए सेना लेकर आने का आदेश दिया।[121]

फरवरी 1549 ई. में हुमायूँ काबुल से बल्ख़ अभियान के लिए रवाना हुआ।[122] यूरत चालाक[123] नामक स्थान पर वह एक महीना रुका रहा। यहाँ गज़नी से मुहम्मद ख़ाँ तथा बदख़्शाँ से मिर्ज़ा इब्राहीम अपनी सेनाओं के साथ उससे आ मिले। इस पड़ाव से ख़्वाजा दोस्त खाबंद को मिर्ज़ा कामरान को बुलाने के लिए कोलाब भेजा गया। यहाँ से अन्दराव, तालीक़ान, नारी होते हुए ये नीलबर घाटी में पहुँचे। यहाँ मिर्ज़ा हिन्दाल तथा सुलेमान भी आ मिले। अस्करी तथा कामरान जिनके पहुँचने की आशा थी, नहीं आए। हुमायूँ ने यहाँ से इब्राहीम को बदख़्शाँ भेज दिया जिससे यदि कामरान आक्रमण करे तो वह उसकी रक्षा कर सके।[124]

हुमायूँ यहाँ से आगे बकलान होता हुआ ऐबक नामक स्थान पर पहुँचा, जो बल्ख़ के अधीन था। हुमायूँ ने ऐबक के दुर्ग का घेरा डाला। दुर्गवासियों को आवश्यकता की वस्तुएँ प्राप्त न होने के कारण दुर्ग के हाक़िम ख़्वाजा माक़ को दुर्ग समर्पित करना पड़ा।

यदि हुमायूँ ने इस विजय से लाभ उठाया होता तो उसे बल्ख़ पर अधिकार करने में अधिक कठिनाई नहीं होती। युद्ध परिषद की बैठक में हुमायूँ ने पीर मुहम्मद

के अतालीक़ ख़्वाजा माक़ से ऊज़्बेकों से युद्ध के विषय में उसका मत पूछा। उसने दो मत उपस्थित किए। उसने कहा कि हुमायूँ बंदी बनाए गए ऊज़्बेकों को, जो उसके पड़ाव में हैं, मार डाले और उसके बाद तुरंत बल्ख़ पर आक्रमण कर दे। यदि इसमें कठिनाइयाँ हों तो उसका दूसरा सुझाव यह था कि पीर मुहम्मद के साथ संधि कर ली जाए और खुल्म के एक तरफ का भाग पीर मुहम्मद को दे दिया जाए तथा दूसरी तरफ का भाग हुमायूँ रख ले। प्राप्त भाग पर हुमायूँ के नाम से खुतबा पढ़ा जाए, सिक्का चलाया जाए तथा इस पर हुमायूँ का पूर्ण अधिकार रहे। हुमायूँ ने इन दो मतों में से किसी को स्वीकार नहीं किया।[125] उसने ऊज़्बेक बन्दियों को काबुल भेज दिया तथा स्वयं बल्ख़ की तरफ रवाना हुआ।

खुल्म, बाबा शामू होता हुआ हुमायूँ बल्ख़ के निकट पहुँचा। ऊज़्बेकों ने शाह मुहम्मद सुल्तान हिसारी तथा बक्कास सुल्तान के नेतृत्व में मुग़लों पर आक्रमण कर उनके एक दल को पराजित कर दिया। दूसरे दिन भीषण युद्ध हुआ। मुग़लों ने बहादुरी से युद्ध किया तथा ऊज़्बेकों को बल्ख़ नदी के उस पार भगा दिया।[126] यदि उन्होंने तत्काल आक्रमण किया होता तो वे बल्ख़ पर अधिकार कर सकते थे किन्तु इसी समय यह समाचार प्राप्त हुआ कि कामरान ने काबुल पर अधिकार कर लिया है। हुमायूँ के साथ के सैनिक तथा अमीर, जिन्होंने अपने परिवारों को काबुल में छोड़ दिया था, अपने परिवारों की रक्षा के लिए चिंतित हो उठे। वे आगे बढ़ने के लिए तैयार नहीं थे। इसी समय यह सूचना भी मिली कि बुखारा से अब्दुल अज़ीज़ अपनी सेना लेकर पीर मुहम्मद की सहायता के लिए आ रहा है। इससे और भी आतंक छा गया। सफलता की आशा बहुत कम थी। इस परिस्थिति में हुमायूँ ने लौटने का निश्चय किया।[127] ऐबक होते हुए उसने दरयेगज में आकर पड़ाव डाला। यहाँ कुछ दिन रुककर वह परिस्थिति का अवलोकन करना चाहता था। आवश्यक होने पर यहाँ से काबुल भी जाया जा सकता था तथा ऊज़्बेकों से युद्ध भी किया जा सकता था।

बदख़्शाँ से वापसी

दुर्भाग्यवश हुमायूँ की सेना को पीछे लौटते हुए देखकर ऊज़्बेकों ने उसका पीछा किया तथा आक्रमण किया। हुमायूँ की सेना के पिछले भाग में हिन्दाल, सुलेमान तथा हुसेन कुली थे। ऊज़्बेकों के आक्रमण से हिन्दाल भाग्य से ही बच सका। हुमायूँ पर भी हमला हुआ। एक ऊज़्बेक के तीर से हुमायूँ का तसर्रुन्ना ज़ेरीन नामक घोड़ा मारा गया। चारों तरफ भगदड़ मच गयी। सेना में शांति स्थापित रखना कठिन हो गया। मुग़ल सेना के बहुत-से सैनिक मारे गए। हुमायूँ ने सैनिकों को एकत्र कर युद्ध करना चाहा, किन्तु यह असंभव था। विवश होकर वह काहमर्द, गुरबंद होता हुआ 23 सितम्बर 1549 ई. (1 रमज़ान 956 हि.) को काबुल पहुँचा।[128] मिर्ज़ा सुलेमान

बदख़्शाँ, हिन्दाल कुन्दूज़ तथा अन्य अमीर काबुल वापस आए। इस तरह हुमायूँ की विजय उसकी पराजय में परिवर्तित हो गयी। इसका प्रमुख कारण उसके सैनिकों तथा अमीरों में अफ़वाहों का आतंक था जो कामरान की गतिविधि तथा उसके अमानुषिक अत्याचारों के कारण था जिसे लोग अभी भूले नहीं थे। हुमायूँ का बल्ख़ पर अधिकार करने का स्वप्न समाप्त हो गया और वह फिर कभी पूरा नहीं हो सका।

काबुल लौटकर हुमायूँ ने ऐबक में बंदी बनाए गए ऊज़्बेकों को मुक्त कर दिया। उनके स्वदेश लौटने पर पीर मुहम्मद हुमायूँ की उदारता सुनकर प्रसन्न हुआ और उसने भी बंदी बनाए गए हुमायूँ के सेवकों को स्वतंत्र कर दिया।[129] हुमायूँ ने ख़्वाजा जलालुद्दीन महमूद को दूत बनाकर ईरान भेजा था। कुछ कारणवश वह कंधार में ठहर गया था। उसे वापस बुला लिया था। इसी समय प्रसिद्ध चित्रकार अब्दुस्समद एवं मीर सैयिद अली ने हुमायूँ की सेवा स्वीकार की।[130] मुग़ल चित्रकला के इतिहास में यह महत्त्वपूर्ण घटना थी, क्योंकि इन्हीं चित्रकारों ने मुग़ल चित्रकला की नींव डाली।

कामरान का विद्रोह

जैसा ऊपर वर्णन किया जा चुका है, मित्रता होने के पश्चात् कामरान अपनी जागीर कुलाब चला गया था। कुछ ही समय में चाकर बेग से असंतुष्ट होकर उसने उसे वहाँ से निकाल दिया। हुमायूँ के आदेश पर भी वह बल्ख़ अभियान में नहीं गया तथा जिस समय हुमायूँ बल्ख़ अभियान की तरफ गया हुआ था वह काबुल पर आक्रमण करने का विचार कर रहा था। हुमायूँ के बल्ख़ अभियान की असफलता तथा उसकी पराजय से उसने लाभ उठाने का निश्चय किया। स्वार्थ-लिप्सा से कामरान की बुद्धि कितनी नष्ट हो गई थी, इसका अनुमान हम इसी से लगा सकते हैं कि ऊज़्बेकों को अपनी तरफ मिलाने के लिए उसने सुलेमान की स्त्री के पास प्रेम-पत्र लिखा।[131]

जिस समय हुमायूँ बल्ख़ की समस्या में व्यस्त था, अस्करी को कुलाब में छोड़कर कामरान ने बदख़्शाँ पर आक्रमण किया। सुलेमान को तालीक़ान छोड़कर क़िला-ऐ-जफ़र में शरण लेनी पड़ी। कामरान ने तालीक़ान पर अधिकार कर लिया और यहाँ से आगे बढ़कर उसने क़िला-ए-जफ़र को घेर लिया किन्तु वह उसे अपने अधिकार में न कर सका। उसे वैसे ही छोड़कर उसने कुन्दूज़ पर आक्रमण किया। यहाँ हिन्दाल ने उसका सामना किया। कामरान ने हिन्दाल को अपनी तरफ मिलाने का प्रयत्न किया, किन्तु हिन्दाल उसकी बातों में न आया। इससे निराश होकर कामरान ने ऊज़्बेकों से सहायता माँगी। ऊज़्बेक मुग़लों के पारस्परिक झगड़ों से सदा लाभ उठाना चाहते थे। उन लोगों ने उसकी सहायता के लिए एक शक्तिशाली सेना भेजी। इस परिस्थिति में हिन्दाल ने बुद्धिमानी से काम लिया। उसने कुछ जाली पत्र कामरान को लिखे जिससे ऐसा प्रकट होता था कि कामरान और हिन्दाल मिलकर ऊज़्बेकों

का नाश करना चाहते हैं। ऊज़्बेक लोग इससे बहुत डरे। कामरान के समझाने पर भी उनका संदेह नहीं गया तथा उन्होंने उसे त्याग दिया। कामरान को विवश होकर कुन्दूज़ का घेरा उठाना पड़ा।[132]

इसी समय यह भी सूचना मिली कि चाकर बेग ने काबुल पर आक्रमण कर अस्करी को घेर लिया है और उसे भागकर दुर्ग में शरण लेने पर विवश कर दिया है। कामरान ने सहायक सेना भेजी। इस सहायता के पहुँचने के पश्चात् चाकर बेग ने घेरा उठा लिया। कुन्दूज़ से वापस लौटते समय कामरान के पड़ाव को ऊज़्बेकों ने हिन्दाल का पड़ाव समझकर लूट लिया। इससे कामरान को बड़ी हानि हुई। विवश होकर उसे अपने साथियों तथा अस्करी के साथ तालीक़ान के दुर्ग में शरण लेनी पड़ी।[133] सुलेमान और हिन्दाल कामरान के विरुद्ध बढ़े। निराश होकर कामरान को बदख़्शाँ छोड़ना पड़ा। यहाँ से भागकर उसने हज़ारा प्रदेश में शरण ली।

क़िबचाक़ का युद्ध

इसी समय काबुल से कराचा ख़ाँ ने कामरान को काबुल पर अधिकार करने के लिए आमन्त्रित किया। कामरान ने इस निमन्त्रण से लाभ उठाना चाहा। हुमायूँ को धोखा देने के लिए, जिससे वह तैयार न रहे, उसने एक पत्र लिखा तथा क्षमा-याचना की।

हुमायूँ कामरान की चाल समझ गया था। वह सतर्क था। उसने रक्षा की तैयारी कर ली तथा निकट के दर्रों की रक्षा का प्रबंध कर दिया। स्वयं काबुल को अकबर तथा क़ासिम बरलास के नेतृत्व में छोड़कर हुमायूँ गूरबंद के दर्रे की तरफ रवाना हुआ। हुमायूँ को अपने अमीरों के असंतोष का पूर्ण ज्ञान नहीं था। उसने हाज़ी मुहम्मद के परामर्श पर अपनी सेना को दो भागों में बाँट दिया। एक भाग हाज़री मुहम्मद ख़ाँ के अधीन जूहाक तथा बामियान की रक्षा हेतु भेजा और वह स्वयं एक छोटी टुकड़ी के साथ क़िबचाक़ दर्रे के निकट पड़ाव डाले हुए था। हुमायूँ के कई प्रमुख अमीर कामरान से मिले हुए थे। कामरान ने बुद्धि से काम लिया। प्रारंभ में वह जुहाक तथा बमियान के मार्ग से काबुल पर आक्रमण करना चाहता था, किन्तु इस मार्ग की रक्षा हाज़ी मुहम्मद ख़ाँ एक बड़ी सेना के साथ कर रहा था। कामरान ने क़िबचाक़ के दर्रे पर आक्रमण करने का निश्चय किया, जिसकी रक्षा हुमायूँ एक छोटी कुमक के साथ कर रहा था।

हुमायूँ के कई प्रमुख अमीर कामरान से मिले हुए थे। कामरान के आक्रमण की सूचना मिलते ही हलचल मच गयी, फिर भी कराचा ख़ाँ यही कहता रहा कि कामराम क्षमा-याचना करने आ रहा है। कामरान के आक्रमण से हुमायूँ की सेना छिन्न-भिन्न हो गयी। उसके कई प्रमुख अमीर मारे गए। हुमायूँ ने शक्ति भर युद्ध किया किन्तु भागते हुए सैनिकों को रोकना असंभव था। उसकी सेना पूर्णतया पराजित हो गयी। हुमायूँ को युद्ध का मैदान छोड़कर भागना पड़ा। जिस समय वह भाग रहा

था, कोलाब के बाबा बेग ने पीछे से उसके मुकुट पर तलवार से वार किया। वह पुनः हुमायूँ पर आक्रमण करना चाहता था किन्तु फ़हरत ख़ाँ[134] ने उसे भगा दिया। हुमायूँ को करारी चोट लगी थी। खून तेजी से निकल रहा था जिससे वह इतना कमज़ोर हो गया कि उसने अपना जीबा[135] निकाल कर सब्दल ख़ाँ नामक अपने नौकर को दे दिया। कामरान के सैनिकों द्वारा पीछा किए जाने के समय भार के कारण उसने हुमायूँ का खून से लथपथ जीबा फेंक दिया।

हुमायूँ केवल 11 व्यक्तियों के साथ बामियान तथा जुहाक की तरफ रवाना हुआ। बहुत-सा खून निकल जाने के कारण वह इतना कमज़ोर हो गया था कि कठिनाई से चल सकता था। कठोर शीत तथा कमज़ोरी के कारण वह एक स्थान पर बेहोश हो गया। उसे भेड़ के बाल के कपड़े में गरम होने के लिए लपेटा गया। बहुत कठिनाई से हुमायूँ एक सुरक्षित स्थान में पहुँचा। सौभाग्य से यहाँ 300 सैनिकों के साथ सुल्तान मुहम्मद उससे मिला। यहाँ आगे का कार्यक्रम निश्चित करने के लिए हुमायूँ ने अपनी युद्ध परिषद की बैठक की। कुछ अमीर कंधार पर, कुछ बदख़्शाँ पर और अन्य काबुल पर आक्रमण करने की राय दे रहे थे। अन्त में यह निश्चय हुआ कि बदख़्शाँ की तरफ चला जाए।

यहाँ से हुमायूँ ने शाह मुहम्मद को गज़नी की रक्षा के लिए भेजा और अकबर के पास एक पत्र भेजकर उसे अपनी पराजय की सूचना दी। इसके पश्चात् हुमायूँ कोहमर्द होता हुआ आगे बढ़ा। सौभाग्य से मार्ग में कुछ व्यापारियों से उसे 2,000 घोड़े इस शर्त पर उधार मिल गए कि शत्रुओं पर विजय के पश्चात् उन्हें रुपए दिए जाएँगे।[136] इससे हुमायूँ को बहुत बड़ी सहायता मिली। हुमायूँ आगे बढ़ा। खंज़न नामक गाँव के निकट उसकी हिन्दाल से मुलाकात हुई। यहाँ से उसका दल आगे बढ़ा और अन्दराब पहुँचा। इस तरह तीन महीने इधर-उधर भटकने में बीते।

कामरान का तीसरी बार काबुल पर अधिकार

क़िबचाक़ के युद्ध के पश्चात् कामरान की शक्ति बहुत अधिक बढ़ गयी थी। विजय के पश्चात् घायल कराचा ख़ाँ उसके सामने लाया गया। कामरान ने उसका आदर किया। इसी के पश्चात् कोलाब के बाबा बेग ने आकर हुमायूँ के घायल होने की सूचना दी। कामरान इससे बहुत प्रसन्न हुआ। वह यहाँ से आगे बढ़ा। चारीकारान नामक स्थान पर एक व्यक्ति ने हुमायूँ का खून से लथपथ जीबा कामरान को दिया। उससे कामरान को यह विश्वास हो गया कि हुमायूँ की मृत्यु हो गई है। बिना भय के वह आराम से काबुल की तरफ रवाना हुआ। उसने बहुत-से अफ़सरों को यह बताकर कि हुमायूँ की मृत्यु हो गयी है, अपने पक्ष में कर लिया। काबुल के गवर्नर कासिम ख़ाँ बरलास ने प्रारंभ में इस पर विश्वास नहीं किया, किन्तु हुमायूँ का खून से लथपथ जीबा देखकर उसे भी विश्वास हो गया कि हुमायूँ की मृत्यु हो गई है।

अन्त में उसने दुर्ग कामरान को समर्पित कर दिया।[137]

कामरान ने काबुल में संचित हुमायूँ के कोष पर अधिकार कर लिया तथा उसके प्रमुख अधिकारियों को बंदी बना लिया। दीवान ख़्वाजा सुल्तान अली भी बंदी बनाया गया तथा उसके घर पर भी कामरान ने अधिकार कर लिया। हुमायूँ के सहायकों को दण्ड देकर उसने उन्हें डरा दिया। अकबर भी बंदी बनाया गया। इस तरह कामरान ने काबुल पर पूर्ण रूप से अपना प्रभुत्व स्थापित कर लिया। इसके पश्चात् उसने अपने आदमियों को जागीरें प्रदान कीं। अस्करी को जूयेशाही, कराचा ख़ाँ को ग़ज़नी, और यासीन दौलत ख़ाँ को गूरबंद तथा उसके निकट के स्थान प्राप्त हुए।[138]

पारस्परिक सहयोग के लिए शपथ ग्रहण

भारत से निष्कासन के पश्चात् हुमायूँ को किसी बाहरी शत्रु से नहीं बल्कि अपने भाइयों, विशेषतया कामरान के साथ संघर्ष करना पड़ा। कामरान उसके भाग्य का कलंक बन गया था। इस पारस्परिक संघर्ष में बहुत ही कम अमीरों पर विश्वास किया जा सकता था। अधिकांश अमीर अपने साथियों के साथ कभी कामरान की तरफ रहते और कभी हुमायूँ से क्षमा माँगकर उसकी तरफ हो जाते थे। हुमायूँ के स्वामिभक्त अमीरों को यह देखकर बड़ा कष्ट होता था कि वे अनेक कठिनाइयों को सहन कर, अपने प्राणों को खतरे में डालकर कामरान से युद्ध करते, किन्तु बंदी बन जाने के पश्चात् कामरान क्षमा माँग लेता और पुनः दोनों भाइयों में सुलह हो जाती। कुछ दिनों के बाद पुनः कामरान विद्रोह करता और इस तरह संघर्ष चलता रहता था।

हुमायूँ ने अमीरों को उनके विश्वासघात से रोकने के लिए उन्हें शपथ ग्रहण करने तथा प्रण करने के लिए कहा, जिससे वे उसे धोखा न दें। हाज़ी मुहम्मद ख़ाँ ने हुमायूँ की बात सुनकर कहा कि हुमायूँ तथा उसके सेवकों का सम्बन्ध स्थिर करने के लिए यह आवश्यक है कि बादशाह भी प्रतिज्ञा करे कि उसके शुभचिंतक उसके लाभ के लिए यदि कोई कार्य करने को कहें तो वह उसे स्वीकार करेगा। हिन्दाल को यह सुझाव पसंद नहीं आया और उसने कहा कि बादशाह के मान की दृष्टि से यह ठीक नहीं है, किन्तु हुमायूँ ने इसे स्वीकार कर लिया। अमीरों तथा हुमायूँ ने पारस्परिक सहयोग की शपथ ग्रहण की।[139]

हुमायूँ तथा अमीरों के नाटकीय ढंग से शपथ ग्रहण करने की घटनाएँ कई दृष्टियों से महत्त्वपूर्ण हैं। हुमायूँ तथा उसके अमीरों को एक-दूसरे पर विश्वास न था। अमीरों के विश्वासघात से हुमायूँ परेशान हो गया था। साथ ही अमीर भी उसकी दया की नीति से तंग आ गए थे। इसलिए दोनों एक-दूसरे को शपथ द्वारा बाँधना चाहते थे।[140] यह कहना कि हुमायूँ ने केवल महत्त्वपूर्ण बातों में ही अपने को सीमित किया था,[141] सत्य नहीं है। वास्तव में इससे और भी कठिन परिस्थिति उपस्थित

हो जाती है। मतभेद की अवस्था में अमीरों तथा हुमायूँ के लिए यह निश्चय करना कि अमूफ़ विषय महत्त्वपूर्ण था अथवा नहीं, सरल नहीं था। अमीरों ने भविष्य में इस शपथ को कोई महत्त्व नहीं दिया। इस तरह इसक़ा केवल क्षणिक भावात्मक महत्त्व ही हुआ।

हुमायूँ का काबुल पर तीसरी बार अधिकार

कामरान ने काबुल पर अधिकार कर लिया था। हुमायूँ के लिए कामरान को पराजित कर काबुल तथा अन्य स्थानों पर अधिकार करना आवश्यक था। तीन महीने में हुमायूँ ने अपनी तैयारी पूरी कर ली तथा अन्दराव से आगे बढ़कर वह उश्तुर कराम के समीप पहुँचा। कामरान अपनी सेना के साथ संघर्ष के लिए तैयार था। हुमायूँ युद्ध नहीं करना चाहता था। उसने मीर शाह सुल्तान को शांति का संदेश लेकर कामरान के पास भेजा। इस समय कामरान अच्छी स्थिति में था। उसने यह शर्त रखी कि काबुल पर उसका अधिकार रहे और कन्धार पर हुमायूँ का। हुमायूँ ने पुनः यह प्रस्ताव रखा कि काबुल अकबर को दे दिया जाए और कामरान की लड़की से अकबर का विवाह कर दिया जाए। कामरान इस प्रस्ताव को स्वीकार करने के लिए तैयार था, किन्तु कामरान के अमीर दोनों भाइयों में सुलह नहीं चाहते थे। उन्होंने इस सन्धि का विरोध किया। कराचा ख़ाँ ने तो और भी ज़ोरदार शब्दों में कहा कि जब तक वह जीवित रहेगा काबुल पर हुमायूँ का अधिकार नहीं होने देगा।[142] इस तरह यह संधि-वार्ता भी टूट गयी। संधि-वार्ता की विफलता के पश्चात् कामरान की सेना के कई अमीर भागकर हुमायूँ की सेना में आ मिले। इनसे हुमायूँ को कामरान की स्थिति का पता लगा। उश्तुर कराम[143] नामक स्थान पर दोनों सेनाओं में भीषण युद्ध हुआ। इसमें कराचा ख़ाँ ने कामरान की तरफ से बहुत ही भीषण युद्ध किया, किन्तु वह गोली से घायल होकर गिर पड़ा। वह पकड़ा गया तथा वहीं मार डाला गया। कामरान के बहुत-से सैनिक मारे गए तथा उसकी सेना पूर्णतया पराजित हुई।[144] कामरान को भेष बदलकर कुछ सैनिकों के साथ भागना पड़ा। अस्करी हुमायूँ के सैनिकों द्वारा बंदी बनाया गया तथा कामरान की सेना का बहुत-सा सामान हुमायूँ को प्राप्त हुआ।

हुमायूँ ने काबुल में प्रवेश किया। यहाँ अकबर से उसकी मुलाकात हुई। उसे सुरक्षित देखकर हुमायूँ को बहुत प्रसन्नता हुई। कामरान ने अकबर पर कोई अत्याचार नहीं किया था। इस खुशी में हुमायूँ ने दरिद्रों और अपाहिजों को दान दिया। इसी समय हुमायूँ को किताबों के वे बक्स प्राप्त हुए जो क़िबचाक़ के युद्ध में खो गए थे। इन्हें प्राप्त कर हुमायूँ को बड़ी प्रसन्नता हुई जिससे उसके पुस्तक प्रेम का पता चलता है।

काबुल पर अधिकार करने के पश्चात् हुमायूँ ने भिन्न-भिन्न व्यक्तियों को जागीरें तथा इनाम दिए। अकबर को चीर्ख नामक गाँव मिला जो लुहूगुर के तूमान में था।

सुलेमान को बदख़्शाँ वापस जाने की आज्ञा हुई किन्तु उसका पुत्र इब्राहीम रोक लिया गया तथा अकबर की सौतेली बहन बख़्शी बानो से उसकी मँगनी कर दी गयी।[145] मुहम्मद वक़ालते दरेख़ाना (महल का मुख्य अधिकारी) नियुक्त किया गया।

उश्तुर कराम की पराजय के पश्चात् कामरान केवल आठ साथियों के साथ भागा। अफ़गानों ने मार्ग में उसका सामान लूट लिया। भागने में सुविधा के उद्देश्य से कामरान ने अपने बाल तथा दाढ़ी मुड़वा डाली और एक कलन्दर के वेश में मन्दरावर पहुँचा।[146] सौभाग्य से यहाँ उसे 15,000 सेना इकट्ठी करने में सफलता मिली। उसने पुनः अपनी पुरानी नीति के आधार पर हुमायूँ के बहुत-से अमीरों को अपने पक्ष में करने का प्रयत्न किया। सेना के साथ कामरान काबुल के आसपास के भागों का चक्कर लगा रहा था। हुमायूँ ने बहादुर ख़ाँ तथा मुहम्मद कुली बरलास के नेतृत्व में उसका पीछा करने के लिए एक सेना भेजी। सामना करना असंभव जानकर कामरान भाग खड़ा हुआ। यहाँ से भागकर उसने अफ़गानिस्तान में शरण ली। हुमायूँ की सेना उसे भगाकर काबुल वापस आ गयी।

अस्करी का निर्वासन

कामरान से छुट्टी पाकर हुमायूँ ने बदख़्शाँ के शासक मिर्ज़ा सुलेमान को अपने पक्ष में करने का प्रयत्न किया। उसने उसके पास उसकी पुत्री शाहज़ादी खानम से विवाह करने का प्रस्ताव भेजा जिससे सम्बन्ध स्थापित हो जाने से बदख़्शाँ की ओर से उसका हृदय शांत हो जाए। सुलेमान मिर्ज़ा की स्त्री हरम बेगम प्रारंभ में साधारण दूत से प्रस्ताव भेजने से अप्रसन्न हुई किन्तु बाद में हुमायूँ के यह आश्वासन देने पर कि उसके मान के अनुकूल उचित व्यक्ति भेजे जाएँगे तथा वह स्वयं आकर बहू को ले जाएगा, वह संतुष्ट हो गयी। लड़की अभी छोटी थी, इस कारण विवाह कुछ समय के लिए स्थगित कर दिया गया।[147]

अस्करी बंदी के रूप में हुमायूँ के पास था, किन्तु कब तक उसे इस परिस्थिति में रखा जाएगा, यह एक कठिन प्रश्न था। उससे किसी भी तरह की स्वामिभक्ति की आशा करना व्यर्थ था। हुमायूँ ने अस्करी को बदख़्शाँ भेज दिया (1551 ई.) तथा उसकी प्रार्थना पर उसे हज करने की अनुमति दे दी। सुलेमान को यह आज्ञा दी गई कि वह अस्करी को बल्ख के मार्ग से मक्का भेज दे। अस्करी मक्का मदीना चला गया और वहीं 1557-58 ई. में उसकी मृत्यु हुई।[148]

कामरान की भाँति अस्करी ने भी हुमायूँ को बहुत कष्ट दिया था। गुजरात विजय के पश्चात् हुमायूँ ने उसे यहाँ का शासक नियुक्त किया, किन्तु अपनी मूर्खता के कारण उसने उसे खो दिया। बंगाल अभियान से लौटते समय उसने हुमायूँ की अच्छी सहायता की थी। चौसा तथा कन्नौज की पराजय के पश्चात् उसने हुमायूँ का साथ पंजाब में ही छोड़ दिया। उसी के भय से हुमायूँ को ईरान भागना पड़ा

था। कंधार का दुर्ग हुमायूँ ने उसी से छीना था तथा उसके बारबार विश्वासघात करने पर भी उसे क्षमा ही करता रहा। अन्त में विवश होकर उसे निष्कासित करना पड़ा। वह दयालु तथा सभ्य प्रकृति का था। हुमायूँ के साथ संघर्ष होने पर भी अकबर के प्रति उसका व्यवहार अच्छा रहा।

हिन्दाल की मृत्यु

कामरान ने जलालाबाद से बारह मील उत्तर-पश्चिम स्थित चारबाग़ दुर्ग का घेरा डाला। यह सूचना पाकर हुमायूँ ने पुनः उसका पीछा किया। कामरान भाग कर पेशावर चला गया। इस बीच हाज़ी मुहम्मद को कामरान ने अपनी तरफ मिलाने का प्रयत्न किया। सौभाग्य से बैराम ख़ाँ कन्धार से काबुल आते समय गज़नी में हाज़ी मुहम्मद से मिला। उसने समझाकर उसे हुमायूँ के पक्ष में कर लिया। इस बीच कामरान दूसरे मार्ग से काबुल के निकट पहुँच गया था, किन्तु यह सूचना पाकर कि दुर्ग के रक्षक सतर्क हैं उसने आक्रमण करने का विचार त्याग दिया और लमग़ान की तरफ भाग गया। हुमायूँ ने लमग़ान तक कामरान का पीछा किया। वहाँ से उसने बैराम ख़ाँ को कामरान का पीछा करने के लिए भेजा। कामरान को विवश होकर भागकर सिंध नदी के उस पार चले जाना पड़ा।

हुमायूँ ने इस बीच अनुभव किया कि उसके अमीरों में हाजी मुहम्मद ख़ाँ तथा शाह मुहम्मद विश्वासघात करने में लगे हुए हैं। ये दोनों भाई योग्य सैनिक थे, किन्तु इन पर विश्वास नहीं किया जा सकता था। हुमायूँ ने इन्हें दण्ड देने का निश्चय किया। इन पर 102 अभियोग लगाए गए तथा इन्हें मृत्यु-दण्ड दे दिया गया।[149] इस दण्ड से स्पष्ट है कि हुमायूँ ने पहले ही दयालुता त्याग दी थी। काबुल के निवास के समय शाह अबुल माली के व्यक्तित्व से तथा उसके गुणों से प्रभावित होकर उसने उसे अपनी सेवा में नियुक्त किया। बाद में अबुल माली एक बहुत ही प्रसिद्ध अमीर हुआ। हुमायूँ ने यहाँ शासकीय नियुक्तियाँ कीं तथा अपने आदमियों में जागीरें वितरित कीं। इस तरह बैराम ख़ाँ को कंधार, हिन्दाल को गज़नी, गिरदीज, बगंश तथा लुहूगुर प्रदान किया गया। कुन्दूज मीर बरका एवं मिर्ज़ा हसन को दिया गया। इसी तरह अन्य अमीरों को भी जागीरें दी गयीं। ख़्वाजा गाजी को ईरान में दूत बनाकर भेजा गया।[150]

1551 ई. के प्रारंभ में एक सेना के साथ कामरान काबुल के निकट पुनः दिखाई दिया, किन्तु निकट के लोगों से किसी तरह की सहायता की आशा न पाकर उसे बहुत ही निराशा हुई। हुमायूँ ने तत्काल उसका पीछा किया। हिन्दाल सियाहआब नदी के तट पर अपने सैनिकों के साथ रुका हुआ था। कामरान ने उस पर रात को आक्रमण किया जिसमें उसके बहुत-से सैनिक मारे गए। हुमायूँ आगे बढ़ता गया तथा जलालबाग़ से आगे जिरयार[151] में पड़ाव डालकर, खाइयाँ खोद कर उसने अपनी

स्थिति मजबूत कर ली। 23 नवम्बर 1551 ई. को अफ़गान सैनिकों के साथ कामरान ने हुमायूँ के पड़ाव पर आक्रमण किया। अंधेरी रात में शत्रु और मित्र को पहचानना कठिन था। इस युद्ध में हिन्दाल मिर्ज़ा लड़ता हुआ अफगानों द्वारा मारा गया।[152] उस समय उसकी अवस्था केवल 23 वर्ष की थी।

युद्ध के उपरांत हुमायूँ ने हिन्दाल के विषय में पूछताछ की, किन्तु किसी व्यक्ति में इस दुःखद समाचार को देने का साहस नहीं था। हुमायूँ ने ज़ोर से हिन्दाल को पुकारा किन्तु उसे कोई उत्तर नहीं मिला। बाद में उसे अब्दुल हई ने एक दोहे द्वारा उसकी मृत्यु की सूचना दी। हुमायूँ इस समाचार से बहुत ही दुःखी हुआ। बाद में हिन्दाल का अँगूठा हुमायूँ के सामने लाया गया। उसे देखते ही हुमायूँ ने दुःख से अपना साफा उतारकर जमीन पर फेंक दिया। हिन्दाल पहले जुयीशाही में दफ़नाया गया। बाद में उसकी लाश काबुल ले जाई गयी जहाँ बाबर की कब्र के निकट उसे दफ़नाया गया।[153] उसकी जागीर तथा उसके परिचारक अकबर को दे दिए गए। हिन्दाल की माता तथा बहनों के साथ संवेदना प्रकट करने के लिए हुमायूँ ने अकबर को काबुल भेजा। उसे आज्ञा दी गई कि वह वहाँ से गज़नी चला जाए। हुमायूँ स्वयं 1551-52 ई. के जाड़े भर बेहसूद में रुका रहा।

हुमायूँ के राज्यारोहण के पश्चात् हिन्दाल को अलवर की जागीर प्राप्त हुई थी। वह हुमायूँ के साथ बंगाल अभियान में गया था, किन्तु हुमायूँ को वहीं छोड़ कर वह आगरा आ गया और यहाँ उसने स्वतंत्र होने का प्रयत्न किया। हुमायूँ के निष्कासन के समय वह उसके साथ कुछ दिन सिन्ध में रहा। हमीदा बानो से हुमायूँ के विवाह के पश्चात् वह हुमायूँ को छोड़कर कंधार चला गया था।

हुमायूँ के ईरान से लौटने के पश्चात् वह पुनः हुमायूँ से जा मिला तथा उसके साथ लगभग 6 वर्ष (1545-51 ई.) रहा तथा उसके लिए लड़ता हुआ शहीद हुआ। तीनों भाइयों में हिन्दाल ने ही हुमायूँ को सबसे कम कष्ट दिया था। उसकी मृत्यु का समाचार सुनकर काबुल में मातम छा गया। गुलबदन के शब्दों में वहाँ की दीवारें तथा दरवाजे भी आँसू बहा रहे थे। उसकी बहन गुलचेहरा उसके दुःख में रोते-रोते पागल हो गयी।[154]

कामरान मिर्ज़ा इस युद्ध के पश्चात्, जिसमें हिन्दाल मारा गया था, भागकर अफ़गानों की शरण में चला गया। यहाँ इन लोगों ने उसकी सहायता की। प्रत्येक कबीला या जमींदार एक सप्ताह तक कामरान को अपने पास रखता और फिर कामरान वहाँ से हटकर दूसरे स्थान को चला जाता था। इस तरह हुमायूँ के लिए कामरान को पकड़ना सरल नहीं था। जब तक जाड़ा रहा, हुमायूँ बेहसूद (हज़ारा प्रदेश) में पड़ा रहा। 1552 ई. के वसंत में उसने कामरान पर आक्रमण करने की तैयारी की। कामरान के दो सैनिक पकड़े गए जिनसे हुमायूँ को कामरान के निवास का पता चला। हुमायूँ ने आक्रमण किया। अफग़ान सैनिकों की संख्या 12,000 के लगभग

थी। युद्ध में कामरान पराजित हुआ और अफ़गान बहुत-से जानवर छोड़कर भाग गए जिन पर हुमायूँ का अधिकार हो गया। यह जानकर कि अफ़गान कबीले कामरान की मदद कर रहे हैं उसने एक सेना भेजकर उनके गाँवों को नष्ट करने की आज्ञा दी तथा उनकी स्त्रियों को बंदी बनाया गया। हुमायूँ के सैनिक कामरान के पड़ाव तक पहुँच गए, किन्तु अंधेरा होने के कारण कामरान को न पकड़ सके। उसके स्थान पर उन लोगों ने बेग मुलूक को पकड़ लिया जो बराबर कामरान के साथ रहता था। अफगानों की बहुत हानि हुई और यह देखकर कि यह सब कामरान को शरण देने के कारण हुआ, उन्होंने कामरान को सहायता देनी बंद कर दी।[155]

इस्लाम शाह के दरबार में कामरान

अफगानों से किसी भी तरह की सहायता की आशा न पाकर कामरान ने भारत के सूरवंश के शासक इस्लाम शाह के दरबार में जाने का निश्चय किया। इस समय इस्लाम शाह चेनाब के तट पर बन नामक स्थान में रुका हुआ था। कामरान ने खैबर दर्रे के समीप से शाह बूदाग़ ख़ाँ को इस्लाम शाह के पास भेजा। सूर शासक ने उसका स्वागत किया तथा कामरान को सूचित किया कि वह उसी क्षेत्र में उसकी प्रतीक्षा करे क्योंकि उसके पास कुमुक भेजने तथा उसके व्यय का प्रबंध किया जा रहा था। अभी दूत मिर्ज़ा के पास पहुँचा भी न था कि कामरान ने अली मुहम्मद अस्प को भी इस्लाम शाह के पास भेजा। जब वह बन के निकट पहुँचा तो इस्लाम शाह ने अपने लड़के आवाज़ ख़ाँ को कुछ अमीरों के साथ उसका स्वागत करने के लिए भेजा।[156] कामरान इस स्वागत से प्रसन्न नहीं हुआ तथा उसने शाहबूदाग़ को, जिसने उसे इस्लाम शाह से सहायता लेने के लिए प्रोत्साहित किया था, एकांत में फटकारा।

जब कामरान इस्लाम शाह से मिला उस समय इस्लाम शाह अपने सिंहासन पर बैठा हुआ था। अभिवादन में देर करते देखकर एक अफगान ने उसका गला पकड़कर कोर्निस करने पर विवश कर दिया। दरबार में उसके प्रवेश करने पर एक अधिकारी ने चिल्लाकर कहा, "बादशाह सलामत, एक नजर काबुल के मुकद्दम के पुत्र कामरान के ऊपर डालें जो आशीर्वाद लेने आया है।" इस्लाम शाह ने प्रारंभ में उस पर ध्यान नहीं दिया और जब तीन बार कामरान के आगमन के विषय में पुकार लगाई गई तब उसने कृपा-भाव से उसकी तरफ देखा। राजसी निवास के निकट ही कामरान को एक खेमा दिया गया तथा उसे एक घोड़ा, वस्त्र, दास और एक हिजड़ा देने की आज्ञा दी गई। इन वस्तुओं से कामरान को अत्यधिक निराशा हुई।[157]

बाद में भी कामरान के साथ राजसी व्यवहार नहीं हुआ। बहुत-से लोग उसका मज़ाक उड़ाते थे। कुछ लोग कामरान के दरबार में आने पर "मोर आया, मोर आया" कहकर ज़ोर से चिल्लाते थे। कामरान ने जब अपने सेवक से पूछा तो उसने क़हा

कि विशेष लोगों के लिए इस तरह का शब्द प्रयोग किया जाता है। कामरान को नाराज़गी तो थी ही; उसने क्रोध में कहा कि ''फिर तो इस्लाम शाह प्रथम श्रेणी का मोर है और शेरहशाह उसने बड़ा मोर।'' कामरान का क्रोध देखकर इस्लाम शाह ने आज्ञा दी कि मिर्ज़ा के साथ मज़ाक न किया जाए। दोनों व्यक्तियों में कविता पर चर्चा भी होती थी और कभी-कभी इनमें बदमज़गी हो जाती थी। बदायूँनी लिखता है कि इसी तरह एक शेर सुनकर इस्लाम शाह बहुत नाराज़ हुआ और उसने कामरान को बंदी बनाने की आज्ञा दी।[158]

पंजाब की समस्याओं को सुलझाने के पश्चात् इस्लाम शाह दिल्ली वापस गया और अपने साथ कामरान को एक बंदी की भाँति लेता गया। कामरान ने ऐसी परिस्थिति में भागने का निश्चय किया। अपने एक विश्वासपात्र सेवक जोगी ख़ाँ की सहायता से उसने माछीवारा के निकट के राजा बक्खू नामक ज़मींदार से संपर्क स्थापित किया। एक रात स्त्री के वेश में बुर्का पहनकर वह भाग गया। घोड़े के व्यापारियों के साथ वह गक्ख़र लोगों के देश में गया। गक्ख़र सरदार सुल्तान आदम अब भी हुमायूँ के प्रति स्वामिभक्त था इसलिए वह मिर्ज़ा को सहायता देने के लिए तैयार नहीं हुआ। उसने कामरान पर पहरा बैठा दिया तथा हुमायूँ को सूचित कर दिया।[159]

इस्लाम शाह ने कामरान के साथ सद्व्यवहार क्यों नहीं किया? आवश्यकता पड़ने पर उसे अपने पक्ष में कर वह हुमायूँ के विरुद्ध उसे लड़ा सकता था, किन्तु उसने कामरान के साथ ऐसा व्यवहार किया जिससे कामरान नाराज़ हो गया और उसके हाथ से निकल भागा। इस्लाम शाह का यह व्यवहार कुछ उसकी उद्दण्ड प्रकृति के कारण तथा कुछ इस कारण था कि उसने सिंध को अपनी तथा मुग़लों की सीमा मान लिया था। वह सिंधु नदी के उस पार के राजनीतिक परिवर्तनों में तब तक दिलचस्पी नहीं लेना चाहता था जब तक उसके साम्राज्य पर उसका प्रभाव नहीं पड़ता। कामरान जैसे विश्वासघाती व्यक्ति को सहायता देकर वह व्यर्थ का संघर्ष नहीं चाहता था। गुलबदन बेगम के वर्णन का यदि विश्वास किया जाए तो वह कदाचित् कामरान जैसे व्यक्ति को, जो अपने भाई से युद्ध कर रहा हो और जिसने अपने एक भाई को मार डाला हो, घृणा की दृष्टि से देखता था और ऐसे व्यक्ति पर वह किसी भी तरह का विश्वास करने के लिए तैयार नहीं था।[160]

कामरान का अन्त

सुल्तान आदम गक्ख़र की सूचना पाकर हुमायूँ ने सिंध नदी पार कर गक्ख़र भूमि में प्रवेश किया। हुमायूँ के साथ बड़ी सेना देखकर प्रारंभ में आदम को भय हुआ कि कहीं हुमायूँ उसी से युद्ध न करे। किन्तु जब मुनीम ख़ाँ ने उसे विश्वास दिलाया कि हुमायूँ की नीयत किसी तरह बुरी नहीं है तो आदम ने परहाल नामक स्थान पर हुमायूँ का स्वागत किया। कामरान ने हुमायूँ के सामने उपस्थित होने में बहाना

बनाना चाहा किन्तु उसको जबरदस्ती ले जाकर समर्पण कराया गया।[161]

इतना विरोध करने पर भी हुमायूँ ने कामरान को अपनी दाहिनी ओर बैठाया और अकबर को बायीं तरफ़। कुछ देर बाद तरबूज लाये गये। एक तरबूज में से हुमायूँ तथा कामरान ने और दूसरे में से अकबर तथा अबुल माली ने खाया। अन्य लोगों को भी तरबूज वितरित किए गए। हुमायूँ ने आदम गक्खर से पान मँगाकर वितरित किए। यहाँ से ये लोग पड़ाव में गए। वहाँ सभा आयोजित हुई। पूरी रात संगीत, वादन तथा आमोद-प्रमोद में व्यतीत हुई। दूसरी रात भी इसी तरह बीती। इस तरह इस शान से जश्न मनाया जा रहा था जैसे कामरान का स्वागत हो रहा हो, क्योंकि वह भी इन जश्नों में भाग ले रहा था।[162] तीसरे दिन सुल्तान आदम मक्खर की बधाई में दावत हुई। उसे पताका तथा नक्क़ारा, जो राजसी चिह्न समझे जाते थे, प्रदान किए गए और उसे विदा कर दिया गया। दावत के बाद कामरान का प्रश्न आया। जौहर को कामरान की पहरेदारी का भार सौंपा गया।

कामरान की गिरफ्तारी के पश्चात् हुमायूँ के अमीरों में उसके भविष्य के विषय में परामर्श प्रारंभ हुआ। अधिकतर व्यक्ति यह समझते थे कि ऐसे व्यक्ति के लिए मृत्यु-दण्ड ही एकमात्र दण्ड है, किन्तु हुमायूँ स्वयं उसे मृत्यु-दण्ड देने के लिए तैयार नहीं था। काज़ियों ने भी अपना मत कामरान को कठोर दण्ड देने के लिए ही प्रकट किया। जैसा कि ऊपर वर्णन किया जा चुका है, अमीरों ने हुमायूँ से प्रतिज्ञा करा ली थी कि वह ऐसी विशेष परिस्थितियों में उनके मत को स्वीकार करेगा। अमीरों का निश्चयात्मक मत था कि कामरान को मृत्यु-दण्ड दिया जाए। बहुत कठिनाई से हुमायूँ ने अन्त में अपनी स्वीकृति दी कि कामरान को अंधा कर दिया जाए।[163]

जौहर लिखता है कि कामरान ने उससे एक दिन दुख से कहा कि उसने रमज़ान का व्रत केवल 6 दिन ही किया है। जौहर से उसने प्रार्थना की कि वह उसके लिए बाकी दिन व्रत कर दे। कामरान को विश्वास था कि उसे मृत्यु-दण्ड दिया जाएगा। जौहर ने उसे आश्वासन दिया कि उसे निराश नहीं होना चाहिए और वह स्वयं रमज़ान के व्रत को पूरा करेगा, किन्तु कामरान को विश्वास नहीं हुआ।

कामरान को अंधा बनाने का काम अली दोस्त को सौंपा गया था। अनेक अपराध तथा अत्याचार करने पर भी कामरान मौत से डरता था। उसने जौहर से पूछा कि क्या उसकी हत्या की जाएगी। जौहर ने उत्तर दिया, "पादशाही के स्वभाव को पादशाह ही जानता है।" अबुल फ़ज़ल लिखता है कि जब उसे अंधा करने वाले उसके निकट पहुँचे तो कामरान ने समझा कि उसकी हत्या करने आए हैं तथा वह तत्काल मुक्का तानकर उनकी तरफ दौड़ा। अली दोस्त ने कहा, "मिर्ज़ा धैर्य धारण करो। हत्या का आदेश नहीं है। घबराहट किस कारण है? इस कारण कि तुमने इसके पूर्व सैयिद अली एवं अन्य निरपराध लोगों को अंधा कर दिया था, अतः तुम्हें भी अंधा बना दिया जाएगा।" कामरान ने यह सुनकर समर्पण कर दिया। वह लेट गया।

उसके मुँह में कपड़ा ठूँस दिया गया। उसकी आँखों पर पचास बार नश्तर लगाए गए। किन्तु कामरान ने उफ़ तक नहीं किया। यहाँ तक कि उस आदमी से जो उसके घुटनों को दबाए हुए था, उसने कहा कि "तू घुटनों पर क्यों बैठा है? मेरे कष्टों को बढ़ाने से तुम्हारा क्या लाभ है?" उसके बाद उसकी खून से तर आँखों पर नमक छिड़का गया। वह इस दर्द को न सह सका तथा अल्लाह अल्लाह कहकर कराह उठा। उसने कहा कि उसने जो कुछ किया था उसका बदला उसको मिल गया।[164] जौहर, जो उस समय उपस्थित था, इस दृश्य को देखकर वहाँ खड़ा न रह सका और अनुमति के बिना ही अपने खेमे में चला गया।

अंधा बनाये जाने के पश्चात् कामरान काबुल, जहाँ उसने शान से राज्य किया था, जाने के लिए तैयार नहीं हुआ। उसने अपनी इच्छा प्रकट की कि उसे मक्का जाने की आज्ञा दी जाए। सिंधु नदी के निकट कामरान ने हुमायूँ से विदा होने के पहले मिलने की इच्छा प्रकट की। इस शर्त पर उसे मिलने की इज़ाज़त दी गयी कि कामरान ऐसी दुखमय भावना न प्रकट करेगा जिससे हुमायूँ को कष्ट हो। कामरान की आँखों पर रूमाल बाँध दिया गया और वह हुमायूँ के सामने लाया गया। उसे देखते ही हुमायूँ अपने आँसू न रोक सका, किन्तु अपनी प्रतिज्ञा के अनुसार कामरान ने अपने को ज़ब्त रखा। कामरान ने हुमायूँ के स्वागत में एक कविता पढ़ी[165] और उसने कहा कि जो कुछ उस पर गुजरी है वह उसी के बुरे कर्मों के कारण है। हुमायूँ ने कामरान से दुःख से कहा कि जो कुछ हुआ वह उससे शर्मिन्दा है लेकिन वह स्वयं इसके लिए उत्तरदायी नहीं है। हुमायूँ ने कामरान के साथ कुरान का पहला अध्याय पढ़ा। कामरान ने हुमायूँ से प्रार्थना की कि उसके परिवार तथा आश्रितों की देखभाल हुमायूँ करे। हुमायूँ के चले जाने के पश्चात् कामरान फूट-फूटकर रोने लगा।[166]

कामरान की विदाई का दृश्य एक हृदय-विदारक दृश्य था। जिसने अपने जीवन में भाई को भाई न समझा और अपने स्वार्थ के लिए हत्याएँ करने में नहीं चूका, आज वही कामरान अपने भाग्य पर रो रहा था। उसके अनेक सेवकों में केवल एक चिलमा कोका[167] उसके साथ जाने के लिए तैयार हुआ। सबसे ऊँचा आदर्श उसकी पत्नी चोचक बेगम का था। उसने अपने अन्धे पति के साथ निष्कासन में जाने का निश्चय किया। मक्का जाते समय वे लोग थट्टा से गुज़रे। वहाँ बेगम के पिता शाह हुसेन ने उसने रुकने के लिए कहा, किन्तु वह तैयार नहीं हुई। उसने उत्तर दिया कि "आपने मुझे मिर्ज़ा के सुपुर्द उस समय किया था जब मिर्ज़ा अंधे न थे। इस समय यदि मैं साथ छोड़ दूँ तो दुनिया यही कहेगी कि शाह की लड़की ने दुख में अपने पति का साथ छोड़ दिया और मेरे नाम को बुरा कलंक लगेगा।"[168] यह कहकर वह कामरान के साथ जाकर उसकी नाव में बैठ गयी।

कामरान यहाँ से मक्का चला गया और वहीं 5 अक्टूबर 1557 ई. को अपने

जीवन के 49वें वर्ष में उसकी मृत्यु हो गयी।[169]

कामरान के चरित्र का सिंहावलोकन

कामरान हुमायूँ के दुख का एक बहुत बड़ा कारण था। लगभग 20 वर्ष तक उसने हुमायूँ के साथ संघर्ष किया। निष्कासन काल में तो हुमायूँ का सारा समय वास्तव में कामरान के साथ युद्ध करने में ही बीता।

कामरान को बाबर का स्नेह प्राप्त था और उसने उसे हर तरह से शिक्षित और योग्य बनाने का प्रयत्न किया था। कामरान में कुछ गुण थे जिनका उचित प्रयोग करने पर वह एक सफल शासक बन सकता था तथा जीवन में सफलता प्राप्त कर सकता था। वह एक बहादुर व्यक्ति था और युद्ध में अपने प्राणों की बाज़ी लगा देने में कभी भयभीत नहीं होता था। उसने बाबर के समय युद्धों में भाग लिया था और बाद में भी अफ़गानों, ईरानियों तथा मध्य एशिया की अनेक जातियों के साथ उसका संघर्ष हुआ। 1535 ई. में उसने साम मिर्ज़ा तथा ईरानी सेना को भी पराजित किया था। उसके युद्ध के समय की घटनाओं को देखने से यह स्पष्ट हो जाता है कि कामरान में व्यक्तियों तथा भिन्न-भिन्न जातियों को अपने पक्ष में करने की अद्भुत क्षमता थी। इसी कारण अफ़गानों ने उसे जी जान से सहायता दी तथा काबुल पर उसने बार-बार अधिकार किया। कामरान कवि भी था और इस्लाम शाह के दरबार में दोनों के बीच कविता पर वाद-विवाद भी हुआ। तारीख़े दाऊदी का लेखक अब्दुल्ला लिखता है कि कामरान मिर्ज़ा एक उच्च कोटि का कवि था तथा इस्लाम शाह से उसकी इस विषय पर वार्ता होती रहती थी। प्रथम मुलाकात में कामरान की योग्यता की परीक्षा लेने के लिए इस्लाम शाह ने तीन दोहे कहे तथा कामरान से उनकी समीक्षा करने को कहा। कामरान ने उत्तर दिया कि उसका एक दोहा ईराक के कवि का, दूसरा हिंदुस्तान के कवि का तथा तीसरा अफ़गान कवि का रचा हुआ है। इस्लाम शाह ने सबके सामने कामरान की योग्यता की प्रशंसा की।[171] इससे कामरान की साहित्यिक अभिरुचि का पता चलता है।

कामरान के चरित्र के एक बहुत बड़े गुण का पता हमें उसके अकबर के प्रति व्यवहार से चलता है। अकबर कई वर्षों तक उसके पास रहा और ऐसी परिस्थिति में जब अकबर के पिता के साथ उसका भयंकर युद्ध चल रहा था, उसने कभी भी अकबर की हत्या करने का प्रयत्न नहीं किया। यदि वह चाहता तो किसी भी समय अकबर की हत्या कर सकता था। केवल एक बार अपनी रक्षा हेतु उसने अकबर को काबुल के किले की दीवार पर रख दिया था जिसका वर्णन किया जा चुका है। वह हुमायूँ से लड़ने के लिए तैयार था किन्तु उसके पुत्र के प्रति उसकी कोई दुर्भावना नहीं थी।

कामरान के चरित्र के कुछ विशेष दोष स्पष्ट रूप से हमारे सम्मुख आते हैं।

वह बहुत ही स्वार्थी व्यक्ति था और अपने स्वार्थ की सिद्धि के लिए नीच से नीच कार्य करने के लिए तत्पर रहता था। वह अपनी बातों पर अटल नहीं रहता था और अधिकतर उसकी बातें धोखे से भरी होती थीं। हुमायूँ के प्रति बार-बार क्षमा-याचनाएँ इस बात का स्पष्ट उदाहरण हैं। कामरान क्रूर भी था। उसने काबुल के निवासियों के प्रति जिस तरह का व्यवहार किया वह उसकी क्रूरता का स्पष्ट प्रमाण है। प्रारंभ में वह शराब से घृणा करता था किन्तु बाद में उसने शराब पीना प्रारंभ किया और इसमें उसने अि कर दी। कामरान में राजनीतिक दूर-दृष्टि का अभाव था। यदि उसने बुद्धिमानी से काम लिया होता और अपने भाई से सहयोग कर सूर वंश के शासकों से युद्ध किया होता तो इस सम्मिलित शक्ति का सामना कदाचित् शेरशाह भी नहीं कर पाता। दोनों भाइयों के संघर्ष में हज़ारों व्यक्ति मारे गए। यदि कामरान को हुमायूँ का दुर्देव एवं उसके दुर्भाग्य का प्रतीक कहा जाए तो अतिशयोक्ति न होगी।

इन सब त्रुटियों के होते हुए भी कामरान के चरित्र का एक आंतरिक भाग है, जिससे उसकी सहृदयता प्रकट होती है। हुमायूँ के सामने आने पर वह ऐसा व्यवहार करता था कि वह हर तरह से उससे सहयोग करने के लिए तैयार है, किन्तु परोक्ष में यह शुभ भावना दुर्भावना में परिणत हो जाती थी।

कामरान का दण्ड तथा हुमायूँ

कामरान की विदाई की घटनाओं ने हुमायूँ को उद्वेलित तथा दुखी कर दिया था। उसे बराबर यही अनुभव होता था कि अपने भाई को अंधा बनाकर उसने बहुत बड़ा पाप किया। इसी कारण काबुल पहुँचने पर जब स्त्रियों ने कामरान के दण्ड तथा निष्कासन पर उसे बधाइयाँ दीं तो उसने दुखी होकर कहा कि यह बधाई का अवसर नहीं है, क्योंकि कामरान की आँखों पर सलाई फेरना उसकी अपनी आँखों पर सलाई फेरने जैसा था।[171] यह सोचकर कि कोई उसे दोषी न ठहराये उसने काश्गर के शासक अब्दुर रशीद को भी पत्र लिखकर इन घटनाओं की सूचना दी।[172]

कामरान के निष्कासन के पश्चात हुमायूँ के जीवन का एक युग समाप्त हुआ। पंद्रह वर्षों से जो संघर्ष चलता आ रहा था उसका अन्त हो गया तथा हुमायूँ के भविष्य निर्माण की आंतरिक बाधा समाप्त हो गयी।

कश्मीर विजय का विचार तथा काबुल वापसी

हुमायूँ ने इसी समय जनजूहा क़बीले के जमींदार बीराना पर आक्रमण किया, जिसने किसी भी शासक को समर्पण नहीं किया था। वह वीरता से लड़ा, किन्तु पराजित हुआ। अबुल फ़ज़ल लिखता है कि इस युद्ध में मुग़लों की तरफ से ख़्वाजा क़ासिम महदी तथा कुछ अन्य लोग शहीद हुए। आदम गक्ख़र के कहने पर हुमायूँ ने उसे

क्षमा कर दिया तथा उसकी भूमि उसे लौटा दी गयी।[173] यहाँ से आगे बढ़कर हुमायूँ ने निकट के जमींदार राजा शंकर के पचास गाँवों को लूटा तथा बहुत-से आदमियों को बंदी बनाया। उनका धन तथा सम्पत्ति प्राप्त कर इन बंदियों को पुनः स्वतन्त्र कर दिया गया। इससे सेना को काफ़ी धन मिला।[174]

कश्मीर विजय के पश्चात् हैदर मिर्ज़ा ने हुमायूँ को वहाँ आने के लिए निमंत्रित किया था जिसका वर्णन किया जा चुका है। उस समय हुमायूँ वहाँ जाने की परिस्थिति में न था, जिससे वह वहाँ न जा सका। उसने अब कश्मीर विजय करने का निश्चय किया, किन्तु उसके सहायक अमीर इसके लिए तैयार नहीं थे। हैदर मिर्ज़ा की मृत्यु हो चुकी थी। भय था कि हुमायूँ के कश्मीर में प्रवेश करने के पश्चात् अफ़गान पहाड़ी दर्रों को बंद कर हुमायूँ की आक्रमणकारी सेना तथा काबुल का सम्बन्ध तोड़ देंगे जिससे कठिन परिस्थिति उपस्थित हो जाएगी। मुग़ल सेना की संख्या कम थी तथा अफ़गान बड़ी संख्या में रोहतास के दुर्ग में एकत्र हो रहे थे। हुमायूँ के कश्मीर प्रवेश करने पर वे सरलता से उसकी पिछली रक्षा पंक्ति तोड़ देते। इन कारणों का हवाला देकर आदम गक्खर ने भी कश्मीर पर आक्रमण न करने का परामर्श दिया। अमीरों ने भी कश्मीर को कूप तथा बंदीगृह बताकर उसकी निंदा की और कश्मीर अभियान का विरोध किया। हुमायूँ का आक्रमण न करने का निश्चय सुनकर अधिकांश सैनिक भागकर काबुल चले गए।[175] हुमायूँ को विवश होकर काबुल लौटने की आज्ञा देनी पड़ी। कुछ दूर चलकर कामरान से अंतिम बार उसकी मुलाकात हुई जिसका वर्णन किया जा चुका है। यहाँ से उसने सिन्धु नदी पार की तथा बिकराम के दुर्ग (पेशावर) का, जिसे अफ़गानों ने नष्ट कर दिया था, पुनः निर्माण करने की आज्ञा दी। काम बड़ी शीघ्रता से हुआ। दुर्ग में सिकन्दर ख़ाँ ऊज़बेक को नियुक्त कर[176] हुमायूँ काबुल की तरफ रवाना हुआ तथा 961 हि. के प्रारंभ (दिसम्बर 1553 ई.) में वहाँ पहुँचा।

संदर्भ

1. जौहर के अनुसार हुमायूँ ने ईरान के शाह के पास सीस्तान से पत्र लिखा (स्टीवर्ट, पृ. 80); अबुल फ़ज़ल (अकबरनामा, 1, पृ. 203) के अनुसार उसने गरमसीर से पत्र लिखा। जौहर तथा अबुल फ़ज़ल के द्वारा दी गई पत्र की विषयवस्तु एक ही है। संभव है हुमायूँ ने सीस्तान प्रवेश करने पर दूसरा पत्र भी लिखा हो। किन्तु दूसरे पत्र की प्रतिलिपि हमें प्राप्त नहीं है। रे, हुमायूँ इन पर्सिया, पृ. 7-8।
2. अकबरनामा, 1, पृ. 204; जौहर, स्टीवर्ट, पृ. 79। बायजीद, ब्यात-तज़किरये हुमायूँ व अकबर, पृ. 8; तबक़ाते अकबरी, डे, 2, पृ. 96।
3. अकबरनामा, 1, पृ. 205।
4. अकबरनामा, 1, पृ. 204।
5. खुरासान के हाकिम के नाम जो पत्र भेजा गया उससे अन्य पत्रों का अनुमान लगाया जा सकता है। शाह के इस पत्र के लिए देखिए अकबरनामा, 1, पृ. 206-13। शाह के पत्र में हुमायूँ के स्वागत के लिए प्रत्येक बात का वृहत् रूप में उल्लेख है। कितने व्यक्ति उसका स्वागत करें,

क्या भोजन दिया जाए, शरबत किस चीज़ का हो, इत्यादि का भी ब्यौरा है। पत्र में कहा गया है कि शाही भोजन के 1200 थाल प्रति दिन बादशाह के दरबार में पेश किए जाएँ। जब हुमायूँ पड़ाव करे तो गुलाब का शरबत एवं स्वादिष्ट नींबू का रस तैयार रखा जाए और उसे बरफ के साथ दिया जाए। शरबत के बाद मशहद के मुश्की सेब, तरबूज़ एवं अंगूर इत्यादि सफेद रोटी के साथ दिए जाएँ। सफेद रोटी घी तथा दूध में सानकर बनाई गई हो जिसमें पोस्ता तथा राजियाना (एक तरह का बीज) पड़ा हो। भोजन के बाद मिठाइयाँ एवं फालूदा, जो मिश्री एवं उत्तम प्रकार की साफ की गई शक्कर से तैयार किया गया हो, तरह-तरह के मुरब्बे, गुलाब इत्यादि से खुशबूदार की गई सेवईं इत्यादि दी जाएँ। दरबार में स्वागत के दिन प्रत्येक अमीर को नौ घोड़े उपहार स्वरूप भेंट किए जाएँ जिसमें तीन बादशाह के लिए हों, एक अमीरे मुअज़्ज़म' बैराम ख़ाँ के लिए हो और पाँच अन्य प्रतिष्ठित अमीरों के लिए। नगर में पहुँचने के एक दिन पूर्व ईदगाह उद्यान के सामने ऐसे खेमे लगवाने की आज्ञा हुई जिसके भीतर लाल अतलस, (एक प्रकार का रेशमी कपड़ा) बीच में बारीक मलमल और ऊपर इस्फ़हानी मलमल लगायी गयी हों।

6. $32^0 26'$ उत्तर तथा $62^0 8'$ पूर्व हिरात के दक्षिण 164 मील। अब यह नगर नष्ट हो गया है।
7. इस पत्र की फ़ारसी प्रतिलिपि के लिए देखिए रे, हुमायूँ इन पर्सिया, पृ. 67-68।
8. हिरात में हुमायूँ कितने दिन रुका रहा, इसके विषय में समकालीन इतिहासकार एकमत नहीं है। अबुल फ़ज़ल के अनुसार हुमायूँ 27 जनवरी 1544 ई. को पहुँचा (अकबरनामा, 1, पृ. 214); जौहर के अनुसार हुमायूँ वहाँ एक महीने रहा (स्टीवर्ट, पृ. 86) वह फरवरी के अन्त तक वहाँ रहा तथा नौरोज़ भी वहाँ मनाया जो 21 मार्च को पड़ा। इससे स्पष्ट है कि वह उसके बाद चला अर्थात् डेढ़-दो महीने वह वहाँ रुका रहा।
9. अकबरनामा, 1, पृ. 214; हुमायूँनामा, बेवरिज, पृ. 168।
10. इन दोनों पत्रों के लिए देखिए रे, हुमायूँ इन पर्सिया, पृ. 15-18।
11. जाम के मज़ार में एक अभिलेख है जो हुमायूँ के यहाँ आने की यादगार में लिखा गया था। हुमायूँ ने यहाँ एक कविता भी अपने हाथ से अहमदेजाम के मक़बरे के संगमरमर पत्थर पर लिखी। मासीरे रहीमी का लेखक अबुल बाकी 1611 ई. में यहाँ आया था और उसने हुमायूँ की इस कविता को पढ़ा था। दुर्भाग्य से इसने अपनी पुस्तक में इस कविता को नहीं लिखा है। हुमायूँ ने जाम में कब कविता लिखी, इसकी तिथि के विषय में मतभेद है। कुछ लेखकों का मत है कि हुमायूँ वहाँ दुबारा गया था। रे, हुमायूँ इन पर्सिया, पृ. 18-19।
12. जौहर, स्टीवर्ट, पृ. 87-88।
13. नीशापुर 36^0 12' उत्तर तथा 28^0; 40' पूर्व में स्थित है। यह खुरासान के चार प्रमुख नगरों में एक था। सब्ज़वार नीशापुर के पश्चिम 64 मील पर स्थित है।
14. अबुल फ़ज़ल के अनुसार बैराम ख़ाँ ने शाह से सुल्तानिया तथा सूरलीक के बीच मुलाक़ात की तथा कज़वीन लौट आया। मासीरे रहीमी से ऐसा प्रतीत होता है कि बैराम ख़ाँ का शाह के दरबार में ज़ोरदार स्वागत हुआ। बायजीद के वर्णन से ऐसा प्रतीत होता है कि बैराम ख़ाँ कज़वीन से हुमायूँ का पत्र लेकर जनजाम में जाकर मिला तथा लौट आया। निज़ामुद्दीन अहमद लिखता है कि बैराम ख़ाँ कज़वीन भेजा गया। वह सूरलीक में शाह से मिला तथा उसका उत्तर लेकर हुमायूँ के पास लौट आया। शाह ने हुमायूँ के आने पर प्रसन्नता प्रकट की थी। बदायूँनी तथा फ़िरिश्ता का वर्णन संक्षिप्त है। जौहर द्वारा वर्णन इन सबसे भिन्न है जो यहाँ दिया गया है। सफवी इतिहासकारों द्वारा शाह की विरोधी बातों का वर्णन न होना स्वाभाविक है। जौहर का वर्णन सही है। अकबरनामा, 1, पृ. 216; तबक़ाते अकबरी, डे, 2, पृ. 98-99; बदायूँनी, मुंतखबुत्तवारीख, पृ. 444; बायजीद, पृ. 32; फ़िरिश्ता, ब्रिग्स, 2, पृ. 154-55।

15. जौहर, स्टीवर्ट, पृ. 90-91। ये बंदी चिरागकुश कहलाते थे।

16. दोनों सम्राटों का मिलन कहाँ हुआ, यह विवादग्रस्त है। अकबरनामा, 1, पृ. 216 के अनुसार अवहर तथा सुल्तानियाँ के बीच में; बायज़ीद के अनुसार ये जनजाम (सुल्तानियाँ से 21 मील) में मिले; बदायूँनी के अनुसार सूरलीक इलाक़; निज़ामुद्दीन के अनुसार बिलाक़ मूरलीक; फ़िरिश्ता के अनुसार अबहर तथा सुल्तानियाँ के बीच बीलाक़ क़दार में; तथा तारीख़े रहीमी के अनुसार सुल्तानियाँ में। बायज़ीद, पृ. 32; बदायूँनी, मुन्तख़बुत्तवारीख़, पृ. 444 फ़िरिश्ता, ब्रिग्स, 2, पृ. 154-55; तबक़ाते अकबरी, डे, 2, पृ. 99।

17. बहराम मिर्ज़ा ने हुमायूँ को एक घोड़ा, वस्त्र तथा शिआ टोपी दी। हुमायूँ ने एक वस्त्र तो पहन लिया पर शिआ टोपी नहीं पहनी। जौहर लिखता है कि जो घोड़ा उसे उपहार में दिया गया था वह साधारण नहीं था और उसे हुमायूँ की घुड़सवारी की योग्यता जानने के लिए दिया गया था। जौहर, स्टीवर्ट, पृ. 93।

18. अबुल फ़ज़ल के अनुसार दोनों शासकों की मिलन-तिथि जमादिउल अव्वल, 951 हि. (21 जुलाई तथा 19 अगस्त 1544 ई. के बीच) थी। श्री रे के अनुसार दोनों का मिलन अगस्त के तीसरे सप्ताह में हुआ। देखिए, रे, हुमायूँ इन पर्सिया, पृ. 26।

19. जौहर, स्टीवर्ट, पृ. 95।

20. जौहर, स्टीवर्ट, पृ. 95-96। जौहर की हस्तलिखित प्रतियों में इस घटना के वर्णन में कहीं-कहीं भिन्नताएँ हैं। देखिए, रे, हुमायूँ इन पर्सिया, पृ. 28-29; अर्सकिन, 2, पृ. 286।

21. एच. बेवरिज, 'बाबर्स डायमन्ड', एशियाटिक क्वार्टरली रिव्यू, अप्रैल, 1899 ई. में लेख; हुमायूँनामा, बेवरिज, पृ. 173, नोट 1; शाह ने इसे पुनः दक्कन के निज़ाम शाह को भेज दिया। बनर्जी, हुमायूँ, 2, पृ. 120, नोट 1; अकबरनामा, 1, पृ. 217; जौहर, स्टीवर्ट, पृ. 99-100।

22. हुमायूँनामा, बेवरिज, पृ. 173-74; जौहर, स्टीवर्ट, पृ. 100, 105।

23. बाबरनामा, बेवरिज, पृ. 361, जौहर, स्टीवर्ट, पृ. 101।

24. फ़िरिश्ता, ब्रिग्स, 2, पृ. 155-56; निज़ामुद्दीन (तबकाते अकबरी, 2, पृ. 99) भी इसका समर्थन करता है यद्यपि उसका वर्णन संक्षिप्त है। बदायूँनी (मुन्तखबुत्तवारीख, पृ. 444) के अनुसार हुमायूँ ने अपने भाइयों को अपनी पराजय का कारण बताने से बहराम नाराज हुआ तथा उसका विरोध करने लगा। उसने बाबर की सहायता के दुष्परिणाम का भी हवाला दिया। अबुल फ़ज़ल (अकबरनामा, 1, पृ. 216-17) ने भी लिखा है कि शाह ने हुमायूँ के दुर्भाग्य का कारण उसके भाइयों को बताया।

25. सुल्तान बेगम बड़ी बुद्धिमती थी। वह राज्य के शासन में परामर्श देती थी। वह परदा नहीं करती थी तथा अपने भाई के साथ शिकार को जाती थी।

26. फ़िरिश्ता, ब्रिग्स, 2, पृ. 156, तबक़ाते अकबरी, डे, 2, पृ. 99-100।

27. वही, 1, पृ. 156, नादे अली का जप शिआ करते हैं। इसमें हज़रत अली से सहायता की प्रार्थना रहती है।

28. अकबरनामा, 1, पृ. 239 तथा जौहर, स्टीवर्ट, पृ. 106 के अनुसार 12,000 अश्वारोही। अबुल फ़ज़ल, अकबरनामा, 1, पृ. 218-19 में इस कुमक में नियुक्त 26 प्रमुख व्यक्तियों के नाम का उल्लेख है। बायज़ीद, पृ. 35-36 ने 18 के नाम दिए हैं। निज़ामुद्दीन अहमद तथा फ़िरिश्ता (तबक़ाते अकबरी, डे, 2, पृ. 445) फ़िरिश्ता ब्रिग्स, 2, पृ. 156 में 10,000 है। बदायूँनी भी 10,000 लिखता है यद्यपि एक हस्तलिखित प्रति में 12,000 हैं।

29. जौहर, स्टीवर्ट, पृ. 110। कदाचित् यह विवाह संपन्न हुआ।

30. तुमान एक सिक्का था जो मंगोल, ईरानियों और तुर्कों द्वारा प्रयोग किया जाता था। एक तुमान

साढ़े पंद्रह डालर के बराबर था। इसकी विवेचन के लिए देखिए, ईश्वरी प्रसाद, हुमायूँ, पृ. 277, नोट 2।

31. जौहर, स्टीवर्ट, पृ. 107।
32. वही, पृ. 108।
33. मुन्तख़बुत्तवारीख़, 1, पृ. 445।
34. "Humayun acted as any other man would have done in similar circumstances. He adopted the Shia creed under duress and protested to the Shah that compulsion in religious matters was forbidden by the Prophet of Islam." ईश्वरी प्रसाद, हुमायूँ, पृ. 238।

    "Not only Humayun was converted to the Shiah faith but, it seems, his followers also were converted." रे, हुमायूँ इन पर्सिया, पृ. 36।
35. सन् 1510 ई. में ईरान के शाह ने शैबानी ख़ाँ ऊज़बेक को पराजित कर दिया। शैबानी मारा गया। शाह इस्माईल ने बाबर की विधवा बहन ख़ानज़ादा बेगम को, जो शैबानी से विवाहित थी, बाबर के पास वापस भेज दिया। शाह ने बाबर को समरकन्द इस शर्त पर दिया कि वह शिआ मत का प्रसार करेगा, शाह के नाम से खुतबा पढ़ा जाएगा और सिक्का चलेगा। अक्तूबर 1511 ई. में बाबर ने समरकन्द में प्रवेश किया। वहाँ के निवासियों को आशा थी कि समरकन्द पर अधिकार हो जाने पर वह शिआ मत के चिह्नों को समाप्त कर देगा। बाबर के ऐसा न करने पर जनता तथा अमीर विद्रोही हुए। बाबर को वहाँ से भागना पड़ा। ईरानी सेना पराजित हुई तथा उनका नेता नज़्म मारा गया। ईरानी इतिहासकार अपनी सेना की पराजय का उत्तरदायित्व बाबर पर डालते हैं। देखिए विलियम्स, एन एम्पायर बिल्डर, पृ. 100-109।
36. मुन्तख़बुत्तवारीख़, 1, पृ. 468।
37. "We cannot say whether he formally abandoned the Shiah creed and died as a Sunni. Apparently therefore, it seems that Humayun died as a Shiah, yet this much can be said that he was never a sincere convert to the shiah faith." रे, हुमायूँ इन पर्सिया, पृ. 63।
38. अकबरनामा, 1, पृ. 220।
39. मोरियर अपनी पुस्तक 'ए जर्नी थ्रू पर्सिया, आरमीनिया एण्ड एशिया माइनर टू कान्सटेन्टीनोपल' (भाग 2, पृ. 254-55) में लिखता है कि शाह इस्माईल की कब्र पर हुमायूँ द्वारा दी गई बहुत ही सुंदर हाथी दाँत, मौज़ेक, कछुए के खोल इत्यादि से बनी तह चढ़ी हुई एक सुनहली सुराही है। रे, हुमायूँ इन पर्सिया, पृ. 42, नोट 5 द्वारा उद्धृत।
40. जौहर, स्टीवर्ट, पृ. 110; अर्सकिन, 1, पृ. 295; रे, हुमायूँ इन पर्सिया, पृ. 42।
41. जौहर इसे 'दरियाए क़ुलजुम' लिखता है जिसका अर्थ लाल सागर है। कदाचित् उसका अर्थ कैस्पियन सागर से है, क्योंकि लाल सागर बहुत दूर है। जौहर, स्टीवर्ट, पृ. 110।
42. यह हुमायूँ की दूसरी कज़बीन यात्रा थी। इसका वर्णन केवल जौहर तथा मासीरे रहीमी में मिलता है। रे, हुमायूँ इन पर्सिया, पृ. 44।
43. वायज़ीद, पृ. 39-40।
44. अकबरनामा, 1, पृ. 228; बायज़ीद, पृ. 40।
45. अकबरनामा, 1, पृ. 224-25।
46. अबुल फ़ज़ल (अकबरनामा, 1, पृ. 231) लिखता है कि कंधार का क़िला मिट्टी का बना हुआ था जिससे उसका तोड़ना कठिन था तथा उसकी दीवार की चौड़ाई साठ गज थी। साठ गज कदाचित् भूल है। अबुल फ़ज़ल ने शस्त (60) नहीं बल्कि 'शश' (6) लिखा होगा।

"In an age when Kabul was part of Delhi Empire Qandhar was our indispensable first line of defence."

सरकार, शार्ट हिस्ट्री ऑव औरंगजेब, पृ. 21-22।

47. इस्लामिक कल्चर, (1934 ई.) पृ. 464; इस पुस्तक के पिछले पृष्ठों में हुमायूँ के शासन के प्रारंभ में कंधार पर ईरानी आक्रमण का वर्णन किया जा चुका है।
48. निज़ामुद्दीन अहमद (तबक़ाते अकबरी, डे, 2, पृ. 101) तथा बदायूँनी (मुन्तख़बुत्तवारीख़ 1, पृ. 446) के अनुसार बैराम ख़ाँ कंधार के घेरे के तीन महीने पश्चात् भेजा गया। फ़िरिश्ता, ब्रिग्स, 2, पृ. 157 के अनुसार दुर्ग के 6 महीने के घेरे के बाद भेजा गया।
49. बायजीद, पृ. 44-47; तबक़ाते अकबरी, 1, पृ. 101-2। अबुल फ़ज़ल लिखता है कि बैराम ख़ाँ को संदेह था कि कामरान कहीं फ़रमानों को उठकर स्वीकार न करे और बैठा ही रहे। इस कारण वह अपने साथ एक कुरान उपहारस्वरूप भी लेता गया था। कुरान देखकर कामरान सम्मान प्रदर्शित करने के लिए उठकर सीधा खड़ा हो गया। बैराम ख़ाँ ने इसी बीच, जब कामरान खड़ा था, इन फरमानों को प्रस्तुत किया। अकबरनामा, 1, पृ. 230।
50. बायज़ीद, पृ. 47-49।
51. रे, हुमायूँ इन पर्सिया, 52, नोट 4।
52. अकबरनामा, 1, पृ. 235-36।
53. रे, हुमायूँ इन पर्सिया, पृ. 53।
54. कन्धार के दुर्ग पर हुमायूँ ने पुनः कब अधिकार किया इसकी तिथि समकालीन इतिहासकारों ने नहीं दी है। जौहर लिखता है (स्टीवर्ट, पृ. 115) कि ईरानियों को दुर्ग देने के पश्चात् हुमायूँ एक महीने खलीजा बाग़ में रुका रहा। ईरानियों को दुर्ग 7 सितम्बर 1545 ई. को दिया गया था। अनुमानतः अक्तूबर के दूसरे सप्ताह में उसने कन्धार पर पुनः अधिकार किया।
55. अकबरनामा, 1, पृ. 240-41; बायज़ीद, पृ. 50-51; रे, हुमायूँ इन पर्सिया, पृ. 56-57।
56. अकबरनामा, 1, पृ. 238।
57. वही 1, पृ. 238-39; मुन्तख़बुत्तवारीख़ 1, पृ. 447-48।
58. ईरानी इतिहासकारों के अनुसार शाह के पुत्र की मृत्यु कंधार अभियान के पूर्व ही हो गई थी। (अब्दुर्रहीम, मुग़ल रिलेशन्स विद पर्सिया, इस्लामिक कल्चर, 1934 ई., पृ. 464-65)। इसके विपरीत मुग़ल इतिहासकारों के अनुसार बुदाग बेग के कंधार पर अधिकार करने के पश्चात् उसकी मृत्यु हुई। फ़िरिश्ता के अनुसार (ब्रिग्स, 2, पृ. 159) कंधार ईरानियों को समर्पित करने के पश्चात् हुमायूँ काबुल पर आक्रमण करने को रवाना हुआ। मार्ग में मुराद की मृत्यु सुनकर वह लौट आया और बुदाग बेग द्वारा दुर्ग में प्रवेश न करने देने पर उसने दुर्ग को पुनः घेर लिया।
59. अकबरनामा, 1, पृ. 239-40; बायज़ीद, पृ. 50। बदायूँनी लिखता है कि शीत ऋतु की ठंड से बचने के लिए उसने दुर्ग में स्थान माँगा (मुन्तख़बुत्तवारीख़, 1, पृ. 447)
60. जौहर, स्टीवर्ट, पृ. 115।
61. इस्लामिक कल्चर, 1934 ई., पृ. 465।
62. बदायूँनी (मुन्तख़बुत्तवारीख़, 1, पृ. 448) लिखता है कि एक दिन एक ईरानी सैनिक ने प्रथम तीन ख़लीफ़ाओं के विरुद्ध 'तबर्रा' कहा जिससे यादगार नासिर मिर्ज़ा बहुत ही नाराज़ हुआ और उसने बाण से उस व्यक्ति को मार डाला।
63. फ़िरिश्ता के अनुसार ईरानी मुग़लों के अधीन रहने से असंतुष्ट थे। ब्रिग्स, 2, पृ. 158।
64. बनर्जी, हुमायूँ, 2, पृ. 142।
65. रे, हुमायूँ इन पर्सिया, पृ. 60-61।

66. अब्दुर्रहीम का लेख, इस्लामिक कल्चर, 1934 ई., पृ. 465-66।
67. वही, पृ. 466; अकबरनामा 1, पृ. 249।
68. The exile of Humayun in grev, though humilating and painful, was not attogether bareren in its result." सर.जे. मैलकम, हिस्ट्री ऑफ़ पर्सिया, 2, पृ. 509; रे, हुमायूँ इन पर्सिया, पृ. 58।
69. रे, हुमायूँ इन पर्सिया, पृ. 62।
70. अकबरनामा, 1, पृ. 241।
71. वही, पृ. 241।
72. वही पृ. 242। डॉ. बनर्जी का यह कथन कि इस घटना से यह पता चलता है कि हुमायूँ भारतीय जनता का विश्वासपात्र था तथा इससे लोगों का उसके प्रति प्रेम प्रकट होता है, (बनर्जी, हुमायूँ, 2, पृ. 146, नोट 2) सत्य नहीं प्रतीत होता। वास्तविक रूप में ये व्यापारी थे और व्यापार में इस तरह का सौदा होता रहता था। वे स्वयं ही लिखते हैं कि व्यापारियों ने इन घोड़ों की कीमत स्वयं निश्चित की। उन्होंने इन घोड़ों को मुँह माँगे दाम में विक्रय किया। इससे यह स्पष्ट हो जाता है कि उन्होंने खतरा लेकर यह सौदा किया। ये व्यापारी काबुल के थे। हिंदुस्तानी शब्द का प्रयोग इस लिए किया गया है कि काबुल भी उस समय हिंदुस्तान का एक भाग समझा जाता था। इस घटना से हुमायूँ की आर्थिक कठिनाई का पता चलता है।
73. हुमायूँनामा, बेवरिज, पृ. 175-76; अकबरनामा, 1, पृ. 242।
74. बायज़ीद, पृ. 52, अकबरनामा, 1, पृ. 243।
75. बायज़ीद, पृ. 55-57; जौहर, स्टीवर्ट, पृ. 118; अकबरनामा, 1, पृ. 243-44।
76. जौहर, स्टीवर्ट, पृ. 119-20; बायज़ीद, पृ. 57-58।
77. तबक़ाते अकबरी, डे, 2, पृ. 107; अकबरनामा, 1, पृ. 257; मुन्तख़बुत्तवारीख़, 1, पृ. 449।
78. बायज़ीद, निज़ामुद्दीन अहमद, बदायूँनी तथा फ़िरिश्ता के अनुसार 10 रमज़ान 952 हि. और गुलबदन बेगम तथा अबुल फ़ज़्ल के अनुसार 12 रमज़ान 952 हि. (17 नवम्बर 1545 ई.) को काबुल पर हुमायूँ ने अधिकार किया। गुलबदन तथा अबुल फ़ज़्ल द्वारा दी गयी तिथि सही है। इस तिथि की विवेचना के लिए देखिए अर्सकिन, 2, पृ. 325, नोट 2; अकबरनामा, बेवरिज, पृ. 480, नोट 2; ईश्वरी प्रसाद, हुमायूँ, पृ. 255-56, नोट 6; तबक़ाते अकबरी, डे, 2, पृ. 106; फ़िरिश्ता, ब्रिग्स, 2, पृ. 160; मुन्तख़बुत्तवारीख़, 1, पृ. 449।
79. अबुल फ़ज़्ल लिखता है कि इस समय अकबर की बुद्धि-परीक्षा हुई। एक शाहाना जश्न का आयोजन किया गया। अन्तःपुर की सभी स्त्रियाँ आयीं। अकबर लाया गया। उसने अपनी माता हमीदा बानो को 'दैवी प्रकाश' द्वारा पहचान लिया (अकबरनामा, 1, पृ. 247)। अकबर का यह पहचानना दैवी प्रकाश के कारण नहीं वरन् मातृस्नेह के कारण था। बालक अकबर ने देखा होगा कि उपस्थित महिलाओं में हमीदा बानो ही उससे मिलने को सबसे अधिक विह्वल है। यह स्वाभाविक था। माता ने बालक को लगभग दो वर्ष से नहीं देखा था और अकबर उसकी गोद में जा बैठा।
80. अकबरनामा, 1, पृ. 248-49; बायज़ीद, पृ. 60; हुमायूँनामा, बेवरिज, पृ. 178-79।
81. अकबरनामा, 1, पृ. 249-50।
82. बायज़ीद, पृ. 61; जौहर, स्टीवर्ट, पृ. 112; अकबरनामा, 1, पृ. 51।
83. बायज़ीद, पृ. 61-62; अकबरनामा, 1, पृ. 251।
84. अकबरनामा, 1, पृ. 252।
85. वही, पृ. 151-52; बनर्जी, 2, पृ. 157-58; बायज़ीद, पृ. 70।

86. अकबरनामा, 1, पृ. 253।
87. वही, 1, पृ. 253।
88. वही, पृ. 253-54; जौहर, स्टीवर्ट, 123-24।
89. अकबरनामा, 1, पृ. 258, तबक़ाते अकबरी, डे, 2, पृ. 109।
90. अकबरनामा, 1, पृ. 253-54; तबक़ाते अकबरी, डे, 2, पृ. 109-10।
91. अकबरनामा, 1, पृ. 260; तबक़ाते अकबरी, डे, 2, पृ. 110।
92. बनर्जी, हुमायूँ, 2, पृ. 166।
93. वही, पृ. 167; ईश्वरी प्रसाद, हुमायूँ, पृ. 270-71।
94. गुलबदन बेगम से भी कामरान ने उसके पति ख़िज्र ख़्वाजा के पास पत्र लिखने को कहा। हुमायूँनामा, बेवरिज, पृ. 182।
95. अकबरनामा, 1, पृ. 264-65; बायज़ीद, पृ. 83; गुलबदन बेगम, जो उस समय काबुल के ही दुर्ग में थी, लिखती है कि कामरान ने बड़ी लूटपाट की तथा अफ़सरों की स्त्रियों तथा परिवारों पर बड़ा अत्याचार किया। हुमायूँनामा, बेवरिज, पृ. 181।
96. गुलबदन बेगम का, जो वहाँ उपस्थित थी, वर्णन संक्षिप्त है। हुमायूँनामा, बेवरिज, पृ. 183; तबक़ाते अकबरी, डे, 2, पृ. 112; अबुल फ़ज़ल अकबर के बचने का कारण दैवी शक्ति समझता है। अकबरनामा, 1, पृ. 265-66; जौहर, स्टीवर्ट, पृ. 127।
97. हुमायूँनामा, पृ. 81; बेवरिज, पृ. 183। गुलबदन उस समय वहाँ मौजूद थी, उसके शब्द इस प्रकार हैं–
(आखिर मरदुम ब अर्जे अक़दस रसानीदन्द कि मिर्ज़ा मोहम्मद अकबर रा दर रुबरु निगाह दाशता अन्द।)
98. अकबरनामा, 1, पृ. 266।
99. बायज़ीद (पृ. 84) के अनुसार कामरान ने मिर्ज़ा हिन्दाल से सम्पर्क स्थापित कर लिया था। भागते समय पहरेदारों ने उसे पहचानकर पकड़ लिया। कामरान ने उसे घूस के तौर पर एक थैली दे दी। पहरेदार ने उसे छोड़ दिया और वह भाग गया। निज़ामुद्दीन के अनुसार ख़्वाजा खिज्र की तरफ एक छेद बनाया गया और कामरान नंगे पैर भाग गया (तबक़ाते अकबरी, डे, 2, पृ. 113)।
100. अकबरनामा (भाग 1, पृ. 268) के अनुसार हाज़ी मुहम्मद ख़ाँ एवं अन्य लोग जो कामरान का पीछा करने के लिए भेजे गए थे उस तक पहुँच गए किन्तु कृतघ्नता के प्राचीन जादू एवं प्रभाव के कारण उसे ऐसा समझकर छोड़ दिया मानो उसे देखा न हो। जौहर के अनुसार हिन्दाल ने कामरान को एक आदमी की पीठ पर भागते हुए देखा तथा उसने एक घोड़ा देकर उसे भागने में सहायता दी (स्टीवर्ट, पृ. 127-28)। निज़ामुद्दीन अहमद तथा बदायूँनी के अनुसार हुमायूँ ने हाज़ी मुहम्मद ख़ाँ को कुछ सैनिकों के साथ कामरान का पीछा करने के लिए भेजा। जब हाजी मुहम्मद कामरान के निकट आया तो उसने उसे पहचानकर तुर्की भाषा में कहा, "क्या मैंने तुम्हारे पिता बाबा कुश्का की हत्या की है?" हाज़ी मुहम्मद ख़ाँ उपेक्षा करके लौट आया। बायज़ीद, पृ. 84; तबक़ाते अकबरी, डे, 2, पृ. 113-14; मुन्तख़ब़ुत्तवारीख़, पृ. 450।
101. जौहर, स्टीवर्ट, पृ. 128।
102. अकबरनामा, 1, पृ. 268-69।
103. बायज़ीद, पृ. 84।
104. अकबरनामा, 1, पृ. 269।
105. काबुल से 40 मील उत्तर।

106. अकबरनामा, 1, पृ. 269-70।

107. अकबरनामा, 1, पृ. 270-71। अकबर साक्षर था या नहीं, इस प्रश्न की विवेचना के लिए देखिए, बनर्जी, हुमायूँ, 2, पृ. 269-73। एम.एल. राय चौधरी, वाज़ अकबर इललिटरेट, इण्डियन हिस्टारिकल क्वार्टरली, 1940 ई., पृ. 727-37।

108. कराचा ख़ाँ ने हुमायूँ की अस्वस्थता में उसकी बड़ी सेवा की थी। इससे उसकी निकटता बढ़ गई थी। इससे वह घमंडी हो गया था। वह समझता था कि उसके बिना हुमायूँ का कोई भी कार्य नहीं हो सकेगा। उससे तात्कालिक नाराज़ होने का कारण यह था कि उसने दीवान ख़्वाजा गाज़ी को 10 तुमान सरकारी राजकोर्ष से अपने नाम पर देने के लिए परवाना लिख दिया। नियमानुसार न होने के कारण दीवान ने यह धन देने से इनकार कर दिया। कराचा बहुत अप्रसन्न हुआ। हुमायूँ ने अकबर को कराचा ख़ाँ के पास उसे समझाने के लिए भेजना चाहा किन्तु एक सहयोगी के यह कहने पर कि राज्य के कर्मचारी के सम्मुख राजकुमार का जाना न्याय संगत नहीं है हुमायूँ ने अकबर को नहीं भेजा, क्योंकि उसे यह भय हुआ कि कहीं वह अकबर को बंधक के रूप में न रख ले। एक दूसरे व्यक्ति को कराचा ख़ाँ के पास भेजा गया। इस बार कराचा ने यह शर्त रखी कि ख़्वाज़ा गाज़ी को उसे समर्पित कर दिया जाए। हुमायूँ ने कराचा ख़ाँ के पास एक अन्य दूत भेजा और उसे सूचित किया कि वह एक वज़ीर है और ख़्वाज़ा गाज़ी एक-न-एक दिन उसके अधीन आ ही जाएगा, किन्तु कराचा ख़ाँ को इससे संतोष नहीं हुआ और वह कामरान के पास भाग गया। जौहर, स्टीवर्ट, पृ. 128-29; बायज़ीद, पृ. 85 का वर्णन भिन्न है; अकबरनामा, 1, पृ. 272; तबक़ाते अकबरी, डे, 2, पृ. 115।

109. अकबरनामा, 1, पृ. 275।

110. वही, पृ. 276।

111. जौहर लिखता है कि पराजय की सूचना पाकर हुमायूँ ने पूछा कि पुस्तकालय का क्या हुआ? यह सुनकर कि वह सुरक्षित है, उसे संतोष हुआ (जौहर, स्टीवर्ट, पृ. 132)।

112. अकबरनामा, 1, पृ. 278; बायज़ीद, पृ. 91-92; जौहर, स्टीवर्ट, पृ. 132-33; तबक़ाते अकबरी, डे, 2, पृ. 117-18। कामरान ने हुमायूँ के संधि करने के प्रस्ताव में एक शेर पढ़ा जिसका अर्थ था कि राज्य रूपी नववधू का वही आलिंगन कर सकता है जो चमकती हुई तलवार के अधरों का चुम्बन कर सके अर्थात् युद्ध कर सके। शेर इस प्रकार था–

    अरु से मुल्क कसे दर कनार गीरद चुस्त,
    कि बोसा बर लबे शमशीरे, आबदार दिहद।

113. अबुल फ़ज़ल के अनुसार 12 राजब 955 हि; बेवरिज के अनुसार यह 12 अगस्त थी; अर्सकिन 17 अगस्त लिखते हैं जो सही है। डॉ. बनर्जी भी 12 अगस्त लिखते हैं। बनर्जी हुमायूँ, 2, पृ. 176; अकबरनामा, 1, पृ. 279-80; अर्सकिन, 2, पृ. 357।

114. इस मिलन की घटनाओं के लिए देखिए जौहर, स्टीवर्ट, पृ. 134-35; अकबरनामा, 1, पृ. 281-82; हुमायूँनामा, बेवरिज, पृ. 187। अबुल फ़ज़ल के अनुसार यह मिलन इश्किमीशारा में तथा गुलबदन के अनुसार किश्म में हुआ। अबुल फ़ज़ल द्वारा उल्लिखित स्थान अधिक सही मालूम होता है।

115. हुमायूँनामा, बेवरिज, पृ. 188।

116. बनर्जी, हुमायू4, 1, पृ. 178; ईश्वरी प्रसाद, हुमायूँ, पृ. 286; जौहर, स्टीवर्ट, पृ. 135; हुमायूँनामा, बेवरिज, पृ. 186-87।

117. अबुल फ़ज़ल के अनुसार काबुल प्रवेश की तिथि शुक्रवार, 2 रमजान 955 हि. थी। बायज़ीद के अनुसार यह 955 का तीर का महीना था। डॉ. बनर्जी तथा डॉ. ईश्वरी प्रसाद ने 5 अक्तूबर 1548 ई. स्वीकार किया है। अकबरनामा, 1, पृ. 284; बनर्जी, हुमायूँ, 2, पृ. 179; ईश्वरी प्रसाद,

हुमायूँ, पृ. 287।

118. अकबरनामा, 1, पृ. 284।

119. ईश्वरी प्रसाद, हुमायूँ, पृ. 288।

120. जौहर, स्टीवर्ट, पृ. 136।

121. बायज़ीद, पृ. 106-107; जौहर, स्टीवर्ट, पृ. 136; अकबरनामा, 1, पृ. 285।

122. अबुल फ़ज़ल के अनुसार 956 हि. के प्रारंभ में वह रवाना हुआ। यह वर्ष 30 जनवरी 1549 ई. से प्रारंभ हुआ। अकबरनामा, 1, पृ. 285।

123. काबुल के उत्तर-पश्चिम दो मील पर।

124. अकबरनामा, 1, पृ. 286।

125. वही, पृ. 287; बायज़ीद, पृ. 109।

126. अकबरनामा, 1, पृ. 289।

127. वही, पृ. 289-90; बायज़ीद, पृ. 113, तबक़ाते अकबरी, डे, 2, पृ. 120-21।

128. अकबरनामा, 1, पृ. 290-91।

129. वही, पृ. 291।

130. वही, पृ. 292।

131. गुलबदन बेगम (हुमायूँनामा, बेवरिज, पृ. 193) कामरान तथा सुलेमान मिर्ज़ा की शत्रुता का वर्णन करती हुई लिखती है कि तरख़ान बेगा नामक एक कुटनी के बहकाने से कामरान ने एक पत्र तथा एक रूमाल सुलेमान की स्त्री हरम बेगम के पास भेजा तथा अपने अत्यधिक प्रेम का उल्लेख किया। हरम बेगम इससे बहुत ही क्रोधित हुई। उसने अपने पति तथा पुत्र को बुलाकर ललकारा कि उनकी नामर्दी के कारण ही कामरान को ऐसा अपमानजनक पत्र लिखने का साहस हुआ है। पिता तथा पुत्र इससे कामरान के शत्रु हो गए।

132. अकबरनामा, 1, पृ. 293।

133. अकबरनामा, 1, पृ. 293। बाद में यह पता चलने पर कि उन्होंने कामरान को लूटा था ऊज़बेकों ने सामान वापस कर दिया।

134. मेहतर सकाही या सकाई जो फरहत ख़ाँ के नाम से प्रसिद्ध था। क़िबचाक के युद्ध के लिए देखिए, जौहर, स्टीवर्ट, पृ. 138-39; बायज़ीद, पृ. 127-130; अकबरनामा, 1, पृ. 296-98।

135. रेशम अथवा सूती लबादा जिसमें रुई भरी होती है। यह बहुत ही मजबूत होता है, इतना कि तलवार से भी कठिनता से कटता है। जौहर, स्टीवर्ट, पृ. 139, नोट।

136. अकबरनामा, 1, पृ. 299; बायज़ीद पृ. 131 तथा जौहर, स्टीवर्ट, पृ. 142 में घोड़ों की संख्या के विषय में भिन्नता है। जौहर वहाँ उपस्थित था। वह लिखता है कि प्रारंभ में 300 तथा बाद में 1700 घोड़े अर्थात् 2,000 घोड़े उनसे लिए गए। अबुल फ़ज़ल के अनुसार इन घोड़ों का मूल्य चौगुना पाँच गुना निश्चित किया गया।

137. अकबरनामा, 1, पृ. 301; जौहर, स्टीवर्ट, पृ. 145।

138. अकबरनामा, 1, पृ. 301।

139. अकबरनामा, 1, पृ. 302।

140. "The great Amirs did not displace the monarch, but placed restraints upon his power. This led, neccessarily, to a standing council, which, had not everything else been adverse, might have proved the first step, one element of a better Government". (अर्सकिन 2, पृ. 390)।

141. "The Emperor henceforth found himself in a position which was at once stronger

and less independent, he could rely upon the support of his nobles, but he had bound himself to respect their opinion in matters of importance." (ईश्वरी प्रसाद, हुमायूँ, पृ. 302)।

142. अकबरनामा, 1, पृ. 303, कराचा ख़ाँ ने कहा : "सरे मा ब काबुल"।
143. पंजशीर नदी के निकट एक दर्रा। इसे उश्तुर गिराय भी कहा गया है।
144. हुमायूँनामा, बेवरिज, पृ. 196; अकबरनामा, 1, पृ. 303-304; जौहर, स्टीवर्ट, पृ. 147।
145. अकबरनामा, 1, पृ. 306।
146. जलालाबाद से 16 मील उत्तर-पश्चिम में। अकबरनामा, 1, पृ. 307।
147. बनर्जी, हुमायूँ, 2, पृ. 196; अकबरनामा, 1, पृ. 307; बायज़ीद, पृ. 141-44 ने इससे संबंधित घटनाओं का वृहद उल्लेख किया है।
148. अकबरनामा, 1, पृ. 308; फ़िरिश्ता के अनुसार अरब के मार्ग में (961 हि. सन् 1553-54 ई.) अस्करी की मृत्यु हो गई। अबुल फ़ज़ल की तिथि सही है। उसके एक पुत्री थी। जिसका विवाह अकबर ने यूसुफ़ ख़ाँ मशहदी से कर दिया। ब्रिग्स, 2, पृ. 168।
149. अकबरनामा, 1, पृ. 309-11। जौहर इस घटना को कामरान के अंधे बनाए जाने के बाद वर्णन करता है। जौहर, स्टीवर्ट, पृ. 159।
150. अकबरनामा, 1, पृ. 311।
151. काबुल नदी के दक्षिण एक छोटा-सा कस्बा।
152. जौहर, स्टीवर्ट, पृ. 148-49; अकबरनामा, 1, पृ. 313; बायज़ीद, पृ. 146-47; गुलबदन बेगम ने (हुमायूँनामा, बेवरिज, पृ. 198-99) अपने भाई की मृत्यु का बहुत ही हृदय विदारक वर्णन किया है।
153. अकबरनामा, 1, पृ. 314; हुमायूँनामा, बेवरिज, पृ. 199; ईश्वरी प्रसाद, हुमायूँ, पृ. 313।
154. हुमायूँनामा, बेवरिज, पृ. 200।
155. जौहर, स्टीवर्ट, पृ. 150; अकबरनामा, 1, पृ. 320-21; बनर्जी, हुमायूँ, 2, पृ. 202-203।
156. अकबरनामा, 1, पृ. 325, बदायूँनी के अनुसार हेमू भी, जो हुमायूँ की मृत्यु के पश्चात् कुछ समय के लिए दिल्ली के तख़्त पर बैठा था, अफ़गान सैनिकों के साथ भेजा गया। मुन्तख़बुत्त वारीख़, 1, पृ. 389।
157. अर्सकिन, 2, पृ. 408-409; ईश्वरी प्रसाद, हुमायूँ, पृ. 316-17; राय, सक्सेसर्स ऑफ़ शेरशाह, पृ. 37-38।
158. बदायूँनी, 1, पृ. 390, शेर इस प्रकार था :

   गर्दिशे गरदूने गरदान गरद ना रा गर्द कर्द
   बर सरे अहले तमीज़ा व नाक़ि सा रा मर्द कर्द

   अर्थात् आकाश के चक्कर ने महान लोगों को मिट्टी में मिला दिया और योग्य लोगों के सर पर अयोग्य लोगों को बैठा दिया।

   कामरान के मुड़े हुए सिर को देखकर इस्लाम शाह ने मज़ाक में कहा,
   "क्या आपके यहाँ की स्त्रियाँ आपकी तरह ही सिर मुड़ाती हैं?"
   कामरान ने तुरंत जवाब दिया, "वे अफ़गान शासकों की तरह मूँछें रखती हैं।" बनर्जी, हुमायूँ, 2, पृ. 204-205 नोट 4। दोनों की कविता के विषय में चर्चा के लिए देखिए तारीख़े दाऊदी, इलियट तथा डासन, 4, पृ. 498।
159. अकबरनामा, 1, पृ. 323।
160. हुमायूँनामा, बेवरिज, पृ. 200।

161. तबक़ाते अकबरी, डे, 2, पृ. 128; अकबरनामा, 1, पृ. 327।

162. जौहर, स्टीवर्ट, पृ. 152-53।

163. तबक़ाते अकबरी, डे, 2, पृ. 128; हुमायूँनामा, बेवरिज, पृ. 201; बायज़ीद, पृ. 156-57; अकबरनामा, 1, पृ. 327-28।

164. जौहर, स्टीवर्ट, 154-55; उसकी आँखों में नश्तर लगाने की तिथि अबुल फ़ज़्ल के अनुसार 960 हि. का अन्त (नवम्बर, 1553 ई.) था। अर्सकिन जौहर के इस वाक्य के आधार पर कि रमजान महीने के 6 दिन बीत गए थे, 'रमजान 960 हि. (17 अगस्त 1553 ई.) निश्चित करते हैं। अकबरनामा, 1, पृ. 328-31; अर्सकिन 2, पृ 413।

165. बनर्जी, हुमायूँ, 2, पृ. 208।

166. बायज़ीद, पृ. 159; अकबरनामा, 1, पृ. 330-31।

167. यह मिर्ज़ा कामरान के कोका हमदम (दूधभाई) का पुत्र था। कामरान की मृत्यु के बाद यह हिन्दुस्तान लौट आया। अकबर के समय में इसे ख़ानेआलम की उपाधि दी गई। मार्च 1575 ई. में अफ़गानों से युद्ध करता हुआ मारा गया।

168. तारीख़े मासूमी, पृ. 183।

169. तबक़ाते अकबरी, डे, 2, पृ. 129, नोट 2; अर्सकिन, 2, पृ. 419; अकबरनामा, 1, पृ. 331।

170. इलियट तथा डासन, 4, पृ. 498; कामरान की कविताओं का एक संग्रह एशियाटिक सोसाइटी ऑफ़ बंगाल के पुस्तकालय में है। देखिए, मौलवी अब्दुल वली का लेख, इण्डियन ऐन्टीक्वेरी, (1914 ई.), पृ. 219-24।

171. अकबरनामा, 1, पृ. 332।

172. वही।

173. तबक़ाते अकबरी, डे, 2, पृ. 129; अकबरनामा, 1, पृ. 329; जौहर, स्टीवर्ट, पृ. 156।

174. जौहर, स्टीवर्ट, पृ. 156।

175. अकबरनामा, 1, पृ. 329-30; जौहर, स्टीवर्ट, पृ. 157; तबक़ाते अकबरी, डे, 2, पृ. 129।

176. तबक़ाते अकबरी, डे, 2, पृ. 129-30; जौहर, स्टीवर्ट, पृ. 158; अकबरनामा, 1, पृ. 331-32।

10. द्वितीय राजत्व तथा मृत्यु

हुमायूँ के प्रति शेरशाह की नीति

एक तरफ मुग़ल साम्राज्य का पतन हुआ तथा हुमायूँ का निर्वासन, और दूसरी तरफ मुग़ल साम्राज्य की नींव पर सूर अफ़गानों ने एक शक्तिशाली राज्य की स्थापना की। चौसा तथा कन्नौज के युद्धों में हुमायूँ को पराजित करने के पश्चात् शेरशाह पूर्ण रूप से शासक बन गया। उसने अपने राज्यकाल में मालवा, मुल्तान, सिंध इत्यादि भागों को जीतकर, उत्तरी भारत को एक सूत्र में बाँध दिया और एक संगठित, सुव्यवस्थित शासन प्रणाली की भी स्थापना की।[1] शासनकर्ता के रूप में शेरशाह का महत्त्वपूर्ण स्थान है। यह कथन कि मुग़ल साम्राज्य की नींव हुमायूँ के निष्कासन काल में पड़ी, इस अर्थ में सत्य प्रतीत होता है, कि जो शासन प्रणाली शेरशाह ने हुमायूँ के निष्कासन काल में स्थापित की वही मुग़ल साम्राज्य के संगठन की आधारशिला भी बनी तथा बाद में भी उसी आधार पर देश का संगठन हुआ।

हुमायूँ तथा शेरशाह के सम्बन्धों का उल्लेख हम पिछले अध्यायों में कर चुके हैं। हुमायूँ की पराजय के पश्चात् शेरशाह मुग़ल सम्राट के प्रति तीन तरह की नीति अपना सकता था–

(1) आक्रमणकारी नीति, अर्थात् वह काबुल, कंधार तथा अन्य प्रदेश जो मुग़लों के अधिकार में थे, उन्हें युद्ध द्वारा अपने अधिकार में कर लेता।

(2) कूटनीतिक नीति, अर्थात् शान्ति की नीति का पालन करते हुए कामरान या अन्य किसी व्यक्ति को सहायता देकर हुमायूँ को युद्ध में व्यस्त रखता।

(3) रक्षात्मक नीति, अर्थात् हुमायूँ को सिंधू नदी के पश्चिम की तरफ भगाकर अपने साम्राज्य की सीमा को पूर्णतया सुरक्षित कर देता, जिससे इन भागों पर हुमायूँ के आक्रमण का भय नहीं रहता।

शेरशाह बुद्धिमान शासक था। उसने विचार किया कि सिंधु नदी के पश्चिमी भागों पर आक्रमण करने तथा उन्हें अपने साम्राज्य में मिलाने का प्रयत्न कठिनाइयों से खाली नहीं था। इस आक्रमण के परिणामस्वरूप उसका अपना साम्राज्य भी खतरे में पड़ जाता। इसके अतिरिक्त जब हुमायूँ को ईरान के शाह से सहायता मिल गयी,

उस परिस्थिति में हुमायूँ से युद्ध करने का अर्थ ईरान के शाह के साथ युद्ध करना होता। इस कारण शेरशाह ने हुमायूँ को काबुल या सिंधु नदी के पश्चिमी भागों से निकालने का प्रयत्न नहीं किया। शेरशाह हुमायूँ के शत्रुओं, विशेषतः उसके भाइयों को सहायता देकर उसे आन्तरिक समस्याओं में ही व्यस्त रख सकता था। उसने कश्मीर में यही नीति अपनायी थी तथा वह काज़ी चक को हैदर मिर्ज़ा के विरुद्ध बराबर लड़ाता रहा। हुमायूँ के साथ उसे इस तरह की नीति की आवश्यकता नहीं पड़ी, क्योंकि कामरान तथा उसके भाई स्वयं ही आपस में लड़ रहे थे। यदि शेरशाह के दरबार में कामरान उसी तरह सहायता के लिए उपस्थित हुआ होता, जैसे इस्लाम शाह के दरबार में गया था, तो कदाचित् शेरशाह को इस नीति पर अमल करने का अवसर मिलता। तीसरी नीति अपनी सीमा को सुरक्षित रखने तथा हुमायूँ पर सतर्क दृष्टि रखने की थी, जिससे वह पुनः अपना साम्राज्य वापस पाने के प्रयास में सफल न हो सके। शेरशाह ने इस नीति को अपनाना ठीक समझा तथा वह इसमें सफल हुआ।

हुमायूँ की पराजय के पश्चात् शेरशाह उसे सिंधु नदी के उस पार भगा देना चाहता था और हुमायूँ की इस प्रार्थना को, कि पंजाब उसे दे दिया जाए, उसने अस्वीकार कर दिया। जब तक हुमायूँ सिंध तथा राजपूताने में रहा, शेरशाह सदा सतर्क रहा। मालदेव से हुमायूँ के मिलन की सम्भावना देखते ही उसने तत्काल मालदेव पर आक्रमण करने की तैयारी कर ली। इससे यह स्पष्ट है कि शेरशाह हुमायूँ को किसी तरह ऐसी परिस्थिति में नहीं देखना चाहता था जिससे उसके राज्य को भय हो। हुमायूँ तथा मुग़लों से अपने साम्राज्य की रक्षा के लिए उसने गक्ख़र के भागों को जीतकर अपने राज्य में मिलाने का प्रयत्न किया। रोहतास का प्रसिद्ध दुर्ग उसने कश्मीर से हैदर मिर्ज़ा तथा अफ़गानिस्तान की तरफ से मुग़लों के आक्रमण से बचाव के लिए बनाया। शेरशाह ने मुल्तान और सिंध को जीतकर अपने राज्य की सीमा को और भी शक्तिशाली बना लिया। जब तक शेरशाह जीवित रहा, हुमायूँ अपनी ही समस्याओं में व्यस्त रहा तथा सूर साम्राज्य पर आक्रमण करने का उसे न अवसर मिला, न सुविधा।

हुमायूँ तथा इस्लाम शाह

दुर्भाग्यवश शेरशाह अधिक दिनों तक जीवित न रह सका। कालिंजर के दुर्ग के निकट अत्यन्त आकस्मिक परिस्थितियों में उसकी मृत्यु हो गयी (22 मई 1545 ई.)। उसकी मृत्यु के पश्चात् उसका दूसरा पुत्र जलाल ख़ाँ इस्लाम शाह के नाम से गद्दी पर बैठा। इस्लाम शाह एक योग्य शासक था और उसने शेरशाह के साम्राज्य को और भी शक्तिशाली बनाया। वह योग्य पिता का योग्य उत्तराधिकारी था। उसे साहित्य में रुचि थी। साहित्यिक गोष्ठी में वह वाक्‌चातुर्य तथा रसिकता के साथ अरबी तथा

फ़ारसी की कविताओं पर दाद देता था। वह स्वयं भी आशु कवि था। धार्मिक ग्रन्थों का भी उसने अध्ययन किया था तथा इन विषयों पर वह विचार-विमर्श करता रहता था। मध्य युग के उच्च वर्ग में मद्यपान तथा अन्य व्यसनों का विशेष प्रचार था। किन्तु इस्लाम शाह का जीवन संयमित था। वह अच्छा सैनिक था तथा अपने सैनिक गुणों के लिए प्रसिद्ध था। इन गुणों के होते हुए भी वह अभिमानी, अविश्वासी, प्रतिहिंसक तथा निर्दयी था। कभी-कभी उसका व्यवहार इतना पाशविक होता कि देखने वालों को कँपा देता था।

इस्लाम शाह एक अच्छा शासक था। उसने शरियत के आधार पर 80 पृष्ठों का एक कानून कोड (विधि संहिता) तैयार कराया। वह संहिता राज्य के प्रत्येक ज़िले में भेज दी गयी जिससे राजसी कर्मचारियों को न्याय करने में सुविधा हो। शेरशाह ने दो-दो मील पर सरायों (विश्राम गृहों) की स्थापना की थी। इस्लाम शाह ने इनके बीच एक-एक और सराय बनवायी। सेना में सुधार कर उसने गति तथा शक्ति प्रदान की। अफ़गान अमीरों की शक्ति को उसने नष्ट करने का प्रयत्न किया। उनके सभी हाथी छीन लिये और उनके पास केवल हथिनियाँ रहने दीं। बहुत-से अमीर अपने अखाड़े में नर्तकियाँ रखते थे। उसने इन्हें भी छीन लिया जिससे अमीरों का सामाजिक मनोरंजन समाप्त हो गया। उसके शासन काल में साम्राज्य के भिन्न-भिन्न भागों में प्रत्येक शुक्रवार को दरबार होता था। वहाँ एक शामियाने में तख़्त पर इस्लाम शाह का जूता तथा तूणीर रखा जाता तथा अमीरों को उसके सामने झुककर वैसा ही अभिवादन करना पड़ता जैसे वहाँ इस्लाम शाह ही बैठा हो। वहाँ राजसी नियम तथा आज्ञाएँ सुनायी जाती थीं।[2]

अफ़गान, जो अपनी उद्दण्डता, घमंड, तथा लड़ाकू आदतों के लिए प्रसिद्ध थे, ऐसी आज्ञाओं से बहुत नाराज़ हुए। परिणामस्वरूप उन्होंने विद्रोह कर दिया। इन व्रिदोहों को दबाने में इस्लाम शाह का बहुत समय लगा। उसने शक्ति, क्रूरता तथा बुद्धिमानी से इन विद्रोहियों को दबा दिया। इनमें नियाज़ियों का विद्रोह सबसे कठोर था। इसी समय महदवी आन्दोलन ने भी उसके साम्राज्य में जोर पकड़ा। इस्लाम शाह ने इसके नेता के प्रति भी ऐसा ही कठोर व्यवहार किया।[3] नियाज़ियों के प्रति निर्दयता और अफ़गान सैनिकों के प्रति रूखे व्यवहार के कारण उसे मार डालने के दो बार प्रयत्न हुए, किन्तु दोनों बार वह बच गया।

हुमायूँ के प्रति इस्लाम शाह ने भी शेरशाह की तरह आक्रमणकारी नीति नहीं अपनायी। कामरान के सहायता माँगने के लिए आने पर भी उसने उसे सहायता देना उचित नहीं समझा। उसकी नीति सतर्कता और सीमा रक्षा की थी। पश्चिमी पंजाब की रक्षा के सम्बन्ध में उसे नियाज़ी अफ़गानों से युद्ध करना पड़ा और उन्हें नष्ट करने से उसे सफलता प्राप्त हुई। गक्ख़र लोगों पर आक्रमण कर उसने उनकी भूमि को रौंद डाला। उसने शेरशाह द्वारा प्रारम्भ किया गया रोहतास का दुर्ग पूरा

किया। इसके अतिरिक्त उसने मानकोट के दुर्ग का निर्माण किया। इस्लाम शाह हुमायूँ की गतिविधि के प्रति इतना सतर्क था कि अपनी सीमा पर वह उसका विरोध करने के लिए प्रत्येक दृष्टि से तैयार रहता था। 1553 ई. में जब हुमायूँ सिंधु नदी पर कर कामरान को बन्दी बनाने के लिए नीलाभ पहुंचा उस समय इस्लाम शाह बीमार था और उसके गले में दवा के लिए जोंक की पट्टी[1] लगायी गयी थीं। उसने जोंकों की पट्टी उतार कर फेंक दी और अपनी सेना को तुरन्त सीमा की तरफ बढ़ने की आज्ञा दी। यह जानकर कि बहुत बड़ी तोपों को सीमा तक पहुँचाने के लिए हाथी उपलब्ध नहीं है, उसने अफ़गान सैनिकों का जानवरों की तरह प्रयोग किया। उसकी 60 तोपों के तोपख़ाने को घसीटने के लिए 60,000 अफ़गान सैनिकों का प्रयोग हुआ और 12 मील प्रतिदिन की गति से उनकी सेना सीमा की तरफ बढ़ी। हुमायूँ के वापस वापस चले जाने की सूचना पाकर इस्लाम शाह वहाँ लुधियाना से ग्वालियर वापस चला गया।

उसकी गति ने हुमायूँ को भी आश्चर्यचकित कर दिया। इस घटना से इस्लाम शाह की सतर्कता स्पष्ट रूप से व्यक्त होती है। जब तक इस्लाम शाह जीवित रहा, हुमायूँ को भारत पर आक्रमण करने का साहस नहीं हुआ।

सूर साम्राज्य का विघटन

लगभग 9 वर्ष शासन करने के पश्चात् 30 अक्तूबर 1553 ई. को भगन्दर की बीमारी से इस्लाम शाह की मृत्यु हो गयी। उसकी मृत्यु के पश्चात् उसका 12 वर्षीय पुत्र फीरोज़ गद्दी पर बैठा, किन्तु उसका शासन अधिक दिन नहीं रहा। उसके मामा और चाचा मुबारिज़ ख़ाँ ने उसे मार डाला और स्वयं मुहम्मद आदिल शाह के नाम से गद्दी पर बैठा। मुहम्मद आदिल शाह के राजत्व काल (1553-57 ई.) में सूर साम्राज्य का विघटन हो गया।

शेरशाह ने जिस राष्ट्रीय भावना को जागृत किया था वह समाप्त हो गयी। अफ़गान अमीरों की दबी वासनाएँ तथा महत्त्वाकांक्षाएँ पुनः जागृत हो उठीं, मुबारिज़ ख़ाँ व्यभिचारी और मूर्ख था। एक अच्छे गायक के अतिरिक्त उसमें अन्य कोई भी गुण नहीं थे। क्षणिक प्रसिद्धि के लिए वह अपव्यय करता। उदाहरणतया, उसने 500 रुपये मूल्य का सोना लगवाकर तीर बनावाए थे। वह ये तीर चलाता और जो ये तीर प्राप्त कर उसके सामने उपस्थित होता उसे 500 रुपए दिए जाते। उसकी इन मूर्खताओं के कारण लोग उसे आदिल शाह के स्थान पर अंधली (अंधा) या अदिली (मूर्ख) कहते थे। सौभाग्य से उसके एक हिन्दू अधिकारी हेमू ने उसकी बड़ी सहायता की। हेमू प्रारंभ में रिवाड़ी में शोरे का सौदागर था, इस्लाम शाह ने उसे बाज़ारों का निरीक्षक नियुक्त कर दिया था। अपनी योग्यता से धीरे-धीरे बढ़ते-बढ़ते यह अत्यंत शक्तिशाली तथा वास्तविक शासनकर्ता बन गया।

आदिल शाह ने अफग़ान नेताओं के विरुद्ध इस्लाम शाह की नीति का अनुसरण

किया। उसने नए अमीरों को प्रोत्साहित किया तथा पुराने अमीरों को जिनसे उसे भय था, दबाने का प्रयत्न किया। ग्वालियर में जागीर वितरण के समय दरबार ही में तलवारें चल गयीं। आदिल शाह ने कन्नौज की जागीर शाह मुहम्मद फ़र्मूली से लेकर सरमस्त ख़ाँ सरवानी को दे दी। इससे फ़र्मूली बहुत नाराज़ हुआ। शाह मुहम्मद फ़र्मूली के पुत्र सिकन्दर ने दरबार ही में सरमस्त को मार डाला। वह स्वयं मारा गया और आदिल शाह को जनानख़ाने में भागकर अपने प्राण बचाने पड़े।[5] इस घटना के पश्चात् उसकी स्थिति तेज़ी से बिगड़ने लगी। ताज ख़ाँ कर्रानी ने विद्रोह किया। आदिल शाह ने छिबरामऊ में उसे पराजित किया। वहाँ से भागकर ताज ख़ाँ चुनार गया जहाँ हेमू ने उसे पुनः पराजित किया तथा बंगाल की सीमा तक भगा दिया।

आदिल शाह ने इब्राहीम ख़ाँ सूर को बन्दी बनाना चाहा। यह गाज़ी ख़ाँ का पुत्र तथा आदिल शाह का बहनोई था। आदिल की बहन को इसका पता चल गया। उसने अपने पति को चुनार के दुर्ग से भागने में सहायता दी। वह भागकर बयाना गया। आदिल शाह ने ईसा ख़ाँ नियाज़ी को उसके विरुद्ध भेजा, किन्तु इब्राहीम ने उसे कालपी में पराजित कर दिया। इस विजय ने उसे उत्साहित किया। आगे बढ़कर उसने दिल्ली पर अधिकार कर लिया। उसने इब्राहिम शाह की उपाधि धारण की तथा अपने को सुल्तान घोषित किया। उसने आगरा पर भी अधिकार कर लिया। कई अमीर भी उससे आ मिले। इस तरह वह शक्तिशाली हो गया। आदिल शाह उसके विरुद्ध दिल्ली की तरफ बढ़ा। यमुना के निकट इब्राहीम सूर ने आदिल को इस शर्त पर समर्पण का वचन दिया कि उसका साथ देने वाले अमीरों को हानि नहीं पहुँचाई जाएगी। आदिल ने इस शर्त को स्वीकार कर लिया तथा उसने अपने अमीरों को इब्राहीम को विश्वास दिलाने के लिए भेजा। इब्राहीम ने इन्हें अपने पक्ष में कर लिया, जिससे आदिल को विवश होकर चुनार वापस लौट जाना पड़ा। इस तरह दिल्ली तथा आगरा उसके हाथों से निकल गए।

इब्राहीम के विरोध से उत्साहित होकर पंजाब के गवर्नर अहमद ख़ाँ सूर ने भी विद्रोह कर दिया। वह 10,000 सेना के साथ दिल्ली पर अधिकार करने के लिए रवाना हुआ। इब्राहीम 80,000 सैनिकों के साथ युद्ध के लिए आगे बढ़ा। इतनी बड़ी सेना देखकर अहमद ख़ाँ ने संधि करनी चाही। उसने इब्राहीम का इस शर्त पर समर्थन करने का वचन दिया, कि वह उसे पंजाब प्रदेश देने का वचन दे। इब्राहीम ने इसे अस्वीकार कर दिया। आगरा से पश्चिम 18 मील दूर फरह[6] नामक स्थान पर युद्ध हुआ (सन् 1555 ई.) जिसमें इब्राहीम पराजित हुआ तथा सम्भल भाग गया। अहमद ने सिकन्दर की उपाधि धारण की तथा अपने को सुल्तान घोषित किया।

बंगाल के गवर्नर मुहम्मद ख़ाँ सूर ने भी इस अराजकता से लाभ उठाया। उसने शमसुद्दीन मुहम्मद शाह गाज़ी की उपाधि धारण की तथा दिल्ली सल्तनत से अलग अपने को स्वतन्त्र शासक घोषित किया।

मालवा में शुजात ख़ाँ गवर्नर था। इस्लाम शाह की मृत्यु के पश्चात् जो गड़बड़ी हुई उससे लाभ उठाकर वह भी स्वतन्त्र हो गया। 1555 ई. में उसकी मृत्यु हो गयी और उसके पश्चात् उसका लड़का बाज़ बहादुर मालवा का स्वतन्त्र शासक बन बैठा।

1555 ई. में उत्तरी भारत की राजनीतिक अवस्था

सूर साम्राज्य के विघटन के परिणामस्वरूप शेरशाह का साम्राज्य पाँच सल्तनतों में विभाजित हो गया था। पंजाब में सिकन्दर सूर, सम्भल और दोआब में इब्राहीम सूर, चुनार से बिहार तक के भाग में आदिल शाह, मालवा में बाज़ बहादुर तथा बंगाल में मुहम्मद ख़ाँ सूर अलग-अलग सुल्तान बने हुए थे। प्रत्येक शासक पूरे साम्राज्य पर अधिकार करना चाहता था तथा अन्य चार उत्तराधिकारियों को पराजित करने के अवसर की प्रतीक्षा करता रहता था।

बहादुर शाह की मृत्यु के पश्चात् गुजरात की शान्ति का अन्त हो गया। सुल्तान शक्तिहीन थे जिससे अमीरों की शक्ति बहुत बढ़ गयी। आन्तरिक विद्रोह ने शासन शक्ति को जर्जर कर दिया। बहादुर की मृत्यु के पश्चात् महमूद तृतीय गद्दी पर बैठा (1538-54 ई.)। उसका शासन वास्तव में अमीरों के संघर्ष का काल था। उसकी मृत्यु के पश्चात् सुल्तान अहमद शाह तृतीय (1554-61 ई.) गुजरात का सुल्तान हुआ। वह बालक था, इस कारण शासन का कार्य इतिमाद ख़ाँ के अधिकार में था।[7] गुजरात अन्य राज्यों की कमजोरी से लाभ उठाने की परिस्थिति में नहीं था।

सिंध की स्थिति भी अच्छी नहीं थी। हुमायूँ के सिंध से विदा होने के कुछ दिन पश्चात् शाह हुसेन अरगून ज्वर से पीड़ित हो गया, जिससे वह अशक्त हो गया, उसकी इस स्थिति में उसके अमीरों ने मिर्ज़ा मुहम्मद ईसा तरख़ान को अपना शासक चुन लिया। शाह हुसेन तथा भक्कर के गवर्नर सुल्तान महमूद ने ईसा तरख़ान का बराबर विरोध किया था किन्तु उन्हें विवश होकर सिंध का बहुत-सा भाग उसे देकर उससे संधि करनी पड़ी। 1556 ई. में शाह हुसेन की मृत्यु हो गयी जिससे पूरा सिंध ईसा तरख़ान के हाथ में आ गया। मुहम्म्द ईसा तरख़ान की भी मृत्यु 1567 ई. में हो गयी। उसके पश्चात् उसका पुत्र मिर्ज़ा मुहम्मद बाकी तरख़ान गद्दी पर बैठा।[8]

राणा सांगा की मृत्यु (30 जनवरी 1528 ई.) के पश्चात् मेवाड़ में आन्तरिक संघर्ष प्रारम्भ हुआ जिससे गुजरात तथा अन्य राज्यों ने लाभ उठाया। अनेक कठिनाइयों के पश्चात् उदयसिंह मेवाड़ के राणा हुए, किन्तु उनमें राणा सांगा का वह तेज न था। ये दिन मेवाड़ के पतन के दिन थे। शेरशाह ने मालदेव को पराजित कर जोधपुर का उत्कर्ष भी समाप्त कर दिया था। राजस्थान में अन्य कोई राज्य था न कोई नेता जो किसी बाहरी शत्रु से लोहा ले सकता।

इस तरह सम्पूर्ण उत्तरी भारत छोटे-छोटे राज्यों में विभाजित हो गया था, जो

परस्पर युद्ध करते रहते थे। कोई ऐसा नेता नहीं था जो इन शक्तियों को एकत्र करता। पंजाब अरक्षित हो गया था। हुमायूँ के निष्कासन में उसके भाइयों तथा अफ़गानों का विशेष हाथ था। उसके भाइयों की मृत्यु हो चुकी थी। अफ़गान साम्राज्य टूट चुका था। हुमायूँ के लिए अपने खोए हुए साम्राज्य को पुनः प्राप्त करने का इससे अधिक उपयुक्त अन्य अवसर न था।

भारतीय अभियान

हिन्दुस्तान पर आक्रमण करने के पूर्व 1553 ई. के अन्त तथा 1554 ई. के प्रारम्भ तक, हुमायूँ काबुल में रहकर भारतीय अभियान के उद्देश्य से आवश्यक वस्तुओं को एकत्र करने में व्यस्त रहा। इसी बीच कुछ अमीरों ने हुमायूँ से कंधार के हाकिम बैराम ख़ाँ के विषय में "झूठी सच्ची बातें" कहीं तथा उसे यह सन्देह दिलाया कि वह ईरान के शाह से मिलकर षड़यन्त्र रच रहा है अतएव क़ंधार को अरक्षित छोड़कर हिन्दुस्तान के अभियान में जाना उचित नहीं था। हुमायूँ ने काबुल में अली कुली ख़ाँ को नियुक्त किया तथा शीत ऋतु के प्रारम्भ में क़ंधार की ओर प्रस्थान किया (961 हि. दिसम्बर 1553 ई.)। उसका विचार था कि कंधार में मुनीम ख़ाँ या अन्य किसी को नियुक्त कर वह बैराम ख़ाँ को अपने साथ काबुल वापस लाएगा।[9]

हुमायूँ के आगमन की सूचना प्राप्त कर बैराम ख़ाँ ने क़ंधार से सात मील[10] आगे बढ़कर अन्दाम नामक स्थान में उसका स्वागत किया। हुमायूँ के स्वागत करने में उसने इतनी भक्ति तथा जोश दिखलाया कि यह स्पष्ट हो गया कि उसके विरुद्ध जो बातें कही गयी थीं वे सत्य नहीं थीं। बैराम ख़ाँ ने आनन्दोत्सव का प्रबन्ध किया जिसमें विद्वान्, धार्मिक व्यक्ति तथा सैनिक भी उपस्थित थे। इस स्वागत समारोह में उसने अपने निजी कोष से भी खर्च किया।

अबुल फ़ज़ल लिखता है कि बैराम ख़ाँ ने सेवा एवं स्वामिभक्ति प्रदर्शित करने में कोई कसर नहीं उठा रखी। प्रत्येक प्रबन्ध की वह स्वयं देख-रेख करता था तथा जिस वस्तु की आवश्यकता होती हुमायूँ के सामने उपस्थित की जाती। इस तरह शीत ऋतु आमोद-प्रमोद में व्यतीत हुई।[11] ख़्वाजा गाज़ी, जिसे हुमायूँ ने दूत बनाकर ईरान भेजा था, वहाँ से वापस आया। उसकी सेवा से प्रसन्न होकर हुमायूँ ने उसे वित्त विभाग में इशराफ़े दीवान के पद पर नियुक्त किया।

इस आमोद-प्रमोद में एक दुखदायी घटना हुई जो हुमायूँ के कमजोर चरित्र, समकालीन धर्मान्धता तथा अकबर के राज्यारोहण के प्रारम्भिक काल में अमीरों के पारस्परिक संघर्ष की दृष्टि से महत्त्वपूर्ण है। अबुल माली हुमायूँ का एक प्रिय सेवक था। सम्राट की विशेष कृपा के कारण उसका दिमाग बहुत चढ़ गया था। वह कट्टर सुन्नी था। धर्मान्धता में उसने मीरे शिकार करागेब के पिता शेर अली बेग की, शिआ होने के नाते, हत्या कर दी। अबुल माली ने खुले दरबार में घोषणा की थी कि वह

"इस दुष्ट शिआ की हत्या कर देगा"[12] फिर भी हुमायूँ ने उसे दण्ड नहीं दिया। अबुल माली हुमायूँ की कृपा के कारण छूट गया किन्तु अनुशासन की दृष्टि से यह ठीक नहीं था। शिआ अमीरों में इससे असन्तोष फैलना स्वाभाविक था। इस घटना से हुमायूँ की प्रशासनिक एवं न्यायिक दुर्बलता प्रमाणित होती है।

हुमायूँ क़ंधार में तीन महीन तक रुका रहा। इस बीच 18 अप्रैल 1554 ई. को चोचक बेगम (जूजूक बेगम) के गर्भ से हुमायूँ के पुत्र मिर्ज़ा हकीम का जन्म हुआ।[13]

हुमायूँ अपनी यात्राओं में संत तथा विद्वानों के दर्शन करने तथा उनसे वार्तालाप करने के अवसर से नहीं चूकता था। यहाँ भी उसने मौलाना ज़ैनुद्दीन महमूद कमानगर से भेंट की। ये उस समय के प्रमुख सूफ़ी थे तथा बैराम ख़ाँ उनका शिष्य हो गया था। हुमायूँ उनसे कई बार मिला तथा दोनों में अनेक विषयों पर विचार-विनियम हुआ।[14] हुमायूँ क़ंधार में बैराम ख़ाँ की जगह मुनीम ख़ाँ को नियुक्त करना चाहता था और उसने मुनीम ख़ाँ से इस तरह का प्रस्ताव भी किया किन्तु उसने हुमायूँ को परामर्श दिया कि उन हालात में जब कुछ शिआ अमीरों में असन्तोष था, एक विश्वसनीय शिआ अमीर के पद में परिवर्तन के लिए समय उपयुक्त न था। हुमायूँ ने इस परामर्श को स्वीकार कर लिया।[15]

क़ंधार को बैराम ख़ाँ के अधिकार में रहने देकर हुमायूँ ने बुद्धिमानी का कार्य किया। शिआ अमीरों तथा सैनिकों में असन्तोष फैल रहा था। इस परिस्थिति में बैराम ख़ाँ को क़ंधार से न हटाना उचित था। इसके अतिरिक्त कंधार पर अधिकार करने के पश्चात् हुमायूँ ने वहाँ बैराम ख़ाँ को नियुक्त किया था तथा ईरान के शाह को इस तरह का पत्र लिखा था जिससे ऐसा आभास मिलता था कि उसी के सेवक को क़ंधार का हाकिम नियुक्त किया गया हो। परिवर्तन के फलस्वरूप उधर से भी भय की आशंका हो सकती थी।

क़ंधार से प्रस्थान करने के पूर्व हुमायूँ ने कंधार के दुर्ग पर बैराम ख़ाँ की नियुक्ति की पुनः स्वीकृति दे दी, जिससे किसी शाह तथा हुमायूँ के बीच वैमनस्य फैलाने का अवसर न मिले। हुमायूँ ने जागीरों में परिवर्तन भी किया। इस तरह जमीनदावर ख़्वाज़ा मुअज़्ज़म से लेकर अली कुली के भाई बहादुर ख़ाँ को दे दिया गया। उसने बैराम ख़ाँ को आज्ञा दी कि क़ंधार का उचित प्रबन्ध करने के उपरान्त वह हुमायूँ से काबुल में मिले, जिससे हिन्दुस्तान पर आक्रमण के पूर्व वह उसकी सहायता कर सके।[16] यह सब निश्चित कर हुमायूँ काबुल की तरह रवाना हुआ। बैराम ख़ाँ की तत्परता तथा स्वामिभक्ति का इसी से अनुमान लगाया जा सकता है कि शीघ्र प्रबन्ध कर वह हुमायूँ के अग्रसर होने के कुछ दिन बाद ही रवाना हो गया तथा हुमायूँ से गज़नी में जा मिला (31 जुलाई 1554 ई.)। सम्राट को बैराम ख़ाँ के पहुँचने से बड़ी प्रसन्नता हुई तथा उसके आगमन के उपलक्ष्य में उसने दावत

दी तथा जश्न मनाया। बैराम ख़ाँ के आगमन में जश्न तथा खुशियाँ क्यों मनायी गयीं? क्या बैराम ख़ाँ का चरित्र सचमुच सन्देहजनक था? ऐसा प्रतीत होता है कि हुमायूँ को बैराम ख़ाँ से बहुत अधिक भय था और उसके आ जाने से उसने एकता तथा शक्ति का अनुभव किया।

गज़नी से पूरा दल काबुल[17] गया (अक्तूबर-नवंबर 1554 ई., 961 हि.)। काबुल में हुमायूँ सेना तथा युद्ध सामग्री एकत्र करने में व्यस्त हो गया। सैनिकों को भर्ती करने के लिए मध्य एशिया के अन्य भागों से लोगों को आमन्त्रित किया गया। हिन्दुस्तान में इस्लाम शाह की मृत्यु हो चुकी थी जिसके पश्चात् उसका साम्राज्य छिन्न-भिन्न हो गया था। भारतीय अभियान का यही सबसे उपयुक्त समय था। इसी समय दिल्ली तथा आगरा के कुछ नागरिकों ने इस्लाम शाह सूर की मृत्यु तथा अफ़गानों के पारस्परिक संघर्ष की सूचना दी तथा उसे इस अवसर से लाभ उठाकर अपने साम्राज्य को पुनः प्राप्त करने के लिए आमन्त्रित किया।[18]

हुमायूँ का काबुल से प्रस्थान

आक्रमण के पूर्व काबुल, क़ंधार तथा अन्य भागों का प्रबन्ध आवश्यक था। हुमायूँ ने अपने पुत्र मिर्ज़ा हकीम को काबुल का गवर्नर नियुक्त किया। वह अभी बच्चा था। इस कारण वास्तविक शासन के लिए मुनीम ख़ाँ को उसका संरक्षक नियुक्त किया गया। अस्त्र-शस्त्रों का प्रबन्ध करने के लिए बैराम ख़ाँ को काबुल में छोड़ दिया गया। उसे आज्ञा दी गयी कि वह प्रबन्ध कर शीघ्र प्रमुख सेना से आ मिले। इसी प्रकार अन्य प्रबन्ध कर शुभ नक्षत्र में (ज़िल हिज्जा 961 हि., 12 नवम्बर 1554 ई.) केवल तीन हजार सैनिकों के साथ हुमायूँ भारतीय अभियान के लिए काबुल से रवाना हुआ। अपने पिता की भाँति हुमायूँ ने अभियान के पूर्व दो प्रतिज्ञाएँ कीं। प्रथम, वह युद्ध के समय बन्दी नहीं बनाएगा तथा दूसरी, अभियान के काल तक मांस नहीं खाएगा।

सुरखाब, लमगानात, जलालाबाद होता हुआ हुमायूँ बिकराम (पेशावर) पहुँचा (25 दिसंबर 1554)। बैराम ख़ाँ भी 5,000 सैनिकों के साथ सिंधु नदी के निकट हुमायूँ की सेना से आ मिला। हुमायूँ की सेना में सैनिकों के अतिरिक्त बहुत-से गायक एवं वादक भी थे। अकबर, जिसकी अवस्था बारह वर्ष से कुछ अधिक थी, उसके साथ था।

सिंधु नदी पार कर सेना ने पंजाब में प्रवेश किया। पंजाब में अधिक रुकावट नहीं हुई। जैसा ऊपर वर्णन किया जा चुका है, इस समय पंजाब सिकन्दर शाह सूर के अधिकार में था। हुमायूँ के आक्रमण ने उसे कठिन परिस्थिति में डाल दिया। पश्चिम से हुमायूँ तथा दक्षिण-पूर्व से मुहम्मद आदिल शाह सूर उसके प्रदेश को अधिकृत करना चाहते थे। दो तरफा युद्ध से रक्षा के लिए सिकन्दर शाह सूर ने अपना केन्द्र

लाहौर से दिल्ली हटा लिया। पंजाब की रक्षा हेतु रोहतास दुर्ग की मोर्चाबन्दी कर उसने वहाँ तातार ख़ाँ काशी को नियुक्त कर दिया।[20] सिकन्दर ने आदम ख़ाँ गक्खर से भी संधि कर ली थी तथा उसकी स्वामिभक्ति की गारण्टी के लिए उसने उसके पुत्र को बन्धक के रूप में अपने पास रख लिया था।[21] इस तरह सिकन्दर को आशा थी कि हुमायूँ को पंजाब में सफलता नहीं मिलेगी।

सिंधु नदी पार करने के पश्चात् हुमायूँ ने आदम ख़ाँ गक्ख़र को सहायता देने के लिए आमन्त्रित किया किन्तु उसने हुमायूँ का साथ देने से इनकार कर दिया। उसने हुमायूँ को सूचित किया कि उसने सिकन्दर सूर से सन्धि कर ली है और उसका पुत्र लश्करी, सिकन्दर सूर के पास बंधक है। इस स्थिति में वह हुमायूँ की सहायता नहीं कर सकेगा। इस उत्तर से कुछ मुग़ल अफ़सरों की यह राय हुई कि आदम पर आक्रमण कर उसे पराजित कर दिया जाए, किन्तु उसकी पिछली सेवाओं को ध्यान में रखकर हुमायूँ ने उस पर आक्रमण नहीं किया।[22]

आदम ख़ाँ ने हुमायूँ की सहायता क्यों नहीं की? वास्तव में उसके चरित्र तथा उसकी पिछली घटनाओं के अध्ययन से स्पष्ट प्रतीत होता है कि वह बहादुर तथा वचन का पक्का व्यक्ति था। एक बार संधि हो जाने पर जहाँ तक संभव हो उसे निभाना चाहता था। इसके अतिरिक्त उसे यह भी भय था कि यदि वह मुग़लों को सहायता देगा तो उसका पुत्र इसके लिए दण्डित होगा। यदि वह विश्वासघाती तथा सरलता से प्रतिज्ञा तोड़ने वाला व्यक्ति होता तो उसने हुमायूँ के निष्कासन के पश्चात् तत्काल ही शेरशाह से संधि कर ली होती। इस कारण यह कहना कि उसने हुमायूँ की सफलता प्राप्ति की आशा न देखकर सहायता देने से इनकार किया, सत्य नहीं है।[23]

हुमायूँ के आक्रमण की सूचना पाकर रोहतास का दुर्गपति तातार ख़ाँ दुर्ग छोड़कर भाग खड़ा हुआ। बिना युद्ध के हुमायूँ ने दुर्ग पर अधिकार कर लिया। उसकी सेना झेलम, चेनाब तथा रावी नदी को पार कर कलानूर पहुँची। यहाँ उसने अपनी सेना को तीन भागों में विभाजित किया। एक भाग बैराम ख़ाँ, तरदी बेग इत्यादि के नेतृत्व में हरियाना की तरफ भेजा गया, जहाँ अफ़गान सरदार नसीब ख़ाँ पड़ाव डाले हुए था। दूसरा दल शिहाबुद्दीन ख़ाँ, फ़रहत ख़ाँ इत्यादि के नेतृत्व में लाहौर की तरफ रवाना हुआ तथा तीसरा दल हुमायूँ के साथ कलानूर रुका रहा। शिहाबुद्दीन ने बिना विरोध या कठिनाई के लाहौर पर अधिकार कर लिया। उसने सुरक्षा का आश्वासन देकर नागरिकों को अपने पक्ष में कर लिया। इसकी सूचना पाकर कलानूर से आगे बढ़कर हुमायूँ ने लाहौर में प्रवेश किया (2 रबीउल आखिर 962 हि., 24 फरवरी 1555 ई.)।[24] यहाँ नगर के प्रमुख व्यक्तियों ने उसका स्वागत किया।[25] हुमायूँ ने अपने अमीरों तथा सेवकों में जागीर वितरित की तथा लगान वसूल करने का प्रबंध किया। निष्कासन काल में जौहर ने उसकी बड़ी सेवा की थी। उसे उपहार देने का

समय आ गया था। उसे हैबतपुर का परगना दिया गया। उसके बुद्धिमतापूर्ण प्रबन्ध से प्रसन्न होकर हुमायूँ ने उसे तातार ख़ाँ लोदी का कोष एवं जागीर भी प्रदान की।

इसी समय सूचना मिली की अफ़गान नेता शाहबाज़ ख़ाँ 12,000 अफ़गान सैनिकों के साथ[26] दीपालपुर के निकट मुग़लों से युद्ध के लिए तैयार है। हुमायूँ ने शाह अबुल माली, अली कुली शैबानी इत्यादि को उसके विरुद्ध भेजा। अफ़गानों ने बड़ी शक्ति से मुग़लों पर आक्रमण किया। अबुल माली शत्रु के आक्रमण से अपने घोड़े से गिरते-गिरते बचा। मुग़ल बड़ी बहादुरी से लड़े। अफ़गान पराजित हुए तथा मैदान छोड़कर भाग गए। बहुत-से हाथी, घोड़े तथा अन्य सामान मुग़लों के हाथ लगा।

हरियाना में बैराम ख़ाँ ने नसीब ख़ाँ अफ़गान को पराजित किया। यहाँ भी मुग़लों को बहुत-सा सामान प्राप्त हुआ। हुमायूँ ने प्रतिज्ञा की थी कि वह इस अभियान में किसी को बंदी नहीं बनाएगा। इस कारण युद्ध में प्राप्त स्त्रियों तथा बच्चों को उसने नसीब ख़ाँ के पास भेज दिया।[27] इस तरह हरियाना पर भी मुग़लों का अधिकार हो गया। मुग़ल सेना यहाँ से जालंधर पहुँची। अफ़गान यहाँ से भी भाग गए और मुग़लों ने जालंधर पर अधिकार कर लिया।

पंजाब में एक के बाद एक स्थान पर मुग़लों का अधिकार होते देखकर आश्चर्य होता है। वास्तव में अफ़गानों का साहस समाप्त हो गया था तथा कुशल नेतृत्व के अभाव में उनमें भगदड़ मच गयी थी। आतंक यहाँ तक फैल गया था कि किसी भी अश्वारोही को मुग़ल वेश में देखकर अफ़गान भाग खड़े होते तथा मुड़कर पीछे देखते तक न थे।[28] अफ़गान सैनिक तथा अमीर अपने स्वार्थ में रहते थे और अपने-अपने परिवार की रक्षा का प्रबन्ध करने में व्यस्त थे। शेरशाह के समय की सामूहिक एकता तथा जोश समाप्त हो गया था। मुग़ल अमीरों में भी केवल बाह्य एकता थी। इस समय भी बैराम ख़ाँ तथा तरदी बेग में नीति के विषय में मतभेद हो गया। तरदी बेग चाहता था कि वह भागे हुए अफ़गानों का पीछा करे। बैराम ख़ाँ ने इसकी अनुमति न दी। तरदी बेग के सेवक बात्तू ख़ाँ तथा ख़्वाजा मुअज़्ज़म में तू-तू मैं-मैं हो गयी तथा तलवार चल गयी। यह स्थिति इतनी गम्भीर हो गयी कि हुमायूँ को हस्तक्षेप करना पड़ा। उसने फ़रमान तथा मौखिक सन्देश द्वारा दोनों दलों को समझाया। बैराम ख़ाँ जालंधर में ठहर गया। हुमायूँ ने प्रत्येक व्यक्ति को अलग-अलग परगने देकर उन्हें संतुष्ट किया।[29]

माछीवारा का युद्ध

बैराम ख़ाँ सिकन्दर ऊज़बेक को माछीवारा में नियुक्त किया। वहाँ पहुँचकर सिकन्दर ऊज़बेक ने देखा कि मुग़ल सेना शक्तिशाली है इस कारण आगे बढ़कर उसने सरहिंद पर भी अधिकार कर लिया। सरहिंद पर मुग़ल आधिपत्य की सूचना पाकर सिकन्दर

सूर को भय हुआ कि मुग़ल अब दिल्ली पर भी आक्रमण कर देंगे। वह स्वयं आदिल शाह सूर से युद्ध करने में व्यस्त था, इस कारण उसने मुग़लों को सरहिंद से भगाने के लिए तातार ख़ाँ काशी के नेतृत्व में अफ़गान सेना भेजी। सिकन्दर ऊज़बेक ने देखा कि अफ़गानों का सामना करना कठिन है। इस कारण सरहिंद छोड़कर वह बैराम ख़ाँ के पास जालंधर लौट आया। उसके इस पलायन से बैराम ख़ाँ बहुत ही क्रुद्ध हुआ। उसने उसकी अनुशासनहीनता तथा कायरता के लिए उसकी भर्त्सना की।[30]

बैराख ख़ाँ के नेतृत्व में मुग़ल सेना जालंधर से माछीवारा[31] पहुँची। तरदी बेग ने यह मत रखा कि वर्षा ऋतु के अन्त तक वहीं रुका जाए, सभी पुलों पर अधिकार कर शत्रु को सतलज पार करने से रोक दिया जाए और वर्षा ऋतु की समाप्ति के पश्चात् अफ़गान सेना पर आक्रमण किया जाए। बैराम ख़ाँ इस मत से सहमत नहीं था, उसका विचार था कि इससे समय नष्ट होगा, सेना में शिथिलता आ जाएगी जिससें हानि की सम्भावना है। वह तत्काल नदी के उस पार चला जाना चाहता था। उसके मत का समर्थन कई प्रमुख अमीरों ने भी किया तथा उसकी आज्ञा से सेना ने नदी पार की। विवश होकर तरदी बेग तथा उसके समर्थकों को भी नदी पार करनी पड़ी। उसके सामने अफ़गान सेना युद्ध के लिए तैयार खड़ी थी।

बैराम ख़ाँ ने मुग़ल सेना को चार दस्तों में विभाजित किया। दाहिनी ओर का दस्ता खिज्र ख़ाँ हज़ारा, बायीं तरफ का तरदी बेग, मध्य का बैराम ख़ाँ तथा अग्रणी दल सिकन्दर ख़ाँ ऊज़बेक के नेतृत्व में था।

इस तरह मुग़ल सेना भी युद्ध के लिए तैयार हो गयी। अफ़गान सेना में 30,000 अवश्वारोही थें। मुग़ल सेना की ठीक संख्या बताना कठिन है, किन्तु मुग़लों की सेना अफ़गान सेना से बहुत कम थी।[32] अफ़गान तत्काल युद्ध के लिए आगे बढ़े। इनके तत्काल अग्रसर होने के कारण थे। प्रथम, मुग़ल सेना की संख्या कम थी, अधिक प्रतीक्षा करने पर इसकी संख्या बढ़ सकती थी, दूसरे, नदी पार करने के पश्चात् मुग़ल सेना अभी पूर्णतया संगठित नहीं हो पायी थी। इस कारण अफ़गानों के लिए तुरन्त आक्रमण करना अधिक लाभप्रद था।

मुग़लों ने दिन के तीसरे पहर में नदी पार की (12 मई 1555 ई.)। सायंकाल के निकट दोनों सेनाओं में मुठभेड़ हुई। भीषण युद्ध होने लगा। अफ़गान सैनिकों के निकट एक गाँव था। यह गाँव उनकी रक्षा के लिए उपयुक्त था। गाँव के मकान छप्पर के बने थे। अंधकार के बीच गाँव में आग लग गयी।[33] छप्पर के मकान धू-धूकर जलने लगे। अफ़गान सेना गाँव के निकट होने के कारण प्रकाश में थी। मुग़ल सेना अंधेरे में होने के कारण सुरक्षित थी तथा अफ़गान उन्हें नहीं देख सकते थे। तेज़ हवा चलने लगी, जिससे आग तथा उसके साथ प्रकाश और तेज़ हो गया। बैराम ख़ाँ तथा अन्य मुग़ल सरदारों ने चारों तरफ से अफ़गानों को घेर लिया। अफ़ग़ान

बुरी तरह मारे गये। इस तरह तीन पहर रात तक युद्ध चलता रहा। लगभग 10 घंटे में ही युद्ध का निर्णय हो गया। अफ़गान पराजित हुए तथा भाग गये। अफ़गान सैनिकों द्वारा छोड़ा हुआ बहुत-सा सामान, हाथी, घोड़े तथा कोष, मुग़लों के हाथ लगा।

माछीवारा के युद्ध का परिणाम

इस युद्ध में अफ़गान अधिक संख्या में मारे गये। इसके विपरीत मुग़ल सेना के अधिक सैनिक हताहत नहीं हुए। मुग़लों ने अफ़गानों के सामान, हाथी, घोड़े, कोष इत्यादि पर अधिकार कर लिया। इस युद्ध के दूसरे दिन बैराम ख़ाँ ने आगे बढ़कर सरहिंद पर बिना किसी विशेष संघर्ष के अधिकार कर लिया। इस युद्ध के परिणामस्वरूप पूरा पंजाब, सरहिंद, हिसार, फिरोज़ा तथा दिल्ली प्रदेश के भी कुछ भाग मुग़लों के अधिकार में आ गए।[34] इस विजय ने एक तरफ मुग़लों को उत्साहित किया और दूसरी तरफ अफ़गानों की घबराहट तथा निराशा को और भी बढ़ा दिया।

युद्ध के पूर्व बैराम ख़ाँ ने अपनी सेना की कमी की ओर हुमायूं का ध्यान आकर्षित किया था, किन्तु हुमायूँ ने यह कहकर उसकी बात को टाल दिया कि अबुल माली ने केवल 700 घुड़सवारों के साथ अफ़गानों को इसके पूर्व पराजित किया था। जो भी हो, इसमें कोई सन्देह नहीं कि मुग़लों ने इतनी थोड़ी सेना के साथ युद्ध कर एक बहुत बड़ा साहस दिखाया।

हुमायूँ इस युद्ध में उपस्थित नहीं था और विजय का श्रेय वास्तव में बैराम ख़ाँ को मिलना चाहिए था। यदि उसने तरदी बेग की बात मान ली होती तो युद्ध इतना शीघ्र न होता और इसका परिणाम क्या होता, यह बताना कठिन है। अफ़गानों की पराजय का एक प्रमुख कारण परिस्थितियाँ थीं। गाँव में आग लगने से स्थिति बिल्कुल बदल गयी। यदि प्रकाश न होता तो मुग़ल अफ़गानों को इतनी सुविधा से पराजित कर सकते, यह सन्देहजनक है। इसके अतिरिक्त मुग़लों के अस्त्र-शस्त्र अफ़गानों की तुलना में उत्तम थे।[35]

सरहिंद का युद्ध

माछीवारा के युद्ध में अपनी सेना की पराजय की सूचना से सिकन्दर शाह सूर स्तब्ध हो गया। कुछ ही समय पूर्व उसने इब्राहीम सूर को अपनी छोटी सेना की सहायता से पराजित किया था। मुग़लों के सरहिंद पर अधिकार करने की सूचना पाकर उसने स्वयं मुग़लों से युद्ध करने का निश्चय किया। उसने अपने अफ़सरों से निष्ठा की प्रतिज्ञा करायी तथा 80,000 अश्वरोही सेना, युद्ध के हाथी तथा तोपख़ाने के साथ वह सरहिंद की तरफ रवाना हुआ। वहाँ पहुँचकर उसने सरहिंद के दुर्ग का घेरा डाला। बैराम ख़ाँ ने अपनी सुरक्षा का प्रबंध तो किया ही, साथ ही उसने हुमायूँ के पास हालात की सूचना देते हुए उससे सहायता भेजने तथा पधारने की प्रार्थना की।[36]

मुहब्बत ख़ाँ द्वारा माछीवारा की विजय की सूचना तथा लूट में प्राप्त सामग्री पाकर हुमायूँ को बड़ी प्रसन्नता हुई। उसने बैराम ख़ाँ को 'ख़ान ख़ानन' तथा 'यार वफादार' की उपाधि दी।[37] बैराम ख़ाँ के छोटे-बड़े सभी सेवकों के नाम राजसी दफ़्तर में लिख लिये गये और उन्हें उन्नति प्राप्त हुई। हुमायूँ को जिस समय सरहिंद पर अफ़गान सेना के आक्रमण की सूचना मिली उस समय वह पेट के दर्द (कोलंज) से ग्रस्त था जिसके कारण वह स्वयं तत्काल अग्रसर होने में विवश था। उसने अकबर को सरहिंद की तरफ रवाना किया तथा बैराम ख़ाँ को सूचित किया कि स्वस्थ होते ही वह यात्रा के लिए रवाना हो जाएगा।

स्वस्थ होते ही हुमायूँ सरहिंद की तरफ रवाना हुआ। लाहौर के निकट अकबर की सेना से उसकी मुलाकात हुई। निष्कासन के पश्चात् हुमायूँ बुद्धिमान हो गया था। लाहौर से आगे बढ़ने के पूर्व उसने वहाँ का प्रबंध करना आवश्यक समझा। फरहत ख़ाँ को लाहौर का शिक़दार, बाबूस बेग को पंजाब का फौज़दार, मिर्ज़ा शाह सुल्तान को अमीन तथा मेहतर जौहर को ख़ज़ानादार नियुक्त किया गया।[38] यहाँ से हुमायूँ अपनी सेना के साथ सरहिंद की तरफ रवाना हुआ। 28 मई 1555 ई. (7 राजब 962 हि.) को अपनी सेना के साथ वह सरहिंद पहुँच गया।

अफ़गान सेना ने अपना पड़ाव सरहिंद-दिल्ली मार्ग पर स्थापित किया जिससे यदि मुग़ल दिल्ली की तरह बढ़ें तो उन्हें रोका जा सके। उन्होंने शेरशाह की तरह अपने पड़ाव के चारों तरफ खाइयाँ खुदवाकर पूर्ण रूप से मोर्चाबंदी कर ली थी। इसके विपरीत मुग़ल सेना सरहिंद में डटी हुई थी। इस तरह अफ़गान तथा मुग़ल युद्ध की प्रतीक्षा करने लगे।

दोनों दलों की संख्या निश्चित रूप से बताना कठिन है किन्तु साधारण अनुमान से प्रतीत होता है कि अफ़गान सेना मुग़ल सेना की चौगुनी थी अर्थात् मुग़ल सेना 10,000 तथा अफ़गान सेना 40,000 से कम नहीं थी।[39]

पच्चीस दिन तक[40] दोनों सेनाएँ एक-दूसरे के आक्रमण की प्रतीक्षा करती रहीं। इस बीच छोटी-मोटी लड़ाइयाँ होती रहीं। हुमायूँ ने गुजरात अभियान में जिस तरह मन्दसौर में बहादुर शाह के उपभोग की वस्तुओं के लिए नाकेबन्दी की थी, उसी नीति को उसने यहाँ भी अपनाया। हुमायूँ अपने अश्वारोहियों को भेजकर अफ़गान सेना की उपभोग की आवश्यक वस्तुएँ, रसद इत्यादि को पहुँचने को अव्यवस्थित करता रहता था। बार-बार की इस तरह की घटनाओं से अफ़गान सेना परेशान होती रहती थी। एक दिन तरदी बेग ने अफ़गानों की एक सेना पर, जो सिकन्दर के भाई काला पहाड़ के नेतृत्व में थी, आक्रमण किया। काला पहाड़ मारा गया तथा मुग़लों को बहुत-सा लूट का सामान प्राप्त हुआ।[41] अफ़गान इस पराजय से क्रोधित हुए तथा तत्काल युद्ध के लिए आगे बढ़े।

हुमायूँ ने अपनी सेना को चार भागों में विभाजित किया। एक हुमायूँ, दूसरी

अकबर, तीसरी शाह अबुल माली तथा तरदी बेग और चौथी बैराम ख़ाँ के नेतृत्व में थी।[42] हुमायूँ का यह विभाजन मुग़लों की युद्ध प्रणाली के आधार पर था तथा सेना दाएँ, बाएँ, मध्य तथा अग्रगामी दल के रूप में विभाजित थी। 22 जून 1555 ई. को अकबर के पहरे की बारी थी।[43] अफ़गानों ने उसी दिन युद्ध प्रारंभ किया। उन्होंने बैरम ख़ाँ के दल पर आक्रमण किया। अफ़गानों के भीषण आक्रमण, विशेषतया उनके हाथियों के आतंक से बैरम ख़ाँ के सिपाही भयभीत हो गये। सेना में अफ़वाह फैल गयी कि बैरम ख़ाँ मारा गया। हुमायूँ ने इसका पता लगाने के लिए आदमी भेजे, तथा यह जानकर कि यह समाचार निराधार है उसे संतोष हुआ।[44] बैराम ख़ाँ ने अपनी सेना को पीछे हटाकर पहले से तैयार रक्षा-पंक्ति में शरण लेने की आज्ञा दी। अफ़गानों ने रक्षा-पंक्ति पर बार-बार आक्रमण किया किन्तु वे उसे तोड़ने में असफल रहे। इसी समय हुमायूँ की आज्ञा से तरदी बेग तथा शाह अबुल माली ने सिकन्दर सूर की सेना पर, जो आगे बढ़ आई थी, तत्काल सामने से चक्कर लगाकर उसके पिछले भाग पर आक्रमण किया। अफ़गान चारों तरफ से मुग़ल सैनिकों द्वारा घिर गए। भीषण मार-काट प्रारम्भ हो गयी। अफ़गान पराजित हुए तथा मारे गए। जो बचे वे लड़ाई के मैदान से भाग खड़े हुए। सिकन्दर सूर ने भाग कर शिवालिक की पहाड़ियों में शरण ली। समकालीन धारणाओं के अनुसार बैराम ख़ाँ ने मृत अफ़गानों की खोपड़ियों का एक विजय-स्तम्भ (पिरामिड) बनाया तथा उसका नाम 'सिरे मंजिल' रखा।[45]

युद्ध के पश्चात् एक मनोरंजक प्रश्न उपस्थित हुआ। विजय की घोषणा किसके नाम से की जाए? वास्तव में विजय का श्रेय बैराम ख़ाँ को मिलना चाहिए था। इसी के नाम से युद्ध की घोषणा होनी चाहिए थी, किन्तु हुमायूँ के प्रिय अबुल माली ने अपना दावा भी उपस्थित किया। उसके अनुसार माछीवारा के युद्ध के पूर्व उसने अफ़गानों को पराजित किया था और इस तरह उनकी पराजय की पृष्ठभूमि तैयार की थी। इस दृष्टि से उसका विचार था कि उसी को युद्ध का विजेता घोषित करना चाहिए। इस कठिन परिस्थिति में हुमायूँ ने यह निर्णय दिया कि युद्ध की घोषणा अकबर के नाम से की जाए।[46] इस तरह उसने इस आंतरिक संघर्ष को समाप्त करने का प्रयत्न किया। इस घटना से बैराम ख़ाँ तथा अबुल माली में मुग़ल साम्राज्य में प्रमुख अमीर बनने के संघर्ष का बीजारोपण हुआ। किन्तु बैराम ख़ाँ की योग्यता तथा हुमायूँ द्वारा दी गयी उपाधियों से स्पष्ट था कि दोनों अमीरों में किसका स्थान ऊँचा था।

अफ़गानों की पराजय के कारण

सरहिंद की पराजय ने अफ़गानों के प्रतिरोध का अन्त कर दिया था। वे इस तरह छिन्न-भिन्न हो गए कि मुग़लों को दिल्ली तथा अन्य भागों पर अधिकार करने में

कोई कठिनाई नहीं हुई। अफ़गानों की पराजय तथा पतन के क्या कारण थे?

शेरशाह तथा इस्लाम शाह की मृत्यु के पश्चात् सूर अफ़गानों की एकता समाप्त हो गयी थी। पारस्परिक संघर्ष ने उनकी शक्ति को क्षीण कर दिया था तथा उनके साम्राज्य और उनके सरदारों को कई भागों में विभाजित कर दिया था। उनके संगठित साम्राज्य में अराजकता व्याप्त हो गयी थी। इस तरह शत्रु से युद्ध करने के आवश्यक साधनों का अन्त हो चुका था। सिकन्दर शाह सूर पर ही मुग़लों के आक्रमण को रोकने का उत्तरदायित्व पड़ा। उसमें सैनिक योग्यता नहीं थी। शत्रु को सिंधु नदी पर या उसके उत्तरी दर्रों पर ही रोकना चाहिए था। सिकन्दर ने लाहौर तथा पंजाब के अन्य भागों को अरक्षित छोड़ दिया। रोहतास के दुर्गपति ने कायरता दिखायी तथा आदम गक्ख़र तटस्थ बन गया। इस तरह पंजाब में माछीवारा के युद्ध में अफ़गानों की पराजय बहुत-कुछ परिस्थितियों के कारण थी।

अफ़गानों के विपरीत मुग़लों के सेनानायक योग्य तथा अनुभवी थे। बैराम ख़ाँ जैसा अनुभवी, सूझबूझवाला, साहसी तथा युद्धकला प्रवीण अफ़गानों में कोई नहीं था। तरदी वेग, अबुल माली, सिकन्दर ख़ाँ ऊज़बेक, अब्दुला ख़ाँ ऊज़बेक इत्यादि उच्चकोटि के अन्य सेनानायक भी थे। उनके अस्त्र-शस्त्र भी अफ़गानों से अच्छे थे। मुग़लों की सबसे बड़ी शक्ति उनके आक्रमण की की गति थी। बैराम ख़ाँ की बुद्धि ने सबसे अधिक सहायता दी। अफ़गानों की सफलता सम्भव थी। यदि सूर के उत्तराधिकारियों ने शत्रु से लड़ने का सम्मिलित प्रयत्न किया होता, किन्तु यह असम्भव था।

दिल्ली पर अधिकार

सरहिंद की विजय ने अफ़गानों का प्रतिरोध प्रायः समाप्त कर दिया। इस विजय के पश्चात् सबसे प्रमुख तथा महत्त्वपूर्ण कार्य दिल्ली पर अधिकार करना था। हुमायूँ ने सिकन्दर ऊज़बेक को दिल्ली पर अधिकार करने के लिए भेजा और वह स्वयं उसके पीछे-पीछे रवाना हुआ। वर्षा के कारण कुछ दिन उसे समाना में रुकना पड़ा। यहाँ की जलवायु भी उसके स्वास्थ्य के लिए अधिक लाभप्रद थी। दिल्ली पर अधिकार कर सिकन्दर ऊज़बेक ने हुमायूँ को वहाँ तुरंत आने के लिए आमंत्रित किया। हुमायूँ ने अबुल माली को पंजाब का हाकिम नियुक्त किया। उसे आज्ञा दी गयी कि वह अपना केन्द्र जालंधर में रखे और इस बात का ध्यान रखे कि काबुल और दिल्ली के बीच यातायात में गड़बड़ी न हो। समाना से रवाना होकर हुमायूँ 20 जुलाई 1555 ई. को सलीमगढ़ पहुँचा। यहाँ से 23 जुलाई 1555 ई. को उसने दिल्ली में प्रवेश किया[47] तथा दूसरी बार मुग़ल तख़्त पर बैठा।

द्वितीय राजत्व

दिल्ली पर अधिकार हो जाने के पश्चात् हुमायूँ ने अपने को हिन्दुस्तान का बादशाह अवश्य घोषित किया किन्तु उसकी वास्तविक शक्ति तथा अधिकार नाममात्र को था। सूर वंश के उत्तराधिकारी अभी जीवित थे। सिकन्दर सूर सरहिंद के युद्ध से भागकर शिवालिक पहाड़ियों में चला गया था तथा वहाँ से वह मुग़लों को पंजाब से भगाने की तैयारी कर रहा था। दिल्ली से दक्षिण बयाना में इब्राहीम सूर दिल्ली हाथ से निकल जाने से दुखी था। चुनार, आगरा तथा उसके निकट के भागों पर मुहम्मद शाह आदिल शाह सूर का अधिकार था। इसका सेनापति हेमू योग्य तथा वीर था। मुहम्मद शाह सूर बंगाल में शक्ति संचय कर रहा था। इसके अतिरिक्त भिन्न-भिन्न भागों में स्थानीय अमीरों का प्रभुत्व था तथा मुग़लों के लिए इन्हें पराजित कर उनसे अधीनता स्वीकार कराना सरल नहीं था। हिसार में रुस्तम ख़ाँ अनेक अफ़गान अमीरों को एकत्र कर मुग़लों का विरोध करने की तैयारी कर रहा था। बदायूं में राय हुसेन ज़लवानी, मालवा में बाज़ बहादुर तथा अन्य भागों में भी अफ़गान सरदार अपना अधिकार जमाए हुए थे।

नियुक्तियां तथा जागीर वितरण

गद्दी पर बैठने के पश्चात् हुमायूँ ने अपने अमीरों में जागीरों का वितरण किया तथा शासन के लिए भिन्न-भिन्न स्थानों पर अपने आदमियों को नियुक्त किया। अकबर को हिसार तथा उस क्षेत्र की सरकार प्रदान की गयी तथा उसे गद्दी का उत्तराधिकारी घोषित किया गया। बैराम ख़ाँ को सरहिंद की सरकार एवं अन्य परगने, तरदी बेग को मेवात, सिकन्दर ख़ाँ ऊज़्बेक को आगरा, अली क़ुली ख़ाँ को सम्भल तथा हैदर मुहम्मद ख़ाँ आख़्ता बेगी को बयाना में नियुक्त किया गया। अबुल माली पंजाब का गवर्नर नियुक्त किया जा चुका था। तरदी बेग को दिल्ली की गवर्नरी प्राप्त हुई।[48] मुस्तफ़ाबाद के परगने का राजस्व मुहम्मद साहब की आत्मा की शांति के हेतु दान-पुण्य के लिए वक़्फ़ कर दिया गया।[49]

इन नियुक्तियों में अबुल माली को सबसे महत्त्वपूर्ण स्थान प्राप्त हुआ। यह कुछ तो हुमायूँ के पक्षपात के कारण था और कुछ उसे संतुष्ट करने के लिए था। हुमायूँ अबुल माली को ठीक से न समझ सका और जैसा आगे वर्णन किया गया है, उसने अपने पद का दुरुपयोग किया।

हिसार पर अधिकार

नियुक्त अमीर भिन्न-भिन्न स्थानों पर अधिकार करने के लिए रवाना हो गए। शमसुद्दीन अतका ख़ाँ अकबर के प्रतिनिधि के रूप में हिसार पर अधिकार करने के लिए रवाना हुआ। रुस्तम ख़ाँ ने 2,000 सैनिकों के साथ मुग़लों का विरोध किया, किन्तु अतका

ख़ाँ के 400 सैनिकों ने बड़ी वीरता से युद्ध किया तथा अफ़ग़ान सेना को पीछे हटा दिया। रुस्तम ख़ाँ ने हिसार के दुर्ग में शरण ली। 23 दिन के घेरे के पश्चात् हिसार ने समर्पण कर दिया। रुस्तम ख़ाँ पराजित हुआ तथा 700 बन्दियों के साथ दिल्ली भेज दिया गया। उसकी वीरता के कारण हुमायूँ उसे क्षमा करने तथा उसे जागीर देने के लिए तैयार था किन्तु उसकी शर्त यह थी कि वह अपने लड़के को बंधक के रूप में बिकराम (पेशावर) के दुर्ग में रहने दे। रुस्तम ने इस शर्त को स्वीकार नहीं किया। विवश होकर उसे बन्दी बना कर बेग मुहम्मद इशक आक़ा के सुपुर्द कर दिया गया।[50]

कम्बर दीवाना की हत्या

बदायूं राय हुसेन ज़लवानी नामक अफ़गान के अधिकार में था। सरहिंद के युद्ध के पश्चात् जिस समय हुमायूँ दिल्ली रवाना हुआ, कम्बर अली दीवाना नामक एक मुग़ल, सेना एकत्र कर बिना राजसी आज्ञा के सम्भल पहुँच गया। वह लूट-पाट करता रहता था तथा लूट का धन लोगों में बाँट देता था। वह लोगों को अत्यधिक भोजन कराया करता था तथा कहता था, "खाओ, धन ईश्वर का दिया है और प्राण भी ईश्वर के दिए हुए हैं। कम्बर दीवाना ईश्वर का बकाबल (भोजन का प्रबन्धक) है।"[51] उसके पुत्र अरिफुल्लाह ने बदायूं पर अधिकार कर लिया। कम्बर ने आगे बढ़कर कान्त गोला[52] पर रुक्न ख़ाँ नामक अफ़गान को पराज़ित किया और मल्लावा[53] तक के भार्गो पर अधिकार कर लिया। दीवान एक स्वतन्त्र व्यक्ति की तरह कार्य कर रहा था, किन्तु वह हुमायूँ को स्वामिभक्ति के पत्र भी लिखता रहता था। शक्ति बढ़ने के साथ उसका मन भी बढ़ने लगा और वह सुल्तान और ख़ाँ की उपाधियाँ, पताका एवं नक्कारा भी लोगों को प्रदान करने लगा। ये अधिकार स्वतंत्र शासकों को ही प्राप्त होते थे। ऐसी स्थिति में यह आवश्यक था कि इस व्यक्ति की रोकथाम की जाए। हुमायूँ ने अली कुली ख़ाँ शैबानी[54] को दीवाना के विरुद्ध भेजा। उसे आज्ञा दी गयी कि यदि दीवाना दरबार में आना स्वीकार न करे तो उसे दण्ड दिया जाय। अली कुली के बुलाने पर दीवाना ने दरबार में आना अस्वीकार कर दिया तथा कहला भेजा कि "जिस प्रकार बादशाह का तू दास है, मैं भी हूँ। मैंने यह प्रदेश अपनी तलवार के बल से विजय किया है।"[55] फलतः युद्ध हुआ। दीवाना पराजित हुआ तथा भागकर बदायूँ के दुर्ग में छिप गया। यहाँ से उसने हुमायूँ को प्रार्थना-पत्र लिखा। अली कुली इस बहादुर आदमी को क्षमा दिलाना चाहता था। उसने मुहम्मद बेग तुर्कमान एवं मुल्ला गयासुद्दीन को उससे वार्ता के लिए दुर्ग में भेजा किन्तु दीवाना ने उन्हें बन्दी बना लिया। इन दोनों दूतों ने किले के लोगों को अपने पक्ष में करके दीवाना को बंदी बना लिया। दीवाना फिर भी समर्पण करने के लिए राज़ी नहीं हुआ। विवश होकर अली कुली ने दीवाना की हत्या कर दी (18 जनवरी 1556 ई.) तथा उसका

कटा सिर हुमायूँ के पास भेज दिया। इसी बीच हुमायूँ ने कासिम मुख़लिस को दीवाना के सम्भल, बदायूं तथा कान्तगोला जीतने के उपलक्ष्य में उसे क्षमा करने और यदि संभव हो तो पारितोषिक देने के लिए आज्ञा-पत्र भेजा। मुख़लिस के पहुँचने के पूर्व ही दीवाना मर चुका था। हुमायूँ अली कुली पर बहुत नाराज़ हुआ और उसकी इस ज़ल्दबाजी के लिए बुरा-भला कहा। उसने लिखा, "जब वह (कम्बर) स्वामिभक्ति प्रदर्शित करना चाहता था और सेवा में उपस्थित होना चाहता था तो तुमने युद्ध क्यों होने दिया और वह जब बन्दी बना लिया गया था तो मेरी आज्ञा के बिना क्यों मरवा डाला?"[56]

अली कुली का दीवाना को मरवा डालना अनुचित नहीं था। दीवाना का व्यवहार, अनुमति के बिना स्थानों पर अधिकार करना, उपाधियों का वितरण करना, बंदी होने के बाद भी अली कुली के साथ अच्छा व्यवहार न करना, ये बातें उसका उग्र व्यवहार प्रदर्शित करती थीं। ऐसे व्यक्ति के साथ कड़ाई करना आवश्यक था। फिर भी हुमायूँ उसे क्षमा करना चाहता था। यह कुछ तो इस कारण था कि मुग़ल अभी अपना प्रभुत्व स्थापित नहीं कर पाए थे और अफ़गानों का विरोध करने के लिए ऐसे व्यक्तियों की आवश्यकता थी तथा कुछ हुमायूँ के स्वभाव के कारण था।

गाज़ी ख़ाँ की हत्या

अफ़गान सरदार गाज़ी ख़ाँ बयाना का गवर्नर था। मुग़ल अमीर हैदर मुहम्मद आख़्ताबेगी ने बयाना पर अधिकार कर उसे पराजित कर दिया। ग़ाजी ख़ाँ दुर्ग में छिप गया। बाद में उसने इस शर्त पर समर्पण किया कि उसे क्षमा कर दिया जाएगा। हैदर मुहम्मद ने अपना वचन न रखा तथा उसकी सम्पत्ति के लोभ में उसकी हत्या कर की। बदायूँनी के अनुसार दूसरे दिन गड़े धन की पूछताछ हुई। हैदर मुहम्मद ने दूध पीते बच्चों से बड़ों तक की हत्या करा दी।[57] उसके इस व्यवहार से हुमायूँ बहुत नाराज़ हुआ। उसने शिहाबुद्दीन अहमद ख़ाँ को जो मीर ब्यूतात था, इस घटना की छानबीन तथा गाज़ी ख़ाँ की सम्पत्ति का पता लगाने के लिए भेजा। जो धन गाज़ी ख़ाँ से प्राप्त हुआ था हैदर मुहम्मद ने उसे छीन लिया। बदायूँनी के अनुसार हैदर मुहम्मद ने बहुमूल्य रत्नों को छिपा लिया तथा अन्य वस्तुएँ समर्पित कर दीं।[58] हुमायूँ उसे दण्ड देना चाहता था, किन्तु वह हिन्दुस्तान में हाल ही में आया था इस कारण उसने ऐसा करना उचित नहीं समझा।[59]

मिर्ज़ा सुलेमान द्वारा अन्दराब पर अधिकार

अन्दराब तथा इश्किमीश, तरदी बेग की जागीर थी। हिन्दुस्तान में हुमायूँ के साथ आने के समय उसने मुकीम ख़ाँ को इन भागों की देखभाल के लिए नियुक्त कर दिया था। सुलेमान इन भागों पर अधिकार करना चाहता था। प्रारम्भ में उसने मुकीम

ख़ाँ को अपनी तरफ मिलाने का प्रयत्न किया किन्तु इसमें सफल न होने से उसने अन्दराब पर आक्रमण कर उस पर घेरा डाला। युद्ध करना कठिन समझकर मुकीम ख़ाँ अपने परिवार के साथ दुर्ग से बाहर आया और युद्ध करते हुए बहुत कठिनता से उसने काबुल के दुर्ग में शरण ली।[60] इस तरह हुमायूँ तथा उसके अमीरों की अनुपस्थिति के परिणामस्वरूप ये भाग उसके हाथ से निकल गये।

सिकन्दर सूर तथा पंजाब की समस्या

सिकन्दर सूर पंजाब के भागों में छिपा हुआ था। हुमायूँ ने मीर शाह अबुल माली को पंजाब का गवर्नर बनाया था तथा आज्ञा दी थी कि वह सिकन्दर सूर से उस प्रदेश की रक्षा करे। उससे कहा गया कि वह जालंधर को अपना केन्द्र बनाए। इस आज्ञा की परवाह न कर वह जालंधर से लाहौर पहुँच गया। अबुल माली घमंडी था। वह जनता को कष्ट पहुँचाता था तथा शाही आदेश की परवाह नहीं करता था। अपने अधीन अफ़सरों के प्रति भी वह दुर्व्यहार करता तथा लाहौर में बहुत ठाठबाट से रहता था।[61] उसने लाहौर के शिकदार फरहत ख़ाँ को हटाकर उसकी जगह अपना आदमी नियुक्त किया तथा शाही कोष का दुरुपयोग करने लगा। वह अमीरों को परेशान करता था तथा उनके कोष को भी हड़प लेता था। हुमायूँ को उसके इन कार्यों की सूचना मिली, किन्तु उसके प्रति अत्यधिक स्नेह होने के कारण उसने इन बातों पर विश्वास नहीं किया। पंजाब की इस अव्यवस्था के परिणामस्वरूप सिकन्दर सूर अपने स्थान से निकलकर बाहर आया। उसने हैबत ख़ाँ सुल्तानी का लगभग 5 करोड़ का कोष लूट लिया तथा उसे और उसके अफ़सरों को मार डाला और मानकोट के निकट के परगनों से कर वसूल करने लगा। इस धन की सहायता से उसने अपनी सेना संगठित की तथा पंजाब की तरफ बढ़ा।[62]

अबुल माली को सिकन्दर के अभियान की सूचना मिली। निद्रा त्याग कर उसने अमीरों से परामर्श किया। सभी ने सिकन्दर के विरुद्ध युद्ध करने की राय दी। किन्तु मुग़लों के पास आवश्यक युद्ध सामग्री नहीं थी। जौहर, जो उस समय वहाँ उपस्थित था, लिखता है कि उसकी राय पर दुर्ग की मरम्मत के लिए आयी हुई लकड़ी, जंजीर के कुंडे इत्यादि की सहायता से अराबे (एक तरह की गाड़ी) तैयार हुए। जौहर ने भी अस्त्र-शस्त्र तथा बारूद दिया।[63] इसी समय 500 मुग़ल सिपाही मध्य एशिया से आए थे, उन्हें भी सेना में भर्ती किया गया। इस तरह अबुल माली ने युद्ध की तैयारी की। स्पष्ट है कि उसने अपने पद तथा उत्तदायित्व का ध्यान नहीं रखा था। किसी प्रकार तैयारी कर वह सिकन्दर सूर के विरुद्ध बढ़ा। सिकन्दर पुनः पहाड़ों में भाग गया।

अबुल माली के कार्यों की सूचना पाकर हुमायूँ के परामर्शदाताओं ने उसके सम्मुख यह राय दी कि अबुल माली को बुलाकर किसी दूसरे को उसके स्थान पर

नियुक्त करना चाहिए। हुमायूँ के लिए निश्चय करना बड़ा कठिन था। परिस्थिति के अनुसार बैराम ख़ाँ सबसे उपयुक्त व्यक्ति था किन्तु उसे नियुक्त करने से दोनों की ईर्ष्या बढ़ जाती। अन्त में हुमायूँ ने अकबर को पंजाब का गवर्नर और बैराम ख़ाँ को शहजादे का अतालीक संरक्षक नियुक्त किया तथा अबुल माली की बदली हिसार फ़िरोज़ा कर दी। इस तरह हुमायूँ ने इस समस्या को हल किया।

अकबर बैराम ख़ाँ के साथ पंजाब के लिए रवाना हुआ। (नवंबर 1555 ई.) सरहिंद के निकट अबुल माली की सेना के कई प्रमुख अमीर उससे आ मिले। राजसी नियम के अनुसार बैराम ख़ाँ को इन व्यक्तियों का स्वागत नहीं करना चाहिए था किन्तु बैराम ख़ाँ को इससे आन्तरिक प्रसन्नता ही हुई क्योंकि इससे अबुल माली की शक्ति कम हो गयी। अबुल माली ने हुमायूँ से इसकी शिकायत की तथा बैराम ख़ाँ और अकबर को लिखा कि यदि वे तत्काल लाहौर आ जाएँ तो सिकन्दर को पराजित किया जा सकता है। बैराम ख़ाँ ने उसे लिखा, "तुम इधर चले आओ और फिर सम्राट से मिलो।" बैराम ख़ाँ ने हुमायूँ को भी पत्र लिखकर सूचित किया तथा उससे अबुल माली को बुलाने के लिए प्रार्थना की।[64] हुमायूँ ने बैराम ख़ाँ के पत्र के उत्तर में अबुल माली का पत्र प्राप्त होने की सूचना दी तथा उसे लाहौर की तरफ तेजी से बढ़ने के लिए लिखा। अबुल माली को हुमायूँ ने लिखा कि वह तत्काल दरबार में आए, उसकी शिकायत की जाँच की जाएगी। जिस दिन अबुल माली को बैराम ख़ाँ का पत्र प्राप्त हुआ उसी दिन बैराम ख़ाँ का दूत भी उसे लाहौर से रवाना होने का परामर्श देने तथा उसकी गतिविधि का अवलोकन करने वहाँ पहुँचा। अबुल माली को विवश होकर हुमायूँ की आज्ञा माननी पड़ी।

सिकन्दर सूर अपने छिपे स्थान से बाहर आ गया था किन्तु अकबर की सेना के आगमन की सूचना पाकर वह पुनः पहाड़ियों में वापस चला गया। अबुल माली सुल्तानपुर में अकबर से मिला। अकबर ने उसे अपने दरबार में बैठने का स्वयं आदेश दिया तथा उसके प्रति सम्मान प्रदर्शित किया। भोजन के समय उसके लिए अलग दस्तरख़्वान बिछाया गया। इससे अबुल माली बहुत नाराज़ हुआ। अपने पड़ाव में वापस जाकर उसने अकबर को सन्देश भेजा कि हुमायूँ उसका विशेष आदर करता था। उसने अकबर को याद दिलाया कि जूयेशाही में उसने हुमायूँ के ही बर्तन में भोजन किया था, और अकबर वहाँ उपस्थित होने पर भी वह सम्मान न प्राप्त कर सका था। उसने आपत्ति की "उसके लिए अलग कालीन क्यों बिछाया गया और उसके लिए पृथक् दस्तरख़्वान क्यों लगवाया गया? अकबर ने हाज़ी मुहम्मद सीस्तानी से कहा कि वह जाकर अबुल माली से कह दे कि "सल्तनत के कानून और होते हैं, तथा प्रेम के कानून और होते हैं। तुम्हारा बादशाह से जो सम्बन्ध था वह मुझसे नहीं। बड़े आश्चर्य की बात है कि तुम दोनों सम्बन्धों में भेदभाव न करके शिकायत करने लगे।"[65] अबुल माली समझ गया कि उसकी शिकायत का कोई प्रभाव न होगा।

पंजाब में प्रवेश करने के पश्चात् अकबर सिकन्दर सूर के विरुद्ध हरियाना[66] पहुँचा। यहाँ उसे हुमायूँ के दुर्घटनाग्रस्त होने की सूचना मिली। यहाँ से वह कलानूर में आकर अन्य सूचना की प्रतीक्षा करने लगा।

हुमायूँ की मृत्यु

गद्दी पर दुबारा अधिकार करने के पश्चात् ऐसा प्रतीत होता है कि हुमायूँ के मन में जीवन के प्रति निराशा आती जा रही थी। अकबर के पंजाब चले जाने के पश्चात् वह प्रायः परलोक की बात करता था[67] और दिल्ली के मक़बरों और क़ब्रों को देखकर उसे इसकी और भी याद आती थी।

बायज़ीद लिखता है कि हुमायूँ बहुधा सोचा करता था कि वह इस कमीने संसार को त्याग दे तथा उसने शपथ ली थी कि हिन्दुस्तान पर, जो उसके भाइयों के पारस्परिक विरोध के कारण हाथ से निकल गया था, पुनः अधिकार करने के पश्चात् वह उसे अकबर को दे देगा तथा स्वयं अपना समय दरवेशों, विद्वानों इत्यादि के सत्संग में व्यतीत करेगा।[68] अफ़ीम की खुराक भी उसने कम करनी प्रारंभ कर दी थी। सात दिन की खुराक कागज़ में लपेटकर उसने कहा कि वह सात दिनों में उतनी ही अफ़ीम खाएगा। 24 जनवरी 1556 ई. को उसके पास अफ़ीम की चार गोलियाँ थीं। उसने गुलाब जल में मिलाकर उनका सेवन किया।[69] उसी दिन संध्या को उसके कुछ अधिकारी जो हज़ से वापस आए थे, उसके सामने पेश किए गए। तुर्की एडमिरल सीदी अली रेईस, जो गुजरात से आया था, उसी दिन हुमायूँ से मिला। काबुल से भी उसे वहाँ की परिस्थितियों की सूचना मिली। यहाँ से हुमायूँ अपने पुस्तकालय की छत पर गया और यहाँ से मस्ज़िद में जो लोग एकत्र हुए थे उनका अभिवादन (कोरनिश) उसने स्वीकार किया। बड़ी देर तक मक्का, गुजरात तथा काबुल की बातें करता रहा। इसके पश्चात् उसने कुछ गणितज्ञों को शुक्र ग्रह के उदय का समय देखने के लिए बुलाया। वह उसी समय एक दरवार कर अपने अफ़सरों की पदोन्नति करना चाहता था। इसी समय जब वह नीचे उतर रहा था तथा दूसरी सीढ़ी तक पहुँचा था कि मिस्कीन नामक मुकरी (मस्जिद में दुआ प्रार्थनाओं का पाठ करने वाला) ने अज़ान दी। हुमायूँ का यह नियम था कि जब कभी वह अज़ान की आवाज़ सुनता था तुरंत घुटनों के बल श्रद्धा से झुक जाता था। उस दिन वह अज़ान सुनकर वहीं बैठ जाना चाहता था।[70] जाड़े का दिन होने के कारण वह लंबा लबादा (पोस्तीन)[71] पहने हुए था। बैठते समय उसके पैर के नीचे उसका पोस्तीन दब गया। जो छड़ी वह लिये हुए था वह फिसल गयी और वह सीढ़ी से फिसलकर सिर के बल गिर पड़ा। उसकी दाहिनी कनपटी में गंभीर चोट लगी जिससे उसके दाहिने कान से कुछ रक्त की कुछ बूंदे निकल आयीं। बेहोशी की अवस्था में वह राजमहल में ले जाया गया। कुछ देर के बाद उसे होश आया किन्तु वह पुनः बेहोश

हो गया। दूसरे दिन उसकी कमज़ोरी बढ़ गयी और ऐसा मालूम होने लगा कि उसका बचना असंभव है। हकीमों ने हर तरह की दवाओं का प्रयोग किया लेकिन उसका कोई लाभ नहीं हुआ। एक द्रुतगामी दूत फौरन इसकी सूचना देने के लिए अकबर के पास पंजाब भेजा गया[72] तथा शेख़ नजर जूली[73] के द्वारा अकबर के पास एक फ़रमान भेजा गया। इस फ़रमान में केवल यह सूचित किया गया था कि हुमायूँ सीढ़ी से गिर पड़ा है और उसे थोड़ी चोट आयी है, पर चिंता की कोई बात नहीं है। अब सब ठीक है। यह फ़रमान कूटनीतिक दृष्टि से लिखा गया था जिससे लोगों में गड़बड़ी न हो। हुमायूँ तो बेहोश था, इस कारण उसके निकट के अमीरों ने ही इसकी भाषा निश्चित की थी। वास्तव में उसकी अवस्था शोचनीय थी और 26 जनवरी 1526 ई., रविवार के दिन हुमायूँ की मृत्यु हो गयी।[74]

मुग़ल साम्राज्य अव्यवस्थित था। गद्दी का उत्तराधिकारी दिल्ली से दूर था तथा चारों तरफ शत्रु थे। इस स्थिति में हुमायूँ की मुत्यु की सूचना से विद्रोह होना स्वाभाविक था। जनता को विश्वास दिलाने के लिए कि हुमायूँ जीवित है, तरह-तरह के प्रयत्न किए गए। प्रारंभ में यह घोषणा प्रसारित की गयी कि बादशाह घोड़े पर अपने प्रदेश की यात्रा करेंगे। उसी के बाद पुनः दूसरी घोषणा की गयी कि मौसम की खराबी के कारण यह यात्रा स्थगित कर दी गयी है। दूसरे दिन सार्वजनिक दरबार की घोषणा की गयी, किन्तु उसे भी यह कहकर स्थगित कर दिया गया कि ज्योतिषों ने शुभ मुहूर्त न होने से इसकी स्वीकृति नहीं दी है। इन परिवर्तनों से सेना में और भी भय छा गया तथा उन्हें संदेह हुआ कि हुमायूँ की मृत्यु हो चुकी है। अब यह आवश्यक हो गया कि लोगों को सम्राट का दर्शन कराया जाए। मुल्ला बेकसी नाम के व्यक्ति की शक्ल हुमायूँ से मिलती-जुलती थी। उसे राजसी वस्त्र पहनाए गए, किन्तु उसका चेहरा तथा आँखें बुर्के से ढक दी गयीं। उसे ले जाकर उस स्थान पर बैठाया गया जहाँ हुमायूँ बैठा करता था। राजसी परंपरा तथा नियम के अनुसार उसके अन्य कर्मचारी भी उसके आगे-पीछे खड़े हो गए। उसने नदी की ओर मुँह करके लोगों को दर्शन दिए। लोगों ने कोरनिश की तथा उन्हें विश्वास हो गया कि हुमायूँ जीवित है।[75]

सत्रह दिन तक हुमायूँ की मृत्यु छिपायी गयी।[76] उसके पश्चात् तरदी बेग तथा अन्य अमीरों ने दिल्ली की जुमा मस्ज़िद में अकबर के नाम से ख़ुतबा पढ़ा तथा उसे हुमायूँ का उत्तराधिकारी घोषित किया। अकबर इस समय कलानूर में था। मृत्यु की विश्वस्त सूचना पाकर बैराम ख़ाँ ने तत्काल उसके राजतिलक का प्रबंध किया। अकबर इस आकस्मिक वज्रपात से शोक तथा दुख से विलाप करने लगा। अतका ख़ाँ तथा माहम अनगा ने उसे सांत्वना दी। वृहत् प्रबंध का न समय था न साधन। वहीं एक ईंटों के चबूतरे पर शुक्रवार 14 फरवरी 1556 ई. (2 रवी उल आख़िर 963 हि.) को अकबर का राजतिलक हुआ तथा उसको मुग़ल सम्राट घोषित किया गया।[77]

मृत्यु के पश्चात् हुमायूँ की लाश कपड़े में लपेटकर दिल्ली में दफ़ना भी दी

गयी। हेमू के दिल्ली पर अधिकार करने के समय उसकी लाश वहाँ से निकालकर सरहिंद ले जाकर अस्थायी रूप से पुनः दफ़नायी गयी। पानीपत के द्वितीय युद्ध के पश्चात् मुग़लों के दिल्ली पर अधिकार करने के उपरांत हुमायू की रानी बेग़ा बेगम (हाज़ी बेगम) ने अपने निर्देशन में हुमायूँ का मक़बरा बनवाया जहाँ उसका शव दफ़नाया गया। भाग्य की कैसी विडंबना थी कि हुमायूँ को जीवन भर शांति नहीं मिली और उसकी लाश भी बारबार दफ़नायी गयी।

संदर्भ

1. शेरशाह के शासन प्रबंध के लिए देखिए कानूनगो, शेरशाह, पृ. 347-415; शरन, दि प्राविन्सियल गवर्नमेंट ऑफ़ दि मुग़ल्स, पृ. 49-60, तथा 161-64; ए. एल. श्रीवास्तव, शेरशाह एण्ड हिज़ सक्सेसर्स, पृ. 56-91।
2. इस्लाम शाह के नियमों के लिए देखिए इलियट तथा डासन, 5, पृ. 486-88; ए. एल. श्रीवास्तव, शेरशाह एण्ड हिज़ सक्सेसर्स, पृ. 115-18; राय, एन. बी., सक्सर्स ऑफ़ शेरशाह, पृ. 54-60।
3. इस्लाम शाह के विद्रोह दमन तथा महदवी आंदोलन के लिए देखिए राय, सक्सर्स ऑफ़ शेरशाह, पृ. 10-36; त्रिपाठी, राइज़ एण्ड फॉल, पृ. 143-52; तरीख़े दाऊदी, इलियट तथा डासन, 4, पृ. 501-503।
4. जोंक या जलौका अंग्रेज़ी एक दो इंच के पानी में रहने वाले जीव, मध्य युग में घाव पर इनकी ही पट्टी लगाते थे। ये घाव का मवाद चूस लेते थे।
5. राय, सक्सेसर्स ऑफ़ शेरशाह, पृ. 65-66।
6. 27^{0} 19' उत्तर तथा 77^{0} 49' पूर्व स्थिति।
7. काम्मिस्सारियट, हिस्ट्री ऑफ़ गुजरात, पृ. 414।
8. कैम्ब्रिज़ हिस्ट्री ऑफ़ इण्डिया, 3, पृ. 502।
9. अकबरनामा, 1, पृ. 332-33; बायज़ीद, पृ. 170-71; तबक़ाते अकबरी, डे, 2, पृ. 130; मुन्तख़बुत्तवारीख़, पृ. 455।
10. अकबरनामा के अनुसार दस फ़रसख़। एक फरसख़ 18,000 फुट लम्बा होता है। अकबरनामा की कुछ हस्तलिखित प्रतियों में दो फ़रसख़ लिखा है। दो फरसख़ लगभग सात मील के बराबर हुआ। यह अधिक न्यायसंगत प्रतीत होता है। डॉ. ईश्वरी प्रसाद ने 40 मील या दस फ़रसख़ स्वीकार किया है (हुमायूँ, पृ. 339)।
11. अकबरनामा, 1, पृ. 333।
12. वही, 1, पृ. 334।
13. वही, 1. पृ. 332; बायज़ीद, पृ. 175-76 की तिथि सही नहीं है।
14. अकबरनामा, 1, पृ. 333, मुन्तख़बुत्तवारीख़, 1, पृ. 455-56।
15. अकबरनामा, 1, पृ. 334, तबक़ाते अकबरी, डे, 2, पृ. 130; बायज़ीद, पृ. 170-71, मुन्तख़बुत्तवारीख़, 1, पृ. 458।
16. जौहर, स्टीवर्ट, पृ. 158-59; अकबरनामा, 1, पृ. 334; तबक़ाते अकबरी, डे, 2, पृ. 130।
17. अकबरनामा, 1, पृ. 334।
18. फ़िरिश्ता, ब्रिग्स, 2, पृ. 172।
19. बायज़ीद, पृ. 176-87; अकबरनामा, 1, पृ. 340-41। इतने कम सैनिकों के साथ रवाना होने से प्रकट होता है कि हुमायूँ के प्रयत्न बहुत जनप्रिय न हुए। बायज़ीद ने सेना के साथ के 202

प्रमुख व्यक्तियों, 29 गायकों एवं वादक के नाम दिए हैं, इसके अतिरिक्त उसने अकबर के साथ के 56 व्यक्तियों तथा बैराम ख़ाँ के साथ के 54 व्यक्तियों के नाम भी दिए हैं। अबुल फ़ज़ल ने 57 प्रमुख सहायकों तथा विश्वासपात्रों के नाम दिये हैं।

20. अकबरनामा, 1, पृ. 341; मुन्तख़बुत्तवारीख़; 1, पृ. 459।
21. जौहर, स्टीवर्ट, पृ. 160; अकबरनामा, 1, पृ. 341।
22. अकबरनामा, 1, पृ. 341।
23. "In reality Adam was under the impression that Humayun was not likely to succeed in his struggle with the Afghans and he judged it impolitic to help Mughals to win a victory over their opponents." (ईश्वरी प्रसाद, हुमायूँ, पृ. 342)
24. अकबरनामा, 1, पृ. 342-43; फ़िरिश्ता, ब्रिग्स, 2, पृ. 174।
25. जौहर (स्टीवर्ट, पृ. 164) लिखता है कि सैयिद तथा नगर के प्रमुख लोग सैयिद अब्दुल्ला के नेतृत्व में उसका स्वागत करने आए। वहाँ भी उनमें दो दल थे—एक मख़दूमुलमुल्क के नेतृत्व में तथा दूसरा मियां हाज़ी मेहदी के नेतृत्व में। हुमायूँ ने कठिनाई से दोनों दलों में सुलह करायी।
26. जौहर (स्टीवर्ट, पृ. 166) के अनुसार अफ़गान सैनिकों की संख्या 12,000 तथा मुग़ल सैनिकों की संख्या 800 थी; बायज़ीद (पृ. 190) अफ़गान सैनिकों की संख्या 20,000 लिखता है।
27. अकबरनामा, 1, पृ. 343।
28. मुन्तख़बुत्तवारीख़, 1, पृ. 459।
29. अकबरनामा, 1, पृ. 344।
30 वही।
31. इसे माचीवारा, माछीवारा या माछीवाड़ा भी लिखा गया है। यह लुधियाना जिला पंजाब में 30° 55' उत्तर तथा 75° 12' पूर्व में समराला तहसील में, समराला कस्बे से 6 मील तथा लुधियाना से 27 मील पर स्थित है।
32. फ़िरिश्ता, ब्रिग्स, 2, पृ. 174; जौहर, स्टीवर्ट, पृ. 167; अकबरनामा, 1, पृ. 345; बायज़ीद, पृ. 191; तबक़ाते अकबरी, डे, 2, पृ. 132।
33. फ़िरिश्ता के अनुसार शीत ऋतु होने के कारण अफ़गान लोग आग जलाए हुए जाग रहे थे। वह लिखता है कि "अफ़गानों ने, जो अपनी बुद्धिहीनता के लिए प्रसिद्ध हैं, आग बुझाने की जगह प्रकाश बढ़ाने के लिए जितनी लकड़ी या चारा लश्कर में था सबका सब एक बार ही आग में डाल दिया (फ़िरिश्ता ब्रिग्स, पृ. 174-75)। बदायूँनी के अनुसार अफ़गान लोगों ने उजड़े हुए गाँव में शरण ली। जैसे ही मुग़ल सेना दृष्टिगत हुई उन्होंने छप्परों में आग लगा दी। (मुन्तख़बुत्तवारीख़, 1, पृ. 460)। निज़ामुद्दीन अहमद लिखता है कि मुग़लों के आक्रमण से घबराकर अफ़गानों ने समीप के गाँव में आग लगा दी (तबक़ाते अकबरी, डे, 2, पृ. 133)। अकबरनामा (भाग 1, पृ. 345) में स्पष्ट नहीं है कि आग कैसे लगी।
34. तबक़ाते अकबरी, डे, 2, पृ. 133।
35. मुन्तख़बुत्तवारीख़, 1, पृ. 459-60।
36. अकबरनामा, 1, पृ. 346।
37. फ़िरिश्ता के अनुसार हुमायूँ ने उसे यारे वफ़ादार के अतिरिक्त हमदम गमगुसार (दुख-दर्द का साथी) की उपाधि दी (फ़िरिश्ता फा., पृ. 242), मासिरिउल उमरा के अनुसार उसे 'यार वफ़ादार', 'बिरादर नेकूसियार' तथा 'फ़रज़न्द सआदतमन्द' की उपाधि भी दी गयी। ईश्वरी प्रसाद, हुमायूँ, पृ. 347 द्वारा उद्धृत।
38. अकबरनामा, 1, पृ. 346।

39. बायज़ीद के अनुसार अफ़गान सेना की संख्या 1,00,000, जौहर तथा फ़िरिश्ता के अनुसार 80,000 थी। निज़ामुद्दीन अहमद के अनुसार अफ़गान सेना मुग़ल सेना से चौगुनी थी। मुग़ल सेना की संख्या जौहर के अनुसार 5,000 तथा बायज़ीद के अनुसार 10,000 थी। बायज़ीद (पृ. 192-93) ने मुग़ल अफ़सरों की लंबी सूची दी है। तबक़ाते अकबरी, डे, 2, पृ. 133-34; फ़िरिश्ता, ब्रिग्स, 2, पृ. 175; जौहर, स्टीवर्ट, पृ. 168; बायज़ीद, पृ. 180।

40. अबुल फ़ज़ल 40 दिन लिखता है (अकबरनामा, 1, पृ. 348) तथा जौहर एक महीना (स्टीवर्ट, पृ. 169)। डॉ. ईश्वरी प्रसाद लिखते हैं कि दोनों सेनाएँ डेढ़ महीने तक एक-दूसरे के सामने डटी रहीं (हुमायूँ, पृ. 349)। हुमायूँ 7 राजब (28 मई) को सरहिंद पहुँचा। सरहिंद की लड़ाई 2 शाबान (22 जून) को हुई। इस तरह पच्चीस दिन हुए।

41. अकबरनामा, 1, पृ. 348-49।

42. अकबरनामा, 1, पृ. 346। जौहर (स्टीवर्ट, पृ. 170) के अनुसार एक दल सिकन्दर ख़ाँ ऊज़बेक के नेतृत्व में था। उसने अकबर का नाम नहीं दिया है। ऐसा प्रतीत होता है कि अकबर को, जिसकी अवस्था 13 वर्ष से कम थी, नाममात्र के लिए इस दल का नेतृत्व दिया गया था। उसकी सहायता के लिए सिकन्दर ख़ाँ ऊज़बेक, अब्दुल्ला ख़ाँ ऊज़ेक इत्यादि भी थे।

43. अकबरनामा (भाग 1, पृ. 348-49) के अनुसार जिस दिन युद्ध हुआ उस दिन अकबर के सेवकों के (नौबते तरद्दु) की बारी थी। निज़ामुद्दीन तथा फ़िरिश्ता इसे (नौबते करावली(तथा बदायूँनी (मुन्तख़बुत्तवारीख़, 1, पृ. 460) (नौबते यज़्क) लिखते हैं। श्री डे ने इसका अनुवाद "Turn of the command of the advance guard" किया है। तबक़ाते अकबरी, डे, 2 पृ. 134, नोट 2। ब्रिग्स ने इसका अनुवाद : "While the prince Akbar was visiting the pickets of the camp" किया है (फ़िरिश्ता, ब्रिग्स, 2, पृ. 175)।

44. जौहर, स्टीवर्ट, पृ. 170।

45. मुन्तख़बुत्तवारीख़, 1, पृ. 461।

46. अकबरनामा, 1, पृ. 350।

47. वही, 1, पृ. 351; फ़िरिश्ता, ब्रिग्स, 2, पृ. 176-77; तबक़ाते अकबरी, डे, 2, पृ. 135।

48. अकबरनामा, 1, पृ. 351। फ़िरिश्ता, ब्रिग्स, 2, पृ. 177।

49. मुन्तख़बुत्तवारीख़, 1, पृ. 462 में बदायूँनी लिखता है कि इस परग़ने की आय 30-40 लाख टनका थी। आईने अकबरी 2, पृ. 301 में इस परग़ने की आय 74,96,691 दाम दी गयी है।

50. अकबरनामा, 1, पृ. 352।

51. मुन्तख़बुत्तवारीख़, 1., पृ. 465।

52. जिला शाहजहाँपुर, उत्तर प्रदेश।

53. मुन्तख़बुत्तवारीख़ के अंग्रेज़ी अनुवादक रैंकिंग ने इसे पंजाब का पहाड़ी किला मलाऊँ बताया है। मल्लावां हरदोई ज़िले में है। अधिक संभव है कि वही स्थान हो क्योंकि शाहजहाँपुर तथा हरदोई ज़िले पास-पास हैं।

54. अकबरनामा, 1, पृ. 353 में इसे शैबानी तथा कुछ अन्य ग्रंथों में इसके स्थान पर सीस्तानी लिखा है। तबक़ाते अकबरी, डे, 2, पृ. 136, फुटनोट 1; इलियट तथा डासन, 5, पृ.1।

55. अकबरनामा, 1, पृ. 353; बदायूँनी के अनुसार, (मुन्तख़बुत्तवारीख़ 1, पृ. 564) वह कहा करता था "मैं बादशाह का तुझसे अधिक विश्वासपात्र हूँ। मेरा यह सिर तथा बादशाही मुकुट जुड़वाँ बालक के समान हैं।"

56. अकबरनामा, 1, पृ. 354।

57. मुन्तख़बुत्तवारीख़, 1, पृ. 463-64।

58. वही।
59. अकबरनामा, 1, पृ. 354।
60. वही।
61. मुन्तख़बुत्तवारीख़, 1, पृ. 462; अकबरनामा, 1, पृ. 355।
62. ईश्वरी प्रसाद, हुमायूं, पृ. 356।
63. जौहर, स्टीवर्ट, पृ. 171-72।
64. इस पत्र-व्यवहार के लिए देखिए, जौहर, स्टीवर्ट, पृ. 173-74।
65. अकबरनामा, 1, पृ. 366-67; 'बिगो तोरये सल्तनत दीगर अस्त व कानूने इश्क दीगर। आं निस्बते की हज़रते जहांबानी रा ब शुमा बूंद, मूरा नींस्त। अजब कि दरमियाने ईं दो निस्बत तफ़रक़ा न कर्दा गिला कर्दा यद।'
66. होशियारपुर (पंजाब जिले में) 31° 38' उत्तर तथा 72° 52' पूर्व।
67. अकबरनामा, 1, पृ. 262।
68. बायज़ीद, पृ. 194।
69. अकबरनामा, 1, पृ. 363। अकबरनामा से यह स्पष्ट नहीं प्रतीत होता है कि उसने चार गोलियाँ एक साथ खा लीं या एक गोली। अधिक संभव है कि उसने एक दिन की खुराक ही खायी।
70. अकबरनामा, 1, पृ. 363; ए. बमबेरी, दि ट्रैवेल्स एण्ड एडवेंचर्स ऑफ़ दि टर्किश एडमिरल सीदी अली रेईस, पृ. 55।
71. यह एक तरह का लबादा था जो बालदार जानवरों की खाल से बनता था। इसके रोएँ भीतर तथा खाल ऊपर होती थी।
72. अकबरनामा के अनुसार जब अकबर हरियाना में था तो एक द्रुतगामी दूत पहुँचा जिसने उसे हुमायूँ की दुर्घटना की सूचना दी। शेख नज़र जूली कलानूर उसके बाद में पहुँचा (अकबरनामा, 1, पृ. 367)।
73. मुन्तख़बुत्तवारीख़, 1, पृ. 466; तबक़ाते अकबरी; 2, डे, पृ. 137 में इसे नज़र शेख जोली या जूली तथा अकबरनामा (1, पृ. 364) में नज़र शेख चोली लिखा है। होदीवाला, स्टडीज़ इन इण्डो-मुस्लिम हिस्ट्री, 1, पृ. 514।
74. समकालीन इतिहासकारों में हूमायूं की मृत्यु की तिथि के विषय में भिन्नता है। तबक़ाते अकबरी, मुन्तख़बुत्तवारीख़, फ़िरिश्ता, दुर्घटना की तिथि तो शुक्रवार 7 रबीउन अव्वल 963 हि. लिखते हैं, किन्तु मृत्यु तिथि के विषय में कुछ दिनों का अन्तर है। यह स्वाभाविक है क्योंकि उसकी मृत्यु छिपायी गयी थी। इसकी विवेचना के लिए देखिए अकबरनामा, 1, पृ. 363-64; तबक़ाते अकबरी, डे, 2, पृ. 139; जौहर, स्टीवर्ट, पृ. 175; मुन्तख़बुत्तवारीख़, 1, पृ. 465-66; ईश्वरी प्रसाद, हुमायूँ, पृ. 365; बनर्जी, हुमायूँ, 2, पृ. 258; त्रिपाठी, राइज़ एण्ड फॉल, पृ. 169; ए. एल. श्रीवास्तव, अकबर दि ग्रेट, 1, पृ. 17-18; होदीवाला, स्टडीज़ इन मुग़ल न्यूमिसमैटिक्स, पृ. 264-65।
75. बमबेरी, ट्रैवेल्स एण्ड एडवेंचर्स ऑफ़ दि टर्किश एडमिरल सीदी अली रेइस, पृ. 56-57; अकबरनामा, 1, पृ. 364।
76. अकबरनामा, 1, पृ. 364।
77. ए. एल. श्रीवास्तव, अकबर दी ग्रेट, भाग 1, पृ. 19।

11. सिंहावलोकन

संसार में हुमायूँ की तरह भाग्यवान तथा उसकी तरह अभागे सम्राट बहुत कम होंगे। उसे अपने पिता से एक बृहद साम्राज्य प्राप्त हुआ, किन्तु उसने अपनी मूर्खताओं तथा परिस्थितियों के परिणामस्वरूप उसे खो दिया। निर्वासन काल में उसे तथा उसके परिवार को जो कष्ट उठाने पड़े वे किसी भी व्यक्ति को जर्जर कर देते। उसके भाइयों तथा संबंधियों ने उसे सदा कष्ट दिया। जीवन भर प्रयत्न करने पर भी उसे अन्त में अपने पिता की आज्ञा के विरुद्ध अपने भाइयों को दंड देना पड़ा, जिसके लिए उसे सदा पछतावा तथा दुःख होता रहा। अपने 48 वर्ष के जीवन में केवल दस वर्ष ही वह हिंदुस्तान के सिंहासन पर शासन कर सका।[1] इस उथल-पुथल में वह कोई स्थायी शासन, महत्त्वपूर्ण इमारत अथवा संस्था नहीं छोड़ सका, जिससे उसके यश का सितारा सदा चमकता रहता। इस दृष्टिकोण से वह बहुत ही अभागा था। दूसरी तरफ उसका सबसे बड़ा सौभाग्य यह था कि उसने अपना खोया हुआ साम्राज्य पुनः प्राप्त कर लिया। इस तरह अन्त में विजय उसी की हुई। उसके सम्पूर्ण कष्टों तथा मानहानि को इस विजय ने समाप्त कर दिया। उसका इससे भी बड़ा सौभाग्य यह था कि वह अकबर महान का पिता था, जो भारत का ही नहीं वरंच विश्व का महान शासक हुआ।

साम्राज्य तथा शासन

सम्राट

हुमायूँ एक सम्राट था तथा उसकी राज्य प्रणाली एकतंत्रात्मक थी। वह सम्राट को ईश्वर का प्रतिनिधि मानता था। उसका मत था कि जिस तरह ईश्वर प्राणियों की रक्षा करने के लिए होता है उसी तरह सम्राट अपने साम्राज्य की जनता के लिए होता है। हुमायूँ आध्यात्मिक तथा रहस्यवादी प्रवृत्ति का व्यक्ति था। वह संसार को वास्तविक सत्य की छाया मात्र समझता था। कदाचित् इसी कारण अवसाद की अवस्था में वह बार-बार संसार त्यागने की बात करता था। हुमायूँ ज्योतिष शास्त्र में विश्वास करता था। उसके आविष्कारों तथा योजनाओं से स्पष्ट प्रकट होता है कि वह सूर्य की शक्ति पर विश्वास करता था। बंगाल निवास के समय वह अपने राज मुकुट

पर पर्दा (नक़ाब) डाले रहता। जब नक़ाब हटाता तो लोग "प्रकाश प्रकट हो गया" कहकर उसका अभिवादन करते थे। उसके इस व्यवहार से कुछ लोग समझने लगे कि वह खुदाई का दावा करता था। ईरान में लोगों ने इस बात पर उसका मज़ाक उड़ाया।[2] ख़्वन्दमीर उसे "हज़रत पादशाह ख़िलाफत पनाह, हक़ीक़ी मजाज़ी एवं सल्तनत का योग"[3] मानता है तथा उसे ईश्वर का प्रतिरूप (हज़रत पादशाह जिल्लइल्लाह) कहकर संबोधित करता है। इससे स्पष्ट होता है कि हुमायूँ अपने को ईश्वर का प्रतिनिधि मानता था तथा दैवी सिद्धांत में विश्वास करता था।

हुमायूँ के राजत्व के इतिहास में दो-एक घटनाएँ महत्त्वपूर्ण हैं। चौसा के युद्ध के पश्चात् उसने भिश्ती निज़ाम को, कामरान के विरोध पर भी, सिंहासन पर बैठाया। यह दैवी सिद्धांत के विरुद्ध था। इसका अर्थ हुआ कि सम्राट जिसे भी चाहे राजत्व प्रदान कर सकता था। राजत्व के सम्मान को इससे बहुत बड़ा धक्का लगा। उसके भाइयों ने राजत्व शक्ति को बार-बार चुनौती दी तथा उसे न्याय के सिद्धांत पर भावना के आधार पर चलने को विवश किया।

हुमायूँ के शासकनकाल में उसके अमीरों को कभी-कभी बहुत महत्त्व प्राप्त हो जाता था। भाइयों के बार-बार विद्रोह करने पर भी हुमायूँ उन्हें क्षमा कर देता था। अन्त में अमीरों ने उसे शपथ लेने पर विवश किया कि वे जो भी निश्चय करेंगे उसे सम्राट को मानना पड़ेगा। इस तरह उसके राजत्व को अमीरों ने सीमित कर दिया। यह अमीरों की बहुत बड़ी विजय थी। हुमायूँ अपने शासन काल में राजत्व को वह शक्ति तथा बल न प्रदान कर सका जो उसके पुत्र के शासन काल में प्राप्त हुआ। फिर भी हुमायूँ अपने को अन्य समकालीन शासकों से ऊँचा समझता था और ईरान में शाह की दया पर निर्भर रहने पर भी उसने इस बात को नहीं छिपाया। अपने को उच्च समझने पर भी उसने अपने को न ख़लीफ़ा घोषित किया और न सम्पूर्ण मुस्लिम संसार का नेता ही।

साम्राज्य

राज्यारोहण के समय हुमायूँ को अपने पिता से एक बहुत बड़ा साम्राज्य प्राप्त हुआ था जो आक्सस नदी से गंगा नदी तक फैला हुआ था। इस साम्राज्य का वर्णन तीसरे अध्याय में किया जा चुका है। इस साम्राज्य को हुमायूँ ने बढ़ाने का प्रयत्न अवश्य किया किन्तु वह सफल न हो सका। 1536 ई. में उसने मालवा तथा गुजरात को विजय कर उन्हें अपने राज्य में मिला लिया। इस समय उसका साम्राज्य अपने विकास की अन्तिम सीमा पर पहुँच गया था। इसी के पश्चात् उसका पतन प्रारम्भ हुआ। पहले मालवा तथा गुजरात उसके हाथ से निकल गए, फिर बंगाल, बिहार, दिल्ली प्रदेश तथा सम्पूर्ण साम्राज्य ही से वह निष्कासित हो गया। कुछ दिनों तो उसके अधीन एक इंच भूमि भी नहीं थी। अपने बाहुबल से उसने खोए हुए अधिकतर भागों पर

पुनः अधिकार कर लिया। मृत्यु के समय वह भारत का शासक अवश्य हो गया था, किन्तु अभी पंजाब, दिल्ली, बिहार तथा दोआब के बहुत से भाग अफ़गानों के अधीन थे जिसका वर्णन किया जा चुका है। इस तरह उसकी मृत्यु के समय बाबर से प्राप्त मुग़ल साम्राज्य छोटा हो गया था।

साम्राज्य का राजनीतिक विभाजन

बाबर तथा हुमायूँ के साम्राज्य के राजनीतिक विभाजन का पूर्ण ज्ञान प्राप्त नहीं है। बाबर ने अपनी आत्मकथा में भीरा तथा बिहार के बीच तीस सरकारों तथा जमींदारियों का उल्लेख किया है। हुमायूँ के शासन के प्रथम काल में कदाचित् बाबर के काल ही का विभाजन चलता रहा।[4] साम्राज्य की भूमि चार श्रेणियों में विभाजित थी : (1) खालसा भूमि जो सम्राट के निजी अधिकार में थी; (2) जागीर अर्थात् वह भूमि जो अमीरों को दी गई थी; (3) सयूरगाल अर्थात् माफ़ी भूमि जो विद्वानों या धार्मिक व्यक्तियों को दी जाती थी; (4) जमींदारों के अधिकार की भूमि। ये भाग अपनी सुव्यवस्था, शांति तथा आंतरिक शासन के लिए स्वतंत्र थे।

हुमायूँ के द्वितीय राजत्व काल में उसे शेरशाह द्वारा संगठित साम्राज्य प्राप्त हुआ। उसके उत्तराधिकारियों के पारस्परिक वैमनस्य के कारण इसका संगठन हिल गया था किन्तु उसका ढाँचा मौजूद था जिस पर अकबर ने एक सुसंगठित शासन की नींव डाली।

द्वितीय राजत्व के पश्चात् हुमायूँ अपने साम्राज्य को सुव्यवस्थित करना चाहता था तथा उसके मस्तिष्क में इसके लिए एक योजना भी थी। अबुल फ़ज़ल लिखता है कि हुमायूँ कई स्थानों पर शासन का केंद्र स्थापित करना चाहता था। वह दिल्ली, आगरा, जौनपुर, मांडू, लाहौर, कन्नौज एवं अन्य स्थानों में योग्य तथा अनुभवी अमीरों को नियुक्त कर उनके अधीन उन स्थानों पर एक सेना भी रखना चाहता था। वह स्वयं अपने साथ 12,000 अश्वरोहियों से अधिक नहीं रखना चाहता था।[5] उसका स्वप्न उसकी असामयिक मृत्यु के कारण पूरा न हो सका।

वज़ीर

हुमायूँ में न प्रशासकीय संगठन की योग्यता थी और न इसके लिए उसे समय प्राप्त हुआ। इस कारण शासन संगठन की संस्थाओं में वह कोई परिवर्तन न कर सका।[6] मुग़लों के आने के पश्चात् वज़ीर (प्रधान मंत्री) का महत्त्व बढ़ गया। बाबर के समय में निज़ामुद्दीन ख़लीफ़ा उसका शक्तिशाली वज़ीर था। यह परम्परा हुमायूँ के समय में भी बनी रही। उसके राज्य के प्रारंभिक काल में अमीर उवैस मुहम्मद वज़ीर था। वह सैनिक तथा राज्य के अन्य सभी विभागों पर नियंत्रण रखता था। उसके पश्चात् हिन्दू बेग को हुमायूँ का विशेष विश्वास प्राप्त हुआ। उसे अमीरुल उमरा की उपाधि

तथा सोने की कुर्सी दी गई। हुमायूँ ने शेर ख़ाँ के विषय में उसकी रिपोर्ट को पूर्णतया स्वीकार कर लिया। ये वज़ीर केवल शासन के लिए उत्तरदायी नहीं थे वरंच ये सेनानायक भी थे तथा युद्ध में भी भाग लेते थे। इस तरह सैनिक तथा नागरिक शासन का विभाजन नहीं था।[7] इनके पश्चात् अन्य किसी अमीर को यह स्थान प्राप्त नहीं हुआ। हुमायूँ के निष्कासन काल में जब वज़ीर कराचा बेग का ख़ज़ानादार से झगड़ा हुआ तो हुमायूँ ने वज़ीर का पक्ष नहीं लिया।[8]

उसके भारतीय अभियान के समय बैराम ख़ाँ तथा अबुल माली में शक्ति के लिए संघर्ष हो रहा था किन्तु हुमायूँ ने दोनों को इस तरह संतुष्ट करने का प्रयत्न किया कि एक की शक्ति अधिक न बढ़े। मृत्यु के पूर्व उसने अबुल माली को दिल्ली बुलाया तथा बैराम खा़ं को अकबर के साथ पंजाब भेजा। इसी समय उसकी मृत्यु हो गई, जिससे इस शक्ति संघर्ष का स्पष्टीकरण न हो सका। किन्तु आग सुलग रही थी और वह कभी भी भयंकर रूप में प्रज्वलित हो सकती थी।

लगान सम्बन्धी सुधार

हुमायूँ ने लगान सम्बन्धी कुछ साधारण सुधार भी किए। सुल्तान सिकन्दर लोदी का गज साढ़े इकतालीस इस्कंदरी के बराबर था। हुमायूँ ने इसे बढ़ाकर बयालीस इस्कंदरी कर दिया।[9] हुमायूँ के समय में कदाचित् अकबर के समय से कम लगान लिया जाता था।[10]

दरबार के नए नियम तथा उत्सव

हुमायूँ ने सम्राट के अभिवादन के लिए कोरनिश तथा तस्लीम का नियम निर्धारित किया। कोरनिश में दाहिने हाथ की हथेली ललाट पर रखकर सिर नीचे झुकाया जाता था। तस्लीम में हथेली का पिछला भाग ज़मीन पर रखकर उसे धीरे-धीरे ऊपर उठाया जाता था तथा खड़े हो जाने पर हथेली को ललाट पर रखा जाता था।[11] सम्राट के दरबार में प्रवेश करते समय नक्कारे की ध्वनि द्वारा लोगों को आगमन की सूचना दी जाती थी। इसी तरह दरबार के समाप्त होने पर जब सम्राट उठकर जाता तो तोप दागकर इसकी सूचना दी जाती थी।[12] हुमायूँ दरबार में शाहज़ादे तथा अन्य विश्वासपात्रों के लिए सोने एवं चाँदी की कुर्सियों[13] (सदंलियों) का प्रबंध करना चाहता था। उसका विचार था कि इस सम्मान से वह उन्हें अपने वश में करने में सफल होगा।[14] इसी उद्देश्य से उसने हिन्दू बेग को एक कुर्सी प्रदान की थी।

पुराने नवरोज़ का उत्सव जिसे ईरानी मनाते थे,[15] बंद कर दिया गया। इसके स्थान पर हुमायू ने नए नवरोज़ का उत्सव प्रारंभ किया जो बसंत ऋतु में उस समय पड़ता था जब दिन-रात बराबर होते हैं।[16] हुमायूँ के सिंहासनारोहण का दिन भी बड़े उत्साह से मनाया जाता था। इस अवसर पर लोगों को इनाम तथा दान दिए जाते,

जश्न होते और भाँति-भाँति के आनन्दोत्सव मनाए जाते थे।[17] सम्राट का जन्मोत्सव भी बड़े उत्साह से मनाया जाता था। हुमायूँ अस्त्र-शस्त्रों समेत सोने से तोला जाता, सर्वसाधारण तथा विशेष लोगों को भोजन दिया जाता और अन्य प्रकार के मनोरंजन का प्रबंध होता था।[18]

आविष्कार तथा नई योजनाएँ

हुमायूँ ने कुछ नए प्रशासकीय नियम चलाए तथा मनोरंजन की नई वस्तुओं का निर्माण कराया। ये योजनाएँ शासकीय दृष्टि से किसी विशेष महत्त्व की नहीं थीं किन्तु इनसे हुमायूँ के चरित्र, उसके उर्वर मस्तिष्क तथा सूझ-बूझ का परिचय प्राप्त होता है।

अमीरों तथा राजसी कर्मचारियों का तीन श्रेणियों में विभाजन

हुमायूँ ने अमीरों तथा राज्य से संबंधित व्यक्तियों को तीन श्रेणियों में विभाजित किया[19] (1) अहले दौलत, (2) अहले सआदत, (3) अहले मुराद।[20]

अहले दौलत में वे लोग सम्मिलित थे जो अपनी बुद्धि, बहादुरी तथा कुशलता से शासन में योगदान करते थे तथा साम्राज्य के विकास में सहायक होते थे। सम्राट के संबंधियों, भाइयों, अमीरों, वजीरों तथा सैनिकों को इस श्रेणी में रखा गया था। इसमें ऐसे व्यक्ति थे जिनकी सहायता के बिना राज्य कार्य नहीं चल सकता था।

अहले सआदत में प्रमुख शेख सैयिद, काज़ियों, दार्शनिकों, कवियों तथा विद्वानों को रखा गया था। ये लोग अपने ज्ञान तथा आदर्शों से राज्य की शक्ति बढ़ाते थे।

अहले मुराद में ऐसे लोग सम्मिलित थे जो अपनी सुंदरता, संगीत, नृत्य इत्यादि से मनोरंजन करते थे। इनमें गायक, वादक, सुंदर स्त्रियाँ, सुंदर युवक इत्यादि आते थे।

प्रत्येक प्रमुख श्रेणी का एक प्रमुख अधिकारी होता था जिसका कर्तव्य था कि वह अपनी श्रेणी के लोगों को संगठित कर सके। अहले दौलत का प्रमुख अधिकारी शुज़ाउद्दीन अमीर हिन्दू बेग था।[21] इसे अपनी श्रेणी के अमीरों पर नियंत्रण रखना पड़ता था तथा सेना के वेतन, प्रहरियों की नियुक्ति इत्यादि भी करनी पड़ती थी। अहले सआदत विभाग मौलाना मुहीउद्दीन मुहम्मद फरगरी के अधीन था। इस श्रेणी के लोंगों की समस्याओं का समाधान, जन सामन्य में से छोटे-बड़ों के हकों की पूछताछ, धार्मिक अधिकारियों की नियुक्ति, वज़ीफ़ा इत्यादि के निश्चय करने का उत्तरदायित्व उस पर था। अहले मुराद श्रेणी का अधिकारी अमीर उवैस मुहम्मद था। यह मनोरंजन तथा इससे संबंधित कार्यों के लिए उत्तरदायी था। तीनों अधिकारियों को एक-एक सोने का बाण दिया गया था जिससे ये अन्य लोगों में पहचाने जा सकते थे। ये बाण 'अहले सआदत के बाण', 'अहले दौलत के बाण' तथा 'अहले मुराद के बाण'

कहलाते थे।

प्रत्येक श्रेणी के लिए सप्ताह के दो-दो दिन निश्चित किए गए थे इन निश्चित दिनों पर दरबार होता तथा सम्राट उस श्रेणी के लोगों से मिलता था। ये दिन ग्रह तथा नक्षत्रों के आधार पर निश्चित किए गए थे। इस तरह शनिवार तथा वृहस्पतिवार अहले सआदत के लिए, रविवार एवं मंगलवार अहले दौलत के लिए तथा सोमवार और बुधवार अहले मुराद के लिए निश्चित हुए थे।

यह विभाजन किसी निश्चित आधार पर नहीं था। यह आवश्यक नहीं था कि एक श्रेणी का प्रमुख उसी श्रेणी का व्यक्ति हो, जैसे मुराद श्रेणी का प्रमुख उवैस मुहम्मद न गायक था न सुंदर युवक। मध्य युग के अमीर सैनिक तो होते ही थे, साथ ही उनमें बहुत-से ऐसे थे जो साहित्यिक तथा अन्य गुणों से भी सम्पन्न होते थे। यदि विभाजन निश्चित गुणों पर आधारित होता तो बहुत से व्यक्ति दो या तीन श्रेणियों में आते।

इस विभाजन से हुमायूँ को राजसी कार्य के लिए केवल दो दिन, रविवार तथा मंगलवार प्राप्त हुए। बाकी दिन आमोद-प्रमोद तथा मनोरंजन के लिए निश्चित हुए थे। शासन की दृष्टि से यह विभाजन हानिकारक था। सौभाग्य यही था कि इस विभाजन का कदाचित् कठोरता से पालन नहीं किया गया।

इस विभाजन का एक मनोरंजक इतिहास है। बाबर के जीवन काल में एक दिन हुमायूँ काबुल में था। वह अपने गुरु मौलाना मसीहुद्दीन रुहुल्लाह के साथ सैर को निकला। मार्ग में उसने शकुन (फाल)[22] निकालने का विचार किया। उसने अपने शिक्षक से कहा जो तीन व्यक्ति पहले मिलें उनसे उनका नाम पूछकर उससे शकुन निकाला जाए। कुछ दूर चलने पर एक व्यक्ति मिला जिसका नाम मुराद ख़्वाजा था। उसके बाद एक अन्य व्यक्ति गधे पर लकड़ी लादे जा रहा था। इसका नाम पूछने पर दौलत ख़्वाजा निकला। हुमायूँ ने कहा कि यदि तीसरे व्यक्ति का नाम सआदत ख़्वाजा हो तो यह बहुत ही उत्तम शकुन होगा। उसी समय एक व्यक्ति दिखाई पड़ा जिसने अपना नाम सआदत ख़्वाजा बताया।[23] हुमायूँ इससे बड़ा प्रसन्न तथा प्रभावित हुआ। शासन प्राप्त करने पर उसने इसी आधार पर अपने कर्मचारियों इत्यादि का विभाजन किया।

सम्राट तथा कर्मचारियों की बारह श्रेणियाँ

सम्राट तथा उसके कर्मचारी बारह श्रेणियों में विभाजित किए गए।[24] प्रत्येक श्रेणी के लिए एक विशेष तरह का बाण निश्चित था। बारहवीं श्रेणी का बाण सबसे उच्च था तथा वह सम्राट को प्राप्त था। सबसे निम्न श्रेणी का बाण पहला था जो दरबानों, ऊँटवानों इत्यादि को प्राप्त था। इसी तरह दूसरा बाण निम्न कोटि के सेवकों, तीसरा साधारण सैनिकों, चौथा ख़ज़ांचियों, पाँचवा नौजवान सैनिकों (यक्काजवानों), छठा

अफ़गान कबीलों के सरदारों तथा ऊज़्बेकों, सातवाँ राज्य के छोटे अफ़सरों, आठवाँ दरबारी तथा विशेष कर्मचारियों, नवाँ प्रतिष्ठित अमीरों, दसवां उत्कृष्ट शेख़ सैयिदों, विद्वानों एवं धार्मिक लोगों तथा ग्यारहवाँ बाण सम्राट के संबंधियों, भाइयों इत्यादि को प्राप्त था। प्रत्येक श्रेणी में ती-तीन श्रेणी के बाण थे—प्रथम, द्वितीय तथा तृतीय—जो उच्चता के आधार पर प्रदान किए जाते थे।

ये श्रेणियाँ बारह ही क्यों हुईं? ख़्वन्दमीर के अनुसार वर्ष में बारह महीने होते हैं, रात तथा दिन बाहर-बारह घंटे के माने जाते हैं। इसी तरह इतिहास तथा धर्म में भी बारह के उदाहरण मिलते हैं।[25]

यह विभाजन भी किसी तर्क या सिद्धांत पर आधारित नहीं था। कुछ ऐसे भी लोग थे जिनकी श्रेणी स्पष्ट नहीं थी, जैसे राजमहल की स्त्रियाँ। कदाचित् वे दूसरी श्रेणी के बाण में आ सकती थीं। इस विभाजन में विद्वानों को राज्य के अन्य कर्मचारियों से उच्च स्थान दिया गया है।

शासन के चार विभाग

हुमायूँ ने राज्य के सम्पूर्ण कार्यों को चार तत्त्वों के आधार पर चार विभागों में विभाजित किया।[26] प्रथम आतशी (अग्नि), दूसरा हवाई (हवा), तीसरा आबी (जल) तथा चौथा ख़ाकी (मिट्टी)। प्रत्येक विभाग का एक वज़ीर नियुक्त किया गया। आतशी विभाग का वज़ीर अमीदुल मुल्क था। यह तोपख़ाना, अस्त्र-शस्त्र तथा युद्ध से संबंधित सामग्रियों इत्यादि का प्रबंधक था। लुत्फुल्लाह हवाई विभाग का वज़ीर था। सम्राट के वस्त्र, भोजनालय, पशुशाला तथा ऊँट इत्यादि इस विभाग में आते थे। आबी विभाग शराब, शरबत, नहरों इत्यादि की देखभाल करता था। यह विभाग ख़्वाजा हुसेन के अधीन था। ख़ाकी विभाग ख़्वाजा जलालुद्दीन मिर्ज़ा बेग की देखभाल में था। यह विभाग कृषि, भवन, ख़ालसा भूमि, कोष इत्यादि की देखभाल करता था।

प्रारंभ में प्रत्येक विभाग के लिए एक-एक प्रमुख अमीर नियुक्त किया जाता था। अमीर नासिर क़ुली आतिशी विभाग का अध्यक्ष था। वह हमेशा लाल वस्त्र पहनता था। उसकी मृत्यु के पश्चात् अमीर निहाल इस पद पर नियुक्त हुआ। बाद में अमीर उवैस मुहम्मद चारों विभागों का सुपरिन्टेण्डेन्ट नियुक्त किया गया।

शासन का यह विभाजन पूर्णतया अवैज्ञानिक था। नहर विभाग कृषि के अन्तर्गत होना चाहिए था किन्तु वह शराब के विभाग में लगा हुआ था। उवैस मुहम्मद को बहुत अधिक महत्त्व प्राप्त हो गया था, क्योंकि इन चार विभागों के अतिरिक्त उस पर अहले मुराद का भी उत्तरदायित्व था। आश्चर्य है कि मनोरंजन से संबंधित व्यक्ति शासन, उत्पादन, कृषि, निर्माण, तोपख़ाना इत्यादि की भी देख-रेख करता था।

सात मजलिसों का आयोजन

हुमायूँ ने सात तरह की मजलिसें (सभा गोष्ठी) सात श्रेणियों के लोगों के लिए आयोजित कीं। ये मजलिसें भी नक्षत्रों पर आधारित थीं। पहली मजलिस चंद्रमा से संबंधित थी (कमर की मजलिस)। इस सभा में राजदूत, यात्री एवं संदेशवाहक रखे जाते थे। दूसरी मजलिस बुद्ध ग्रह से संबंधित थी (अतारिद की मजलिस)। इसमें गैर सैनिक कर्मचारी तथा अन्य लोग आते थे। इसी तरह अन्य व्यक्ति भी बाकी पाँच मजलिसों में विभाजित किए गए। प्रत्येक मजलिस की सजावट तथा लोगों के वस्त्र भी विशेष नक्षत्रों के आधार पर थे। सम्राट सप्ताह का एक-एक दिन प्रत्येक मजलिस में व्यतीत करता था।[27]

नक़्क़ारे बजाने का नियम

दिन में बार नक़्क़ारे बजाने का आदेश था। प्रथम, प्रातःकाल का नक्क़ारा जो नमाज़ एवं प्रार्थना के समय बजाया जाता था, 'नौबते सआदत' कहलाता था। दूसरा, सूर्योदय के बाद, सल्तनत के विभागों का कार्य प्रारम्भ होने के समय बजाया जाता था, जो 'नौबते दौलत' कहलाता था। तीसरा, सायंकाल का नक्क़ारा, लोगों के विश्राम करने एवं आनंद-मंगल मनाने के समय बजाया जाता था जिसे 'नौबते मुराद' कहते थे। प्रत्येक महीने की प्रथम तथा चौहदवीं तिथि को प्रसन्नता के नक्क़ारे बजाने का आदेश था। यह 'नक्क़ारा-ए-शादीयाना' कहलाता था।[28] कदाचित् इसी के आधार पर बाद में मुग़ल सम्राटों ने नौबतख़ाना की प्रणाली प्रारंभ की।

न्याय का तबला (तबल-ए-आदिल)

हुमायूँ ने 'गरजनेवाले बादल के समान' एक तबला (ढोल, दौंसा) दीवानख़ाने के निकट रखवा दिया। जो लोग न्याय चाहते थे वे इसे बजाते थे। इसके बजाने का नियम इस प्रकार निश्चित किया गया कि सुनने वाले को अपराध के विषय में पता चल जाए। साधारण झगड़े में लकड़ी की छड़ी (चोब) से एक बार, वेतन न मिलने पर दो बार, सम्पत्ति के अपहरण होने पर तीन बार तथा किसी की हत्या होने पर चार बार ढोल बजाने का आदेश था।[29]

न्याय से संबंधित होने के कारण यह न्याय का तबला (तबल-ए-आदिल) कहलाता था।

हुमायूँ का यह आदेश नया नहीं था। ईरान के शासकों ने इस तरह की प्रणाली चलाई थी। बाद में जहाँगीर ने कदाचित् इसी से प्रभावित होकर अपने न्याय की जंजीर प्रारंभ की।

आनंद मंगल का कालीन (बिसात-ए-निशात)

हुमायूँ ने एक 'आनंद-मंगल का कालीन' बनवाया।[30] यह कालीन गोल था और तांत्रिक ग्रहों तथा नक्षत्रों के ग्रहपथों के तदनुरूप वृत्तों में विभाजित था। प्रथम वृत्त अतलस रूपी आकाश के अनुरूप, सदाचारियों के कर्मों के अनुसार श्वेत रंग का, दूसरा नीला, तीसरा शनि ग्रह से संबंधित होने के कारण काला; चौथा भाग्यशाली वृहस्पति से संबंधित होने के कारण हलके भूरे रंग का; पाँचवाँ मंगल ग्रह से संबंधित लाल रंग का; छठा सूर्य से संबंधित सुनहले रंग का सोने-चाँदी के तारों सें बुने हुए कपड़े का; सातवाँ शुक्र ग्रह के अनुरूप चमकता हरा; आठवाँ बुद्ध ग्रह से संबंधित बैंगनी रंग[31] का तथा नवाँ चन्द्रमा के अनुरूप चौदहवीं के चाँद की तरह सफेद था। चंद्र वृत्त के उपरांत अग्नि एवं वायु के वृत क्रम में रखे गए थे। सातों ग्रहों के वृत्त दो सौ श्रेणियों में विभाजित थे, इस तरह इस कालीन पर 1,400 आदमी बैठ सकते थे। इस कालीन के बराबर एक लकड़ी की चौकी थी, जिस पर इसे फैला दिया जाता था। हुमायूँ स्वयं सूर्य से संबंधित छठे ग्रह में बैठता। अन्य लोगों को सात ग्रहों के आधार पर भिन्न-भिन्न स्थानों पर बैठाया जाता था। उदाहरणतया, भारतीय वंश के अमीर एवं शेख़ काले रंग के वृत्त में बैठते थे, क्योंकि यह वृत्त वृहस्पति से प्रभावित था। उपर्युक्त वृत्तों में बैठकर कभी-कभी लोग भिन्न-भिन्न भागों में पासा फेंकते थे। पासे के हर तरफ भिन्न-भिन्न मुद्राओं में मनुष्यों की आकृतियाँ बनी होती थीं। जिसके पास में जो मुद्रा निकलती उस व्यक्ति को उसी तरह बैठना या खड़ा होना पड़ता। इस तरह यह आनंदमय खेल बन जाता जिसमें सम्राट तथा अमीर आनंद लेते थे।

शीशे के विशेष चषक

मक्खियों, धूल तथा गंदगी से बचने के लिए हुमायूँ ने विशेष तरह के शीशे के बर्तनों का प्रबंध किया। उसने भोजन एवं पीने की वस्तुओं का प्रबंध करने वालों को आज्ञा दी कि दरबार में शरबत इत्यादि इन्हीं में दिया जाए।[32]

ताज़े इज़्ज़त

हुमायूँ ने (1532-33 ई., 939 हि. में) एक मुकुट बनवाया[33] जो नवीनता तथा सुंदरता के लिए प्रसिद्ध था। इसमें अनेक बहुमूल्य वस्तुएँ जैसे यूरोपीय मख़मल, सोने-चाँदी के तारों से बना हुआ साटन, 'सतरगें ताज़ा' (एक तरह का रेशमी कपड़ा), उरमूक (एक तरह का बारीक ऊनी कपड़ा), किमख़ाब इत्यादि उत्तम तरीके से लगाई गई थीं। प्रत्येक टोप में फ़ारसी के सात अंक (V) की तरक का कटा हुआ भाग होता था, दोनों कटे हुए भागों को मिलाने से सतहत्तर (VV) का रूप बन जाता था। इस ताज को 'ताजे इज़्ज़त' कहा जाता था। अब्ज़द के आधार पर इज़्ज़ का जोड़

भी 77 होता था। इस्लाम धर्म में सात संख्या का विशेष महत्त्व होने का कारण इस मुकुट के निर्माण में सात को अधिक महत्त्व दिया गया था।[34] यह ताज भी ज्योतिष के आधार पर बना था, जिससे पहनने वाला भाग्यशाली हो।

विशेष कोट तथा प्रत्येक दिन के लिए विशेष रंग के वस्त्र

हुमायूँ ने उल्बाकचा नामक एक विशेष प्रकार का कोट तैयार कराया था। यह आगे खुला हुआ तथा कमर तक लम्बा होता था। यह अंगरख़ा के ऊपर पहना जाता था।[35]

ग्रहों तथा नक्षत्रों के आधार पर हुमायूँ प्रत्येक दिन विशेष रंग का वस्त्र तथा उसी रंग का मुकुट धारण करता था। इस तरह वह शनिवार को काला, रविवार को पीला, सोमवार को सफेद, मंगलवार को लाल, बुद्धवार को राख, नीले या रेशमी (उमचा) रंग का तथा शुक्रवार को सफेद वस्त्र धारण करता था।[36]

नौकाओं का चमत्कार

विशेष प्रकार की प्रमोद तरणी–कुशल बढ़इयों से हुमायूँ ने यमुना नदी में चार बजरे (हाउस बोट) तैयार कराए। प्रत्येक बजरे में दो-मंजिला चौकोर सुंदर कमरा था। नौकाओं को आमने-सामने एक विशेष तरह से मिला देने से बीच में एक अष्टभुजाकार हौज़ बन जाता था। ये कमरे इतने सुंदर ढंग से बहुमूल्य वस्तुओं से सजाए जाते थे कि देखने वाले आश्चर्यचकित हो जाते। मौलाना यूयूफ़ी तबीब, जलालुद्दीन उवैस मुहम्मद इत्यादि ने इसकी प्रशंसा में कविताओं की रचना की।[37]

नौकाओं पर बाज़ार–नौकाओं पर बाज़ार लगाने की भी प्रणाली हुमायूँ ने प्रारंभ की। इसके लिए विशेष तरह की लंबी-चौड़ी नौकाओं का निर्माण हुआ। इन पर दोनों तरफ़ दूकानें तैयार कराई गईं। प्रत्येक पेशे एवं कला के जानने वाले लोगों को आदेश हुआ कि इनमें अपनी दूकानें खोलें तथा व्यापार करें। नौकाओं पर सजे बाज़ार के साथ अपने राज्य के प्रारंभिक वर्षों में हुमायूँ ने दिल्ली से आगरा की तरफ प्रस्थान किया था। मार्ग में प्रत्येक व्यक्ति को भोजन, पेय, वस्त्र, कपड़े, युद्ध के अस्त्र-शस्त्र इत्यादि जिस वस्तु की आवश्यकता होती, इस नौकाओं के बाज़ार में मिल जाती थी।[38] इस तरह यह एक चलता-फिरता बाज़ार था। मुग़ल सम्राट की यात्राओं में इससे आनंद तथा आवश्यक वस्तुओं की पूर्ति होती थी।

नौकाओं का उद्यान–इसी प्रकार सम्राट की आज्ञा से नौकाओं पर तख़्ते बिछाकर मिट्टी डालकर उसे कृषि योग्य बना दिया गया। इस तरह कृषि योग्य भूमि तैयार हो गई जिस पर तरह-तरह के फल-फूल तथा तरकारियाँ लगाई गईं।[39] इस तरह नदी में हरियाली से भरा उद्यान भी सम्राट के साथ घूमता रहता था।

चलता-फिरता पुल–बूत-सी नौकाओं को एक-दूसरे से मिलाकर उन्हें जंजीरों तथा कुलाबों से बाँध दिया जाता था। उन पर तख़्ते बिछा दिए जाते तथा उन्हें कीलों

से इस तरह जकड़ दिया जाता था कि घुड़सवारों के चलने पर भी वह नहीं हिलता था। इस तरह इससे हाथियों, ऊँटों इत्यादि को नदी पार ले जाने में बड़ी सुविधा होती थी। पुल की ज़रूरत न रहने पर नौकाएँ अलग कर दी जाती थीं तथा उनसे अन्य कार्य लिया जाता था।

चलता-फिरता महल कस्त्रेरवाँ—यह महल लकड़ी का बना था तथा जहाँ भी चाहें ले जाया जा सकता था। बढ़इयों ने इसे सुंदर ढंग से बनाया था तथा लकड़ी के टुकड़ों को जोड़ने में इतनी सफाई दिखाई थी कि देखने पर यह एक ही लकड़ी का बना हुआ मालूम होता था। इसमें तीन मंजिलें थीं। सबसे ऊँची मंजिल पर पहुँचने के लिए सीढ़ी तैयार कराई गई थी जो सुविधा से लपेटी तथा खोली जा सकती थी। इस महल को चित्रकारों ने भाँति-भाँति के सुंदर रंगों से सजाया था। इस महल पर एक सोने का गुम्बज था जो सूर्य की तरह चमकता था। महल के दरवाज़ों पर खोतान, तुर्की तथा यूरोप से मँगाए गए कपड़ों के पर्दे शोभायमान थे।[41]

विचित्र ख़ेमे

हुमायूँ ने एक बड़ा ख़ेमा भी निर्मित कराया। यह आकाश के बारह राशिचक्रों के आधार पर बारह कक्षों में विभाजित था। इन कक्षों में झझरियाँ बनी थीं। इनसे प्रकाश आता था तथा ये अत्यंत ही सुंदर प्रतीत होती थीं।[42]

इसके अतिरिक्त हुमायूँ ने एक अन्य ख़ेमे का भी निर्माण कराया जो बहुत बड़ा था तथा सभी ख़ेमों को ढक लेता था। इसमें झझरियाँ तथा कनातें नहीं थीं। लकड़ी के सुंदर टुकड़ों को जोड़कर खम्भा बना लिया जाता था जिस पर वह खड़ा किया जाता था। इस ख़ेमे में भी कई प्रकार के रंग थे। खड़ा करने पर यह बहुत ऊँचा उठ जाता था।[43]

हुमायूँ से संबंधित स्मारक

हुमायूँ को भवन-निर्माण तथा स्थापत्यकला में रुचि थी। ख़्वन्दमीर लिखता है कि हुमायूँ की भव्य भवनों एवं शक्तिशाली दुर्गों के निर्माण में अत्यधिक रुचि थी।[44] यदि उसे समय तथा सुविधा प्राप्त हुई होती तो निश्चय ही सुंदर भवनों के रूप में उसने अपने सृजनात्मक गुण को प्रदर्शित किया होता, किन्तु जीवन की उथल-पुथल तथा उलट-फेर के कारण ऐसा संभव न हो सका।[45] फिर भी हुमायूँ से संबंधित अथवा उसके द्वारा निर्मित कुछ भवनों का ज्ञान हमें प्राप्त है।

अपने राज्य के प्रारंभिक काल में हुमायूँ ने दीन पनाह में अपनी राजधानी स्थापित कर वहाँ भवनों का निर्माण कराया।[46] दीन पनाह के भग्नावशेष आजकल दिल्ली के पुराने क़िले में हैं। नगर तो लुप्त हो गया किन्तु दुर्ग की बाहरी दीवार तथा एक दरवाज़ा (खूनी दरवाज़ा) अभी भी मौजूद है जिसमें गढ़ का स्थान निश्चित

किया जा सकता है। यह तीन फरलांग लम्बा तथा डेढ़ फरलांग चौड़ा है। दीवारें चालीस फुट ऊँची हैं। यमुना उन दिनों उस स्थान पर बहती थी जहाँ अब निज़ामुद्दीन का स्टेशन है। ग्रीष्म ऋतु में दुर्ग से यमुना के जल की छवि का आनंद लिया जा सकता था। दुर्ग यमुना के पानी से घिरा रहता था। यदि यह इमारत पूरी हो गई होती तथा नष्ट न हुई होती तो वास्तुकला के इतिहास में इसका विशेष स्थान होता।

पुराने क़िले में हुमायूँ का पुस्तकालय है।[47] यह ग्रेनाइट तथा लाल पत्थर का बना एक दुमंजिला भवन है। इसकी सीढ़ियाँ पतली हैं। इसमें अब भी कुछ ख़ाने हैं, जहाँ पुस्तकें रखी जाती थीं। इसी भवन की सीढ़ी से गिरकर हुमायूँ की मृत्यु हुई। पुराने किले के मध्य में एक बड़ा गहरा कुआँ है। इसे हुमायूँ ने बनवाया था, जिससे दुर्ग में पानी की कमी न हो।[48]

सलीमगढ़ दुर्ग के निकट यमुना के किनारे नीली छतरी नामक इमारत है। इसके गुम्बज पर नीली खपरैल है। यह 1532 ई. में हुमायूँ द्वारा निर्मित हुई।[49]

हुमायूँ को साहित्य तथा साहित्यकारों से विशेष प्रेम था। अमीर ख़ुसरो सल्तनत काल का सबसे बड़ा फ़ारसी का कवि था। इसके मक़बरे पर हुमायूँ ने एक अभिलेख अंकित कराया जो अब भी मौजूद है। उसने 938 हिजरी (1531-32 ई.) में इसकी भीतर की चारदीवारी का निर्माण कराया, उस पर संगमरमर लगवाया तथा उसकी क़ब्र पर एक संगमरमर का समाधि-प्रस्तर भी रखवाया।[50] अभिलेख में ख़ुसरो को 'शब्दों के साम्राज्य के सम्राट' के अतिरिक्त प्रमुख संत भी कहा गया है। अमीर ख़ुसरो के प्रति हुमायूँ का आदर केवल एक कवि के नाते ही नहीं वरंच एक सूफ़ी संत के नाते भी था।

आगरा में हुमायूँ के किसी भवन निर्माण का निश्चित प्रमाण नहीं मिलता। एक मस्जिद जो गिरी हुई अवस्था में है हुमायूँ द्वारा निर्मित बताई जाती है।[51] इसी तरह की एक मस्जिद फ़तेहाबाद (जिला हिसार) में है। यह एक बड़ी तथा संतुलित इमारत है। इसकी खपरैल एनेमल (तामचीनी मीना) की है। कदाचित् हुमायूँ ने उसका निर्माण 1540 ई. में कराया।[52] सारनाथ में चौखंडी स्तूप पर एक अष्टाकार मीनार या बुर्ज है जो हुमायूँ के यहाँ आने की स्मृति में राजा टोडरमल के पुत्र गोवर्धन द्वारा अकबर के समय में निर्मित हुआ।[53] सहारनपुर जिले के नकुर तहसील के गंगोह कस्बे में शेख अब्दुल कद्दूस का मक़बरा है। यह 1537 ई. में हुमायूँ द्वारा बनवाया गया था, यद्यपि संत की मृत्यु 6 वर्ष बाद हुई : हुमायूँ ने संत की कुटी में उससे धार्मिक विषयों पर वार्ता भी की थी।[54] आजमगढ़ जिले में तहसील महाल के निगून कस्बे में एक मस्जिद है जो हुमायूँ के काल में 1533 ई. में निर्मित हुई थी।[55] इसी तरह कालिंजर के एक जलाशय का निर्माण भी उसके समय में 936 हि. में हुआ।[56]

उपर्युक्त भवनों के अतिरिक्त कुछ अन्य भवनों के विषय में केवल साहित्यिक प्रमाण मिलते हैं। ख़्वांदमीर लिखता है कि आगरा में हुमायूँ ने एक 'इमारते तिलिस्म'

का निर्माण कराया था, जिसका वर्णन किया जा चुका है।[57] हुमायूँ ने आगरा दुर्ग के अन्दर उस स्थान पर जहाँ हिन्दू राजाओं के समय में कोषागार था, एक महल का निर्माण कराया। इस महल में बहुत से कमरे तथा दालानें थीं और यह इतना ऊँचा था कि ऊपर बैठने वालों को ऐसा मालूम होता था जैसे वे आकाश में हों। यहाँ से यमुना सात-आठ मील तक दिखाई देती थी,[59] जिससे बड़ा आनंद आता था। ग्वालियर में हुमायूँ ने तराशे हुए पत्थरों से एक किले का निर्माण कराया तथा उसे बहुत ही सुंदर ढंग से सजाया गया था। ख़्वन्दमीर इस भवन को 'सृष्टि का आश्चर्य' कहता है।[59]

हुमायूँ द्वारा निर्मित वास्तुकला के विकास की दृष्टि से बहुत महत्त्वपूर्ण नहीं है, फिर भी इनसे प्रकट होता है कि हुमायूँ को भवन-निर्माण में रुचि थी तथा समय और सुविधा प्राप्त होने पर उसने महत्त्वपूर्ण भवनों का निर्माण कराया होता। उसका ईरान निवास भी व्यर्थ नहीं गया। वह वहाँ से अपने साथ वहाँ के कला-सिद्धांत तथा कलाकार लाया जो भविष्य में भारतीय कला से मिलकर मुग़ल कला के अंग बन गए।

हुमायूँ का मक़बरा

हुमायूँ से संबंधित स्मारकों में सबसे महत्त्वपूर्ण उसका अपना मक़बरा है जो हुमायूँ के मक़बरे के नाम से प्रसिद्ध है। इसका निर्माण अकबर के समय में हुआ। साधारणतया शासक अपने मक़बरों का निर्माण अपने जीवन काल में करा लेते थे। दुर्भाग्यवश हुमायूँ को इसका समय नहीं मिल सका। उसकी मृत्यु के पश्चात् यह कार्य उसकी विधवा हाज़ी बेगम (बेगा बेगम) ने अपने हाथ में लिया। सम्राट की मृत्यु के आठ वर्ष पश्चात् (1564 ई. में) बेगम ने इस मक़बरे का निर्माण कार्य प्रारंभ कराया। वह स्वयं दिल्ली जाकर बस गई तथा उसी की देखरेख में यह मक़बरा बनकर तैयार हुआ।

यह मक़बरा दिल्ली में दीन पनाह के निकट बना हुआ है। इसी के निकट निज़ामुद्दीन औलिया की दरगाह है जहाँ उस समय भी बहुत-से लोग जाया करते थे, जैसे आजकल जाते हैं। जिस समय इसका निर्माण प्रारंभ हुआ, अकबर की राजधानी आगरा थी। इसका प्रमुख वास्तुकार मीराक मिर्ज़ा ग़ियास था, जो कदाचित ईरानी था। मक़बरे के पास ही एक अरब सराय है। यह नाम कदाचित उन कारीगरों के परिवारों के बसने से पड़ गया, जिन्होंने इस मक़बरे का निर्माण किया। भवन पर विदेशी प्रभाव होने पर भी अधिकतर कारीगर भारतीय थे।[60]

मक़बरे के चारों तरफ एक उद्यान है और उसके चारों तरफ एक चारदीवारी है। चारदीवारी को चारों दीवारों में से प्रत्येक के मध्य में एक-एक द्वार है। मुख्य द्वारा पश्चिम का है, अन्य द्वार केवल सामंजस्य स्थापित करने के लिए बनाए गए।

हुमायूँ का मकबरा

द्वार से प्रवेश करने पर उद्यान मिलता है जो मुग़ल काल में भाँति-भाँति के पेड़-पौधों से सजा रहता था। लोदी काल में मक़बरों के चारों तरफ दीवार बनाने की प्रणाली तो प्रारंभ हो गई थी, किन्तु इस तरह मक़बरों के साथ चौकोर उद्यानों की प्रणाली की यह प्रथम प्रमुख इमारत है।[61] इसके निर्माण में लाल तथा श्वेत पत्थरों का प्रयोग किया गया है। संपूर्ण भवन लाल पत्थर का तथा गुम्बद सफ़ेद पत्थर का है। बीच-बीच में सजावट के लिए भी सफ़ेद पत्थर का प्रयोग हुआ है। मक़बरा 22 फुट ऊँचे चौकोर चबूतरे पर बना हुआ है। इसका निर्माण इस तरह हुआ है कि छत पर इसमें कई कमरे निकल आए हैं। यहाँ कदाचित् विद्यार्थी पढ़ते थे।

हुमायूँ के मक़बरे से मुग़ल कला की वास्तुकला का वास्तविक इतिहास प्रारंभ होता है। इसके पहले की मुग़ल इमारतें नगण्य हैं। इसका गुंबद पूर्ण गुंबद कहलाता है अर्थात् यह पूर्ण अर्द्धवृत्त है। गुंबद की चोटी पर चंद्राकार है, कमल नहीं। इसका कारण ईरानी प्रभाव है। इसके बाद के गुंबदों (जैसे ताजमहल) की चोटी कमल है। किन्तु इस गुंबद के बनाने में भी विशेषता है। इसके मेहराबों पर भी ईरानी प्रभाव है। मक़बरे के साथ के उद्यान से इसकी सुंदरता और भी बढ़ जाती है।[62] ताजमहल के निर्माण के समय शाहजहाँ तथा उसके वास्तुकार हुमायूँ के मक़बरे से प्रभावित थे तथा दोनों भवनों में कई बातों में समानता है। ईरानी प्रभाव होने पर भी यह पूर्णतया भारतीय इमारत है।[63]

हुमायूँ के मकबरे के नीचे भूमि-गृह में मुग़ल परिवार से संबंधित बहुत-सी कब्रें हैं। इन पर लेख नहीं खुदे हैं जिससे इनका पता लगाना संभव नहीं। शाहजहाँ का पुत्र दारा शिकोह हत्या के पश्चात् इसी मक़बरे में बिना किसी संस्कार के दफ़ना दिया गया था।[64] औरंगजेब की मृत्यु के पश्चात् भी कई राजकुमार तथा मृत सम्राट यहाँ दफ़नाए गए।[65] यहाँ इतनी कब्रें हैं कि हुमायूँ का मक़बरा तैमूर वंश का श्मशान-गृह कहलाता है। मुग़ल वंश के अंतिम सम्राट बहादुर शाह तथा उसके पुत्रों ने 1857 ई. में भागकर हुमायूँ के मक़बरे में शरण ली थी। यहीं वे बंदी बनाए गए[66] बहादुरशाह के दो पुत्र इसी के निकट गोली से मार डाले गए। विधि की यह कितनी विषम विडंबना थी कि मुग़ल साम्राज्य का अन्त भी इसी मक़बरे में हुआ।

मुग़ल चित्रकला तथा हुमायूँ

फ़ारसी तथा तुर्की भाषा में चित्रकार को मुसव्विर कहते हैं। क़ुरान में परमेश्वर के लिए इसी शब्द का प्रयोग किया गया है। क़ुरान के अनुसार द्यूत, प्रतिमाविधान तथा भविष्य-कथन शैतानों की कार्यवाइयाँ हैं, इस कारण मुसलमानों को इनसे बचना चाहिए। हदीस में कहा गया है कि क़यामत के दिन चित्रकार को घोर नरक में स्थान प्राप्त होगा, क्योंकि वह अपनी बनाई हुई तस्वीरों में प्राण संचार न कर सकेगा। क़ुरान तथा हदीस की इस व्याख्या के कारण कट्टर मुसलमानों ने चित्रकला का विरोध

किया, फिर भी इस्लामी देशों में भी इसका अन्त न हो सका।

सोलहवीं शताब्दी के अन्त में उत्तरी भारत में चित्रकला की प्राचीन परम्पराएँ धीरे-धीरे लुप्त होती जा रही थीं। इसके विपरीत राजसी प्रश्रय के कारण ईरान में चित्रकला की उन्नति हो रही थी। विख्यात चित्रकार बिहज़ाद की मृत्यु हो गई थी, किन्तु इसकी कला पर आधारित उसकी शैली (स्कूल) जीवित थी। उसके शिष्य आग़ा मीराक, सुल्तान मुहम्मद तथा मुजफ्फ़र अली अपनी प्रसिद्धि के शिखर पर थे।[67] ईरान में पुस्तकों को चित्रित करने की कला ने बड़ी उन्नति की थी।

हुमायूँ में कलात्मक भावना की कमी नहीं थी। ईरान में वह इन चित्रों से प्रभावित हुआ तथा उसने प्रसिद्ध चित्रकारों के चित्रों को देखा। तबरेज़ में हुमायूँ का परिचय मीर सैयिद अली नामक एक युवक चित्रकार से हुआ। मीर सैयिद अली का पिता मीर मन्सूर बदख़्शाँ का निवासी था। वह कुशल चित्रकार था। तबरेज़ में बिहाज़ाद के निर्देशन में चित्रकला की सूचना पाकर वह भी अपने पुत्र के साथ बदख़्शाँ से तबरेज़ आ गया। यहाँ मीर सैयिद अली ने चित्रकला में विशेषता प्राप्त की। यह कवि भी था तथा 'जुदाई' के उपनाम से कविता लिखता था।[68] तबरेज़ में हुमायूँ की मुलाकात ख़्वाजा अब्दुस्समद नामक एक अन्य चित्रकार से हुई। यह शिराज के गवर्नर शाहशुजा के वज़ीर ख़्वाजा निज़ामुल्मुल्क का पुत्र था। अब्दुस्समद उस समय चित्रकला तथा सुलेख के लिए प्रसिद्ध हो चुका था। हुमायूँ ने उसे अपनी सेवा स्वीकार करने के लिए आमंत्रित किया। उस समय हुमायूँ राज्यविहीन था तथा वह स्वयं ईरान के शाह पर निर्भर था। इसी कारण अब्दुस्समद ने उस समय हुमायूँ का निमंत्रण स्वीकार नहीं किया।

कुछ दिन बाद जब हुमायूँ ने काबुल पर अधिकार कर लिया तो अब्दुस्समद तथा मीर सैयिद अली ने सन् 1550 ई. में हुमायूँ की सेवा स्वीकार कर ली।[69] इन दोनों चित्रकारों द्वारा हुमायूँ की सेवा स्वीकार करना मुग़ल काल की चित्रकला के इतिहास का स्वर्ण दिवस था। मुग़ल चित्रकला का इतिहास उसी दिन से प्रारंभ होता है।

हुमायूँ तथा उसके पुत्र अकबर ने इन कलाकारों से चित्रकारी सीखना भी प्रारम्भ किया।[70] मुग़ल सम्राटों की चित्रकला में दिलचस्पी का यह स्पष्ट प्रमाण है। हुमायूँ ने इन चित्रकारों को फ़ारसी की प्रसिद्ध पुस्तक 'दस्ताने अमीर हमज़ा' को चित्रित करने की आज्ञा दी। प्रारंभिक योजना के अनुसार सौ-सौ चित्रों की बारह जिल्दों में पुस्तक को चित्रित करना था। अर्थात् कुल 1200 चित्र बनाने थे। सात वर्ष के परिश्रम के पश्चात् इन लोगों ने चार जिल्दें तैयार कीं।[71] ये चित्र कपड़े पर बने हैं। चित्र बड़े आकार (22" × 28/1/4") के हैं। इन चित्रों में ईरानी, विशेषतया बिहज़ाद की शैली, का स्पष्ट प्रभाव है। फिर भी इसमें भारतीयता की झलक स्पष्ट है।[72] इन चित्रों को दोनों चित्रकारों ने अन्य सहयोगियों की सहायता से बनाया। इस कार्य

के प्रारंभ होने के कुछ ही दिनों बाद हुमायूँ ने भारतीय अभियान की तैयारी प्रारंभ की जिससे वह इस कार्य की निगरानी न कर सका। फिर भी इसका कार्य चलता रहा। हुमायूँ की मृत्यु के पश्चात् अकबर ने इस कार्य को पूरा किया। दोनों चित्रकारों ने अकबर के समय में प्रसिद्धि प्राप्त की तथा मुग़ल चित्रकला के प्रारंभकर्ता बने।

अकबर ने अब्दुस्समद को 'शीरी कलम' (मधुर कलम) की उपाधि दी तथा अपने राजत्व के बाइसवें वर्ष में इसे फतेहपुर सीकरी की शाही टकसाल का अधीक्षक भी नियुक्त किया और बाद में राजत्व के 31 वें वर्ष में उसे दीवान बनाकर मुल्तान भेजा। अब्दुस्समद को चार सौ का मनसब प्राप्त था, किन्तु प्रभाव तथा सम्मान की दृष्टि से इसका विशेष स्थान था। यह सुलेख लिखने में अद्वितीय था। पोस्ते के बीज पर इसने क़ुरान का पूरा 112वाँ सूरा लिख दिया था।[73] अकबर के समय के सिक्कों पर भी अब्दुस्समद का प्रभाव स्पष्ट रूप से दिखाई देता है।

इस तरह हुमायूँ ने मुग़ल चित्रकला के विकास का बीजारोपण किया। उसने चित्रकला के विकास की परिस्थिति उपस्थित कर दी थी। अकबर का आश्रय तथा प्रोत्साहन पाकर यह बीज एक छायादार वृक्ष के रूप में विकसित हुआ।

विद्या प्रेम तथा साहित्यिक रुचि

हुमायूँ विद्वान् था। वह अरबी, फ़ारसी तथा तुर्की भाषा में बात-चीत कर सकता था। मुग़ल सम्राटों की मातृभाषा चग़ताई तुर्की थी, किन्तु अपना देश त्यागने के पश्चात् उन्होंने धीरे-धीरे यह भाषा त्यागकर फ़ारसी भाषा अपना ली थी। फ़ारसी उस समय दक्षिण-पश्चिम एशिया के प्रदेशों में सभ्य लोगों की भाषा समझी जाती थी। सल्तनत काल में राजसी भाषा फ़ारसी थी। मुग़लों को यह वसीयत के रूप में प्राप्त हुई थी। इस तरह फ़ारसी भाषा मुग़ल अमीरों तथा दरबार की प्रमुख भाषा बन गई थी। फिर भी मुग़लों ने उस समय तक अपनी मातृभाषा का त्याग नहीं किया था। अवसर मिलने पर वे तुर्की भाषा में बातचीत करते थे। विशेषतया जब वे चाहते थे कि कोई अन्य उनकी बात न समझे तो वे तुर्की भाषा में बोलते थे। हुमायूँ भी ऐसे अवसरों पर इस भाषा का प्रयोग करता था। सन् 1548 ई. में जब कराँचा ख़ा समर्पण करने के लिए गले में तलवार बाँधकर उसके सामने उपस्थित किया गया तो हुमायूँ ने तुर्की भाषा में कहा कि "सैनिक अपने जीवन-काल में इस प्रकार की भूलें करते ही रहते हैं" तथा उसे क्षमा करने का आदेश दिया।[74] इसी तरह कामरान के समर्पण करने पर (22 अगस्त 1548 ई.) जब वह दरबार में उपस्थित किया गया तो वह सम्राट से हटकर बैठा। हुमायूँ ने तुर्की भाषा में कहा "और निकट बैठो।"[75] इस तरह हुमायूँ ने तुर्की भाषा के ज्ञान का सदुपयोग अन्य अवसरों पर भी किया।[76]

हुमायूँ अरबी भाषा भी जानता था। जौहर तथा नफ़ायसुल मआसिर के लेखक अलाउद्दौला बिन यह्या कज़्वीनी उसके क़ुरान पढ़ने तथा स्मृति से कुरान के वाक्यों

का भिन्न-भिन्न अवसरों पर उद्धरण करने का उल्लेख करते हैं। वह नक्षत्र तथा ज्योतिष-शास्त्र का विद्वान् था। संभवतः उसे अरबी भाषा से इसमें सहायता मिली हो।

हुमायूँ को फ़ारसी भाषा का बहुत ही अच्छा ज्ञान था। वह इस भाषा में सरलता से बातचीत करता था। ईरान में उसको इस ज्ञान से बड़ी सुविधा हुई।

वह फ़ारसी में कविता भी लिखता था। अबुल फ़ज़ल लिखता है कि उसे कविता एवं कवियों में रुचि थी। उसमें कविता करने की बड़ी योग्यता थी। समय-समय पर वह आध्यात्मिक तथा सांसारिक विषयों पर कविता किया करता था। उसका दीवान अकबर के पुस्तकालय में था,[77] जो अब प्राप्त है। इसके अतिरिक्त उसकी कुछ कविताओं को अबुल फ़ज़ल तथा अन्य लेखकों ने अपनी पुस्तकों में उद्धृत किया है। इन कविताओं में प्रेम तथा रहस्यवाद की कविताएं भी हैं। उसकी कविताएँ स्पष्ट, संक्षिप्त तथा सुगठित है। उसकी कविताओं में उसकी गज़लें तथा रूबाइयाँ सबसे अच्छी समझी जाती हैं।[78] उसमें अन्य कवियों की कविताओं को सुधारने की भी योग्यता थी। बदायूँनी ने इस तरह के उदाहरण दिए हैं,[79] जिनसे उसकी योग्यता तथा बुद्धि का पता चलता है। कुछ कविताओं में उसने अपना उपनाम 'हुमायूँ' दिया हैं हुमायूँ की लगभग सभी रचनाएँ फ़ारसी भाषा में हैं। उसके कुछ पत्र तथा केवल कविता तुर्की भाषा में बताई जाती है।[80]

हुमायूँ केवल कवि ही नहीं वरंच कवियों तथा विद्वानों का पोषक तथा आश्रयदाता भी था। उसकी रुचि तथा प्रोत्साहन से प्रभावित होकर ईरान, तुर्किस्तान, बुख़ारा तथा समरकन्द के कवि अपना देश छोड़कर उसके दरबार की शोभा बढ़ाते थे। बुख़ारा के जाही यजमान तथा मावराउन्नहर के हैराती काबुल में ही उसके दरबार में आ गए थे। मौलाना अब्दुल बाकी सद्र तुर्किस्तानी, मीर अब्दुल हई बुख़ारी, ख़्वाजा हिजरी जामी, मौलाना बज़्मी, मुल्ला मुहम्मद सालीह तथा मुल्ला जान मुहम्मद उसके दूसरे भारतीय अभियान में उसके साथ आए। मीर अब्दुल लतीफ़ कज़्वीनी, मौलाना इलियास, मौलाना अब्दुल क़ासिम अस्तराबादी, ख़्वाजा अयूब, शेख़ अबुल वाहिद फ़ारिगी शिराजी तथा शौकी तबरीज़ी ईरान के सफ़वी दरबार तथा वहाँ के नगरों से आए थे।[81]

सीदी अली रेईस हुमायूँ के कविता-प्रेम की प्रशंसा करता है। वह लिखता है कि हुमायूँ का शाही तीरंदाज खुशहाल भी इन कवि गोष्ठियों में भाग लेता था।[82] शेख़ अमानुल्ला पानीपती हुमायूँ का प्रमुख कवि था। वह सूफ़ी तथा धर्मशास्त्री भी था। इसने हुमायूँ की प्रशंसा में अनेक कसीदों की रचना की। उसकी कविताएँ मधुरता, दर्द तथा सरलता के लिए प्रसिद्ध थीं। मौलाना क़ासिम शाही विद्वान् तथा कवि था। हुमायूँ की प्रशंसा में उसने भी कसीदे, मसनवी तथा ग़ज़लों की रचना की। वह कामरान के साथ हज़ को भी गया था। वहाँ से वह पुनः लौट आया। हुमायूँ तथा कामरान

की मृत्यु पर उसने बड़े ही सुंदर तिथिबंधों (Chronograms) की रचना की। मौलाना जुनूनी बदख़्शाँ का प्रसिद्ध कवि था। हुमायूँ की बदख़्शाँ विजय के पश्चात् उसने उसकी सेवा स्वीकार की। हुमायूँ की प्रशंसा में इसने 38 शेरों के एक सुंदर कसीदे की रचना की। शेख़ जैनुद्दीन ख़ाफ़ी 'बफ़ाई' के उपनाम से कविता करता था। यह बाबर का सद्र रह चुका था। इसने आगरा में यमुना के पार एक मस्जिद तथा एक मदरसा बनवाया था। यह आशु कवि था। इसकी मृत्यु 1533-34 ई. में चुनार के निकट हुई और वह अपने ही बनवाए हुए मदरसे में दफ़नाया गया। बफ़ाई का मित्र शेख अबुल वाहिद फ़ारिग़ी अपनी मीठी वाणी के लिए प्रसिद्ध था। उसकी मृत्यु भी 1533-34 ई. में हुई। वह आगरा में शेख जैन की ख़ानकाह में दफ़नाया गया। अन्य प्रमुख कवियों में ख़्वाजा अयूब, शाह ताहिर हैदर तुनियाई, जाही यतमान तथा मौलाना नादिरी समरकंदी प्रमुख हैं।[83]

साहित्य के अतिरिक्त हुमायूँ को गणित, नक्षत्र-शास्त्र, ज्योतिष-शास्त्र तथा इतिहास का भी ज्ञान था। ज्योतिष तथा नक्षत्र-शास्त्र में तो वह दक्ष था। उसके आविष्कार, जिनका ऊपर वर्णन किया जा चुका है, ज्योतिष तथा नक्षत्र शास्त्रों से प्रभावित थे। अबुल फ़ज़ल लिखता है कि हुमायूँ एक वेधशाला का निर्माण करना चाहता था। इसके लिए उसने बहुत-से यंत्रों की व्यवस्था भी कर ली थी तथा कई स्थानों को वेधशाला के लिए चुना भी था।[84] मृत्यु से संबंधित दुर्घटना के पूर्व उसने गणितज्ञों तथा नक्षत्र शास्त्रियों को शुक्र ग्रह का निरीक्षण करने के लिए आमंत्रित किया था। हुमायूँ का विश्वास था कि मनुष्य-जीवन नक्षत्रों द्वारा प्रभावित होता है। इस तरह वह भाग्यवादी था। जब शाह तहमास्प ने उससे कहा कि उसकी दयनीय अवस्था का कारण उसका घमंड था तो उसने उत्तर दिया कि यह सब भाग्य का फल है।

ताज़े इज़्ज़त, बिसाते निशात, विभागों का विभाजन, बाणों के बारह वर्ग, प्रत्येक दिन के लिए विशेष वस्त्रों का निर्णय इत्यादि नक्षत्रों से बचने के लिए ही थे। फ़िरिश्ता लिखता है कि हुमायूँ ने एक ऐसा ग्लोब तैयार कराया था जिस पर पंचभूत एवं आकाश का वर्गीकरण अंकित था तथा उन्हें भिन्न-भिन्न रंगों में रंगा गया था।[85] उसके दरबार में नक्षत्र-शास्त्र के भी कई विद्वान् थे। इन विद्वानों में शाह ताहिर दक्खिनी, मौलाना इलियास उल्लेखनीय हैं। मौलाना इलियास ने हुमायूँ को नक्षत्र-शास्त्र की शिक्षा दी थी। वह अपने विषय का ज्ञाता था तथा वेधशाला स्थापित करने का भी विशेषज्ञ था।[86]

कवियों तथा नक्षत्र शास्त्रियों के अतिरिक्त अन्य विषयों के विद्वान् भी उसके दरबार की शोभा बढ़ाते थे। मीर अब्दुल लतीफ़ कज़वीनी, जिसे काबुल में अकबर का शिक्षक नियुक्त किया गया था, बहुत ही उच्चकोटि का विद्वान् था। अपने पिता काज़ी दह्या की भांति वह भी उच्चकोटि का इतिहासकार था। हुमायूँ ने इसे भारत

आने के लिए आमंत्रित किया, किन्तु वह सम्राट की मृत्यु के पश्चात् दिल्ली पहुँचा। इतिहासकार बायज़ीद, जौहर तथा ख़्वन्दगीर उसके दरबार की शोभा बढ़ाते थे।[87] मौलाना मुहम्मद ने 'ज़वाहिरुल उलूम' (विज्ञानों का मणि) की रचना फ़ारसी भाषा में इसी समय में की। इसमें इतिहास, नक्षत्र-शास्त्र, गणित, वैद्यक शास्त्र, दर्शन-शास्त्र, न्याय-शास्त्र, इत्यादि 120 विषयों पर चर्चा है। यह हुमायूँ के समय का सबसे महत्त्वपूर्ण ग्रंथ है। उस युग में इस तरह के विश्वकोष (इनसाइक्लोपीडिया) की रचना करना बड़े साहस का काम था।[88]

हुमायूँ को पुस्तकों से भी प्रेम था। अबुल फ़ज़ल लिखता है कि ये उसके आध्यात्मिक साथी थे। अभियान तथा यात्राओं में भी पुस्तकालय उसके साथ रहता था।[89] मिराते सिकन्दरी का लेखक लिखता है कि पुस्तकें बराबर हुमायूँ के साथ रहती थीं तथा लेखक के पिता को उसकी सेवा में उपस्थित रहकर सदा पुस्तकें पढ़नी पड़ती थीं। सन् 1548 ई. में तालिक़ान के युद्ध के पश्चात् जब उसे अपनी सेना की पराजय की सूचना मिली तो उसने पूछा कि उसकी पुस्तकों का क्या हुआ? यह जानकर कि वे सुरक्षित हैं उसे प्रसन्नता तथा संतोष हुआ।[90] कुछ दिन बाद जब किवचाक़ के युद्ध में खोई हुई पुस्तकों के बक्स प्राप्त हुए, तो उसकी प्रसन्नता की सीमा नहीं थी।[91] दिल्ली पर पुनः अधिकार करने के पश्चात् उसने शेरशाह के विनोद-गृह (शेरमंडल) को पुस्तकालय में परिवर्तित कर दिया जहाँ से गिरकर उसकी मृत्यु हुई।

हुमायूँ के प्रोत्साहन से शिक्षा की भी उन्नति हुई। उसने दिल्ली में एक मदरसा भी स्थापित किया। इस मदरसे का मुख्य शिक्षक शेख़ हुसेन था।[92] इसके अतिरिक्त लोगों ने व्यक्तिगत मदरसे भी खोले थे।

हुमायूँ के धार्मिक विचार

हुमायूँ ईश्वरवादी, मुसलमान तथा सुन्नी मत का अनुयायी था। अपने व्यवहार में वह धार्मिक आस्था प्रकट भी करता था। क्षणभर के लिए भी वह बिना वजू किए तथा बिना पवित्रता के ईश्वर अथवा मुहम्मद साहब का नाम नहीं लेता था। यदि विवश होकर किसी ऐसे व्यक्ति का नाम लेना पड़ता जिसमें ईश्वर के नाम का कोई भाग भी सम्मिलित हो तो वह, ईश्वर का नाम छोड़कर बाकी नाम से उसे पुकारता था। जैसे अब्दुल्लाह के स्थान पर केवल अब्दुल कहकर बुलाता था। एक बार उसने अब्दुल हई सद्र को अब्दुल कहकर पुकारा। वजू करने के बाद उसने मीर से कहा, "क्षमा करना, मैं वजू न किए था। हई ईश्वर का नाम है, अतः तुम्हारा पूरा नाम मैंने न लिया।"[93] इसी प्रकार पत्रों पर 'हुवा' लिखने के स्थान पर दो अलिफ़ लिखता, जिससे 11 बन जाता। अब्जद से हुवा का जोड़ भी 11 होता है।[94]

धार्मिक होते हुए भी हुमायूँ में कट्टरता नहीं थी। ईरान में उसके शिआ मत स्वीकार करने की हम विवेचना कर आए हैं। ऐसा प्रतीत होता है कि वह इस्लाम

धर्म तो स्वीकार करता था, किन्तु शिआ तथा सुन्नी सम्प्रदायों के भेद स्वीकार नहीं करता था। यह उदारता उसकी माता माहम बेगम, स्त्री हमीदा बानो तथा उसके स्वयं के स्वभाव के कारण थी। शिआ तथा सुन्नी अमीरों का एक साथ स्वागत करने में उसे कोई असंभव बात नहीं प्रतीत होती थी। एक तरफ जहाँ उसके साथ अबुल माली जैसे कट्टर सुन्नी थे, वहाँ बैराम ख़ां जैसे शिआ उसके प्रमुख अमीरों में से थे। उसके भाई तथा मित्र उसकी उदारता के कारण उसे शिआ समझते थे। कन्नौज के युद्ध के पश्चात् सब भाई लाहौर में एकत्र थे। एक दिन हुमायूँ तथा कामरान कहीं जा रहे थे। मार्ग में एक कुत्ता पाँव उठाकर एक क़ब्र पर पेशाब कर रहा था। कामरान ने कहा, "ऐसा मालूम होता है कि यह क़ब्रवाला राफ़ज़ी (शिआ) है।" हुमायूँ ने इसका उत्तर दिया, "हाँ, ज्ञात होता है कि यह कुत्ता भी सुन्नी है।"[95] संभव है यह उत्तर कामरान को चिढ़ाने तथा शिआ अमीरों को प्रसन्न करने के लिए दिया गया हो फिर भी उससे यह प्रकट होता है कि वह शिआ-सुन्नी मतभेद को पसंद नहीं करता था।

ज्योतिष तथा नक्षत्र शास्त्रों के अध्ययन तथा धार्मिक विश्वास ने उसे धर्मभीरु बना दिया था। बदायूँनी लिखता है कि घर एवं मस्जिद में भूलकर भी वह कभी बायाँ पाँव आगे नहीं रखता था। यदि कोई बायाँ पाँव रख देता तो वह उससे बायाँ पाँव वापस करा कर दाहिना पाँव आगे करने को कहता था।[96] हैदर मिर्ज़ा के अनुसार वह मंत्रों तथा जादू में भी विश्वास करता था।[97] बिना शकुन निकाले तथा शुभ नक्षत्र का निश्चय हुए वह शुभ कार्य नहीं प्रारंभ करता था।

हुमायूँ के युग में सूफ़ी संतों का प्रभाव बढ़ रहा था। अवसर मिलने पर वह फ़कीरों का दर्शन करता था तथा उनसे धार्मिक विषयों पर वार्ता करता था। ईरान में जिस नगर या स्थान में वह पहुँचता था वहाँ के प्रमुख दरगाहों, मक़बरों इत्यादि का दर्शन करता था। उसकी कविताओं पर भी सूफ़ी प्रभाव प्रकट होता है। भारतीय अभियान के पूर्व उसने सूफ़ियों की तरह मांस न खाने की प्रतिज्ञा की थी। वह मौलवियों तथा संतों के साथ वार्ता करने में आनंद लेता था। साधारणतया रात्रि का अंतिम पहर तथा कभी-कभी पूरी रात उनके साथ धार्मिक विचार-विमर्श करने में व्यतीत कर देता था।[98]

समकालीन सूफ़ी संतों में कुछ के साथ हुमायूँ का निकट सम्बन्ध था। वह शेख़ मुहम्मद गौस तथा उनके बड़े भाई शेख़ बहलूल का आदर तथा सम्मान करता था। शेख़ गौस सूफ़ियों के शत्तारी सिलसिला के प्रमुख सूफ़ी संत थे। इन्होंने बारह वर्ष तक चुनार की पहाड़ियों में तपस्या की थी।[99] बाद में इन्होंने ग्वालियर में अपनी कुटी बनाई। हिन्दाल के विद्रोह के समय हुमायूँ ने इनके बड़े भाई बहलूल को हिन्दाल को समझाने के लिए बंगाल से आगरा भेजा। दुर्भाग्यवश शेख़ बहलूल हिन्दाल द्वारा मार डाला गया। हुमायूँ के निष्कासन के पश्चात् शेख़ गौस गुजरात चले गए। उनके

सुरक्षित होने से हुमायूँ को बड़ा संतोष हुआ। दोनों में पत्र-व्यवहार होता रहता था।[100]

अपनी उदारता के कारण ही हुमायूँ ने हिंदुओं के प्रति कट्टरता की नीति नहीं अपनाई। हिंदुओं के विरुद्ध उसने धर्मयुद्ध की घोषणा नहीं की। धर्म के नाम पर मंदिरों को ध्वंस करने अथवा धर्म-परिवर्तन की आज्ञाएँ भी उसने नहीं दीं। इसके विपरीत कुछ राजपूत शासकों ने कठिन परिस्थिति में उसकी सहायता की। चौसा के युद्ध के पश्चात् राजा वीरभान ने उसकी बड़ी सहायता की। मालदेव उसे सहायता देना चाहता था किन्तु वह इसका उपयोग न कर सका। जोधपुर से लौटकर उसे कहीं शरण नहीं मिल रही थी। उस समय अमरकोट के राजा ने उसे तथा उसके परिवार को शरण दी। इस तरह हुमायूँ का हिंदुओं के साथ अच्छा सम्बन्ध रहा। राजनीति पर धार्मिक प्रभाव डालने का उसने कोई सक्रिय कदम नहीं उठाया।[101]

सैनिक योग्यता

मध्य युग के सम्राट के लिए सैनिक निपुणता आवश्यक थी। हुमायूँ की कठिनाइयों तथा समस्याओं में एक उच्चकोटि के सैनिक की आवश्यकता थी। हुमायूँ ने अपने जीवन के प्रारंभिक काल में पानीपत तथा खानवा की लड़ाइयों में युद्ध का अनुभव प्राप्त किया था। आशा थी कि वह अपने को उच्चकोटि का सैनिक प्रदर्शित करेगा, किन्तु दुर्भाग्यवश वह इस दिशा में प्रसिद्धि न प्राप्त कर सका। हिंदुस्तान में बाबर की मृत्यु के पश्चात् उसने एक भी ऐसा युद्ध नहीं जीता जो उसकी सैनिक योग्यता का लोहा जमा देता। बहादुर शाह से उसकी एक भी खुलकर लड़ाई नहीं हुई। शेर ख़ाँ से जो दो लड़ाइयाँ हुईं वह उनमें पराजित हुआ। माछीवारा की लड़ाई में वह उपस्थित नहीं था तथा सरहिंद के युद्ध की विजय का श्रेय बैराम ख़ां को है।

उसकी सैनिक कमजोरी के कई कारण थे। वास्तव में हुमायूँ शांति का सम्राट था। युद्ध में वह शत्रु की शक्ति का मूल्यांकन नहीं कर पाता था। वंगाल अभियान में चुनार के दुर्ग को विजय करने में उसे 6 महीने लग गए। वहाँ से लौटते समय चौसा तथा कन्नौज के युद्धों में उसने कुछ सामरिक भूलें की जिनका उल्लेख किया जा चुका है। इसी तरह बहादुर शाह के विरुद्ध मंदसौर में भी उसने सैनिक चतुरता नहीं दिखाई। युद्ध में शत्रु पर तत्काल आक्रमण करने की जो आवश्यकता पड़ती है, हुमायूँ में इस गुण का नितांत अभाव था। जिस समय बहादुर शाह मंदसौर से भाग रहा था वह अपने सैनिकों के साथ उसे देखता रहा। चौसा के युद्ध में भी तत्काल आक्रमण करने के बजाए उसने समय नष्ट किया। युद्ध में उत्साह के साथ सम्पूर्ण नेतृत्व ग्रहण करने में भी वह हिचकता था, कन्नौज के युद्ध का उत्तरदायित्व हैदर मिर्ज़ा के और माछीवारा तथा सरहिंद का बैराम ख़ाँ के हाथ में था। आनंदप्रिय व्यक्ति होने के कारण युद्ध की कठिनाइयों से वह भागता था। युद्धकाल में भी आमोद-प्रमोद का अवसर मिलने पर वह युद्ध को भूलकर मनोरंजन में समय व्यतीत करने लगता था।

निष्कासन के पश्चात् हुसायूं में कुछ सक्रियता तथा बुद्धि आई। अफ़ग़ानिस्तान तथा बदख़्शाँ के सैनिक कार्यों से उसके इस परिवर्तन की हमें स्पष्ट झलक मिलती है किन्तु अधेड़ अवस्था में प्रारंभिक जीवन के दुर्व्यसनों को उखाड़ फेंकना असंभव था। यदि वह कुछ दिन जीवित रहता तो संभव है उसकी परिवर्तित योग्यता का उदाहरण मिलता।

शेरशाह द्वारा उसकी पराजय से उसकी सैनिक अयोग्यता का ढिंढोरा पीटना हमारी भूल होगी। शेरशाह चतुर, धूर्त तथा बुद्धिमान सेनानायक था जैसा डॉ. कानूनगो लिखते हैं, उसमें शेर तथा लोमड़ी के सम्मिलित गुण थे।[102] वह अपनी बराबरी के शत्रुओं से लोमड़ी की चतुरता तथा कमजोरों पर शेर का दंभ तथा गरज प्रदर्शित करता था। वह साधारण परिवार का था तथा उसका उत्कर्ष उसकी अपनी बुद्धि तथा कार्यशीलता का परिणाम था। उसे साधारण सैनिक से सम्राट बनना था इसलिए वह सैनिकों के साथ धूप में खाइयाँ भी खोद सकता था तथा उनके कंधे से कंधा मिलाकर लड़ सकता था। तारीख़े दाऊदी का लेखक लिखता है कि शेरशाह स्वयं अपने सामने घोड़ों पर दाग़ लगवाता था। दाग़ के समय घोड़ों के बालों तथा चमड़े के जलने से बू उठती थी जिससे बचने के लिए उसकी नाक के पास गुलाब जल से भीगी रुमाल रखी जाती थी। जब उससे कहा गया कि बू से बचने के लिए घोड़ों को कुछ दूरी पर दाग लगाया जाए तो उसने इनकार कर दिया। जब हुमायूँ को इसकी सूचना दी गयी तो उसने उत्तर दिया कि "शेर ख़ां ऐसा व्यवहार कर रहा है जैसा अन्य किसी सम्राट ने नहीं किया। वह अब भी साधारण सिपाही की तरह व्यवहार कर रहा है।" इस घटना तथा हुमायूँ के उत्तर से दोनों व्यक्तियों का भेद समझने में हमें सहायता मिलती है। हुमायूँ सम्राट का पुत्र तथा स्वयं सम्राट था। वह इस बात को कभी नहीं भूलना चाहता था। शेरशाह जैसे व्यक्ति से युद्ध में सफलता पाना, विशेषतया जब मुग़ल अमीरों का जोश ठंडा हो गया था तथा अफ़ग़ानों में राष्ट्रीय जागरण प्रारंभ हो गया था, सरल नहीं था।

हुमायूँ का सबसे बड़ा सैनिक गुण उसका साहस था। चौसा के युद्ध के पश्चात् उसने शेरशाह से युद्ध करने में भय नहीं प्रदर्शित किया। साथियों, संबंधियों सभी ने उसका साथ छोड़ दिया, रेगिस्तान तथा बरफ़ से ढँके पर्वतों में उसे अनेक कष्ट सहने पड़े, किन्तु उसने हिम्मत नहीं हारी। अपनी सैनिक शक्ति से ही उसने काबुल, क़ंधार तथा हिंदुस्तान के अपने खोए राज्य को पुनः प्राप्त किया। इस सफलता ने उसकी पिछली सभी सैनिक भूलों तथा त्रुटियों को धो दिया।

हुमायूँ की पत्नियाँ

हुमायूँ की आठ पत्नियों का उल्लेख मिलता है। संभव है उसकी अन्य पत्नियाँ भी रही हों। इनमें तीन—बेगा बेगम, हमीदा बानो तथा माह चूचक बेगम—महत्त्वपूर्ण हैं।

बेगा बेगम से हुमायूँ का विवाह उसकी युवावस्था में बाबर के जीवन काल में हुआ था। उसके पुत्र अलअमान के जन्म तथा उसके नामकरण के सम्बन्ध में बाबर के पत्र का उल्लेख किया जा चुका है। वह मुँहफट थी और सबके सामने हुमायूँ से शिकायत करने में भयभीत नहीं हुई। बंगाल अभियान में वह हुमायूँ के साथ थी। उसकी बहन का विवाह ज़ाहिद बेग से हुआ था। ज़ाहिद बेग ने हुमायूँ को नाराज़ कर दिया। बेगा बेगम की प्रार्थना पर भी वह क्षमा नहीं किया गया। चौसा के युद्ध में बेगा बेगम अफ़गानों द्वारा बंदी बनाई गई तथा हुमायूँ के पास वापस भेज दी गई। हमीदा बानो से हुमायूँ के विवाह के पश्चात् बेगा बेगम का महत्त्व कम हो गया। हुमायूँ द्वारा हिंदुस्तान पर आक्रमण के समय वह काबुल में थी। हुमायूँ की मृत्यु के पश्चात् अन्य स्त्रियों के साथ वह भी 1557 ई. में भारत आई। 1564-65 ई. में वह हज़ के लिए गई और वहाँ से तीन वर्ष बाद लौटी। वह हाज़ी बेगम भी कहलाती है। उसने ही हुमायूँ के मक़बरे का निर्माण कराया। 1581 ई. में उसकी मृत्यु हुई। अकबर हाज़ी बेगम का अपनी माँ की भाँति आदर करता था।[103]

हुमायूँ की दूसरी पत्नी हमीदा बानों थी। उसके वंश तथा विवाह का वर्णन किया जा चुका है। यह अकबर की माता थी। यह पढ़ी-लिखी विदुषी तथा बुद्धिमती थी। ईरान में हुमायूँ को हमीदा बानो से बड़ी सहायता मिली। हुमायूँ के भारतीय अभियान के समय वह भी काबुल में थी। हुमायू की मृत्यु के पश्चात् 1557 ई. में अकबर के शासन काल में वह भारत आई। लगभग 30 वर्ष की अवस्था में ही वह विधवा हो गई। इसका अधिकतर जीवन अपने पुत्र अकबर के राजत्व काल में व्यतीत हुआ। अपने विवाह के 63 वर्ष बाद 1604 ई. में सतहत्तर वर्ष की अवस्था में इसकी मृत्यु हुई।[104]

माह चूचक बेगम से हुमायूँ ने 1546 ई. में विवाह किया। इससे चार पुत्रियाँ तथा दो पुत्र—मुहम्मद हकीम और फ़र्रुख़फ़ाल थे। शाख़दान में हुमायूँ की बीमारी में इसने हुमायूँ की बड़ी सेवा की। अकबर के सिंहासनारूढ़ होने पर यह अपने पुत्र मिर्ज़ा हकीम के साथ काबुल में ही रही। उसके नाबालिग़ होने के कारण उसकी संरक्षिका थी। वहाँ के शासन में उसे बड़ी कठिनाइयाँ हुईं। 1564 ई में अबुल माली द्वारा वह मार डाली गई।[105]

हुमायूँ की एक अन्य पत्नी गुनवार बीबी के बख़्शी बानो बेगम नामक एक लड़की थी। इसका विवाह सुलेमान मिर्ज़ा के पुत्र इब्राहीम मिर्ज़ा से हुआ और 1560 ई. में उसकी मृत्यु के पश्चात् मिर्ज़ा शर्फुद्दीन हुसेन अहरारी से इसका पुनः विवाह हुआ।[106] चाँद बीवी तथा शाद बीबी नामक हुमायूँ की दो स्त्रियाँ चौसा के युद्ध में खो गईं, मारी गईं या डूब गईं। निज़ामुद्दीन ख़लीफ़ा की पुत्री गुलबर्ग बेगम बलरास से हुमायूँ का विवाह चौसा की लड़ाई के पूर्व हुआ। हुमायूँ से विवाह करने के पूर्व 1524 ई. में उसका विवाह मीर शाह हुसेन अरगून से हुआ था, किन्तु बाद में दोनों

अलग हो गए। गुलबर्ग बेगम सिंध में हुमायूँ के साथ थी।[107] ख़ाजंग यसावल की पुत्री, मेवा जान, गुलबदन की सेविका थी। यह देखने में अच्छी थी। माहम बेगम के कहने से हुमायूँ ने इससे विवाह किया।[108]

विलासी प्रकृति का होने पर भी हुमायूँ अपने राजनीतिक कार्यों में किसी भी स्त्री से प्रभावित नहीं था। ये स्त्रियाँ केवल उसके मनोरंजन का साधन थीं।

व्यक्तित्व तथा स्वभाव

हुमायूँ अच्छे डीलडौल तथा गेंहुए रंग का आकर्षक व्यक्ति था।[109] साधारणतया उसका स्वास्थ्य अच्छा रहता था। उसका बाल्यकाल उसके पिता के सुयोग्य संरक्षण में व्यतीत हुआ था। प्रारंभ से ही उसे शिक्षित तथा शासक के संपूर्ण गुणों से पूर्ण बनाने का प्रयत्न किया गया। उसका प्रारंभिक जीवन सुख तथा आनंद में व्यतीत हुआ था। एक बड़े पिता का पुत्र होने के कारण कठिनाइयों का अनुभव, जो मनुष्य को प्रत्येक परिस्थिति के लिए तैयार करता है, उसे प्राप्त न हो सका। वह स्वभाव से आनंदप्रिय तथा विनोदी था। प्रकृति से वह नेक था। जहाँ तक संभव होता वह अपशब्द का प्रयोग नहीं करता था। किसी व्यक्ति से रुष्ट होने पर वह उस व्यक्ति को केवल 'मूर्ख' कहता था।[110] वह स्नेही था तथा अपने भाइयों, बहनों तथा संबंधियों के प्रति अपार दया तथा प्रेम प्रदर्शित करता था। भाइयों तथा संबंधियों के नीच कार्य करने पर भी वह उन्हें सदा क्षमा करने को तैयार रहता था। कामरान की अक्षम्य क्रूरता, दुष्टता तथा नीचता पर भी वह उसे मृत्यु-दंड देने को तैयार नहीं था। उसे अंधा बनाए जाने के पश्चात् उससे मिलने पर वह फूटफूटकर रो पड़ा। अपने पिता के प्रति उसकी अपार श्रद्धा थी और अनेक कष्ट सहकर भी उसने, अपने भाइयों के प्रति सद्व्यवहार करने की, उसकी आज्ञा का पालन किया।

गुलबदन बेगम उसकी दयालुता तथा प्रेम की सराहना करती हुई लिखती है कि माहम की मृत्यु के पश्चात् हुमायूँ के प्रेम के कारण ही वह अपने को अनाथ नहीं समझती थी। हुमायूँ अपनी सभी स्त्रियों का आदर करता था। दीन पनाह के उत्सव के समय बेगा बेगम की शिकायत तथा हुमायूँ के उत्तर से यह प्रतीत होता है कि हुमायूँ को जनानख़ाने की बड़ी तथा बूढ़ी स्त्रियों का भी ध्यान रहता था।

हुमायूँ को धन का लोभ नहीं था तथा उसने धन संचय करने का प्रयत्न नहीं किया। बदायूँनी लिखता है कि वह इतना बड़ा दानी था कि संपूर्ण भारत का राजस्व भी उसके दान के लिए पूरा नहीं था।[111] दावतों तथा जश्नों में वह बहुत धन बरबाद करता था। ख़्वन्दमीर लिखता है कि अपने 28वें जन्म दिन पर वह सोने से तौला गया तथा संपूर्ण धन, जो लगभग 15,000 सिक्कों के बराबर था, लोगों में वितरित कर दिया गया।[112] उसकी इन आदतों का परिणाम यह हुआ कि उसके पास अपने व्यय के लिए भी धन न रह गया। निष्कासन के अवसर पर तो उसके पास धन

की इतनी कमी हो गई कि उसे यादगार नासिर तथा अन्य अमीरों से ब्याज पर धन उधार लेना पड़ा। ऐसे व्यक्ति ने बाबर के जीवन काल में दिल्ली का राजसी कोष क्यों लूटा? यह धन के लोभ के कारण नहीं बल्कि अन्य कारणों से था।

चारित्रिक दोष

प्रत्येक व्यक्ति का उत्कर्ष तथा पतन उसके गुण, दोष तथा परिस्थितियों पर निर्भर करते हैं। हुमायूँ के जीवन की घटनाओं तथा गुणों का वर्णन किया जा चुका है। अब हम उसके चरित्र के दोषों की तरफ़ दृष्टि डालें जो उसकी असफलताओं के लिए उत्तरदायी थे। स्वभाव से हुमायूँ आलसी था तथा साथ ही उसमें उत्तर-दायित्वहीनता भी थी। इन दोनों दुर्गुणों ने मिलकर कई बार कठिन परिस्थितियाँ उपस्थित कीं। हुमायूँ का मन कठिन कार्य से मानो दूर भागता था। जहाँ तक संभव होता वह कठिनाइयों को टालता रहता था। बाबर अपनी आत्मकथा में शिकायत करता है कि भारत के अंतिम आक्रमण के समय हुमायूँ समय से नहीं पहुँचा। गुजरात अभियान में उसका सारंगपुर रुकना, गुजरात के विद्रोह के समय निकट रहने पर भी सहायता न करना, गुजरात अभियान से लौटकर आगरा में व्यर्थ समय नष्ट करना, बंगाल अभियान में राज्य कार्य भूलकर रुके रहना, चौसा तथा कन्नौज के युद्ध में युद्ध की प्रतीक्षा करना, इत्यादि उसके इस दोष के ज्वलंत उदाहरण हैं। सबसे अधिक शर्म की बात तो तब हुई जब ईरान के शाह से विदा के पश्चात् भी वह कज़वीन में पड़ा रहा तथा शाह को उसे जबरदस्ती ईरान से भगाना पड़ा। आलसी स्वभाव के ही कारण हुमायूँ युद्ध में तथा अन्य अवसरों पर तत्काल निश्चय नहीं कर पाता था। जिससे शत्रु लाभ उठाते थे।

कठिन परिस्थितियों में तत्काल सही निर्णय करना शासक या नेता का प्रमुख गुण है। हुमायूँ तत्काल निर्णय नहीं कर पाता था। शेरशाह से संधि तथा युद्ध की समस्याओं में तत्काल निर्णय कर गुजरात अभियान के पूर्व उसने शेरशाह से चुनार के लिए युद्ध किया ओर पुनः संधि कर ली। गुजरात से लौटकर शेरशाह से युद्ध करने का निश्चय करने में उसे कई महीने लग गए। बंगाल अभियान के समय मनेर में, चौसा के युद्ध के पूर्व तथा कन्नौज के युद्ध के बाद लाहौर में भी संधिवार्ता चलती रही। संधि करके उसने उसे तोड़ भी दिया, जैसे शेरशाह से मनेर में तथा बहादुर शाह से मांडू में। कूटनीतिक क्षेत्र में इसका बुरा प्रभाव पड़ा।

एक तरफ जहाँ हुमायूँ दयालु था दूसरी तरफ वह कभी-कभी ऐसी बर्बर क्रूरता प्रदर्शित करता था कि देखने वाले आश्चर्यचकित रह जाते। मांडू कां हत्याकांड तथा चम्पानीर में इमाम की हत्या इसके ज्वलन्त उदाहरण हैं। अपने प्रियजनों के विरुद्ध दंड देने में वह पक्षपात करता था। इसके परिणामस्वरूप अन्य अमीरों में वैमनस्य फैल जाता था। धर्म के नाम पर हत्या करने पर भी उसने अबुल माली को दंड

नहीं दिया।

अंधविश्वास हुमायूँ के जीवन का अंग बन गया था। बिना फ़ाल (शकुन) निकाले वह कोई शुभ कार्य नहीं करता था। कभी-कभी आवश्यक कार्य भी अच्छे नक्षत्र के लिए रोक देना पड़ता था। वह मंत्रों तथा जादू में भी विश्वास करता था। ये भावनाएँ उसे आत्मनिर्भर नहीं होने देती थीं तथा सक्रिय कार्य करने में रुकावट बन जाती थीं।

हुमायूँ का उर्वर मस्तिष्क योजनाएँ बनाने में बड़ा ही निपुण था। उसकी योजनाएँ तथा आविष्कार हमें आश्चर्यचकित कर देते हैं। किन्तु उसकी अधिकतर योजनाएँ काल्पनिक तथा मनोरंजन के लिए थीं। उनका प्रशासकीय महत्त्व नहीं था। यदि हुमायूँ ने वास्तविक शासन से संबंधित नियम इस लगन से प्रतिपादित किए होते तो उसकी गणना विश्व के प्रमुख शासकों में होती।

हूमायूं अपने निकट के लोगों तथा शत्रुओं का ठीक मूल्यांकन नहीं कर पाता था। वह बहादुर शाह तथा शेरशाह की शक्ति का अनुमान न लगा सका। उसके निकट के मनुष्य उसे धोखा देते रहते थे। फिर भी वह उनकी बातों पर विश्वास कर उन्हें क्षमा कर देता था। कितनी दुःखद तथा आश्चर्यजनक बात थी जब जोधपुर से लौटते समय तरदी बेग ने गर्भवती हमीदा बानो के लिए अपना घोड़ा देने से इनकार कर दिया। उसकी यह दयालुता एक गुण होने पर भी राजसी कार्यों में उसकी अनेक कठिनाइयों के लिए उत्तरदायी बनी।[113]

हूमायूं में समकालीन विलासिता तथा यौन-सम्बन्धी दुर्गुण भी थे। कुछ बुरे व्यक्तियों जैसे मौलाना मुहम्मद फर्ग़ली आदि की संगति ने उसे और भी पतनोन्मुख कर दिया। उसकी अफ़ीम खाने की आदत भी बढ़ती गई। अपने जीवन के अन्त में उसने इस व्यसन को त्यागने का प्रयत्न किया, किन्तु इसके पहले ही उसकी मृत्यु हो गई।

डॉ. रामप्रसाद त्रिपाठी उसके चरित्र की विवेचना करते हुए लिखते हैं : "जान पड़ता है कि हुमायूँ की बुद्धि एकांगी थी, जिस कारण मौलिक योजना के विफल होने पर परिवर्तित परिस्थिति से निपटना उसके लिए असम्भव हो जाता। वह नई समस्याओं और स्थितियों में उनकी बहुमुखी लपटें समझे बिना फँस जाता था, क्योंकि सम्भवतः उसे अपनी सीमित योग्यता का ज्ञान न था। उदाहरणतः गुजरात और बंगाल के सुदूर प्रांतों पर सैनिक आक्रमण करना उसके लिए नितांत अनावश्यक था। मालवा और बिहार में अपनी स्थिति पुष्ट करके ही उनकी विजय का कार्य उसे अपने हाथ में लेना चाहिए था। परन्तु वह एकदम सब भार ओढ़ने के लालच में आ गया ज़ो क्रमशः ही उठाने योग्य थे। उसके राजनीतिक अनुमान भ्रमात्मक होते थे, जिससे यह जान पड़ता है कि न तो मानव तथा मानव-प्रकृति का और न राजनीतिक स्थितियों तथा शासनिक समस्याओं का ही वह सच्चा पारखी था। कूटनीति और राजनीति

में वह न बाबर की बराबरी कर सका न शेरशाह की ही। जो प्रदेश सरलतापूर्वक और सोचे-समझे बिना उसने शीघ्र ही जीत लिए, उन्हें एक सूत्र में सम्बद्ध करने की योग्यता का उसमें अभाव था। वह उन पर अपना अधिकार न बनाए रख सका और उनके निकल जाने की उसके भाग्य तथा राज्य पर घातक प्रक्रिया हुई।''[114]

इतिहास में स्थान

भारतीय इतिहास विशेषतया मुग़लकाल के इतिहास में हुमायूँ का क्या स्थान है? कुछ इतिहासकारों ने उसकी प्रशंसा की है तथा कुछ ने उसकी निंदा। निज़ामुद्दीन अहमद के अनुसार ''उसके देवतुल्य व्यक्तित्व में सम्पूर्ण मानवीय गुण पूर्ण रूप से सुशोभित थे। वीरता एवं पौरुष में वह संसार के सुल्तानों में सर्वश्रेष्ठ था। दान-पुण्य में पूरे हिंदुस्तान की आय भी उसके लिए पूरी नहीं होती।'' वह उसकी विद्वता, सौजन्य, कलाकारों एवं गुणवानों को आश्रय देने तथा धार्मिकता की सराहना करता है।[115] अबुल फ़ज़ल लिखता है कि सम्राट की बुद्धिमत्ता तथा निपुणता के इतने अधिक प्रमाण हैं कि उनकी गिनती नहीं की जा सकती। वह उसके 'नकली' और 'अकली' ज्ञान, कविता करने की योग्यता इत्यादि की प्रशंसा करता है।[116] फ़िरिश्ता उसके ज्ञान, लालित्य एवं सहृदयतापूर्ण स्वभाव, धार्मिकता तथा कविता-प्रेम की सराहना करता है।[117] मुल्ला बदायूँनी लिखता है : ''सम्राट फ़िरिश्ता सरीखे गुणों वाला था। वह समस्त बाह्य एवं आध्यत्मिक गुणों से सुशोभित था। ज्योतिष, नक्षत्र-शास्त्र एवं समस्त रहस्यमय विद्याओं में अद्वितीय था।'' वह उसकी धार्मिकता, कतिवा-प्रेम इत्यादि की भी सराहना करता है।[118] हुमायूँ का चाचा हैदर मिर्ज़ा लिखता है : ''हुमायूँ बादशाह बाबर के पुत्रों में ज्येष्ठ, सबसे अधिक योग्य तथा सबसे अधिक प्रतिष्ठित थे। मैंने उनकी जैसी प्रतिभा एवं योग्यता विरले ही मनुष्यों में देखी है। किन्तु कुछ दुष्ट तथा विलासप्रिय लोगों की संगत के कारण, जिसमें मुल्ला मुहम्मद परगरी एवं उसी के समान अन्य लोग विशेष रूप से उल्लेखनीय हैं, उनमें कुछ बुरी आदतें उत्पन्न हो गई थीं जिसमें एक अफ़ीम का सेवन भी था। पादशाह में जितने भी दोष उत्पन्न हुए, और जो साधारण लोगों की चर्चा का विषय बने हुए हैं, इसी बुरी आदत के कारण हैं। इसके बावजूद उसमें उत्कृष्ट कोटि के गुण थे। वे युद्ध में बहादुर, जश्नों में मस्त तथा बहुत ही दयालु थे। संक्षेप में वे प्रतिष्ठित सम्राट थे और अपूर्व वैभव तथा ऐश्वर्य का पालन करते थे।''[119]

आधुनिक पाश्चात्य इतिहासकारों में कुछ ने हुमायूँ की कटु आलोचना की है। अर्सकिन लिखता है कि यद्यपि हुमायूँ वीर, अच्छे स्वभाव वाला, उदार तथा विद्या से प्रेम करने वाला व्यक्ति था, फिर भी उसके सभी गुण उसके दोष की सीमा पर आ जाते थे, जिसके कारण उनका कोई फल नहीं निकला। उसके मस्तिष्क में ऐसा

ओछापन (असारता) था कि उसके सभी गुणों को समाप्त कर देता था। अर्सकिन का विचार है कि यदि वह कुछ दिन और अपने पिता के सिंहासन पर आसीन रहता तो वह अपने वंश का भारत में अंतिम सम्राट होता।[120] लेनपूल ने तो अपनी ओजमयी भाषा में उसके पतन की कहानी को और भी मनोरंजक बना दिया है। वह लिखता है कि हुमायूँ का चरित्र आकर्षक था, किन्तु उसमें अपना आधिपत्य स्थापित करने की क्षमता न थी। निजी जीवन में वह एक अच्छा साथी और पक्का मित्र साबित होता था। उसका सम्पूर्ण जीवन एक शरीफ़ आदमी का जीवन था, लेकिन राजा के रूप में वह असफल रहा। हुमायूँ का अर्थ है 'भाग्यशाली', लेकिन हुमायूँ जैसा अभागा अन्य राजा न हुआ। उसका अन्त उसके चरित्र के अनुकूल ही था। अगर कहीं भी फ़िसलकर गिरने की गुंजाइश होती थी तो हुमायूँ कभी न चूकता था। वह सारी जिन्दगी फ़िसलता रहा और आख़िर फ़िसलकर वह दुनिया से विदा हुआ।[121] मैलिसन का कथन है :"हुमायूँ वीर, प्रसन्नचित, हास्यप्रिय, मनमोहक साथी, अत्यधिक शिक्षित, उदार और दयालु होने के कारण स्थायी सिद्धांतों पर एक राजवंश की स्थापना करने के लिए अपने पिता बाबर से भी कम योग्य था। इन अनेक गुणों के साथ उसमें कई कट्टर दोष भी थे। वह चंचल, विचारहीन तथा अस्थिर था। उसे कर्तव्य की कोई बलवती भावना अनुप्रेरित नहीं करती थी। उसकी उदारता अपव्ययिता में तथा अनुराग दुर्बलता में परिवर्तित हो जाता था। उसमें किसी एक दिशा में कुछ समय के लिए पूर्ण रूप से अपनी शक्तियों को केंद्रित करने की क्षमता नहीं थी, और इसी प्रकार के विस्तार से कानून बनाने की न उसमें प्रतिभा थी, न रुचि ही। इसलिए जो साम्राज्य उसका पिता विरासत में छोड़ गया था, उसको सुसंगठित तथा सुदृढ़ करने में वह सर्वथा अयोग्य था।[122]

हैवेल हुमायूँ के प्रति सहृदय होने पर भी लिखता है कि हुमायूँ तैमूर या बाबर की तरह व्यक्तिवादी या कर्मशील नहीं था। वह दुर्बल तथा दुर्विदग्ध था और राज्य के सभी विषयों में दरबारी ज्योतिषियों की सलाह लिया करता था। इतना सावधान होने पर भी ग्रहों ने हुमायूँ के विरुद्ध ही कार्य किया। व्यक्तिगत साहस का उसमें अभाव नहीं था, किन्तु मुग़ल वंश की पुनः स्थापना का श्रेय उसकी योग्यता को नहीं, बल्कि उसके साथियों की अडिग भक्ति तथा शेरशाह के उत्तराधिकारियों की दुर्बलता को था।[123] एलफिनस्टन लिखता है : "हुमायूँ में बुद्धि का अभाव नहीं था, किन्तु शक्ति की कमी थी और यद्यपि वह दुर्व्यसनों तथा उग्र आवेशों से मुक्त था, लेकिन साथ-ही-साथ सिद्धांतहीन तथा स्नेहशून्य भी था। स्वभाव से वह जितना आरामतलब तथा आलसी था उतना महत्त्वाकांक्षी नहीं, फिर भी बाबर के संरक्षण में उसका पालन-पोषण हुआ था। इसलिए उसे शारीरिक तथा मानसिक परिश्रम का अभ्यास था। संकटमय परिस्थितियों में उसने कभी शक्ति की कमी नहीं दिखलाई

और न जन्म तथा पद के लाभों से पूर्णतया अपने को वंचित किया, यद्यपि उसने उनका अधिक-से-अधिक प्रयोग नहीं किया...स्वभाव से न वह क्रूर था और न चालाक और यदि वह यूरोप का एक संवैधानिक राजा हुआ होता तो चार्ल्स द्वितीय से अधिक विश्वासघाती तथा रक्तपिपासु न सिद्ध होता।"[124]

उपर्युक्त विद्वानों के विचारों से पूर्णतया सहमत होना कठिन है। हुमायूँ के चरित्र को पूर्णतया समझने के लिए कुछ मूलभूत बातों को ध्यान में रखना आवश्यक है। किसी भी व्यक्ति के कार्यों के मूल्यांकन के लिए उसकी समकालीन परिस्थितियों, कठिनाइयों, चरित्र तथा उसके विरोधी व्यक्तियों का अध्ययन आवश्यक है। महापुरुषों की सफलता में बहुत-कुछ सौभाग्य तथा परिस्थितियाँ उत्तरदायी होती हैं। किसी भी व्यक्ति की सफलताओं के आधार पर ही उसका मूल्यांकन करना एकांगी होगा। नैपोलियन की सैनिक तथा शासकीय योग्यता को कोई अस्वीकार नहीं कर सकता, किन्तु उसकी पराजय तथा उसका हृदय-विदारक अन्त हमारे सम्मुख एक दूसरी ही तस्वीर उपस्थित करता है। यदि हम केवल उसकी भूलों पर ही दृष्टि रखें तो क्या हम नैपोलियन के वास्तविक व्यक्तित्व को समझ सकेंगे? अशोक तथा औरंगजेब की मृत्यु के पश्चात, उनका साम्राज्य विघटित हो गया, अकबर की मृत्यु के कुछ दिनों पश्चात् ही उसकी भारतीय एकता का स्वप्न समाप्त हो गया। गांधी जी अपने जीवन भर हिन्दू-मुस्लिम एकता के लिए प्रयत्नशील रहे, किन्तु उनके जीवन में ही धर्म के आधार पर देश का विभाजन तथा उनका दुःखद अन्त उनके कार्यों की एक असफल कहानी उपस्थित करता है। इसलिए क्या हम कहेंगे कि अकबर, अशोक या गांधी जी का आदर्श मूर्खतापूर्ण था?

हुमायूँ शांति युग का सम्राट था। यदि उसे अपने पिता द्वारा संगठित साम्राज्य प्राप्त हुआ होता तो उसने अपनी सृजनात्मक शक्ति द्वारा मुग़ल साम्राज्य का एक ऐसा चित्र निर्मित किया होता जो आदर्श होता। उसका सबसे बड़ा दुर्भाग्य उसकी अपार कठिनाइयाँ थीं। उसके शत्रु उससे चतुर थे। उसका बहुत-सा समय आंतरिक तथा बाहरी शत्रुओं से संघर्ष में ही बीत गया। उसकी असफलता का बहुत-कुछ उत्तरदायित्व परिस्तितियों, बाबर द्वारा छोड़ी गई समस्याओं, उसके शत्रुओं की चतुरता तथा प्रबलता, भाइयों तथा संबंधियों का असहयोग तथा विद्रोह, अफ़गान जागरण तथा उसके कुछ व्यक्तिगत दोषों पर है। अर्सकिन का यह कथन कि यदि हुमायूँ कुछ दिन और जीवित रह गया होता तो मुग़ल साम्राज्य का अन्त हो गया होता, हुमायूँ के प्रति अन्याय है।

हुमायूँ का जीवन चार कालों में विभाजित हो सकता है—1508 से 1530 ई. तक प्रारंभिक काल; 1530 से 1540 तक संघर्ष काल; 1540 से 1553 ई. तक कामरान के (अंधा बनाए जाने तक) निष्कासन तथा संकट का काल; ओर 1553 से 1555

ई. तक विजय का काल। राज्यारोहण से लेकर चौसा के युद्ध तक कठिनाइयाँ होने पर भी उसके भाग्य ने उसका साथ दिया। उसी के पश्चात् उसके बुरे दिन प्रारंभ होते हैं। ईरान से सहायता प्राप्त कर पुनः क़ंधार पर अधिकार करने के पश्चात् (1545 ई.) उसका भाग्योदय होता है, एक के बाद एक उसके शत्रुओं का अन्त होता जाता है और उसका खोया यश तथा साम्राज्य पुनः लौट आता है।

वास्तव में शेर ख़ाँ तथा अकबर के दिव्य प्रकाश से हमारी आँखें इतनी चकाचौंध हो जाती हैं कि हुमायूँ का प्रकाश धुँधला पड़ जाता है। यदि हम इसे हटा सकें तो हम स्वीकार करेंगे की मुग़ल सम्राटों में हुमायूँ का एक सम्मानित स्थान है।

मुग़ल काल का महत्त्व केवल उसकी विजयों या शासन-व्यवस्था के कारण नहीं, वरंच संस्कृति के प्रोत्साहन, विकास और उपयोगी नीतियों पर है। मुग़ल काल साहित्य तथा कला का स्वर्ण युग था। इस समय फ़तेहपुर सीकरी, आगरा तथा दिल्ली में ऐसे भवनों का निर्माण हुआ जो आज भी विश्व की आँखों को चकाचौंध कर देते हैं। यह काल साहित्य के भिन्न-भिन्न अंगों के विकास का युग था। मुग़ल चित्रकला ने भारतीय चित्रकला की परम्परा को पुनः जीवन-दान दिया। धार्मिक सहिष्णुता तथा शांति की नीतियों का विकास हुआ। हुमायूँ ने मुग़ल काल के इन सभी अंगों में अपना योगदान दिया। वह चित्रकला का जन्मदाता, साहित्य का उच्च कोटि का संरक्षक तथा धार्मिक सहिष्णुता का पथ-प्रदर्शक था। ये मुग़ल साम्राज्य के स्थायित्व के स्तंभ थे। मृत्यु के पूर्व उसने सांस्कृतिक, साहित्यिक तथा धार्मिक सहिष्णुता का ऐसा बीजारोपण कर दिया था जिसे अकबर ने अपने बुद्धिबल से विकसित कर शक्तिशाली बनाया। हुमायूँ का योगदान औरंगजेब की भाँति मुग़ल साम्राज्य के विघटन का नहीं वरंच स्थायित्व की आधारशिला है। जब तक धार्मिक सहिष्णुता तथा सांस्कृतिक, कलात्मक तथा साहित्यिक विकास में मुग़ल साम्राज्य का आधार स्वीकृत रहेगा तब तक हुमायूँ का नाम मुग़ल इतिहास में श्रद्धा से लिया जाएगा।

संदर्भ

1. हुमायूँ का जन्म 6 मार्च 1508 ई. तथा मृत्यु 26 जनवरी 1556 ई. को हुई। वह 30 दिसंबर 1530 ई. को गद्दी पर बैठा। कन्नौज के युद्ध (17 मई 1540 ई.) के पश्चात् उसका प्रथम साम्राज्य समाप्त हो गया। 24 जुलाई 1555 ई. को उसने पुनः दिल्ली में प्रवेश किया तथा सिंहासन पर बैठा। इस तरह प्रथम साम्राज्य के समय 9 वर्ष सवा चार महीने तथा दूसरी बार 6 महीने अर्थात दस वर्ष वह दिल्ली के मुग़ल साम्राज्य का शासक रहा।
2. मुन्तखबुत्तवारीख, 1, पृ. 446।
3. ख़्वन्दमीर कानूने हुमायूँनी, बेनीप्रसाद, पृ. 17।
4. परमात्माशरण, प्राविन्शियल गवर्नमेण्ट ऑफ़ दि मुग़ल्स, पृ. 46-47; त्रिपाठी, सम एस्पेक्ट्स, पृ. 296-97; मोरलैंड, एगरेरियन सिस्टम ऑफ़ मुस्लिम इंडिया, पृ. 79।
5. अकबरनामा, 1, पृ. 356।

6. "He left no traces of any constructive achievement in the political institutions of the country." परमात्माशरण, प्राविन्शियल गवर्नमेण्ट ऑफ़ दि मुगल्स, पृ.47।
7. इब्न हसन, दी सेन्ट्रल स्ट्रक्चर ऑफ़ दि मुग़ल एम्पायर, पृ. 120।
8. इस घटना के लिए देखिए इस पुस्तक ने नवें अध्याय का 108 फुट नोट।
9. बनर्जी, हुमायूँ, 2, पृ. 343। इसकन्दरी गज़ सिकन्दर लोदी के समय चलाया गया।
10. डॉ. बनर्जी के अनुसार, (हुमायूँ 2, पृ. 343) हुमायूँ एक खरबार (आठ मन से कुछ अधिक) वजन के अनाज पर दो बाबरी तथा चार टनका कर लेता था। अकबर के समय में इसी वज़न का चार बाबरी देना पड़ता था। बाबरी एक चाँदी का सिक्का था। ढाई बाबरी अकबर के एक रुपए के बराबर था। टनका दो तांबे के सिक्के के बराबर था।
11. आईने अकबरी, 1, पृ. 166-67।
12. अकबरनामा, 1, पृ. 358।
13. वही, 356-57।
14. वही।
15. नौरोज़ का त्यौहार ईरान में उस दिन मनाया जाता था जब सूर्य मेष राशि में प्रवेश करता था।
16. ख़्वनदमीर, कानूने हुमायूँनी, बेनी प्रसाद, पृ. 69। यह दिन 21 मार्च के लगभग पड़ता है।
17. वही, पृ. 63।
18. वही, पृ. 74-75।
19. इस विभाजन के लिए देखिए, ख़्वन्दमीर, कानूने हुमायूँ, बेनी प्रसाद, पृ. 23-31; अकबरनामा, 1, पृ. 357-59।
20. अहले दौलत अर्थात राज्य के समूह, अहले सआदत अर्थात् सौभाग्य के समूह, अहले मुराद अर्थात् अभिलाषाओं तथा इच्छा पूरी करने वालों का समूह।
21. हिन्दू बेग बाबर तथा हुमायूँ के समय का प्रमुख अमीर था। हुमायूँ के काल में वह जौनपुर का गवर्नर था। उसे अमीरुल उमरा की उपाधि दी गई थी।
22. फ़ाल या शकुन की प्रथा इस्लाम धर्म में स्वीकृत है। कुछ वस्तुएँ अच्छी तथा कुछ बुरी समझी जाती हैं। शकुन क़ुरान से भी निकालने की प्रथा है। आँख बंद कर क़ुरान को खोलते हैं, फिर पीछे सात पृष्ठ गिनते हैं। उसके पश्चात् जिस वाक्य या लाइन पर दृष्टि जाती है उससे फ़ाल निकालते हैं। हाफ़िज के दीवान से भी फ़ाल निकाला जाता है। ख़ुदाबख़्श लाईब्रेरी पटना में हाफ़िज़ का दीवान है जिस पर हुमायूँ तथा जहाँगीर के हाथ की टिप्पणियाँ हैं जिससे पता चलता है कि ये लोग इससे फ़ाल निकालते थे। फ़ाल के लिए देखिए एनसाइक्लोपीडिया ऑफ़ इस्लाम, 2, पृ. 46-47।
23. ख़्वन्दमीर, कानूने हुमायूँनी, बेनी प्रसाद, पृ. 24-25; अकबरनामा 1, पृ. 357; अबुल फ़ज़ल ने मिलने वाले तीसरे व्यक्ति को मर्द तथा ख़्वन्दमीर ने लड़का लिखा है।
24. ख़्वन्दमीर, कानूने हुमायूँनी, बेनी प्रसाद, पृ. 31-33; अकबरनामा, 1, पृ. 359।
25. अन्य उदाहरणों के लिए देखिए, ख़्वन्दमीर, कानूने हुमायूँनी, बेनी प्रसाद पृ. 32-33।
26. वही, पृ. 35-36; अकबरनामा, 1, पृ. 359-60।
27. फ़िरिश्ता, फा. पृ. 213; ब्रिग्स, 2, पृ. 71। फ़ारसी में मजलिस शब्द का प्रयोग किया गया है,

ब्रिग्स ने इसका अनुवाद 'हाल ऑफ़ ऑडियन्स' किया है। इसी तरह पहली मजलिस को 'पैलेस ऑफ़ मून' तथ दूसरी को 'पैलेस ऑफ़ अतारिद' किया है। इस आविष्कार का जिक्र केवल फ़िरिश्ता करता है।

28. ख़्वन्दमीर, कानूने हुमायूँनी, बेनी प्रसाद, पृ. 81-82।
29. वही, पृ. 82; अकबरनामा, 1, पृ. 361-62; अर्सकिन, 2, पृ. 533-34।
30. वही, पृ. 80-81; अकबरनामा, 1, पृ. 361।
31. इस ग्रह के इस रंग के चुनने की विवेचना के लिए देखिए ख़्वन्दमीर, कानूने हुमायूँनी, बेनी प्रसाद, पृ. 80; एनसाइक्लोपीडिया ऑफ़ इस्लाम, 4, पृ. 1058-59।
32. ख़्वन्दमीर, कानूने हुमायूँनी बेनी प्रसाद, पृ. 80-81; अकबरनामा, 1, पृ. 361।
33. ख़्वन्दमीर, कानूने हुमायूँनी, बेनी प्रसाद, पृ. 81।
34. ह्यूग्स, ए डिक्शनरी ऑफ़ इस्लाम, पृ. 550, 569-570।
35. ख़्वन्दमीर, कानूने हुमायूँनी, बेनी प्रसाद, पृ. 50।
36. वही, पृ. 50-52; अकबरनामा, 1, पृ. 361।
37. वही, पृ. 36-40; वही पृ. 360।
38. वही, पृ. 43-44।
39. ख़्वन्दमीर, कानूने हुमायूँनी, बेनी प्रसाद, पृ. 44-45; अकबरनामा, 1, पृ. 360।
40. वही, पृ. 45; वही, पृ. 360।
41. वही, पृ. 46-47; वही, पृ. 360।
42. वही, पृ. 48-49; वही, पृ. 361।
43. ख़्वन्दमीर, कानूने हुमायूँनी, बेनी प्रसाद, पृ. 48-49; अकबरनामा, 1, पृ. 361।
44. ख़्वन्दमीर, कानूने हुमायूँनी, बेनी प्रसाद, पृ. 55।
45. कैम्ब्रिज़ हिस्ट्री ऑफ़ इंडिया, 4, पृ. 524।
46. दीन पनाह की स्थापना के लिए देखिए इस पुस्तक का पृष्ठ 119।
47. इस इमारत के लिए देखिए—जरनल एशियाटिक सोसाइटी ऑफ़ बंगाल, 1871 ई., पृ. 135; कार स्टीफ़ेन—आरकियोलाजिकल एण्ड मानूमेन्टल रिमेन्स ऑफ़ डेल्ही, पृ. 193-94।
48. स्पीअर, देहली : उसके स्मारक और इतिहास, पृ. 30।
49. जहाँगीर अपनी आत्मकथा में लिखता है : "इस इमारत के नीचे पानी के पास एक चौकोर चौखण्डी बादशाह हुमायूँ के आदेश से बनी थी, जिस पर चमकते हुए खपरैल लगे थे। ऐसे हवादार स्थान बहुत कम हैं। जब स्वर्गीय सम्राट हुमायूँ दिल्ली में रहते थे तो इस स्थान पर बहुधा अपने मित्रों के साथ बैठते तथा अपने दरबारियों से बातचीत करते।" जहाँगीर की आत्मकथा, ब्रजरत्न दास द्वारा हिंदी में अनुवादित पृ. 208।
50. मिर्ज़ा वाहिद, लाइफ़ एंड वर्क्स ऑफ़ अमीर खुसरो, पृ. 138-39।
51. पर्सी ब्राउन, इंडियन आरकीटेक्चर, इस्लामिक पीरियड, पृ. 96।
52. वही; स्मिथ, ए हिस्ट्री ऑफ़ फाइल आर्ट्स इन इंडिया एण्ड सीलोन, पृ. 158।
53. मजूमदार, बी. ए गाइड टु सारनाथ, पृ. 26-27; जरनल यू. पी. हिस्टारिकल सोसाइटी, जिल्द 15, पृ. 55-64।
54. आईने अकबरी, 3, पृ. 417; बनर्जी; हुमायूँ, 2, पृ. 349। गंगोह सहारनपुर से 23 मील दक्षिण-पश्चिम

स्थित है।

55. बनर्जी, हुमायूँ 2, पृ. 349-50।

56. वही, पृ., 350।

57. इस पुस्तक का पृष्ठ 120-121।

58. ख़्वन्दमीर, कानूने हुमायूँनी, बेनी प्रसाद, पृ. 58-59; ख़्वन्दमीर तीन-चार कुरोह लिखता है। कुरोह (संस्कृत का क्रोश) दो मील के बराबर था। प्राचीन समय में मगध का क्रोश सवा मील के ही बराबर था।

59. वही, पृ. 59।

60. "There is little doubt that the masonry of the building was done by Indian craftsmen. " हैवेल, इंडियन आरकीटेक्चर फ़्राम दी फ़र्स्टमुहमडन इनवेज़न टु दि प्रेसेन्ट डे, पृ. 163।

61. ब्राउन, इंडियन आर्कीटेक्चर, इस्लामिक पीरियड, पृ. 97।

62. "The innovation here seems to have been more the association of a garden with a tomb than the style of the garden itself." हैवेल, इंडियन आर्कीटेक्चर, पृ. 163। हुमायूँ के मक़बरे के उद्यान के लिए देखिए, विलियर्स स्टुअर्ट, गार्डेन ऑफ़ दि ग्रेट मुगल्स, पृ. 95-97।

63. "With all the Persian elements in the details, the plan of the whole building is characteristically Indian." हैवेल, इंडियन आर्कीटेक्चर, पृ. 164।

64. सरकार हिस्ट्री ऑफ़ औरंगजेब, 1-2, पृ. 549-50।

65. इरविन, लेटर मुग़ल्स, 1, पृ. 34, 256।

66. सुरेन्द्रनाथ सेन, एटीन-फ़िफ्टी-सेवन, पृ. 109-11; मजूमदार आर. सी.; दि सिपॉय म्युटिनी एण्ड रिवोल्ट ऑफ़ 1857, पृ. 74-75।

67. ब्राउन, पर्सी इंडियन पेंटिग अण्डर दि मुग़ल्स, पृ. 52।

68. वही, पृ. 53।

69. अकबरनामा, 1, पृ. 292।

70. ब्राउन, इंडियन पेंटिग अण्डर दि मुग़ल्स, पृ. 54।

71. वही; आईने अकबरी, 1, पृ. 115।

72. "It is interesting to find even in this early school-called the school of Humayun by Clarke-an unmistakable Indian feeling. The manner of the Tumuride styles is dominant in the delineation of landscape and architecture in the rendering of clouds, rocks, water, trees and animals, but in the selection of recial types, drapery and attitudes there is greater freedom and in grouping still more." ताराचंद, इन्फ्लूऐन्स ऑफ़ इस्लाम आन इंडियन कल्चर, पृ. 270।

    "There ia something in this work which is not safavid, in some way it is reminiscent of the Rajput style, vaguely suggestive of an Indian environment." ब्राउन, इंडियन पेंटिंग अण्डर दि मुग़ल्स, पृ. 56।

73. आईन अकबरी, ब्लाखमैन, पृ. 555।

74. अकबरनामा, 1, पृ. 280।

75. वही, पृ. 281।

76. अन्य उदाहरणों के लिए देखिए ग़नी, ए हिस्ट्री ऑफ़ पर्सियन लैंग्वेज एण्ड लिटरेचर एट दि मुग़ल कोर्ट, 2, हुमायूँ, पृ. 7-9।

77. अकबरनामा, 1, पृ. 368; हादी हसन, दि यूनिक दीवान ऑफ़ हुमायूँ। देखिए जरनल बिहार एण्ड उड़ीसा रिसर्च सोसाइटी, 1939 ई., पृ. 71; ईश्वरी प्रसाद, हुमायूँ, पृ. 371, टिप्पणी 2।

78. ग़नी, हिस्ट्री ऑफ़ पर्सियन लैंग्वेज, 2, पृ. 10-23।

79. मुन्तख़बुत्तवारीख, 1, पृ. 478-81।

80. ग़नी, हिस्ट्री ऑफ़ पर्सियन लैंग्वेज, पृ. 6।

81. वही, पृ. 149-50।

82. बम्ब्रे, दि ट्रेवेल एण्ड एडवेंचर्स ऑफ़ दि टरकिश एडमिरल सीदी अली रेइस, पृ. 49-53।

83. इन कवियों के लिए देखिए ग़नी, हिस्ट्री ऑफ़ पर्सियन लैंग्वेज, 2, पृ. 55-62 तथा पृ. 149-60; बायज़ीद, पृ. 176-87; मुन्तखबुत्तवारीख़, 1, पृ. 469-92; ला, प्रोमोशन ऑफ़ लर्निंग, पृ. 134।

84. अकबरनामा, 1, पृ. 368।

85. फ़िरिश्ता, ब्रिग्स, 2, पृ. 71।

86. ग़नी, हिस्ट्री ऑफ़ पर्सियन लैंग्वेज, 2, पृ. 53।

87. इन इतिहासकारों के लिए इस पुस्तक का अध्याय 12 देखिए।

88. ग़नी, हिस्ट्री ऑफ़ पर्सियन लैंग्वेज, 2, पृ. 78-100।

89. अकबरनामा, 1, पृ. 136; काउण्ट वान नोअर, दि एम्परर अकबर, अंग्रेजी अनुवाद, पृ. 136; जहाँगीर अपनी आत्मकथा में (रोजर्स द्वारा अंग्रेजी अनुवाद, पृ. 17) हुमायूँ के पुस्तकालयाध्यक्ष निज़ाम का उल्लेख करता है। इसका पुत्र जहाँगीर द्वारा सम्मानित हुआ। ला, प्रोमोशन ऑफ़ लर्निंग, पृ. 132; सूफी, अलमिनहाज, पृ. 51।

90. जौहर, स्टीवर्ट, पृ. 132।

91. अकबरनामा, 1, पृ. 305।

92. ला, प्रोमोशन ऑफ़ लर्निंग, पृ. 134।

93. मुन्तख़बुत्तवारीख, 1, पृ. 467; फ़िरिश्ता, ब्रिग्स, 2, पृ. 178।

94. मुन्तख़बुत्तवारीख, 467-68, 'हुवा' का अर्थ वह या ईश्वर है। अब्जद के अनुसार 'हे' पाँच तथा 'वाव' 6 के बराबर है अर्थात् दोनों का जोड़ 11 हुआ।

95. फ़िरिश्ता, ब्रिग्स, 2, पृ. 179।

96. मुन्तख़बुत्तवारीख़, 1, पृ. 468।

97. तारीख़े रशीदी, तथा रास, पृ. 399।

98. मुन्तख़बुत्तवारीख़ 1, पृ. 467; तबक़ाते अकबरी, डे, 2, पृ. 138।

99. बील, ओरिएण्टल बायोग्राफिकल डिक्शनरी, पृ. 187।

100. निज़ामी, दि शत्तारी सेण्ट्स एण्ड देयर एटीट्यूड टुवर्ड्स दि स्टेट, मेडीवल इंडिया क्वाटर्ली, जिल्द 1, नंबर 2, अक्तूबर 1950 ई. पृ. 62-65।

101. राय चौधरी, दि स्टेट एण्ड रिलीजन इन मुग़ल इंडिया, पृ. 188।

102. डॉ. कानूनगो, शेरशाह, पृ. 408।

103. गुलबदन, हुमायूंनामा, बेवरिज, पृ. 218-20।

104. वही, पृ. 237-40; हमीदा बानो अपने विवाह के समय (29 अगस्त 1541 ई.) चौदह वर्ष की

थी। इससे कदाचित् उसका जन्म 1527 ई. में हुआ होगा।

105. वही, पृ. 260; आईने अकबरी, 1, पृ. 333, 339।
106. गुलबदन, हुमायूँनामा, बेवरिज, पृ. 235; बनर्जी, हुमायूँ, 2, पृ. 39।
107. गुलबदन, हुमायूँनामा, बेवरिज, पृ. 230।
108. वही, पृ. 112।
109. फ़िरिश्ता, ब्रिग्स, 2, पृ. 243।
110. मुन्तख़बुत्तवारीख 1, पृ. 468।
111. वही, पृ. 468।
112. ख़्वन्दमीर, कानूने हुमायूँनी, बेनी प्रसाद, पृ. 76।
113. ईश्वरी प्रसाद, हुमायूँ, पृ. 379।
114. त्रिपाठी, राइज़ एण्ड फ़ॉल, पृ. 111-12।
115. तबक़ाते अकबरी, डे, 2, पृ. 138।
116. अकबरनामा, 1, पृ. 368।
117. फ़िरिश्ता, ब्रिग्स, 2, पृ. 70-71 तथा 178-80।
118. मुन्तख़बुत्तवारीख, 1, पृ. 468।
119. तारीख़े रशीदी, ए. तथा रास, पृ. 469।
120. अर्सकिन, 2, पृ. 534-35।
121. लेनपूल, मेडिवल इंडिया, पृ. 219।
122. मैलिसन, अकबर, पृ. 50।
123. हैवेल, आर्यन रूल इन इंडिया, पृ. 428-29 तथा 448-49।
124. एलफिनस्टन, हिस्ट्री ऑफ़ इंडिया, पृ. 451-71।

12. प्रमुख समकालीन सहायक ग्रंथ

सम्राट हुमायूँ से संबंधित अधिकतर ग्रंथ फ़ारसी भाषा में हैं। इन प्रमुख ग्रंथों में केवल ख़्वन्दमीर का 'कानूने हुमायूँनी' उसके जीवनकाल में उसकी आज्ञा से लिखा गया। अन्य ग्रंथ अकबर या जहाँगीर के समय में लिखे गए। इन सबकी वृहद् आलोचना देना यहाँ संभव नहीं है। प्रस्तुत ग्रंथ में भिन्न-भिन्न स्थानों में इनके प्रसंग दिए गए हैं, जिससे इनका मूल्यांकन हो सकता है। प्रमुख समकालीन ग्रंथों का संक्षिप्त परिचय यहाँ दिया जा रहा है; जिससे उनके महत्त्व को समझने में सुविधा होगी। इसके अन्त में प्रमुख समकालीन तथा अर्वाचीन ग्रंथों की, जिनसे इस पुस्तक-रचना में सहायता ली गई है, सूची दी गई है।

तुज़ुके बाबरी (वाक़ियाते बाबरी) अर्थात् बाबर की आत्मकथा—बाबर ने अपनी आत्मकथा अपनी मातृभाषा चग़ताई तुर्की में लिखी। इसमें अरबी तथा फ़ारसी भाषा से बहुत-से शब्द लिए गए हैं। अकबर के काल में अर्ब्दुरहीम ख़ानख़ाना ने इसका फ़ारसी भाषा में अनुवाद तैयार किया, अंग्रेज़ी तथा अन्य भाषाओं में भी इसके अनुवाद हुए हैं। श्रीमती बेवरिज ने, कई पांडुलिपियों के आधार पर टिप्पणियों के साथ मूल पुस्तक का बड़ा ही उपयोगी अनुवाद किया है। बाबर की आत्मकथा डायरी की भाँति लिखी गई है। पूर्ण ग्रंथ अप्राप्य है बाबर के जीवन के 47 वर्ष 10 महीने के इतिहास में केवल अठारह वर्ष का ही वृत्तान्त हमें मिलता है। बाबर ने भिन्न-भिन्न अवसरों पर हुमायूँ से संबंधित घटनाओं का वर्णन किया है, जो हुमायूँ के प्रारंभिक जीवन तथा चरित्र को समझने के लिए अत्यन्त ही उपयोगी हैं। हुमायूँ के जन्म, बाबर का अपने पुत्रों के प्रति प्रेम, भारतीय अभियान में हुमायूँ का योगदान उसकी बदख़्शाँ यात्रा तथा वापसी, अपने भाइयों के प्रति हुमायूँ के व्यवहार का आदेश इत्यादि अनेक घटनाओं के लिए बाबरनामा अत्यन्त ही उपयोगी है। बहुत-सी घटनाओं से हुमायूँ के चरित्र के दुर्गुण भी प्रकट होते हैं। दुर्भाग्यवश हुमायूँ के प्रारंभिक जीवन से संबंधित घटनाएँ बाबरनामा में इतनी संक्षिप्त हैं कि बहुत-सी बातें, जैसे हुमायूँ की शिक्षा, उसकी माता का वंश परिचय, हुमायूँ के बदख़्शाँ से वापस आने के कारण, चार पुत्रों में से केवल हुमायूँ तथा कामरान के भाग के निश्चय किए जाने के कारण इत्यादि

अनेक बातें स्पष्ट नहीं हैं, जिससे ऐतिहासिक कठिनाई उत्पन्न हो जाती है। हुमायूँ के प्रारम्भिक जीवन के लिए अन्य कोई ग्रंथ न होने के कारण यह कमी और खलती है।

कानूने हुमायूँनी—इस ग्रंथ के लेखक गयासुद्दीन मुहम्मद ख़्वन्दमीर का जन्म 1474-75 ई. में ईरान में हुआ था। प्रसिद्ध उपन्यासकार मीर ख़्वन्दमीर (1433-1498 ई.) इसका नाना था। इसकी प्रारंभिक शिक्षा अपने नाना की देख-रेख में हुई। 1527 ई. में वह हिरात से क़ंधार आया। वहाँ से 19 सितम्बर 1528 ई. को आगरा पहुँचा। यहाँ मुग़ल सम्राट बाबर द्वारा वह सम्मानित हुआ। गद्दी पर बैठने के पश्चात् हुमायूँ ने उसे 'अमीरुल अख़्बार' की उपाधि दी। गुजरात अभियान में (1534 ई.) यह हुमायूँ के साथ था। वहाँ से लौटते समय 1535 ई. में इसकी मृत्यु हो गई।

ख़्वन्दमीर ने अनेक ग्रंथों की रचना की है जिनमें हबिबुस्सियार (1523 ई. तक का विश्व इतिहास) बहुत ही प्रसिद्ध है। हुमायूँ से संबंधित कानूने हुमायूँनी के लिखने की आज्ञा सम्राट ने उसे 1530 ई. में ग्वालियर में दी। इस ग्रंथ को ख़्वन्दमीर ने मार्च 1533 ई. में प्रारम्भ किया तथा मई 1534 ई. में इसे समाप्त किया। इस ग्रंथ में लेखक ने आलंकारिक भाषा का प्रयोग किया है। कानूने हुमायूँनी में हुमायूँ के शासन के प्रारंभिक तीन वर्षों का ही वर्णन है। इसमें हुमायूँ के सिंहासनारोहण, दीनपनाह की स्थापना, उसके द्वारा चलाए गए राजसी नियम, आविष्कार, जश्न इत्यादि का वर्णन है। हुमायूँ से संबंधित ग्रंथों में यही एक ग्रंथ है जो उसकी आज्ञा से लिखा गया था। यह ग्रंथ एशियाटिक सोसायटी ऑफ़ बंगाल द्वारा प्रकाशित हुआ है तथा डॉ. बेनी प्रसाद ने इसका अंग्रेजी में अनुवाद किया है, जो अत्यन्त ही उपयोगी है।

अकबरनामा के लिए सामग्री एकत्र करने के लिए अकबर ने, ऐसे लोगों को जो उसके पिता तथा पितामह के समकालीन थे, आज्ञा दी कि उसके बारे में वे जो कुछ भी जानते हों उसे लिपिबद्ध कर प्रस्तुत करें। इस आदेश पर रचे गए तीन ग्रंथ—गुम्बदन बेगम का 'हुमायूँनामा', जौहर का 'तज़किरतुल वाक़ेयात' एवं बायज़ीद का 'तज़किरए हुमायूँ व अकबर' हुमायूँ के जीवन के लिए अत्यन्त ही उपयोगी हैं।

गुलबदन बेगम का हुमायूँनामा—बाबर की पुत्री गुलबदन बेगम का जन्म 1523 ई. में हुआ था। इसकी माता दिलदार बेगम थी। इस तरह बाबर के भारतीय आक्रमण के समय यह केवल दो वर्ष की थी। 1529 ई. के मध्य में अन्य महिलाओं के साथ यह भी भारत आई। बाबर की मृत्यु के समय गुलबदन आठ वर्ष की थी। इसका विवाह ख़िज़्र ख़्वाजा ख़ाँ मुग़ल से हुआ था। शेर ख़ाँ से हुमायूँ की पराजय के पश्चात् गुलबदन आगरा से लाहौर और वहाँ से कामरान के साथ काबुल गई। निष्कासन काल में हुमायूँ तथा उसके भाइयों के संघर्ष के समय गुलबदन वहीं थी। हुमायूँ की मृत्यु के पश्चात् 1557 ई. में वह पुनः भारत आई। 1575 ई. वे वह हज़ करने गई और वहाँ से 1582 ई. में वापस लौटी। 1603 ई. में उसकी मृत्यु हुई।

हिन्दाल, गुलबदन का सगा भाई था। गुलबदन जब दो वर्ष की थी तभी हुमायूँ की माता माहम बेगम ने उसे गोद ले लिया। वे बराबर उसके सम्पर्क में रहीं तथा हुमायूँ से संबंधित बहुत-सी बातों का पता उन्हें माहम से प्राप्त हुआ होगा। गुलबदन ने यह संस्मरण फ़ारसी भाषा में अकबरनामा के लिए अकबर की आज्ञा से लिखा। मुग़लों की मातृभाषा चग़ताई तुर्की थी। गुलबदन ने चग़ताई भाषा के शब्दों का भी प्रयोग किया है। हुमायूँनामा दो भागों में विभाजित है। प्रथम भाग में बाबर तथा दूसरे में हुमायूँ के काल की घटनाओं का वर्णन है। बाबर के काल की घटनाएँ बहुत ही संक्षिप्त हैं। पुस्तक का अधिक भाग हुमायूँ से संबंधित है।

हुमायूँ के काल की घटनाएँ उसकी आँखों के सामने ही घटीं। मुग़ल परिवार की होने के कारण इन घटनाओं से संबंधित अधिकतर लोगों से इसका व्यक्तिगत परिचय था। हुमायूँ की बेगम हमीदा बानो से भी इसकी घनिष्ठता थी। इस तरह बहुत-सी बातों की जानकारी जो उसको हो सकती थी, वह अन्य के लिए संभव नहीं था। स्त्री होने के कारण अन्य लेखकों से इसका दृष्टिकोण भिन्न है तथा इसने मुग़ल स्त्रियों के विषय में मनोरंजक बातों का वर्णन किया है। मुग़ल काल की बेगमों की दशा की जानकारी के लिए यह ग्रंथ महत्त्वपूर्ण है। राजनीतिक घटनाओं के अतिरिक्त इसमें समकालीन रीति-रिवाज़, सामाजिक मान्यताओं इत्यादि का भी वर्णन है। माहम बेगम द्वारा जश्नों का आयोजन, आइनबंदी, तिलिस्म का जश्न, हिन्दाल मिर्ज़ा के विवाह का जश्न, माहम की हुमायूँ के पुत्र-जन्म की आकांक्षा तथा सुंदर लड़कियों से हुमायूँ के विवाह के लिए उनका प्रयत्न, मुग़ल स्त्रियों की पारस्परिक स्पर्द्धा तथा ऐसी अनेक घटनाएँ गुलबदन के वर्णन के बिना अप्राप्य रहतीं। बाबर की मृत्यु से संबंधित घटनाएँ, हुमायूँ के प्रति बाबर का प्रेम, माहम की हुमायूँ के राज्यकार्य में दिलचस्पी, चौसा के युद्ध में खो गई स्त्रियाँ, चौसा तथा कन्नौज की पराजय के पश्चात् मुग़ल परिवार तथा अमीरों की दयनीय दशा, हमीदा बानो के विवाह से संबंधित घटनाएँ, हुमायूँ का उसके भाइयों से सम्बन्ध, काबुल में कामरान के अत्याचार इत्यादि घटनाओं का वर्णन महत्त्वपूर्ण है। गुलबदन बेगम इतिहासकार नहीं थी। हुमायूँनामा उसका संस्मरण है। वह इसमें वर्णित घटनाओं से संबंधित थी। इससे कहीं-कहीं वह भावनाओं से प्रभावित हो जाती है तथा निष्पक्ष नहीं रह जाती। उदाहरणतया, अपने सगे भाई हिन्दाल के प्रति वह कहीं-कहीं पक्षपात करती है, उसकी मृत्यु की घटनाएँ तो अत्यन्त ही मार्मिक शब्दों में वर्णित हैं। गुलबदन ने घटनाओं की सत्यता की खोज भी नहीं की। बहुत-सी घटनाएँ बहुत ही संक्षिप्त हैं, जैसे कन्नौज तथा चौसा के युद्ध। उनकी तिथियाँ भी सदा सही नहीं हैं।

श्रीमती बेवरिज ने गुलबदन के मूल ग्रंथ का संस्करण सम्पादित किया है तथा टिप्पणियों के साथ उसका अंग्रेज़ी अनुवाद प्रकाशित किया है। यह ग्रंथ एशियाटिक सोसायटी द्वारा प्रकाशित हुआ है।

तज़किरतुल वाक़ेयात–इस ग्रंथ के लेखक जौहर आफ़ताबची के जन्म तथा जीवन की प्रारंभिक घटनाओं का ज्ञान हमें नहीं है। उसके संस्मरण से इतना स्पष्ट है कि हुमायूँ के निर्वासन काल में, उच्च तथा भक्कर की यात्रा के पश्चात् वह बराबर उसके साथ रहा। पंजाब विजय के पश्चात् हुमायूँ ने जौहर को हैबतपुर परगने का राजस्व वसूल करने के लिए नियुक्त किया। उसके काम से प्रसन्न होकर उसे तातार ख़ाँ लोदी का ख़ज़ाना एवं उसके अधीनस्थ प्रदेश भी प्रदान कर दिए गए। तदुपरांत वह कुछ अन्य अधिकारियों के साथ पंजाब एवं मुल्तान का ख़ज़ांची नियुक्त हुआ। हुमायूँ के दिल्ली पर अधिकार करने के पश्चात् सिकन्दर सूर के विरुद्ध पंजाब में उसने अबुल माली की सहायता की। अकबर के समय उसके कार्यों तथा पद का ज्ञान हमें नहीं है। यद्यपि वह उसके राज्यकाल में बहुत दिनों तक जीवित रहा। उसने अपने संस्मरण की रचना 1587 ई. में प्रारम्भ की।

जौहर के संस्मरण में हुमायूँ के जीवन से संबंधित अनेक महत्त्वपूर्ण घटनाओं का वर्णन है। उसने जो कुछ लिखा है वह अपनी स्मृति से लिखा है तथा ऐसी घटनाओं का वर्णन किया है जो उसकी आँखों के सामने हुईं। वह हुमायूँ के साथ लगभग पच्चीस वर्ष रहा जिससे उसे हुमायूँ को निकट से देखने का अवसर प्राप्त हुआ। हुमायूँ के निष्कासन काल की घटनाओं के लिए जौहर बहुत ही उपयोगी है। उसने घटनाओं का सीधी-सादी भाषा में वर्णन किया है। जौहर के पास संस्मरण लिखते समय कोई डायरी नहीं थी। इस कारण घटनाएँ सिलसिलेवार न हो सकीं और जैसा वह स्वयं लिखता है, घटनाओं की तिथियाँ देना संभव न हो सका। उसकी कुछ तिथियाँ तो इतनी भ्रामक हैं कि उनसे विवाद खड़ा हो गया है, जैसे अकबर की जन्म-तिथि। जौहर के लिए हुमायूँ ऐसे उच्च स्थान पर था कि उसके कार्यों की आलोचना करना अथवा उसमें दोष देखना उसके लिए असंभव था। एक इतिहासकार के गुण न होने पर भी कई स्थलों पर जौहर अपने विचारों से हमें चकित कर देता है। गुजरात अभियान के पश्चात् जौहर का यह सुझाव कि हुमायूँ को, बहादुरशाह को गुजरात का उप शासक तथा अपना प्रतिनिधि नियुक्त करना चाहिए था, महत्त्वपूर्ण है।

मेजर स्टीवर्ट ने जौहर के तज़किरतुल वाक़ेयात का अंग्रेज़ी अनुवाद किया है। इसके विषय में अर्सकिन का विचार था कि यह अनुवाद ठीक नहीं है। मेजर स्टीवर्ट का अनुवाद, इलाहाबाद विश्वविद्यालय के जौहर की पुस्तक की पांडुलिपि से मिलता है। संभव है यह अनुवाद उसी पांडुलिपि से किया गया हो। डॉ. ईश्वरी प्रसाद के अनुसार स्टीवर्ट के अनुवाद में कुछ त्रुटियाँ अवश्य हैं, किन्तु अर्सकिन के मत से सहमत नहीं हुआ जा सकता।

तज़किरए हुमायूँ व अकबर–इस ग्रंथ का लेखक बायज़ीद ब्यात एक तुर्क कबीले से संबंधित था, किन्तु वह ईरान निवासी था तथा उसका बाल्यकाल तबरेज़ में व्यतीत हुआ था। ईरान में वह हुमायूँ से मिला तथा उसकी सेना में भर्ती हो गया। 1545

ई. में जिस समय हुमायूँ ने बैगम ख़ाँ को दूत बनाकर काबुल भेजा, उस समय बायज़ीद भी उसके साथ था। बैराम ख़ाँ तो लौट आया किन्तु बायज़ीद अपने भाई बहराम सक्का के पास गिरदीज़ चला गया। वह कुछ दिन हुमायूँ के एक प्रतिष्ठित अमीर का सेवक रहा तथा हुमायूँ द्वारा भी उसे सम्मान प्राप्त होते रहे। उस समय की कई घटनाओं में उसने भाग लिया। 1554 ई. में जब हुमायूँ क़ंधार से वापस आ रहा था तो बायज़ीद हुमायूँ के लिए अकबर की तरफ से उपहारस्वरूप फल लेकर वहाँ पहुँचा। हुमायूँ के भारतीय अभियान के समय वह मुनइम ख़ाँ के पास काबुल रह गया। 1560 ई. में वह लाहौर आया तथा बैराम ख़ाँ के पतन के समय उसने संदेशवाहक का कार्य किया। तत्पश्चात् उत्तर प्रदेश के पूर्वी ज़िलों में रहने का उसे अवसर मिला। अकबर के राज्यकाल में उसे अन्य सम्मानित कार्यों पर नियुक्त किया गया। 1590-91 ई. में वह लाहौर में शाही ख़ज़ाने का अमीन एवं दारोगा था। 1590-91 ई. में जिस समय उसने अपने ग्रंथ की रचना की, उस समय वह वृद्ध हो चुका था तथा लकवे के कारण उसका बायाँ हाथ बेकार हो गया था। अबुल फ़ज़ल ने एक लिपिक नियुक्त किया। बायज़ीद बोलता जाता था तथा लिपिक लिखता जाता था। पुस्तक पढ़ने से स्पष्ट हो जाता है कि शरीर कमज़ोर होने पर भी बायज़ीद की स्मृति अद्भुत थी।

अपने ग्रंथ में बायज़ीद ने 1542 से 1590 ई. तक का मुग़लकालीन इतिहास लिखा है। इस तरह हुमायूँ का पूरा इतिहास इस पुस्तक में नहीं है। हुमायूँ से मिलने के पश्चात् बहुत-सी घटनाएँ जिनका उसने वर्णन किया है, उसकी आँखों के आगे घटित हुईं तथा इनमें से उसने स्वयं कुछ में भाग लिया था। बायज़ीद ने कुछ ऐसी सूचनाएँ प्रस्तुत की हैं जो बहुत ही महत्त्वपूर्ण हैं। उदाहरणतया उसने उन प्रमुख लोगों के नाम दिए हैं जो हुमायूँ के साथ भक्कर से ईरान की तरफ रवाना हुए थे। इसी तरह भारतीय आक्रमण के समय उन लोगों की सूची है जो हुमायूँ, अकबर तथा बैराक ख़ाँ के साथ थे। शाह तहमास्य का पत्र जिसमें हुमायूँ के सत्कार का ब्यौरा है तथा काशगर के शासक को लिखे गए हुमायूँ के पत्र को भी उसने दिया है। बायज़ीद ने राजनीतिक घटनाओं का विस्तार से वर्णन किया है। बायज़ीद की मूल पुस्तक को एशियाटिक सोसाइटी ऑफ़ बंगाल ने प्रकाशित किया है। हुमायूँ से संबंधित भाग का अंग्रेजी अनुवाद डॉ. बनारसी प्रसाद सक्सेना द्वारा इलाहाबाद युनिवर्सिटी स्टडीज़ में प्रकाशित हुआ है (जिल्द 6, भाग 1, पृ. 71-148)।

तारीख़े रशीदी--इस ग्रंथ का लेखक मिर्ज़ा हैदर बाबर का चचेरा भाई था। इसका जन्म 1499-1500 ई. में ताशकन्द में हुआ था। 1506-7 ई. में हैदर मिर्ज़ा के पिता मुहम्मद हुसेन गुरगान ने बाबर के विरुद्ध एक षड्यंत्र रचा किन्तु बाबर ने उसे क्षमा कर दिया। कुछ दिन पश्चात् शैबानो ख़ाँ ने इसे मरवा डाला। हैदर मिर्ज़ा बच्चा था। इसकी देखरेख बाबर ने की। हुमायूँ के राज्यकाल में यह भारत

आया। कन्नौज के युद्ध में यह उपस्थित था तथा मुग़ल सेना का नेतृत्व उसी के अधीन था। कन्नौज की पराजय के पश्चात् लाहौर तक वह हुमायूँ के साथ आया। पंजाब से वह कश्मीर चला गया तथा वहाँ का शासक बन बैठा। 1551 ई. में कुछ स्थानीय लोगों द्वारा वह मार डाला गया।

मिर्ज़ा हैदर ने हुमायूँ से संबंधित घटनाओं का विस्तृत वर्णन नहीं किया है। फिर भी हुमायूँ से संबंधित जिन घटनाओं का उसने वर्णन किया है, वे उसकी आंखों के सामने हुईं। 1529 ई. में हुमायूँ के बदख़्शाँ से भारत आने के कारण, चौसा-युद्ध, के पश्चात मुग़ल अमीरों, हुमायूँ तथा उसके भाइयों की दयनीय स्थिति, क़न्नौज का युद्ध, मुग़लों का पलायन, लाहौर में विचार-विमर्श इत्यादि घटनाओं के लिए उसका वर्णन अत्यंत ही उपयोगी है।

एलियस तथा रास ने, 'ए हिस्ट्री ऑफ़ दि मुग़ल्स ऑफ़ सेन्ट्रल एशिया' के नाम से तारीख़े रशीदी का अंग्रेज़ी में अनुवाद किया है, जिससे प्रस्तुत ग्रंथ में सहायता ली गई है।

नफ़ायसुल मआसिर—इस ग्रंथ का लेखक मीर अलाउद्दौला बिन यह्या सैफ़ी हुसैनी कज़वीनी है। लेखक ने यह ग्रंथ 1565-66 ई. में लिखना प्रारंभ किया और 1589-90 तक यह समाप्त हुआ। इसमें समकालीन कवियों की जीवनियाँ तथा उनकी कविताओं के उदाहरण दिए गए हैं। हुमायूँ के समय की कुछ महत्वपूर्ण कविताएँ इसमें संग्रहीत हैं। बहुत-सी घटनाओं की तिथियाँ भी कविता में दी गई हैं। मूल पुस्तक का प्रकाशन नहीं हुआ है।

तारीख़े इब्राहीमी—इस ग्रंथ के लेखक इब्राहीम बिन ज़रीर (हरीर) के विषय में अधिक ज्ञान प्राप्त नहीं है। इस ग्रंथ की रचना 1550 ई. में हुई। इसमें आदम से लेकर 1549 ई. तक का संक्षिप्त विश्व इतिहास है। हुमायूँ के काल की 1545-46 ई. तक की घटनाओं का उल्लेख है। मूल पुस्तक अप्रकाशित है।

तारीख़े एलचीए निज़ाम शाह—इस ग्रंथ का लेखक ख़ुरशाह बिन कुबाद अल हुसैनी, बुरहान निज़ामशाह प्रथम (1508-53 ई.) का सेवक था। यह राजदूत बनाकर ईरान भेजा गया। वहाँ कई वर्ष तक रहा तथा उसने शाह तहमास्प से मुलाकात भी की। यह ग्रंथ प्रकाशित नहीं हुआ है। हुमायूँ द्वारा कामरान को लिखे गए पत्र तथा बहादुरशाह को लिखे गए अन्य पत्र के लिए यह उपयोगी है।

मिरातुल ममालिक—सीदी अली रैइस नामक एक तुर्की एडमिरल 1556 ई. में भारत आया। लेखक ऐसे परिवार का था जो समुद्र यात्रा के लिए प्रसिद्ध था। वह स्वयं गणित, ज्योतिष, भूगोल, साहित्य, धर्मशास्त्र का ज्ञाता तथा कवि था। हुमायूँ इससे मिलकर प्रसन्न हुआ तथा उसने एडमिरल की ग़ज़लों की सराहना की तथा अमीर अलीशीर से उसकी तुलना की। आगरा विजय के सम्बन्ध में सीदी अली ने हुमायूँ को एक तिथिबंध प्रस्तुत किया। इसमें हुमायूँ से हुई वार्ता का वर्णन किया

है जिससे सम्राट के विद्या-प्रेम का पता चलता है। हुमायूँ की मृत्यु से संबंधित घटनाओं के लिए यह पुस्तक अत्यंत ही उपयोगी है तथा ए. बमबैरी द्वारा 'दि ट्रेवल्स एण्ड एडवेन्चर्स ऑफ़ दि टर्किश एडमिरल सीदी अली रैइस' के नाम से अंग्रेज़ी में प्रकाशित है। यह यात्रा वर्णन सूक्ष्म है तथा इब्नवतूता तथा अन्य यात्रियों से इसकी तुलना नहीं हो सकती।

तारीख़े अलफ़ी—अकबर के काल में इस्लाम के एक हज़ार वर्ष पूरे हो रहे थे। तारीख़े अलफ़ी की रचना अकबर की आज्ञा से हुई जिसमें कई लेखकों ने सहयोग दिया। हुमायूँ के सम्बन्ध में इसमें नवीनता नहीं है, यद्यपि यह अन्य लेखकों का समर्थन करता है। इस ग्रंथ का प्रकाशन नहीं हुआ है।

तारीख़े खान्दाने तिमूरिया—इस ग्रंथ की पांडुलिपि खुदाबख़्श लाइब्रेरी पटना में है। इसमें भारत के तैमूरवंशियों का इतिहास, अकबर के बाइसवें वर्ष तक दिया गया है। यह पुस्तक चित्रित है तथा अपने चित्रों के कारण इसे बड़ी प्रसिद्धि मिली है।

अहसानत् तवारीख़—इस ग्रंथ के लेखक हसन ए रूमलू ने इस ग्रंथ की रचना 1582-83 ई. में की। गायकवाड़ ओरियन्टल सीरीज़ में इसका प्रकाशन हुआ है तथा श्री सेडन ने इसका अंग्रेजी अनुवाद प्रस्तुत किया है। लेखक शाह तहमास्प के दरबार से संबंधित था। इसमें हुमायूँ के ईरान निवास की घटनाओं पर प्रकाश पड़ता है।

तबक़ाते अकबरी— इस ग्रंथ के लेखक ख़्वाज़ा निज़ामुद्दीन अहमद का जन्म कदाचित् नवंबर 1551 ई. में हुआ था। इसका पिता ख़्वाजा मुहम्मद मुकीम हरवी बाबर का बड़ा विश्वासपात्र था तथा दीवाने ब्यूतात के पद पर नियुक्त था। हुमायूँ के गुजरात विजय के पश्चात् 1535 ई. में जिस समय अस्करी को वहाँ नियुक्त किया गया, उस समय मुकीम उसका वज़ीर था। 1539 ई. में जब हुमायूँ चौसा के युद्ध में शेरशाह से पराजित होकर आगरा पहुँचा तो मुकीम हरवी भी उसके साथ था। अकबर के प्रारंभिक काल में भी वह राजसी कार्य से संबंधित था। निज़ामुद्दीन अहमद अकबर की राजसी सेवा में था। वह उच्चकोटि का सैनिक था और उसने विभिन्न राजसी अभियानों में महत्त्वपूर्ण भाग लिया था। कई वर्ष तक वह गुजरात का बख़्शी रहा। 1589 ई. में वह दरबार में बुला लिया गया। पैंतालीस वर्ष की अवस्था में, नवंबर 1594 ई. में, लाहौर के निकट उसकी मृत्यु हो गई।

निज़ामुद्दीन ने तबक़ाते अकबरी में गज़नी वंश से प्रारंभ कर 1593-94 ई. तक के भारतीय इतिहास का वर्णन किया है। अपने ग्रंथ की रचना में उसने 29 ग्रंथों से सहायता ली है। इनमें से कुछ अब उपलब्ध नहीं हैं। इससे इसकी पुस्तक का मूल्य और बढ़ जाता है। उसका पिता बाबर तथा हुमायूँ के शासन से संबंधित था। बहुत-सी बातों का ज्ञान उसे अपने पिता से प्राप्त हुआ। तबक़ाते अकबरी की भाषा सरल है। निज़ामुद्दीन में अपने बहुत से समकालीन इतिहासकारों की भाँति कट्टरता एवं पक्षपात नहीं है, वरन् उसने उदारता का परिचय दिया है। वह कवियों का पोषक

भी था। हुमायूँ के जीवन की कुछ घटनाओं के लिए निज़ामुद्दीन का वर्णन अत्यंत महत्त्वपूर्ण है। ख़लीफ़ा के षड्यंत्र के लिए तो वह हमारा प्रमुख स्रोत है, क्योंकि उसके पिता ही की सहायता से उस षड्यंत्र का अन्त हुआ। इसके अतिरिक्त मुहम्मद ज़मान मिर्ज़ा तथा मुहम्मद सुल्तान मिर्ज़ा, हुमायूँ का बंगाल अभियान इत्यादि अनेक घटनाओं के लिए यह ग्रंथ बहुत ही उपयोगी है। उसका पिता अस्करी का वज़ीर था। गुजरात में मुग़लों की विजय तथा पलायन की घटनाओं का ज्ञान कदाचित् उसने अपने पिता से प्राप्त किया होगा। कई स्थलों पर निज़ामुद्दीन का वर्णन बहुत ही संक्षिप्त है तथा कुछ घटनाएँ हैं जो विवादग्रस्त हैं। श्री वृजेन्द्रनाथ डे ने अंग्रेज़ी में इसका अनुवाद किया है जो एशियाटिक सोसायटी ऑफ़ बंगाल द्वारा प्रकाशित हुआ है।

मुन्तख़बुत्तवारीख़—इस ग्रंथ के लेखक अब्दुल क़ादिर बदायूँनी का जन्म 1540 ई. को टोडा भीम, जयपुर में हुआ था। उसकी प्रारंभिक शिक्षा बसावर तथा बाद में शेख मुबारक नागौरी से, अबुल फ़ज़ल तथा फ़ैजी के साथ आगरा में हुई। अपने पिता की मृत्यु के पश्चात् वह बदायूँ चला आया। वहाँ वह पटियाली के जागीरदार हुसेन ख़ाँ की सेक में 9 वर्ष रहा। 1574 ई. में वह अकबर के दरबार में पहुँचा। उसे एक हज़ार बीघे की भूमि मद्दये-मआश (जीविकोपार्जन हेतु दान) के रूप में दी गई। अब्दुल क़ादिर विद्वान था। वह संस्कृत भी जानता था। इससे रामायण, महाभारत के फ़ारसी अनुवाद में भी सहायता ली गई। उसने कई अन्य ग्रंथों की रचना की जिनमें मुन्तख़बुत्तवारिख़ सबसे महत्त्वपूर्ण है। इसमें गज़नी वंश से प्रारम्भ कर अकबर के राज्य के चालीसवें वर्ष तक की घटनाओं का वर्णन है। अब्दुल क़ादिर लिखता है कि उसका ग्रंथ तबक़ाते अकबरी पर आधारित है, किन्तु उसके ग्रंथ में बहुत-सी नई बातें हैं जो तबक़ाते अकबरी में नहीं हैं। बदायूँनी का दृष्टिकोण एक कट्टर सुन्नी मुल्ला का है। हिंदुओं तथा अन्य गैर सुन्नी मुसलमानों का वह कटु आलोचक है। अकबर के प्रति उसका दृष्टिकोण अत्यंत संकुचित, पक्षपातपूर्ण तथा कटु है। इसी कारण यद्यपि यह पुस्तक 1596 ई. में लिखी गई थी, फिर भी यह बहुत दिनों तक गुप्त रखी गई तथा जहाँगीर के काल में प्रकाश में आई। हुमायूँ के इतिहास के प्रसंग में बदायूँनी ने उस समय के शिआ-सुन्नी मतभेदों एवं अन्य समकालीन लोगों के धार्मिक विचारों, कवियों इत्यादि का सुंदर वर्णन किया है। इस दृष्टि से उसकी पुस्तक अत्यंत ही उपयोगी है। रेंकिग तथा लो ने इसका अंग्रेज़ी अनुवाद किया है जो एशियाटिक सोसायटी ऑफ़ बंगाल द्वारा प्रकाशित हुआ है। मूल ग्रंथ भी वहीं से प्रकाशित हुआ है।

गुशलने इब्राहीमी अथवा तारीख़े फ़िरिश्ता—इतिहासकार फ़िरिश्ता का पूरा नाम मुहम्मद क़ासिम हिंदुशाह फ़िरिश्ता अस्तराबादी था। फ़िरिश्ता का अधिकतर समय दक्षिण में व्यतीत हुआ था। इसने अपना इतिहास इब्राहीम आदिलशाह (1606-7) को समर्पित किया। इस ग्रंथ की रचना जहाँगीर के काल में हुई। फ़िरिश्ता ने अपना

इतिहास 35 ऐतिहासिक ग्रंथों के अध्ययन के पश्चात् लिखा। इसमें बहुत से ग्रंथ अप्राप्य हैं। मध्य युग के इतिहासकारों में फ़िरिश्ता का विशेष स्थान है। ब्रिग्स ने चार भागों में इसका अनुवाद अंग्रेज़ी में किया है। नवलकिशोर प्रेस, लखनऊ से इसका फ़ारसी संस्करण प्रकाशित हुआ है। फ़िरिश्ता ने हुमायूँ से संबंधित कई ऐसी घटनाओं का वर्णन किया है जो अन्य ग्रंथों में प्राप्य नहीं हैं। कई स्थानों पर फ़िरिश्ता अन्य इतिहासकारों से अधिक स्पष्ट है। इसकी भाषा भी सरल, स्पष्ट है।

इन ग्रंथों के अतिरिक्त कुछ समकालीन प्रांतीय इतिहास भी हैं जो हुमायूँ के इतिहास के लिए उपयोगी हैं। इन ग्रंथों में मीर अबु तुराब वली का **तारीख़े गुजरात,** सिकन्दर बिन मुहम्मद मंझू का **मीराते सिकन्दरी,** अब्दुलाह मुहम्मद बिन अमर अलमक्की का **जफ़रूल बालेह बे मुजफ्फर व आलेह** तथा मीर मुहम्मद मासूमी का **तारीख़े सिंध** महत्वपूर्ण हैं।

तारीखे गुजरात—इस ग्रंथ का लेखक, मीर अबु तुराब वली, शीराज के सैयिदों के वंश से संबंधित था। उसके पिता तथा चाचा को गुजरात में बड़ा आदर प्राप्त था। अबु तुराब कुछ दिनों बाद अकबर की सेवा में उपस्थित किया गया। अकबर का उस पर इतना विश्वास था कि 1577 ई. में उसे मीरे हज़ नियुक्त किया गया तथा दरबारियों एवं बेगमों के एक समूह को लेकर वह मक्का गया। 1580 ई. में वह गुजरात लौट आया। 1583 ई. में उसे गुजरात का अमीने सूबा नियुक्त किया गया। जनवरी 1595 ई. में उसकी मृत्यु हो गई। तारीख़े गुजरात में 1525 ई. से 1584 ई. तक की घटनाओं का वर्णन है। बहादुरशाह के दरबार में मुग़ल शरणार्थियों की गतिविधि, बहादुरशाह तथा हुमायूँ की वैमनस्यता के कारण उनके पत्र-व्यवहार तथा हुमायूँ के गुजरात अभियान के अध्ययन के लिए यह पुस्तक अत्यंत ही उपयोगी है। लेखक ने अपने संक्षिप्त इतिहास में उन्हीं घटनाओं का वर्णन किया है जिनका उसे स्वयं ज्ञान था। हुमायूँ से संबंधित अनेक घटनाओं में उसके पिता, चाचा तथा उसने स्वयं भाग लिया था।

मीराते सिकन्दरी—इस ग्रंथ के लेखक सिकन्दर बिन मुहम्मद उर्फ 'मंझू' ने अपना इतिहास 1611 ई. अथवा 1613 ई. में लिखा था। इसमें मुजफ़्फ़रशाह प्रथम से लेकर मुज़फ़्फ़रशाह तृतीय की मृत्यु (1591 ई.) तक की घटनाओं का वर्णन है। लेखक का दृष्टिकोण मुस्लिम है। इसने अपने ग्रंथ में बहुत-सी किंवदन्तियों तथा कहानियों का वर्णन किया है। ऐतिहासिक घटनाओं के अतिरिक्त इसमें बहादुरशाह से संबंधित अनेक किंवदंतियाँ तथा कहानियाँ दी गई हैं। जैसे बहादुरशाह के तोते तथा कलावन्त मंझू के बंदी बनाए जाने तथा उसकी स्वतंत्रता का वर्णन किया जा चुका है। दोनों शासकों में हुए पत्र-व्यवहार में इसने बहादुरशाह का अन्तिम पत्र दिया है जिसका उल्लेख किया जा चुका है। वेले ने इसका अंग्रेज़ी अनुवाद किया है।

जफ़रुवालेह बे मुज़फ्फ़र व आलेह—इस ग्रंथ के लेखक अब्दुलाह मुहम्मद बिन

उमर अलमक्की उर्फ़ 'हाज़ी उद्दबीर' का जन्म 1540 ई. में हुआ। 1555 ई. में वह भारत आया और अपने पिता के साथ अहमदाबाद में रहने लगा। गुजरात विजय के पश्चात् लेखक के पिता को अकबर ने गुजरात के वक्फ़ों का प्रबंध सौंपा। अपने पिता की मृत्यु (1576 ई.) के पश्चात् वह एक अन्य अमीर की सेवा में प्रविष्ट हो गया। तत्पश्चात् ख़ानदेश के अमीर फ़ौलाद ख़ाँ की सेवा में पहुँचा। हाजी उद्दबीर ने अपने इतिहास की रचना 1605 ई. में, अरबी भाषा में की। ऐसा प्रतीत होता है कि उसने बाद में भी इसमें संशोधन किया। इस ग्रंथ में गुजरात के सुल्तानों के इतिहास के साथ-साथ अन्य ऐतिहासिक घटनाओं का वर्णन है। इसमें हुमायूँ तथा बहादुरशाह में हुए पत्र-व्यवहार के पत्र प्राप्त हैं। हुमायूँ तथा बहादुरशाह से संबंधित उपयोगी सामग्री उपलब्ध है। डेनीसन रास ने इसका अनुवाद 'एन अरेबिक हिस्ट्री ऑफ़ गुजरात' के नाम से किया है। इसी नाम से यह अधिक प्रसिद्ध है।

तारीख़े सिंध--इस ग्रंथ का लेखक मीर मुहम्मद मासूम 'नामी' भक्कर के एक शेखुल इस्लाम का पुत्र था। 1583 ई. में वह गुजरात आया तथा निज़ामुद्दीन अहमद का मित्र बन गया। 1595-96 ई. में उसे अकबर ने 250 का मनसब प्रदान किया। 1603-4 ई. में वह राजदूत बनाकर ईरान भेजा गया। 1606-7 ई. में वह भक्कर लौट गया, जहाँ उसकी मृत्यु हो गई। तारीख़े सिंध में मुसलमानों की विजय से लेकर अकबर के शासनकाल तक सिंध का इतिहास है। हुमायूँ के सिंध निवाास के लिए यह उपयोगी इतिहासकार है। भंडारकर इंस्टीट्यूट, पूना ने 'तारीख़े सिंध' के नाम से इसे प्रकाशित किया है।

हुमायूँ का संघर्ष अफ़गानों से भी हुआ था। अफ़गान इतिहासकारों से भी हुमायूँ सम्बन्धी सामग्री मिलती है। ये इतिहासकार समकालीन नहीं हैं। फिर भी इन्होंने अनेक परम्पराओं के आधार पर इन ग्रंथों की रचना की है। इन ग्रंथों में वाक़ेयाते मुश्ताक़ी, तारीख़े शेरशाही, मख़ज़ाने अफ़ाग़ेना तथा सलातीने अफ़गाने प्रमुख हैं।

वाक़ेआते मुश्ताकी--इस ग्रंथ के लेखक शेखरिज़्कुल्लाह मुश्ताकी का जन्म 1491-92 ई. में हुआ था। यह फ़ारसी तथा हिंदी दोनों भाषाओं का कवि था। वाक़ेआते मुश्ताक़ी में बहलोल लोदी से लेकर अकबर के राज्यकाल तक का वर्णन है। इसमें शासकों से संबंधित अलौकिक कहानियों की भरमार है।

तारीख़े शेरशाही--इस ग्रंथ का लेखक अब्बास ख़ाँ सरवानी अकबर की सेवा में था तथा उसकी आज्ञा से उसने इस ग्रंथ की रचना की (1579 ई.)। इसमें शेरशाह से संबंधित अनेक घटनाओं का वर्णन है। हुमायूँ तथा शेरशाह से संबंधित घटनाओं के लिए यह पुस्तक अत्यंत उपयोगी है। इलियट तथा डासन के 'हिस्ट्री ऑफ़ इंडिया एज़ टोल्ड बाई इट्स ओन हिस्टोरियन्स' के चौथे भाग में इसका अनुवाद है।

सलातीने अफ़ाग़ेना--अहमद यादगार अपनी पुस्तक में अपने को सूर अफ़गानों का सेवक लिखता है। उसका पिता गुजरात में अस्करी का वज़ीर था। एशियाटिक

सोसायटी ऑफ़ बंगाल ने तारीख़े शाही के नाम से इसे प्रकाशित किया है। यह पुस्तक बंगाल के शासक दाऊद शाह की आज्ञा से (इसकी मृत्यु 1576 ई. में हुई) लिखी गई। इसमें लोदी तथा सूर वंश के शासकों का वर्णन है। मुग़लों से संबंधित घटनाओं का भी वर्णन बाबर द्वारा हुमायूँ को उत्तराधिकारी मनोनीत करने की घटना का वर्णन जो अहमद यादगार ने किया है, महत्वपूर्ण है। हुमायूँ के काल की घटनाएँ तबक़ाते अकबरी से ली गई हैं पर कई स्थानों पर इसमें और भी उपयोगी सामग्री है।

मखजाने अफ़ाग़ेना–इसकी रचना नियामतउल्लाह ने 1611 ई. में ख़ाँ जहाँ की आज्ञा से प्रारम्भ की। यह ग्रंथ डार्न ने 'हिस्ट्री ऑफ़ दि अफ़गान्स' के नाम से अंग्रेज़ी में अनुवाद किया है। इसमें भी लोदी तथा सूर वंश का इतिहास है।

तारीख़ें दाऊदी–इस ग्रंथ का लेखक अब्दुल्ला जहाँगीर का समकालीन था। यह देखकर कि लोग अफ़गान सुल्तानों के विषय में धीरे-धीरे भूलते जा रहे हैं, उसने इस ग्रंथ की रचना की। उसने अपना ग्रंथ बंगाल के अफ़गान शासक दाऊद शाह (1572-76 ई.) को समर्पित किया है, यद्यपि उसकी रचना जहाँगीर के काल में हुई। मूल ग्रंथ अलीगढ़ विश्वविद्यालय से प्रकाशित हुआ है।

13. प्रमुख सहायक ग्रंथों की सूची

(अ) समकालीन ग्रंथ

मूल ग्रंथ

अबुल फ़ज़्ल	अकबरनामा, भाग 1, कलकत्ता, 1873-87।
अबूतुराब वली	तारीख़े गुजरात, कलकत्ता, 1909।
अब्दुल्लाह	तारीख़े दाऊदी, अलीगढ़ 1954।
अहमद यादगार	तारीख़े शाही, कलकत्ता, 1939।
गुलबदन बेगम	हुमायूँनामा, लन्दन, 1902।
जायसी, मलिक मुहम्मद	पद्मावत, नागरी प्रचारिणी सभा, काशी।
फ़िरिश्ता, मुहम्मद कासिम हिन्दूशाह	तारीख़े फ़िरिश्ता, नवल किशोर प्रेस, लखनऊ।
बदायूँनी, अब्दुल कादिर	मुन्तख़बुत्तवारीख़, कलकत्ता, भाग 1, 1868।
बायज़ीद व्यात	तारीख़े हुमायूँ व अकबर, कलकत्ता, 1941।
मुहम्मद मासूम	तारीख़े सिंध या तारीख़े मासूमी, पूना, 1938।

मूल ग्रंथों के अनुवाद

अबुल फ़ज़्ल	अकबरनामा, एच. बेवरिज द्वारा अंग्रेज़ी अनुवाद; आइने अकबरी, भाग 1, श्री एच. ब्लाख़मैन तथा डी. सी. फिलॉट द्वारा अंग्रेज़ी अनुवाद, द्वितीय संस्करण, कलकत्ता 1939; भाग 2 तथा 3, द्वितीय संस्करण एच. एस. जैरेट तथा यदुनाथ सरकार द्वारा अंग्रेज़ी अनुवाद, कलकत्ता, 1948 तथा 1949।
अब्दुल्ला मुहम्मद, (हाजी-उद्-दबीर)	ज़फरुल वालेह का रास द्वारा अंग्रेज़ी अनुवाद, ऐन अरेबिक हिस्ट्री ऑफ़ गुजरात।
इलियट तथा डासन	हिस्ट्री ऑफ़ इण्डिया ऐज़ टोल्ड बाइ इट्स ओन

हिस्टोरियन्स, भाग 1, 4 तथा 5, लन्दन, 1872 तथा 1873।

ख़्वन्दमीर — कानूने हुमायूँनी, डॉ. बेनी प्रसाद द्वारा अंग्रेज़ी अनुवाद, कलकत्ता, 1940।

गुलबदन बेगम — हुमायूँनामा, श्रीमती बेवरिज का अंग्रेजी अनुवाद, लन्दन, 1902।

जहाँगीर — जहाँगीर की आत्मकथा का रोजर्स द्वारा अंग्रेज़ी अनुवाद 1909 तथा 1914; वृजरत्न दास द्वारा हिंदी अनुवाद, नागरी प्रचारिणी सभा, काशी, 2014 संवत्।

जौहर — तज़किरतुल वाक़ेयात अर्थात् जौहर का सम्राट हुमायूँ से संबंधित संस्मरण, मेज़र चार्ल्स स्टीवर्ट का अंग्रेज़ी अनुवाद, कलकत्ता, 1904।

नानक, गुरु — आदि ग्रंथ।

निज़ामुद्दीन अहमद — तबक़ाते अकबरी, श्री बी. डे, द्वारा अंग्रेज़ी अनुवाद, भाग 2 तथा 3, कलकत्ता, 1936-40।

फ़िरिश्ता — तारीख़े फ़िरिश्ता, जान ब्रिग्स द्वारा अंग्रेजी अनुवाद, हिस्ट्री ऑफ़ दी राइज़ ऑफ़ मोहमेडन पावर इन इण्डिया, भाग 2, 3, 4, कलकत्ता, 1909 तथा 1910।

बदायूँनी — मुन्तख़बुत्तवारीख़ का रेंकिंग, लो तथा हेग द्वारा अंग्रेज़ी अनुवाद।

बम बेरी. ए — ट्रेवेल्स एण्ड एडवेन्चर्स ऑफ़ दि टर्किश एडमिरल सीदी अली रेइस।

बाबर — दि मेमार्यस ऑफ़ बाबर, बाबर की आत्मकथा का श्रीमती ए. एस. बेवरिज द्वारा अंग्रेज़ी अनुवाद, लन्दन, 1921।

बायज़ीद व्यूतात — तारीख़े हुमायूँ व अकबर, डॉ. बनारसीप्रसाद सक्सेना का अंग्रेज़ी अनुवाद, इलाहाबाद यूनिवर्सिटी स्टडीज़, जिल्द 6, भाग 1, 1930।

बेले, इ. सी. — हिस्ट्री ऑफ़ गुजरात, (दि लोकल मोहमेडन डाइनेस्टीज ऑफ़ गुजरात) मीराते सिकन्दरी का अंग्रेजी अनुवाद, लन्दन, 1886।

मिर्ज़ा हैदर — तारीख़े रशीदी, एलियस तथा रास द्वारा अंग्रेजी

	अनुवाद।
रिज़वी, अतहर अब्बास	मुग़ल कालीन भारत, हुमायूँ, भाग, 1, अलीगढ़, 1961 तथा भाग 2, अलीगढ़ 1962।
होदीवाला, एस. एच.	स्टडीज़ इन इण्डो मुस्लिम हिस्ट्री, भाग 1, बम्बई, 1939।

(आ) आधुनिक ग्रंथ

अर्सकिन विलियम	हिस्ट्री, ऑफ़ इण्डिया, अण्डर दि फर्स्ट टू सावरेन्स ऑफ़ दि हाउस तैमूर, बाबर एण्ड हुमायूँ, भाग 1 तथा 2, 1854।
अवस्थी आर. एस.	हुमायूँ, इलाहाबाद विश्वविद्यालय, इलाहाबाद।
आगस्टस, फ्रेडरिक काउन्ट ऑफनोअर	एम्परर अकबर, ए. एस. बेवरिज द्वारा अंग्रेज़ी अनुवाद, कलकत्ता, 1890।
इब्न हसन	दि सेन्ट्रल स्ट्रक्चर ऑफ़ दि मुग़ल एम्पायर, आक्सफ़ोर्ड यूनिवर्सिटी प्रेस, 1936।
इरविन, विलियम	लेटर मुग़ल्स, भाग 1 तथा 2, कलकत्ता 1922।
ईश्वरी प्रसाद	दि लाइफ़ एण्ड टाइम्स ऑफ़ हुमायूँ, ओरियन्ट, लांगमैन्स, 1955।
एडवर्ड्स एस. एम. तथा गैरेट एच. एल. ओ.	मुग़ल रूल इन इण्डिया, आक्सफ़ोर्ड यूनिवर्सिटी प्रेस, 1930।
एलफिन्सटन	हिस्ट्री ऑफ़ इण्डिया।
ओझा, गौरीशंकर	राजपूताने का इतिहास।
कानूनगो, कालिकारंजन	शेरशाह (कलकत्ता 1921)। दाराशिकोह (कलकत्ता 1952)।
काम्मिस्साचरियट, एम. एस.	हिस्ट्री ऑफ़ गुजरात (1938) लांगमैन्स ग्रीन एण्ड कम्पनी।
ख़ाँ, सर सैयद अहमद	आसार अस् सनादीद (उर्दू) कानपुर, 1904।
ग़नी, मुहम्मद अब्दुल	ए हिस्ट्री, ऑफ़ पर्शियन लैंगवेज एण्ड लिटरेचर ऐट दि मुग़ल कोर्ट, भाग 2, हुमायूँ, इलाहाबाद, 1930।
जाफर, एस. एम.	दि मुग़ल एम्पायर (पेशावर, 1936)। एजूकेशन इन मुस्लिम इण्डिया (1936)।
ग्रेनार्ड, फरनैण्ड	बाबर : फ़र्स्ट ऑफ़ दि मुगल्स (लन्दन 1931)।
टाड, जेम्स	एनल्स एण्ड ऐन्टीक्विटीज़ ऑफ़ राजस्थान, भाग

	1-2, पापुलर एडीशन, जार्ज रुतलेज़ एण्ड सन्स (लन्दन)।
ताराचंद	इन्फ़्लूएन्स ऑफ़ इस्लाम आन इंडियन कलचर, इलाहाबाद, 1936।
त्रिपाठी, रामप्रसाद	राइज़ एण्ड फ़ॉल ऑफ़ दि मुग़ल एम्पायर (इलाहाबाद, 1955)।
	सम ऐसपेक्ट्स ऑफ़ मुस्लिम एडमिनिस्ट्रेशन (इलाहाबाद, 1956)।
नाजिम, मुहम्मद	लाइफ़ एण्ड दाइम्स ऑफ़ सुल्तान महमूद ऑफ़ गज़नी (कैम्ब्रिज, 1931)।
प्रसाद, डॉक्टर बेनी	हिस्ट्री ऑफ़ जहाँगीर, तृतीय संस्करण (इलाहाबाद, 1940)।
बनर्जी, डॉ. एस. के.	हुमायूँ बादशाह, भाग 1, आक्सफोर्ड यूनिवर्सिटी प्रेस, 1938; भाग 2, लखनऊ, 1941।
बर्न, सर रिजर्ड	दि कैम्ब्रिज हिस्ट्री ऑफ़ इण्डिया, चतुर्थ भाग, दिल्ली।
बील, टामस विलियम	दि ओरियन्टल बायोग्राफ़िकल डिक्शनरी, (कलकत्ता, 1881)।
बेन्द्रे, बी. एस.	ए हिस्ट्री ऑफ़ मुस्लिम इन्सक्रिप्शन्स (बम्बई, 1944)।
ब्राऊन, पर्सी	इंडियन आर्किटेक्चर, इस्लामिक पीरियड, तृतीय संस्करण, बम्बई।
	इंडियन पेंटिंग्स अण्डर दि मुग़ल्स (आक्सफोर्ड, 1924)।
ब्राऊन, सी. जे.	दि क्वायन्स ऑफ़ इण्डिया (कलकत्ता, 1922)।
मजूमदार, बी.	ए गाइड टू सारनाथ (दिल्ली, 1947)।
मिर्ज़ा, मुहम्मद वाहिद	दि लाइफ एण्ड वर्क्स ऑफ़ अमीर ख़ुसरो (कलकत्ता, 1935)।
मैलिसन, जी. बी.	अकबर, आक्सफोर्ड, 1908।
मोरलैण्ड, डब्ल्यू. एच.	इण्डिया ऐट दि डेथ ऑफ़ अकबर (लन्दन, 1920)
	दि अग्रेरियन सिस्टम ऑफ़ मुस्लिम इण्डिया (इलाहाबाद)।
राय, एन. बी.	दि सक्सेसर्स ऑफ़ शेरशाह (ढाका, 1934)।
राय, चौधरी डॉ. एम. एल.	दि स्टेट एण्ड रिलीजन इन मुग़ल इण्डिया,

(कलकत्ता, 1951)।

रे, सुकुमार — हुमायूँ इन पर्शिया (कलकत्ता, 1948)।

रेऊ, विश्वेश्वरनाथ — मारवाड़ का इतिहास प्रथम भाग, (जोधपुर, 1938)।

ला, नरेन्द्रनाथ — प्रोमोशन ऑफ़ लर्निंग इन इण्डिया ड्यूरिंग मोहमेडन रूल (लांगमैन्स ग्रीन एण्ड कम्पनी)।

लाल, के. एस. — हिस्ट्री ऑफ़ दि ख़ाल्ज़ीज़ (इलाहाबाद, 1950)।

लेनफूल, स्नैली — मेडिवल इण्डिया (लन्दन, 1916)। बाबर (दिल्ली, 1957)।

विलियम्स, एल. एफ. रशब्रुक — ऐन एम्पायर बिल्डर ऑफ़ दि सिक्सटीन्थ सेन्चुरी—ज़हीरुद्दीन मुहम्मद बाबर, लॉगमैन्स ग्रीन एण्ड कम्पनी, 1918।

शर्मा, श्रीराम — ए बिब्लियोग्राफ़ी ऑफ़ मुग़ल इण्डिया (बम्बई) स्टडीज़ इन मेडिवल इंडियन हिस्ट्री (शोलापुर, 1956)।

दी रिलीजस पालिसी ऑफ़ दी मुग़ल एम्परर्स कलकत्ता, 1940।

शर्मा, एस. आर. — मुग़ल एम्पायर इन इण्डिया, (बम्बई, 1940)।

शर्मा, जी. एन. — मेवाड़ एण्ड दि मुग़ल एम्परर्स (आगरा, 1954)।

शरण, डॉ. परमात्मा — स्टडीज़ इन मेडिवल इंडियन हिस्ट्री (दिल्ली, 1952)।

दि प्राविन्शियल गवर्नमेण्ट ऑफ़ दि मुग़ल्स (इलाहाबाद, 1941)।

श्यामलदास, कविराज — वीर विनोद, भाग 1 तथा 2।

श्रीवास्तव, आशीर्वादीलाल — शेरशाह एण्ड हिज़ सक्सेसर्स (आगरा, 1950)।

अकबर दि ग्रेट (आगरा, 1962)।

मुग़ल एम्पायर (आगरा)।

सरकार, सर यदुनाथ — ए मिलिटरी हिस्ट्री ऑफ़ इण्डिया (कलकत्ता, 1960)।

सिंह, रघुवीर — पूर्व आधुनिक राजस्थान (उदयपुर, 1951)।

सूफी, जी. एम. डी. — अल मिनहाज़ (लाहौर, 1941)।

स्टुअर्ट, सी. एम. विलियर्स — गार्डन्स ऑफ़ दी ग्रेट मुग़ल्स (लन्दन, 1913)।

स्पीयर, टी. जी. पी. — दिल्ली, इसके स्मारक और इतिहास (आक्सफ़ोर्ड यूनिवर्सिटी प्रेस, 1940)।

स्मिथ, वी. ए. — अकबर दि ग्रेट मुग़ल (आक्सफोर्ड, 1919); ए हिस्ट्री ऑफ़ फ़ाइन आर्ट इन इण्डिया एण्ड सीलोन, (बम्बई, तृतीय संस्करण);

	दि आक्सफोर्ड हिस्ट्री ऑफ़ इण्डिया (आक्सफोर्ड, 1928)।
हसन, मोहिदिब्बुल	कश्मीर अण्डर दि सुल्तान्स, कलकत्ता, 1949।
हीराचन्द ओझा, गौरी शंकर	बासवाड़ा राज्य का इतिहास (अजमेर सन् 1937), डूंगरपुर राज्य का इतिहास (अजमेर, वि. सं. 1992)।
	बीकानेर राज्य का इतिहास (अजमेर, सन् 1939-40)।
	जोधपुर राज्य का इतिहास (प्रथम खंड, अजमेर सन् 1938)
	उदयपुर राज्य का इतिहास (अजमेर)।
हेग, सर उल्सले	दि कैम्ब्रिज़ हिस्ट्री ऑफ़ इण्डिया, तृतीया भाग, (कैम्ब्रिज 1928)।
हेग, सर उल्सले तथा	इण्डियन आर्किटेक्चर (लन्दन, 1927)।
हैवेल, ई. बी.	आर्यन रूल इन इण्डिया।
प्रसाद, आर. एन.	राजा मानसिंह ऑफ़ आमेर, कलकत्ता, 1966।
प्रसाद, ईश्वरी	ए शार्ट हिस्ट्री ऑफ़ द मुस्लिम रूल इन इण्डिया, इलाहाबाद, 1958।
होदीवाला, एस. एच.	हिस्टारिकल स्टडीज इन मुग़ल न्युमिसमेटिक्स, कलकत्ता, 1923।
	स्टडीज इन इण्डो मुस्लिम हिस्ट्री, भाग 1, बम्बई 1939, स्टीज इन इण्डो मुस्लिम हिस्ट्री, भाग 2, बम्बई 1957।
हबीब, इरफान	एग्रेरियन सिस्टम ऑफ़ मुग़ल इण्डिया, अलीगढ़, 1963।
रहीम, एम. ए.	हिस्ट्री ऑफ़ द अफ़गान इन इंडिया, करांची, 1961।
वान नोअर	कैसर अकबर, दो भाग, ए. एस. बेवरिज द्वारा अंग्रेज़ी अनुवाद, कलकत्ता, 1890।
कुमुद रंजन दास	राजा टोडरमल, कलकत्ता, 1979।
खान इख्तदार आलम	मिर्ज़ा कामरान, अलीगढ़, 1964।
	पालिटिक्स बायग्राफी ऑफ़ ए मुग़ल नोबुल—मुनीम ख़ान ए-खानन,
सिद्धीकी, आई. एच	हिस्ट्री ऑफ़ शेरशाह सूर, अलीगढ़, 1971।
अम्बष्ट, बी. पी.	डिसीसिव बैटल्स ऑफ़ शेरशाह, पटना, 1977।
सिन्हा, पी. पी.	राजा बीरबल लाइफ़ एण्ड टाइम्स, पटना, 1980।

भार्गव, मोती लाल — हेमू ऐण्ड हिज़ टाइम्स, लखनऊ, 1961।
वर्मा, आर. सी. — फॉरेन पालिसी ऑफ़ द ग्रेट मुग़ल्स, 1976, आगरा।
रहीम, अब्दुर — इण्डो पर्शियन रिलेशंस, तेहरान, 1970।
इस्लाम, रियाजुल — मुग़ल रिलेशन्स विद पर्शिया ऐण्ड सेन्ट्रल एशिया बाबर टू औरंगजेब, अलीगढ़।
श्रीवास्तव, हरिशंकर — मुग़ल शासन, प्रणाली (मेकमिलन कं.)।

(इ) अन्य ग्रंथ

इनसाइक्लोपीडिया ऑफ़ इस्लाम, लन्दन, 1913-37।
डिस्ट्रिक्ट गजेटियर्स

(ई) पत्रिकाओं में प्रकाशित लेख

अवस्थी, आर. एस. — दि डिले इन हुमायूँज़ एक्सेशन, जरनल, यू. पी. हिस्टॉरिकल सोसाइटी, 1941।
निजामी, के. एच. — दि सत्तारी सेनट्स एण्ड देअर एटीट्यूड टूवर्ड्स दि स्टेट, मेडिवल इण्डिया, क्वार्टरली, जिल्द 1, नवंबर, 1950।
बनर्जी, एस. के. — दि बर्थ ऑफ़ अकबर, प्रोसीडिंग्स ऑफ़ दि इंडियन हिस्ट्री कांग्रेस, कलकत्ता, 1939।
बेवरिज, एच. — महदी ख़्वाजा, एपीग्रेफ़िका इण्डो मुसलिमिका, 1915-16।
रहीम, ए. — मुग़ल रिंलेशन्स विद पर्शिया, इस्लामिक कल्चर, 1937।
रे, एन. आर. — हुमायूँ एण्ड मालदेव, प्रोसीडिंग्स, थर्ड इंडियन हिस्ट्री कांग्रेस, 1939।
रे सुकुमार — ए लेटर ऑफ़ दि मुग़ल एम्परर हुमायूँ टू हिज़ ब्रदर कामरान, प्रोसीडिंग्स ऑफ़ दि ट्वेन्टी फ़र्स्ट सेशन ऑफ़ दि इंडियन हिस्ट्री कांग्रेस, 1958, पृ. 318-19।
शर्मा, श्रीराम — हुमायूँ एण्ड मालदेव, जनरल, इंडियन हिस्ट्री, 1932।
श्यामलदास, कविराज — बर्थ डेट ऑफ़ अकबर, जरनल, एशियेटिक सोसाइटी ऑफ़ बंगाल, 1886।
श्रीवास्तव, ए. एल. — दी डेट ऑफ़ अकबर्स बर्थ, हिस्ट्री एण्ड पोलिटिकल साइन्स जरनल, आगरा कॉलेज, आगरा, जनवरी, 1955।

सक्सेना, बनारसीप्रसाद — मेमॉयर्स ऑफ़ बायज़ीद, इलाहाबाद यूनीवर्सिटी स्टडीज, जिल्द 6 भाग 1, 1930।

स्मिथ, वी. ए. — बर्थ ऑफ़ अकबर, इंडियन एन्टीक्वेरी, 1915।

श्रीवास्तव, हरिशंकर — सम्राट अकबर की जन्म-तिथि, सरस्वती, इलाहाबाद, अप्रैल, 1946।

अन्सारी, एम. अज़हर — एम्युजमेण्ट्स ऐण्ड द गेम्स ऑफ़ द ग्रेट मुग़ल्स, इंडियन कल्चर, 1961, पृ. 21-31।

हिदायतुल्ला — बाबर एण्ड द अफ़ग़ान्स—प्रोसीडिन्गस ऑफ़ पाकिस्तान हिस्टारिकल कान्फेरेन्स, 1958, पृ. 203-15।

नूरुल हसन, एस. — द पोजीशन ऑफ़ द ज़मीन्दारस इन द मुग़ल इम्पायर, इंडियन इकोनामिक एण्ड सोशल, हिस्ट्री रिव्यु, भाग 1, 1964, पृ. 107-119।

सिन्हा, सुरेन्द्रनाथ — द ऐडमिनिस्ट्रेटिव सेटअप ऑफ़ द सूबा ऑफ़ इलाहाबाद, 1526-1707, इंडियन कलचर, भाग 39, 1965, पृ. 85-109।

बनर्जी, एस. के. — द कैप्चर ऑफ़ क़ंधार बाई हुमायूँ, सितंबर 3, 1545, जरनल यू. पी. हिस्टारिकल सोसाइटी, 1940, पृ. 39-50।

प्रसाद, बी. — कानूने हुमायूँनी एण्ड हुमायूँ, बंगाल पास्ट एण्ड प्रजेन्ट, 1941, पृ. 44-48।

रे., एन. आर. — हुमायूँ एण्ड मालदेव, प्रोसीडिंग्स, थर्ड इंडियन हिस्ट्री कांग्रेस, 193 पृ. 91, 124-1132।

अनुक्रमणिका